简体横排

前四史

後漢書

上册

〔宋〕范　曄　撰
〔唐〕李賢等　注

中華書局

校点说明

一

《后汉书》本纪十卷,列传八十卷,范晔撰。

范晔字蔚宗,南朝宋顺阳人,生于晋安帝隆安二年(公元三九八)。他是晋豫章太守范宁的孙子,宋侍中范泰的庶子,因为出继给堂伯范弘之,袭封武兴县侯。任彭城王刘义康的参军,几次升迁,官至尚书吏部郎。宋文帝元嘉元年(公元四二四),因事触怒刘义康,左迁为宣城太守。《后汉书》是这时候开始写的。后来又几次升迁,官至左卫将军、太子詹事。元嘉二十二年(公元四四五),有人告发他跟孔熙先等密谋拥立刘义康,于是以谋反的罪名被处死刑。

二

在范晔以前,已经有不少人用纪传体编撰后汉一朝的历史。除属于官史性质的《东观汉记》外,私人编撰而著录于《隋书·经籍志》的,有三国吴谢承的《后汉书》,晋薛莹的《后汉记》,晋司马彪的《续汉书》,晋华峤的《后汉书》,晋谢沈的《后汉书》,晋张莹的《后汉南记》,晋袁山松的《后汉书》。范晔以《东观汉记》为主要依据,参考各家的著作,自定体例,订讹考异,删繁补略,写成《后汉书》。他能够撷取众家之长,所以各家关于后汉的史书后来逐渐淘汰,而他的《后汉书》却作为"正史",跟《史记》、《汉书》、《三国志》合称"四史"。

范晔编撰《后汉书》,原定十纪、十志、八十列传,合为百卷,跟《汉书》相应,但是十志还没有写成,他就被杀害了。现在《后汉书》里的《律历》、《礼仪》、《祭祀》、《天文》、《五行》、《郡国》、《百官》、《舆服》等八志,是后人从司马彪《续汉书》①里取出来补进去的。

范晔来不及像《史记》有《太史公自序》和《汉书》有《叙传》那样,给《后汉书》写一篇自序。他在狱中写过一封信给甥侄们,详细叙述自己的治学态度,并对未完成的《后汉书》表示自己的看法。这封信含有自序的性质,殿本《后汉书》就用《自序》作标题,附刊在全书之末,现在我们改用《狱中与诸甥侄书》的标题,把它附在后面。

三

最先注《范书》的是刘昭。② 因为《范书》没有志,他就把司马彪《续汉书》的八篇志(简称《续志》)分为三十卷,并了进去,并且也作了注。他的注绝大部分已经散失,现在只剩下八篇志的注了(《天文志》的下卷和《五行志》的第四卷都全卷没有注,也一定是散失了)。《梁书·刘昭传》说他"集《后汉》同异,以注《范书》",可见他注《范书》略同于裴松之注《三国志》,偏重于事实的补充而略于文字的训诂。八篇志的注,就是这样的。

继续给《范书》作注的是唐朝的章怀太子李贤。③ 他注《范书》着重训诂,跟刘昭不同。王先谦说他注《后汉书》不比颜师古注《汉书》差,可惜非一手所成,不免有蹖驳漏略之处。实际上他立为皇太子以后,才跟张大安等共注《后汉书》,到他被废为庶人,注书工作结束,前后只有六年,没有充裕的时间详细校订,蹖驳漏略自所难免。何况他们的注书工作似没有全部完成,如《南匈奴传》的注,复沓纰谬,至于不可究诘,体例和文字也跟前后各卷不同,可能不是出于他们之手,而是后人补撰。

四

宋太宗淳化五年(公元九九四)初刻本和真宗景德二年(公元一〇〇五)校定本都没有把《续志》并进去。到了真宗乾兴元年(公元一〇二二),孙奭建议把刘昭注补的《续志》三十卷(按孙奭误以为《续志》三十卷是刘昭补作的)合刻补阙,他的建议被采纳,以后的刻本就都把《续志》附于《范书》纪传之后,毛氏汲古阁本还是这个样子。而明监本索性把《续志》合刻在《范书》纪之后传之前,并且抹去司马彪的名,又改刘昭的"注补"为"补并注",清武英殿本又照明监本翻刻。这样一来,就容易叫人误认为八篇志是刘昭所补并且加注的了。

北宋本流传到现在的只有些残本,清朝人何焯、惠栋、钱泰吉等都曾经用来跟别本校过。商务印书馆影印的绍兴本是现存比较完整的南宋本(原阙五卷,影印时借用别本残册补配)。我们曾经拿绍兴本跟传世的几个本子比较过,发现各本都误而绍兴本独不误的地方很多,就采用它作为底本。

我们校点的时候,只拿汲古阁本和武英殿本跟绍兴本对校。既然拿绍兴本作底本,凡是绍兴本不误而汲本、殿本有误的,都不出校记。异文在两可之间,不能断定孰是孰非的,才出校记,说明某本作某。除了比较各本异文,我们也参考前人的研究成果。宋朝人刘攽著有《东汉书刊误》四卷,对于《范书》的讹误多所刊正。凡是刘说可从的,我们都采入校勘记(刘攽的《东汉书刊误》,殿本散附在注文之后,但是采录不全,并且有错误。我们依据的是中华书局《史籍丛刊》据《宸翰楼丛书》本重印的本子)。王先谦的《集解》和黄山的《校补》已经汇集了前人的校释,我们也采取其中属于校订方面的意见,标明"《集解》引某某说","《校补》引某某说"。为了审慎起见,凡是前人说"《通鉴》作某"或"《御览》作某"之处,我们尽可能查对原书。疑有错误而前人没有说到的,我们也尽可能查对,找到旁证,写入校勘记。前人的研究成果,《集解》遗漏未采或不及采入的,也择要写入校勘记,标明是某人的意见。近人张森楷一生校勘十七史甚勤,有《校勘记》若干卷,颇多发明,原稿藏在南京图书馆,我们采取其中《后汉书》部分的若干条写入校勘记,标明"张森楷《校勘记》"。

绍兴本虽然不失为一个善本,但是错字也不少,原本阙失而采取别本补入的部分,问题尤其多。此外还有一些显著的版刻错字,我们都依据别本改正,不出校记。我们对于改正错字,增删字句,采取审慎的态度。凡是应删的字用小一号字排印,并加上圆括弧,改正的字或增补的字加上方括弧,同时在校勘记里说明改正或增删的依据。可改可不改的,尽量不改,仅在校勘记里说明问题何在。

《后汉书》的目录各本不一致,且多错误。为便于检查,我们参考各本,重编新目,凡加上星号(*)的,都是各本所无,此次新加的。

我们标点的时候,曾经参考过一部何焯断句的过录本。限于水平,校点工作不免有错误的地方。尤其是《礼仪志》、《祭祀志》、《舆服志》中关于典制名物的部分,标点起来特别感到困难,错误的地方一定更多。希望读者随时指出,以便再版时改正。

本书在校点过程中,先后承金兆梓、马宗霍、孙毓棠诸同志审阅,孙毓棠同志还从头到尾校读了两遍,改正了不少错误。《律历志》和《天文志》的标点,曾经请曾次亮同志审阅,《礼仪志》、《祭祀志》、《舆服志》的标点,曾经请孙人和同志审阅,都有所指正。特此一并致谢。

宋云彬

一九六四年九月一日

①司马彪字绍统,晋宗室,高阳王司马睦的长子,卒于晋惠帝末年(公元三〇六)。他著的《续汉书》八十三卷,《隋书·经籍志》和《旧唐书·经籍志》、《新唐书·艺文志》都著录,《宋史·艺文志》只载刘昭补注《后汉志》三十卷,不载司马彪《续汉书》,可见《续汉书》到了宋朝只剩八篇志,其馀都散失了。

②刘昭字宣卿,梁高唐人。曾任临川王萧宏的记室和通直郎,最后任剡令。

③李贤字明允,唐高宗的儿子,武后所生。上元二年(公元六七五)立为皇太子。他跟张大安、刘纳言等共同注释范晔的《后汉书》。永隆元年(公元六八〇),被废为庶人,跟他共注《后汉书》的张大安等或被降职,或被流放。光宅元年(公元六八四),武后执政,逼他自杀。唐睿宗即位(公元七一〇),追谥他为章怀太子。

后汉书目录

上　册

　　　　前书直言匈奴传不言南北今称南者明其为北生义也以南单于向化尤深故
　　　举其顺者以冠之东观记称匈奴南单于列传范晔因去其单于二字

　　　　光武起后汉乙酉岁改建武元年传及十二帝至献帝建安二十五年庚子
　　　凡一百九十五年

后汉书卷一上

光武帝纪第一上

世祖光武皇帝讳秀，字文叔，①南阳蔡阳人，②高祖九世之孙也，出自景帝生长沙定王发。③〔1〕发生春陵节侯买，④买生郁林太守外，⑤外生钜鹿都尉回，⑥回生南顿令钦，⑦钦生光武。光武年九岁而孤，养于叔父良。身长七尺三寸，美须眉，大口，隆准，日角。⑧性勤于稼穑，⑨而兄伯升好侠养士，常非笑光武事田业，比之高祖兄仲。⑩王莽天凤中，⑪乃之长安，受《尚书》，略通大义。⑫

①《礼》"祖有功而宗有德"，光武中兴，故庙称世祖。《谥法》："能绍前业曰光，克定祸乱曰武。"伏侯《古今注》曰："秀之字曰茂。伯、仲、叔、季，兄弟之次。长兄伯升，次仲，故字文叔焉。"

②南阳，郡，今邓州县也。蔡阳，县，故城在今随州枣阳县西南。

③长沙，郡，今潭州县也。

④春陵，乡名，本属零陵（泠）〔泠〕道县，〔2〕在今永州唐兴县北，元帝时徙南阳，仍号春陵，故城（今）在〔今〕随州枣阳县东。〔3〕事具《宗室四王传》。

⑤郁林，郡，今（郴）〔贵〕州县。〔4〕《前书》曰："郡守，秦官。秩二千石。景帝更名太守。"

⑥钜鹿，郡，今邢州县也。《前书》曰："都尉，本郡尉，秦官也。掌佐守，典武职，秩比二千石。景帝更名都尉。"

⑦南顿，县，属汝南郡，故城在今陈州项城县西。《前书》曰："令、长，皆秦官也。万户以上为令，秩千石至六百石；不满万户为长，秩五百石至三百石。"

⑧隆，高也。许负云："鼻头为准。"郑玄《尚书中候》注云："日角谓庭中骨起，〔5〕状如日。"

⑨种曰稼，敛曰穑。

⑩仲，邻阳侯喜也，能为产业。见《前书》。

⑪王莽〔始〕建国六年改为天凤。〔6〕

⑫《东观记》曰："受《尚书》于中大夫庐江许子威。资用乏，与同舍生韩子合钱买驴，令从者僦，以给诸公费。"

莽末，天下连岁灾蝗，寇盗锋起。①地皇三年，②南阳荒饥，③诸家宾客多为小盗。光武避吏新野，④因卖谷于宛。⑤宛人李通等以图谶说光武云："刘氏复起，李氏为辅。"⑥光武初不敢当，然独念兄伯升素结轻客，必举大事，且王莽败亡已兆，天下方乱，遂与定谋，于是乃市兵弩。十月，与李通从弟轶等起于宛，时年二十八。

①言贼锋锐竞起。字或作"蜂"，谕多也。

②天凤六年改为地皇。〔7〕

③《韩诗外传》曰："一谷不升曰歉，二谷不升曰饥，三谷不升曰馑，四谷不升曰荒，五谷不升曰大侵。"

④新野属南阳郡，今邓州县。《续汉书》曰："伯升宾客劫人，上避吏于新野邓晨家。"

⑤《东观记》曰："时南阳旱饥，而上田独收。"宛，县，属南阳郡，故城今邓州南阳县也。

⑥图，《河图》也。谶，符命之书。谶，验也。言为王者受命之征验也。《易坤灵图》曰："汉之臣李阳也。"

十一月，有星孛于张。①光武遂将宾客还舂陵。时伯升已会众起兵。初，诸家子弟恐惧，皆亡逃自匿，曰"伯升杀我"。及见光武绛衣大冠，②皆惊曰"谨厚者亦复为之"，乃稍自安。伯升于是招新市、平林兵，③与其帅王凤、陈牧西击长聚。④光武初骑牛，杀新野尉乃得马。⑤进屠唐子乡，⑥又杀湖阳尉。⑦军中分财物不均，众恚恨，欲反攻诸刘。光武敛宗人所得物，悉以与之，众乃悦。进拔棘阳，⑧与王莽前队大夫甄阜、⑨属正梁丘赐⑩战于小长安，⑪汉军大败，还保棘阳。

①《前书音义》曰："孛星光芒短，蓬然。〔8〕张，南方宿也。"《续汉志》曰："张为周地。星孛于张，东南行即翼、轸之分。翼、轸，楚地，是楚地将有兵乱。后一年正月，光武起兵舂陵，攻南阳，斩阜、赐等，杀其士众数万人。光武都雒

阳,居周地,除秽布新之象。"

②董巴《舆服志》曰"大冠者,谓〔武冠〕,武官冠之。"〔9〕《东观记》曰:"上时绛衣大冠,将军服也。"

③新市,县,属江夏郡,故城在今郢州富水县东北。平林,地名,在今随州随县东北。

④《广雅》曰:"聚,居也,音慈谕反。"《前书音义》曰:"小于乡曰聚。"

⑤《前书》曰:尉,秦官,秩四百石至二百石也。

⑥《例》曰:"多所诛杀曰屠。"唐子乡有唐子山,在今唐州湖阳县西南。

⑦湖阳属南阳郡,今唐州县也。《东观记》曰:"刘终诈称江夏吏,诱杀之。"

⑧县名,属南阳郡,在棘水之阳,古谢国也,故城在今唐州湖阳县西北。棘音己力反。

⑨王莽置六队,郡置大夫一人,职如太守。南阳为前队,河内为后队,颍川为左队,弘农为右队,河东为兆队,荥阳为祈队。队音遂。

⑩王莽每队置属正一人,职如都尉。

⑪《续汉书》曰:淯阳县有小长安聚,故城在今邓州南阳县南。

更始元年正月甲子朔,〔10〕汉军复与甄阜、梁丘赐战于沘水西,大破之,斩阜、赐。①伯升又破王莽纳言将军严尤、秩宗将军陈茂于淯阳,②进围宛城。

①沘水在今唐州沘阳县南。庐江灊县亦有沘水,与此别也。沘音比。

②《前书》曰,〔11〕纳言,虞官也,掌出纳王命,所谓喉舌之官也,历秦、汉不置,王莽改大司农为之。桓谭《新论》云庄尤字伯石,此言"严",避明帝讳也,秩宗,虞官也,掌郊庙之事,周谓之宗伯,秦、汉不置,王莽改太常为秩宗,后又典兵,故纳言、秩宗皆有将军号也。淯阳,县,属南〔阳〕郡,〔12〕故城在今邓州南阳县南(在)淯水之阳。〔13〕淯音育。

二月辛巳,立刘圣公为天子,以伯升为大司徒,光武为太常偏将军。①

①《前书》曰:"奉常,秦官。景帝更名太常。"应劭《汉官仪》曰:"欲令国家盛大,社稷常存,故称太常。"《老子》曰:"偏将军处左,上将军处右。"《东观记》曰:"时无印,得定武侯家丞印,〔14〕佩之入朝。"

三月，光武别与诸将徇昆阳、定陵、郾，皆下之。①多得牛马财物，谷数十万斛，转以馈宛下。莽闻阜、赐死，汉帝立，大惧，遣大司徒王寻、大司空王邑②将兵百万，其甲士四十二万人，五月，至颍川，复与严尤、陈茂合。③初，光武为舂陵侯家讼逋租于尤，尤见而奇之。④及是时，城中出降尤者言光武不取财物，但会兵计策。尤笑曰："是美须眉者邪？何为乃如是！"

①徇，略也。昆阳、定陵、郾，皆县名，并属颍川郡。昆阳故城在今许州叶县北。郾，今豫州郾城县也。定陵故城在今郾城西北。〔郾〕音于建反。〔15〕

②王莽时哀章所献《金匮图》有王寻姓名。王邑，王商子，于莽为从父兄弟也。

③颍川，郡，今洛州阳翟县也。

④逋，违也。舂陵侯敞即光武季父也。《东观记》曰："为季父故舂陵侯诣大司马府，讼地皇元年十二月壬寅前租二万六千斛，刍稿钱若干万。时宛人朱福亦为舅讼租于尤，尤止车独与上语，不视福。上归，戏福曰：'严公宁视卿邪？'"

初，王莽征天下能为兵法者六十三家数百人，并以为军吏；选练武卫，招募猛士，①旌旗辎重，千里不绝。②时有长人巨无霸，③长一丈，大十围，以为垒尉；④又驱诸猛兽⑤虎豹犀象之属，以助威武。自秦、汉出师之盛，未尝有也。光武将数千兵，徼之于阳关。⑥诸将见寻、邑兵盛，反走，驰入昆阳，皆惶怖，忧念妻孥，⑦欲散归诸城。光武议曰："今兵谷既少，而外寇强大，并力御之，功庶可立；如欲分散，埶无俱全。且宛城未拔，⑧不能相救，昆阳即破，一日之间，诸部亦灭矣。今不同心胆共举功名，反欲守妻子财物邪？"诸将怒曰："刘将军何敢如是！"光武笑而起。会候骑还，言大兵且至城北，军陈数百里，不见其后。诸将遽相谓曰："更请刘将军计之。"光武复为图画成败。诸将忧迫，皆曰"诺"。时城中唯有八九千人，光武乃使成国上公王凤、廷尉大将军王常留守，夜自与骠骑大将军宗佻、⑨五威将军李轶等十三骑，⑩出城南门，于外收兵。时莽军到城下者且十万，光武几不得出。⑪既至郾、定陵，悉发诸营兵，而诸将贪惜财货，欲分留守之〔16〕。光武曰："今若破敌，珍珤万倍，⑫大功可成;如为所败,首领无馀,何财物之有!"众乃从。

①《说文》曰:"募,广求之也。"

②《周礼》曰:"析羽为旌,熊虎为旗。"辎,车名。《释名》曰:"辎,厕也。谓军粮
　什物杂厕载之。以其累重,故称辎重。"重音直用反。

③王莽连率韩博上言:"有奇士,长一丈,大十围,自谓巨无霸,出于蓬莱东南,
　五城西北,(诏)〔昭〕如海滨,〔17〕辎车不能载,三马不能胜,卧则枕鼓,以铁
　箸食。"见《前书》。

④郑玄注《周礼》云:"军壁曰垒。"崔瑗《中垒校尉箴》曰:"堂堂黄帝,设为垒
　壁。"尉者主垒壁之事。

⑤"猛"或作"犷",犷,猛儿也,音古猛反。

⑥聚名也。郦元《水经注》曰:"颍水东南经阳关聚,聚夹颍水相对。"在今洛州
　阳翟县西北。

⑦孥,子也。

⑧谓伯升围之未拔也。

⑨骠骑大将军,武帝置,自霍去病始。〔18〕僄音太尧反。

⑩王莽置五威将军,其衣服依五方之色,以威天下。李轶初起,犹假以为号。

⑪几音祈。

⑫珤,古"宝"字。

严尤说王邑曰:"昆阳城小而坚,今假号者在宛,亟进大兵,①彼必
奔走;宛败,昆阳自服。"邑曰:"吾昔以虎牙将军围翟义,坐不生得,以见
责让。②今将百万之众,遇城而不能下,何谓邪?"③遂围之数十重,列营
百数,云车十馀丈,④瞰临城中,⑤旗帜蔽野,⑥埃尘连天,钲鼓之声闻数
百里。⑦〔19〕或为地道,冲辒橦城。⑧积弩乱发,矢下如雨,城中负户而
汲。〔20〕王凤等乞降,不许。寻、邑自以为功在漏刻,意气甚逸。夜有流
星坠营中,昼有云如坏山,当营而陨,不及地尺而散,吏士皆厌伏。⑨

①亟,急也,音纪力反。

②翟义字文仲,方进少子,为东郡太守。王莽居摄,义心恶之,乃立东平王云
　子信为天子,义自号柱天大将军,以诛莽。莽乃使孙建、王邑等将兵击义,
　破之。义亡,自杀,故坐不生得。坐音才卧反。见《前书》。

③"遇"或为"过"。

④云车即楼车,称云,言其高也,升之以望敌,犹《墨子》云"公输般为云梯之械"。

⑤俯视曰瞰,音苦暂反。

⑥《广雅》曰:"帜,幡也,音炽。"

⑦《说文》曰:"钲,铙也,似铃。"

⑧冲,橦车也。《诗》曰:"临冲闲闲。"许慎曰:"䡺,楼车也。"䡺音步耕反。

⑨《续汉志》曰:"云如坏山,谓营头之星也。〔21〕《占》曰:'营头之所坠,其下覆军杀将,血流千里。'"厌音一叶反。

六月己卯,光武遂与营部俱进,〔22〕自将步骑千馀,前去大军四五里而陈。寻、邑亦遣兵数千合战。光武奔之,斩首数十级。①诸部喜曰:"刘将军平生见小敌怯,今见大敌勇,甚可怪也,且复居前。请助将军!"光武复进,寻、邑兵却,诸部共乘之,斩首数百千级。连胜,遂前。时伯升拔宛已三日,而光武尚未知,乃伪使持书报城中,云"宛下兵到",而阳墯其书。寻、邑得之,不憙。②诸将既经累捷,胆气益壮,无不一当百。光武乃与敢死者三千人,从城西水上冲其中坚,③寻、邑陈乱,乘锐崩之,遂杀王寻。城中亦鼓噪而出,中外合埶,震呼动天地,莽兵大溃,走者相腾践,奔殪百馀里间。④会大雷风,屋瓦皆飞,雨下如注,滍川盛溢,⑤虎豹皆股战,士卒争赴,溺死者以万数,水为不流。⑥王邑、严尤、陈茂轻骑乘死人度水逃去。尽获其军实辎重,车甲珍宝,不可胜算,举之连月不尽,或燔烧其馀。

①秦法,斩首一,赐爵一级,故因谓斩首为级。

②憙音许记反。

③敢死谓果敢而死者。凡军事,中军将最尊,居中以坚锐自辅,故曰中坚也。

④殪,仆也,音于计反。或作"噎"。

⑤《水经》曰,滍水出南阳鲁阳县西尧山,东南经昆阳城北,东入汝。滍音直理反。

⑥数过于万,故以万为数。

光武因复徇下颍阳。①会伯升为更始所害,光武自父城驰诣宛谢。②

司徒官属迎吊光武,光武难交私语,深引过而已。未尝自伐昆阳之功,又不敢为伯升服丧,饮食言笑如平常。更始以是惭,拜光武为破虏大将军,封武信侯。

①县名,属颍川郡,故城在今许州。

②父城,县,古应国也,属颍川郡,故城在今许州叶县东北。以伯升见害,心不自安,故谢。

九月庚戌,三辅豪桀共诛王莽,传首诣宛。①

①三辅谓京兆、左冯翊、右扶风,共在长安中,分领诸县。《淮南子》曰:"智过百人谓之豪。"《白虎通》云:"贤万人曰杰。"〔23〕时城中少年子弟张鱼等攻莽于渐台,〔24〕商人杜吴杀莽,校尉公宾就斩莽首,将军申屠建等传莽首诣宛。

更始将北都洛阳,以光武行司隶校尉,使前整修宫府。①于是置僚属,作文移,②从事司察,一如旧章。③时三辅吏士东迎更始,见诸将过,皆冠帻,④而服妇人衣,诸于绣镼,⑤莫不笑之,或有畏而走者。⑥及见司隶僚属,皆欢喜不自胜。老吏或垂涕曰:"不图今日复见汉官威仪!"由是识者皆属心焉。

①《前书》曰,司隶校尉本周官,武帝初置,持节,从中都官徒千二百人,督大奸猾。后罢其兵,察三辅、三河、弘农。秩(比)二千石。〔25〕《音义》云:"以掌徒隶而巡察,故曰司隶。"

②《东观记》曰"文书移与属县"也。

③《续汉书》曰:"司隶置从事史十二人,秩皆百石,主督促文书,察举非法。"

④《汉官仪》曰:"帻者,古之卑贱不冠者之所服也。"《方言》曰:"覆髻谓之帻,或谓之承露。"

⑤《前书音义》曰:"诸于,大掖衣也,如妇人之袿衣。"字书无"镼"字,《续汉书》作"裾",(并)音其物反。〔26〕杨雄《方言》曰:"襜褕,其短者,自关之西谓之祇裾。"〔27〕郭璞注云:"俗名裾掖。"据此,即是诸于上加绣裾,如今之半臂也。或"绣"下有"拥"字。

⑥《续汉志》曰:"时知者见之,以为服之不中,身之灾也,乃奔入边郡避之。是服妖也。其后更始遂为赤眉所杀。"

及更始至洛阳,乃遣光武以破虏将军行大司马事。十月,持节北度河，①镇慰州郡。所到部县，辄见二千石、长吏、三老、官属，下至佐史，②考察黜陟，如州牧行部事。③辄平遣囚徒，除王莽苛政，④复汉官名。吏人喜悦，争持牛酒迎劳。

①《汉官仪》曰："太尉，秦官也，武帝更名大司马。"节，所以为信也，以竹为之，柄长八尺，以旄牛尾为其眊三重。冯衍与田邑书曰："今以一节之任，建三军之威，岂特宠其八尺之竹，犛牛之尾哉！"《续汉志》曰："更始时，南方有童谣云：'谐不谐，在赤眉；得不得，在河北。'后更始为赤眉所杀，是不谐也；光武由河北而兴，是得之也。"

②二千石谓郡守也。长吏谓县令长及丞尉也。三老者，乡官也，高祖置。《前书》曰："举人年五十已上，有修行能帅众者，置以为三老，每乡一人；择乡三老为县三老，与令长丞尉以事相教，复其徭戍。"《续汉志》曰"每刺史皆有从事史、假佐，每县各置诸(事)曹〔掾〕史"也。〔28〕

③汉初遣丞相史分刺州，武帝改置刺史，察州，秩六百石。成帝更名牧，秩二千石。《汉官典仪》曰"刺史行郡国，省察政教，黜陟能否，断理冤狱"也。

④《说文》曰："苛，小草也。"言政令繁细。《礼记》曰："苛政猛于虎。"

进至邯郸，①故赵缪王子林②说光武曰："赤眉今在河东，但决水灌之，百万之众可使为鱼。"③光武不答，去之真定。④林于是乃诈以卜者王郎为成帝子子舆，⑤十二月，立郎为天子，都邯郸，遂遣使者降下郡国。

①县名，属赵国，今洺州县也。《前书音义》："邯，山名；郸，尽也。邯山至此而尽。城郭字皆从邑，因以名焉。"

②缪王，景帝七代孙，名元。《前书》曰，元坐杀人，为大鸿胪所奏。谥曰缪，音谬。《东观记》(曰)"林"作"临"字。〔29〕

③赤眉贼帅樊崇等恐其众与王莽兵乱，皆朱其眉以相别，故曰赤眉。《续汉书》曰："是时上平河北，过邯郸，林进见，言赤眉可破。上问其故，对曰：'河水从列人北流；如决河水灌之，皆可令为鱼'。上不然之。"列人，县，故城在今洺州肥乡县东北。

④县名，属真定国，今恒州县也。

⑤《前书》曰，立国将军孙建奏云"不知何一男子遮臣车前，自称汉氏刘子舆，成帝下妻子也，刘氏当复"。故郎因而称之。

　　二年正月，光武以王郎新盛，乃北徇蓟。①王郎移檄购光武十万户，②而故广阳王子刘接③起兵蓟中以应郎，城内扰乱，转相惊恐，言邯郸使者方到，二千石以下皆出迎。于是光武趣驾南辕，④晨夜不敢入城邑，舍食道傍。至饶阳，⑤官属皆乏食。光武乃自称邯郸使者，入传舍。⑥传吏方进食，从者饥，争夺之。传吏疑其伪，乃椎鼓数十通，⑦绐言邯郸将军至，⑧官属皆失色。光武升车欲驰；既而惧不免，徐还坐，曰："请邯郸将军入。"久乃驾去。传中人遥语门者闭之。门长曰："天下讵可知，而闭长者乎？"遂得南出。晨夜兼行，蒙犯霜雪，⑨天时寒，面皆破裂。至呼沱河，⑩无船，适遇冰合，得过，⑪未毕数车而陷。进至下博城西，⑫遑惑不知所之。有白衣老父在道旁，⑬指曰："努力！信都郡为长安守，去此八十里。"⑭光武即驰赴之，信都太守任光开门出迎。世祖因发旁县，得四千人，先击堂阳、贳县，皆降之。⑮王莽和(戎)〔成〕卒正邳彤亦举郡降。⑯〔30〕又昌城人刘植，宋子人耿纯，⑰各率宗亲子弟，据其县邑，以奉光武。于是北降下曲阳，⑱众稍合，乐附者至有数万人。

①县名，属涿郡，〔31〕今幽州县也。本字从"㹜"从"邑"，见《说文》。

②《说文》曰："檄，以木简为书，长尺二寸。谓之檄，以征召也。"又曰："以财有所求曰购。"魏武奏事曰："若有急，即插以鸡羽，谓之羽檄。"

③广阳王名嘉，武帝五代孙。

④趣，急也，读曰促。

⑤县名，属安平国，在饶河之阳，故城在今瀛州饶阳县东北。

⑥客馆也。传音知恋反，下同。

⑦椎音直追反。

⑧绐，言欺诳也，音殆。

⑨蒙，冒也。

⑩《山海经》云："太戏之山，滹沱之水出焉。"在今代州繁峙县东，流经定州深泽县东南，即光武所度处，今俗犹谓之危度口。臣贤案：呼沱河旧在饶阳南，至魏太祖曹操因饶河故渎决，令北注新沟水，所以今在饶阳县北。

⑪《续汉书》曰："时冰滑马僵，乃各以囊盛沙，布冰上度焉。"

⑫下博：县，属信都国。在博水之下，故曰下博。故城在今冀州下博县南。

⑬老父盖神人也,今下博县西犹有祠堂。

⑭信都郡,今冀州也。

⑮堂阳及贳并属钜鹿郡。堂阳在堂水之阳,今冀州县,故城在今冀州鹿城县西南,贳音时夜反。

⑯《东观记》曰:"王莽分钜鹿为和(戎)〔成〕郡。"卒正,职如太守。

⑰昌城,县,属信都国,故城在今冀州西北。宋子,县,属钜鹿郡,故城在今赵州平棘县北。

⑱县名,属钜鹿郡。常山郡有上曲阳,故此言下。

复北击中山,①拔卢奴。②所过发奔命兵,③移檄边部,共击邯郸,郡县还复响应。南击新市、真定、元氏、防子,皆下之,④因人赵界。

①中山,国,一名中人亭,故城在今定州唐县东北。张曜《中山记》曰:"城中有山,故曰中山。"

②县名,属中山国,故城在今定州安喜县。《水经注》曰:"县有黑水故池,水黑曰卢,不流曰奴,因以为名。"

③《前书音义》曰:"旧时郡国皆有材官、骑士,若有急难,权取骁勇者闻命奔赴,故谓之'奔命'。"

④新市,县,属钜鹿郡,故城在今恒州东北。元氏、房子,属常山郡,并今赵州县也。防与房古字通用。

时王郎大将李育屯柏人,①汉兵不知而进,前部偏将朱浮、邓禹为育所破,亡失辎重。光武在后闻之,收浮、禹散卒,与育战于郭门,大破之,尽得其所获。育还保城,攻之不下,于是引兵拔广阿。②会上谷太守耿况、渔阳太守彭宠③各遣其将吴汉、寇恂等将突骑来助击王郎,④更始亦遣尚书仆射谢躬讨郎,⑤光武因大飨士卒,遂东围钜鹿。王郎守将王饶坚守,月馀不下。郎遣将倪宏、刘奉⑥率数万人救钜鹿,光武逆战于南䜌,⑦斩首数千级。四月,进围邯郸,连战破之。五月甲辰,拔其城,诛王郎。收文书,得吏人与郎交关谤毁者数千章。光武不省,会诸将军烧之,曰:"令反侧子自安。"⑧

①县名,属赵国,今邢州县,故城在县之西北。

②县名,属钜鹿郡,故城在今赵州象城县西北。

③上谷，郡，故城在今妫州怀戎县。渔阳，郡，在渔水之阳，今幽州县。

④突骑，言能冲突军阵。

⑤《汉官仪》曰："尚书四员，武帝置，成帝加一为五。有〔常〕侍曹尚书，〔32〕主丞相御史事；二千石尚书，主刺史、二千石事；户曹尚书，主人庶上书事；主客尚书，主外国四夷事；成帝加三公尚书，主断狱事。仆射，秦官也。仆，主也。古者重武事，每官必有主射以督课之。"谢躬为尚书仆射。

⑥倪音五兮反。

⑦县名，属钜鹿郡，故城在今邢州柏人县东北。《左传》齐国夏伐晋取栾，即其地也。其后南徙，故加"南"。今俗谓之伦城，声之转也。栾音力全反。

⑧反侧，不安也。《诗·国风》曰："展转反侧。"

更始遣侍御史持节立光武为萧王，①悉令罢兵诣行在所。②光武辞以河北未平，不就征。自是始贰于更始。③

①萧，县，属沛郡，今徐州县也。《续汉书》曰："更始使侍御史黄党封上为萧王。"

②蔡邕《独断》曰："天子以四海为家，故谓所居为行在所。"

③贰，离异也。

是时长安政乱，四方背叛。梁王刘永擅命睢阳，①公孙述称王巴蜀，②李宪自立为淮南王，③秦丰自号楚黎王，④张步起琅邪，⑤董宪起东海，⑥延岑起汉中，⑦田戎起夷陵，⑧并置将帅，侵略郡县。又别号诸贼铜马、大肜、高湖、重连、铁胫、大抢、尤来、上江、青犊、五校、檀乡、五幡、五楼、富平、获索等，⑨各领部曲，⑩众合数百万人，所在寇掠。

①县名，属梁郡，今宋州也。擅，专也。

②蜀有巴郡，故总言之。

③淮南，郡，今寿州也。

④习凿齿《襄阳记》曰："秦丰，黎丘乡人。黎丘楚地，故称楚黎王。"黎丘故城在今襄州率道县北。

⑤郡〔名〕。有琅邪山，故城〔在〕今海州朐山县东北。〔33〕

⑥郡名，今海州县。

⑦郡名，故城在今梁州南郑县东北。

⑧县名,属南郡。有夷山,故曰夷陵,今硖州县也,故城在今县西北。

⑨诸贼或以山川土地为名,或以军容强盛为号。铜马贼帅东山荒秃、上淮况等,大肜渠帅樊重,〔34〕尤来渠帅樊崇,五校贼帅高扈,檀乡贼帅董次仲,五楼贼帅张文,富平贼帅徐少,获索贼帅古师郎等,并见《东观记》。

⑩《续汉志》曰:"大将军营有五部,部三校尉。部下有曲,曲有军候一人。"

光武将击之,先遣吴汉北发十郡兵。幽州牧苗曾不从,汉遂斩曾而发其众。秋,光武击铜马于鄡,①吴汉将突骑来会清阳。②贼数挑战,③光武坚营自守;有出卤掠者,辄击取之,④绝其粮道。积月馀日,贼食尽,夜遁去,追至馆陶,大破之。⑤受降未尽,而高湖、重连从东南来,与铜马馀众合,光武复与大战于蒲阳,悉破降之,封其渠帅为列侯。⑥降者犹不自安,光武知其意,敕令各归营勒兵,乃自乘轻骑按行部陈。降者更相语曰:"萧王推赤心置人腹中,安得不投死乎!"⑦由是皆服。悉将降人分配诸将,众遂数十万,故关西号光武为"铜马帝"。赤眉别帅与大肜、青犊十馀万众在射犬,⑧光武进击,大破之,众皆散走。使吴汉、岑彭袭杀谢躬于邺。

①县名,属钜鹿郡,故城在今冀州鹿城县东。鄡音苦尧反。《竹书纪年》曰:"卫鞅封于鄡。"臣贤案:下文云"吴汉将突骑来会清阳",又"追至馆陶",并与鄡相近。俗本多误作"邬",而萧该音一古反,云属太原郡,臧(矜)〔竞〕音作鄳,〔35〕一建反,云属襄阳郡,并误也。

②县名,属清河郡,今贝州县,故城在州西北。

③挺身独战也,古谓之致师,见《左传》。挑音徒了反。

④卤与虏同。郭璞注《尔雅》曰:"掠,夺取也。"

⑤馆陶,县,属魏郡,今魏州县。

⑥《前书音义》曰"蒲阳山,蒲水所出",在今定州北平县西北。本或作"满阳"。渠,大也。《尚书》:"歼厥渠魁。"列侯即彻侯也。称列者,言见序列也。

⑦投死犹言致死。

⑧《续汉志》曰野王县有射犬聚,故城在今怀州武德县北也。

青犊、赤眉贼入函谷关,攻更始。①光武乃遣邓禹率六裨将引兵而西,以乘更始、赤眉之乱。时更始使大司马朱鲔、舞阴王李轶等屯洛阳，②光武亦令冯异守孟津以拒之。③

①函谷，谷名，因谷以名关。旧在弘农湖城县西，《前书》杨仆为楼船将军，有
功，耻居关外，武帝乃为徙于新安。故关在今洛州新安县之东。

②舞阴，县，属南阳郡，故城在今唐州沘阳县西北。

③孔安国注《尚书》云："孟，地名，在洛北，都道所凑，古今以为津。"《论衡》曰：
"武王伐纣，八百诸侯同于此盟，故曰盟津。"俗名治戍津，今河阳县津也。

建武元年春正月，平陵人方望①立前孺子刘婴为天子，②更始遣丞
相李松击斩之。

①平陵，昭帝陵也，因以为县，故城在今咸阳县西北。

②平帝崩，王莽立楚孝王孙广戚侯显子婴为孺子。莽篡位，废为定安公。

光武北击尤来、大抢、五幡于元氏，追至右北平，连破之。① 又战于
顺水北，②乘胜轻进，反为所败。贼追急，短兵接，③光武自投高岸，遇突
骑王丰，下马授光武，光武抚其肩而上，顾笑谓耿弇曰："几为虏嗤。"弇
频射却贼，得免。士卒死者数千人，散兵归保范阳。④ 军中不见光武，或
云已殁，⑤诸将不知所为。吴汉曰："卿曹努力！⑥王兄子在南阳，何忧无
主？"⑦众恐惧，数日乃定。贼虽战胜，而素慑大威，⑧客主不相知，夜遂
引去。大军复进至安次，⑨与战，破之，斩首三千馀级。贼入渔阳，乃遣
吴汉率耿弇、陈俊、马武等十二将军追战于潞东，⑩〔36〕及平谷，大破
灭之。⑪

①北平，县，属中山国，今易州永乐县也。臣贤案：《东观记》、《续汉书》并无
"右"字，此加"右"，误也。营州西南别有右北平郡故城，非此地。

②郦元《水经注》云："徐水经北平县故城北，光武追铜马、五幡，破之于顺水，
即徐水之别名也。"在今易州。本或作"慎"者，误也。

③短兵谓刀剑也。《楚辞》曰："车错毂兮短兵接。"

④县名，在范水之阳，属涿郡，故城在今易州易县东南。

⑤《东观记》曰："上已乘王丰小马先到矣，营门不觉。"

⑥曹，辈也。

⑦兄子谓伯升子章及兴也。

⑧慑,惧也,音之涉反。

⑨县名,属勃海郡,今幽州县也,故城在县东。

⑩潞,县名,属渔阳郡,今幽州县也。有潞水,因以为名。萧该《音义》云:"潞属上党。"臣贤案:潞与渔阳相接,言上党潞者非也。

⑪平谷,县,属渔阳郡,故城在今潞县北。

朱鲔遣讨难将军苏茂攻温,①冯异、寇恂与战,大破之,斩其将贾彊。

①今洛州县。

于是诸将议上尊号。马武先进曰:"天下无主。如有圣人承敝而起,虽仲尼为相,孙子为将,犹恐无能有益。反水不收,后悔无及。①大王虽执谦退,奈宗庙社稷何! 宜且还蓟即尊位,乃议征伐。今此谁贼而驰骛击之乎?"②光武惊曰:"何将军出是言? 可斩也!"武曰:"诸将尽然。"光武使出晓之,③乃引军还至蓟。

①言早当即尊位以定众心,今执谦退,失于事机也。孙子名武,吴王阖闾将,善用兵,有《兵法》十三篇。反音翻。

②谁谓未有主也。《前书音义》曰:"直骋曰驰,乱驰曰骛。"

③使晓谕诸将。

夏四月,公孙述自称天子。

光武从蓟还,过范阳,命收葬吏士。至中山,诸将复上奏曰:"汉遭王莽,宗庙废绝,豪杰愤怒,兆人涂炭。①王与伯升首举义兵,更始因其资以据帝位,而不能奉承大统,败乱纲纪,盗贼日多,群生危蹙。②大王初征昆阳,王莽自溃;后拔邯郸,北州弭定;参分天下而有其二,跨州据土,带甲百万。言武力则莫之敢抗,论文德则无所与辞。臣闻帝王不可以久旷,[37]天命不可以谦拒,惟大王以社稷为计,万姓为心。"光武又不听。

①《尚书》曰:"人坠涂炭。"孔安国注云:"若陷泥坠火,无救之者。"

②蹙,迫也,音子六反。

行到南平棘,①诸将复固请之。光武曰:"寇贼未平,四面受敌,何遽欲正号位乎？诸将且出。"耿纯进曰："天下士大夫捐亲戚，弃土壤，从大王于矢石之间者，其计固望其攀龙鳞，附凤翼，以成其所志耳。②今功业即定，天人亦应，而大王留时逆众，不正号位，纯恐士大夫望绝计穷，则有去归之思，无为久自苦也。大众一散，难可复合。时不可留，众不可逆。"纯言甚诚切，光武深感，曰："吾将思之。"

①县名，属常山郡，今赵州县，故城在县南。

②杨雄《法言》曰："攀龙鳞，附凤翼，巽以扬之。"

行至鄗，①光武先在长安时同舍生彊华②自关中奉《赤伏符》，曰"刘秀发兵捕不道，四夷云集龙斗野，四七之际火为主"。③群臣因复奏曰："受命之符，人应为大，④万里合信，不议同情，周之白鱼，曷足比焉？⑤今上无天子，海内淆乱，符瑞之应，昭然著闻，宜答天神，以塞群望。"光武于是命有司设坛场于鄗南千秋亭五成陌。⑥

①县名，今赵州高邑县也。鄗音火各反。

②《续汉书》曰："彊华，颍川人也。"彊音其两反。

③四七，二十八也。自高祖至光武初起，合二百二十八年，即四七之际也。汉火德，故火为主也。

④谓彊华奉《赤伏符》也。

⑤《尚书中候》曰"武王伐纣，度孟津，中流白鱼跃入王舟，长三尺，赤文有字，告以伐纣之意"也。

⑥坛谓筑土，场谓除地。秦法，十里一亭。南北为阡，东西为陌。其地在今赵州柏乡县。《水经注》曰，亭有石坛，坛有圭头碑，其阴云常山相陇西狄道冯龙所造。坛（庙）之东，〔38〕枕道有两石翁仲，南北相对焉。

六月己未，即皇帝位。燔燎告天，①禋于六宗，②望于群神。③其祝文曰："皇天上帝，后土神祇，眷顾降命，属秀黎元，为人父母，④秀不敢当。群下百辟，不谋同辞，⑤咸曰：'王莽篡位，秀发愤兴兵，破王寻、王邑于昆阳，诛王郎、铜马于河北，平定天下，海内蒙恩。上当天地之心，下为元元所归。'⑥谶记曰：'刘秀发兵捕不道，卯金修德为天子'。⑦秀犹固辞，至于再，至于三。群下佥曰：'皇天大命，不可稽留。'敢不敬承。"

于是建元为建武，大赦天下，改鄗为高邑。

①天高不可达，故燔柴以祭之，庶高烟上通也。《尔雅》云："祭天曰燔柴。"燔
　音烦。燎音力吊反。

②精意以享谓之禋。《续汉志》："平帝元始中，谓六宗为《易》卦六子之气，水、
　火、雷、风、山、泽也。光武中兴，遵而不改。至安帝即位，初改六宗为天地
　四方之宗，祠于洛阳之北，戌亥之地。"

③山林川谷能兴致云雨者皆曰神。不可遍至，故望而祭之。《尚书》曰："望于
　山川，遍于群神。"

④属音烛。

⑤《诗·大雅》曰："百辟卿士。"郑玄注云："百辟，畿内诸侯也。"

⑥元元谓黎庶也。元元由言喁喁，可矜怜之辞也。

⑦卯金，刘字也。《春秋演孔图》曰："卯金刀，名为〔刘〕，〔39〕赤帝后，次代周。"

是月，赤眉立刘盆子为天子。

甲子，前将军邓禹击更始定国公王匡于安邑，〔40〕大破之，①斩其将
刘均。

①安邑，县，属河东郡，今蒲州县也。

秋七月辛未，拜前将军邓禹为大司徒。丁丑，以野王令王梁为大司
空。①壬午，以大将军吴汉为大司马，偏将军景丹为骠骑大将军，大将军
耿弇为建威大将军，偏将军盖延为虎牙大将军，偏将军朱祐为建义大将
军，〔41〕中坚将军杜茂为大将军。

①野王，县，属河内郡，故城在今怀州。时据《赤伏符》文，故从县宰而超拜之，
　事具《梁传》。

时宗室刘茂自号"厌新将军"，①率众降，封为中山王。

①王莽号新室，言欲厌胜之。

己亥，幸怀。①遣耿弇率强弩将军陈俊军五社津，②备荥阳以东。使
吴汉率朱祐及廷尉岑彭、③执金吾贾复、④扬化将军坚镡等十一将军⑤
围朱鲔于洛阳。

①县名，属河内郡，故城在今怀州武陟县西。天子所行必有恩幸，故称幸。

②《水经注》曰："巩县北有五社津，一名土社津。有山临河，其下有穴，潜通淮浦。有渚，谓之鲔渚。"《吕览》云"武王伐纣至鲔水"，即此地。

③《前书》"廷尉，秦官"也。听狱必质于朝廷，与众共之。尉，平也，〔42〕故称廷尉。

④《前书》曰："中尉，秦官，武帝改为执金吾。"吾，御也，掌执兵革以御非常。

⑤镡音徒南反。

八月壬子，祭社稷。癸丑，祠高祖、太宗、世宗于怀宫。进幸河阳。更始廪丘王田立降。①

①廪丘，县，属东郡，〔故〕城在今濮州雷泽县北也。〔43〕

九月，赤眉入长安，更始奔高陵。辛未，诏曰：①"更始破败，弃城逃走，妻子裸袒，流冗道路。②朕甚愍之。今封更始为淮阳王。③吏人敢有贼害者，罪同大逆。"

①《汉制度》曰："帝之下书有四：一曰策书，二曰制书，三曰诏书，四曰诫敕。策书者，编简也，其制长二尺，短者半之，篆书，起年月日，称皇帝，以命诸侯王。三公以罪免亦赐策，而以隶书，用尺一木，两行，唯此为异也。制书者，帝者制度之命，其文曰制诏三公，皆玺封，尚书令印重封，露布州郡也。诏书者，诏，告也，其文曰告某官云〔云〕，〔44〕如故事。诫敕者，谓敕刺史、太守，其文曰有诏敕某官。它皆仿此。"

②冗音人勇反。冗，散也。

③淮阳，郡，故城在今陈州宛丘县西南。

甲申，以前(高)密令卓茂为太傅。①〔45〕

①高密，县，属高密国，今密州县，故城在今县之西南。卓以平帝时为密令，〔46〕故曰"前"。

辛卯，朱鲔举城降。

冬十月癸丑，车驾入洛阳，幸南宫却非殿，遂定都焉。①

①蔡质《汉典职仪》曰："南宫至北宫，中央作大屋，复道，三道行，天子从中道，从宫夹左右，十步一卫。两宫相去七里。"又《洛阳宫阁名》有却非殿。臣贤案：俗本或作"御北殿"者，误。

遣岑彭击荆州群贼。

十一月甲午,幸怀。

刘永自称天子。

十二月丙戌,至自怀。

赤眉杀更始,而隗嚣据陇右,卢芳起安定。① 破虏大将军叔寿击五校贼于曲梁,战殁。②

①郡名,今泾州县。

②曲梁属广平国,今洺州县也。

二年春正月甲子朔,日有食之。①大司马吴汉率九将军击檀乡贼于邺东,大破降之。庚辰,封功臣皆为列侯,大国四县,馀各有差。下诏曰:"人情得足,苦于放纵,快须臾之欲,忘慎罚之义。②惟诸将业远功大,诚欲传于无穷,宜如临深渊,如履薄冰,战战栗栗,日慎一日。③其显效未训,名籍未立者,大鸿胪趣上,④朕将差而录之。"博士丁恭议曰:"古帝王封诸侯不过百里,⑤故利以建侯,取法于雷,⑥强干弱枝,所以为治也。今封诸侯四县,不合法制。"帝曰:"古之亡国,皆以无道,未尝闻功臣地多而灭亡者。"乃遣谒者即授印绶,⑦策曰:"在上不骄,高而不危;制节谨度,满而不溢。敬之戒之。传尔子孙,长为汉藩。"⑧

①《续汉志》曰:"在危八度。虚、危,齐地。贼张步拥兵据齐,至五年乃破。"

②《尚书》曰:"罔不明德慎罚,亦克用劝。"孔安国注云"慎刑罚,亦能用劝善"也。

③《太公金匮》曰:"黄帝居人上,惴惴若临深渊;舜居人上,矜矜如履薄冰;禹居人上,栗栗如不满日。敬胜怠则吉,义胜欲则昌,日慎一日,寿终无殃。"

④《续汉志》曰:"大鸿胪,卿一人,中二千石,掌诸王入朝及拜诸侯封者。"趣音促。

⑤《史记》太史公曰:"武王、成、康所封数百,而同姓五十,地不过百里。"

⑥《易》《屯》卦《震》下《坎》上,《震》为雷,初九日"利建侯",又曰"震惊百里",故封诸侯地方百里,以法雷也。

⑦《前书》曰:"谒者,秦官,掌宾赞受事,员七十人,秩比六百石。"中兴但三十

人。蔡质《〔汉〕典职仪》曰：〔47〕“皆选仪容端正，任奉使者。”《前书》曰：“诸侯王，金玺蠜绶。列侯，金印紫绶。”蠜音戾，草名也。〔48〕似艾，可梁绿，因以名绶也。

⑧藩，屏也。言建诸侯所以为国之藩蔽也。《诗·大雅》曰：“四国于藩。”

壬午，更始复汉将军邓晔、辅汉将军于匡降，皆复爵位。

壬子，起高庙，建社稷于洛阳，立郊兆于城南，始正火德，色尚赤。①

①汉礼制度曰：“人君之居，前有朝，后有寝。终则制庙以象朝，后制寝以象寝。光武都洛阳，乃合高祖以下至平帝为一庙，藏十一帝主于其中。元帝次当第八，光武第九，故立元帝为祖庙，〔49〕后遵而不改。”《续汉志》曰：“立社稷于洛阳，在宗庙之右，皆方坛，四面及中各依方色，无屋，有墙门而已。”《白虎通》曰：“天子之坛方五丈，诸侯之坛半天子之坛。社者，土也，人非土不立，非谷不食，故封土立社，示有土也。稷者，五谷之长，得阴阳中和之气，故祭之也。”《续汉书》曰：“制郊兆于洛阳城南七里，为坛，八陛，中又为重坛，天地位皆在坛上。其外坛上为五帝位，青帝位在甲寅，赤帝位在丙巳，黄帝位在丁未，白帝位在庚申，黑帝位在壬亥。其外为壝，重营皆紫，以象紫宫。营有通道以为门，日月在营内南道，日在东，月在西。北斗在北道之西。外营、中营凡千五百一十四神，高皇帝配食焉。北郊在洛阳城北四里，方坛，四陛。地祇位南面，西上；高皇后配，西面，皆在坛上；地理群后从食，〔50〕皆在坛下；中岳在未；四岳各依其方，淮、海俱在东，河在西，济在北，江在南，馀山川各如其方。”汉初土德，色尚黄，至此始明火德，微帜尚赤，服色于是乃正。

是月，赤眉焚西京宫室，发掘园陵，①寇掠关中。大司徒邓禹入长安，遣府掾奉十一帝神主，纳于高庙。②

①园谓茔域，陵谓山坟。

②《汉官仪》曰：“司徒府掾属三十一人，秩千石。”十一帝谓高祖至平帝。神主，以木为之，方尺二寸，穿中央，达四方。天子主长尺二寸，诸侯主长一尺。虞主用桑。练主用栗。卫宏《旧汉仪》曰：“已葬，收主，为木函，藏庙太室中西壁坎中，去地六尺一寸，祭则立主于坎下。”

真定王杨、临邑侯让谋反，①〔51〕遣前将军耿纯诛之。

①杨，景帝七代孙。让即杨弟。

二月己酉，幸修武。①

①县名，属河内郡，本殷之宁邑。《韩诗外传》曰："武王伐纣，勒兵于宁，改曰修武。"今怀州县也。

大司空王梁免。壬子，以太中大夫宋弘为大司空。

遣骠骑大将军景丹率征虏将军祭遵等二将军击弘农贼，破之，因遣祭遵围蛮中贼张满。①

①蛮中，聚名，故戎蛮子国，在今汝州西南，俗谓之麻城。

渔阳太守彭宠反，攻幽州牧朱浮于蓟。

延岑自称武安王于汉中。

辛卯，至自修武。

三月乙未，大赦天下，〔52〕诏曰："顷狱多冤人，用刑深刻，朕甚愍之。孔子云：'刑罚不中，则民无所措手足。'①其与中二千石、诸大夫、博士、议郎议省刑法。"

①《论语》之文。

遣执金吾贾复率二将军击更始郾王尹遵，破降之。①

①"遵"或作"尊"。

骁骑将军刘植击密贼，战殁。①

①密，县，属河南郡，今洛州县。

遣虎牙大将军盖延率四将军伐刘永。夏四月，围永于睢阳。更始将苏茂杀淮阳太守潘蹇而附刘永。

甲午，封叔父良为广阳王，兄子章为太原王，章弟兴为鲁王，春陵侯嫡子祉为城阳王。①

①城阳，国，故城在今沂州临沂县南。

五月庚辰，封更始元氏王歆为泗水王，①故真定王杨子得为真定王，〔53〕周后姬常为周承休公。②

①泗水,国,今兖州县也。

②武帝封周后姬嘉为周子南君,成帝封姬延为周承休公,常即延之后。〔54〕承休所封,故城在今汝州东北。

癸未,诏曰:"民有嫁妻卖子欲归父母者,恣听之。敢拘执,论如律。"

六月戊戌,立贵人郭氏为皇后,子彊为皇太子,大赦天下。增郎、谒者、从官秩各一等。①丙午,封宗子刘终为淄川王。②

①《前书》曰:"郎官掌守门户,出充车骑。有议郎、中郎、侍郎、郎中,秩六百石已下。"

②淄川,国,今淄州县。

秋八月,帝自将征五校。丙辰,幸内黄,①大破五校于羛阳,降之。②

①县名,属魏郡,今相州县。

②羛阳,聚名,属魏郡,故城在今相州尧城县东。诸本有作"茀"者,误也。《左传》云:"晋荀盈如齐逆女,还,卒于戏阳。"杜预注云:"内黄县北有戏阳城。"戏与羛同,音许宜反。

遣游击将军邓隆救朱浮,与彭宠战于潞,隆军败绩。

盖延拔睢阳,刘永奔谯。①

①今亳州县。

破虏将军邓奉据淯阳反。

九月壬戌,至自内黄。

骠骑大将军景丹薨。

延岑大破赤眉于杜陵。①

①县名,属京兆,周之杜伯国,在今万年县东南。

关中饥,民相食。

冬十一月,以廷尉岑彭为征南大将军,率八将军讨邓奉于堵乡。①

①《水经注》曰:"堵水南经小堵乡。"在今唐州方城县。堵音者。

铜马、青犊、尤来馀贼共立孙登为天子于上郡。①登将乐玄杀登,以其众五万馀人降。

①《春秋保乾图》曰:"贼臣起,名孙登,巧用法,多技方。"盖立以应之。上郡故
　城在今泾州上县东南。

遣偏将军冯异代邓禹伐赤眉。

使太中大夫伏隆持节安辑青徐二州,招张步降之。①

①《尔雅》曰:"辑,和也。"音集。

十二月戊午,诏曰:"惟宗室列侯为王莽所废,先灵无所依归,朕甚
愍之。其并复故国。若侯身已殁,属所上其子孙见名尚书,封拜。"①

①属所谓侯子孙所属之郡县也。录其见名上于尚书,封拜之。

是岁,盖延等大破刘永于沛西。①初,王莽末,天下旱蝗,黄金一斤
易粟一斛;至是野谷旅生,②麻尗尤盛,野蚕成茧,被于山阜,人收其
利焉。

①沛,今徐州县也。

②旅,寄也。不因播种而生,故曰旅。今字书作"穭",音吕,古字通。

三年春正月甲子,以偏将军冯异为征西大将军,杜茂为骠骑大将
军。大司徒邓禹及冯异与赤眉战于回溪,①禹、异败绩。

①溪名也,俗名回坑,在今洛州永宁县东。

征虏将军祭遵破蛮中,斩张满。

辛巳,立皇考南顿君已上四庙。

壬午,大赦天下。

闰月乙巳,大司徒邓禹免。

冯异与赤眉战于崤底,大破之①,馀众南向宜阳,②帝自将征之。己
亥,幸宜阳。甲辰,亲勒六军,大陈戎马,大司马吴汉精卒当前,中军次
之,骁骑、武卫分陈左右。赤眉望见震怖,遣使乞降。丙午,赤眉君臣面
缚,③奉高皇帝玺绶,④诏以属城门校尉。⑤戊申,至自宜阳。己酉,诏
曰:"群盗纵横,贼害元元,盆子窃尊号,乱惑天下。朕奋兵讨击,应时崩

解,十餘万众束手降服,先帝玺绶归之王府。斯皆祖宗之灵,士人之力,朕曷足以享斯哉!⑥其择吉日祠高庙,赐天下长子当为父后者爵,人一级。”

①崤,山名;底,阪也。一名嶔岑山,在今洛州永宁县西北。

②县名,属弘农郡,韩国都也,故城在今洛州福昌县东韩城是也。

③面,偝也。谓反偝而缚之。

④蔡邕《独断》曰:“皇帝六玺,皆玉螭虎纽,文曰‘皇帝行玺’、‘皇帝之玺’、‘皇帝信玺’、‘天子行玺’、‘天子之玺’、‘天子信玺’,皆以武都紫泥封之。”《玉玺谱》曰:“传国玺是秦始皇初定天下所刻,其玉出蓝田山,丞相李斯所书,其文曰‘受命于天,既寿永昌’。高祖至霸上,秦王子婴献之。至王莽篡位,就元后求玺,不与,以威逼之,乃出玺投地,玺上螭一角缺。乃莽败,李松持玺诣宛上更始;更始败,玺入赤眉;刘盆子既败,以奉光武。”

⑤《前书》曰“城门校尉,掌京师城门屯兵,秩比二千石”也。

⑥享,当也。

二月己未,祠高庙,受传国玺。

刘永立董宪为海西王,①张步为齐王。步杀光禄大夫伏隆而反。

①海西,县,属琅邪郡。

幸怀。遣吴汉率二将军击青犊于轵西,大破降之。①

①轵,县,属河内郡,故城在今洛州济源县东南。

三月壬寅,以大司徒司直伏湛为大司徒。①

①《续汉志》曰:“光武即位,依武帝故事置司徒司直,建武十一年省。”

彭宠陷蓟城,宠自立为燕王。

帝自将征邓奉,幸堵阳。夏四月,大破邓奉于小长安,斩之。

冯异与延岑战于上林,破之。①

①关中上林苑也。

吴汉率七将军与刘永将苏茂战于广乐,大破之。①虎牙大将军盖延围刘永于睢阳。

①广乐地阙,今宋州虞城县有长乐故城,盖避隋炀帝讳。

五月己酉,车驾还宫。

乙卯晦,日有食之。①

①《续汉志》曰:"日在柳十四度。柳,河南也。时樊崇谋作乱,其七月伏诛。"

六月壬戌,大赦天下。

耿弇与延岑战于穰,大破之。①

①穰,县,属南阳郡,今邓州县。

秋七月,征南大将军岑彭率三将军伐秦丰,战于黎丘,大破之,获其将蔡宏。

庚辰,诏曰:"吏不满六百石,下至墨绶长、相,有罪先请。①男子八十以上,十岁以下,及妇人从坐者,自非不道、诏所名捕,皆不得系。②当验问者即就验。女徒雇山归家。"③

①《续汉志》曰:"县大者置令一人,千石;其次置长,四百石;小者三百石。侯国之相亦如之。皆掌理人,并秦制。"

②诏书有名而特捕者。

③《前书音义》曰:"《令甲》:女子犯徒遣归家,每月出钱雇人于山伐木,名曰雇山。"

盖延拔睢阳,获刘永,而苏茂、周建立永子纡为梁王。

冬十月壬申,幸春陵,祠园庙,因置酒旧宅,大会故人父老。①十一月乙未,至自春陵。

①光武旧宅在今随州枣阳县东南。宅南二里有白水焉,即张衡所谓"龙飞白水"也。

涿郡太守张丰反。①

①涿郡故城在今幽州范阳县。

是岁,李宪自称天子。西州大将军隗嚣奉奏。①建义大将军朱祐率祭遵与延岑战于东阳,斩其将张成。②

①时邓禹承制命嚣为西州大将军,专制凉州、朔方事。

②东阳,聚名也,故城在今邓州南。临淮郡复有东阳县,非此地也。

四年春正月甲申,大赦天下。

二月壬子,幸怀。壬申,至自怀。

遣右将军邓禹率二将军与延岑战于武当,破之。①

①武当,县,属南阳郡,有武当山,今均州县也。

夏四月丁巳,幸邺。己巳,进幸临平。①

①县名,属钜鹿郡,故城在今定州鼓城县东南。

遣大司马吴汉击五校贼于箕山,大破之。①

①《吴汉传》曰东郡箕山。

五月,进幸元氏。辛巳,进幸卢奴。

遣征虏将军祭遵率四将军讨张丰于涿郡,斩丰。

六月辛亥,车驾还宫。

七月丁亥,幸谯。遣捕虏将军马武、偏将军王霸围刘纡于垂惠。①

①垂惠,聚名,在今亳州山桑县西北,一名礼城。

董宪将贲休以兰陵城降,宪围之。①虎牙大将军盖延率平狄将军庞萌救贲休,不克,兰陵为宪所陷。

①《前书》曰贲赫。贲音肥,今姓作(贲)〔奔〕音(奔)。〔55〕兰陵,县,属东海郡,故城在今沂州丞县东。

秋八月戊午,进幸寿春。①

①今寿州县。

太中大夫徐恽擅杀临淮太守刘度,恽坐诛。

遣扬武将军马成率三将军伐李宪。九月,围宪于舒。①

①县名,故城在今庐州庐江县西。

冬十月甲寅,车驾还宫。

太傅卓茂薨。

十一月丙申,幸宛。遣建议大将军朱祐率二将军围秦丰于黎丘。

十二月丙寅,进幸黎丘。

是岁,征西大将军冯异与公孙述将程焉战于陈仓,破之。

五年春正月癸巳,车驾还宫。

二月丙午,大赦天下。

捕虏将军马武、偏将军王霸拔垂惠。

乙丑,幸魏郡。①

①今相州也。

壬申,封殷后孔安为殷绍嘉公。①

①成帝封孔吉为殷绍嘉公,安即吉之裔也。

彭宠为其苍头所杀,渔阳平。①

①秦呼人为黔首。谓奴为苍头者,以别于良人也。

大司马吴汉率建威大将军耿弇击富平、获索贼于平原,大破降之。①复遣耿弇率二将军讨张步。

①平原,郡,今德州县也。

三月癸未,徙广阳王良为赵王,始就国。

平狄将军庞萌反,杀楚郡太守孙萌而东附董宪。

遣征南大将军岑彭率二将军伐田戎于津乡,大破之。①

①南郡有津乡,故城在今荆州江陵县东。

夏四月,旱,蝗。

河西大将军窦融始遣使贡献。

五月丙子,诏曰:“久旱伤麦,秋种未下,朕甚忧之。将残吏未胜,狱多冤结,元元愁恨,感动天气乎?其令中都官、三辅、郡、国出系囚,①罪非犯殊死一切勿案,②见徒免为庶人。务进柔良,退贪酷,各正厥事焉。”③

①《前书音义》曰:“中都官谓京师诸官府也。国谓诸侯王国也。”

②殊死谓斩刑。殊,绝也。《左传》曰:“斩其木而弗殊。”一切谓权时,非久制也。并见《前书音义》。

③臣贤案：范晔《序例》云"帝纪略依《春秋》，唯字彗、日食、地震书，馀悉备于
　志"。流俗本于此下多有"甲申，白虹见，南北竟天"者，误。它皆放此。

六月，建义大将军朱祐拔黎丘，获秦丰；而庞萌、苏茂围桃城。①帝
时幸蒙，②因自将征之。先理兵任城，乃进救桃城，大破萌等。

①任城国有桃聚，故城在今兖州任城县北。

②县名，属梁国，故城在今宋州北。

秋七月丁丑，幸沛，祠高原庙。①诏修复西京园陵。进幸湖陵，征董
宪。②又幸蕃，③遂攻董宪于昌虑，大破之。④

①《前书音义》曰："原，再也。"谓已立庙，更立者为原。

②湖陵，县，属山阳郡，故城在今兖州方与县东，一名湖陆。

③县名，属鲁国，故城在今徐州滕县。蕃音皮。〔56〕

④昌虑，县，属东海郡，故城在今徐州滕县东南。古邾国之滥邑也。《左传》曰
　"邾庶其以滥来奔"，即此地。

八月己酉，进幸郯，①留吴汉攻刘纡、董宪等，车驾转徇彭城、下邳。
吴汉拔郯，获刘纡；汉进围董宪、庞萌于朐。②

①县名，属东海郡，故城在今泗州下邳县东北。郯音谈。

②县名，属东海郡，故城在今海州朐山县西。音其于反。

冬十月，还，幸鲁，使大司空祠孔子。

耿弇等与张步战于临淄，大破之。①帝幸临淄，进幸剧。②张步斩苏
茂以降，齐地平。

①临淄，今青州县。

②县名，故城在今青州寿光县南，故纪国城也。

初起太学。①车驾还宫，幸太学，赐博士弟子各有差。

①陆机《洛阳记》曰："太学在洛阳城故开阳门外，去宫八里，讲堂长十丈，广
　三丈。"

十一月壬寅，大司徒伏湛免，尚书令侯霸为大司徒。

十二月，卢芳自称天子于九原。①

①县名,属五原郡,故城在今胜州银城县。〔57〕

西州大将军隗嚣遣子恂入侍。

交阯牧邓让率七郡太守遣使奉贡。①

①交阯,郡,今交州县也。南滨大海。《舆地志》云:"其夷足大指开析,两足并立,指则相交。"阯与趾同,古字通。应劭《汉官仪》曰:"始开北方,遂交于南,为子孙基阯也。"七郡谓南海、苍梧、郁林、合浦、交阯、九真、日南,并属交州,见《续汉书》。

诏复济阳二年徭役。①

①济阳,县,故城在今曹州冤句县西南。皇考南顿君初为济阳令,以哀帝建平元年帝生于济阳宫,故复之。《前书音义》曰:"复谓除其赋役也。复音福。"

是岁,野谷渐少,田亩益广焉。

【校勘记】

〔1〕　出自景帝生长沙定王发　刘攽《东汉书刊误》谓"生"当作"子"。按:《集解》引惠栋说,谓《东观记·世祖纪》云"世祖光武皇帝,高祖九世孙,承文、景之统,出自长沙定王发,定王生舂陵节侯",本书自明,范氏易其文而义反晦耳。

〔2〕　本属零陵(冷)〔泠〕道县　据汲本改。

〔3〕　故城(今)在〔今〕随州枣阳县东　据张熷《读史举正》改。

〔4〕　今(郴)〔贵〕州县　王先谦谓郁林今浔州府贵县,贵县唐为贵州县,作"郴"误。今据改。

〔5〕　庭中骨起　按:殿本、《集解》本"庭中"作"中庭"。

〔6〕　王莽〔始〕建国六年　据《刊误》补。

〔7〕　天凤六年改为地皇　按:张熷谓据《前书》"六"当作"七"。

〔8〕　孛星光芒短蓬然　按:姚范《援鹑堂笔记》谓《前书·文纪》文颖注"孛星光芒短,其光四出蓬蓬字字也",则此注"蓬然"当重一"蓬"字。

〔9〕　谓〔武冠〕武官冠之　据《刊误》补。

〔10〕　更始元年正月甲子朔　张熷《读史举正》及黄山《后汉书校补》并谓据下

文"二月辛巳",则正月甲子非朔。今按:是年正月壬子朔,此或衍"朔"字,或"甲子"为"壬子"之讹。

〔11〕 前书曰　按:张熷谓引《前书》非本文,"书"下当有"音义"二字。

〔12〕 属南〔阳〕郡　按:张熷谓"南"下当有"阳"字。今据补。

〔13〕 故城在今邓州南阳县南(在)淯水之阳　据殿本删。

〔14〕 得定武侯家丞印　按:沈家本《后汉书琐言》谓《前书》无"定武",未知是班夺,抑《东观记》误也。

〔15〕 〔鄾〕音于建反　据汲本、殿本补。

〔16〕 欲分留守之　按:《通鉴》"留"作"兵"。

〔17〕 (诏)〔昭〕如海滨　据殿本改,与《前书·莽传》合。

〔18〕 骠骑大将军武帝置自霍去病始　按:钱大昕《廿二史考异》谓去病为骠骑将军,无"大"字。

〔19〕 钲鼓之声闻数百里　按:袁宏《后汉纪》"数百里"作"数十里"。《御览》二八三引同。

〔20〕 城中负户而汲　按:《御览》二八三引"户"作"楯"。

〔21〕 谓营头之星也　按:《御览》三二八引"谓"上有"所"字。

〔22〕 光武遂与营部俱进　按:张文虎《舒艺室随笔》谓"营部"不辞,《通典》一五八引"营部"上有"诸"字,《通鉴》同。"诸"字不可少。

〔23〕 贤万人曰杰　殿本、《集解》本"贤"下有"过"字。按:《白虎通·圣人篇》作"万人曰杰"。

〔24〕 少年子弟　按:《前书·莽传》"子"作"朱"。殿本同,《考证》谓监本作"于",宋本作"宋"。

〔25〕 秩(比)二千石　据《前书·百官公卿表》删。按:《前书》云"自司隶至虎贲、校尉秩皆二千石";此"比"字疑即"皆"字之脱其下半。

〔26〕 (并)音其物反　据《刊误》删。

〔27〕 祾褵　按:"祾"原讹"祝",径据汲本、殿本改正。

〔28〕 诸(事)曹〔掾〕史　《刊误》谓案文多一"事"字。按:《百官志》作"诸曹掾史",今据改。

〔29〕 东观记(曰)林作临字　按:于文明衍"曰"字,今删。

〔30〕 王莽和(戎)〔成〕卒正邳彤亦举郡降　按:《邳彤传》"和戎"作"和成",张熷谓当从《彤传》。又沈家本谓按《邳彤传》"戎"作"成",注引《东观记》

亦作"成",只此传误。《水经·浊漳水注》引作"和城",城成书多通用也。今据改。又按:汲本"肜"作"肜"。

〔31〕县名属涿郡 按:张熷谓案《前志》,蓟属广阳国,《续志》属广阳郡,皆无"属涿郡"之文。

〔32〕有〔常〕侍曹尚书 据《刊误》补。

〔33〕郡〔名〕有琅邪山故城〔在〕今海州朐山县东北 《刊误》谓"郡"下少一"名"字,"城"下少一"在"字。今据补。

〔34〕大肜渠帅樊重 按:《耿弇传》"故大肜渠帅重异",李注"重姓,异名",此作"樊重",似讹。

〔35〕臧(矜)〔竞〕音作鄙 按:《集解》引惠栋说,谓"矜"当作"竞",《隋书·经籍志》《范汉音训》三卷,陈宗道先生臧竞撰。今据改。

〔36〕乃遣吴汉率耿弇陈俊马武等十二将军 按:"十二"当作"十四"。《集解》引惠栋说,谓《耿弇传》光武遣弇与吴汉、景丹、盖延、朱祐、邳彤、耿纯、刘植、岑彭、祭遵、坚镡、王霸、陈俊、马武十三将军,并弇为十四也。

〔37〕臣闻帝王不可以久旷 按:李慈铭《后汉书札记》谓"王"当作"位"。

〔38〕坛(庙)之东 据《刊误》删。

〔39〕名为〔刘〕 据《刊误》补。

〔40〕击更始定国公王匡于安邑 按:"公"下原衍"主"字,径据汲本、殿本删。

〔41〕偏将军朱祐为建义大将军 按:王先谦谓"祐"当作"祜",详下《朱祐传》校勘记。

〔42〕尉平也 按:"《前书》颜师古注作"廷,平也"。

〔43〕〔故〕城在今濮州雷泽县北也 按:张森楷《校勘记》谓"城"上当有"故"字,今据补。

〔44〕其文曰告某官云〔云〕 据《刊误》补。

〔45〕以前(高)密令卓茂为太傅 据殿本《考证》引何焯说及《集解》引钱大昕说删。按:钱氏谓茂作令在河南之密,非高密,纪衍"高"字。

〔46〕卓以平帝时为密令 按:《集解》引何焯说,谓"卓"应改"茂"。

〔47〕蔡质〔汉〕典职仪曰 据《刊误》补。

〔48〕草名也 按:"草"原作"华",径据汲本、殿本改。

〔49〕故立元帝为祖庙 按:《刊误》谓以世数言之,元帝乃是光武考,非祖也,作"祖"字误。

〔50〕地理群后从食　按："后"当作"神"，《续志》可证。

〔51〕真定王杨临邑侯让　按：钱大昕谓《刘植》、《耿纯传》"杨"皆作"扬"，《耿纯传》"临"作"林"。

〔52〕二月己酉幸修武　辛卯至自修武　三月乙未大赦天下　《校补》引洪亮吉说，谓己酉、辛卯不同月，下"三月"二字当在"辛卯"上，《范史》误倒。黄山谓本年正月甲子朔，则二月己酉已届望后矣，不惟二月无辛卯，即三月亦不当有乙未。《袁纪》书"三月乙酉，大赦天下"，不作"乙未"也。《范书》日月蹉驳之处不可枚举，书阙有间，无从悉正。

〔53〕故真定王杨子得为真定王　汲本、殿本"得"作"德"。按：得德古通作。

〔54〕成帝封姬延为周承休公常即延之后　按：沈家本谓按《前书·恩泽侯表》"延"作"延年"，疑此注夺"年"字。常者，延年四世孙也。惟表云更为周承休侯，与此异。

〔55〕今姓作(贲)〔奔〕音(奔)　据《刊误》改。

〔56〕蕃音皮　殿本"皮"作"反"。按：张森楷《校勘记》谓《前书·地理志》注引应劭音皮，又引白衰说，陈蕃子为鲁相，改读为皮云云以实之。而胡三省据《通典》，谓"皮"乃"反"之误，非是真有皮音。近人酷信应说，乃谓蕃通作番，番皮双声云云，非也。

〔57〕故城在今胜州银成县　汲本、殿本"成"作"城"。按：成城古多通作。

后汉书卷一下

光武帝纪第一下

六年春正月丙辰,改春陵乡为章陵县。世世复徭役,比丰、沛,无有所豫。①

①高祖(丰)沛〔丰〕邑人,〔1〕故代代复,今比之也。复音福。

辛酉,诏曰:"往岁水旱蝗虫为灾,谷价腾跃,①人用困乏。朕惟百姓无以自赡,恻然愍之。其命郡国有谷者,给禀②高年、〔2〕鳏、寡、孤、独及笃癃、无家属贫不能自存者,如律。③二千石勉加循抚,无令失职。"④

①言踊贵也。

②《说文》:"禀,赐谷也。"音笔锦反。

③《大戴礼》曰:"六十无妻曰鳏,五十无夫曰寡。"《礼记》曰:"幼而无父曰孤,老而无子曰独。"《尔雅》曰:"笃,困也。"《苍颉篇》曰:"癃,病也。"《汉律》今亡。

④职犹常也。

扬武将军马成等拔舒,获李宪。

二月,大司马吴汉拔朐,获董宪、庞萌,山东悉平。诸将还京师,置酒赏赐。

三月,公孙述遣将任满寇南郡。①

①今荆州也。

夏四月丙子,幸长安,始谒高庙,遂有事十一陵。①

①有事谓祭也。《左传》曰:"有事于太庙。"高祖长陵,惠帝安陵,文帝霸陵,景

帝阳陵，武帝茂陵，昭帝平陵，宣帝杜陵，元帝渭陵，成帝延陵，哀帝义陵，平帝康陵。

遣虎牙大将军盖延等七将军从陇道伐公孙述。

五月己未，至自长安。

隗嚣反，盖延等因与嚣战于陇阺，诸将败绩。

辛丑，诏曰："惟天水、陇西、安定、北地①吏人为隗嚣所诖误者，②又三辅遭难赤眉，有犯法不道者，③自殊死以下，皆赦除之。"

①并郡名。天水今秦州，安定今泾州，北地今宁州，陇西今渭州。

②《说文》曰："诖亦误也。"音古卖反。

③《前书音义》曰："《律》：杀不辜一家三人为不道。"

六月辛卯，诏曰："夫张官置吏，所以为人也。①今百姓遭难，户口耗少，而县官吏职所置尚繁，其令司隶、州牧②各实所部，省减吏员。县国不足置长吏可并合者，③上大司徒、大司空二府。"于是条奏并省四百馀县，吏职减损，十置其一。

①《管子》曰："张官置吏，所以奉主之法。"

②《汉官仪》曰："司隶校尉部河南、河内、右扶风、左冯翊、京兆、河东、弘农七郡于河南洛阳，故谓东京为'司隶'。"

③并音必政反。

代郡太守刘兴击卢芳将贾览于高柳，战殁。①

①高柳，县，属代郡，故城在今云州定襄县。

初，乐浪人王调据郡不服。①秋，遣乐浪太守王遵击之，郡吏杀调降。

①乐浪，郡，故朝鲜国也，在辽东。

遣前将军李通率二将军，与公孙述将战于西城，破之。①

①西城，县，属汉中，今金州县也。

夏，蝗。

秋九月庚子，赦乐浪谋反大逆殊死已下。

丙寅晦,日有食之。

冬十月丁丑,诏曰:"吾德薄不明,寇贼为害,强弱相陵,元元失所。《诗》云:'日月告凶,不用其行。'①永念厥咎,内疚于心。②其敕公卿举贤良方正各一人;③百僚并上封事,无有隐讳;④有司修职,务遵法度。"

①《诗·小雅》郑玄注云:"告凶,告天下凶亡之征也。行,道度也。不用之者,谓相干犯。"

②疚,病也。《诗》曰:"忧心孔疚。"

③武帝建元元年,始诏举贤良方正、直言极谏之士也。

④宣帝始令群臣得奏封事,以知下情。

十一月丁卯,诏王莽时吏人没入为奴婢不应旧法者,皆免为庶人。

十二月壬辰,大司空宋弘免。

癸巳,诏曰:"顷者师旅未解,用度不足,故行什一之税。①〔3〕今军士屯田,粮储差积。②其令郡国收见田租三十税一,如旧制。"③

①谓十分而税其一也。《孟子》曰:"夏五十而贡,殷七十而助,周百亩而彻,其实皆什一也。"

②武帝初通西域,始置校尉屯田。

③景帝二年,令人田租三十而税一,今依景帝,故云"旧制"。

隗嚣遣将行巡寇扶风,①征西大将军冯异拒破之。

①行,姓;巡,名。汉有行祐,为赵相,见《风俗通》。

是岁,初罢郡国都尉官。〔4〕始遣列侯就国。匈奴遣使来献,使中郎将报命。①

①《汉官仪》曰:"使匈奴中郎将,拥节,〔5〕秩比二千石。"《匈奴传》云:"令中郎将韩统报命,赂遗金币。"

七年春正月丙申,诏中都官、三辅、郡、国出系囚,非犯殊死,皆一切勿案其罪。见徒免为庶(民)〔人〕。〔6〕耐罪亡命,吏以文除之。①

①耐,轻刑之名。《前书音义》曰:"一岁刑为罚作,二岁刑已上为耐。"耐音乃代反。亡命谓犯耐罪而背名逃者。今吏为文簿,记其姓名而除其罪,恐遂

逃不归,因失名籍。

又诏曰:"世以厚葬为德,薄终为鄙,至于富者奢僭,贫者单财,①法令不能禁,礼义不能止,仓卒乃知其咎。②其布告天下,令知忠臣、孝子、慈兄、悌弟薄葬送终之义。"

①单,尽也。

②仓卒谓丧乱也。诸厚葬者皆被发掘,故乃知其咎。咎,恶也。

二月辛巳,罢护漕都尉官。

三月丁酉,诏曰:"今国有众军,并多精勇,宜且罢轻车、骑士、材官、楼船士及军假吏,①令还复民伍。"

①《汉官仪》曰:"高祖命天下郡国选能引关蹶张,材力武猛者,以为轻车、骑士、材官、楼船,常以立秋后讲肄课试,各有员数。平地用车骑,山阻用材官,水泉用楼船。"军假吏谓军中权置吏也。今悉罢之。

公孙述立隗嚣为朔宁王。

癸亥晦,日有食之,避正殿,寝兵,不听事五日。诏曰:"吾德薄致灾,谪见日月,①战栗恐惧,夫何言哉!今方念愆,庶消厥咎。其令有司各修职任,奉遵法度,惠兹元元。百僚各上封事,无有所讳。其上书者,不得言圣。"

①谪,责也。音直革反。《左传》曰:"人君为政不用善,自取谪于日月之灾也。"

夏四月壬午,诏曰:"比阴阳错谬,日月薄食。百姓有过,在予一人,大赦天下。公、卿、司隶、州牧举贤良方正各一人,遣诣公车,朕将览试焉。"①

①公车,门名。公车所在,因以名焉。《汉官仪》曰:"公车〔司马〕掌殿司马门,〔7〕天下上事及征召皆总领之。"

五月戊戌,前将军李通为大司空。

甲寅,诏吏人遭饥乱及为青、徐贼所略为奴婢下妻,欲去留者,恣听之。①敢拘制不还,以卖人法从事。②

①杜预〔注〕《左传》云：〔8〕"不以道取为略。"

②言从卖人之事以结其罪。

是夏，连雨水。

汉忠将军王常为横野大将军。

八月丁亥，封前河间王邵为河间王。

隗嚣寇安定，征西大将军冯异、征虏将军祭遵击却之。

冬，卢芳所置朔方太守田飒、①云中太守乔扈各举郡降。

①音立。

是岁，省长水、射声二校尉官。①

①《前书音义》曰："长水，地名，胡骑所屯。射声谓工射者也，夜中闻声则射
　　之，因以为名。"二校尉皆武帝置，今省之。

八年春正月，中郎将来歙袭略阳，①杀隗嚣守将而据其城。

①县名，属天水郡，故城在今秦州陇城县西北。

夏四月，司隶校尉傅抗下狱死。

隗嚣攻来歙，不能下。闰月，帝自征嚣，河西（太守）〔大将军〕窦融率
五郡太守与车驾会高平。①〔9〕陇右溃，隗嚣奔西城，遣大司马吴汉、征
南大将军岑彭围之；进幸上邽，不降，②命虎牙大将军盖延、建威大将军
耿弇攻之。

①五郡谓陇西、金城、天水、酒泉、张掖。高平，县名，属安定，后改为（高）平
　　〔高〕，〔10〕今原州县。

②上邽，县名，属陇西郡，故邽戎邑，今秦州县。

颍川盗贼寇没属县，河东守守兵亦叛，〔11〕京师骚动。

秋，大水。

八月，帝自上邽晨夜东驰。九月乙卯，车驾还宫。

庚申，帝自征颍川盗贼，皆降。

安丘侯张步叛归琅邪，①琅邪太守陈俊讨获之。

①安丘，县，属北海郡，今密州县，有渠丘亭。

戊寅，至自颍川。

冬十月丙午，幸怀。十一月乙丑，至自怀。

公孙述遣兵救隗嚣，吴汉、盖延等还军长安。天水、陇西复反归嚣。

十二月，高句丽王遣使奉贡。

是岁大水。①

①《左传》曰："平原出水为大水。"

九年春正月，隗嚣病死，其将王元、周宗复立嚣子纯为王。

徙雁门吏人于太原。

三月辛亥，初置青巾左校尉官。

公孙述遣将田戎、任满据荆门。①

①《水经注》曰："江水东历荆门、虎牙之间。荆门山在南，上合下开，其状似
　门，虎牙山在北，石壁色红，间有白文类牙，故以名也。此二山，楚之西塞
　也。"在今硖州夷陵县东南。

夏六月丙戌，幸缑氏，登辕辕。①

①缑氏县有缑氏山，辕辕山有辕辕坂，并在洛阳之东南。

遣大司马吴汉率四将军击卢芳将贾览于高柳，战不利。

秋八月，遣中郎将来歙监征西大将军冯异等五将军讨隗纯于天水。

骠骑大将军杜茂与贾览战于繁畤，①茂军败绩。

①县名，属雁门郡，今代州县。

是岁，省关都尉，①复置护羌校尉官。②

①《前书》曰秦官也，武帝置。

②《汉官仪》曰："武帝置，秩比二千石，持节，以护西羌。王莽乱，遂罢。"时班
　彪议，宜复其官，以理冤结。帝从之，以牛邯为护羌校尉，都于陇西令居县。

十年春正月，大司马吴汉率捕虏将军王霸等五将军击贾览于高柳，
匈奴遣骑救览，诸将与战，却之。

修理长安高庙。

夏，征西大将军冯异破公孙述将赵匡于天水，斩之。征西大将军冯异薨。

秋八月己亥，幸长安，祠高庙，遂有事十一陵。

戊戌，进幸汧。① 隗嚣将高峻降。

①县名，属右扶风，故城在今陇州汧源县。

冬十月，中郎将来歙等大破隗纯于落门，① 其将王元奔蜀，纯与周宗降，陇右平。

①《前书》曰天水冀县有落门聚，在今渭州陇西县东南；有落门山，落门水出焉。

先零羌寇金城、陇西，① 来歙率诸将击羌于五谿，大破之。②

①金城，郡，故城在今兰州广武县之西南。〔12〕

②《续汉志》曰陇西襄武县有五谿聚。

庚寅，车驾还宫。

是岁，省定襄郡，① 徙其民于西河。② 泗水王歙薨。淄川王终薨。

①定襄故城在今胜州界。

②郡名，今石州离石县。

十一年春二月己卯，诏曰："天地之性人为贵。其杀奴婢，不得减罪。"

〔三月〕己酉，〔13〕幸南阳；还，幸章陵，祠园陵。

城阳王祉薨。

庚午，车驾还宫。

闰月，征南大将军岑彭率三将军与公孙述将田戎、任满战于荆门，大破之，获任满。威虏将军冯骏围田戎于江州，① 岑彭遂率舟师伐公孙述，平巴郡。

①县名，属巴郡，今渝州巴县。

夏四月丁卯,省大司徒司直官。①

①《汉官仪》曰:"武帝置丞相司直,元寿二年改丞相为大司徒,司直仍旧。" 今省。

先零羌寇临洮。①

①县名,属陇西郡,故城在今岷州。

六月,中郎将来歙率扬武将军马成破公孙述将王元、环安于下辩。①安遣间人刺杀中郎将来歙。②帝自将征公孙述。秋七月,次长安。③八月,岑彭破公孙述将侯丹于黄石。④辅威将军臧宫与公孙述将延岑战于沈水,大破之。⑤王元降。至自长安。

①县名,属武都郡,今成州同谷县,旧名武卫城。

②间,谍也,谓伺候间隙也。

③《左传例》曰:"凡师出一宿为舍,再宿为信,过信为次。"

④即黄石滩也。《水经注》曰:"江水自涪陵东出百里而属于黄石。"在今涪州涪陵县。

⑤《水经注》曰:"沈水出广汉县,下入涪水。"本或作"沉水"及"沅水"者,并非。〔14〕

癸亥,诏曰:"敢灸灼奴婢,论如律,免所灸灼者为庶(民)〔人〕。"

冬十月壬午,诏除奴婢射伤人弃市律。

公孙述遣间人刺杀征南大将军岑彭。

马成平武都,因陇西太守马援击破先零羌,徙致天水、陇西、扶风。

十二月,大司马吴汉率舟师伐公孙述。

是岁,省朔方牧,并并州。①〔15〕初断州牧自还奏事。②

①朔方,郡,在今夏州朔方县北。上并音必政反。

②《前书音义》曰"刺史每岁尽则入奏事京师",今断之。哀帝改刺史曰州牧。

十二年春正月,大司马吴汉与公孙述将史兴战于武阳,斩之。①

①武阳,县,属犍为郡,故城在今眉州隆山县东也。

三月癸酉,诏陇、蜀民被略为奴婢自讼者,及狱官未报,一切免为庶

（民）〔人〕。

夏，甘露降南行唐。①六月，黄龙见东阿。②〔16〕

①县名，属常山郡，今恒州县。

②今济州县。

秋七月，威虏将军冯骏拔江州，获田戎。九月，吴汉大破公孙述将谢丰于广都，斩之。①辅威将军臧宫拔涪城，斩公孙恢。②

①广都，今益州。

②涪城，今绵州县也。恢，述之弟。

大司空李通罢。

冬十一月戊寅，吴汉、臧宫与公孙述战于成都，大破之。述被创，夜死。辛巳，吴汉屠成都，〔17〕夷述宗族及延岑等。①

①《广雅》曰："夷犹灭也。"

十二月辛卯，扬武将军马成行大司空事。

是岁，九真徼外蛮夷张游率种人内属，①封为归汉里君。省金城郡属陇西。参狼羌寇武都，②陇西太守马援讨降之。诏边吏力不足战则守，追虏料敌不拘以逗留法。③横野大将军王常薨。遣骠骑大将军杜茂将众郡施刑屯北边，④筑亭候，⑤修烽燧。⑥

①九真，今爱州县。

②武都，今武州也。参音所今反。

③《说文》曰："逗，留止也。"《前书音义》曰："逗是曲行避敌也。"汉法，军行逗留畏愞者斩。追虏或近或远，量敌进退，不拘以军法，直取胜敌为务也。逗，古住字。

④施，读曰弛。弛，解也。《前书音义》曰："谓有赦令去其钳钛赭衣，〔18〕谓之弛刑。"

⑤亭候，伺候望敌之所。《前书》曰，秦法十里一亭，亭有长，汉因之不改。

⑥《前书音义》曰："边方备警急，作高土台，台上作桔皋，桔皋头有兜零，以薪草置其中，常低之，有寇即燃火举之，以相告，曰烽。又多积薪，寇至即燔之，望其烟，曰燧。昼则燔燧，夜乃举烽。"《广雅》曰："兜零，笼也。"

十三年春正月庚申,大司徒侯霸薨。

戊子,诏曰:"往年已敕郡国,异味不得有所献御,今犹未止,非徒有豫养导择之劳,①至乃烦扰道上,疲费过所。其令太官勿复受。②明敕下以远方口实所以荐宗庙,自如旧制。"③

①预养谓未至献时豫前养之。导亦择也。

②《续汉志》曰:"太官令一人,秩六百石,掌御膳饮食。"

③《汉官仪》曰:"口实,膳羞之事也。"

二月,遣捕虏将军马武屯虖沱河以备匈奴。卢芳自五原亡入匈奴。

丙辰,诏曰:"长沙王兴、真定王得、河间王邵、中山王茂,皆袭爵为王,不应经义。①其以兴为临湘侯,②得为真定侯,邵为乐成侯,③茂为单父侯。"④其宗室及绝国封侯者凡一百三十七人。丁巳,降赵王良为赵公,太原王章为齐公,鲁王兴为鲁公。庚午,以殷绍嘉公孔安为宋公,[19]周承休公姬(常)〔武〕为卫公。[20]省并西京十三国:[21]广平属钜鹿,真定属常山,河间属信都,城阳属琅邪,泗水属广陵,淄川属高密,[22]胶东属北海,六安属庐江,广阳属上谷。⑤

①以其服属既疏,不当袭爵为王。

②临湘,县,今潭州长沙县。

③乐成,县,故城在今瀛州乐(府)〔寿〕县西北。[23]

④今宋州县,音善甫。

⑤据此惟有九国,云"十三",误也。

三月辛未,沛郡太守韩歆为大司徒。丙子,行大司空马成罢。

夏四月,大司马吴汉自蜀还京师,于是大飨将士,班劳策勋。①功臣增邑更封,凡三百六十五人。其外戚恩泽封者四十五人。罢左右将军官。②建威大将军耿弇罢。

①班,布也。谓遍布劳来之。其有功者,以策书纪其勋也。劳音力到反。

②《前书》曰左右将军,周官也,秦、汉因之。至此罢。

益州传送公孙述瞽师、郊庙乐器、葆车、舆辇,于是法物始备。①时兵革既息,天下少事,文书调役,务从简寡,②至乃十存一焉。

①瞽,无目之人也。为乐师,取其无所见,于音声审也。郊庙之器,罇彝之属
　也。〔24〕乐器,钟磬之属。葆车谓上建羽葆也。合聚五采羽名为葆。舆者,
　车之总名也。辇者,驾人以行。法物谓大驾卤簿仪式也。时草创未暇,今
　得之始备。

②调谓发也。

甲寅,冀州牧窦融为大司空。

五月,匈奴寇河东。

秋七月,广汉徼外白马羌豪率种人内属。①

①广汉,今益州雒县也。徼犹塞也,音吉吊反。羌有百五十四种,在广汉西北
　者为白马羌。

九月,日南徼外蛮夷献白雉、白兔。①

①日南,郡,属交州。

冬十二月甲寅,诏益州民自八年以来被略为奴婢者,①皆一切免为
庶(民)〔人〕;或依托为人下妻,欲去者,恣听之;敢拘留者,比青、徐二州
以略人法从事。

①谓公孙述时也。

复置金城郡。①

①前年省并陇西。

十四年春正月,起南宫前殿。

匈奴遣使奉献,使中郎将报命。①

①中郎将刘襄也。

夏四月辛巳,封孔子后志为褒成侯。①

①平帝封孔均为褒成侯。志,均子也。《古今志》曰志时为密令。

越巂人任贵自称太守,遣使奉计。①

①越巂,郡,武帝置,本邛都也。巂,水名。因越巂水而置郡,故以名焉。计谓
　人庶名籍,若今计帐。

秋九月，平城人贾丹杀卢芳将尹由来降。①

①平城属雁门郡，今云州定襄县也。

是岁，会稽大疫。①莎车国、鄯善国遣使奉献。②

①会稽，今越州县。

②莎车、鄯善，并西域国名。鄯音市战反。

十二年癸卯，诏益、凉二州奴婢，自八年以来自讼在所官，一切免为庶(民)〔人〕，卖者无还直。

十五年春正月辛丑，大司徒韩歆免，自杀。①

①事见《侯霸传》。

丁未，有星孛于昴。

汝南太守欧阳歙为大司徒。建义大将军朱祐罢。

丁未，有星孛于营室。〔25〕

二月，徙雁门、代郡、上谷三郡民，置常〔山〕关、〔26〕居庸关以东。①

①《前书》曰代郡有常山关，上谷郡居庸县有关。时胡寇数犯边，故徙之。

初巴蜀既平，大司马吴汉上书请封皇子，不许，重奏连岁。三月，乃诏群臣议。大司空融、固始侯通、胶东侯复、高密侯禹、太常登等奏议曰："古者封建诸侯，以藩屏京师。①周封八百，②同姓诸姬并为建国，③夹辅王室，尊事天子，享国永长，为后世法。故《诗》云：'大启尔宇，为周室辅。'④高祖圣德，光有天下，亦务亲亲，封立兄弟诸子，不违旧章。陛下德横天地，兴复宗统，褒德赏勋，亲睦九族，⑤功臣宗室，咸蒙封爵，多受广地，或连属县。今皇子赖天，能胜衣趋拜，陛下恭谦克让，抑而未议，群臣百姓，莫不失望。宜因盛夏吉时，定号位，及广藩辅，⑥明亲亲，尊宗庙，重社稷，应古合旧，厌塞众心。臣请大司空上舆地图，⑦太常择吉日，具礼仪。"制曰："可。"

①藩，篱也。屏，蔽也。《诗·大雅》曰："介人维藩，大邦维屏。"毛苌注曰："当
　用公卿诸侯为藩屏也。"《公羊传》曰："京者何？大也。师者何？众也。天

子之居,必(有)以众大之辞言之。"〔27〕

②《史记》曰:"唐、虞协和万国,逮于夏、商,或数千,盖周封八百"也。

③《左传》曰:"虞、虢、焦、滑、霍、杨、韩、魏,皆姬姓也。

④《诗·鲁颂》也。宇,居也。周成王封周公子伯禽于鲁。言大开尔居,以为我周家之辅。

⑤孔安国注《尚书》云:"九族谓上至高祖,〔28〕下至玄孙。"

⑥《礼记·月令》:"天子孟夏迎夏于南郊,还,乃封诸侯,行爵出禄。"

⑦《广雅》曰:"舆,载也。"言载在地者,皆图画之。司空掌土地,故革上之。

夏四月戊申,以太牢告祠宗庙。丁巳,使大司空融告庙,封皇子辅为右翊公,英为楚公,阳为东海公,康为济南公,苍为东平公,延为淮阳公,荆为山阳公,衡为临淮公,焉为左翊公,京为琅邪公。癸丑,追谥兄伯升为齐武公,兄仲为鲁哀公。

六月庚午,复置屯骑、长水、射声三校尉官;①改青巾左校尉为越骑校尉。

①七年罢。

诏下州郡检核垦田顷亩①及户口年纪,又考实二千石长吏阿枉不平者。

①垦,辟也。

冬十一月甲戌,大司徒欧阳歙下狱死。十二月庚午,关内侯戴涉为大司徒。

卢芳自匈奴入居高柳。

是岁,骠骑大将军杜茂免。虎牙大将军盖延薨。

十六年春二月,交阯女子徵侧反,略有城邑。

三月辛丑晦,日有蚀之。

秋九月,河南尹张伋及诸郡守十馀人,坐度田不实,皆下狱死。①

①《东观记》曰:"刺史太守多为诈巧,不务实核,苟以度田为名,聚人田中,并度庐屋里落,聚人遮道啼呼。"

　　郡国大姓及兵长、群盗处处并起，攻劫在所，害杀长吏。郡县追讨，到则解散，去复屯结。青、徐、幽、冀四州尤甚。冬十月，遣使者下郡国，听群盗自相纠擿，①五人共斩一人者，除其罪。吏虽逗留回避故纵者，皆勿问，听以禽讨为效。其牧守令长坐界内盗贼而不收捕者，又以畏慑捐城委守者，皆不以为负，②但取获贼多少为殿最，③唯蔽匿者乃罪之。于是更相追捕，贼并解散。徙其魁帅于它郡，赋田受禀，使安生业。自是牛马放牧，邑门不闭。

①擿犹发也。音它狄反。

②委守谓弃其所守也。

③殿，后也。谓课居后也。最，凡要之首也。言课居先也。

　　卢芳遣使乞降。十二月甲辰，封芳为代王。

　　初，王莽乱后，货币杂用布、帛、金、粟。是岁，始行五铢钱。①

①武帝始为五铢钱，王莽时废，今始行之。

　　十七年春正月，赵公良薨。

　　二月乙（亥）〔未〕晦，〔29〕日有食之。①

①《东观记》曰："上以日食避正殿，读图谶多，御坐庑下浅露，中风发疾，苦眩甚。左右有白大司马史，病苦如此，不能动摇。自强从公，出乘，以车行数里，病差。四月二日，车驾宿偃师。病差数日，入南阳界，到叶。以车骑省，留数日行，黎阳兵马千馀匹，遂到章陵，起居平愈。"

　　夏四月乙卯，〔30〕南巡狩，皇太子及右翊公辅、楚公英、东海公阳、济南公康、东平公苍从，幸颍川，进幸叶、章陵。①五月乙卯，车驾还宫。

①叶，县，故楚叶公邑，属南〔阳〕郡，〔31〕今许州县也。叶音式涉反。

　　六月癸巳，临淮公衡薨。

　　秋七月，妖巫李广等群起据皖城，①遣虎贲中郎将马援、骠骑将军段志讨之。九月，破皖城，斩李广等。

①县名，属庐江郡，故城在今舒州，有皖水。音下板反。

　　冬十月辛巳，废皇后郭氏为中山太后，立贵人阴氏为皇后。进右翊公辅为中山王,食常山郡。① 其馀九国公,皆即旧封进爵为王。

　　①本恒山郡,避文帝讳改为常山,故城在今赵州元氏县西。

　　甲申,幸章陵。修园庙,祠旧宅,观田庐,置酒作乐,赏赐。时宗室诸母因醉悦,相与语曰:"文叔少时谨信,与人不款曲,唯直柔耳。今乃能如此!"帝闻之,大笑曰:"吾理天下,亦欲以柔道行之。"乃悉为春陵宗室起祠堂。有五凤皇见于颍川之郏县。① 十二月,至自章陵。

　　①郏,今汝州郏城县也。《东观记》曰:"凤高八尺,五彩,群鸟并从,行列盖地数顷,停一十七日。"

　　是岁,莎车国遣使贡献。

　　十八年春二月,蜀郡守将史歆叛,遣大司马吴汉率二将军讨之,围成都。

　　甲寅,西巡狩,幸长安。三月壬午,祠高庙,遂有事十一陵。历冯翊界,进幸蒲坂,祠后土。① 夏四月（甲戌）〔癸酉〕,车驾还宫。[32]

　　①《汉官仪》曰:"祭地于河东汾阴后土宫。宫曲入河,古之祭地,泽中方丘也。以夏至日祭,其礼仪如祭天。"蒲坂,县,属河东郡。后土祠在今蒲州汾阴县西北。

　　（癸酉）〔甲戌〕,诏曰[33]:"今边郡盗谷五十斛,罪至于死,开残吏妄杀之路,其蠲除此法,同之内郡。"

　　遣伏波将军马援率楼船将军段志等击交阯贼徵侧等。

　　（戊）〔甲〕申,幸河内。[34]戊子,至自河内。

　　五月,旱。

　　卢芳复亡入匈奴。

　　秋七月,吴汉拔成都,斩史歆等。壬戌,赦益州所部殊死已下。

　　冬十月庚辰,幸宜城。① 还,祠章陵。十二月乙丑,车驾还宫。

　　①县,属南郡,楚之鄢邑也,故城在今襄州率道县南。

　　是岁,罢州牧,置刺史。①

①武帝元封五年初置部刺史,掌奉诏条察州,秩六百石,员十三人。成帝绥和元年更名牧,秩二千石。哀帝建平二年复为刺史,元寿二年复为牧。经王莽变革,王建武元年复置牧,今改置刺史。

十九年春正月庚子,追尊孝宣皇帝曰中宗。始祠昭帝、元帝于太庙,①〔35〕成帝、哀帝、平帝于长安,春陵节侯以下四世于章陵。

①《汉官仪》曰:“光武第虽十二,〔36〕于父子之次,于成帝为兄弟,于哀帝为诸父,于平帝为祖父,〔37〕皆不可为之后。上至元帝,于光武为父,故上继元帝而为九代。故河图云‘赤九会昌’,谓光武也。”然则宣帝为(曾)祖,〔38〕故追尊及祠之。

妖巫单臣、傅镇等反,据原武,遣太中大夫臧宫围之。夏四月,拔原武,斩臣、镇等。

伏波将军马援破交阯,斩徵侧等。因击破九真贼都阳等,降之。

闰月戊申,进赵、齐、鲁三国公爵为王。

六月戊申,诏曰:“《春秋》之义,立子以贵。①东海王阳,皇后之子,宜承大统。皇太子彊,崇执谦退,愿备藩国。父子之情,重久违之。其以彊为东海王,立阳为皇太子,改名庄。”

①《公羊传》曰:“立嫡以长不以贤,立子以贵不以长。桓公何以贵? 母贵也,母贵则子〔何以〕贵?〔39〕子以母贵,母以子贵。”

秋九月,南巡狩。壬申,幸南阳,进幸汝南南顿县舍,置酒会,赐吏人,复南顿田租岁。父老前叩头言:“皇考居此日久,陛下识知寺舍,①每来辄加厚恩,愿赐复十年。”帝曰:“天下重器,常恐不任,日复一日,安敢远期十岁乎?”吏人又言:“陛下实惜之,何言谦也?”帝大笑,复增一岁。进幸淮阳、梁、沛。

①蔡邕《独断》曰:“陛,阶陛也。与天子言不敢指斥,故云陛下。”《风俗通》曰:“寺,司也。诸官府所止皆曰寺。”光武尝从皇考至南顿,故识知官府舍宇。

西南夷寇益州郡,①遣武威将军刘尚讨之。越巂太守任贵谋叛,十二月,刘尚袭贵,诛之。

①常璩《华阳国志》云："武帝元封二年叟夷反，将军郭昌讨平之，因开为益州
　郡。"故城在今昆州晋宁县是也。

是岁，复置函谷关都尉。①修西京宫室。
①九年省，今复置。

二十年春二月戊子，车驾还宫。
夏四月庚辰，大司徒戴涉下狱死。①大司空窦融免。
①《古今注》曰："坐入故太仓令奚涉罪。"

五月辛亥，大司马吴汉薨。
匈奴寇上党、天水，遂至扶风。
六月庚寅，广汉太守蔡茂为大司徒，太仆朱浮为大司空。壬辰，左
中郎将刘隆为骠骑将军，行大司马事。①
①武帝省太尉，置大司马将军，成帝赐金印紫绶，置官属，禄比丞相；哀帝去将
　军，位在司徒上。见《前书》。

乙未，徙中山王辅为沛王。
秋，东夷韩国人率众诣乐浪内附。①
①东夷有辰韩、卞韩、马韩，谓之三韩国也。

冬十月，东巡狩。甲午，幸鲁，进幸东海、楚、沛国。
十二月，匈奴寇天水。
壬寅，车驾还宫。
是岁，省五原郡，徙其吏人置河东。复济阳县徭役六岁。

二十一年春正月，武威将军刘尚破益州夷，平之。
夏四月，安定属国胡叛，屯聚青山，①遣将兵长史陈䜣讨平之。②
①青山在今庆州马岭县西北。
②䜣音欣。

秋，鲜卑寇辽东，辽东太守祭肜大破之。

冬十月,遣伏波将军马援出塞击乌桓,不克。

匈奴寇上谷、中山。

其冬,鄯善王、车师王等十六国皆遣子入侍奉献,〔40〕愿请都护。① 帝以中国初定,未遑外事,乃还其侍子,厚加赏赐。

> ①都护,宣帝置,始以郑吉为之,秩比二千石。都,总也。言总护南北道。居乌垒城,察西域诸国动静以闻。事见《前书》。

二十二年春闰月丙戌,幸长安,祠高庙,遂有事十一陵。二月己巳,至自长安。

夏五月乙未晦,日有食之。

秋七月,司隶校尉苏邺下狱死。

九月戊辰,地震裂。制诏曰:〔41〕“日者地震,南阳尤甚。夫地者,任物至重,静而不动者也。而今震裂,咎在君上。鬼神不顺无德,灾殃将及吏人,朕甚惧焉。其令南阳勿输今年田租刍稿。遣谒者案行,其死罪系囚在戊辰以前,减死罪一等;徒皆弛解钳,〔42〕衣丝絮。① 赐郡中居人压死者棺钱,人三千,其口赋逋税而庐宅尤破坏者,勿收责。② 吏人死亡,或在坏垣毁屋之下,而家羸弱不能收拾者,其以见钱谷取佣,为寻求之。”

> ①弛,解脱也。《仓颉篇》曰:“钳,钛也。”音奇炎反。《前书音义》曰:“钛,足钳也。”音徒计反,又大盖反。旧法,在徒役者不得衣丝絮,今赦许之。
> ②《汉仪注》曰:“人年十五至五十六出赋钱,人百二十,为一算。又七岁至十四出口钱,人二十,以供天子;至武帝时又口加三钱,以补车骑马。”逋税谓欠田租也。

冬十月壬子,大司空朱浮免。癸丑,光禄勋杜林为大司空。

是岁,齐王章薨。青州蝗。匈奴薁鞬日逐王比① 遣使诣渔阳请和亲,使中郎将李茂报命。乌桓击破匈奴,匈奴北徙,幕南地空。② 诏罢诸边郡亭候吏卒。

> ①薁音于六反。鞬音纪言反。比,其名也。

②《前书音义》曰："沙土曰幕,即今碛也。"

二十三年春正月,南郡蛮叛,遣武威将军刘尚讨破之,徙其种人于
江夏。①

①郡名,故城在今安州云梦县东南。

夏五月丁卯,大司徒蔡茂薨。

秋八月丙戌,大司空杜林薨。

九月辛未,陈留太守玉况为大司徒。①

①况字文伯,京兆人。玉音肃。

冬十月丙申,太仆张纯为大司空。

高句丽率种人诣乐浪内属。

十二月,武陵蛮叛,寇掠郡县,遣刘尚讨之,战于沅水,①尚军败殁。

①武陵,郡,今朗州也。沅,水名,出牂柯,东北过临沅县,至长沙入洞庭湖。

是岁,匈奴薁鞬日逐王比率部曲遣使诣西河内附。

二十四年春正月乙亥,大赦天下。

匈奴薁鞬日逐王比遣使款五原塞,求扞御北虏。

秋七月,武陵蛮寇临沅,①遣谒者李嵩、中山太守马成讨蛮,不克,
于是伏波将军马援率四将军讨之。

①县名,属武陵郡,故城在今朗州武陵县。

诏有司申明旧制阿附蕃王法。①

①武帝时有淮南、衡山之谋,作左官之律,设附益之法。《前书音义》曰："人道
　尚右,言舍天子,仕诸侯为左官。左,僻也。"阿曲附益王侯者,将有重法。
　是为旧制,今更申明之。

冬十月,匈奴薁鞬日逐王比自立为南单于,于是分为南、北匈奴。

二十五年春正月,辽东徼外貊人①寇右北平、渔阳、上谷、太原,〔43〕

辽东太守祭肜招降之。乌桓大人来朝。②

> ①貊人,秽貊国人也,貊音陌。
>
> ②大人谓渠帅也。〔44〕

南单于遣使诣阙贡献,奉蕃称臣;又遣其左贤王击破北匈奴,却地千馀里。三月,南单于遣子入侍。

戊申晦,日有食之。

伏波将军马援等破武陵蛮于临沅。冬十月,叛蛮悉降。

夫馀王遣使奉献。①

> ①夫馀国在海东,去玄菟千里馀。

是岁,乌桓大人率众内属,诣阙朝贡。

二十六年〔春〕正月,〔45〕诏有司增百官奉。①其千石已上,减于西京旧制;六百石已下,增于旧秩。

> ①《续汉志》曰:"大将军、三公奉月三百五十斛,秩中二千石奉月百八十斛,二千石月百二十斛,比二千石月百斛,千石月九十斛,比千石月八十斛,六百石月七十斛,比六百石月五十五斛,四百石月五十斛,比四百石月四十五斛,三百石月四十斛,比三百石月三十七斛,二百石月三十斛,比二百石月二十七斛,百石月十六斛,斗食月十一斛,佐史月八斛。凡诸受奉,钱谷各半。"奉音扶用反。

初作寿陵。①将作大匠窦融上言园陵广袤,无虑所用。②帝曰:"古者帝王之葬,皆陶人瓦器,木车茅马,③使后世之人不知其处。太宗识终始之义,景帝能述遵孝道,遭天下反覆,而霸陵独完受其福,岂不美哉!④今所制地不过二三顷,无为山陵,陂池裁令流水而已。"⑤

> ①初作陵未有名,故号寿陵,盖取久长之义也。汉自文帝以后皆预作陵,今循旧制也。
>
> ②《前书》曰:"将作少府,秦官,掌宫室,景帝改为大匠,秩二千石。"《说文》曰:"南北曰袤,东西曰广。"《广雅》曰:"无虑,都凡也。"谓请园陵都凡制度也。袤音茂。

③《礼》曰:"涂车刍灵,自古有之。"郑玄注云:"刍灵,束茅为人马也。"

④谓赤眉入长安,惟霸陵不掘。

⑤言不起山陵,裁令封土,陂池不停水而已。陂音普何反。池音徒何反。

遣中郎将段郴授南单于玺绶,令入居云中,①始置使匈奴中郎将,将兵卫护之。②南单于遣子入侍,奉奏诣阙。于是云中、五原、朔方、北地、定襄、雁门、上谷、代八郡民归于本土。遣谒者分将施刑补理城郭。③发遣边民在中国者,布还诸县,皆赐以装钱,转输给食。④

①郡名,在今胜州北。郴音丑林反。

②中郎将即段郴也。《汉官仪》曰"使匈奴中郎将屯西河美稷县"也。

③施与弛同,解见上。

④《东观记》曰:"时城郭丘墟,扫地更为,上悔前徙之。"

二十七年夏四月戊午,大司徒玉况薨。

五月丁丑,诏曰:"昔契作司徒,禹作司空,皆无'大'名,其令二府去'大'。"①又改大司马为太尉,骠骑大将军行大司马刘隆即日罢,〔46〕以太仆赵憙为太尉,大司农冯勤为司徒。

①朱祐奏宜令三公并去"大"名,以法经典,帝从其议。

益州郡徼外蛮夷率种人内属。

北匈奴遣使诣武威乞和亲。①

①武陵,郡,故城在今凉州姑臧县西北,故凉城是也。

冬,鲁王兴、齐王石始就国。

二十八年春正月己巳,徙鲁王兴为北海王,以鲁国益东海。赐东海王彊虎贲、旄头、钟虡之乐。①

①《汉官仪》曰:"虎贲千五百人,戴鹖尾,属虎贲中郎将。"又云:"旧选羽林为旄头,被发先驱。"魏文帝《列异传》曰:"秦文公时梓树化为牛,以骑击之,骑不胜,或堕地髻解被发,牛畏之,入水,故秦因是置旄头骑,使先驱。"《尔雅》曰:"木谓之虡。"所以悬钟磬也。《说文》曰:"虡饰为猛兽。"

夏六月丁卯,沛太后郭氏薨,因诏郡县捕王侯宾客,坐死者数千人。①

①时更始子鲤因沛献王辅杀刘盆子兄恭,故王侯宾客多坐死。

秋八月戊寅,东海王彊、沛王辅、楚王英、济南王康、淮阳王延始就国。

冬十月癸酉,诏死罪系囚皆一切募下蚕室,①其女子宫。②

①蚕室,宫刑狱名。宫刑者畏风,须暖,作窨室蓄火如蚕室,因以名焉。窨音一禁反。见《前书音义》。

②谓幽闭也。

北匈奴遣使贡献,乞和亲。

二十九年春二月丁巳朔,日有食之。遣使者举冤狱,出系囚。

庚申,赐天下男子爵,人二级;鳏、寡、孤、独、笃癃、贫不能自存者粟,人五斛。

夏四月乙丑,诏令天下系囚自殊死已下及徒各减本罪一等,其馀赎罪输作各有差。

三十年春正月,鲜卑大人内属,朝贺。

二月,东巡狩。甲子,幸鲁,进幸济南。闰月癸丑,车驾还宫。

有星孛于紫宫。

夏四月戊子,徙左翊王焉为中山王。

五月,大水。

赐天下男子爵,人二级;鳏、寡、孤、独、笃癃、贫不能自存者粟,人五斛。

秋七月丁酉,幸鲁国。〔47〕复济阳县是年徭役。冬十一月丁酉,至自鲁。〔48〕

三十一年夏五月,大水。

　　戊辰，赐天下男子爵，人二级；鳏、寡、孤、独、笃癃、贫不能自存者粟，人六斛。

　　癸酉晦，日有食之。

　　是夏，蝗。

　　秋九月甲辰，诏令死罪系囚皆一切募下蚕室，其女子宫。

　　是岁，陈留雨谷，形如稗实。①北匈奴遣使奉献。

　　①杜预注《左传》云："稗，草之似谷者。"音蒲懈反。

　　中元元年春正月，[49]东海王彊、沛王辅、楚王英、济南王康、淮阳王延、赵王盱皆来朝。①

　　①盱音况于反。

　　丁卯，东巡狩。二月己卯，幸鲁，进幸太山。北海王兴、齐王石朝于东岳。辛卯，柴望岱宗，登封太山；甲午，禅于梁父。①

　　①岱宗，太山也。梁父，太山下小山也。封谓聚土为坛，墠谓除地而祭。改"墠"为"禅"，神之也。《续汉志》曰："时上御辇升山，即位于坛南，北面，尚书令奉玉牒检，皇帝以寸三分玺亲封之。藏玉牒已，复石覆讫，尚书令以五寸印封石检毕，皇帝再拜。禅祭地于梁阴，以高后配，山川群神从祀焉。其玉牒文秘，刻石文辞多，不载。"

　　三月戊辰，司空张纯薨。

　　夏四月癸酉，车驾还宫。己卯，大赦天下。复嬴、博、梁父、奉高，①勿出今年田租刍稿。改年为中元。

　　①四县属太山郡，故城在今兖州博城县界。

　　行幸长安。戊子，祀长陵。五月乙丑，至自长安。

　　六月辛卯，太仆冯鲂为司空。

　　乙未，司徒冯勤薨。

　　是夏，京师醴泉涌出，①饮之者固疾皆愈，惟眇、蹇者不瘳。又有赤草生于水崖。②郡国频上甘露。群臣奏言："地祇灵应而朱草萌生。③孝宣帝每有嘉瑞，辄以改元，神爵、五凤、甘露、黄龙，列为年纪，盖以感致神祇,表彰德信。是以化致升平,称为中兴。今天下清宁,灵物仍降。陛下情存损挹,推而不居,岂可使祥符显庆,没而无闻?宜令太史撰集,④以传来世。"帝不纳。常自谦无德,每郡国所上,辄抑而不当,故史官罕得记焉。

①《尚书中候》曰"俊乂在官,则醴泉出"也。

②赤草,朱草也。《大戴礼》曰:"朱草日生一叶,至十五日已后日落一叶,周而复始。"

③《孝经援神契》曰:"德至草木,即朱草生。"

④太史,史官之长也。《前书音义》曰:"太史公,武帝置,位在丞相之上。"

秋,郡国三蝗。

冬十月辛未,司隶校尉东莱李䜣为司徒。

甲申,使司空告祠高庙曰:"高皇帝与群臣约,非刘氏不王。吕太后贼害三赵,①专王吕氏,赖社稷之灵,禄、产伏诛,②天命几坠,危朝更安。吕太后不宜配食高庙,同祧至尊。薄太后母德慈仁,③孝文皇帝贤明临国,子孙赖福,延祚至今。其上薄太后尊号曰高皇后,配食地祇。迁吕太后庙主于园,四时上祭。"④

①谓高帝子赵幽王友、赵恭王恢、赵隐王如意。

②吕产、吕禄,并吕后兄弟子。吕后崩,各拥南北军,欲为乱,周勃、陈平等诛之。

③薄太后,高帝姬,孝文帝之母。

④园谓茔域也,于中置寝。

十一月甲子晦,日有食之。

是岁,初起明堂、灵台、辟雍,及北郊兆域。①宣布图谶于天下。复济阳、南顿是年徭役。参狼羌寇武都,败郡兵,陇西太守刘盱遣军救之,及武都郡兵讨叛羌,皆破之。

①《大戴礼》云:"明堂者凡九室,一室有四户八牖,三十六户,七十二牖。以茅盖上,上员下方。赤缀户也,白缀牖也。"《礼图》又曰:"建武三十一年,作明堂,上员下方。十二堂法日辰。九室法九州。室八窗,八九七十二,法一时

之王。室有十二户,法阴阳之数。"胡伯始云:"古清庙盖以茅,今盖以瓦,下藉茅,存古制也。"《汉官仪》曰:"明堂四面起土作堑,上作桥,堑中无水。明堂去平城门二里所,天子出,从平城门,先历明堂,乃至郊祀。"又曰:"辟雍去明堂三百步。东驾临辟雍,从北门入。三月、九月,皆于中行乡射礼。辟雍以水周其外,以节观者。诸侯曰泮宫。东西南有水,北无,下天子也。"《汉官阁疏》曰:"灵台高三丈,十二门。天子曰灵台,诸侯曰观台。"《汉官仪》:"北郊坛在城西北角,去城一里所。(谓)〔为〕方坛四陛,〔50〕但有坛祠舍而已。其鼓吹乐及舞人御帐,皆从南郊之具。〔51〕地祇位南面西上,高皇后配,西面,皆在坛上。地理群神从食坛下,南郊焚犊,北郊埋犊。"

二年春正月辛未,初立北郊,祀后土。

东夷倭奴国王遣使奉献。①〔52〕

①倭在带方东南大海中,依山岛为国。

二月戊戌,帝崩于南宫前殿,年六十二。①〔53〕遗诏曰:"朕无益百姓,皆如孝文皇帝制度,务从约省。②刺史、二千石长吏皆无离城郭,无遣吏及因邮奏。③〔54〕

①伏侯《古今注》曰:"是岁在丁巳。"

②文帝葬皆以瓦器,不以金银铜锡为饰,因其山,不起坟。

③《说文》曰:"邮,境上行书舍也。"

初,帝在兵间久,厌武事,且知天下疲耗,思乐息肩。① 自陇、蜀平后,非儌急,未尝复言军旅。皇太子尝问攻战之事,帝曰:"昔卫灵公问陈,孔子不对,此非尔所及。"② 每旦视朝,日仄乃罢。数引公卿、郎、将讲论经理,夜分乃寐。③ 皇太子见帝勤劳不怠,承间谏曰:"陛下有禹汤之明,而失黄老养性之福,④愿颐爱精神,优游自宁。"帝曰:"我自乐此,不为疲也。"虽身济大业,兢兢如不及,故能明慎政体,总揽权纲,量时度力,举无过事。退功臣而进文吏,戢弓矢而散马牛,虽道未方古,斯亦止戈之武焉。⑤

①《左传》曰:"息肩于晋。"

②《论语》:"卫灵公问陈于孔子。曰:'俎豆之事,则尝闻之矣;军旅之事,未之

　学也。'"

③分犹半也。

④黄帝、老子。

⑤《左传》曰:"于文,止戈为武也。"

　　论曰:"皇考南顿君初为济阳令,以建平元年十二月甲子夜生光武于县舍,①有赤光照室中。②钦异焉,使卜者王长占之。长辟左右③曰:"此兆吉不可言。"是岁县界有嘉禾生,一茎九穗,因名光武曰秀。明年,方士有夏贺良者,上言哀帝,云汉家历运中衰,当再受命。于是改号为太初元年,〔55〕称"陈圣刘太平皇帝",以厌胜之。及王莽篡位,忌恶刘氏,以钱文有金刀,故改为货泉。或以货泉字文为"白水真人"。后望气者苏伯阿为王莽使至南阳,遥望见舂陵郭,唶曰:④"气佳哉! 郁郁葱葱然。"及始起兵还舂陵,远望舍南,火光赫然属天,有顷不见。初,道士西门君惠、李守等亦云刘秀当为天子。其王者受命,信有符乎? 不然,何以能乘时龙而御天哉!⑤

①蔡邕《光武碑文》云:"光武将生,皇考以令舍不显,开宫后殿居之而生。"

②《东观记》曰:"光照堂中,尽明如昼。"

③辟音频亦反。

④唶,叹也,音子夜反。

⑤《易》曰:"时乘六龙以御天。"

　　赞曰:炎正中微,〔56〕大盗移国。①九县飙回,三精雾塞。②人厌淫诈,神思反德。光武诞命,〔57〕灵贶自甄。③沈几先物,深略纬文。④寻、邑百万,貔虎为群。⑤长毂雷野,高锋彗云。⑥〔58〕英威既振,新都自焚。⑦虔刘庸、代,纷纭梁、赵。⑧三河未澄,四关重扰。⑨神旌乃顾,递行天讨。⑩金汤失险,车书共道。⑪灵庆既启,人谋咸赞。⑫明明庙谟,〔59〕赳赳雄断。⑬於赫有命,系隆我汉。⑭〔60〕

①汉以火德王,故曰炎正。大盗谓王莽篡位也。《庄子》曰:"田成子一旦杀齐君而盗其国,向所谓智者,不反为大盗积者乎?"

②九县，九州也。飙回谓乱也。三精，日月星也。雾塞言昏昧也。精，或为"象"。

③诞，大也。《书》曰："诞膺天命。"甄，明也。灵贶谓佳气神光之类也。

④几者，动之微也。物，事也。沈深之几，先见于事也。《谥法》："经纬天地曰文。"

⑤貔，执夷，虎属也。《书》曰："如虎如貔。"言甚猛勇也。〔61〕

⑥长毂，兵车。雷野，言其声盛。《淮南子》曰："雷以为车舆。"𫐓，埠也，音详锐反。

⑦王莽初封为新都侯。《史记》曰，周武王伐纣，纣衣其宝玉自焚而死。莽虽被杀，灭亡与纣同，故假以言之。

⑧虔、刘，皆杀也。《左传》曰："虔刘我边垂。"谓公孙述称帝于庸、蜀，卢芳据代郡也。纷纭，谕乱也。梁谓刘永，赵谓王郎也。

⑨三河，河南、河北、河东也。未澄谓朱鲔等据洛(州)〔阳〕，〔62〕未归光武也。四关谓长安四塞之国。重扰谓更始已定关中，刘盆子入关杀更始，发掘诸陵也。

⑩《周礼》曰："析羽为旌。"称神者，犹言神兵神算也。《诗》云"乃眷西顾"，《书》云"天讨有罪"也。

⑪《前书》曰："金城汤池，不可攻矣。"金以谕坚，汤取其热。光武所系，皆失其险固也。《礼记》曰："天下车同轨，书同文。"

⑫灵庆谓符谶也。《左传》曰："天启之也。"人谋谓群下劝即尊号也。《易》曰："人谋鬼谋，百姓与能。"赞，助也。

⑬《诗》曰"明明天子"。《淮南子》曰："运筹于庙堂之上，决胜千里之外。"赳赳，武皃也。

⑭於赫，叹美之词，音乌。《诗》云："有命既集。"系犹繫也。

【校勘记】

〔1〕　高祖(丰)沛〔丰〕邑人　据殿本《考证》改。

〔2〕　其命郡国有谷者给廪　按："给廪"二字连下读，注于"给廪"绝句，非。

〔3〕　故行什一之税　按："什"原作"十"，径据汲本、殿本改。

〔4〕 初罢郡国都尉官　按:《刊误》谓郡有都尉,国有中尉,此但罢郡都尉,不当有"国"字。

〔5〕 拥节　按:"拥"原作"雍",径据汲本、殿本改。

〔6〕 见徒免为庶(民)〔人〕　《集解》引钱大昕说,谓章怀注《范史》,避太宗讳,"民"字皆改为"人"。今本仍有作"民"者,则宋以后校书者回改。然亦有不当改而妄改者。此"庶民"本当作"庶人",校书者不知庶民与庶人有别,而一例改之。凡律言"庶人"者,对奴婢及有罪者而言,与它处泛称"庶民"者不同。今据钱说回改。下十一年、十二年、十三年、十四年同。

〔7〕 公车〔司马〕掌殿司马门　据《前书·百官公卿表》颜注引《汉官仪》补。

〔8〕 杜预〔注〕左传云　按文当有"注"字,今补。

〔9〕 河西(太守)〔大将军〕窦融　《集解》引钱大昕说,谓河西非郡名,不当有太守,当依前五年作"河西大将军"。今据改。

〔10〕 后改为(高)平〔高〕　据殿本《考证》改。

〔11〕 河东守守兵亦叛　按:《刊误》谓案文多一"守"字。若云太守之兵,不合去"太"字。

〔12〕 故城在今兰州　按:"兰"原讹"阑",径改正。

〔13〕 〔三月〕己酉幸南阳　据《袁纪》及《通鉴》补。按:《通鉴考异》谓上有"二月己卯","《袁纪》"三月己酉,幸南阳",以长历考之,二月壬申朔,己酉在三月,盖上脱"三月"二字。

〔14〕 本或作沉水及沉水者并非　按:"沉"殿本、《集解》本作"沈"。

〔15〕 并并州　按:王先谦谓"并州"下疑脱"凉州"二字,说详《集解》。

〔16〕 黄龙见东阿　按:《袁纪》"东阿"作"河东"。

〔17〕 冬十一月戊寅至辛巳吴汉屠成都　《续天文志》云十一月丁丑,汉护军将军高午刺述洞其胸,其夜死。明日,汉入屠蜀城。而此云戊寅,述被创,夜死,辛巳,吴汉屠成都。　按:戊寅至辛巳四日,丁丑次日即戊寅,志明云明日汉入屠蜀城,《公孙述传》亦云其夜死,明旦岑降,《吴汉传》亦云旦日城降,则"戊寅"当从《续志》作"丁丑","辛巳"又为"戊寅"之讹。

〔18〕 钳钛　按:"钛"原讹"鈇",径据汲本、殿本改正。

〔19〕 庚午以殷绍嘉公孔安为宋公　按:建武十三年二月庚寅朔,无庚午,疑

"庚午"为"庚子"或"庚戌"之讹。又查是年三月庚申朔,有庚午,或下文"三月"二字当移于此。

〔20〕 周承休公姬(常)〔武〕为卫公　《集解》引惠栋说,谓《前书·恩泽侯表》姬常于建武二年为周承休侯,五年,侯武嗣,十三年,更为卫公,然则"姬常"当作"姬武"也。今据改。

〔21〕 省并西京十三国　按:钱大昕谓"三"字衍,说详下。

〔22〕 淄川属高密　按:《集解》引钱大昕说,谓《续志》北海国下云建武十三年省淄川、高密、胶东三国,以其县属。盖其时以高密四县封邓禹,胶东六县封贾复,故不立王国而并属之北海,高密与淄川同在省并之内,非以淄川属高密也。志又称世祖省并郡国十,今并高密计之,正合十国之数,乃知纪云十三国者,误衍"三"字,而"淄川"下又衍"属"字耳。

〔23〕 故城在今瀛州乐(府)〔寿〕县西北　据《刊误》及殿本《考证》改。

〔24〕 鳙彝之属也　按:"鳙"原讹"镈",径改正。

〔25〕 丁未有星孛于昴　丁未有星孛于营室　按:《集解》引钱大昕说,谓"丁未"重出,当有一误,以《天文志》证之,似下"丁未"误也。

〔26〕 置常〔山〕关　据《刊误》补。

〔27〕 必(有)〔以〕众大之辞言之　据《刊误》改,与今《公羊传》合。

〔28〕 上至高祖　按:《伪孔传》"至"作"自"。

〔29〕 二月乙(亥)〔未〕晦　据《集解》引钱大昕、惠栋说改。按:是年三月丙申朔,作"乙未"是。

〔30〕 夏四月乙卯　按:是年四月丙寅朔,无乙卯,此误。下云"五月乙卯,车驾还宫"。是年五月乙未朔,有乙卯,不误。

〔31〕 属南〔阳〕郡　据殿本《考证》补。

〔32〕 夏四月(甲戌)〔癸酉〕车驾还宫　据殿本《考证》改。

〔33〕 (癸酉)〔甲戌〕诏曰　据殿本《考证》改。按:万松龄谓"癸酉"移前,"甲戌"移后,写者误倒耳。

〔34〕 (戊)〔甲〕申幸河内　据殿本《考证》改。按:是年夏四月庚申朔,下文云"戊子至自河内",明此"戊申"乃"甲申"之误。

〔35〕 始祠昭帝元帝于太庙　按:《集解》引钱大昕说,谓《祭祀志》是年雒阳高庙四时加祭孝宣、孝元,凡五帝,此云"昭帝",误。

〔36〕 光武第虽十二　"第"原作"弟",弟第古字通用,今改归一律,后如此不

悉出校记。

〔37〕　于哀帝为诸父于平帝为祖父　按：李慈铭谓哀帝、平帝皆元帝庶孙，兄
　　　　弟行也，光武于成帝为兄弟，则于平帝亦为诸父，非祖父。注引《汉官
　　　　仪》皆谬。

〔38〕　然则宣帝为（曾）祖　按：《刊误》谓案世数宣帝于光武犹是祖，此多一
　　　　"曾"字。今据删。

〔39〕　母贵则子〔何以〕贵　据《刊误》补，与《公羊传》合。

〔40〕　鄯善王车师王等十六国　按：《西域传》"十六国"作"十八国"，《袁纪》作
　　　　"鄯善王安、莎车王贤等十六国"。

〔41〕　制诏曰　按：《刊误》谓多一"制"字。

〔42〕　徒皆弛解钳　按：李慈铭谓以注文详之，此当衍一"解"字，脱一"钛"字。

〔43〕　寇右北平渔阳上谷太原　按：《集解》引陈景云说，谓"太原"二字非衍即
　　　　误。貊人人寇东边诸郡，不能西至太原内地也。

〔44〕　大人谓渠帅也　殿本"大人"作"乌桓"。按：《校补》谓当作"大人，乌桓
　　　　谓渠帅也"，互脱二字。

〔45〕　二十六年〔春〕正月　据汲本、殿本补。

〔46〕　骠骑大将军行大司马刘隆即日罢　《刊误》谓两汉称"行"者皆云行某官
　　　　事，明此少一"事"字。今按：《范书》称行某官事往往省一"事"字，非必
　　　　脱文，后如此不悉出。

〔47〕　幸鲁国　按：《刊误》谓它处皆不言国，明此多一"国"字。

〔48〕　冬十一月丁酉至自鲁　汲本、《集解》本"丁酉"作"乙酉"。按：是年十一
　　　　月丁未朔，无丁酉、乙酉，疑"己酉"之误。

〔49〕　中元元年　按：中元非年号，《刊误》及《补注》并谓应冠"建武"二字。

〔50〕　（谓）〔为〕方坛四陛　据《刊误》改。按：为谓古通作。

〔51〕　皆徙南郊之具　按：汲本、殿本"徙"作"从"。

〔52〕　东夷倭奴国王遣使奉献　按："王"原作"主"，径据汲本、殿本改。

〔53〕　年六十二　按：惠栋《补注》引蒋皋说，谓光武以二十八岁起兵，中更始
　　　　二年，建武三十一年，中元二年，则崩时乃六十三岁。《祭祀志》封禅刻
　　　　石文已云"在位三十二年，年六十二"，则崩年六十三无疑矣。此"二"字
　　　　疑传写误也。

〔54〕　无遣吏及因邮奏　按：《刊误》谓多一"无"字，盖凡吊丧及赴葬，皆遣吏

及因邮也。

〔55〕　于是改号为太初元年　按：沈家本谓"太初"下当有"元将"二字，事详《前书》。

〔56〕　炎正中微　按：《校补》谓《文选》"正"作"政"。

〔57〕　光武诞命　按：《校补》谓《文选》"光武"作"世祖"。

〔58〕　高锋彗云　《文选》"锋"作"旗"。按：《校补》谓观李注引东都主人曰"戈矛彗云"，则"旗"仍"锋"之讹。

〔59〕　明明庙谟　按：《校补》谓《文选》"谟"作"谋"。

〔60〕　系隆我汉　按：《校补》谓《文选》作"系我皇汉"。又按：《集解》引钱大昕说，谓尉宗宋人，不应有"我汉"之称，此必沿《东观》旧文。

〔61〕　言甚猛勇也　按：汲本"甚"作"其"。

〔62〕　谓朱鲔等据洛（州）〔阳〕　按：张森楷《校勘记》谓时无洛州，"州"当是"阳"之误。今据改。

后汉书卷二

显宗孝明帝纪第二

显宗孝明皇帝讳庄,①光武第四子也。母阴皇后。帝生而丰下,②十岁能通《春秋》,光武奇之。建武十五年封东海公,十七年进爵为王,十九年立为皇太子。师事博士桓荣,学通《尚书》。

①《谥法》曰:"照临四方曰明。"伏侯《古今注》曰:"庄之字曰严。"

②杜预注《左传》云:"丰下,盖面方也。"《东观记》云:"帝丰下兑上,项赤色,有似于尧。"

中元二年二月戊戌,即皇帝位,年三十。尊皇后曰皇太后。

三月丁卯,葬光武皇帝于原陵。①有司奏上尊庙曰世祖。

①《帝王纪》曰:"原陵方三百二十步,高六丈,在临平亭东南,去洛阳十五里。"

夏四月丙辰,诏曰:"予末小子,奉承圣业,夙夜震畏,不敢荒宁。先帝受命中兴,德侔帝王,协和万邦,假于上下,①怀柔百神,惠于鳏寡。②朕承大运,继体守文,③不知稼穑之艰难,惧有废失。圣恩遗戒,顾重天下,以元元为首。公卿百僚,将何以辅朕不逮?其赐天下男子爵,人二级;④三老、孝悌、力田人三级;⑤爵过公乘,得移与子若同产、同产子;⑥及流人无名数欲自占者人一级;⑦〔1〕鳏、寡、孤、独、笃癃粟,人十斛。其弛刑及郡国徒,在中元元年四月己卯赦前所犯而后捕系者,悉免其刑。又边人遭乱为内郡人妻,在己卯赦前,一切遣还边,恣其所乐。中二千石下至黄绶,⑧贬秩赎论者,悉皆复秩还赎。方今上无天子,下无方伯,⑨若涉渊水而无舟楫。夫万乘至重而壮者虑轻,⑩实赖有德左右小子。⑪高密侯禹元功之首,东平王苍宽博有谋,并可以受六尺之托,临大节而不挠。⑫其以禹为太傅，苍为骠骑将军。太尉憙告谥南郊，⑬司徒䜣奉安梓宫，⑭司空鲂将校复土。⑮其封憙为节乡侯，䜣为安乡侯，鲂为杨邑侯。"

①假，至也。音格。

②怀，安也。柔，和也。《礼》曰"凡山林能兴云致雨者皆曰神，有天下者祭百神"，怀柔百神也。《书》曰："惠于鳏寡。"

③创基之主，则尚武功以定祸乱；其次继体而立者，则守文德。《榖梁传》曰："承明继体，则守文之君也。"

④《前书音义》曰："男子者，谓户内之长也。"商鞅为秦制爵二十级：一，公士；二，上造；三，簪袅；四，不更；五，大夫；六，官大夫；七，公大夫；八，公乘；九，五大夫；十，左庶长；十一，右庶长；十二，左更；十三，中更；十四，右更；十五，少上造；十六，大上造；十七，驷车庶长；十八，大庶长；十九，关内侯；二十，彻侯。人赐爵者，有罪得赎，贫者得卖与人。

⑤三老、孝悌、力田，三者皆乡官之名。三老，高帝置，孝悌、力田，高后置，所以劝导乡里，助成风化也。文帝诏曰："孝悌，天下之大顺也。力田，为生之本也。三老，众人之师也。其以户口率置员。"事见《前书》。

⑥汉制，赐爵自公士已上不得过公乘，故过者得移授也。同产，同母兄弟也。

⑦无名数谓无文簿也。占谓自归首也。

⑧汉制，二百石以上铜印黄绶也。

⑨《公羊传》曰："上无天子，下无方伯。"此制引以为谦也。

⑩帝谦言年尚少壮，思虑轻浅，故须贤人辅弼。

⑪赖，恃也。左右，助也。

⑫六尺谓年十五已下。大节谓大事。挠，屈也。音女孝反。

⑬赵憙也。应劭《风俗通》曰："礼，臣子无爵谥君父之义也，故群臣累其功美，葬日，遣太尉于南郊告天而谥之。"

⑭李䜣也。梓宫，以梓木为棺。《风俗通》曰："宫者，存时所居，缘生事死，因以为名。"

⑮冯鲂也。将校谓将领五校兵以穿圹也。《前书音义》曰："复土，主穿圹填塞事也。"〔2〕言下棺讫，复以土为坟，故言复土。"

秋九月，烧当羌寇陇西，败郡兵于允街。①赦陇西囚徒，减罪一等，

勿收今年租调。又所发天水三千人,亦复是岁更赋。②遣谒者张鸿讨叛
羌于允吾,③鸿军大败,战殁。冬十一月,遣中郎将窦固监捕虏将军马
武等二将军讨烧当羌。

①允街,县名也,允音铅,街音佳,属金城郡,故城在今凉州昌松县东南。城临
　丽水,一名丽水城。

②更谓戍卒更相代也。赋谓雇更之钱也。《前书音义》曰:"更有三品:有卒
　更,有践更,有过更。古正卒无常,人皆当迭为之。(有)一月一更,〔3〕是为
　卒更。贫者欲得雇更钱,次直者出钱雇之,月二千,是为践更。古者天下人
　皆当戍边三日,亦名为更。不可人人自行三日戍,当行者不可往即还,因住
　一岁,次直者出钱三百雇之,谓之过更。"

③允吾,县名,属金城郡,故城在今兰州广武县西南。〔4〕允音沿。吾音牙。

十二月甲寅,诏曰:"方春戒节,人以耕桑。其敕有司务顺时气,使
无烦扰。①天下亡命殊死以下,听得赎论:死罪人缣二十匹,右趾至髡钳
城旦春十匹,②完城旦春至司寇作三匹。③其未发觉,诏书到先自告者,
半入赎。今选举不实,邪佞未去,权门请托,残吏放手,④百姓愁怨,情
无告诉。有司明奏罪名,并正举者。⑤又郡县每因征发,轻为奸利,诡责
羸弱,先急下贫。其务在均平,无令枉刻。"

①《礼记》:"孟春之月,布德和令,行庆施惠。仲春,无作大事,以妨农事。"

②《前书音义》曰:"右趾谓刖其右足,次刖左足,次劓,次黥,次髡钳为城旦春。
　城旦者,昼日伺寇虏,夜暮筑长城。春者,妇人犯罪,不任军役之事,但令春
　以食徒者。"

③完者,谓不加髡钳而筑城也。次鬼薪、白粲,次隶臣妾,次(作)司寇〔作〕。〔5〕

④放手谓贪纵为非也。

⑤举非其人,并正举主之罪。

永平元年春正月,帝率公卿已下朝于原陵,如元会仪。①

①《汉官仪》曰:"古不墓祭。秦始皇起寝于墓侧,汉因而不改。诸陵寝皆以
　晦、望、二十四气、三伏、社、腊及四时上饭。其亲陵所宫人,随鼓漏理被枕,
　具盥水,陈庄具。天子以正月上原陵,公卿百官及诸侯王、郡国计吏皆当轩

下,占其郡国谷价,四方改易,欲先帝魂魄闻之也。"元会仪见下。

夏五月,太傅邓禹薨。

戊寅,东海王彊薨,遣司空冯鲂持节视丧事,赐升龙旌头、銮辂、龙旗。①

①旌头,见《光武纪》。銮,铃也,在镳。交龙为旗,唯天子用之,今特赐以葬。

六月乙卯,葬东海恭王。

秋七月,捕虏将军马武等与烧当羌战,大破之。募士卒戍陇右,赐钱人三万。

八月戊子,徙山阳王荆为广陵王,遣就国。

是岁,辽东太守祭肜使鲜卑击赤山乌桓,大破之,斩其渠帅。①越巂姑复夷叛,②州郡讨平之。

①赤山在辽东西北数千里。

②姑复,县名。

二年春正月辛未,宗祀光武皇帝于明堂,帝及公卿列侯始服冠冕、衣裳、玉佩、绚屦以行事。①礼毕,登灵台。使尚书令持节诏骠骑将军、三公曰:"今令月吉日,宗祀光武皇帝于明堂,以配五帝。②礼备法物,乐和八音,咏祉福,舞功德,③(其)班时令,〔6〕敕群后。④事毕,升灵台,望元气,〔7〕吹时律,观物变。⑤群僚藩辅,宗室子孙,众郡奉计,百蛮贡职,⑥乌桓、涉貊咸来助祭,单于侍子、骨都侯亦皆陪位。斯固圣祖功德之所致也。朕以暗陋,奉承大业,亲执珪璧,恭祀天地。⑦仰惟先帝受命中兴,拨乱反正,以宁天下,⑧封泰山,建明堂,立辟雍,〔8〕起灵台,恢弘大道,被之八极;⑨而胤子无成康之质,群臣无吕旦之谋,⑩盥洗进爵,踧踖惟惭。⑪素性顽鄙,临事益惧,故'君子坦荡荡,小人长戚戚'。⑫其令天下自殊死已下,谋反大逆,皆赦除之。百僚师尹,其勉修厥职,顺行时令,敬若昊天,以绥兆人。"⑬

①《汉官仪》曰:"天子冠通天,诸侯王冠远游,三公、诸侯冠进贤三梁,卿、大夫、尚书、二千石、博士冠两梁,(二)千石已下至小吏冠一梁。〔9〕天子、公、

卿、特进、诸侯祀天地明堂;皆冠平冕,天子十二旒,三公、九卿、诸侯七,其缨各如其绶色,玄衣纁裳。《周礼》曰:"王祀昊天上帝则服大裘而冕,祀五帝亦如之。"《三礼图》曰:"冕以三十升布漆而为之,〔10〕广八寸,长尺六寸,前圜后方,前下后高,有俛伏之形,故谓之冕。欲人之位弥高而志弥下,故以名焉。"董巴《舆服志》曰:"显宗初服冕衣裳以祀天地。衣裳以玄上纁下,乘舆备文日月星辰十二章,三公、诸侯用山龙九章,卿已下用华虫七章,皆五色采。乘舆刺绣,公卿已下皆织成。陈留襄邑献之。"徐广《车服注》曰:"汉明帝案古礼备其服章,天子郊庙衣皂上绛下,前三幅,〔11〕后四幅,衣画而裳绣。"《礼记》曰:"古之君子必佩玉,君子于玉比德焉。天子佩白玉,公侯佩山玄玉,大夫佩水苍玉,世子佩瑜玉。"《周礼》屦人"掌王赤舄青绚"。郑玄注云:"赤舄,为上冕服之舄也。绚屦,鼻头以青彩饰之。"〔12〕绚音朐。《三礼图》曰:"屦复下曰舄,其色各随裳色。"

② 《五经通义》曰:"苍帝灵威仰,赤帝赤熛怒,黄帝含枢纽,白帝白招矩,黑帝(汁)〔叶〕光纪。〔13〕牲币及玉,各依方色。"

③ 祉亦福也。咏谓《诗》云"降福穰穰"之类。景帝诏曰:"歌者所以发德,舞者所以明功。"

④ 班,布也。时令谓月令也。四时各有令,若有乖舛,必致妖灾,故告之。

⑤ 元气,天气也。王者承天心,理礼乐,通上下四时之气也,故望之焉。时律者,即《月令》"孟春律中太蔟,仲春律中夹钟"之类。《大戴礼》曰:"圣人戳十二管,察八音之清浊,谓之律吕。律吕不正则诸气不和。"《周礼》保章氏:"以五云之色,辨吉凶、水旱、丰荒之祲象。"郑司农注云:"以二至二分观云色,青为虫,白为丧,赤为兵荒,黑为水,黄为丰。故《春秋传》曰'凡分至启闭必书云物,为备故也'。"杜预注云:"物谓气色灾变也。"

⑥ 奉计谓计吏也。《诗》曰:"因时百蛮。"百言众多也。独言蛮,通四夷。

⑦ 《周礼》曰:"四圭尺有二寸,以祀天。"又曰:"以苍璧礼天,以黄琮礼地,以青圭礼东方,以赤璋礼南方,以白琥礼西方,以玄璜礼北方。"

⑧ 拨,理也。《公羊传》曰:"拨乱世反之正,莫近于《春秋》。"

⑨ 《淮南子》曰:"九州之外有八寅,八寅之外有八纮,八纮之外有八极。"

⑩ 明帝自谓无〔成康之质〕。〔14〕成康之时,刑措不用四十馀年。

⑪ 郑玄注《论语》云:"踧踖,敬恭貌。"盘音管。

⑫ 坦荡,明达之貌。戚戚,常忧惧也。

⑬若,顺也。

三月,临辟雍,初行大射礼。①

①《仪礼》(曰)大射之礼,〔15〕王将祭射宫,择士以助祭也。张虎侯、熊侯、豹
　侯,其制若今之射的矣。谓之为侯者,天子射中之,可以服诸侯也。天子侯
　中一丈八尺,画以云气焉。王以六耦射三侯,乐以《驺虞》九节;诸侯以四耦
　射二侯,乐以《狸首》七节;孤卿、大夫以三耦射一侯,乐以《采𬞟》五节;士以
　二耦射犴侯,乐以《采蘩》三节。

秋九月,沛王辅、楚王英、济南王康、淮阳王延、东海王政来朝。

冬十月壬子,幸辟雍,初行养老礼。诏曰:“光武皇帝建三朝之礼,
而未及临飨。①眇眇小子,属当圣业。②间暮春吉辰,初行大射;令月元
日,③复践辟雍。尊事三老,兄事五更,安车软轮,供绥执授。侯王设
酱,公卿馈珍,朕亲袒割,执爵而酳。④祝哽在前,祝噎在后。⑤升歌《鹿
鸣》,下管《新宫》,⑥八佾具修,万舞于庭。⑦朕固薄德,何以克当?《易》
陈负乘,《诗》刺彼己,⑧永念惭疚,无忘厥心。三老李躬,年耆学明。五
更桓荣,授朕《尚书》。《诗》曰:‘无德不报,无言不酬。’⑨其赐荣爵关内
侯,食邑五千户。三老、五更皆以二千石禄养终厥身。其赐天下三老酒
人一石,肉四十斤。有司其存耆耋,⑩恤幼孤,惠鳏寡,称朕意焉。”

①三朝之礼谓中元元年初起明堂、辟雍、灵台也。

②《尚书》康王曰:“眇眇予末小子。”孔安国注云:“眇眇犹微微也。”

③《东观记》曰:“十月元日。”

④《孝经援神契》曰:“尊事三老,父象也。”宋均注曰:“老人知天地之事
　者。”〔16〕安车,坐乘之车;软轮,以蒲裹轮。软音而究反。三老就车,天子亲
　执绥授之。《说文》:“绥,车中把也。”五更,老人知五行更代事者。《汉官
　仪》曰:“三老、五更,皆取有首妻男女全具者。”《续汉志》曰:“养三老、五更,
　先吉日,司徒上太傅若讲师故三公人名,用其德行年者高者,三公一人为三
　老,次卿一人为五更,皆服绨绤大袍单衣,皂缘领袖中衣,冠进贤,扶(玉)
　〔王〕杖。〔17〕五更亦如之,不杖。皆齐于太学讲堂。其日乘舆先到辟雍礼
　殿,坐于东厢,遣使者安车迎三老、五更,天子迎于门屏,交拜,导自阼阶。
　三老自宾阶升,东面。三公设几杖。九卿正履。天子亲袒割俎,执酱而馈,

执爵而酳。五更南面,三公进供,礼亦如之。明日皆诣阙谢,以其于己礼太隆也。"酱,醢也。珍谓肴羞之属,即《周礼》"八珍"之类。郑玄注《仪礼》云:"酳,漱也,所以洁口。"音胤。

⑤老人食多哽噎,故置人于前后祝之,令其不哽噎也。

⑥《鹿鸣》、《诗·小雅》篇名也。《新宫》,《小雅》逸篇也。升,登也。登堂而歌,所以重人声也。《燕礼》曰:"升歌《鹿鸣》,下管《新宫》。"

⑦佾,列也。谓舞者行列也。《左氏传》曰:"天子八佾,诸侯六,大夫四,士二。夫舞,所以节八音而行八风,故自八以下。"万亦舞也。《诗》云:"公庭万舞。"

⑧《易》曰:"负且乘,致寇至。"负也者,小人之事也。乘也者,君子之器也。小人而乘君子之器,盗思夺之矣。《诗》曰"彼己之子,不称其服"也。

⑨《诗·大雅》也。

⑩《礼记》曰,六十曰耆,七十曰耋。《释名》曰:'耆,指也,不从力役,指事使人也。耋,铁也,皮肤变黑色如铁也。"

中山王焉始就国。

甲子,西巡狩,幸长安,祠高庙,遂有事于十一陵。历览馆邑,会郡县吏,劳赐作乐。十一月甲申,遣使者以中牢祠萧何、霍光。帝谒陵园,过式其墓。①进幸河东,所过赐二千石、令长已下至于掾史,各有差。②癸卯,车驾还宫。

①《东观汉记》曰:"萧何墓在长陵东司马门道北百步。"又云:"霍光墓在茂陵东司马门道南四里。"式,敬也。《礼记》曰:"行过墓必式。"

②《续汉志》曰:"郡国及县,诸曹皆置掾史。"

十二月,护羌校尉窦林下狱死。

是岁,始迎气于五郊。①少府阴就子丰杀其妻郦邑公主,就坐自杀。②

①《续汉书》曰:"迎气五郊之兆。四方之兆各依其位。中央之兆在未,坛皆(二)〔三〕尺。〔18〕立春之日,迎春于东郊,祭青帝句芒,车服皆青,歌《青阳》,八佾舞《云翘》之舞。立夏之日,迎夏于南郊,祭赤帝祝融,车服皆赤,歌《朱明》,八佾舞《云翘》之舞。先立秋十八日,迎黄灵于中兆,祭黄帝后土,车服

皆黄,歌《朱明》,八佾舞《云翘》、《育命》之舞。立秋之日,迎秋于西郊,祭白
帝蓐收,车服皆白,歌《白藏》,八佾舞《育命》之舞。立冬之日,迎冬于北郊,
祭黑帝玄冥,车服皆黑,歌《玄冥》,八佾舞《育命》之舞。"

②郦,县,属南阳郡。郦音栎。

三年春正月癸巳,诏曰:"朕奉郊祀,登灵台,见史官,正仪度。①夫
春者,岁之始也。始得其正,则三时有成。②比者水旱不节,边人食寡,
政失于上,人受其咎。有司其勉顺时气,劝督农桑,去其螟蜮,以及蝥
贼;③详刑慎罚,明察单辞,④夙夜匪懈,以称朕意。"

①仪谓浑仪,以铜为之,置于灵台,王者正天文之器也。度谓日月星辰之行度
也。史官即太史,掌天文之官也。

②正谓日月五星不失其次也。三时谓春、夏、秋。《左传》曰:"务其三时。"

③《尔雅》曰:"食苗心曰螟,食节曰贼,食根曰蝥。"蜮一名短弧,今之水弩,含
沙射人为灾。言此者,欲令臣下顺时行政,勿侵扰也。

④单辞犹偏辞也。

二月甲寅,太尉赵憙、司徒李䜣免。丙辰,左冯翊郭丹为司徒。己
未,南阳太守虞延为太尉。

甲子,立贵人马氏为皇后,皇子炟①为皇太子。赐天下男子爵,人
二级;三老、孝悌、力田人三级;流人无名数欲占者人一级;鳏、寡、孤、
独、笃癃、贫不能自存者粟,人五斛。

①音丁达反。

夏四月辛酉,封皇子建为千乘王,①羡为广平王。

①千乘,国名,今青州县,故城在今淄州高苑北。

六月丁卯,有星孛于天船北。①

①天船,星名。《续汉志》曰:"天船为水,彗出之为大水。是岁,伊、洛水溢到
津城门。"伏侯《古今注》曰:"彗长三尺所,见三十五日乃去。"

秋八月戊辰,改大乐为大予乐。①

①《尚书璇机钤》曰〔19〕"有帝汉出,德洽作乐名予",故据《璇机钤》改之。《汉

官仪》曰："大予乐令一人,秩六百石。"

壬申晦,日有蚀之。诏曰:"朕奉承祖业,无有善政。日月薄蚀,彗孛见天,水旱不节,稼穑不成,人无宿储,下生愁垫。①虽夙夜勤思,而智能不逮。昔楚庄无灾,以致戒惧;②鲁哀祸大,天不降谴。③今之动变,傥尚可救。有司勉思厥职,以匡无德。古者卿士献诗,百工箴谏。④其言事者,靡有所讳。"

① 储,积也。垫,溺也,音丁念反。

②《说苑》曰:"楚庄王见天不见妖而地不出孽,则祷于山川曰:'天其忘余欤?'此能求过于天,必不逆谏矣。"

③《春秋感精符》曰:[20]"鲁哀公时,政弥乱绝,不日食。政乱之类,当致日食之变,而不应者,谴之何益,告之不悟,故哀公之篇绝无日食之异。"

④《国语》曰:"天子听政,公卿至于庶士献诗,师箴,百工谏,庶人传语,近臣尽规,而后王斟酌事焉。"

冬十月,蒸祭光武庙,①初奏《文始》、《五行》、《武德》之舞。②

①《礼记》曰:"冬祭曰蒸。"蒸,众也。冬物毕成,可祭者众。

②《前书》曰,《文始舞》者,本舜《韶舞》也,高祖六年更名曰《文始》,其舞人执羽籥。《五行》者,本周舞也,秦始皇二十六年更名曰《五行》,其舞人冠冕衣服法五行色。《武德》者,高祖四年作,言行武以除乱也,其舞人执干戚。光武草创,礼乐未备,今始奏之,故云初也。

甲子,车驾从皇太后幸章陵,观旧庐。十二月戊辰,至自章陵。

是岁,起北宫及诸官府。京师及郡国七大水。

四年春二月辛亥,诏曰:"朕亲耕藉田,以祈农事。①京师冬无宿雪,春不燠沐,②烦劳群司,积精祷求。③而比再得时雨,宿麦润泽。其赐公卿半奉。有司勉遵时政,务平刑罚。"

①《礼记》曰:"天子亲耕于东郊,为藉田千亩,冕而朱纮,躬秉耒耜。"《五经要义》曰:"天子藉田,以供上帝之粢盛,所以先百姓而致孝敬也。藉,蹈也。言亲自蹈履于田而耕之。"《续汉志》云:"正月始耕,既事,告祠先农。"《汉旧

仪》曰："先农即神农炎帝也。祠以太牢,百官皆从。皇帝亲执耒耜而耕。

天子三推,三公五,孤卿七,大夫十二,士庶人终亩。乃致藉田仓,置令丞,

以给祭天地宗庙,以为粢盛。"

②燠,暖也,音于六反。沐,润泽也。言无暄润之气也。

③积精犹储积也。《说文》云:"告事求福曰祷。"

秋九月戊寅,千乘王建薨。

冬十月乙卯,司徒郭丹、司空冯鲂免。丙辰,河南尹范迁为司徒,太仆伏恭为司空。

十二月,陵乡侯梁松下狱死。①

①坐县飞书诽谤。

五年春二月庚戌,骠骑将军东平王苍罢归藩;琅邪王京就国。

冬十月,行幸邺。与赵王栩会邺。常山三老言于帝曰:"上生于元氏,愿蒙优复。"诏曰:"丰、沛、济阳,受命所由,加恩报德,适其宜也。今永平之政,百姓怨结,而吏人求复,令人愧笑。重逆此县之拳拳,①其复元氏县田租更赋六岁,劳赐县掾史,及门阑走卒。"②至自邺。

①重,难也。拳拳犹勤勤也。《礼记》曰:"得一善则拳拳服膺而不息。"

②《续汉志》曰:"五伯、铃下、侍阁、门阑部署、街里走卒,皆有程品,多少随所典领。"

十一月,北匈奴寇五原;十二月,寇云中,南单于击却之。

是岁,发遣边人在内郡者,赐装钱人二万。

六年春正月,沛王辅、楚王英、东平王苍、淮阳王延、琅邪王京、东海王政、赵王盱、北海王兴、齐王石来朝。

二月,王雒山出宝鼎,①庐江太守献之。夏四月甲子,诏曰:"昔禹收九牧之金,铸鼎以象物,使人知神奸,不逢恶气。②遭德则兴,迁于商、周;周德既衰,鼎乃沦亡。③祥瑞之降,以应有德。方今政化多僻,何以致兹?《易》曰鼎象三公,④岂公卿奉职得其理邪?太常其以祠祭之

日，⑤陈鼎于庙，以备器用。赐三公帛五十匹，九卿、二千石半之。先帝诏书，禁人上事言圣，而间者章奏颇多浮词，自今若有过称虚誉，尚书皆宜抑而不省，示不为谄子蚩也。"

①"雊"或作"雄"。

②夏禹之时，令远方图画山川奇异之物，使九州之牧贡金铸鼎以象之，令人知鬼神百物之形状而备之，故人入山林川泽，魑魅罔两莫能逢之。恶气谓罔两之类。事见《左传》。

③《史记》曰，周鼎亡入泗水中，秦始皇过彭城，斋戒，欲出周鼎于泗水，使千人没水求之，不得。

④《易》曰："鼎折足，覆公𫗧。"

⑤《礼记》曰"夏祭曰礿"，音药。礿，薄也。夏物未成，祭尚薄。

冬十月，行幸鲁，祠东海恭王陵；会沛王辅、楚王英、济南王康、东平王苍、淮阳王延、琅邪王京、东海王政。十二月，还，幸阳城，遣使者祠中岳。壬午，车驾还宫。东平王苍、琅邪王京从驾来朝皇太后。

七年春正月癸卯，皇太后阴氏崩。二月庚申，葬光烈皇后。

秋八月戊辰，北海王兴薨。

是岁，北匈奴遣使乞和亲。

八年春正月己卯，司徒范迁薨。①三月辛卯，太尉虞延为司徒，卫尉赵憙行太尉事。

①《汉官仪》曰，迁字子闾，沛人也。

遣越骑司马郑众报使北匈奴。初置度辽将军，屯五原曼柏。①

①(武)〔昭〕帝拜范明友为度辽将军，〔21〕至此复置焉。以中郎将吴常行度辽将军。曼柏，县，在今胜州银城县。

秋，郡国十四雨水。

冬十月，北宫成。

丙子，临辟雍，养三老、五更。礼毕，诏三公募郡国中都官死罪系囚,减罪一等,勿笞,诣度辽将军营,屯朔方、五原之边县;妻子自随,便占著边县;①父母同产欲相代者,恣听之。其大逆无道殊死者,一切募下蚕室。亡命者令赎罪各有差。凡徙者,赐弓弩衣粮。

①占著谓附名籍。

壬寅晦,日有食之,既。①诏曰:"朕以无德,奉承大业,而下贻人怨,上动三光。日食之变,其灾尤大,《春秋》图谶所为至谴。②〔22〕永思厥咎,在予一人。群司勉修职事,极言无讳。"于是在位者皆上封事,各言得失。③帝览章,深自引咎,乃以所上班示百官。诏曰:"群僚所言,皆朕之过。人冤不能理,吏黠不能禁;而轻用人力,缮修宫宇,出入无节,喜怒过差。昔应门失守,《关雎》刺世;④飞蓬随风,微子所叹。⑤〔23〕永览前戒,竦然兢惧。徒恐薄德,久而致怠耳。"

①既,尽也。

②《春秋感精符》曰:"人主含天光,据机衡,齐七政,操八极。"故君明圣,天道得正,〔24〕则日月光明,五星有度。日明则道正,〔25〕不明则政乱,故常戒以自救厉。日食皆象君之进退为盈缩。当春秋拨乱,日食三十六,故曰至谴也。

③宣帝始令群臣得奏封事,以知下情。封有正有副,领尚书者先发副封,所言不善,屏而不奏;后魏相奏去副封,以防拥蔽。

④《春秋说题辞》曰:"人主不正,应门失守,故歌《关雎》以感之。"宋均注曰:"应门,听政之处也。言不以政事为务,则有宣淫之心。《关雎》乐而不淫,思得贤人与之共化,修应门之政者也。"薛君《韩诗章句》曰:"诗人言雎鸠贞洁慎匹,以声相求,隐蔽于无人之处。故人君退朝,入于私宫,后妃御见有度,应门击柝,鼓人上堂,退反宴处,体安志明。今时大人内倾于色,贤人见其萌,故咏《关雎》,说淑女,正容仪,以刺时。"

⑤《管子》曰:"无仪法程式,飞摇而无所定,谓之飞蓬。飞蓬之间,明王不听。"〔26〕此言"微子",未详。

北匈奴寇西河诸郡。

九年春三月辛丑,诏郡国死罪囚减罪,与妻子诣五原、朔方占著,所在死者皆赐妻父若男同产一人复终身；其妻无父兄独有母者，赐其母钱六万，又复其口算。①

①口算，已见《光武纪》。

夏四月甲辰，诏郡国以公田赐贫人各有差。令司隶校尉、部刺史岁上墨绶长吏视事三岁已上理状尤异者各一人，与计偕上。①及尤不政理者，亦以闻。

①偕，俱也。所征之人，令与计吏俱上。

是岁，大有年。①为四姓小侯开立学校，置《五经》师。②

①《榖梁传》曰："五谷皆熟，书大有年。"

②袁宏《汉纪》曰，永平中崇尚儒学，自皇太子、诸王侯及功臣子弟，莫不受经。又为外戚樊氏、郭氏、阴氏、马氏诸子弟立学，号四姓小侯，置《五经》师。以非列侯，故曰小侯。《礼记》曰"庶方小侯"，亦其义也。

十年春二月，广陵王荆有罪，自杀，国除。

夏四月戊子，诏曰："昔岁五谷登衍，①今兹蚕麦善收，其大赦天下。方盛夏长养之时，荡涤宿恶，以报农功。百姓勉务桑稼，以备灾害。吏敬厥职，无令愆慝。"

①郑玄注《周礼》云："五谷，黍、稷、麦、麻、未也。"〔27〕登，成也。衍，饶也，音以战反。

闰月甲午，南巡狩，幸南阳，祠章陵。日北至，又祠旧宅。①礼毕，召校官弟子作雅乐，奏《鹿鸣》，②帝自御埙篪和之，以娱嘉宾。③还，幸南顿，劳飨三老、官属。

①北至，夏至也。

②校，学也。《鹿鸣》，《诗·小雅》篇名，宴群臣嘉宾之诗。

③郑玄注《周礼》云："埙，烧土为之，大如雁子。"郑众曰："有六孔。"《世本》曰："暴辛公作篪，以竹为之，长尺四寸，有八孔。"

冬十一月，征淮阳王延会平舆，①征沛王辅会睢阳。

①县名，属汝南郡，故城在今豫州汝阳县东北。舆音预。

十二月甲午,车驾还宫。

十一年春正月,沛王辅、楚王英、济南王康、东平王苍、淮阳王延、中山王焉、琅邪王京、东海王政来朝。

秋七月,司隶校尉郭霸下狱死。

是岁,濡湖出黄金,庐江太守以献。① 时麒麟、白雉、醴泉、嘉禾所在出焉。

①濡湖,湖名,音子小反,在今庐州合肥县东南。

十二年春正月,益州徼外夷哀牢王相率内属,于是置永昌郡,罢益州西部都尉。①

①《西南夷传》曰:"罢益州西部所领六县,合为永昌郡,置哀牢、博南二县。"去洛阳七千里,在今匡州匡川县西。

夏四月,遣将作谒者王吴修汴渠,自荥阳至于千乘海口。①

①汴渠即蒗荡渠也。汴自荥阳首受河,所谓石门,在荥阳山北一里。过汴以东,积石为堤,亦号金堤,成帝阳嘉中所作也。〔28〕

五月丙辰,赐天下男子爵,人二级,三老、孝悌、力田人三级,流民无名数欲占者人一级;鳏、寡、孤、独、笃癃、贫无家属不能自存者粟,人三斛。诏曰:"昔曾、闵奉亲,竭欢致养;① 仲尼葬子,有棺无椁。② 丧贵致哀,礼存宁俭。今百姓送终之制,竞为奢靡。生者无担石之储,而财力尽于坟土。③伏腊无糟糠,而牲牢兼于一奠。④糜破积世之业,以供终朝之费,子孙饥寒,绝命于此,岂祖考之意哉! 又车服制度,恣极耳目。田荒不耕,游食者众。⑤有司其申明科禁,宜于今者,宣下郡国。"

①曾参字子舆,闵损字子骞,并孔子弟子,皆有孝行也。

②《论语》曰:"鲤也死,有棺而无椁。"

③《前书音义》曰:"担音丁滥反。言一石之储。"《方言》作"儋",云"甔也,齐东北海岱之间谓之儋"。郭璞注曰:"所谓'家无甔石之储'者也。"《埤苍》曰:"大罂也。"字或作"儋",音丁甘反。

④《史记》曰，秦德公始为伏祠。《历忌》曰："伏者何也？金气伏藏之日也。四气代谢，皆以相生。至于立秋，以金代火；金畏于火，故庚日必伏。"《月令》："孟冬之月，腊先祖。"《说文》云："腊，冬至后祭百神。"始皇更腊曰嘉平。奠，丧祭也。

⑤游食谓浮食者。

秋七月乙亥，司空伏恭罢。乙未，大司农牟融为司空。

冬十月，司隶校尉王康下狱死。

是岁，天下安平，人无徭役，岁比登稔，百姓殷富，粟斛三十，牛羊被野。

十三年春二月，帝耕于藉田。礼毕，赐观者食。

三月，河南尹薛昭下狱死。

夏四月，汴渠成。辛巳，行幸荥阳，巡行河渠。乙酉，诏曰："自汴渠决败，六十馀岁，①加顷年以来，雨水不时，汴流东侵，日月益甚，水门故处，皆在河中，漭瀁广溢，莫测圻岸，②荡荡极望，不知纲纪。今兖、豫之人，多被水患，乃云县官不先人急，好兴它役。又或以为河流入汴，幽、冀蒙利，故曰左堤强则右堤伤，左右俱强则下方伤，宜任水埶所之，使人随高而处，公家息壅塞之费，百姓无陷溺之患。议者不同，南北异论，朕不知所从，久而不决。今既筑堤理渠，绝水立门，河、汴分流，复其旧迹，陶丘之北，渐就壤坟，③故荐嘉玉洁牲，以礼河神。④东过洛汭，叹禹之绩。⑤今五土之宜，反其正色，⑥滨渠下田，赋与贫人，无令豪右得固其利，⑦庶继世宗《瓠子》之作。"⑧因遂度河，登太行，进幸上党。壬寅，车驾还宫。

①《王景传》曰，平帝时汴河决坏。

②圻，崖也。

③《尔雅》曰："丘再成曰陶丘。"孙炎曰："形如累两盂也。"郭璞曰："今济阴定陶城中有陶丘也。"《尚书》曰："厥土惟黑壤，〔29〕下土坟垆。"孔安国曰："无块曰壤。坟，起也。"

④《礼记》曰:"凡祭玉曰嘉玉。"《仪礼》曰:"洁牲刚鬣。"

⑤水北曰汭。洛汭,洛水入河处也。绩,功也。河、洛皆禹所加功,故叹之。

⑥《周礼》曰"山林、川泽、丘陵、坟衍、原隰,谓之五土"也。色谓其黄、白、青、
　黑之类。孔安国曰"水所去,土复其性"也。

⑦滨,近也。豪右,大家也。

⑧瓠子,堤名也。武帝元封二年,发卒数万人塞瓠子决河,沈白马、玉璧,令群
　臣皆负薪填河。在今濮州濮阳县西也。

　　冬十月壬辰晦,日有食之。〔30〕三公免冠自劾。制曰:"冠履勿劾。
灾异屡见,咎在朕躬,忧惧遑遑,未知其方。将有司陈事,多所隐讳,使
君上壅蔽,下有不畅乎? 昔卫有忠臣,灵公得守其位。① 今何以和穆阴
阳,消伏灾谴? 刺史、太守详刑理冤,存恤鳏孤,勉思职焉。"

　　①《论语》:"孔子曰:'卫灵公无道。'季康子曰:'夫如是,奚其不丧?'孔子曰:
　　　'仲叔圉主宾客,祝它主宗庙,王孙贾主军旅。夫如是,奚其丧?'"

　　十一月,楚王英谋反,废,国除,迁于泾县,①所连及死徙者数千人。

　　①泾县属丹阳郡,今宣州县,故城在县东。有泾水,出芜湖,因水立名。

　　是岁,齐王石薨。

　　十四年春三月甲戌,司徒虞延免,自杀。夏四月丁巳,钜鹿太守南
阳邢穆为司徒。①

　　①穆字绥公,宛人。

　　前楚王英自杀。

　　夏五月,封故广陵王荆子元寿为广陵侯。

　　初作寿陵。

　　十五年春二月庚子,东巡狩。辛丑,幸偃师。诏亡命自殊死以下
赎:死罪缣四十匹,右趾至髡钳城旦春十匹,完城旦至司寇五匹;〔31〕犯
罪未发觉,诏书到日自告者,半入赎。征沛王辅会睢阳。进幸彭城。癸
亥,帝耕于下邳。

三月,征琅邪王京会良成,①征东平王苍会阳都,②又征广陵侯及其三弟会鲁。祠东海恭王陵。还,幸孔子宅,祠仲尼及七十二弟子。亲御讲堂,③命皇太子、诸王说经。又幸东平。④辛卯,进幸大梁,⑤至定陶,祠定陶恭王陵。⑥夏四月庚子,车驾还宫。

①良成,县名,属东海郡,故城在今泗州下邳县北。

②阳都,县名,属琅邪郡,故城在今沂州沂水县南。

③孔子宅在今兖州曲阜县故鲁城中归德门内阙里之中,背洙面泗,矍相圃之东北也。七十二弟子,颜、闵之徒。《汉春秋》曰:"帝时升庙立,群臣中庭北面,皆再拜,帝进爵而后坐。"

④东平,国名,故城在今郓州东。

⑤大梁城,魏惠王所筑,故城在今汴州。

⑥恭王,元帝子康。

改信都为乐成国,临淮为下邳国。封皇子恭为钜鹿王,党为乐成王,衍为下邳王,畅为汝南王,昞为常山王,长为济阴王。①赐天下男子爵,人三级;郎、从官〔视事〕二十岁已上帛百匹,〔32〕十岁已上二十匹,十岁已下十匹,官府吏五匹,书佐、小史三匹。令天下大酺五日。②乙巳,大赦天下,其谋反大逆及诸不应宥者,皆赦除之。

①济阴,郡,今曹州。

②《前书音义》曰:"《汉律》:三人已上无故群饮,罚金四两。"今恩诏横赐,得令聚会饮食五日。酺,布也。言天子布恩于天下。《史记》:"赵惠文王三年,大赦,置酒大酺五日。"

冬,车骑校猎上林苑。①

①《周礼》校人掌王田猎之马,故曰校猎。谓以木相贯穿为栏校,以遮禽兽。

十二月,遣奉车都尉窦固、驸马都尉耿秉屯凉州。①

①《前书》曰,奉车都尉,掌乘舆;驸马都尉,掌天子之副马。驸,副也。并武帝置,秩二千石。

十六年春二月,遣太仆祭肜出高阙,①奉车都尉窦固出酒泉,驸马

都尉耿秉出居延,②骑都尉来苗出平城,伐北匈奴。窦固破呼衍王于天
山,③留兵屯伊吾卢城。④耿秉、来苗、祭肜并无功而还。

①高阙,山名,因以名塞,在朔方北。

②本匈奴地名也,武帝因以名县,属张掖郡,在今甘州张掖县东北。

③呼衍,匈奴王号。天山即祁连山,一名雪山,今名折罗汉山,在伊州北。祁
　音时。

④本匈奴中地名,既破呼衍,取其地置宜禾都尉,〔33〕以为屯田,今伊州(细)
　〔纳〕职县伊吾故城是也。〔34〕

夏五月,淮阳王延谋反,发觉。癸丑,司徒邢穆、驸马都尉韩光坐事
下狱死,所连及诛死者甚众。①

①坐与延同谋。

戊午晦,日有食之。

六月丙寅,大司农西河王敏为司徒。①

①《汉官仪》曰,敏字叔公,并州鄡城人也。

秋七月,淮阳王延徙封阜陵王。①

①阜陵,县名,属九江郡,故城在今滁州全椒县南。

九月丁卯,诏令郡国中都官死罪系囚减死罪一等,勿笞,诣军营,屯
朔方、敦煌;妻子自随,父母同产欲求从者,恣听之;女子嫁为人妻,勿与
俱。谋反大逆无道不用此书。

是岁,北匈奴寇云中,云中太守廉范击破之。

十七年春正月,甘露降于甘陵。〔35〕北海王睦薨。

二月乙巳,司徒王敏薨。三月癸丑,汝南太守鲍昱为司徒。

是岁,甘露仍降,树枝内附,①芝草生殿前,神雀五色翔集京师。西
南夷哀牢、儋耳、僬侥、槃木、白狼、动黏诸种,前后慕义贡献;②西域诸
国遣子入侍。夏五月戊子,公卿百官以帝威德怀远,祥物显应,乃并集
朝堂,奉觞上寿。③制曰:"天生神物,以应王者;远人慕化,实由有德。

朕以虚薄,何以享斯? 唯高祖、光武圣德所被,不敢有辞。其敬举觞,太常择吉日策告宗庙。其赐天下男子爵,人二级,三老、孝悌、力田人三级,流人无名数欲占者人一级;鳏、寡、孤、独、笃癃、贫不能自存者粟,人三斛;郎、从官视事十岁以上者,帛十匹。中二千石、二千石下至黄绶,[36]贬秩奉赎,在去年以来皆还赎。"

①仍,频也。内附谓木连理也。《前书》终军曰:"众枝内附,是无外也。"
②《山海经》曰:"周侥国在三首国东,为人短小,冠带,一名焦侥。"《国语》曰:"焦侥氏三尺,短之至也。"杨浮《异物志》曰:[37]"儋耳,南方夷,生则镂其颊,皮连耳匡,分为数支,状如鸡肠,累累下垂至肩。"
③寿者人之所欲,故卑下奉觞进酒,皆言上寿。

秋八月丙寅,令武威、张掖、酒泉、敦煌①及张掖属国,系囚右趾已下任兵者,②皆一切勿治其罪,诣军营。

①张掖,郡,故匈奴昆邪王地也。《汉官仪》曰:"张国臂掖,故曰张掖。"故城在今甘州张掖县西北。
②任,堪也。

冬十一月,遣奉车都尉窦固、驸马都尉耿秉、骑都尉刘张出敦煌昆仑塞,①击破白山虏于蒲类海上,遂入车师。②初置西域都护、戊己校尉。③

①昆仑,山名,因以为塞,在今肃州酒泉县西南。山有昆仑之体,故名之。周穆王见西王母于此山,有石室、王母台。
②《西河旧事》曰:"白山冬夏有雪,故曰白山,匈奴谓之天山,过之皆下马拜焉。去蒲类海百里之内。"
③宣帝初置,郑吉为都护,护三十六国,秩比二千石。元帝置戊己校尉,有丞、司马各一人,秩比六百石。戊己,中央也,镇覆四方,见《汉官仪》。亦处西域,镇抚诸国。

是岁,改天水为汉阳郡。

十八年春三月丁亥,诏曰:"其令天下亡命,自殊死已下赎:死罪缣三十匹,右趾至髡钳城旦春十匹,完城旦至司寇五匹;吏人犯罪未发觉,诏书到自告者,半入赎。"

夏四月己未,诏曰:"自春已来,时雨不降,宿麦伤旱,秋种未下,政失厥中,忧惧而已。其赐天下男子爵,人二级,及流民无名数欲占者人一级;〔38〕鳏、寡、孤、独、笃癃、贫不能自存者粟,人三斛。理冤狱,录轻系。二千石分祷五岳四渎。郡界有名山大川能兴云〔致〕雨者,①〔39〕长吏各洁斋祷请,冀蒙嘉澍。"②

> ①《周礼》:"职方氏掌天下之地。扬州,其山曰会稽,其川曰三江。荆州,其山曰衡山,其川曰江、汉。豫州,其山曰华,其川曰荥、洛。青州,其山曰沂山,其川曰淮、泗。兖州,其山曰岱,其川曰河、沛。雍州,其山曰岳,其川曰泾、汭。幽州,其山曰医无闾,其川曰河、沛。冀州,其山曰霍,其川曰漳。并州,其山曰恒,其川曰滹沱。"此谓九州名山大川也。
>
> ②《说文》曰:"时雨所以澍生万物。"《淮南子》曰:"春雨之灌,万物无地不澍,无物不生。"澍音之戍反。

六月己未,有星孛于太微。

焉耆、龟兹攻西域都护陈睦,悉没其众。北匈奴及车师后王围戊己校尉耿恭。

秋八月壬子,帝崩于东宫前殿。年四十八。遗诏无起寝庙,藏主于光烈皇后更衣别室。①帝初作寿陵,制令流水而已,石椁广一丈二尺,长二丈五尺,无得起坟。②万年之后,埽地而祭,杅水脯糒而已。③过百日,唯四时设奠,置吏卒数人供给洒埽,勿开修道。敢有所兴作者,以擅议宗庙法从事。④

> ①《礼》"藏主于庙",既不起寝庙,故藏于后之易衣别室。更,易也。
>
> ②《东观记》曰:"陵东北作庑,长三丈,五步出外为小厨,〔40〕财足祠祀。"
>
> ③《说文》曰:"杅,饮器。"音于。《方言》曰:"盌谓之盂。"《说文》曰:"糒,干饭也。"
>
> ④《前书》曰:"擅议宗庙者弃市。"

帝遵奉建武制度,无敢违者。后宫之家,不得封侯与政。①馆陶公主②为子求郎,不许,而赐钱千万。谓群臣曰:"郎官上应列宿,出宰百里,③有非其人,〔41〕则民受其殃,是以难之。"故吏称其官,民安其业,远近肃服,户口滋殖焉。

　　①《东观记》曰:"光武闵伤前代权臣太盛,外戚与政,上浊明主,下危臣子,后族阴、郭之家不过九卿,亲属荣位不能及许、史、王氏之半耳。"
　　②光武女。
　　③《史记》曰,太微宫后二十五星,郎位也。

　　论曰:明帝善刑理,法令分明。日晏坐朝,幽枉必达。内外无幸曲之私,在上无矜大之色。〔42〕断狱得情,号居前代十二。①故后之言事者,莫不先建武、永平之政。而锺离意、宋均之徒,常以察慧为言,②夫岂弘人之度未优乎?

　　①十断其二,言少刑也。
　　②并见本传。

　　赞曰:显宗丕承,业业兢兢。危心恭德,政察奸胜。①备章朝物,省薄坟陵。②永怀废典,下身遵道。③登台观云,临雍拜老。懋惟帝绩,增光文考。④

　　①危心言常危惧。奸胜犹胜奸佞。
　　②朝物谓朝仪文物也。
　　③废典谓明堂、辟雍之礼,历汉不行。下身谓进爵授绥之类。
　　④懋,勉也。《书》曰:"惟我文考,光于四海。"

【校勘记】

〔1〕　及流人无名数　按:《刊误》谓案他处诏书皆上有"脱无名数",则云"及流人"云云,此无,故不当有"及"字,三年诏亦无,可互证。
〔2〕　主穿圹填塞事也　汲本、殿本"塞"作"墓"。按:疑当依《前书》如淳注作"瘗"。

〔３〕 （有）一月一更　据《刊误》删。

〔４〕 兰州　按："兰"原误"阑",径依《集解》本改正。

〔５〕 次（作）司寇〔作〕　据殿本、《集解》本改。

〔６〕 （其）班时令　据《刊误》删。

〔７〕 望元气　按:洪颐轩《读书丛录》谓"元气"当是"云气"之讹,《祭祀志》云"升灵台以望云物",云物即云气也。李慈铭谓洪说是。"云"古文作"云",与"元"字易乱。下赞云"登台观云",可知《范书》此纪正作"云"字。

〔８〕 立辟雍　按:"辟"原讹"璧",径改正。

〔９〕 （二）千石已下至小吏冠一梁　据《刊误》删。

〔１０〕 冕以三十升布漆而为之　按:殿本、《集解》本"漆"作"染"。

〔１１〕 前三幅　按:殿本、《集解》本"三"作"二"。

〔１２〕 以青彩饰之　按:殿本、《集解》本"绿"作"丝"。

〔１３〕 黑帝（汁）〔叶〕光纪　据汲本、殿本改。

〔１４〕 明帝自谓无〔成康之质〕　据《刊误》补。

〔１５〕 仪礼（曰）大射之礼　据《刊误》删。

〔１６〕 老人知天地之事者　按:《刊误》谓知天地人三才,故谓之三老,此"之"字应作"人"。

〔１７〕 扶（玉）〔王〕杖　据《集解》引惠栋说改。

〔１８〕 坛皆（二）〔三〕尺　据殿本改,与《续志》合。

〔１９〕 尚书琁机钤　按:汲本、殿本"机"作"玑",下同。

〔２０〕 春秋感精符曰　按:下所引乃宋均注语,合有一"注"字。

〔２１〕 （武）〔昭〕帝拜范明友为度辽将军　据殿本《考证》引何焯说改。按:《通鉴》注引亦作"昭帝"。

〔２２〕 春秋图谶所为至谴　《刊误》谓案文"为"当作"谓"。今按:谓为古字通作,汲本作"谓"。

〔２３〕 微子所叹　按:《集解》引沈涛说,谓"微子"当作"微管",六朝人每以管仲为微管。

〔２４〕 天道得正　按:殿本"天"作"人"。

〔２５〕 日明则道正　按:殿本"道正"作"政理"。

〔２６〕 明王不听　按:殿本"王"作"主",与今本《管子》合。

〔27〕 五谷黍稷麦麻朮也　按：《校补》谓殿本"朮"作"豆"，与《周礼》原注合。

〔28〕 成帝阳嘉中所作也　按：成帝年号有"阳朔"，有"鸿嘉"，无"阳嘉"，注必有误。

〔29〕 厥土惟黑壤　按：殿本作"厥土惟壤"，无"黑"字，与《书·禹贡》合。

〔30〕 冬十月壬辰晦日有食之　按：是年十月甲辰朔，不得有"壬辰"。《续五行志》作"甲辰晦"，亦非。今查是年九、十、十一等月皆无日食，参阅《续五行志》六校记。

〔31〕 完城旦至司寇五匹　按：张森楷《校勘记》谓监本"寇"下有"作"字，下十八年同。

〔32〕 郎从官〔视事〕二十岁已上　据《刊误》补。

〔33〕 取其地置宜禾都尉　按：汲本、殿本"取"作"即"。

〔34〕 今伊州（细）〔纳〕职县　姚范谓"细"为"纳"字之讹。按：姚说是，各本皆未正，今据改。

〔35〕 甘露降于甘陵　按：惠栋《补注》引《通鉴考异》，谓"甘陵"当作"原陵"。

〔36〕 中二千石二千石下至黄绶　按：《刊误》谓案文既云中二千石下至黄绶，不须更比二千石，明多"二千石"三字。

〔37〕 杨浮异物志　按：《集解》引惠栋说，谓"浮"当作"孚"。汉议郎杨孚，字孝先，撰《异物志》一卷，见《广志》及《经籍志》。

〔38〕 及流民无名数　按：《刊误》谓多一"及"字。

〔39〕 能兴云〔致〕雨者　据殿本补。按：《章帝纪》建初五年诏书亦作"能兴云致雨者"。

〔40〕 长三丈五步出外为小厨　《刊误》谓"三丈五步"不成文理，当作"五尺"。按：《东观记》亦作"五步"，"五步"二字应属下为句，刘说非。又按：各本无"出"字。

〔41〕 有非其人　殿本、《集解》本"有"作"苟"。张森楷《校勘记》谓《群书治要》亦作"有"，是唐本不作"苟"也。今按：有犹如也。有非其人犹言如非其人耳。

〔42〕 在上无矜大之色　汲本、殿本"矜"作"矝"。今按：段注《说文》"矜"作"矝"，云从矛令声。

后汉书卷三

肃宗孝章帝纪第三

肃宗孝章皇帝讳炟，显宗第五子也。① 母贾贵人。永平三年，立为皇太子。少宽容，好儒术，显宗器重之。

①《谥法》曰："温克令仪曰章。"伏侯《古今注》曰："炟之字曰著，音丁达反。"

十八年八月壬子，即皇帝位，年十九。尊皇后曰皇太后。

壬戌，葬孝明皇帝于显节陵。①

①《帝王纪》曰："显节陵方三百步，高八丈。其地故富寿亭也，西北去洛阳三十七里。"

冬十月丁未，大赦天下。赐民爵，人二级，为父后及孝悌、力田人三级，脱无名数及流人欲占者人一级，爵过公乘得移与子若同产子；鳏、寡、孤、独、笃癃、贫不能自存者粟，人三斛。诏曰："朕以眇身，托于王侯之上，统理万机，惧失厥中，兢兢业业，未知所济。深惟守文之主，必建师傅之官。《诗》不云乎：'不愆不忘，率由旧章。'① 行太尉事节乡侯憙三世在位，为国元老；② 司空融③ 典职六年，勤劳不怠。其以憙为太傅，融为太尉，并录尚书事。④ '三事大夫，莫肯夙夜'，《小雅》之所伤也。⑤ '予违汝弼，汝无面从'，⑥ 股肱之正义也。群后百僚勉思厥职，各贡忠诚，以辅不逮。申敕四方，称朕意焉。"

①《诗·大雅》也。郑玄云："愆，过也。率，循也。由，用也。言成王之令德，不过误，不违失，皆循用旧典文章，谓周公之礼法。"

②赵憙，光武时为太尉，明帝时行太尉事，故曰三代在位。元，长也。《诗》曰："方叔元老。"

③融，牟融。

④武帝初以张子孺领尚书事。录尚书事由此始。

⑤《诗·雨无正》之文也。三事，三公也。郑玄注云："幽王在外，三公及诸侯
　随而行者，皆无复君臣之礼，不肯晨夜省王。"

⑥《尚书·益稷》之文也。孔安国注云："我违道，汝当以义辅正我，无面
　从我。"

十一月戊戌，蜀郡太守第五伦为司空。〔1〕

诏征西将军耿秉屯酒泉。①遣酒泉太守段彭救戊己校尉耿恭。

①酒泉，今肃州县也。《前书音义》曰："城下有泉，其味若酒，因名酒泉焉。"

甲辰晦，日有食之。于是避正殿，寝兵，不听事五日。诏有司各上
封事。

十二月癸巳，有司奏言："孝明皇帝圣德淳茂，劬劳日昃，〔2〕身御浣
衣，①食无兼珍。泽臻四表，②远人慕化，僬侥、儋耳，款塞自至。③克伐
鬼方，开道西域，④威灵广被，无思不服。以乂庶为忧，不以天下为乐。
备三雍之教，躬养老之礼。作登歌，正予乐，博贯六艺，⑤不舍昼夜。聪
明渊塞，著在图谶。⑥至德所感，通于神明。功烈光于四海，仁风行于千
载。而深执谦谦，自称不德，无起寝庙，埽地而祭，除日祀之法，⑦省送
终之礼，遂藏主于光烈皇后更衣别室。天下闻之，莫不凄怆。陛下至孝
烝烝，奉顺圣德。臣愚以为更衣在中门之外，处所殊别，宜尊庙曰显宗，
其四时禘祫，于光武之堂，闲祀悉还更衣，⑧共进《武德》之舞，如孝文皇
帝祫祭高庙故事。"⑨制曰："可。"

①日昃，日映。《尚书》曰："文王自朝至于日中昃，不遑暇食。"

②《尚书》曰："光被四表。"

③款，扣。僬侥、儋耳解见《明纪》。

④鬼方，远方。《易》曰："高宗伐鬼方，三年克之。"

⑤《周礼》保氏教之六艺：一曰礼，二曰乐，三曰射，四曰驭，五曰书，六曰数。
　《前书·艺文志》(曰)〔3〕以《礼》、《乐》、《春秋》、《易》、《诗》、《书》为《六艺》。
　博贯谓究极深幽耳。

⑥《河图》曰："图出代，九天开明，受用嗣兴，十代以光。"又《括地象》曰："十代
　礼乐，文雅并出。"谓明帝也。

⑦《春秋外传》曰:"日祭,月祀,时享。祖祢则日祭,高曾则月祀,三祧则时享。"〔4〕今此除日祀之法,从时月之祭。

⑧《续汉书》曰:"五年再殷祭,三年一祫,五年一禘。父为昭,南向;子为穆,北向。禘以夏四月,祫以冬十月。禘之为言谛,谛审昭穆尊卑之义。祫者,合也。冬十月五谷成,故骨肉合饮食于祖庙,谓之殷祭。四时正祭外,有五月尝麦,三伏立秋尝粢盛酎,〔5〕十月尝稻等,谓之闲祀,即各于更衣之殿。更衣者,非正处也。园中有寝,有便殿。寝者,陵上正殿。便殿,寝侧之别殿,即更衣也。"

⑨《前书》高庙奏《武德》、《文始》、《五行》之舞。

是岁,牛疫。京师及三州大旱,诏勿收兖、豫、徐州田租、刍稿,其以见谷赈给贫人。〔6〕

建初元年春正月,诏三州郡国:"方春东作,恐人稍受禀,往来烦剧,或妨耕农。①其各实核尤贫者,计所贷并与之。②流人欲归本者,郡县其实禀,令足还到,听过止官亭,无雇舍宿。长吏亲躬,无使贫弱遗脱,小吏豪右得容奸妄。③诏书既下,勿得稽留,刺史明加督察尤无状者。"④

①禀,给也。稍(为)〔谓〕少少给之,〔7〕不顿与。

②并音必政反。

③《前书》曰,百石已下有斗食佐史之秩,言小吏也。

④无状谓其罪恶尤大,其状无可寄言,故云无状。它皆类此。

丙寅,诏曰:"比年牛多疾疫,垦田减少,谷价颇贵,人以流亡。方春东作,宜及时务。二千石勉劝农桑,弘致劳来。群公庶尹,各推精诚,专急人事。罪非殊死,须立秋案验。有司明慎选举,进柔良,退贪猾,顺时令,理冤狱。'五教在宽',帝《典》所美;①'恺悌君子',《大雅》所叹。②布告天下,使明知朕意。"

①五教谓父义、母慈、兄友、弟恭、子孝也。《尚书·舜典》曰:"汝作司徒,敬敷五教在宽。"

②恺,乐;悌,易也。《诗·大雅·泂酌篇》曰:"恺悌君子,人之父母。"

酒泉太守段彭讨击车师，大破之。罢戊己校尉官。

二月，武陵澧中蛮叛。①

①武陵，郡，今澧州。《水经》曰"澧水出武陵充县西历山之北"也。

三月甲寅，山阳、东平地震。己巳，诏曰："朕以无德，奉承大业，夙夜栗栗，不敢荒宁。①而灾异仍见，与政相应。朕既不明，涉道日寡；又选举乖实，俗吏伤人，官职耗乱，刑罚不中，可不忧与！昔仲弓季氏之家臣，子游武城之小宰，孔子犹诲以贤才，问以得人。②明政无大小，以得人为本。夫乡举里选，必累功劳。今刺史、守相不明真伪，茂才、孝廉岁以百数，既非能显，而当授之政事，甚无谓也。每寻前世举人贡士，或起畎亩，不系阀阅。③敷奏以言，则文章可采；明试以功，则政有异迹。④文质彬彬，朕甚嘉之。⑤其令太傅、三公、中二千石、二千石、郡国守相举贤良方正能直言极谏之士各一人。"

①孔安国注《尚书》曰："不敢荒怠自安宁。"

②《论语》，仲弓为季氏宰，问政，子曰："赦小过，举贤才。"子游为武城宰，孔子谓之曰："汝得人焉耳乎？"

③《说文》曰："畎，田中之沟。"音工犬反。《史记》曰："明其等曰阀，积其功曰阅。"言前代举人务取贤才，不拘门地。

④敷，陈；奏，进也。令各陈进其言，则知其能否也。《尚书》曰"敷奏以言，明试以功"，则政之类。

⑤彬彬，杂半之貌。

夏五月辛酉，初举孝廉、郎中宽博有谋，任典城者，以补长、相。①

①任，堪使也。典，主也。长谓县长，相谓侯相。

秋七月辛亥，诏以上林池籞田赋与贫人。①

①籞，禁苑也，音语。《前书音义》曰："折竹以绳悬连之，使人不得往来，谓之籞。"

八月庚寅，有星孛于天市。①

①《史记》曰："房为天驷，东北曲十二星曰旗，旗中四星曰天市。"

九月,永昌哀牢夷叛。

冬十月,武陵郡兵讨叛蛮,破降之。

十一月,阜陵王延谋反,贬为阜陵侯。

二年春三月辛丑,诏曰:"比年阴阳不调,饥馑屡臻。〔8〕深惟先帝忧人之本,①诏书曰'不伤财,不害人',诚欲元元去末归本。而今贵戚近亲,奢纵无度,嫁娶送终,尤为僭侈。有司废典,莫肯举察。《春秋》之义,以贵理贱。今自三公,并宜明纠非法,宣振威风。朕在弱冠,未知稼穑之艰难,区区管窥,岂能照一隅哉!②其科条制度所宜施行,在事者备为之禁,先京师而后诸夏。"③

①本谓稼穑。

②《史记》扁鹊曰:"以管窥天,以隙视文。"

③《公羊传》曰:"《春秋》内中国而外诸夏,内诸(侯)〔夏〕而外夷狄。〔9〕王者欲一乎天下,曷以内外之辞言?自近者始也。"〔10〕

甲辰,罢伊吾卢屯兵。①

①永平十六年置。

永昌、越巂、益州三郡民、夷讨哀牢,破平之。

夏四月戊子,诏还坐楚、淮阳事徙者四百馀家,令归本郡。

癸巳,诏齐相省冰纨、方空縠、吹纶絮。①

①纨,素也。冰言色鲜洁如冰。《释名》曰:"縠,纱也。"方空者,纱薄如空也。或曰空,孔也,即今之方目纱也。纶,似絮而细。吹者,言吹嘘可成,亦纱也。《前书》齐有三服官,故诏齐相罢之。

六月,烧当羌叛,金城太守郝崇讨之,败绩,羌遂寇汉阳。秋八月,遣行车骑将军马防讨平之。

十二月戊寅,有星孛于紫宫。

三年春正月己酉,宗祀明堂。礼毕,登灵台,望云物。大赦天下。

三月癸巳,立贵人窦氏为皇后。赐爵,人二级,三老、孝悌、力田人三级,民无名数及流民欲占者人一级;鳏、寡、孤、独、笃癃、贫不能自存者粟,人五斛。

夏四月己巳,罢常山呼沲石臼河漕。①

①石臼,河名也,在今定州唐县东北。时邓训上言此漕难成,遂罢之。漕,水运也,音才到反。

行车骑将军马防破烧当羌于临洮。①

①临洮,县名,属陇西郡,即今岷(山之)州。[11]

闰月,西域假司马班超击姑墨,[12]大破之。①

①姑墨,西域国名,去长安八千一百五十里。

冬十二月丁酉,以马防为车骑将军。
武陵溇中蛮叛。①

①溇,水名,音娄,源出今澧州崇义县西北山。

是岁,零陵献芝草。

四年春二月庚寅,太尉牟融薨。

夏四月戊子,立皇子庆为皇太子。赐爵,人二级,三老、孝悌、力田人三级,民无名数及流人欲自占者人一级;鳏、寡、孤、独、笃癃、贫不能自存者粟,人五斛。

己丑,徙钜鹿王恭为江陵王,汝南王畅为梁王,常山王昞为淮阳王。辛卯,封皇子伉①为千乘王,全为平春王。②

①音抗。[13]

②平春,县,属江夏郡。

五月丙辰,车骑将军马防罢。
甲戌,司徒鲍昱为太尉,南阳太守桓虞为司徒。①

①虞字仲春,冯翊人。

六月癸丑,皇太后马氏崩。秋七月壬戌,葬明德皇(太)后。[14]
冬,牛大疫。

　　十一月壬戌,诏曰:"盖三代导人,教学为本。①汉承暴秦,褒显儒术,建立《五经》,为置博士。其后学者精进,虽曰承师,亦别名家。②孝宣皇帝以为去圣久远,学不厌博,故遂立大、小夏侯《尚书》,后又立《京氏易》。③至建武中,复置《颜氏》、《严氏春秋》,大、小《戴礼》博士。④此皆所以扶进微学,尊广道艺也。中元元年诏书,《五经》章句烦多,议欲减省。至永平元年,长水校尉儵⑤奏言,先帝大业,当以时施行。欲使诸儒共正经义,颇令学者得以自助。孔子曰:'学之不讲,是吾忧也。'又曰:'博学而笃志,切问而近思,仁在其中矣。'⑥於戏,其勉之哉!"于是下太常,将、大夫、博士、议郎、郎官⑦及诸生、诸儒会白虎观,讲议《五经》同异,使五官中郎将魏应承制问,⑧侍中淳于恭奏,帝亲称制临决,如孝宣甘露石渠故事,⑨作《白虎议奏》。⑩

　　①《前书》曰,三代之道,乡里有教,夏曰校,殷曰庠,周曰序。

　　②言虽承一师之业,其后触类而长,更为章句,则别为一家之学。

　　③大、小夏侯谓夏侯胜、胜从兄子建也。京氏,京房也。

　　④严氏谓严彭祖。颜氏谓颜安乐。大、小戴,戴德、戴圣也。

　　⑤樊儵。

　　⑥《论语》文也。讲犹习也。笃,厚也。志,记也。言人能博涉学而后识之,切问于己所未悟之事,近思己所能及之事。好学亦仁之一分,故仁在其中矣。

　　⑦博士属太常,故云下。

　　⑧《续汉志》曰:"五官中郎将,比二千石。"

　　⑨《前书》:"甘露二年,诏诸儒讲《五经》异同,萧望之等平奏其议,上亲制临决焉。"又曰:"施雠,甘露中论《五经》于石渠阁。"《三辅故事》曰:"石渠阁在未央殿北,藏秘书之所。"

　　⑩今《白虎通》。

　　是岁,甘露降泉陵、洮阳二县。①

　　①二县属零陵郡。泉陵城在今永州零陵县北。洮阳故城在今湘源县西北。

　　五年春二月庚辰朔,日有食之。诏曰:"朕新离供养,①惩咎众著,上天降异,大变随之。《诗》不云乎:'亦孔之丑。'②又久旱伤麦,忧心惨切。公卿已下,其举直言极谏,能指朕过失者各一人,遣诣公车,将亲览问焉。其以岩穴为先,勿取浮华。"③

①去年马太后崩。

②《诗·小雅》曰:"朔月辛卯,日有食之,亦孔之丑。"孔,甚也。丑,恶也。

③《前书》邹阳曰:"显岩穴之士。"

甲申,诏曰:"《春秋》书'无麦苗',重之也。①去秋雨泽不适,今时复旱,如炎如焚。②凶年无时,而为备未至。朕之不德,上累三光,震栗忉忉,痛心疾首。③前代圣君,博思咨诹,④虽降灾咎,辄有开匮反风之应。⑤令予小子,徒惨惨而已。其令二千石理冤狱,录轻系;祷五岳四渎,及名山能兴云致雨者,冀蒙不崇朝遍雨天下之报。⑥务加肃敬焉。"

①《春秋》庄公七年:"秋,大水,无麦苗。"《公羊传》曰:"一灾不书,待无麦然后书无苗。"何休注曰:"不书谷〔名〕,〔15〕至麦苗独书,人食最重也。"

②炎、焚言热气甚。《韩诗》:"旱魃为虐,如炎如焚。"

③忉音刀。《诗》曰:"忧心忉忉。"又曰:"疢如疾首。"

④咨诹,谋也,音子余反。

⑤武王有疾,周公作请命之书,藏于金匮。后管、蔡流言,成王疑周公,天乃大风,禾木尽偃。成王启金匮,得书,乃郊天谢过,天乃反风起禾。事见《尚书》。

⑥《尚书大传》曰:"五岳皆触石出云,肤寸而合,不崇朝而雨天下。"

三月甲寅,诏曰:"孔子曰:'刑罚不中,则人无所措手足。'今吏多不良,擅行喜怒,或案不以罪,迫胁无辜,致令自杀者,一岁且多于断狱,甚非为人父母之意也。①有司其议纠举之。"

①《书》曰:"元后作人父母。"

荆、豫诸郡兵讨破武陵溇中叛蛮。

夏五月辛亥,诏曰:"朕思迟直士,侧席异闻。①其先至者,各以发愤吐懑,略闻子大夫之志矣,皆欲置于左右,顾问省纳。建武诏书又曰,尧试臣以职,不直以言语笔札。②今外官多旷,并可以补任。"

①迟犹希望也,音持二反。侧席谓不正坐,所以待贤良也。

②《书·舜典》曰:"朕其试哉。"又曰:"历试诸难。"札,简也。

戊辰,太傅赵熹薨。

冬,始行月令迎气乐。①

①《东观记》曰:"马防上言,'圣人作乐,所以宣气致和,顺阴阳也。臣愚以为
　可因岁首发太蔟之律,奏《雅》、《颂》之音,以迎和气。'时以作乐器费多,遂
　独行十月迎气乐也。"

是岁,零陵献芝草。有八黄龙见于泉陵。①西域假司马班超击疏
勒,破之。

①伏侯《古今注》曰:"见零陵泉陵湘水中,相与戏。其二大如马,有角;六枚大
　如驹,无角。"

六年春二月辛卯,琅邪王京薨。

夏五月辛酉,赵王盱薨。

六月丙辰,太尉鲍昱薨。

辛未晦,日有食之。

秋七月癸巳,以大司农邓彪为太尉。

七年春正月,沛王辅、齐南王康、东平王苍、中山王焉、东海王政、琅
邪王宇来朝。

夏六月甲寅,废皇太子庆为清河王,立皇子肇为皇太子。

己未,徙广平王羡为西平王。

秋八月,饮酎高庙,禘祭光武皇帝、孝明皇帝。①甲辰,诏〔曰〕:〔16〕
"《书》云'祖考来假',明哲之祀。②予末小子,质又菲薄,仰惟先帝烝烝
之情,前修禘祭,以尽孝敬。朕得识昭穆之序,寄远祖之思。今年大礼
复举,加以先帝之坐,③悲伤感怀。乐以迎来,哀以送往,虽祭亡如在,
而空虚不知所裁,庶或飨之。岂亡克慎肃雍之臣,辟公之相,④皆助朕
之依依。⑤今赐公钱四十万,卿半之,及百官执事各有差。"

①《前书》高庙饮酎,奏《武德》、《五行》之舞。《音义》云:"正月旦作酒,八月

成，名曰酎者，言醇也。"武帝时因八月尝酎，令诸侯出金助祭，所谓酎金也。
丁孚《汉仪式》曰："九真、交阯、日南者用犀角二，〔17〕长九寸，若玳瑁甲一；
郁林用象牙一，长三尺已上，若翠羽各二十，准以当金。"

②假音格。格，至也。《尚书》夔曰："於！予击石拊石，搏拊琴瑟以咏，祖考来
格。"言明哲祭祀，则能致祖考之神来至。

③言显宗神坐，今新加之。

④肃，敬；雍，和；相，助也。《诗·大雅》曰："有来雍雍，至止肃肃，相维辟公，
天子穆穆。"言百辟诸侯来助祭，皆有肃雍之德，无懈慢也。

⑤依依，思慕之意。

九月甲戌，幸偃师，东涉卷津，①至河内。下诏曰："车驾行秋稼，观收
获，因涉郡界。皆精骑轻行，无它辎重。不得辄修道桥，远离城郭，遣吏逢
迎，刺探起居，②出入前后，以为烦扰。动务省约，但患不能脱粟瓢饮
耳。③所过欲令贫弱有利，无违诏书。"遂览淇园。④己酉，进幸邺，劳飨魏郡
守令已下，至于三老、门阑、走卒，赐钱各有差。劳赐常山、赵国吏人，复元
氏租赋三岁。辛卯，车驾还宫。〔18〕诏天下系囚减死一等，勿笞，诣边戍；妻
子自随，占著所在；父母同产欲相从者，恣听之；有不到者，皆以乏军兴
论。⑤及犯殊死，一切募下蚕室；其女子宫。系囚鬼薪、白粲已上，⑥皆减
本罪各一等，输司寇作。亡命赎；死罪人缣二十匹，右趾至髡钳城旦春十
匹，完城旦至司寇三匹，吏人有罪未发觉，诏书到自告者，半入赎。

①卷，县名，属河南郡也。卷音丘权反。

②刺探谓候伺也。探音汤勘反。

③晏子相齐，食脱粟之饭。孔子曰，颜回一瓢饮。

④《前书音义》曰："淇园，卫之苑也。"

⑤军兴而致阙乏，当死刑也。

⑥《前书》曰：〔19〕"鬼薪、白粲已上，皆三岁刑也。男子为鬼薪，取薪以给宗庙。
女子为白粲，使择米白粲粲然。"

冬十月癸丑，西巡狩，幸长安。丙辰，祠高庙，遂有事十一陵。遣使
者祠太上皇于万年，①以中牢祠萧何、霍光。进幸槐里。岐山得铜器，
形似酒樽，献之。又获白鹿。帝曰："上无明天子，下无贤方伯。②'人之

无良,相怨一方。'③斯器亦曷为来哉?"④又幸长平,御池阳宫,⑤东至高陵,造舟于泾而还。⑥每所到幸,辄会郡县吏人,劳赐作乐。十一月,诏劳赐河东守、令、掾以下。十二月丁亥,车驾还宫。

①太上皇,高祖父也,名煓,音它官反,一名执嘉。《三辅黄图》曰,高祖初都栎阳,〔20〕太上皇崩,葬栎阳北原陵,号万年,仍分置万年县,在今栎阳东北,故就祭祀焉。

②已见《明帝纪》。

③《诗·小雅》也。良,善也。言王者所为无有善者,各相与于一方而怨之。义见《韩诗》。

④《公羊传》曰:"孔子抱麟而泣曰:'孰为来哉?孰为来哉?'"

⑤《前书音义》曰:"长平坂在池阳南,有长平观,去长安五十馀里。"

⑥造,至也。谓次比舟,令相至为桥而度也。《尔雅》曰:"天子造舟,诸侯维舟,大夫方舟,士特舟。"

是岁,京师及郡国螟。

八年春正月壬辰,东平王苍薨。三月辛卯,〔21〕葬东平宪王,赐銮辂、龙旗。

夏六月,北匈奴大人率众款塞降。

冬十二月甲午,东巡狩,幸陈留、梁国、淮阳、颍阳。戊申,车驾还宫。

诏曰:"《五经》剖判,去圣弥远,章句遗辞,乖疑难正,恐先师微言将遂废绝,非所以重稽古,求道真也。其令群儒选高才生,受学《左氏》、《穀梁春秋》,《古文尚书》,《毛诗》,以扶微学,广异义焉。"

是岁,京师及郡国螟。

元和元年春正月,中山王焉来朝。日南徼外蛮夷献生犀、白雉。①

①刘欣明《交州记》曰:"犀,其毛如豕,蹄有三甲,头如马,有三角,鼻上角短,额上、头上角长。"《异物志》曰:"角中特有光耀,白理如线,自本达末则为通天犀。"

闰月辛丑，济阴王长薨。

二月甲戌，诏曰：“王者八政，以食为本，① 故古者急耕稼之业，致耒耜之勤，② 节用储蓄，以备凶灾，是以岁虽不登而人无饥色。自牛疫已来，谷食连少，良由吏教未至，刺史、二千石不以为负。③ 其令郡国募人无田欲徙它界就肥饶者，恣听之。到在所，赐给公田，为雇耕佣，赁种饷，④ 贳与田器，勿收租五岁，除算三年。其后欲还本乡者，勿禁。”

① 《尚书·洪范》八政，一曰食，是为政本。

② 耒耜，农器也。耒，其柄；耜，其刃。

③ 负犹忧也。

④ 饷，粮也，古饷字，音式上反。

夏四月己卯，分东平国，封宪王苍子尚为任城王。

六月辛酉，沛王辅薨。

秋七月丁未，诏曰：“《律》云‘掠者唯得榜、笞、立’。① 又《令丙》，箠长短有数。② 自往者大狱已来，掠考多酷，钻钻之属，③ 惨苦无极。念其痛毒，怵然动心。《书》曰‘鞭作官刑’，岂云若此？④ 宜及秋冬理狱，明为其禁。”

① 《苍颉篇》曰：“掠，问也。”《广雅》曰：“榜，击也，音彭。”《说文》曰：“笞，击也。”立谓立而考讯之。

② 《令丙》为篇之次也。《前书音义》曰：“令有先后，有《令申》，《令乙》，《令丙》。”又景帝（京师）定箠令，〔22〕箠长五尺，本大一寸，其竹也末薄半寸，其平去节，故曰长短有数也。

③ 大狱谓楚王英等事也。钻音其廉反。《说文》曰：“钻，钺也。”《国语》曰：“中刑用钻凿。”皆谓惨酷其肌肤也。

④ 孔安国注《尚书》曰：“以鞭为理官事之刑。”

八月甲子，太尉邓彪罢，大司农郑弘为太尉。

癸酉，诏曰：“朕道化不德，吏政失和，元元未谕，抵罪于下。寇贼争心不息，边野邑屋不修。① 永惟庶事，思稽厥衷，与凡百君子，共弘斯道。中心悠悠，将何以寄？其改建初九年为元和元年。郡国中都官系囚减死一等,勿笞,诣边县;妻子自随,占著在所。其犯殊死,一切募下蚕室;其女子宫。系囚鬼薪、白粲以上,皆减本罪一等,输司寇作。亡命者赎,各有差。"

①"修"或作"充"。

丁酉,南巡狩,诏所经道上,郡县无得设储跱。①命司空自将徒支柱桥梁。②有遣使奉迎,探知起居,二千石当坐。其赐鳏、寡、孤、独、不能自存者粟,人五斛。

①储,积也。鳏,具也。言不预有蓄备。

②柱音竹主反。

九月乙未,东平王忠薨。

辛丑,幸章陵,祠旧宅园庙,见宗室故人,赏赐各有差。冬十月己未,进幸江陵,诏庐江太守祠南岳,又诏长沙、零陵太守祠长沙定王、舂陵节侯、郁林府君。还,幸宛。十一月己丑,车驾还宫,赐从者各有差。

十二月壬子,诏曰:"《书》云:'父不慈,子不祗,兄不友,弟不恭,不相及也。'①往者妖言大狱,所及广远,一人犯罪,禁至三属,②莫得垂缨仕宦王朝。如有贤才而没齿无用,朕甚怜之,非所谓与之更始也。诸以前妖恶禁锢者,一皆蠲除之,③以明弃咎之路,但不得在宿卫而已。"

①祗,敬也。《左传》胥臣云:"《康诰》曰:'父不慈,子不祗,兄不友,弟不恭,不相及也。'"今《康诰》之言,事同而文异。

②即三族也。谓父族、母族及妻族。

③《左传》曰:"以重币锢之。"杜预注曰:"禁锢勿令仕也。"

二年春正月乙酉,诏曰:"《令》云'人有产子者复,勿算三岁'。今诸怀妊者,①赐胎养谷人三斛,复其夫,勿算一岁,著以为令。"又诏三公曰:"方春生养,万物孚甲,②宜助萌阳,以育时物。其令有司,罪非殊死且勿案验,及吏人条书相告不得听受,③冀以息事宁人,敬奉天气。立秋如故。夫俗吏矫饰外貌,似是而非,揆之人事则悦耳,论之阴阳则伤化,朕甚餍之,甚苦之。安静之吏,恬愉无华,④日计不足,月计有馀。⑤

如襄城令刘方,⑥吏人同声谓之不烦,虽未有它异,斯亦殆近之矣。间敕二千石各尚宽明,而今富奸行赂于下,贪吏枉法于上,使有罪不论而无过被刑,甚大逆也。夫以苛为察,以刻为明,以轻为德,以重为威,四者或兴,则下有怨心。吾诏书数下,冠盖接道,而吏不加理,人或失职,其咎安在? 勉思旧令,称朕意焉。"

①《说文》曰:"妊,孕也。"

②《前书音义》曰:"荂,叶里白皮也。"《易》曰"百果甲坼"也。

③条,事条也。

④《说文》云:"悃愊,至诚也。"悃音苦本反。愊音孚逼反。

⑤《庄子》曰:"有庚桑子者,偏得老聃之道,以居畏垒之山。畏垒之人相与云:'庚桑子之始来,吾洒然异之;今吾日计之不足,岁计之有馀,庶几其圣人乎?'"

⑥方字伯况,平原人。

二月甲寅,始用《四分历》。①

①《续汉书》曰:"时待诏张盛、京房、鲍业等以《四分历》请与待诏杨岑等共课岁馀,〔23〕盛等所中多,《四分》之历始颇施行。"

诏曰:"今山川鬼神应典礼者,尚未咸秩。①其议增修群祀,以祈丰年。"

①咸,皆也。秩,序也。言山川之神尚未次序而祭之。《书》曰:"咸秩无文。"

丙辰,东巡狩。己未,凤皇集肥城。①乙丑,帝耕于定陶。诏曰:"三老,尊年也。孝悌,淑行也。力田,勤劳也。国家甚休之。其赐帛人一匹,勉率农功。"使使者祠唐尧于成阳灵台。②辛未,幸太山,柴告岱宗。有黄鹄三十从西南来,经祠坛上,东北过于宫屋,翱翔升降。进幸奉高。壬申,宗祀五帝于汶上明堂。③癸酉,告祠二祖、四宗,④大会外内群臣。丙子,诏曰:"朕巡狩岱宗,柴望山川,告祀明堂,以章先勋。其二王之后,⑤先圣之胤,⑥东后蕃卫,⑦伯父伯兄,仲叔季弟,幼子童孙,⑧百僚从臣,宗室众子,要荒四裔,⑨沙漠之北,葱领之西,⑩冒耏之类,⑪跋涉悬度,⑫陵践阻绝,骏奔郊畤,⑬咸来助祭。祖宗功德,延及朕躬。予一人空虚多疢,纂承尊明,⑭盥洗享荐,惭愧祗栗。《诗》不云乎:'君子如祉,乱庶遄已。'⑮历数既从,灵耀著明,⑯亦欲与士大夫同心自新。其大赦天下。诸犯罪不当得赦者,皆除之。复博、奉高、嬴,无出今年田租、刍稿。"戊寅,进幸济南。⑰三月己丑,进幸鲁,祠东海恭王陵。庚寅,祠孔子于阙里,及七十二弟子,赐褒成侯及诸孔男女帛。壬辰,进幸东平,祠宪王陵。⑱甲午,遣使者祠定陶太后、恭王陵。⑲乙未,幸东阿,北登太行山,至天井关。⑳夏四月乙巳,客星入紫宫。乙卯,车驾还宫。庚申,假于祖祢,㉑告祠高庙。

①肥城,县名,属太山郡,故城在今济州平阴县东南。

②成阳,县,属济阴郡。郭缘生《述征记》曰:"成阳县东南有尧母庆都墓,〔24〕上有祠庙。尧母陵俗亦名灵台大母。"

③《前书》曰:"济南人公玉带上《黄帝时明堂图》,中有一殿,四面无壁,以茅盖,通水,水圜宫垣为复道;上有楼,从西南入,名曰昆仑,以拜祀上帝。于是上作明堂于汶上,如带图焉。"汶水出太山朱虚县莱芜山。

④二祖谓高祖、世祖。四宗谓文帝为太宗,武帝为世宗,宣帝为中宗,明帝为显宗。

⑤《礼记》曰:"存二王之后,尊贤不过二代。"《公羊传》〔注〕曰:〔25〕"存二王之后,所以通三正也。"〔26〕汉之二王,殷、周之后也。

⑥《东观记》曰:"孔子后褒成侯等咸来助祭。"

⑦东后谓东方国君也。诸侯为天子藩屏,故曰藩卫。

⑧《尚书·吕刑》文。皆天子同姓诸侯,有父叔兄弟子孙列者,故总而言之。

⑨要、荒,二服名。要服去王城二千里,荒服去王城二千五百里。要者,言可要束以文教。荒者,言其荒忽无常也。裔,远也。谓荒服之外也。

⑩《西河旧事》曰:"葱领,山名,在敦煌西。其山高大多葱,故以为名焉。"

⑪《字书》曰:"髯,多须貌,音而。"言须鬓多,蒙冒其面。或曰,西域人多著冒而〔须〕长,〔27〕故举以为言也。

⑫草行曰跋,水行曰涉。《左传》子太叔曰:"跋涉山川。"《西域传》曰:"悬度者,石山也。溪谷不通,以绳索相引而度,去阳关五千八百五十里。"〔28〕

⑬骏,疾也,音俊。《尚书》"骏奔走(在庙)"。〔29〕郊畤,祭天处也。《前书音义》曰:"畤,神灵之居止者。"

⑭疢，病也。纂，继也。

⑮《诗·小雅》。遄，速也。已，止也。祉，福也。郑玄注云："福者，福贤者，谓爵禄之也。如此，则乱亦庶几可疾止也。"

⑯历数既从，谓行《四分历》也。灵耀著明，谓日月贞明。

⑰济南，县名，故城在今淄州长山县西北。

⑱陵在今郓州须昌县东。

⑲太后即元帝傅昭仪也。定陶恭王康，其陵在今曹州济阴县北。

⑳在今泽州晋城县南，〔30〕今太行山上，关南有天井泉三所也。

㉑假，至也，音格。祢，父庙。《易》曰："王假有庙。"

五月戊申，诏曰："乃者凤皇、黄龙、鸾鸟比集七郡，①或一郡再见，及白乌、神雀、甘露屡臻。祖宗旧事，或班恩施。②其赐天下吏爵，人三级；高年、鳏、寡、孤、独帛，人一匹。《经》曰：'无侮鳏寡，惠此茕独。'加赐河南女子百户牛酒，③令天下大酺五日。赐公卿已下钱帛各有差；及洛阳人当酺者布，户一匹，城外三户共一匹。赐博士员弟子见在太学者布，人三匹。令郡国上明经者，口十万以上五人，不满十万三人。"

①孙柔之《瑞〔应〕图》曰：〔31〕"鸾鸟者，赤神之精，凤皇之佐。鸡身赤（毛）〔尾〕，〔32〕色亦被五彩，鸣中五音。人君进退有度，亲疏有序，则至也。"比，频也。

②武帝时芝草生于甘泉宫，宣帝时嘉谷玄稷降于郡国，神雀仍集，皆大赦天下。

③《前书音义》："苏林曰，男赐爵，女子赐牛酒。姚察云，女子谓赐爵者之妻。"《史记·封禅书》："百户牛一头，酒十石。"臣贤案：此女子百户，若是户头之妻，不得更称为户；此谓女户头，即今之女户也。天下称庆，恩当普洽，所以男户赐爵，女子赐牛酒。

改庐江为六安国，江陵复为南郡。①徙江陵王恭为六安王。

①建初四年改为江陵国，今又复之。

秋七月庚子，诏曰："《春秋》于春每月书'王'者，重三正，慎三微也。①律十二月立春，不以报囚。②《月令》冬至之后，有顺阳助生之文，③而无鞫狱断刑之政。朕咨访儒雅，稽之典籍，以为王者生杀，宜顺时气。

其定律,无以十一月、十二月报囚。"

①三正谓天、地、人之正。所以有三者,由有三微之月,王者所当奉而成之。
《礼〔记〕〔纬〕》曰:〔33〕"正朔三而改,文质再而复。三微者,三正之始,万物
皆微,物色不同,故王者取法焉。十一月,时阳气始施于黄泉之下,色皆赤。
赤者阳气,故周为天正,色尚赤。十二月,万物始牙而色白。白者阴气,故
殷为地正,色尚白。十三月,万物莩甲而出,其色皆黑,人得加功展业,故夏
为人正,色尚黑。"《尚书大传》曰:"夏十三月为正,平旦为朔。殷以十二月
为正,鸡鸣为朔。周以十一月为正,夜半为朔。"必以三微之月为正者,当尔
之时,物皆尚微,王者受命,〔34〕当扶微理弱,奉成之义也。

②报犹论也。立春阳气至,可以施生,故不论囚。

③《月令》仲冬:"是月也,日短至,阴阳争,诸生荡,君子身欲宁,事欲静,以待
阴阳之所定也。"

九月壬辰,诏:"凤皇、黄龙所见亭部无出二年租赋。①加赐男子爵,
人二级;先见者帛二十匹,近者三匹,太守三十匹,令、长十五匹,丞、尉
半之。《诗》云:'虽无德与汝,式歌且舞。'②它如赐爵故事。"

①《东观记》曰:"凤皇见肥城句窳亭槐树上。"〔35〕《古今注》云:"黄龙见洛阳元
延亭部。"窳音庚。

②《诗·小雅》也。取虽无大德,要有喜悦之心,欲歌舞也。式,用也。

丙申,征济南王康、中山王焉会烝祭。

冬十一月壬辰,日南至,初闭关梁。①

①《易》曰:"先王以至日闭关,商旅不行。"王弼注曰:"冬至阴之复,夏至阳之
复,故为复即至于寂然大静,先王则天地而行者也。"

三年春正月乙酉,诏曰:"盖君人者,视民如父母,有憯怛之忧,有忠
和之教,匍匐之救。①其婴儿无父母亲属,及有子不能养食者,禀给如
《律》。"

①《周礼》:"〔乡〕〔大〕司徒以乡三物教万民,〔36〕一曰六德,谓智、仁、圣、义、
忠、和。"《诗·邶风》曰:"凡民有丧,匍匐救之。"

丙申,北巡狩,济南王康、中山王焉、西平王羡、六安王恭、乐成王

党、淮阳王昞、任城王尚、沛王定皆从。辛丑,帝耕于怀。

二月壬寅,告常山、魏郡、清河、钜鹿、平原、东平郡太守、相曰:"朕惟巡狩之制,以宣声教,考同遐迩,解释怨结也。今'四国无政,不用其良',①驾言出游,欲亲知其剧易。前祠园陵,遂望祀华、霍,②东柴岱宗,为人祈福。今将礼常山,遂徂北土,历魏郡,经平原,升践堤防,询访耆老,咸曰'往者汴门未作,深者成渊,浅则泥涂'。追惟先帝勤人之德,③厎绩远图,复禹弘业,④圣迹滂流,至于海表。不克堂(桓)〔构〕,〔37〕朕甚惭焉。⑤《月令》,孟春善相丘陵土地所宜。⑥今肥田尚多,未有垦辟。其悉以赋贫民,给与粮种,务尽地力,勿令游手。所过县邑,听半入今年田租,以劝农夫之劳。"

> ①《诗·小雅》曰:"日月告凶,不用其行。四国无政,不用其良。"言四方之国
> 无政者,由天子不用善人也。
>
> ②华、霍,山名也。〔霍〕在(今)庐江灊县西南,〔38〕亦名天柱山。《尔雅》曰华
> 山为西岳,霍山为南岳。
>
> ③谓永平十二年修汴渠。
>
> ④《尚书》曰:"覃怀厎绩。"孔安国注云:"厎,置,绩,功也。"远图犹长算也。言
> 能复禹为理水之大功。
>
> ⑤《尚书》曰:"若考作室,既厎法,厥子乃不肯堂,矧肯(桓)〔构〕。"
>
> ⑥《月令》:"孟春之月,善相丘陵、阪险、原隰土地所宜,五谷所殖,以教导人,
> 必躬亲之,田事既饬。"

乙丑,敕侍御史、司空曰:"方春,所过无得有所伐杀。车可以引避,引避之;骖马可辍解,辍解之。①《诗》云:'敦彼行苇,牛羊勿践履。'②《礼》,人君伐一草木不时,谓之不孝。③俗知顺人,莫知顺天。其明称朕意。"

> ①夹辕者为服马,服马外为骖马。
>
> ②《诗·大雅》云。郑玄注云:"敦敦然道旁之苇,牧牛羊者无使践履折伤之,
> 况于人乎!"
>
> ③《礼记》孔子曰:"伐一树,杀一兽,不以其时,非孝也。"

戊辰,进幸中山,遣使者祠北岳。出长城。①癸酉,还幸元氏,祠光武、显宗于县舍正堂;明日又祠显宗于始生堂,皆奏乐。②三月丙子,诏高邑令祠光武于即位坛。复元氏七年傜役。己卯,进幸赵。庚辰,祠房山于灵寿。③辛卯,车驾还宫。赐从行者各有差。

①《史记》,蒙恬为秦筑长城,西自临洮,东至海。

②明帝生于常山元氏传舍也。

③灵寿,县名,属常山郡,今恒州县也。房山在今恒州房山县(县)西北,〔39〕俗　名王母山,上有王母祠。

夏四月丙寅,太尉郑弘免,大司农宋由为太尉。①〔40〕

①由字叔路,长安人。

五月丙子,司空第五伦罢,太仆袁安为司空。

秋八月乙丑,幸安邑,观盐池。①九月,至自安邑。

①许慎云:"河东盐池,袤五十一里,广七里,周百一十六里。"今蒲州虞乡　县西。

冬十月,北海王基薨。

烧当羌叛,寇陇西。

是岁,西域长史班超击斩疏勒王。

章和元年春三月,护羌校尉傅育追击叛羌,战殁。

夏四月丙子,令郡国中都官系囚减死一等,诣金城戍。

六月戊辰,司徒桓虞免。癸卯,司空袁安为司徒,光禄勋任隗为司空。①

①桓虞字仲春,冯翊万年人。隗字仲和,南阳宛人。

秋七月癸卯,齐王晃有罪,贬为芜湖侯。①壬子,淮阳王昞薨。

①芜湖,县名,属丹阳,故城在今宣州当涂县东南。

鲜卑击破北单于,斩之。

烧当羌寇金城,护羌校尉刘盱讨之,〔41〕斩其渠帅。

壬戌,诏曰:"朕闻明君之德,启迪鸿化,缉熙康乂,光照六幽,①讫惟人面,靡不率俾,仁风翔于海表,威霆行乎鬼区。②然后敬恭明祀,膺五福之庆,获来仪之贶。③朕以不德,受祖宗弘烈。乃者凤皇仍集,麒麟并臻,甘露宵降,嘉谷滋生,芝草之类,岁月不绝。朕夙夜祗畏上天,无以彰于先功。今改元和四年为章和元年。"

①缉熙,光明也。六幽谓六合幽隐之处也。

②鬼区即鬼方。

③《尚书》五福:一曰寿,二曰富,三曰康宁,四曰攸好德,五曰考终命。来仪谓凤也。《书》曰:"凤皇来仪。"

秋,令是月养衰老,授几杖,行糜粥饮食。①其赐高年二人共布帛各一匹,以为醴酪。死罪囚犯法在丙子赦前而后捕系者,皆减死,勿笞,诣金城戍。

①《月令》仲秋之令。

八月癸酉,南巡狩。壬午,遣使者祠昭灵后于小黄园。①甲申,征任城王尚会睢阳。戊子,幸梁。己丑,遣使祠沛高原庙,丰枌榆社。②乙未,幸沛,祠献王陵,征会东海王政。乙未晦,日有食之。九月庚子,幸彭城,东海王政、沛王定、任城王尚皆从。辛亥,幸寿春。壬子,诏郡国中都官系囚减死罪一等,诣金城戍;犯殊死者,一切募下蚕室;其女子宫;系囚鬼薪、白粲已上,减罪一等,输司寇作。亡命者赎:死罪缣二十匹,右趾至髡钳城旦舂七匹,完城旦至司寇三匹;吏民犯罪未发觉,诏书到自告者,半入赎。复封阜陵侯延为阜陵王。己未,幸汝阴。③冬十月丙子,车驾还宫。

①小黄,县,属陈留郡,故城在今汴州陈留县东北。《汉旧仪》曰:"昭灵后,高祖母,起兵时死小黄北,后为作园庙于小黄栅。"《陈留风俗传》曰:"沛公起兵野战,丧皇妣于黄乡。天下平定,(仍)〔乃〕使使者以梓宫招魂幽野,〔42〕于是丹蛇在水,自洒濯之,入于梓宫,其浴处有遗发,故谥曰昭灵夫人。"

②《前书音义》曰:"枌,白榆。高祖里社在丰县东北十五里。"原庙,解见《光武纪》。

③县名，属汝南郡，今颍（川）〔州〕县。〔43〕

北匈奴屋兰储等率众降。

是岁，西域长史班超击莎车，大破之。月氏国遣使献扶拔、师子。①

①扶拔，似麟无角。拔音步末反。

二年春正月，济南王康、阜陵王延、中山王焉来朝。

〔二月〕壬辰，〔44〕帝崩于章德前殿，年三十三。〔45〕遗诏无起寝庙，一如先帝法制。

论曰：魏文帝称“明帝察察，章帝长者”。①章帝素知人厌明帝苛切，〔46〕事从宽厚。感陈宠之义，〔47〕除惨狱之科。②深元元之爱，著胎养之令。③奉承明德太后，尽心孝道。割裂名都，以崇建周亲。④平徭简赋，而人赖其庆。又体之以忠恕，文之以礼乐。故乃蕃辅克谐，群后德让。谓之长者，不亦宜乎！在位十三年，郡国所上符瑞，合于图书者数百千所。乌呼懋哉！⑤

①以上华峤之辞。

②宠时为尚书，以吏政严切，乃上书除惨酷之科五十餘条，具本传也。

③元和二年令，诸怀妊者赐谷，人三斛。

④周，至也。

⑤懋，美也。

赞曰：肃宗济济，天性恺悌。於穆后德，谅惟渊体。①左右艺文，斟酌律礼。②思服帝道，弘此长懋。儒馆献歌，戎亭虚候。③气调时豫，宪平人富。

①於穆，叹美也。《尚书》曰“齐圣广渊”也。

②艺文谓诸儒讲《五经》同异，帝亲称制论决也。律谓诏云“立春不以报囚”也。礼谓修禘祫，登灵台之属。

③献歌谓崔骃游太学时上《四巡》等颂。

【校勘记】

〔1〕 第五伦　“第”原作“弟”，第弟古通作，今改归一律。

〔2〕 劬劳日昃　汲本、《集解》本“昃”作“昗”，局本作“昃”。按：《校补》谓“昃”本作“厢”，亦作“昗”，昃乃俗字，昗又昗之讹变。

〔3〕 前书艺文志(曰)　据《刊误》删。

〔4〕 三祧则时享　按：《刊误》谓自古但有二祧，无三祧，明“三”字误。

〔5〕 立秋尝粢盛酎　按：《刊误》谓汉制立秋尝粢，八月饮酎，此文误出一“盛”字，少“八月饮”三字。

〔6〕 其以见谷赈给贫人　按：《刊误》谓诏无他语，不当有“其”字。

〔7〕 稍(为)〔谓〕少　据《刊误》改。按：为谓古通作，后如此不悉改。

〔8〕 饥馑屡臻　按：饥馑之“饥”与饥饿之“饥”原有别，此当作“饑”，然各本饑饥多通作，故不改。

〔9〕 内中国而外诸夏内诸(侯)〔夏〕而外夷狄　据今《公羊传》改。

〔10〕 曷以内外之辞言自近者始也　《刊误》谓案《公羊》本文“曷为以内外之辞言之，言自近者始也”，少“之言”二字。今按：前人引书，每多删节，无“之言”二字，义亦自明，故不依刘说补。

〔11〕 即今岷(山之)州　据《集解》王先谦说删。

〔12〕 西域假司马班超击姑墨　按：《校补》引侯康说，谓据本传当作“军司马”，此与下五年均误。

〔13〕 按：此注原在“千乘王”下，今据汲本、殿本移正。

〔14〕 葬明德皇(太)后　《集解》引钱大昕说，谓按光烈、章德、和熹、安思、顺烈、桓思、灵思诸后之葬皆书皇后，此独书太后，“太”字疑衍。今据删。

〔15〕 不书谷〔名〕　据《校补》补。

〔16〕 甲辰诏〔曰〕　据《刊误》补。

〔17〕 日南者用犀角二　按：殿本《考证》谓“者”似当作“皆”。

〔18〕 己酉进幸鄴　辛卯车驾还宫　按：己酉不当在辛卯前，疑有误。

〔19〕 前书曰　按：“前书”下当有“音义”二字，此脱。

〔20〕 高祖初都栎阳　按：《汉书》注引《三辅黄图》作“高祖初居栎阳”。又按：汲本、殿本、《集解》本“栎阳”误作“洛阳”。

〔21〕 三月辛卯　按:《校补》引钱大昭说,谓"辛卯"传作"己卯"。

〔22〕 又景帝(京师)定箠令　据《刊误》删。

〔23〕 时待诏张盛京房鲍业等　按:《集解》引钱大昕说,谓"京房"当作"景防"。

〔24〕 有尧母庆都墓　按:殿本"墓"作"臺"。

〔25〕 公羊传〔注〕曰　据《校补》补。

〔26〕 所以通三正也　按:《公羊》隐二年注"正"作"统"。殿本"正"作"王",误。

〔27〕 西域人多著冒而〔须〕长　据《刊误》补。

〔28〕 去阳关五千八百五十里　按:《前书》作"五千八百八十八里"。

〔29〕 骏奔走(在庙)　按:《集解》引惠栋说,谓案梅氏《武成》,衍"在庙"二字,《周颂》有之,涉此而讹。今据删。

〔30〕 在今泽州晋城县南　按:"晋"原讹"普",径改正。

〔31〕 孙柔之瑞〔应〕图曰　按:《御览》九百十六及《广韵·二十六桓》鸾字注引并作"瑞应图",今据补。

〔32〕 鸡身赤(毛)〔尾〕　据殿本、《集解》本改。

〔33〕 礼(记)〔纬〕曰　据《集解》引惠栋说改。

〔34〕 王者受命　按:"受"原讹"授",径改正。

〔35〕 凤皇见肥城句窳亭槐树上　按:《校补》谓殿本"凤皇"作"黄龙",与聚珍本《东观记》合。惟"句窳亭"《东观记》作"窳亭"。

〔36〕 周礼(乡)〔大〕司徒　据殿本改。

〔37〕 不克堂(桓)〔构〕　据殿本、《集解》本改。注同。按:姚范谓正文及注"构"俱误"桓",盖宋世避高宗之讳,刊本者不知,误以为钦宗之讳也,故"桓"字犹缺下画。

〔38〕 〔霍〕在(今)庐江灊县西南　据张森楷《校勘记》改,与《郡国志》合。

〔39〕 房山在今恒州房山县(县)西北　据殿本《考证》删。按:"在今"原误"今在",径乙正。

〔40〕 大司农宋由为太尉　按:《集解》引惠栋说,谓《袁纪》"宋由"作"宗由"。

〔41〕 护羌校尉刘盱讨之　按:《集解》引钱大昕说,谓以《西羌传》校之,其时校尉乃张纡,非刘盱也。

〔42〕 (仍)〔乃〕使使者　据《刊误》改。

〔43〕　今颍(川)〔州〕县　张森楷《校勘记》谓监本"川"作"州"，是。今据改。

〔44〕　〔二月〕壬辰　《集解》引惠栋说，谓《袁纪》作"二月壬辰"。今据补。按：是年正月甲午朔，无壬辰。二月癸亥朔，壬辰，二月三十日也。又按：凡新君即位，皆在先帝崩日，《和帝纪》"章和二年二月壬辰即皇帝位"，益足证此"壬辰"之上实脱"二月"二字也。

〔45〕　年三十三　按：惠栋《补注》引蒋皋说，谓章帝即位年十九，在位十三年，年三十二。

〔46〕　章帝素知人厌明帝苛切　按：《群书治要》"人"作"民"。

〔47〕　感陈宠之义　按：张森楷《校勘记》谓《群书治要》"义"作"议"，是。

后汉书卷四

孝和孝殇帝纪第四

孝和皇帝讳肇,[1]肃宗第四子也。母梁贵人,为窦皇后所谮,忧卒,窦后养帝以为己子。建初七年,立为皇太子。

[1]《谥法》曰:"不刚不柔曰和。"伏侯《古今注》曰:"肇之字曰始。肇音兆。"臣贤案:许慎《说文》"肇音大可反,〔1〕上讳也"。但伏侯、许慎并汉时人,而帝讳不同,盖应别有所据。

章和二年二月壬辰,即皇帝位,年十岁。尊皇后曰皇太后,太后临朝。

三月丁酉,改淮阳为陈国,[1]楚郡为彭城国,[2]西平并汝南郡,[3]六安复为庐江郡。[4]遗诏徙西平王羡为陈王,六安王恭为彭城王。

[1]今陈州。

[2]今徐州。

[3]西平,县,故柏子国也。在今豫州吴房县西北。

[4]即今庐州庐江县西故舒城是。

癸卯,葬孝章皇帝于敬陵。[1]

[1]在洛阳城东南三十九里。《古今注》曰:"陵周三百步,高六丈二尺。"

庚戌,皇太后诏曰:"先帝以明圣,奉承祖宗至德要道,天下清静,庶事咸宁。今皇帝以幼年,茕茕在疚,[1]朕且佐助听政。外有大国贤王并为蕃屏,内有公卿大夫统理本朝,恭己受成,夫何忧哉![2]然守文之际,必有内辅以参听断。侍中宪,朕之元兄,行能兼备,忠孝尤笃,先帝所器,亲受遗诏,当以旧典辅斯职焉。宪固执谦让,节不可夺。今供养两宫,③宿卫左右,厥事已重,亦不可复劳以政事。故太尉邓彪,元功之族,三让弥高,④海内归仁,为群贤首,先帝褒表,欲以崇化。今彪聪明康强,可谓老成黄耇矣。⑤其以彪为太傅,赐爵关内侯,录尚书事,百官总己以听,⑥朕庶几得专心内位。於戏！群公其勉率百僚,各修厥职,爱养元元,绥以中和,称朕意焉。"

①疲,病也。茕茕然在忧病之中也。"茕"或作"嬛"。《诗·周颂》云:"嬛嬛在疚。"

②孔子曰:"舜何为哉？恭己正南面而已。"《尚书》曰:"予小子垂拱仰成。"

③两宫谓帝宫、太后宫。

④元功谓高密侯禹也。彪父邯,中兴初有功,封鄷侯。父卒,彪让国异母弟凤。《论语》孔子曰:"太伯三以天下让,民无得而称焉。"郑玄注云:"太伯,周太王之长子,欲让其弟季历。太王有疾,太伯因适吴、越采药,太王薨而不返,季历为丧主,一让也。季历赴之,不来奔丧,二让也。终丧之后,遂断发文身,三让也。"彪让封弟,故以比之。鄷音莫杏反。

⑤老成言老而有成德也。《诗·大雅》曰:"虽无老成人。"黄谓发落更生黄者。耇亦老也。《诗序》曰:"外尊事黄耇。"

⑥古者君在谅闇,百官总己之职事以听于冢宰。录尚书事则冢宰之任也。

辛酉,有司上奏:"孝章皇帝崇弘鸿业,德化普洽,垂意黎民,留念稼穑。文加殊俗,武畅方表,界惟人面,[2]无思不服。巍巍荡荡,莫与比隆。①《周颂》曰:'於穆清庙,肃雍显相。'②请上尊庙曰肃宗,共进《武德》之舞。"制曰:"可。"

①"巍巍乎其有成功,荡荡乎人无能名焉。"孔子美帝尧之词,见《论语》。

②清庙,文王庙也。於穆,叹美之词,言助祭者礼仪敬且和也。

癸亥,陈王羡、彭城王恭、乐成王党、下邳王衍、梁王畅始就国。①

①建初三年,章帝不忍与诸王乖离,皆留京师,今遣之国。

夏四月丙子,谒高庙。丁丑,谒世祖庙。

戊寅,诏曰:"昔孝武皇帝致诛胡、越,故权收盐铁之利,①以奉师旅之费。自中兴以来,匈奴未宾,永平末年,复修征伐。先帝即位,务休力役，然犹深思远虑，安不忘危，探观旧典，复收盐铁，欲以防备不虞，宁安边境。而吏多不良，动失其便，以违上意。先帝恨之，故遗戒郡国罢盐铁之禁，纵民煮铸，入税县官如故事。②其申敕刺史、二千石，奉顺圣旨，勉弘德化，布告天下，使明知朕意。”

　　①武帝使孔僅、东郭咸阳乘传举行天下盐铁，作官府收利，私家更不得铸铁煮盐。

　　②《前书音义》曰：“县官谓天子。”

五月，京师旱。诏长乐少府桓郁侍讲禁中。①

　　①长乐宫之少府也。郁，桓荣子也。

冬十月乙亥，以侍中窦宪为车骑将军，伐北匈奴。

安息国遣使献师子、扶拔。①

　　①扶拔，解见《章纪》。

永元元年春三月甲辰，初令郎官诏除者得占丞、尉，以比秩为真。①

　　①《汉官仪》曰：“羽林郎出补三百石丞、尉自占。丞、尉小县（榴尉）三百石，〔3〕其次四百石，比秩为真，皆所以优之。”

夏六月，车骑将军窦宪出鸡鹿塞，①度辽将军邓鸿出（榴）〔稒〕阳塞，②〔4〕南单于出满夷谷，③与北匈奴战于稽落山，大破之，追至（和）〔私〕渠（北）〔比〕鞮海。〔5〕窦宪遂登燕然山，刻石勒功而还。北单于弟右温禺鞮王④奉奏贡献。

　　①今在朔方窳浑县北。阚骃《十三州志》云：“窳浑县有大道，西北出鸡鹿塞。”窳音羊主反。

　　②（榴）〔稒〕阳，县，属（九）〔五〕原郡，〔6〕故城在今胜州银城县界。（榴）〔稒〕音固。

　　③满夷谷，阙。

　　④鞮音丁兮反。

秋七月乙未，会稽山崩。

闰月丙子，诏曰：“匈奴背叛，为害久远。赖祖宗之灵，师克有捷，丑虏破碎,遂扫厥庭,①役不再籍,②万里清荡,非朕小子眇身所能克堪。有司其案旧典,告类荐功,以章休烈。"③

①《诗》曰:"仍执丑虏。"庭谓单于所常居也。

②犹言不籍再举。

③类,祭天也。《书》曰:"类于上帝。"荐,进也,以功进告于天。

九月庚申,以车骑将军窦宪为大将军,以中郎将刘尚为车骑将军。

冬十月,令郡国弛刑输作军营。其徙出塞者,〔7〕刑虽未竟,皆免归田里。

庚子,阜陵王延薨。

是岁,郡国九大水。

二年春正月丁丑,大赦天下。

二月壬午,日有食之。①

①《东观记》曰:"史官不觉,涿郡言之。"

己亥,复置西河、上郡属国都尉官。①

①《前书》西河郡美稷县、上郡龟兹县并有属国都尉,其秩比二千石。《十三州志》曰:"典属国,武帝置,掌纳匈奴降者也,哀帝省并大鸿胪。"故今复置之。

夏五月庚戌,分太山为济北国,分乐成、涿郡、勃海为河间国。丙辰,封皇弟寿为济北王,开为河间王,淑为城阳王,绍封故淮阳王昞子侧为常山王。赐公卿以下至佐史钱布各有差。

己未,遣副校尉阎磐讨北匈奴,取伊吾卢地。

丁卯,绍封故齐王晃子无忌为齐王,北海王睦子威为北海王。

车师前后王并遣子入侍。①

①车师有后王、前王,前王即后王之子,其庭相去五百里。

月氏国遣兵攻西域长史班超,超击降之。

六月辛卯,中山王焉薨。

秋七月乙卯,大将军窦宪出屯凉州。九月,北匈奴遣使称臣。

冬十月,遣行中郎将班固报命南单于。遣左谷蠡王师子①出鸡鹿塞,击北匈奴于河云北,大破之。

①左谷蠡,匈奴王号,师子其名也。谷音鹿。蠡音离。

三年春正月甲子,皇帝加元服,①赐诸侯王、公、将军、特进、②中二千石、列侯、宗室子孙在京师奉朝请者黄金,③将、大夫、郎吏、从官帛。④赐民爵及粟帛各有差,大酺五日。郡国中都官系囚死罪赎缣,至司寇及亡命,各有差。庚辰,赐京师民酺,布两户共一匹。

①元,首也。谓加冠于首。《仪礼》:"冠者先筮日,后筮宾。"《东观记》曰:"时太后诏袁安为宾,赐束帛、乘马。"

②《汉官仪》曰:"诸侯功德优盛,朝廷所敬异者,赐位特进,在三公下。"

③奉朝请,无员,三公、外戚、宗室、诸侯多奉朝请。《汉律》:"春曰朝,秋曰请。"

④将谓五官及左右郎将也。大夫谓光禄、太中、中散、谏议大夫也。《十三州志》曰:"大夫皆掌顾问、应对、言议。夫之言扶也,言能扶持君父也。"

二月,大将军窦宪遣左校尉耿夔出居延塞,①围北单于于金微山,大破之。获其母阏氏。②

①居延,县,属张掖郡,居延泽在东北。武帝使伏波将军路博德筑遮虏障于居延城。

②阏氏,匈奴后之号也,音焉支。

夏六月辛卯,尊皇太后母比阳公主①为长公主。

①东海恭王彊女。

辛丑,阜陵王种薨。①〔8〕

①阜陵王延之子。

冬十月癸未,行幸长安。诏曰:"北狄破灭,名王仍降,①西域诸国,纳质内附,岂非祖宗迪哲重光之鸿烈欤?②癙寐叹息,想望旧京。其赐行所过二千石长吏已下及三老、官属钱帛,各有差;鳏、寡、孤、独、笃癃、贫不能自存者粟,人三斛。"

①仍，频也。

②迪，蹈也。言由祖宗蹈履明智，有重光累圣之德，成此大业也。《书》曰"兹
　　四人迪哲"，又曰"宣重光"也。

十一月癸卯，祠高庙，遂有事十一陵。诏曰："高祖功臣，萧、曹为
首，有传世不绝之义。曹相国后容城侯无嗣。朕望长陵东门，见二臣之
垅，①循其远节，每有感焉。忠义获宠，古今所同。可遣使者以中牢祠，
大鸿胪求近亲宜为嗣者，须景风绍封。以章厥功。"②

①《东观记》曰："萧何墓在长陵东司马门道北百步。"《庙记》云："曹参冢在长
　　陵旁道北，近萧何冢。"

②《续汉志》曰："大鸿胪掌封拜诸侯及其嗣。"《春秋考异邮》曰："夏至四十五
　　日，景风至，则封有功也。"

十二月，复置西域都护、骑都尉、戊己校尉官。

庚辰，至自长安，减弛刑徒从驾者刑五月。

四年春正月，北匈奴右谷蠡王於除鞬自立为单于，款塞乞降。①遣
大将军左校尉耿夔授玺绶。②

①於除鞬，其名也。鞬音九言反。

②《东观记》曰："赐玉具剑，羽盖车一驷，中郎将持节卫护焉。"

三月癸丑，司徒袁安薨。闰月丁丑，太常丁鸿为司徒。

夏四月丙辰，大将军窦宪还至京师。

六月戊戌朔，日有食之。丙辰，郡国十三地震。

窦宪潜图弑逆。庚申，幸北宫。诏收捕宪党射声校尉郭璜，①璜子
侍中举，〔9〕卫尉邓叠，叠弟步兵校尉磊，皆下狱死。使谒者仆射②收宪
大将军印绶，遣宪及弟笃、景就国，到皆自杀。

①郭况子也。《东观记》（曰）"璜"作"瑝"，〔10〕音同。

②《续汉书》曰"谒者仆射一人，秩千石，为谒者台率，主谒者。天子出，奉
　　引"也。

是夏，旱，蝗。

秋七月己丑，太尉宋由坐党宪自杀。

八月辛亥，司空任隗薨。①

①任光子也。

癸丑，大司农尹睦为太尉，录尚书事。①

①录谓总领之也。录尚书自牟融始也。

丁巳，赐公卿以下至佐史钱谷各有差。

冬十月己亥，宗正刘方为司空。

十二月壬辰，诏："今年郡国秋稼为旱蝗所伤，其什四以上勿收田租、刍稿；有不满者，以实除之。"①

①所损十不满四者，以见损除也。

武陵零陵澧中蛮叛。〔11〕烧当羌寇金城。

五年春正月乙亥，宗祀五帝于明堂，遂登灵台，望云物。大赦天下。

戊子，千乘王伉薨。

辛卯，封皇弟万岁为广宗王。①

①广宗，县名，今贝州宗城县。隋炀帝讳广，故改为宗城。

二月戊戌，诏有司省减内外厩及凉州诸苑马。①自京师离宫果园上林广成囿悉以假贫民，恣得采捕，不收其税。

①《说文》曰："厩，马舍也。"《汉官仪》曰："未央大厩，长乐、承华等厩令，皆秩六百石。"又云："牧师诸苑三十六所，分置西北边，分养马三十万头。"

丁未，诏曰："去年秋麦入少，恐民食不足。其上尤贫不能自给者户口人数。往者郡国上贫民，以衣履釜鬵为赀，而豪右得其饶利。①诏书实覈，②欲有以益之，而长吏不能躬亲，反更征召会聚，令失农作，愁扰百姓。若复有犯者，二千石先坐。"

①鬵音寻。《方言》曰："甑，自关而东谓之鬵。"贫人既计釜甑以为资财，惧于役重，多即卖之，以避科税。豪富之家乘贱买，故得其饶利。

②《说文》云："覈，考实事也。"

甲寅，太傅邓彪薨。

戊午，陇西地震。

三月戊子，诏曰："选举良才，为政之本。科别行能，必由乡曲。①而郡国举吏，不加简择，故先帝明敕在所，令试之以职，乃得充选。②又德行尤异，不须经职者，别署状上。而宣布以来，出入九年，二千石曾不承奉，恣心从好，司隶、刺史讫无纠察。③今新蒙赦令，且复申敕，后有犯者，显明其罚。在位不以选举为忧，督察不以发觉为负，④非独州郡也。是以庶官多非其人。下民被奸邪之伤，由法不行故也。"

①《周礼》："乡大夫掌其乡之政教，考其德行，察其道艺，三年而举贤能者于王。"

②《汉官仪》曰："建初八年十二月己未，诏书辟士四科：一曰德行高妙，志节清白；二曰经明行修，能任博士；三曰明晓法律，足以决疑，能案章覆问，文任御史；四曰刚毅多略，遭事不惑，明足照奸，勇足决断，才任三辅令。皆存孝悌清公之行。自今已后，审四科辟召，及刺史、二千石察举茂才尤异孝廉吏，务实校试以职。有非其人，不习曹事，正举者故不以实法。"〔12〕

③讫，竟也。

④负亦忧也。

庚寅，遣使者分行贫民，举实流冗，①开仓赈禀三十馀郡。

①禀，散也。流散者举案其实而给之。

夏四月壬子，封阜陵王种兄鲂为阜陵王。①

①种无嗣，故以鲂袭也。

六月丁酉，郡国三雨雹。①

①《东观记》曰："大如雁子。"

秋九月辛酉，广宗王万岁薨，无子，国除。

匈奴单于於除鞬叛，遣中郎将任尚讨灭之。

壬午，令郡县劝民蓄蔬食以助五谷。①其官有陂池，令得采取，勿收假税二岁。②

①蓄，积也。

②假犹租赁。

冬十月辛未，太尉尹睦薨。①十一月乙丑，太仆张酺为太尉。

①《汉官仪》曰："睦字伯师，巩人。"

是岁，武陵郡兵破叛蛮，降之。护羌校尉贯友讨烧当羌，羌乃遁去。南单于安国叛，骨都侯喜斩之。

六年春正月，永昌徼外夷遣使译献犀牛、大象。

己卯，司徒丁鸿薨。

二月乙未，遣谒者分行禀贷三河、兖、冀、青州贫民。

许〔阳〕侯马光自杀。①〔13〕

①《东观记》曰："光前坐党附窦宪，归国，为宪客奴所诬告，乃自杀。"

丁未，司空刘方为司徒，太常张奋为司空。

三月庚寅，诏流民所过郡国皆实禀之，其有贩卖者勿出租税，①又欲就贱还归者，复一岁田租、更赋。②

①汉循周法，商贾有税，流人贩卖，故矜免之。

②复音福。

丙寅，诏曰："朕以眇末，承奉鸿烈。阴阳不和，水旱违度，济河之域，凶馑流亡，①而未获忠言至谋，所以匡救之策。瘝瘝永叹，用思孔疚。②惟官人不得于上，黎民不安于下，有司不念宽和，而竞为苛刻，覆案不急，以妨民事，③甚非所以上当天心，下济元元也。思得忠良之士，以辅朕之不逮。其令三公、中二千石、二千石、内郡守相举贤良方正能直言极谏之士各一人。昭岩穴，披幽隐，遣诣公车，④朕将悉听焉。"帝乃亲临策问，选补郎吏。

①《尚书》曰"济河惟兖州"，言东南据济，西北距河。

②孔，甚也。疚，病也。《诗》云："忧心孔疚。"

③不急谓非要。

④《前书音义》曰："公车，署名也，公车所在，故以名焉。"《汉官仪》曰："公车令

一人,秩六百石,掌殿门。诸上书诣阙下者,皆集奏之;凡所征召,亦总
　领之。"

夏四月,蜀郡徼外羌率种人遣使内附。

五月,城阳王淑薨,无子,国除。[1]

①章帝子也。

六月己酉,初令伏闭尽日。[1]

①《汉官旧仪》曰:"伏日万鬼行,故尽日闭,不干它事。"

秋七月,京师旱。诏中都官徒各除半刑,谪其未竟,五月已下皆免
遣。丁巳,幸洛阳寺,[1]录囚徒,举冤狱。收洛阳令下狱抵罪,司隶校
尉、河南尹皆左降。未及还宫而澍雨。

①寺,官舍也。《风俗通》云:"寺,嗣也。理事之吏,嗣续于其中。"

西域都护班超大破焉耆、尉犁,斩其王。自是西域降服,纳质者五
十馀国。

南单于安国从弟子逢侯率叛胡亡出塞。九月癸丑,以光禄勋邓鸿
行车骑将军事,与越骑校尉冯柱、行度辽将军朱徽、使匈奴中郎将杜崇
讨之。冬十一月,护乌桓校尉任尚率乌桓、鲜卑,大破逢侯,[1]冯柱遣兵
追击,复〔破〕之。[14]

①阚骃《十三州志》曰:"护乌丸,拥节,秩比二千石,武帝置,以护内附乌丸,既
　而并于匈奴中郎将。中兴初,班彪上言宜复此官,以招附东胡,乃复更
　置焉。"

诏以勃海郡属冀州。

武陵溇中蛮叛,郡兵讨平之。

七年春正月,行车骑将军邓鸿、度辽将军朱徽、中郎将杜崇皆下
狱死。[1]

①时南单于安国与崇不相平,乃上书告崇。崇令断其章,缘此惊叛,安国卒见
　杀。帝后知之,皆征下狱。

夏四月辛亥朔，日有食之。帝引见公卿问得失，令将、大夫、御史、谒者、博士、议郎、郎官会廷中，各言封事。① 诏曰："元首不明，化流无良，政失于民，谪见于天。② 深惟庶事，五教在宽，是以旧典因孝廉之举，以求其人。③ 有司详选郎官宽博有谋才任典城者三十人。"④ 既而悉以所选郎出补长、相。⑤

① 《十三州志》曰："侍御史，周官，即柱下史。秩六百石，掌注记言行，纠诸不法，员十五人。出有所案，则称使者焉。谒者，秦官也。员七十人，皆选孝廉年未五十，晓解傧赞者。岁尽拜县令、长〔史〕及都官府丞、长史。〔15〕博士，秦官。博通古今，秩皆六百石。孝武初置《五经》博士，后稍增至十四员。取聪明威重者一人为祭酒，主领焉。议郎、郎官，皆秦官也。冗无所掌，秩六百石或四百石。"

② 谪，谴责也。《礼》曰："阳事不得，谪见于天，日为之食。"

③ 武帝元光元年，董仲舒初开其议，诏郡国举孝廉各一人。

④ 任，堪也，音仁林反。

⑤ 长，县长；相，侯相也。《十三州志》云："县为侯邑，则令、长为相，秩随令、长本秩。"

五月辛卯，改千乘国为乐安国。①

① 千乘故城在今淄州高苑县北。乐安故城在今青州博昌县南。

六月丙寅，沛王定薨。

秋七月乙巳，易阳地裂。① 九月癸卯，京师地震。

① 易阳，县，在易水之阳，今易州也。

八年春二月己丑，立贵人阴氏为皇后。赐天下男子爵，人二级，三老、孝悌、力田三级，民无名数及流民欲占者一级；鳏、寡、孤、独、笃癃、贫不能自存者粟，人五斛。

夏四月癸亥，乐成王党薨。

甲子，诏赈贷并州四郡贫民。

五月，河内、陈留蝗。

南匈奴右温禺犊王叛，为寇。秋七月，行度辽将军庞奋、越骑校尉冯柱追讨之，斩右温禺犊王。

车师王叛，击其前王。

八月辛酉，饮酎。诏郡国中都官系囚减死一等，诣敦煌戍。其犯大逆，募下蚕室；其女子宫。自死罪已下，至司寇及亡命者入赎，各有差。

九月，京师蝗。吏民言事者，多归责有司。诏曰："蝗虫之异，殆不虚生，①万方有罪，在予一人，而言事者专咎自下，非助我者也。朕寤寐恫矜，思弭忧衅。②昔楚严无灾而惧，③成王出郊而反风。④将何以匡朕不逮，以塞灾变？百僚师尹勉修厥职，刺史、二千石详刑辟，理冤虐，恤鳏寡，矜孤弱，思惟致灾兴蝗之咎。"

①《礼记·月令》曰："孟夏行春令，则蝗虫为灾。"《洪范五行传》曰："贪利伤人，则蝗虫损稼。"

②《尚书》曰："恫矜乃身。"孔安国注曰："恫，痛也。矜，病也。言如痛病在身，欲除之也。"矜音古顽反。

③解见《明纪》。

④成王疑周公，天乃大风，禾则尽偃；王乃出郊祭，天乃反风起禾。事见《尚书》。

庚子，复置广阳郡。①

①高帝时燕国也，昭帝元凤元年为广阳郡，宣帝本始元年更为国也。

冬十月乙丑，北海王威有罪自杀。①

①北海，郡，今青州县。

十二月辛亥，陈王羡薨

丁巳，南宫宣室殿火。

九年春正月，永昌徼外蛮夷及掸国重译奉贡。①

①掸音擅。《东观记》作"擅"，俗本以"禅"字相类或作"禅"者，误也。《说文》曰："译，传四夷之语也。"

三月庚辰，陇西地震。

癸巳,济南王康薨。

西域长史王林击车师后王,斩之。

夏四月丁卯,封乐成王党子巡为乐成王。

六月,蝗、旱。戊辰,诏:"今年秋稼为蝗虫所伤,皆勿收租、更、刍稿;若有所损失,以实除之,馀当收租者亦半入。其山林饶利,陂池渔采,以赡元元,勿收假税。"秋七月,蝗虫飞过京师。

八月,鲜卑寇肥如,①辽东太守祭参下狱死。②

①肥如,县,属辽西郡。《前书音义》曰:"肥子奔燕,封于此。"今平州也。

②《东观记》曰:"鲜卑千馀骑攻肥如城,杀略吏人,祭参坐沮败,下狱诛。"

闰月辛巳,皇太后窦氏崩。丙申,葬章德皇后。

烧当羌寇陇西,杀长吏,遣行征西将军刘尚、越骑校尉赵世等讨破之。〔16〕

九月庚申,司徒刘方策免,自杀。

甲子,追尊皇姒梁贵人为皇太后。冬十月乙酉,改葬恭怀梁皇后于西陵。①

①《谥法》曰:"正德美容曰恭,执义扬善曰怀。"《东观记》曰:"改殡承光宫,仪比敬园。初,后葬有阙,窦后崩后,乃议改葬。"

十一月癸卯,光禄勋河南吕盖为司徒。①十二月丙寅,司空张奋罢。壬申,太仆韩稜为司空。

①盖字君上,宛陵人也。〔17〕

己丑,复置若卢狱官。①

①《前书》曰,若卢狱属少府。《汉旧仪》曰"主鞫将相大臣"也。

十年春三月壬戌,诏曰:"堤防沟渠,所以顺助地理,通利壅塞。①今废慢懈弛,不以为负。刺史、二千石其随宜疏导。勿因缘妄发,以为烦扰,将显行其罚。"

①《礼记·月令》曰:"季春之月,修利堤防,导达沟渎,开通道路,无有障塞。"

夏五月,京师大水。①

①《东观记》曰:"京师大雨,南山水流出至东郊,坏人庐舍。"

秋七月己巳,司空韩稜薨。八月丙子,太常太山巢堪为司空。①

①堪字次朗,太山南城人。

九月庚戌,复置廪牺官。①

①《汉官仪》曰"廪牺令一人,秩六百石"也。

冬十月,五州雨水。

十二月,烧当羌豪迷唐等率种人诣阙贡献。

戊寅,梁王畅薨。

十一年春二月,遣使循行郡国,禀贷被灾害不能自存者,令得渔采山林池泽,不收假税。

丙午,诏郡国中都官徒及笃癃老小女徒各除半刑,其未竟三月者,皆免归田里。

夏四月丙寅,大赦天下。

己巳,复置右校尉官。①

①《东观记》曰:"置在西河鹄泽县。"

秋七月辛卯,诏曰:"吏民逾僭,厚死伤生,是以旧令节之制度。顷者贵戚近亲,百僚师尹,莫肯率从,有司不举,怠放日甚。又商贾小民,或忘法禁,奇巧靡货,流积公行。其在位犯者,当先举正。市道小民,但且申明宪纲,〔18〕勿因科令,加虐羸弱。"

十二年春二月,旄牛徼外白狼、貘薄夷率种人内属。①

①阚骃《十三州志》曰:"旄牛县属蜀郡。"《前书》曰,旄牛所出,岁贡其尾,以为节旄。

诏贷被灾诸郡民种粮。赐下贫、鳏、寡、孤、独、不能自存者,及郡国流民,听入陂池渔采,以助蔬食。

三月丙申,诏曰:"比年不登,百姓虚匮。①京师去冬无宿雪,②今春无澍雨,黎民流离,困于道路。朕痛心疾首,靡知所济。'瞻仰昊天,何辜今人?'③三公朕之腹心,而未获承天安民之策。数诏有司,务择良吏。今犹不改,竞为苛暴,侵愁小民,以求虚名,委任下吏,假埶行邪。是以令下而奸生,禁至而诈起。④巧法析律,饰文增辞,⑤货行于言,罪成乎手,朕甚病焉。公卿不思助明好恶,将何以救其咎罚? 咎罚既至,复令灾及小民。若上下同心,庶或有瘳。其赐天下男子爵,人二级,三老、孝悌、力田三级,民无名数及流民欲占者人一级;鳏、寡、孤、独、笃癃、贫不能自存者粟,人三斛。"

①匮,乏也。

②以其经冬,故言宿也。

③《诗·大雅》周宣王遇旱之诗。言今人何罪,而天令饥馑乎?

④董仲舒曰:"法出而奸生,令下而诈起。"

⑤《礼记·王制》曰"析言破律"也。

壬子,赐博士员弟子在太学者布,人三匹。①

①武帝时置博士弟子,太常择人年十八以上,仪状端正者补焉。昭帝增员满百人,宣帝倍之,元帝更设员千人,成帝更增员三千人。

夏四月,日南象林蛮夷反,①郡兵讨破之。

①象林,县,属日南郡,今郁林州。

闰月,赈贷敦煌、张掖、五原民下贫者谷。

戊辰,秭归山崩。①

①秭归,县,属南郡,古之夔国,今归州也。袁山松曰:"屈原此县人,既被流放,忽然蹔归,其姊亦来,因名其地为秭归。"秭亦姊也。《东观记》曰:"秭归山高四百馀丈,崩填溪水,厌杀百馀人。"

六月,舞阳大水,赐被水灾尤贫者谷,人三斛。

秋七月辛亥朔,日有食之。

九月戊午,太尉张酺免。丙寅,大司农张禹为太尉。

冬十一月,西域蒙奇、兜勒二国遣使内附,赐其王金印紫绶。

是岁,烧当羌复叛。

十三年春正月丁丑,帝幸东观,览书林,阅篇籍,博选术艺之士以充其官。

二月,任城王尚薨。

丙午,赈贷张掖、居延、朔方、日南贫民及孤、寡、羸弱不能自存者。

秋八月,诏象林民失农桑业者,赈贷种粮,禀赐下贫谷食。

己亥,北宫盛馔门阁火。

护羌校尉周鲔击烧当羌,破之。

荆州雨水。九月壬子,诏曰:"荆州比岁不节,今兹淫水为害,① 餘虽颇登,而多不均狭,②〔19〕深惟四民农食之本,惨然怀矜。其令天下半入今年田租、刍稿;有宜以实除者,如故事。贫民假种食,皆勿收责。"

① 《淮南子》曰:"女娲积芦灰以止淫水。"高诱注云:"平地出水为淫水。"

② 浃,洽。

冬十一月,安息国遣使献师子及条枝大爵。①

① 《西域传》曰:"安息国居和椟城,去洛阳二万五千里。条支国临西海,出师子、大雀。"郭义恭《广志》曰:"大爵,颈及身膺蹄都似橐驼,〔20〕举头高八九尺,张翅丈餘,食大麦,其卵如瓮,即今之驼鸟也。"

丙辰,诏曰:"幽、并、凉州户口率少,边役众剧,束修良吏,进仕路狭。抚接夷狄,以人为本。其令缘边郡口十万以上岁举孝廉一人,不满十万二岁举一人,五万以下三岁举一人。"

鲜卑寇右北平,遂入渔阳,渔阳太守击破之。

戊辰,司徒吕盖罢。十二月丁丑,光禄勋鲁恭为司徒。

辛卯,巫蛮叛,寇南郡。①

① 巫,县,属南郡,故城在今夔州巫山县也。

十四年春二月乙卯,东海王政薨。

缮修故西海郡,① 徙金城西部都尉以戍之。

①平帝时金城塞外羌献地，以为西海郡也。光武建武中省金城入陇西郡，至
　是复缮修之。金城即今兰州县也。

三月戊辰，临辟雍，飨射，大赦天下。

夏四月，遣使者督荆州兵讨巫蛮，破降之。

庚辰，赈贷张掖、居延、敦煌、五原、汉阳、会稽流民下贫谷，各有差。

五月丁未，初置象林将兵长史官。①

①阚骃《十三州志》曰："将兵长史居在日南郡，又有将兵司马，去雒阳九千六
　百三十里。"

六月辛卯，废皇后阴氏，后父特进纲自杀。

秋七月甲寅，诏复象林县更赋、田租、刍稿二岁。

壬子，常山王侧薨。

是秋，三州雨水。冬十月甲申，诏："兖、豫、荆州今年水雨淫过，多
伤农功。其令被害什四以上皆半入田租、刍稿；其不满者，以实除之。"

辛卯，立贵人邓氏为皇后。

丁酉，司空巢堪罢。十一月癸卯，大司农徐防为司空。

是岁，初复郡国上计补郎官。①

①上计，今计吏也。《前书音义》曰："旧制，使郡丞奉岁计，武帝元朔中令郡国
　举孝廉各一人与计偕，拜为郎中。"中废，今复之。

十五年春闰月乙未，诏流民欲还归本而无粮食者，过所实禀之，疾
病加致医药；其不欲还归者，勿强。

二月，诏禀贷颍川、汝南、陈留、江夏、梁国、敦煌贫民。①

①《前书音义》曰："陈留本郑邑也，后为陈所并，故曰陈留。"今汴州县也。江
　夏郡，高帝置。沔水自江别至南郡华容为夏水，过郡入江，故曰江夏。

夏四月甲子晦，日有食之。五月戊寅，南阳大风。

六月，诏令百姓鳏寡渔采陂池，勿收假税二岁。

秋七月丙寅，济南王错薨。①

①错音七故反。

复置涿郡故安铁官①〔21〕

①《续汉书》曰："其郡县有盐官、铁官者，随事广狭，置令、长及丞，秩次皆如县也。"

九月壬午，南巡狩，清河王庆、济北王寿、可间王开并从。赐所过二千石长吏以下、三老、官属及民百年者钱布，各有差。是秋，四州雨水。冬十月戊申，幸章陵，祠旧宅。癸丑，祠园庙，会宗室于旧庐，劳赐作乐。戊午，进幸云梦，临汉水而还。①十一月甲申，车驾还宫，赐从臣及留者公卿以下钱布，各有差。

①云梦，今安州县也，即在云梦泽中。

十二月庚子，琅邪王宇薨。

有司奏，以为夏至则微阴起，靡草死，可以决小事。①

①《礼记·月令》曰："孟夏之月，靡草死，麦秋至，断薄刑，决小罪。"郑玄注云："靡草，荠、亭历之属。"臣贤案：五月一阴爻生，可以言微阴，今《月令》云"孟夏"，乃是纯阳之月；此言"夏至"者，与《月令》不同。

是岁，初令郡国以日北至案薄刑。

十六年春正月己卯，诏贫民有田业而以匮乏不能自农者，贷种粮。

二月己未，诏兖、豫、徐、冀四州比年雨多伤稼，禁沽酒。夏四月，遣三府掾分行四州，贫民无以耕者，为雇犁牛直。

五月壬午，赵王商薨。

秋七月，旱。戊午，诏曰："今秋稼方穗而旱，云雨不沾，疑吏行惨刻，不宣恩泽，妄拘无罪，幽闭良善所致。其一切囚徒于法疑者勿决，以奉秋令。①方察烦苛之吏，显明其罚。"

①《礼记·月令》曰："孟秋之月，命有司修法制，缮囹圄，具桎梏，断薄刑，决小罪。"

辛酉，司徒鲁恭免。庚午，光禄勋张酺为司徒。

辛巳，诏令天下皆半入今年田租、刍稿；其被灾害者，以实除之。贫民受贷种粮及田租、刍稿,皆勿收责。

八月己酉,司徒张酺薨。冬十月辛卯,司空徐防为司徒,大鸿胪陈宠为司空。

十一月己丑,行幸缑氏,登百岯山,①赐百官从臣布,各有差。

①即柏岯山也,在洛州缑氏县南。《尔雅》云"山一成曰岯",《东观记》作"坯",并音平眉反,流俗本或作"杯"者,误也。

北匈奴遣使称臣贡献。

十二月,复置辽东西部都尉官。①

①西部都尉,安帝时以为属国都尉,在辽东郡昌黎城也。

元兴元年春正月戊午,引三署郎召见禁中,①选除七十五人,补谒者、长、相。

①《汉官仪》:"三署谓五官署也,左、右署也,各置中郎将以司之。郡国举孝廉以补三署郎,年五十以上属五官,其次分在左、右署,凡有中郎、议郎、侍郎、郎中四等,无员。"禁中者,门户有禁,非侍御者不得入,故谓禁中。

高句骊寇郡界。〔22〕

夏四月庚午,大赦天下,改元元兴。宗室以罪绝者,悉复属籍。

五月癸酉,雍地裂。①

①《东观记》曰"右扶风雍地裂",流俗本"雍"下有"州"者,误也。

秋九月,辽东太守耿夔击貊人,破之。

冬十二月辛未,帝崩于章德前殿,年二十七。立皇子隆为皇太子。赐天下男子爵,人二级,三老、孝悌、力田人三级,民无名数及流民欲占者人一级;鳏、寡、孤、独、笃癃、贫不能自存者粟,人三斛。

自窦宪诛后,帝躬亲万机。每有灾异,辄延问公卿,极言得失。前后符瑞八十一所,自称德薄,皆抑而不宣。旧南海献龙眼、荔支,十里一置,五里一候,①奔腾阻险,死者继路。时临武长汝南唐羌,县接南海,②乃上书陈状。帝下诏曰:"远国珍羞,本以荐奉宗庙。苟有伤害,岂爱民之本。其敕太官勿复受献。"由是遂省焉。③

①南海，郡，秦置，今广州县也。《广雅》曰："益智，龙眼也。"《交州记》曰："龙
　眼树高五六丈，似荔支而小。"《广州记》曰："子似荔支而员，七月熟。荔支
　树高五六丈，大如桂树，实如鸡子，甘而多汁，似安石榴。有甜醋者，至日禺
　中，翕然俱赤，即可食。"置谓驿也。

②临武，县，属桂阳郡，今郴州县也。

③《谢承书》曰："唐羌字伯游，辟公府，补临武长。县接交州，旧献龙眼、荔支
　及生鲜，献之，驿马昼夜传送之，至有遭虎狼毒害，顿仆死亡不绝。道经临
　武，羌乃上书谏曰：'臣闻上不以滋味为德，下不以贡膳为功，故天子食太牢
　为尊，不以果实为珍。伏见交阯七郡献生龙眼等，鸟惊风发。南州土地，恶
　虫猛兽不绝于路，至于触犯死亡之害。死者不可复生，来者犹可救也。此
　二物升殿，未必延年益寿。'帝从之。章报，羌即弃官还家，不应征召，著《唐
　子》三十馀篇。"

论曰：自中兴以后，逮于永元，虽颇有弛张，而俱存不扰，是以齐民
岁增，辟土世广。①偏师出塞，则漠北地空；都护西指，则通译四万。②岂
其道远三代，术长前世？将服叛去来，自有数也？

①齐，平也。

②《西域传》曰："班超定西域五十馀国，皆降服，西至海濒，四万里，皆重译
　贡献。"

孝殇皇帝讳隆，①和帝少子也。元兴元年十二月辛未夜，即皇帝
位，时诞育百馀日。②尊皇后曰皇太后，太后临朝。③

①《谥法》曰："短折不成曰殇。"《古今注》曰："隆之字曰盛。"

②诞，大也。《诗·大雅》："诞弥厥月，先生如达。"郑玄注云："大矣后稷之在
　其母怀也，终人道十月而生。"《诗》又云："载生载育。"育，长也，达音它
　末反。

③仪见《皇后纪》。

北匈奴遣使称臣，诣敦煌奉献。

延平元年春正月辛卯，太尉张禹为太傅，司徒徐防为太尉，参录尚书事，百官总己以听。封皇兄胜为平原王。癸卯，光禄勋梁鲔为司徒。①

①《汉官仪》曰："鲔字伯元，河东平阳人也。"

三月甲申，葬孝和皇帝于慎陵，①尊庙曰穆宗。

①在洛阳东南三十里。俗本作"顺"者，误。

丙戌，清河王庆、济北王寿、河间王开、常山王章始就国。

夏四月庚申，诏罢祀官不在祀典者。①

①《东观记》曰："邓太后雅性不好淫祀。"

鲜卑寇渔阳，渔阳太守张显追击，战没。

丙寅，以虎贲中郎将邓骘为车骑将军。

司空陈宠薨。

五月辛卯，皇太后诏曰："皇帝幼冲，承统鸿业，朕且权佐助听政，[23]兢兢寅畏，①不知所济。深惟至治之本，道化在前，刑罚在后。将稽中和，广施庆惠，与吏民更始。其大赦天下。自建武以来诸犯禁锢，诏书虽解，有司持重，多不奉行，其皆复为平民。"

①寅，敬也。

壬辰，河东垣山崩。①

①垣，县，今绛州县也。《古今注》曰："山崩长七丈，广四丈。"

六月丁未，太常尹勤为司空。

郡国三十七雨水。己未，诏曰："自夏以来，阴雨过节，煖气不效，①将有厥咎。寤寐忧惶，未知所由。昔夏后恶衣服，菲饮食，孔子曰'吾无间然'，②今新遭大忧，且岁节未和，彻膳损服，庶有补焉。其减太官、导官、尚方、内署诸服御珍膳靡丽难成之物。"③

①效犹验也。

②菲，薄也。间，非也。

③太官令，周官也，秩千石，典天子厨膳。导官，掌择御米。导，择也。尚方，

掌作御刀剑诸器物;内署,掌内府衣物。秩皆六百石。并见《续汉书》。

丁卯,诏司徒、大司农、长乐少府曰:"朕以无德,佐助统政,夙夜经营,惧失厥衷。思惟治道,由近及远,先内后外。自建武之初以至于今,八十馀年,宫人岁增,房御弥广。又宗室坐事没入者,犹托名公族,甚可愍焉。今悉免遣,及掖庭宫人,皆为庶民,以抒幽隔郁滞之情。① 诸官府、郡国、王侯家奴婢姓刘及疲癃羸老,皆上其名,务令实悉。"

①抒,舒也,食汝反。

秋七月庚寅,敕司隶校尉、部刺史①曰:"夫天降灾戾,应政而至。间者郡国或有水灾,妨害秋稼。朝廷惟咎,忧惶悼惧。而郡国欲获丰穰虚饰之誉,遂覆蔽灾害,多张垦田,不揣流亡,② 竞增户口,掩匿盗贼,令奸恶无惩,署用非次,选举乖宜,贪苛惨毒,延及平民。③ 刺史垂头塞耳,阿私下比,'不畏于天,不愧于人'。④ 假贷之恩,不可数恃,自今以后,将纠其罚。二千石长吏其各实覈所伤害,为除田租、刍稿。"

①秦有监御史,监诸郡,汉兴省之,但遣丞相史分刺诸州,无有常官。孝武帝初置刺史十三人,秩六百石;成帝更为牧,秩二千。建武十八年复为刺史,十二人,各主一州,其一州属司隶校尉。诸州常以八月巡行所部郡国,录囚徒,考殿最。初岁尽诣京都奏事,中兴但因计吏。见《续汉书》。

②揣音初委反。

③平民谓善人也。《书》曰:"延〔及〕于平人。"〔24〕

④《诗·小雅》也。

八月辛亥,帝崩。癸丑,殡于崇德前殿。年二岁。

赞曰:孝和沈烈,率由前则。王赫自中,赐命强慝。① 抑没祥符,登显时德。② 殇世何早,平原弗克。③

①慝,恶也。谓诛窦宪等。

②谓用邓彪等委政也。

③平原王胜以痼疾不得立也。《左传》曰:"弗克负荷。"

【校勘记】

〔1〕 肇音大可反　按:《集解》引钱大昕说,谓《说文》无反切,乃后人所增益。今本《说文》用孙愐《唐韵》切音,读肇为直小切,与兆音同,疑"大可"即"直小"两字之讹。

〔2〕 界惟人面　按:殿本"界"作"戒"。《校补》谓案《章纪》作"讫惟人面",讫、界、戒皆有止义,犹云穷极也。界戒本又通作,《唐书·天文志》一行以为天下山河之象存乎两戒是也。

〔3〕 小县(丞尉)三百石　据《刊误》删。

〔4〕 度辽将军邓鸿出(梱)〔稒〕阳塞　据《前书·地理志》改。注同。

〔5〕 追至(和)〔私〕渠(北)〔比〕鞮海　按:殿本《考证》引何焯说,谓《窦宪传》及《通鉴》皆作"私渠比鞮海"。《补注》谓当从《宪传》。今据改。

〔6〕 属(九)〔五〕原郡　按:《前书·地理志》"五原郡,秦九原郡,武帝元朔二年更名"。今据改。

〔7〕 其徙出塞者　《刊误》谓迁徙者不可投之塞外,明此"徙"字是"从"字。按:陈景云《两汉订误》谓"徙"当作"從",出塞谓是夏北征之役。更以三年减从驾弛刑徒证之,此"徙"字之误益明。

〔8〕 阜陵王种薨　按:《集解》引钱大昕,说谓《光武十王传》"种"字作"冲",《说文》无种字,种即冲也。

〔9〕 射声校尉郭璜璜子侍中举　按:《集解》引钱大昕说,谓《天文志》郭举为侍中射声校尉,举父璜长乐少府,皇后纪、《窦宪传》亦同,纪似误。

〔10〕 东观记(曰)　按:"曰"字当衍,今删。

〔11〕 武陵零陵澧中蛮叛　按:《校补》谓"零陵"当作"零阳",即武陵郡属县。后汉武陵郡治当今常德府武陵县,西与澧州接壤,零阳县治即今澧州慈利县东境,澧中蛮即澧水之蛮,并属武陵,故纪并举之。若零陵郡之蛮,相距甚远,不当与澧中蛮错举。

〔12〕 有非其人不习曹事正举者故不以实法　按:《御览》六百二十八引作"有非其人,不习官事,正举者故举不实,为法罪之"。又按:《续汉·百官志》一注引《汉官仪》,世祖诏云云,与此注所引略同,则光武有此诏,而章帝复申明之也。

〔13〕 许〔阳〕侯马光自杀　《校补》引洪亮吉说，谓传作"许阳侯"，此脱"阳"
字。今据补。

〔14〕 复〔破〕之　据《刊误》补。

〔15〕 岁尽拜县令长(史)及都官府丞长史　据《刊误》删。

〔16〕 越骑校尉赵世等讨破之　按：《集解》引钱大昕说，谓《赵憙传》、《西羌
传》"赵世"并作"赵代"，盖章怀避唐讳改之，此作"世"，又唐以后人
回改。

〔17〕 宛陵人也　按："宛"原讹"苑"，径改正。

〔18〕 但且申明宪纲　按："纲"原讹"网"，径改正。

〔19〕 而多不均浃　按："而"原讹"二"，径改正。

〔20〕 颈及身膺蹄都似橐驼　按：《御览》九二二引，"橐驼"下有"色苍"二字。

〔21〕 复置涿郡故安铁官　按：各本"安"作"盐"，《集解》引何焯、钱大昭、惠栋
诸家说，并谓"盐"当作"安"。

〔22〕 高句骊寇郡界　按：《校补》谓案《通鉴》作"高句骊王宫入辽东塞，寇略
六县"，此"郡"上应补"辽东"二字。

〔23〕 朕且权佐助听政　按：殿本从监本，"权"下有"礼"字，《考证》谓"礼"字
疑有误，宋本无"礼"字，亦不成句。《校补》引《孟子》"男女授受不亲，礼
也，嫂溺援之以手者，权也"，谓此"权礼"二字所本。朕且权礼，即指佐
助听政为权礼耳，似非字误。

〔24〕 延〔及〕于平人　按：《书·吕刑》作"延及于平民"，此作"延于平民"，脱
一"及"字，殿本、集解本作"延及平民"，则又脱一"于"字。

后汉书卷五

孝安帝纪第五

恭宗孝安皇帝讳祜,①〔1〕肃宗孙也。父清河孝王庆,母左姬。帝自在邸第,②数有神光照室,又有赤蛇盘于床第之间。③〔2〕年十岁,好学《史书》,④和帝称之,数见禁中。

①《谥法》曰:"宽容和平曰安。"伏侯《古今注》曰:"祜之字曰福。"

②《仓颉篇》曰:"邸,舍也。"《说文》云:"属国之舍也。"《前书音义》曰:"第谓有甲乙之次第。"

③第,床簀也。

④《史书》者,周宣王太史籀所作之书也。凡五十五篇,〔3〕可以教童幼。

延平元年,庆始就国,邓太后特诏留帝清河邸。

八月,殇帝崩,〔4〕太后与兄车骑将军邓骘定策禁中。其夜,使骘持节,以王青盖车迎帝,斋于殿中。①皇太后御崇德殿,百官皆吉服,②群臣陪位,引拜帝为长安侯。③皇太后诏曰:"先帝圣德淑茂,早弃天下。朕奉皇帝,夙夜瞻仰日月,冀望成就。岂意卒然颠沛,天年不遂,悲痛断心。朕惟平原王素被痼疾,念宗庙之重,思继嗣之统,唯长安侯祜质性忠孝,小心翼翼,④能通《诗》、《论》,笃学乐古,仁惠爱下。年已十三,有成人之志。亲德系后,莫宜于祜。⑤《礼》'昆弟之子犹己子';⑥《春秋》之义,为人后者为之子,不以父命辞王父命。⑦其以祜为孝和皇帝嗣,奉承祖宗,案礼仪奏。"又作策命曰:"惟延平元年秋八月癸丑,皇太后曰:咨长安侯祜:孝和皇帝懿德巍巍,光于四海;大行皇帝不永天年。⑧朕惟侯孝章帝世嫡皇孙,谦恭慈顺,在孺而勤,⑨宜奉郊庙,承统大业。今以侯嗣孝和皇帝后。其审君汉国,允执其中。'一人有庆,万民赖之。'皇帝其勉之哉!"读策毕,太尉奉上玺绶,即皇帝位,年十三。太后犹临朝。

①《续汉志》曰:"皇太子、皇子皆安车,朱班轮,青盖金华蚤。皇子为王,锡以
　　乘之,故曰王青盖车。皇孙则绿车。"

②洛阳南宫有崇德殿。不可以凶事临朝,故吉服也。

③不即立为天子而封侯者,不欲从微即登皇位。

④翼翼,敬慎也。《诗》曰:"惟此文王,小心翼翼。"

⑤系即继也。

⑥《礼记·檀弓》之文。

⑦为人后者谓出继于人也。王父谓祖也。《穀梁传》曰,卫灵公废太子蒯聩,
　　立孙,辄不受父之命,而受王父命。

⑧《前书音义》曰:"《礼》有大行人、小行人,主谥号官也。"韦昭云:"大行者,不
　　反之辞也。天子崩,未有谥,〔5〕故称大行也。"《穀梁传》曰:〔6〕"大行受大
　　名。"《风俗通》曰:"天子新崩,未有谥,故且称大行皇帝。"义两通。

⑨孺,幼也。或作"在孺乎勤。"

⑩《公羊传》曰:"犹者,可止之辞也。"

九月庚子,谒高庙。辛丑,谒光武庙。

六州大水。己未,遣谒者分行虚实,举灾害,赈乏绝。

丙寅,葬孝殇皇帝于康陵①

①陵在慎陵茔中庚地,高五丈五尺,周二百八步。

乙亥,陨石于陈留。

西域诸国叛,攻都护任尚,遣副校尉梁慬救尚,击破之。①

①慬音勤。

冬十月,四州大水,雨雹。诏以宿麦不下,①赈赐贫人。

①宿,旧也。麦必经年而熟,故称宿。

十二月甲子,清河王薨,使司空持节吊祭,车骑将军邓骘护丧事。

乙酉,罢鱼龙曼延百戏。①

①《汉官典职》曰:〔7〕"作九宾乐。舍利之兽从西方来,戏于庭,入前殿,激水
　　化成比目鱼,嗽水作雾,化成黄龙,长八丈,出水遨戏于庭,炫耀日光。"曼延

者,兽名也。张衡《西京赋》所云"巨兽百寻,是为曼延"。音以战反。

永初元年春正月癸酉朔,大赦天下。

蜀郡徼外羌内属。①

①《东观记》曰:"徼外羌龙桥等六种慕义降附。"

戊寅,分犍为南部为属国都尉。

禀司隶、兖、豫、徐、冀、并州贫民。①

①司隶,领河南、河内、河东、弘农,都于洛阳。魏末因为司州。

二月丙午,以广成游猎地①及被灾郡国公田假与贫民。

①广城,苑名,在汝州西。

丁卯,分清河国封帝弟常保为广川王。①〔8〕

①广川,县,属信都国,故城在今冀州枣强县东北。

庚午,司徒梁鲔薨。

三月癸酉,日有食之。诏公卿内外众官、郡国守相,举贤良方正、有
道术之士,明政术、达古今、能直言极谏者,各一人。

己卯,永昌徼外僬侥种夷贡献内属。

甲申,葬清河孝王,赠龙旗、虎贲。

夏五月甲戌,长乐卫尉鲁恭为司徒。①

①《前书》曰"卫尉,秦官,掌宫门卫屯兵"也。长乐、建章、甘泉宫,皆随所掌以
　为官名,秩中二千石也。

丁丑,诏封北海王睦孙寿光侯普为北海王。

九真徼外夜郎蛮夷举土内属。①

①九真,郡名,今爱州县。

六月戊申,爵皇太后母阴氏为新野君。

丁巳,河东地陷。

壬戌,罢西域都护。

先零种羌叛,断陇道,大为寇掠,遣车骑将军邓骘、征西校尉任尚讨

之。丁卯，赦除诸羌相连结谋叛逆者罪。

秋九月庚午，诏三公明申旧令，禁奢侈，无作浮巧之物，殚财厚葬。

是日，太尉徐防免。① 辛未，司空尹勤免。②

①以灾异屡见也。

②以水雨漂流也。

癸酉，调扬州五郡租米，① 赡给东郡、济阴、陈留、梁国、下邳、山阳。〔9〕

①五郡谓九江、丹阳、庐江、吴郡、豫章也。扬州领六郡，会稽最远，盖不调也。

丁丑，诏曰："自今长吏被考竟未报，① 自非父母丧无故辄去职者，剧县十岁、平县五岁以上，乃得次用。"

①考谓考问其状也。报谓断决也。

壬午，诏太仆、少府减黄门鼓吹，以补羽林士；① 厩马非乘舆常所御者，皆减半食；② 诸所造作，非供宗庙园陵之用，皆且止。

①《汉官仪》曰："黄门鼓吹百四十五人。羽林左监主羽林八百人，右监主九百人。"

②乘舆，天子所乘车舆也。不敢斥言尊者，故称乘舆。见蔡邕《独断》。

丙戌，诏死罪以下及亡命赎，各有差。

庚寅，太傅张禹为太尉，太常周章为司空。①

①《汉官仪》曰："章字次叔，荆州随县人也。"

冬十月，倭国遣使奉献。①

①倭国去乐浪万二千里，男子黥面文身，以其文左右大小别尊卑之差。见本传。

辛酉，新城山泉水大出。①

①《东观记》曰："突坏人田，水深三丈。"

十一月丁亥，司空周章密谋废立，策免，自杀。

戊子，敕司隶校尉、冀并二州刺史："民讹言相惊，弃捐旧居，老弱相携，穷困道路。其各敕所部长吏，躬亲晓喻。若欲归本郡，在所为封长檄；不欲，勿强。”①

> ①封谓印封之也。长檄犹今长牒也。欲归者，皆给以长牒为验。强音其
> 　两反。

十二月乙卯，颍川太守张敏为司空。

是岁，郡国十八地震；四十一雨水，或山水暴至；二十八大风，雨雹。

二年春正月，禀河南、下邳、东莱、河内贫民。①

> ①《古今注》曰：“时州郡大饥，米石二千，人相食，老弱相弃道路。”

车骑(大)将军邓骘[10]为种羌所败于冀西。①

> ①《续汉书》曰：“种羌九千馀户，在陇西临洮谷。”冀，县，属天水郡也。

二月乙丑，遣光禄大夫樊准、吕仓分行冀兖二州，禀贷流民。

夏四月甲寅，汉阳城中火，[11]烧杀三千五百七十人。

五月，旱。丙寅，皇太后幸洛阳寺及若卢狱，录囚徒，赐河南尹、廷
尉、卿及官属以下各有差，即日降雨。

六月，京师及郡国四十大水，大风，雨雹。①

> ①《东观记》曰：“雹大如芋魁、鸡子、风拔树发屋。”

秋七月戊辰，诏曰：“昔在帝王，承天理民，莫不据琁机玉衡，以齐七
政。①朕以不德，遵奉大业，而阴阳差越，变异并见，万民饥流，羌貊叛
戾。夙夜克己，忧心京京。②间令公卿郡国举贤良方正，远求博选，开不
讳之路，冀得至谋，以鉴不逮，而所对皆循尚浮言，无卓尔异闻。③其百
僚及郡国吏人，有道术明习灾异阴阳之度琁机之数者，各使指变以闻。
二千石长吏明以诏书，博衍幽隐，④朕将亲览，待以不次，冀获嘉谋，以
承天诫。”

> ①孔安国《尚书》注曰，琁，美玉也。以琁为机，以玉为衡，(玉)〔王〕者正天文之
> 　器也。[12]七政，日月五星，各异其政制。即今之浑仪。
> ②《诗·小雅》曰：“忧心京京。”《尔雅》曰：[13]“京京，忧也。”
> ③卓尔，高远之貌也。《论语》曰：“如有所立卓尔。”

④衍犹引也。

闰月辛丑，广川王常保薨，无子，国除。

癸未，蜀郡徼外羌举土内属。①

①《东观记》曰："徼外羌薄申等八种举众降。"

九月庚子，诏王（主）〔国〕官属墨绶下至郎〔14〕、谒者，①其经明任博士，居乡里有廉清孝顺之称，才任理人者，国相岁移名，与计偕上尚书，公府通调，令得外补。②

①《续汉书》曰："王国有中大夫，秩比六百石。谒者，比四百石。郎中，二百石。"

②移，书也。调，选也。

冬十月庚寅，禀济阴、山阳、玄菟贫民。

征西校尉任尚与先零羌战于平襄，尚军败绩。①

①平襄，县，属天水郡，故襄戎邑也。

十一月辛酉，拜邓骘为大将军，征还京师，留任尚屯陇右。先零羌滇零称天子于北地，①遂寇三辅，东犯赵、魏，南入益州，杀汉中太守董炳。

①滇零，羌名，音丁田反。

十二月辛卯，禀东郡、钜鹿、广阳、安定、定襄、沛国贫民。

广汉塞外参狼羌降，分广汉北部为属国都尉。

是岁，郡国十二地震。

三年春正月庚子，皇帝加元服。①大赦天下。赐王、主、贵人、公、卿以下金帛各有差；男子为父后，及三老、孝悌、力田爵，人二级，流民欲占者人一级。

①元服谓加冠也。《士冠礼》曰："令月吉辰，加尔元服。"郑玄云："元，首也。"

遣骑都尉任仁讨先零羌，不利，羌遂破没临洮。①

①县名，属陇西郡。

高句骊遣使贡献。

三月,京师大饥,民相食。壬辰,公卿诣阙谢。诏曰:"朕以幼冲,奉承鸿业,不能宣流风化,而感逆阴阳,至令百姓饥荒,更相啖食。永怀悼叹,若坠渊水。咎在朕躬,非群司之责,而过自贬引,重朝廷之不德。①其务思变复,以助不逮。"癸巳,诏以鸿池假与贫民。②

①贬引谓贬损引过也。重音直用反。

②《续汉书》曰:"鸿池在洛阳东二十里。"假,借也。令得渔采其中。

壬寅,司徒鲁恭免。夏四月丙寅,大鸿胪九江夏勤为司徒。①

①勤字伯宗,寿春人也。

三公以国用不足,奏令吏人入钱谷,得为关内侯、虎贲羽林郎、五大夫、官府吏、缇骑、营士各有差。①

①《续汉志》曰:"执金吾,缇骑二百人。"缇,赤黄色。营士谓五校营士也。《汉官仪》曰"屯骑、越骑、步兵、射声各领士七百人。长水领士千三百六十七人"也。

己巳,诏上林、广成苑可垦辟者,赋与贫民。

甲申,清河王虎威薨。五月丙申,封乐安王宠子延平为清河王。

丁酉,沛王正薨。

癸丑,京师大风。

六月,乌桓寇代郡、上谷、涿郡。

秋七月,海贼张伯路等寇略缘海九郡,遣侍御史庞雄督州郡兵讨破之。

庚子,诏长吏案行在所,皆令种宿麦蔬食,务尽地力,其贫者给种饷。

九月,雁门乌桓及鲜卑叛,败五原郡兵于高渠谷。①

①《东观记》曰:"战九原高梁谷。"渠梁相类,必有误也。

冬十月,南单于叛,围中郎将耿种于美稷。十一月,遣行车骑将军何熙讨之。

十二月辛酉,郡国九地震。乙亥,有星孛于天苑。①

①天苑,星名。

是岁,京师及郡国四十一雨水雹。①并凉二州大饥,人相食。

①《续汉书》曰"雹大如雁子"也。

四年春正月元日,会,彻乐,不陈充庭车。①

①每大朝会,必陈乘舆法物车辇于庭,故曰充庭车也。以年饥,故不陈。

辛卯,诏以三辅比遭寇乱,人庶流冗,除三年逋租、过更、口算、刍稿;①禀上郡贫民各有差。

①《前书音义》曰:"天下人皆戍边三日。不可人人自行,行者自戍三日,不可往便还,因便往一岁。诸不行者,出钱三百入官,官以给戍者。言过其本更之日,故曰过更。"又曰:"人年十五至五十六,出赋钱,人百二十为一算。"

海贼张伯路复与勃海、平原剧贼刘文河、周文光等攻厌次,杀县令,遣御史中丞王宗督青州刺史法雄讨破之。

度辽将军梁慬、辽东太守耿夔讨破南单于于属国故城。

丙午,诏减百官及州郡县奉各有差。

二月丁巳,禀九江贫民。

南匈奴寇常山。

乙丑,初置长安、雍二营都尉官。①

①《汉官仪》曰:"京兆虎牙、扶风都尉以凉州近羌,〔15〕数犯三辅,将兵卫护园陵。扶风都尉居雍县,故俗人称雍营焉。"《西羌传》云:"虎牙都尉居长安。"

乙亥,诏自建初以来,诸妖言它过坐徙边者,各归本郡;其没入官为奴婢者,免为庶人。

诏谒者刘珍及《五经》博士,校定东观《五经》、诸子、传记、百家艺术,整齐脱误,是正文字。①

①《洛阳宫殿名》曰:"南宫有东观。"《前书》曰"凡诸子百八十九家",言百家,举全数也。

三月,南单于降。

先零羌寇褒中,①汉中太守郑勤战殁。徙金城郡都襄武。②

①县名,属汉中郡,今梁州褒城县。

②襄武,县名,属陇西郡,今渭州县。

戊子,杜陵园火。癸巳,郡国九地震。夏四月,六州蝗。①丁丑,大赦天下。秋七月乙酉,三郡大水。

①《东观记》曰:“司隶、豫、兖、徐、青、冀六州。”

己卯,骑都尉任仁下狱死。

九月甲申,益州郡地震。

冬十月甲戌,新野君阴氏薨,①使司空持节护丧事。

①《东观记》曰:“新野君薨,赠以玄玉赤绶,赙钱三千万,布三万匹。”

大将军邓骘罢。

五年春正月庚辰朔,日有食之。丙戌,郡国十地震。

己丑,太尉张禹免。甲申,光禄勋李脩为太尉。①

①《汉官仪》曰:“脩字伯游,豫州襄城人也。”

二月丁卯,诏省减郡国贡献太官口食。

先零羌寇河东,遂至河内。

三月,诏陇西徙襄武,安定徙美阳,①北地徙池阳,②上郡徙衙。③

①安定,郡,今泾州也。美阳,县,故城在今武功县北。

②北地,郡,今宁州也。池阳,县,故城在今泾阳县北也。

③上郡,今绥州也。衙,县,故城在同州白水县东北。《左传》曰“秦晋战于彭衙”,即此也。

夫馀夷犯塞,杀伤吏人。

闰月丁酉,赦凉州河西四郡。

戊戌,诏曰:“朕以不德,奉郊庙,承大业,不能兴和降善,为人祈福。灾异蜂起,寇贼纵横,夷狄猾夏,①戎事不息,百姓匮乏,疲于征发。重以蝗虫滋生,害及成麦,秋稼方收,甚可悼也。朕以不明,统理失中,亦未获忠良以毗阙政。传曰:'颠而不扶,危而不持,则将焉用彼相矣。'公卿大夫将何以匡救,济斯艰厄,承天诫哉?盖为政之本,莫若得人,褒贤显善,圣制所先。'济济多士,文王以宁。'②思得忠良正直之臣,以辅不逮。其令三公、特进、侯、中二千石、二千石、郡守、诸侯相举贤良方正,有道术、达于政化、能直言极谏之士,各一个,及至孝与众卓异者,并遣诣公车,朕将亲览焉。"

①猾,乱也。夏,华夏也。

②《诗·大雅》之词也。

六月甲辰,乐成王巡薨。

秋七月己巳,诏三公、特进、九卿、校尉,①举列将子孙明晓战陈任将帅者。

①九卿,奉常、光禄、卫尉、太仆、鸿胪、廷尉、少府、宗正、司农。校尉谓城门、屯骑、越骑、步兵、长水、(胡骑)〔射声〕等。〔16〕

九月,汉阳人杜琦、王信叛,①与先零诸种羌攻陷上邽城。十二月,汉阳太守赵博遣客刺杀杜琦。②

①《东观记》曰:"琦自称安汉将军。"

②《东观记》曰:"汉阳故吏杜习手刺杀之。"

是岁,九州蝗,郡国八雨水。

六年春正月庚申,诏越巂置长利、高望、始昌三苑,又令益州郡置万岁苑,犍为置汉平苑。①

①犍为,郡名。《前书音义》曰:"故夜郎国也。"故城在今眉州隆山县西北也。

三月,十州蝗。

夏四月乙丑,司空张敏罢。

己卯,太常刘(凯)〔恺〕为司空。〔17〕

五月,旱。

丙寅,诏令中二千石下至黄绶,一切复秩还赎,赐爵各有差。

戊辰,皇太后幸雒阳寺,录囚徒,理冤狱。

六月壬辰,豫章、员谿、原山崩。①

①员谿阙。

辛巳,大赦天下。

遣侍御史唐喜讨汉阳贼王信,破斩之。①

①《续汉志》曰:"传信首诣洛阳,枭毂城门外。"

冬十一月辛丑,护乌桓校尉吴祉下狱死。

是岁,先零羌滇零死,子零昌复袭伪号。

七年春正月庚戌,皇太后率大臣命妇谒宗庙。①

①《丧服传》曰:"命夫者,其男子之为大夫也。命妇者,其大夫之妻也。"臣贤
　案:《东观》、《续汉》、〔18〕《袁山松》、《谢沈书》、《古今注》皆云"六年正月甲
　寅,谒宗庙",此云"七年庚戌",疑纪误也。

二月丙午,郡国十八地震。

夏四月乙未,平原王胜薨。

丙申晦,日有食之。五月庚子,京师大雩。①

①《左传》曰:"龙见而雩。"杜预注云:"谓建巳之月,龙星角、亢见东方。雩,远
　也,远为百谷求膏雨。"《周礼》司巫职曰:"若国大旱,则帅巫而舞雩。"郑玄
　注云:"雩,吁也,嗟而求雨。"

秋,护羌校尉侯霸、骑都尉马贤破先零羌。

八月丙寅,京师大风,蝗虫飞过洛阳。诏赐民爵。郡国被蝗伤稼十
五以上,勿收今年田租;不满者,以实除之。

九月,调零陵、桂阳、丹阳、豫章、会稽租米,①赈给南阳、广陵、下
邳、彭城、山阳、庐江、九江饥民;又调滨水县谷输敖仓。②

①零陵,郡名,今永州县也。丹阳,郡名,今润州江宁县也。馀并见上。

②《诗》曰"薄狩于敖",即此地。秦于此筑太仓,亦曰敖庾,在今郑州荥阳县西
　北。《东观记》曰:"滨水县彭城、广阳、庐江、九江谷九十万斛,送敖仓。"

元初元年春正月甲子,改元元初。赐民爵,人二级,孝悌、力田人三级,爵过公乘,得移与子若同产、同产子,民脱无名数及流民欲占者人一级;鳏、寡、孤、独、笃癃、〔贫〕不能自存者谷,〔19〕人三斛;贞妇帛,人一匹。

二月己卯,日南地坼。① 三月癸酉,日有食之。〔20〕

①《东观记》曰:"坼长百八十二里,广五十六里。"

夏四月丁酉,大赦天下。

京师及郡国五旱、蝗。

诏三公、特进、列侯、中二千石、二千石、郡守举敦厚质直者,各一人。

五月,先零羌寇雍城。

六月丁巳,河东地陷。

秋七月,蜀郡夷寇蚕陵,杀县令。①

①蚕陵,县,属蜀郡,故城在今翼州翼水县西。有蚕陵山,因以为名焉。

九月乙丑,太尉李脩罢。

先零羌寇武都、汉中,绝陇道。

辛未,大司农山阳司马苞为太尉。①

①《谢承书》曰:"苞字仲成,东缗人也。"

冬十月戊子朔,日有食之。

先零羌败凉州刺史皮阳于狄道。〔21〕

乙卯,诏除三辅三岁田租、更赋、口算。①

①解见《光武纪》也。

十一月。是岁,郡国十五地震。〔22〕

二年春正月,诏禀三辅及并、凉六郡流冗贫人。

蜀郡青衣道夷奉献内属。①

①青衣道,县名,在大江、青衣二水之会,今嘉州龙游县也。《东观记》曰:"青

衣蛮夷堂律等归义。"

修理西门豹所分漳水为支渠,以溉民田。①

①《史记》曰:"西门豹为邺令,发人凿十二渠,引水灌田。"所凿之渠,在今相州
　邺县西也。

二月戊戌,遣中谒者收葬京师客死无家属及棺椁朽败者,皆为设
祭;其有家属,尤贫无以葬者,赐钱人五千。

辛酉,诏三辅、河内、河东、上党、赵国、太原各修理旧渠,通利水道,
以溉公私田畴。①

①《前书音义》曰:"美田曰畴。"

三月癸亥,京师大风。

先零羌寇益州,遣中郎将尹就讨之。

夏四月丙午,立贵人阎氏为皇后。

五月,京师旱,河南及郡国十九蝗。甲戌,诏曰:"朝廷不明,庶事失
中,灾异不息,忧心悼惧。被蝗以来,七年于兹,而州郡隐匿,裁言顷
亩。①今群飞蔽天,为害广远,所言所见,宁相副邪?三司之职,内外是
监,既不奏闻,又无举正。天灾至重,欺罔罪大。今方盛夏,且复假贷,
以观厥后。②其务消救灾眚,安辑黎元。"

①"裁"与"才"同,古字通。

②假贷犹宽容也。盛夏不可即加刑罚,故且宽容。

六月丙戌,太尉司马苞薨。①

①《谢承书》曰:"苞为太尉,常食粗饭,著布衣,妻子不历官舍。会司徒杨震为
　樊丰等所谮,连及苞,苞乞骸骨,未见听,以疾薨也。"

洛阳新城地裂。

秋七月辛巳,太仆太山马英为太尉。①

①英字文思,兖州盖县人也。

八月,辽东鲜卑围无虑县。①九月,又攻夫犁营,〔23〕杀县令。②

①属辽东郡。虑音闾。有医无闾山,因以为名焉。

②夫犁，县名，属辽东属国。

壬午晦，日有食之。

冬十月，遣中郎将任尚屯三辅。

诏郡国中都官系囚减死一等，勿笞，诣冯翊、扶风屯，妻子自随，占著所在；女子勿输。①亡命死罪以下赎，各有差。其吏人聚为盗贼，有悔过者，除其罪。

①不输作也。

乙未，右扶风仲光、安定太守杜恢、京兆虎牙都尉耿溥与先零羌战于丁奚城，①光等大败，并没。左冯翊司马钧下狱，自杀。②

①《东观记》曰"至北地灵州丁奚城"也。

②《东观记》曰"安定太守杜恢与钧等并威击羌，恢乘胜深入，为虏所害，钧拥兵不救，收钧下狱"也。

十一月庚申，郡国十地震。

十二月，武陵澧中蛮叛，州郡击破之。①

①《东观记》曰："蛮田山、高少等攻城，杀长吏。州郡募五里蛮夷、六亭兵追击，山等皆降。赐五里、六亭渠率金帛各有差。"

己酉，司徒夏勤罢。庚戌，司空刘恺为司徒，光禄勋袁敞为司空。

三年春正月甲戌，修理太原旧沟渠，溉灌官私田。①

①郦元《水经注》曰："昔智伯遏晋水以灌晋阳，后人踵其遗迹，蓄以为沼，分为二派，北渎即智氏故渠也。其渎乘高，东北注入晋阳城，以溉灌，东南出城注于汾水。"今所修沟渠即谓此。

东平陆上言木连理。①

①东平陆，县名，古厥国也，属东平国，今兖州平陆县也。《序例》曰："凡瑞应，自和帝以上，政事多美，近于有实，故书见于某处。自安帝以下，王道衰缺，容或虚饰，故书某处上言也。"

苍梧、郁林、合浦蛮夷反叛，①二月，遣侍御史任逴督州郡兵讨之。②

①苍梧，郡，今梧州县也。合浦，郡，今廉州县也。

②逴音丁角反。

郡国十地震。三月辛亥，日有食之。

丙辰，赦苍梧、郁林、合浦、南海吏人为贼所迫者。

夏四月，京师旱。

五月，武陵蛮复叛，州郡讨破之。

癸酉，度辽将军邓遵率南匈奴击先零羌于灵州，破之。①

①灵州，县名，属北地郡，故城在今庆州马领县西北。

越巂徼外夷举种内属。

六月，中郎将任尚遣兵击破先零羌于丁奚城。

秋七月，武陵蛮复叛，州郡讨平之。

缑氏地坼。

九月辛巳，赵王宏薨。

冬十一月，苍梧、郁林、合浦蛮夷降。

丙戌，初听大臣、二千石、刺史行三年丧。①

①文帝遗诏以日易月，于后大臣遂以为常，至此复遵古制也。

癸卯，郡国九地震。

十二月丁巳，任尚遣兵击破先零羌于北地。

四年春二月乙巳朔，日有食之。乙卯，大赦天下。壬戌，武库灾。

夏四月戊申，司空袁敞薨。

己巳，鲜卑寇辽西，辽西郡兵与乌桓击破之。①

①辽西，郡，故城在今平州东阳乐城是。

五月丁丑，太常李郃为司空。

六月戊辰，三郡雨雹。〔24〕

秋七月辛丑，陈王钧薨。

京师及郡国十雨水。诏曰："今年秋稼茂好，垂可收获，而连雨未霁，①惧必淹伤。夕惕惟忧，思念厥咎。夫霖雨者，人怨之所致。②其武吏以威暴下，文吏妄行苛刻，乡吏因公生奸，为百姓所患苦者，有司显明其罚。又《月令》'仲秋养衰老，授几杖，行糜粥'。③方今案比之时，④郡县多不奉行。虽有糜粥，〔25〕糠秕相半，长吏怠事，莫有躬亲，甚违诏书养老之意。其务崇仁恕，赈护寡独，称朕意焉。"

①霁，雨止也。

②《左传》曰："凡雨三日以上为霖。"京房别对灾异曰："人劳怨苦，雨水绝道。"

③郑玄注云："助老气也。行犹赐也。"

④《东观记》曰："方今八月案比之时。"谓案验户口，次比之也。

九月，护羌校尉任尚使客刺杀叛羌零昌。

冬十一月己卯，彭城王恭薨。

十二月，越巂夷寇遂久，杀县令。①

①遂久，县，属越巂郡。

甲子，任尚及骑都尉马贤与先零羌战于富平上河，大破之。①虔人羌率众降，②陇右平。

①富平，县，属北地郡，故城在今灵州回乐县西南。郦元《水经注》曰："河水于此有上河之名也。"

②虔人，羌号也。《东观记》曰："虔人种羌大豪恬狼等诣度辽将军降。"

是岁，郡国十三地震。

五年春正月，越巂夷叛。

二月壬戌，中山王宪薨。

三月，京师及郡国五旱，诏禀遭旱贫人。

夏六月，高句骊与秽貊寇玄菟。①

①郡名，在辽东〔东〕。〔26〕

秋七月，越巂蛮夷及旄牛豪叛，杀长吏。①

①旄牛，县，属蜀郡。《华阳国志》曰在邛崃山表也。

丙子,诏曰:"旧令制度,各有科品,①欲令百姓务崇节约。遭永初之际,人离荒厄,朝廷躬自菲薄,去绝奢饰,食不兼味,衣无二彩。比年虽获丰穰,尚乏储积,而小人无虑,不图久长,嫁娶送终,纷华靡丽,至有走卒奴婢被绮縠,著珠玑。②京师尚若斯,何以示四远? 设张法禁,恳恻分明,而有司惰任,讫不奉行。秋节既立,鸷鸟将用,③且复重申,以观后效。"

①《汉令》今亡。

②绮,文缯;縠,纱也。玑,珠不圆者也。

③鸷鸟谓鹰鹯之类也。《广雅》曰:"鸷,执也。以其能服执众鸟。"《月令》:"孟
　秋,鹰乃祭鸟,始用行戮。"言有司怠惰,不遵法令,将欲纠其罪,顺秋行诛,
　同鹰鹯之鸷击也。

八月丙申朔,日有食之。

鲜卑寇代郡,杀长吏。冬十月,鲜卑寇上谷。

十二月丁巳,中郎将任尚有罪,弃市。

是岁,郡国十四地震。

六年春二月乙巳,京师及郡国四十二地震,或坼裂,水泉涌出。

壬子,诏三府选掾属高第,能惠利牧养者各五人,光禄勋与中郎将选孝廉郎宽博有谋,清白行高者五十人,出补令、长、丞、尉。

乙卯,诏曰:"夫政,先京师,后诸夏。《月令》仲春'养幼小,存诸孤',季春'赐贫穷,赈乏绝,省妇使,表贞女',所以顺阳气,崇生长也。①其赐人尤贫困、孤弱、单独谷,人三斛;贞妇有节义十斛,甄表门闾,旌显厥行。"②

①郑玄云:"妇使谓组紃之事。"

②节谓志操。义谓推让。甄,明也。旌,章也。里门谓之闾。旌表者,若今树
　阙而显之。

三月庚辰,始立六宗,祀于洛城西北。①

①《续汉志》曰:"元初六年,以《尚书》欧阳家说,谓六宗者,在天地四方之中,

为上下四方之宗。以元始中故事，谓六宗《易》六子之气，曰、月、雷公、风伯、山、泽者，非也，乃更六宗，祠于戌亥之地，礼比大社也。"

夏四月，会稽大疫，遣光禄大夫将太医循行疾病，赐棺木，① 除田租、口赋。

①《汉官仪》："太医令一人，秩六百石。"

沛国、勃海大风，雨雹。五月，京师旱。

六月丁丑，乐成王宾薨。丙戌，平原王得薨。

秋七月，鲜卑寇马城，① 度辽将军邓遵率南单于击破之。

①《搜神记》曰："昔秦人筑城于武周塞以备胡，将成而崩者数矣。有马驰走，周旋反覆，父老异之，因依以筑城，城乃不崩，遂以名焉。"其故城，今朔州也。

九月癸巳，陈王竦薨。

十二月戊午朔，日有食之，既。郡国八地震。

是岁，永昌、益州蜀郡夷叛，与越巂夷杀长吏，燔城邑，益州刺史张乔讨破降之。

永宁元年春正月甲辰，任城王安薨。三月丁酉，济北王寿薨。

车师后王叛，杀部司马。

沈氐羌寇张掖。①

①沈氐，羌号也。《续汉志》曰"羌在上郡西河者，号沈氐"也。

夏四月丙寅，立皇子保为皇太子，改元永宁，大赦天下。赐王、主、三公、列侯下至郎吏、从官金帛；又赐民爵及布粟各有差。

己巳，绍封陈王羡子崇为陈王，济北王子苌为乐成王，河间王子翼为平原王。

壬午，琅邪王寿薨。

六月，沈氐种羌叛，寇张掖，[27] 护羌校尉马贤讨沈氐羌，破之。

秋七月乙酉朔，日有食之。[28]

冬十月己巳，司空李郃免。癸酉，卫尉庐江陈褒为司空。①

①褒字伯仁，舒县人也。

自三月至是月，京师及郡国三十三大风，雨水。

十二月，永昌徼外掸国遣使贡献。①

①掸音擅。

戊辰，司徒刘恺罢。

辽西鲜卑降。

癸酉，太常杨震为司徒。

是岁，郡国二十三地震。夫馀王遣子诣阙贡献。烧当羌叛。

建光元年春正月，幽州刺史冯焕率二郡太守讨高句骊、秽貊，不克。

二月癸亥，大赦天下。赐诸园贵人、①王、主、公、卿以下钱布各有差。以公、卿、校尉、尚书子弟一人为郎、舍人。

①谓宫人无子守园陵者也。

三月癸巳，皇太后邓氏崩。丙午，葬和熹皇后。

丁未，乐安王宠薨。

戊申，追尊皇考清河孝王曰孝德皇，皇妣左氏曰孝德皇后，祖妣宋贵人曰敬隐皇后。

夏四月，秽貊复与鲜卑寇辽东，辽东太守蔡讽追击，〔29〕战殁。

丙辰，以广川并清河国。

丁巳，尊孝德皇元妃耿氏为甘陵大贵人。①

①甘陵，孝德皇后之陵也，因以为县，今贝州清河县东也。

甲子，乐成王苌有罪，废为临湖侯。①〔30〕

①《续汉书》曰"坐轻慢不孝"，故贬。临湖，县名，属庐江郡也。

己巳，令公、卿、特进、侯、中二千石、二千石、郡国守相，举有道之士各一人。赐鳏、寡、孤、独、贫不能自存者谷，人三斛。

甲戌，辽东属国都尉庞奋，承伪玺书杀玄菟太守姚光。〔31〕

五月庚辰,特进邓骘及度辽将军邓遵,并以谮自杀。①

①乳母王圣与中黄门李闰等诬告尚书邓访等谋废立,宗族皆免官,骘与遵皆自杀。

丙申,贬平原王翼为都乡侯。

秋七月己卯,改元建光,大赦天下。

壬寅,太尉马英薨。

八月,护羌校尉马贤讨烧当羌于金城,不利。

甲子,前司徒刘恺为太尉。

鲜卑寇居庸关,九月,云中太守成严击之,战殁。鲜卑围乌桓校尉于马城,度辽将军耿夔救之。

戊子,幸卫尉冯石府。①

①《续汉书》曰:"赐赏宝剑、玉玦、杂缯布等。"

是秋,京师及郡国二十九雨水。

冬十一月己丑,郡国三十五地震,或坼裂。〔32〕诏三公以下,各上封事陈得失。遣光禄大夫案行,赐死者钱,人二千。除今年田租。其被灾甚者,勿收口赋。

鲜卑寇玄菟。

庚子,复断大臣二千石以上服三年丧。

癸卯,诏三公、特进、侯、卿、校尉,举武猛堪将帅者各五人。

丙午,诏京师及郡国被水雨伤稼者,随顷亩减田租。

甲子,初置渔阳营兵。①〔33〕

①伏侯《古今注》曰"置营兵千人"也。

冬十二月,高句骊、马韩、秽貊围玄菟城,夫馀王遣子与州郡并力讨破之。

延光元年春二月,夫馀王遣子将兵救玄菟,①击高句骊、马韩、秽貊,破之,遂遣使贡献。

①夫馀王子,尉仇台也。

三月丙午,改元延光。大赦天下。还徙者,复户邑属籍。赐民爵及三老、孝悌、力田,人二级;加赐鳏、寡、孤、独、笃癃、贫不能自存者粟,人三斛;贞妇帛,人二匹。

夏四月癸未,京师郡国二十一雨雹。

癸巳,司空陈褒免。

五月庚戌,宗正彭城刘授为司空。①

①《汉官仪》曰:"宗正卿,秩中二千石。"授字孟春,徐州武原人也。

己巳,改乐成国为安平,封河间王开子得为安平王。

六月,郡国蝗。秋七月癸卯,京师及郡国十三地震。

高句骊降。

虔人羌叛,攻穀罗城,①度辽将军耿夔讨破之。

①穀罗属西河郡。

八月戊子,阳陵园寝火。①辛卯,九真言黄龙见无功。②

①景帝陵也。

②无功,县,属九真郡。

己亥,诏三公、中二千石,举刺史、二千石、令、长、相,视事一岁以上至十岁,清白爱利,能敕身率下,防奸理烦,有益于人者,无拘官簿。①刺史举所部,郡国太守相举墨绶,隐亲悉心,勿取浮华。②

①清白谓贞正也。爱利谓爱人而利之也。无拘官簿谓受超迁之,〔34〕不拘常牒也。

②墨绶谓令、长之属也。隐亲犹亲自隐也。悉,尽也。言令三公以下各举所知,皆隐审尽心,勿取浮华不实者。

九月甲戌,郡国二十七地震。〔35〕

冬十月,鲜卑寇雁门、定襄。十一月,鲜卑寇太原。

烧当羌豪降。

十二月,九真徼外蛮夷贡献内属。

是岁，京师及郡国二十七雨水，大风，杀人。诏赐压溺死者年七岁以上钱，人二千；其坏败庐舍、失亡谷食，粟，人三斛；又田被淹伤者，一切勿收田租；若一家皆被灾害而弱小存者，郡县为收敛之。虜人羌（反）攻穀罗城，[36]度辽将军耿夔讨破之。

二年春正月，旄牛夷叛，寇灵关，杀县令。①益州刺史蜀郡西部都尉讨之。

①灵关，道，属越穀郡。

诏选三署郎①及吏人能通《古文尚书》、《毛诗》、《穀梁春秋》各一人。

①三署，解见《和帝纪》。

丙辰，河东、颍川大风。夏六月壬午，郡国十一大风。九真言嘉禾生。①

①《东观记》曰：“禾百五十六本，七百六十八穗。”

丙申，北海王普薨。

秋七月，丹阳山崩。

八月庚午，初令三署郎通达经术任牧民者，视事三岁以上，皆得察举。

九月，郡国五雨水。

冬十月辛未，太尉刘恺罢。甲戌，司徒杨震为太尉，光禄勋东莱刘熹为司徒。①

①熹字季明，青州长广人也。

十一月甲辰，校猎上林苑。

鲜卑败南匈奴于曼柏。

是岁，分蜀郡西部为属国都尉。京师及郡国三地震。[37]

三年春二月丙子，东巡狩。丁丑，告陈留太守，祠南顿君、光武皇帝于济阳,复济阳今年田租、刍稿。庚寅,遣使者祠唐尧于成阳。①

①古成伯国也,故城在今濮州雷泽县北。《述征记》云:"成阳东南有尧冢。"

戊子,济南上言,凤皇集台县丞霍收舍树上。①赐台长帛五十匹,丞
二十匹,尉半之,吏卒人三匹。凤皇所过亭部,无出今年田租。赐男子
爵,人二级。辛卯,幸太山,柴告岱宗。②齐王无忌、北海王(普)〔翼〕、〔38〕
乐安王延来朝。壬辰,宗祀五帝于汶上明堂。癸巳,告祀二祖、六宗,③
劳赐郡县,作乐。

①台县属济南郡,故城在今齐州平陵县北。

②太山,王者告代之处,为五岳之宗,故曰岱宗。燔柴以告天。

③二祖,高祖、光武也。六宗谓孝文曰太宗,孝武曰代宗,孝宣曰中宗,孝元曰
　高宗,孝明曰显宗,孝章曰肃宗。

三月甲午,陈王崇薨。戊戌,祀孔子及七十二弟子于阙里,自鲁相、
令、丞、尉及孔氏亲属、妇女、诸生悉会,赐褒成侯以下帛各有差。还,幸
东平,至东郡,历魏郡、河内。壬戌,车驾还京师,幸太学。是日,太尉杨
震免。

夏四月乙丑,车驾入宫,假于祖祢。①壬戌,沛国言甘露降丰县。戊
辰,光禄勋冯石为太尉。

①假音格。格,至也。

五月,南匈奴左日逐王叛,〔39〕使匈奴中郎将马翼讨破之。

日南徼外蛮夷内属。

六月,鲜卑寇玄菟。

庚午,阆中山崩。①辛未,扶风言白鹿见雍。

①阆中,县,属巴郡,临阆中水,因以为名,今隆州县也。

辛巳,遣侍御史分行青冀二州灾害,督录盗贼。

秋七月丁酉,初复右校(令)、左校〔令〕丞官。①〔40〕

①《续汉志》曰:"将作大匠属官有左右校,皆有令、丞。"中兴未置,今始复。

日南徼外蛮豪帅诣阙贡献。

冯翊言甘露降频阳、衙。①颍川上言木连理。白鹿、麒麟见阳翟。

①频阳,县,故城在今雍州美原县西南。衙见上。

鲜卑寇高柳。

梁王坚薨。①

①明帝孙,节王畅之子也。

八月辛巳,大鸿胪耿宝为大将军。〔41〕

戊子,颍川上言麒麟一、白虎二见阳翟。

九月丁酉,废皇太子保为济阴王。①

①常侍江京等谮之也。

乙巳,诏郡国中都官死罪系囚减罪一等,(诏)(诣)敦煌、陇西及度辽营;①〔42〕其右趾以下及亡命者赎,各有差。

①《汉官仪》曰"度辽将军屯五原曼柏县"也。

辛亥,济南上言黄龙见历城。①庚申晦,日有食之。

①历城,县,属济南国,今齐州县也。

冬十月,行幸长安。壬午,新丰上言凤皇集西界亭。①丁亥,会三辅守、令、掾史于长安,作乐。闰月乙未,祠高庙,遂有事十一陵,历观上林、昆明池。遣使者祠太上皇于万年,以中牢祠萧何、曹参、霍光。十一月乙丑,至自长安。

①今新丰县西南有凤皇原,俗传云即此时凤皇所集之处也。

十二月乙未,琅邪言黄龙见诸县。①

①诸,县名,故城在今密州诸城县西南。

是岁,京师及(诸)郡国二十三地震;〔43〕三十六雨水,疾风,雨雹。

四年春正月壬午,东郡言黄龙二、麒麟一见濮阳。①

①县名,属东郡,即古昆吾国,帝颛顼之墟,今濮州县。

二月乙亥,下邳王衍薨。

甲辰，南巡狩。

三月戊午朔，日有食之。

庚申，幸宛，帝不豫。辛酉，令大将军耿宝行太尉事。祠章陵园庙，告长沙、零陵太守，祠定王、节侯、郁林府君。乙丑，自宛还。丁卯，幸叶，帝崩于乘舆，年三十二。秘不敢宣，所在上食问起居如故。庚午，还宫。辛未夕，乃发丧。尊皇后为皇太后。太后临朝，以后兄大鸿胪阎显为车骑将军，定策禁中，立章帝孙济北惠王寿子北乡侯懿。①

①《东观记》及《续汉书》并曰"北乡侯犊"今作"懿"，盖二名。

甲戌，济南王香薨。①

①光武曾孙简王错之子也。

乙酉，北乡侯即皇帝位。

夏四月丁酉，太尉冯石为太傅，①司徒刘熹为太尉，参录尚书事；前司空李郃为司徒。

①石字次初，荆州湖阳人也，冯鲂之孙。

辛卯，大将军耿宝、中常侍樊丰、侍中谢恽、周广、乳母野王君王圣，坐相阿党，丰、恽、广下狱死，宝自杀，圣徙雁门。

己酉，葬孝安皇帝于恭陵。①庙曰恭宗。

①在今洛阳东北二十七里。伏侯《古今注》曰"陵山周二百六十丈，高十五丈"也。

六月乙巳，大赦天下。诏先帝巡狩所幸，皆半入今年田租。

秋七月，西域长史班勇①击车师后王，斩之。

①西域都护之长史也。

丙午，东海王肃薨。

冬十月丙午，越嶲山崩。

辛亥，少帝薨。

是冬，京师大疫。

论曰：孝安虽称尊享御，而权归邓氏，至乃损彻膳服，克念政道。然令自房帷，威不逮远，始失根统，归成陵敝。遂复计金授官，①移民逃寇，②推咎台衡，以答天眚。③既云哲妇，亦"惟家之索"矣。④

①永初元年，令吏人入钱谷得至关内侯也。

②羌既转盛，诏陇西徙襄武，安定徙美阳，北地徙池阳。

③台谓三台，三公象也。衡，平也，言天下所取平。伊尹为阿衡，即其义也。

④哲，智也。索，尽也。谓邓后专制国柄也。《诗》曰："哲夫成城，哲妇倾城。"《书》曰："牝鸡之晨，惟家之索。"

赞曰：安德不升，秕我王度。①降夺储嫡，开萌邪蠹。②冯石承欢，杨公逢怒。③彼日而微，遂祲天路。④

①秕，谷不成也。谕政教之秽。《左传》《祈招》之诗曰："思我王度。"

②储嫡谓太子也。邪蠹谓江京等也。

③《续汉(志)〔书〕》曰〔44〕"上赐卫尉冯石宝剑、玉玦、杂缯布等"，故曰承欢也。杨公，杨震。逢怒谓樊丰等谮震，〔45〕云有恚恨心，帝免之。

④日，君道也。微，不明也。祲，阴阳相侵之气也。《诗》曰："彼月而微，此日而微。"言君道暗乱，政化陵迟，汉祚衰微，自此而始，故言遂祲天路也。

【校勘记】

〔1〕　恭宗孝安皇帝讳祜　按：《集解》引钱大昕说，谓献帝初平元年有司奏；和、安、顺、桓四帝无功德，不宜称宗，故《和帝》、《顺帝》、《桓帝纪》俱不称某宗，独此纪书"恭宗"，盖删之不尽也。

〔2〕　又有赤蛇盘于床笫之间　按：《集解》引惠栋说，谓《东观记》及《宋书·符瑞志》"于"皆作"纡"，《易林》曰"盘纡九曲"，似当作"纡"。

〔3〕　凡五十五篇　按：王鸣盛《十七史商榷》谓《艺文志》《史籀》十五篇，此上"五"字衍。

〔4〕　八月殇帝崩　按：据《殇帝纪》，"八月"下应有"辛亥"二字，否则下文"其夜"二字无着，疑传写者误脱也。

〔5〕　天子崩未有谥　按："谥"原讹"论"，径改正。

〔6〕 穀梁传曰　按:《校补》引侯康说,谓见《穀梁》桓十八年传注。

〔7〕 汉官典职曰　汲本"职"作"仪"。按:《校补》引孙星衍说,谓《隋志》《汉官典职仪式》二卷,汉卫尉蔡质撰,《唐志》蔡质《汉官典仪》一卷,诸书所引,又有作"汉官典职"、"汉官典职仪"者,皆后人省文也。

〔8〕 分清河国封帝弟常保为广川王　按:《集解》引钱大昕说,谓安帝弟名常保,子亦名保,必有一误。

〔9〕 赡给东郡济阴陈留梁国下邳山阳　按:殿本"梁国"下有"陈国"二字。

〔10〕 车骑(大)将军邓骘　据《刊误》删。

〔11〕 汉阳城中火　按:《袁纪》作"濮阳阿城中失火"。

〔12〕 (玉)〔王〕者正天文之器也　按:汲本、殿本"玉"作"二",误。此作"玉",与今本《书·舜典》、《伪孔传》合,阮元《校勘记》谓"玉"当作"王",今据改。

〔13〕 尔雅曰　按:此"尔"字及下"卓尔"之"尔",原皆作"尔",径依汲本、殿本改。

〔14〕 诏王(主)〔国〕官属　据《刊误》改。

〔15〕 京兆虎牙扶风都尉　按:姚范谓案《续志》,"京兆虎牙"下当有"都尉"二字。

〔16〕 校尉谓城门屯骑越骑步兵长水(胡骑)〔射声〕等　据《刊误》改。

〔17〕 太常刘(凯)〔恺〕为司空　据《校补》引钱大昭说改。

〔18〕 东观续汉　殿本《考证》万承苍谓"东观"下脱一"记"字,"续汉"下脱一"书"字。今按:章怀注引书常用简称,非必脱讹也。

〔19〕 〔贫〕不能自存者　据汲本、殿本补。

〔20〕 二月己卯日南地坼三月癸酉日有食之　"二月己卯"汲本作"三月己卯"。《通鉴考异》谓本志及《袁纪》皆云"三月己卯,日南地坼"。案长《历》,是年二月壬辰朔,无己卯,三月壬戌朔,癸酉十二日,不应日食。二月当是乙卯,三月当是癸亥。按:《校补》引洪亮吉说,谓日南地坼《五行志》作"三月己卯",逆推至此年正月甲子,则己卯定在三月,当以《五行志》为是。惟己卯后同月不得有癸酉日,且一岁不容有两日食。细校《五行志》,乃知此系永初元年三月事,《范史》复载耳。

〔21〕 先零羌败凉州刺史皮阳于狄道　按:《集解》引惠栋说,谓"皮阳"《西羌传》作"皮杨"。

〔22〕 十一月是岁郡国十五地震　按:《校补》引洪亮吉说,谓"十一月"下有
阙文。

〔23〕 又攻夫犁营　按:《集解》引惠栋说,谓《鲜卑传》"夫犁"作"扶黎",章怀
注"县名,属辽东郡",《通鉴》胡注以为两汉无此县。栋案辽东属国有昌
黎县,都尉所治,昌黎即前汉之交黎也,夫交相似而误耳。

〔24〕 三郡雨雹　按:《御览》八七八引作"郡国三雨雹"。《续五行志》同。

〔25〕 虽有麋粥　按:"麋"原讹"糜",径改正。

〔26〕 在辽东〔东〕　据《校补》说补。

〔27〕 沈氏种羌叛寇张掖　按:《校补》引钱大昭说,谓三月已书"沈氏羌寇张
掖"矣,此重出。

〔28〕 秋七月乙酉朔日有食之　按:推是年七月合朔乙酉,无日食,参阅《续五
行志》六校记。

〔29〕 辽东太守蔡讽　按:《集解》引惠栋说,谓"讽"一作"风"。

〔30〕 废为临湖侯　按:《集解》引惠栋说,谓《通鉴》作"芜湖侯"。

〔31〕 甲戌辽东属国都尉庞奋承伪玺书杀玄菟太守姚光　按:《通览考异》谓
姚光实以延光元年被杀,纪误以"延"为"建"。《考异》又云,延光元年四
月无甲戌。

〔32〕 冬十一月己丑郡国三十五地震或坼裂　按:沈家本谓《续志》书"九月己
丑",此纪后文有"冬十二月",不得重言"冬"。上文书"九月",又书"戊
子",戊子与己丑相接。然则"冬十一月"四字乃衍文也。

〔33〕 甲子初置渔阳营兵　按:沈家本谓甲子距上文己丑三十六日,疑上夺某
月二字。

〔34〕 谓受超迁之　《刊误》谓"受"当作"将"。按:汲本无"受"字。

〔35〕 九月甲戌郡国二十七地震　沈家本谓"甲戌"志作"戊申"。今按:是年
九月壬寅朔,无甲戌,当依《续志》作"戊申"。

〔36〕 虏人羌(反)攻榖罗城　《校补》谓虏人羌叛,攻榖罗城,已见上文七月,耿
夔至是始讨破之耳。承上攻榖罗城为文,不当更书"反"。今据删。

〔37〕 京师及郡国三地震　按:沈家本谓《续志》作"三十二地震",疑此夺"十
二"两字。

〔38〕 北海王(普)〔翼〕　据殿本《考证》引何焯说改。

〔39〕 南匈奴左日逐王叛　按:沈家本谓按《匈奴传》,叛者乃新降一部大人阿

族等,非左日逐王。

〔40〕 初复右校(令)左校〔令〕丞官　按:《校补》引侯康说,谓"右校令左校丞官"当作"右校左校令丞官",以《续志》言左右校皆有令丞,刘注并言安帝复也。今据改。

〔41〕 大鸿胪耿宝为大将军　按:《袁纪》"宝"作"珍"。

〔42〕 (诏)〔诣〕敦煌陇西及度辽营　据《刊误》改。按:汲本作"诣"。

〔43〕 京师及(诸)郡国二十三地震　据《刊误》删。

〔44〕 续汉(志)〔书〕曰　据《刊误》改。

〔45〕 逢怒谓樊丰等潜震　按:"谓"原讹"请",径改正。

后汉书卷六

孝顺孝冲孝质帝纪第六

孝顺皇帝讳保,^①安帝之子也。母李氏,为阎皇后所害。永宁元年,立为皇太子。延光三年,安帝乳母王圣、大长秋江京、^②中常侍樊丰谮太子乳母王男、厨监邴吉,杀之,太子数为叹息。王圣等惧有后祸,遂与丰、京共搆陷太子,太子坐废为济阴王。明年三月,安帝崩,北乡侯立,济阴王以废黜,不得上殿亲临梓宫,悲号不食,内外群僚莫不哀之。及北乡侯薨,车骑将军阎显及江京,与中常侍刘安、陈达等白太后,秘不发丧,而更征立诸国王子,乃闭宫门,屯兵自守。

①《谥法》曰:"慈和遍服曰顺。"伏侯《古今注》曰:"保之字曰守。"

②《前书》曰:"长秋,皇后官,本秦官将行也,景帝更名大长秋。或用中人,或用士人。秩二千石。"中兴常用宦者。

十一月丁巳,京师及郡国十六地震。是夜,中黄门孙程等十九人^①共斩江京、刘安、陈达等,迎济阴王于德阳殿西钟下,^②即皇帝位,年十一。近臣尚书以下,从辇到南宫,登云台,召百官。尚书令刘光等奏言:"孝安皇帝圣德明茂,早弃天下。陛下正统,当奉宗庙,而奸臣交搆,遂令陛下龙潜蕃国,^③群僚远近莫不失望。天命有常,北乡不永,汉德盛明,福祚孔章。^④近臣建策,左右扶翼,内外同心,稽合神明。陛下践祚,奉遵鸿绪,为郊庙主,承续祖宗无穷之烈,上当天心,下厌民望。而即位仓卒,典章多缺,请条案礼仪,分别具奏。"制曰:"可。"乃召公卿百僚,使虎贲、羽林士屯南、北宫诸门。^⑤阎显兄弟闻帝立,率兵入北宫,尚书(郎)〔郭〕镇与交锋刃,^{〔1〕}遂斩显弟卫尉景。戊午,遣使者入省,夺得玺绶,乃幸嘉德殿,遣侍御史持节收阎显及其弟城门校尉耀、执金吾晏,并下

狱诛。己未,开门,罢屯兵。壬戌,诏司隶校尉:"惟阎显、江京近亲当伏
辜诛,其馀务崇宽贷。"壬申,谒高庙。癸酉,谒光武庙。

①十九人,见《孙程传》。

②《汉官仪》曰"崇贤门内德阳殿"也。

③从太子废为王,故曰龙潜蕃国。

④孔,甚也。章,明也。

⑤《汉官仪》曰:"《书》称'虎贲三百人',言其猛怒如虎之奔赴也。孝武建元三
年初置期门,平帝元始元年更名虎贲郎。"又:"武帝太初元年初置建章营
骑,后更名羽林。以天有羽林之星,故取名焉。又取从军死事之子孙养羽
林官,教以五兵,号曰羽林孤儿。光武中兴,以征伐之士劳苦者为之,故曰
羽林士。"

乙亥,诏益州刺史罢子午道,通褒斜路。①

①子午道,平帝时王莽通之。《三秦记》曰,子午,长安正南。山名秦领谷,一
名樊川。褒斜,汉中谷名。南谷名褒,北谷名斜,首尾七百里。

己卯,葬少帝以诸王礼。司空刘授免。①赐公卿以下钱谷各有差。
十二月甲申,以少府河南陶敦为司空。②

①《东观记》曰:"以阿附恶逆,辟召非其人,策罢。"

②敦字文理,京县人也。

(其)令郡国守相视事未满岁者,〔2〕一切得举孝廉吏。①

①汉法,视事满岁乃得举。今帝新即位,施恩惠,虽未满岁,得令举人。

癸卯,尚书奏请下有司,收还延光三年九月丁酉以皇太子为济阴王
诏书。奏可。

京师大疫。

辛亥,诏公卿、郡守、国相,举贤良方正能直言极谏之士各一人。尚
书令以下从辇幸南宫者,皆增秩赐布各有差。

永建元年春正月甲寅,诏曰:"先帝圣德,享祚未永,早弃鸿烈。奸
慝缘间,人庶怨谤,上干和气,疫疠为灾。朕奉承大业,未能宁济。盖至

理之本,〔3〕稽弘德惠,荡涤宿恶,与人更始。其大赦天下。赐男子爵,人二级,为父后、三老、孝悌、力田〔人〕三级,〔4〕流民欲自占者一级;鳏、寡、孤、独、笃癃、贫不能自存者粟,人五斛;贞妇帛,人三匹。坐法当徙,勿徙;亡徒当传,勿传。①宗室以罪绝,皆复属籍。其与阎显、江京等交通者,悉勿考。勉修厥职,以康我民。"

①徒囚逃亡当传捕者,〔5〕放之勿捕。

辛未,皇太后阎氏崩。

辛巳,太傅冯石、太尉刘熹、司徒李郃免。①

①冯石字次初。《东观记》曰:"冯、刘以阿党权贵,李郃以人多疾疫免。"

二月甲申,葬安思皇后。

丙戌,太常桓焉为太傅;大鸿胪朱宠为太尉,参录尚书事,长乐少府九江朱伥为司徒。①赐百官随辇宿卫及拜除者布各有差。〔6〕

①朱宠字仲威,京兆杜陵人。朱伥字孙卿,寿春人也。伥音丑良反。

陇西钟羌叛,护羌校尉马贤讨破之。

夏五月丁丑,诏幽、并、凉州刺史,使各实二千石以下至黄绶,①年老劣弱不任军事者,上名。严敕障塞,缮设屯备,立秋之后,简习戎马。

①实谓验实之也。二千石,太守也。黄绶,丞、尉也。《前书》曰"比二百石以上,铜印黄绶"也。

六月己亥,封济南王错子显为济南王。

秋七月庚午,卫尉来历为车骑将军。

八月,鲜卑寇代郡,代郡太守李超战殁。

九月辛亥,初令三公、尚书入奏事。

冬十月辛巳,诏减死罪以下徙边;其亡命赎,各有差。

丁亥,司空陶敦免。

鲜卑犯边。庚寅,遣黎阳营兵出屯中山北界。告幽州刺史,其令缘边郡增置步兵,列屯塞下。调五营弩师,郡举五人,〔7〕令教习战射。①

①调,选也。五营,五校也,谓长水、步兵、射声、(胡)〔屯〕骑、(车)〔越〕骑〔8〕等

五校尉也。

壬寅，廷尉张皓为司空。

甲辰，诏以疫疠水潦，令人半输今年田租；伤害什四以上，勿收责；不满者，以实除之。

十二月辛巳，赐王、主、贵人、公卿以下布各有差。

二年春正月戊申，乐安王鸿来朝。

丁卯，常山王章薨。

二月，鲜卑寇辽东、玄菟。

甲辰，诏禀贷荆、豫、兖、冀四州流冗贫人，所在安业之；疾病致医药。

护乌桓校尉耿晔率南单于击鲜卑，破之。

三月，旱，遣使者录囚徒。

疏勒国遣使奉献。

夏六月乙酉，追尊谥皇妣李氏为恭愍皇后，葬于恭北陵。

西域长史班勇、敦煌太守张朗讨焉耆、尉犁、危须三国，破之；并遣子贡献。

秋七月甲戌朔，日有食之。

壬午，太尉朱宠、司徒朱伥罢。庚子，太常刘光为太尉，录尚书事；光禄勋许敬为司徒。①

①刘光字仲辽，即太尉刘矩之弟。〔9〕许敬字鸿卿，平舆人。

辛丑，下邳王成薨。

三月春正月丙子，京师地震，汉阳地陷裂。甲午，诏实覈伤害者，赐年七岁以上钱，人二千；一家被害，郡县为收敛。乙未，诏勿收汉阳今年田租、口赋。

夏四月癸卯，遣光禄大夫案行汉阳及河内、魏郡、陈留、东郡，禀贷贫人。

六月,旱。遣使者录囚徒,理轻系。

甲寅,济南王显薨。

秋七月丁酉,茂陵园寝灾,帝缟素避正殿。①辛亥,使太常王龚持节告祠茂陵。

①《尔雅》曰"缟,皓也",缯之精白者曰缟。

九月,鲜卑寇渔阳。

冬十二月己亥,太傅桓焉免。①

①《东观记》曰:"无清介辟召,策罢。"

是岁,车骑将军来历罢。

四年春正月丙寅,诏曰:"朕托王公之上,涉道日寡,政失厥中,阴阳气隔,寇盗肆暴,庶狱弥繁,忧悴永叹,疢如疾首。《诗》云:'君子如祉,乱庶遄已。'①三朝之会,朔旦立春,嘉与海内洗心自新。其赦天下。从甲寅赦令已来复秩属籍,三年正月已来还赎。其阎显、江京等知识婚姻禁锢,一原除之。②务崇宽和。敬顺时令,遵典去苛,以称朕意。"

①解见《章纪》。

②妻父曰婚,婿父曰姻。一犹皆也。

丙子,帝加元服。①赐王、主、贵人、公卿以下金帛各有差。赐男子爵及流民欲占者人一级,为父后、三老、孝悌、力田人二级,鳏、寡、孤、独、笃癃、〔贫〕不能自存帛,〔人〕一匹。〔10〕

①冠也。

二月戊戌,诏以民入山凿石,发泄藏气,敕有司检察所当禁绝,如建武、永平故事。

夏五月壬辰,诏曰:"海内颇有灾异,朝廷修政,太官减膳,珍玩不御。而桂阳太守文砻,①〔11〕不惟竭忠,宣畅本朝,而远献大珠,以求幸媚,今封以还之。"

①音力公反。

五州雨水。秋八月庚子,遣使实覈死亡,收敛禀赐。

丁巳,太尉刘光、司空张皓免。①

①《东观记》曰:"以阴阳不和,久托病,策罢。"

九月,复安定、北地、上郡归旧土。①

①安帝永初五年徙,今复之。

癸酉,大鸿胪庞参为太尉,录尚书事。太常王龚为司空。

冬十一月庚辰,司徒许敬免。①

①《东观记》曰:"为陵轹使(官)〔者〕策罢,〔12〕以千石禄终身。"

鲜卑寇朔方。

十二月乙卯,宗正刘崎为司徒。①

①崎字叔峻,华阴人也。

是岁,分会稽为吴郡。拘弥国遣使贡献。

五年春正月,疏勒王遣侍子,及大宛、莎车王皆奉使贡献。

夏四月,京师旱。辛巳,诏郡国贫人被灾者,勿收责今年过更。京
师及郡国十二蝗。

冬十月丙辰,诏郡国中都官死罪系囚皆减罪一等,诣北地、上郡、安
定成。

乙亥,定远侯班始坐杀其妻阴城公主,腰斩,①同产皆弃市。

①始,班超孙也,尚顺帝姑阴城公主。《东观记》曰:"阴城公主名贤得。"〔13〕

六年春二月庚午,河间王开薨。

三月辛亥,复伊吾屯田,①复置伊吾司马一人。

①章帝建初二年罢也。

秋九月辛巳,缮起太学。

护乌桓校尉耿晔遣兵击鲜卑,破之。

丁酉,于阗王遣侍子贡献。

冬十一月辛亥,诏曰:"连年灾潦,冀部尤甚。比蠲除实伤,赡恤穷匮,而百姓犹有弃业,流亡不绝。疑郡县用心怠惰,恩泽不宣。《易》美'损上益下',《书》称'安民则惠'。①其令冀部勿收今年田租、刍稿。"

①《易·益卦》曰:"损上益下,人悦无疆。"惠,爱也。《尚书》曰:"安人则惠,黎人怀之。"

十二月,日南徼外叶调国、掸国遣使贡献。①

①《东观记》曰:"叶调国王遣使师会诣阙贡献,以师会为汉归义叶调邑君,赐其君紫绶,及掸国王雍(田)〔由〕〔14〕亦赐金印紫绶。"掸音擅。

壬申,客星出牵牛。

于阗王遣侍子诣阙贡献。

阳嘉元年春正月乙巳,立皇后梁氏。赐爵,人二级,三老、孝悌、力田三级,爵过公乘,得移与子若同产、同产子,民无名数及流民欲占著者人一级;鳏、寡、孤、独、笃癃、贫不能自存者粟,人五斛。

二月,海贼曾旌等寇会稽,杀句章、鄞、鄮三县长,①攻会稽东部都尉。诏缘海县各屯兵戍。

①三县皆属会稽郡。鄮县今越州县也。句章故城在今鄮县西。鄞故城在鄮县东南。鄞音银。鄮音茂。

丁巳,皇后谒高庙、光武庙,诏禀甘陵贫人,大小口各有差。

京师旱。庚申,敕郡国二千石各祷名山岳渎,遣大夫、谒者诣嵩高、首阳山,并祠河、洛,请雨。①戊辰,雩。

①首阳山在洛阳东北也。

以冀部比年水潦,民食不赡,诏案行禀贷,劝农功,赈乏绝。

甲戌,诏曰:"政失厥和,阴阳隔并,冬鲜宿雪,春无澍雨。分祷祈请,靡神不禜。①深恐在所慢违'如在'之义,②今遣侍中王辅等,持节分诣岱山、东海、荥阳、河、洛,尽心祈焉。"③

①《说文》曰："禜,设绵蕝为营,以祈水旱。"禜音咏。《诗》曰:"靡神不举。"

②《论语》曰:"祭神如神在。"

③济水,四渎之一,至河南溢为荥泽,故于荥阳祠焉。

三月,杨州六郡妖贼章河〔15〕等寇四十九县,杀伤长吏。

庚寅,帝临辟雍飨射,大赦天下,改元阳嘉。诏宗室绝属籍者,一切复籍;禀冀州尤贫民,勿收今年更、租、口赋。

夏五月戊寅,阜陵王恢薨。

秋七月,史官始作候风地动铜仪。①

①时张衡为太史令,作之。

丙辰,以太学新成,试明经下第者补弟子,增甲、乙科员各十人。①除郡国耆儒九十人补郎、舍人。

①《前书音义》曰:'甲科谓作简策难问,列置案上,(在)〔任〕试者意投射取而答之,〔16〕谓之射策。上者为甲,次〔者〕为乙。〔17〕若录政化得失,显而问之,谓之对策也。"

九月,诏郡国中都官系囚皆减死一等,亡命者赎,各有差。

鲜卑寇辽东。

冬十一月甲申,望都、蒲阴狼杀女子九十七人,①〔18〕诏赐狼所杀者钱,人三千。

①望都,县名,属中山国,今定州县也。章帝改曲逆为蒲阴,亦属中山,与望都相近,故城在今定州北。《东观记》亦作"蒲",本多作"满"(滿)字者,误也。〔19〕《东观》又云:"为不祠北岳所致。诏曰'政失厥中,狼灾为应,至乃残食孤幼。博访其故,山岳尊灵,国所望秩,而比不奉祠,淫刑放滥,害加孕妇'也。"

辛卯,初令郡国举孝廉,限年四十以上,诸生通章句,文吏能笺奏,乃得应选;其有茂才异行,若颜渊、子奇,不拘年齿。①

①《史记》曰:"颜回,鲁人,好学,年二十九发尽白,早死。"《新序》曰:"子奇年十八,齐君使之化阿。至阿,铸其库兵以为耕器,出仓廪以赈贫穷,阿县大化。"

十二月丁未，东平王敞薨。

庚戌，复置玄菟郡屯田六〔郡〕〔部〕。〔20〕

闰月丁亥，令诸以诏除为郎，年四十以上课试如孝廉科者，得参廉选，岁举一人。

戊子，客星出天苑。

辛卯，诏曰："间者以来，吏政不勤，故灾咎屡臻，盗贼多有。退省所由，皆以选举不实，官非其人，是以天心未得，人情多怨。《书》歌股肱，《诗》刺三事。① 今刺史、二千石之选，归任三司。② 其简序先后，精核高下，岁月之次，文武之宜，务存厥衷。"

① 《尚书·益稷篇》帝作歌曰："元首明哉！股肱良哉！"《诗·小雅》曰"三事大夫，莫肯夙夜。邦君诸侯，莫肯朝夕"也。

② 三司，三公也，即太尉、司空、司徒也。归犹委任也。

庚子，恭陵百丈庑灾。①

① 恭陵，安帝陵也。庑，廊屋也。《说文》曰"堂下周屋曰庑"也。

是岁，起西苑，修饰宫殿。

二年春二月甲申，诏以吴郡、会稽饥荒，贷人种粮。

三月，使匈奴中郎将王稠率左骨都侯等击鲜卑，破之。

辛酉，除京师耆儒年六十以上四十八人补郎、舍人及诸王国郎。

夏四月，复置陇西南部都尉官。①

① 武帝元朔四年，初置南部都尉于陇西临洮县，中兴以来废，至此复置之也。

己亥，京师地震。五月庚子，诏曰："朕以不德，统奉鸿业，无以奉顺乾坤，协序阴阳，灾眚屡见，咎征仍臻。地动之异，发自京师，矜矜祗畏，不知所裁。群公卿士将何以匡辅不逮，奉答戒异？异不空设，必有所应，其各悉心直言厥咎，靡有所讳。"

戊午，司空王龚免。六月辛未，太常鲁国孔扶为司空。①

① 扶字仲渊。

疏勒国献师子、封牛。①

①《东观记》曰："疏勒王盘遣使文时诣阙。"师子似虎，正黄，有髯耏，尾端茸毛大如斗。封牛，其领上肉隆起若封然，因以名之，即今之峰牛。

丁丑，洛阳地陷。是月，旱。

秋七月己未，太尉庞参免。八月己巳，大鸿胪沛国施延为太尉。①

①延字君子，蕲县人也。

鲜卑寇代郡。

冬十月庚午，行礼辟雍，奏应钟，始复黄钟，作乐器随月律。①

①子为黄钟，律长九寸，声有轻重长短，度量皆出黄钟。随月律谓《月令》"正月律中太蔟；二月律中夹钟，三月律中姑洗，四月律中仲吕，五月律中蕤宾，六月律中林钟，七月律中夷则，八月律中南吕，九月律中无射，十月律中应钟，十一月律中黄钟，十二月律中大吕。"《东观记》曰："元和以来，音戾不调，修复如旧典。"蔟音凑。

三年春二月己丑，诏以久旱，京师诸狱无轻重皆且勿考竟，须得澍雨。

三月庚戌，益州盗贼劫质令长，杀列侯。

夏四月丙寅，车师后部司马率后部王加特奴等掩击匈奴，大破之，获其季母。

五月戊戌，制诏曰："昔我太宗，丕显之德，假于上下，俭以恤民，政致康乂。朕秉事不明，政失厥道，天地谴怒，大变仍见。春夏连旱，寇贼弥繁，元元被害，朕甚愍之。嘉与海内洗心更始。其大赦天下，自殊死以下谋反大逆诸犯不当得赦者，皆赦除之。赐民年八十以上米〔人〕一斛，〔21〕肉二十斤，酒五斗；九十以上加赐帛，人二匹，絮三斤。"

秋七月庚戌，钟羌寇陇西、汉阳。冬十月，护羌校尉马续击破之。

十一月壬寅，司徒刘崎、〔22〕司空孔扶免。乙巳，大司农南郡黄尚为司徒，光禄勋河东王卓为司空。①

①黄尚字伯，河南郡邵人也。王卓字仲辽，河东解人也。邵音求纪反。

丙午,武都塞上屯羌及外羌攻破屯官,驱略人畜。

四年春二月丙子,初听中官得以养子为后,世袭封爵。

自去冬旱,至于是月。

谒者马贤击钟羌,大破之。

夏四月甲子,太尉施延免。①戊寅,执金吾梁商为大将军,前太尉庞参为太尉。

①《东观记》曰"以选举贪污策罢"也。

六月己未,梁王匡薨。秋七月己亥,济北王登薨。

闰月丁亥朔,日有食之。

冬十月,乌桓寇云中。十一月,围度辽将军耿晔于兰池,①发诸郡兵救之,乌桓退走。

①《续汉志》曰:"云中郡沙南县有兰池城。"

十二月甲寅,京师地震。

永和元年春正月,夫馀王来朝,

乙卯,诏曰:"朕秉政不明,灾眚屡臻。典籍所忌,震食为重。今日变方远,〔23〕地摇京师,①咎征不虚,必有所应。群公百僚其各上封事,指陈得失,靡有所讳。"

①《东观记》曰:"阳嘉四年诏曰'朕以不德,谪见于天,零陵言日食,京师不觉'。"故此言日变方远。

己巳,宗祀明堂,登灵台,改元永和,大赦天下。

秋七月,偃师蝗。

冬十月丁亥,承福殿火,〔24〕帝避御云台。

十一月丙子,太尉庞参罢。

十二月,象林蛮夷叛。

乙巳,以前司空王龚为太尉。

二年春正月,武陵蛮叛,围充县,又寇夷道。①

①充县属武陵郡,故城在澧州崇义县东北。充音冲。夷道属南郡也。

二月,广汉属国都尉击破白马羌。

武陵太守李进击叛蛮,破之。

三月辛亥,北海王翼薨。

乙卯,司空王卓薨,丁丑,光禄勋冯翊郭虔为司空。①

①虔字君贤,池阳人。

夏四月丙申,京师地震。

五月,日南叛蛮攻郡府。

秋七月,九真、交阯二郡兵反。

八月庚子,荧惑犯南斗。①

①荧惑、火星也。南斗,北方之宿也。《前书音义》曰:"犯谓七寸内光芒相及。"

江夏盗贼杀邾长。①

①邾,县,属江夏郡,故城在今复州竟陵县东。邾音朱。

冬十月甲申,行幸长安,所过鳏、寡、孤、独、贫不能自存者赐粟,人五斛。庚子,幸未央宫,会三辅郡守、都尉及官属,劳赐作乐。十一月丙午,祠高庙。丁未,遂有事十一陵。丁卯,京师地震。十二月乙亥,至自长安。

三年春二月乙亥,京师及金城、陇西地震,二郡山岸崩,地陷。戊子,太白犯荧惑。

夏四月,九江贼蔡伯流寇郡界,及广陵,杀江都长。

戊戌,遣光禄大夫案行金城、陇西,赐压死者年七岁以上钱,人二千;一家皆被害,为收敛之。除今年田租,尤甚者勿收口赋。

闰月,蔡伯流等率众诣徐州刺史应志降。①

①《续汉书》曰:"志字仲节,汝南南顿人也。曾祖父顺。"

己酉,京师地震。

五月,吴郡丞羊珍反,攻郡府,太守王衡破斩之。

六月辛丑,琅邪王遵薨。

九真太守祝良、交阯刺史张乔慰诱日南叛蛮,降之,岭外平。①

①《续汉书》曰:"祝良字邵卿,长沙临湘人。"

秋七月丙戌,济北王多薨。

八月己未,司徒黄尚免。九月己酉,光禄勋长沙刘寿为司徒。①

①寿字伯长,临湘人也。

丙戌,令大将军、三公各举故刺史、二千石及见令、长、郎、谒者、四府掾属刚毅武猛有谋谟任将帅者各二人,特进、卿、校尉各一人。

冬十月,烧当羌寇金城,护羌校尉马贤击破之,羌遂相招而叛。

十二月戊戌朔,日有食之。

四年春正月庚辰,中常侍张逵、蘧政、杨定等有罪诛,①连及弘农太守张凤、安平相杨皓,下狱死。

①事见《梁商传》也。

三月乙亥,京师地震。

夏四月癸卯,护羌校尉马贤讨烧当羌,大破之。

戊午,大赦天下。赐民爵及粟帛各有差。

五月戊辰,封故济北惠王寿子安为济北王。〔25〕

秋八月,太原郡旱,民庶流冗。癸丑,遣光禄大夫案行禀贷,除更赋。

冬十月戊午,校猎上林苑,历函谷关而还。十一月丙寅,幸广成苑。

五年春二月戊申,京师地震。

夏四月庚子,中山王弘薨。

南匈奴左部句龙大人吾斯、〔26〕车纽等叛,围美稷。①

①美稷,县,属西河郡也。

五月,度辽将军马续讨吾斯、车纽,破之,使匈奴中郎将陈龟迫杀南单于。

己丑晦,日有食之。

且冻羌寇三辅,杀令长。①

①且音子余反。

丁丑,令死罪以下及亡命赎,各有差。

九月,令扶风、汉阳筑陇道坞三百所,置屯兵。

辛未,太尉王龚罢。

且冻羌寇武都,烧陇关。①

①陇山之关也,今名大震关,在今陇州汧源县西也。

壬午,太常桓焉为太尉。

丁亥,徙西河郡居离石,①上郡居夏阳,朔方居五原。

①离石,县名,在郡南五百九里。西河本都平定县,至此徙于离石。

句龙吾斯等东引乌桓,西收羌胡,寇上郡,立车纽为单于。冬十一月辛巳,遣使匈奴中郎将张耽击破之,车纽降。

六年春正月丙子,征西将军马贤与且冻羌战于射姑山,贤军败没,安定太守郭璜下狱死。

诏贷王、侯国租一岁。

闰月,巩唐羌寇陇西,遂及三辅。

二月丁巳,有星孛于营室。

三月,武(都)〔威〕太守赵冲〔27〕讨巩唐羌,破之。

庚子,司空郭虔免。

(丁)〔乙〕巳,河间王政薨。〔28〕

丙午,太仆赵戒为司空。①

①戒字志伯,蜀郡成都人也。

夏五月庚子,齐王无忌薨。

使匈奴中郎将张耽大破乌桓、羌胡于天山。①

①《东观记》曰:"耽将吏兵;绳索相悬,上通天山。"

巩唐羌寇北地。〔29〕

秋七月甲午,诏假民有赀者户钱一千。

八月丙辰,大将军梁商薨;壬戌,河南尹梁冀为大将军。

九月,诸种羌寇武威。

辛亥晦,日有食之。

冬十月癸丑,徙安定居扶风,北地居冯翊。

十一月庚子,以执金吾张乔行车骑将军事,将兵屯三辅。

汉安元年春正月癸巳,宗祀明堂,大赦天下,改元汉安。

二月丙辰,诏大将军、公、卿举贤良方正能探赜索隐者各一人。①

①赜,幽深也。索,求也。

秋七月,始置承华厩。①

①《东观记》曰:"时以远近献马众多,园厩充满,始置承华厩令,秩六百石。"

八月,南匈奴左部大人句龙吾斯与薁鞬台耆等反叛。①

①薁音于六反。鞬音居言反。

丁卯,遣侍中杜乔、光禄大夫周举、守光禄大夫郭遵、冯羡、栾巴、张纲、周栩、刘班等八人分行州郡,班宣风化,举实臧否。

九月庚寅,广陵盗贼张婴等寇郡县。

冬十月辛未,太尉桓焉、司徒刘寿免。甲戌,行车骑将军张乔罢。十一月壬午,司隶校尉赵峻为太尉,大司农胡广为司徒。①

①峻字伯师,下邳徐人也。

癸卯,诏大将军、三公选武猛试用有效验任为将校者各一人。

是岁,广陵贼张婴等诣太守张纲降。

二年春二月丙辰,鄯善国遣使贡献。

夏四月庚戌,护羌校尉赵冲与汉阳太守张贡击烧(当)〔何〕羌[30]于参縊,破之。①

①参縊,县,属安定郡。縊音力全反。

六月乙丑,荧惑犯镇星。

丙寅,立南匈奴守义王兜楼储为南单于。

冬十月辛丑,令郡国中都官系囚殊死以下出缣赎,各有差;其不能入赎者,遣诣临羌县居作二岁。

甲辰,减百官奉。丙午,禁沽酒,又贷王、侯国租一岁。

闰月,赵冲击烧当羌于(河)〔阿〕阳,[31]破之。①

①阿阳,县,属(天水)〔汉阳〕郡,[32]故城在今秦州陇城县西北。

十一月,使匈奴中郎将马寔遣人刺杀句龙吾斯。

十二月,杨、徐盗贼攻烧城寺,杀略吏民。

是岁,凉州地百八十震。

建康元年春正月辛丑,诏曰:"陇西、汉阳、张掖、北地、武威、武都,自去年九月已来,地百八十震,山谷坼裂,坏败城寺,杀害民庶。夷狄叛逆,赋役重数,内外怨旷,惟咎叹息。其遣光禄大夫案行,宣畅恩泽,惠此下民,勿为烦扰。"

三月庚子,沛王广薨。

领护羌校尉卫琚追讨叛羌,破之。①

①琚音居。

南郡、江夏盗贼寇掠城邑,州郡讨平之。

夏四月,使匈奴中郎将马寔击南匈奴左部,破之,于是胡羌、乌桓悉诣寔降。

辛巳,立皇子炳为皇太子,改年建康,大赦天下。赐人爵各有差。

秋七月丙午,[33]清河王延平薨。

八月，杨、徐盗贼范容、周生等寇掠城邑，遣御史中丞冯赦督州郡兵讨之。[34]

庚午，帝崩于玉堂前殿，时年三十。遗诏无起寝庙，敛以故服，珠玉玩好皆不得下。

论曰：古之人君，离幽放而反国祚者有矣，莫不矫鉴前违，审识情伪，无忘在外之忧；① 故能中兴其业。观夫顺朝之政，殆不然乎？何其效僻之多与？②

①离，遭也。矫，正也。《左传》曰："晋侯在外十九年矣，险阻艰难备尝之矣，人之情伪尽知之矣。"
②殆，近也。言顺帝效前之僻，不能改正也。

孝冲皇帝讳炳，① 顺帝之子也。母曰虞贵人。
①《谥法》曰："幼少在位曰冲。"司马彪曰："冲幼早夭，故谥曰冲。"伏侯《古今注》曰："炳之字曰明。"

建康元年立为皇太子，其年八月庚午，即皇帝位，年二岁。尊皇后曰皇太后。太后临朝。

丁丑，以太尉赵峻为太傅；大司农李固为太尉，参录尚书事。

九月丙午，葬孝顺皇帝于宪陵，① 庙曰敬宗。
①在洛阳西十五里，陵高八丈四尺，周三百步。

是日，京师及太原、雁门地震，三郡水涌土裂。

庚戌，诏三公、特进、侯、卿、校尉，举贤良方正幽逸修道之士各一人，百僚皆上封事。

己未，九江太守丘腾有罪，下狱死。①
①《东观记》曰"腾知罪法深大，怀挟奸巧，稽留道路，下狱死"也。

杨州刺史尹耀、九江太守邓显讨贼范容等于历阳，军败，耀、显为贼所殁。

冬十月，日南蛮夷攻烧城邑，交阯刺史夏方招诱降之。

壬申，常山王仪薨。

己卯，零陵太守刘康坐杀无辜，下狱死。

十一月，九江盗贼徐凤、马勉等称"无上将军"，攻烧城邑。

己酉，令郡国中都官系囚减死一等，徙边；谋反大逆，不用此令。

十二月，九江贼黄虎等攻合肥。

是岁，群盗发宪陵。护羌校尉赵冲追击叛羌于鹯阴河，战殁。①

①凉州姑臧县东南有鹯阴县故城，因水以为名。

永（嘉）〔憙〕元年〔35〕春正月戊戌，帝崩于玉堂前殿，年三岁，清河王蒜征至京师。

孝质皇帝讳缵，①肃宗玄孙。曾祖父千乘贞王伉，祖父乐安夷王宠，父勃海孝王鸿，母陈夫人。冲帝不豫，大将军梁冀征帝到洛阳都亭。及冲帝崩，皇太后与冀定策禁中，丙辰，使冀持节，以王青盖车迎帝入南宫。丁巳，封为建平侯，其日即皇帝位，年八岁。

①《谥法》："忠正无邪曰质。"《古今注》曰："缵之字曰继。"

己未，葬孝冲皇帝于怀陵。①

①在洛阳西北十五里。伏侯《古今注》曰："高四丈六尺，周百八十三步。"

广陵贼张婴等复反，攻杀堂邑、江都长。①九江贼徐凤等攻杀曲阳、东城长。②

①堂邑，县，属广陵郡，今扬州六合县也。

②曲阳，县，属九江郡，在淮曲之阳，故城在今豪州定远县西北。东城，县，故城在定远县东南也。

甲申，谒高庙。乙酉，谒光武庙。

二月，豫章太守虞续坐赃，下狱死。

乙酉，大赦天下。赐人爵及粟帛各有差。还王侯所削户邑。

彭城王道薨。

叛羌诣左冯翊梁并降。

三月，九江贼马勉称"黄帝"。[36]九江都尉滕抚讨马勉、范容、周生，大破斩之。①

> ①《东观记》曰："传勉头及所带玉印、鹿皮冠、黄衣诣洛阳，诏悬夏城门外，章示百姓。"

夏四月壬申，雩。

庚辰，济北王安薨。

丹阳贼陆宫等围城，烧亭寺，丹阳太守江汉击破之。

五月甲午，诏曰："朕以不德，托母天下，布政不明，每失厥中。自春涉夏，大旱炎赫，忧心京京，①故得祷祈明祀，[37]冀蒙润泽。前虽得雨，而宿麦颇伤；比日阴云，还复开霁。寤寐永叹，重怀惨结。②将二千石、令长不崇宽和，暴刻之为乎？其令中都官系囚罪非殊死考未竟者，一切任出，以须立秋。③郡国有名山大泽能兴云雨者，二千石长吏各絜齐请祷，谒诚尽礼。又兵役连年，死亡流离，或支骸不敛，或停棺莫收，朕甚愍焉。昔文王葬枯骨，人赖其德。④今遣使者案行，若无家属及贫无资者，随宜赐恤，以慰孤魂。"

> ①《尔雅》曰："京京，忧也。"
> ②寤，觉也。寐，卧也。《诗》曰："寤寐永叹，唯忧用老。"
> ③任，保也。
> ④《吕氏春秋》曰："周文王使人掘地，得死人骸。文王曰：'更葬之。'吏曰：'此无主。'文王曰：'有天下者，天下之主，今我非其主邪？'遂令吏以衣棺葬之。天下闻之，曰：'文王贤矣。泽及枯骨，又况人乎！'"

是月，下邳人谢安应募击徐凤等，斩之。

丙辰，诏曰："孝殇皇帝虽不永休祚，而即位逾年，君臣礼成。孝安皇帝承袭统业，而前世遂令恭陵在康陵之上，先后相逾，失其次序，非所以奉宗庙之重，垂无穷之制。昔定公追正顺祀，《春秋》善之。①其令恭陵次康陵，宪陵次恭陵，以序亲秩，为万世法。"

①鲁闵公立二年而薨;次僖公立。僖虽是闵庶兄,然尝为闵臣,位次当在闵下。后文公即位,乃进僖公神位居闵之上。《左传》曰:"跻僖公,逆祀也。"定公八年《经》书"从祀先公"。从,顺也。顺祀谓退僖神位于闵下。《穀梁》曰:"从祀先公,贵正也。"

六月,鲜卑寇代郡。

秋七月庚寅,阜陵王代薨。

庐江盗贼攻寻阳,又攻盱台,①滕抚遣司马王章击破之。

①音吁夷,今楚州县也。

九月庚戌,太傅赵峻薨。

冬十一月己丑,南阳太守韩昭坐赃下狱死。①

①《东观记》曰:"强赋一亿五千万,槛车征下狱。"

丙午,中郎将滕抚击广陵贼张婴,破之。

丁未,中郎将赵序坐事弃市。①

①《东观记》曰:"取钱缣三百七十五万。"

历阳贼华孟自称"黑帝",攻杀九江太守杨岑,滕抚率诸将击孟等,大破斩之。

本初元年春正月丙申,诏曰:"昔尧命四子,以钦天道,①《鸿范》九畴,休咎有象。②夫瑞以和降,异因逆感,禁微应大,前圣所重。③顷者,州郡轻慢宪防,竞逞残暴,造设科条,陷入无罪。或以喜怒驱逐长吏,恩阿所私,罚枉仇隙,至令守阙诉讼,前后不绝。送故迎新,人离其害,怨气伤和,以致灾眚。《书》云:'明德慎罚。'④方春东作,育微敬始。其敕有司,罪非殊死,且勿案验,以崇在宽。"⑤

①四子谓羲仲、羲叔、和仲、和叔也。《尚书》曰:"乃命羲、和,钦若昊天。"

②《尚书》曰:"天乃锡禹《洪范》九畴。"孔安国注云:"洪,大也。范,法也。畴,类也。言天与禹,洛出书,神龟负文而出,列于背,有数至于九,禹遂因而第之,以成九类。"其八曰庶征,有休征、咎征之应。休,美也。咎,恶也。征,验也。人君行善政,则百谷用成,家用平康,是休征也。政有乖失,则百谷

用不成,家用不宁,是咎征也。休之与咎,皆象人君之政,故言"休咎有象"也。"象"或作"家"。

③言君政纯和则瑞气降,若逆时令则灾异感。所禁虽微,其应乃大。前圣所重,即谓唐尧钦若昊天,箕子休咎之应。

④眚,过也。"明德慎罚",《尚书·康诰》之言。

⑤言东作之时,须育养细微,敬事之始。《礼记·月令》:"孟春之月,无杀〔孩〕虫〔38〕胎夭飞鸟,无麑无卵。庆赐遂行,无有不当。"《书》曰:"敬敷五教,五教在宽。"

壬子,广陵太守王喜坐讨贼逗留,下狱死。

二月庚辰,诏曰:"九江、广陵二郡数离寇害,残夷最甚。①生者失其资业,死者委尸原野。昔之为政,一物不得其所,若己为之,②况我元元,婴此困毒。方春戒节,赈济乏厄,掩骼埋胔之时。③其调比郡见谷,出禀穷弱,收葬枯骸,务加埋恤,〔39〕以称朕意。"

①谓比年张婴寇广陵,华孟寇九江也。

②《尚书》曰:"一夫弗获,则曰时予之辜。"

③《月令》:"孟春之月,行庆施惠,下及兆人。"又曰:"掩骼埋胔。"郑玄注曰:"为死气逆生气也。"骨枯曰骼,肉腐曰胔。

夏四月庚辰,令郡国举明经,年五十以上、七十以下诣太学。自大将军至六百石,皆遣子受业,岁满课试,以高第五人补郎中,次五人太子舍人。又千石、六百石、四府掾属、三署郎、四姓小侯先能通经者,各令随家法,①其高第者上名牒,当以次赏进。

①四府掾属谓大将军府掾属二十九人,太尉府掾属二十四人,司徒府三十一人,司空府二十九人。《汉官》:"左、右中郎将,皆秦官也,比二千石,三署郎皆属焉。"三署谓五官署,左、右署也。儒生为《诗》者谓之《诗》家,《礼》者谓之《礼》家,故言各随家法也。四姓小侯,解见《明纪》也。

五月庚寅,徙乐安王为勃海王。

海水溢。戊申,使谒者案行,收葬乐安、北海人为水所漂没死者,又禀给贫羸。

庚戌，太白犯荧惑。

六月丁巳，大赦天下，赐民爵及粟帛各有差。

闰月甲申，大将军梁冀潜行鸩弑，帝崩于玉堂前殿，年九岁。

丁亥，太尉李固免。戊子，司徒胡广为太尉，司空赵戒为司徒，与梁冀参录尚书事。太仆袁汤为司空。

赞曰："孝顺初立，时髦允集。①匪砥匪革，终沦嬖习。②保阿传土，后家世及。③冲夭未识，质弑以聪。陵折在运，天绪三终。④

① 《尔雅》曰："髦，俊也。"郭璞注曰："士中之俊，犹毛中之髦。"时张皓、王龚、庞参、张衡、李郃、李固、黄琼之俦也。

② 砥，砺也。革，改也。沦，没也。言顺帝初升天位，又群贤总集，不能因兹自砺，改革前非，而终溺于私嬖近习也。谓封孙程等十九人为侯，又诏中官养子，听袭封爵之类。

③ 保，安也。阿，倚也。言可依倚以取安，傅姆之类也。传士谓阿母山阳君宋娥更相货赂，求增邑土也。后家谓拜后父梁商为大将军，商薨，仍拜子冀为大将军，弟不疑为河南尹。

④ 言陵迟夭折，在于时运，所以天之胤绪，频致三终也。

【校勘记】

〔1〕 尚书(郎)〔郭〕镇与交锋刃　据汲本、殿本改。

〔2〕 (其)令郡国守相视事未满岁者　据《刊误》删。

〔3〕 盖至理之本　按：李慈铭谓"至理"本当作"至治"。

〔4〕 三老孝悌力田〔人〕三级　据殿本补。按：《校补》引钱大昭说，谓闽本"田"下有"人"字。

〔5〕 徒囚逃亡当传捕者　按："徒"原讹"徙"，径改正。

〔6〕 赐百官随辇宿卫及拜除者布各有差　按：《刊误》谓衍一"及"字。

〔7〕 郡举五人　按：《刊误》谓"举"当作"与"。

〔8〕 (胡)〔屯〕骑(车)〔越〕骑　据《刊误》改。

〔9〕　刘光字仲辽即太尉刘矩之弟　《集解》引钱大昕说,谓《刘矩传》称叔父刘光,此注误。按:张森楷《校勘记》谓疑"弟"下脱"子"字。

〔10〕　〔贫〕不能自存帛〔人〕一匹　据汲本、殿本补。

〔11〕　桂阳太守文砮　按:《集解》引惠栋说,谓《袁宏纪》作"汉阳都尉"。

〔12〕　为陵轹使(官)〔者〕策罢　据《刊误》改。

〔13〕　阴城公主名贤得　按:《集解》引惠栋说,谓《续志》作"坚得"。

〔14〕　掸国王雍(田)〔由〕　据殿本改。按:《校补》引钱大昭说,谓《西南夷传》作"雍由调"。

〔15〕　妖贼章河　按:《集解》引钱大昕说,谓续志作"章何"。

〔16〕　(在)〔任〕试者意投射取而答之　据殿本改。

〔17〕　次〔者〕为乙　据汲本、殿本补。

〔18〕　狼杀女子九十七人　按:《集解》引惠栋说,谓"女子"《续志》作"儿童"。

〔19〕　本多作满(满)字者误也　据《刊误》删。

〔20〕　复置玄菟郡屯田六(郡)〔部〕　据《集解》引陈景云、钱大昭说改。按:《东夷传》作"六部"。

〔21〕　赐民年八十以上米〔人〕一斛　据汲本、殿本补。

〔22〕　司徒刘崎　按:《袁纪》"崎"作"恺"。

〔23〕　今日变方远　按:《刊误》谓"方远"当作"远方"。注同。

〔24〕　冬十月丁亥承福殿火　按:《校补》引洪亮吉说,谓《续志》作"丁未",以下"十一月丙子"推之,志为是。

〔25〕　封故济北惠王寿子安为济北王　按:《集解》引惠栋说,谓传作"安国"。

〔26〕　左部句龙大人吾斯　姚范谓"大人"当在"左部"之下。按:《南匈奴传》作"句龙王吾斯"。

〔27〕　武(都)〔威〕太守赵冲　《集解》引惠栋说,谓《应奉》及《西羌传》皆作"武威"。胡三省云,传云诏冲督河西四郡兵,为节度,则"武威太守"为是。武都西北接汉阳,东北接扶风,南接汉中,无缘远督河西四郡兵也。今据改。

〔28〕　(丁)〔乙〕巳河间王政薨　据张森楷《校勘记》改。按:是年三月乙酉朔,以下云"丙午"推之,当作"乙巳"。

〔29〕　巩唐羌寇北地　按:《集解》引惠栋说,谓《考异》云《西羌传》作"罕种羌"。

〔30〕　击烧(当)〔何〕羌　按：《集解》引《通鉴》胡注，谓"当"当作"何"，烧当、烧何、羌两种也。今据改。

〔31〕　赵冲击烧当羌于(河)〔阿〕阳　据汲本改。按：钱大昭谓《前志》天水郡、《续志》汉阳郡均止有阿阳，作"河阳"者误。

〔32〕　阿阳县属(天水)〔汉阳〕郡　据《集解》本改。按：《校补》引钱大昭说，谓明帝永平十七年已改天水为汉阳，不应注仍称"天水"。又按：《西羌传》作"阿阳"，注亦作"汉阳郡"。

〔33〕　秋七月丙午　按："七"原讹"十"，径改正。

〔34〕　遣御史中丞冯赦督州郡兵讨之　按：《集解》引惠栋说，谓据《滕抚传》，"冯赦"当作"冯绲"。《袁宏纪》作"冯放"，亦误。

〔35〕　永(嘉)〔憙〕元年　据《集解》引钱大昕说及惠栋说改。按：史绳祖《学斋占毕》记邛州蒲江县发地得石刻，有"永憙元年"字样，故知"永嘉"为"永憙"之误。又《左雄传》有"迄于永憙，察选清平"之文，钱大昭《后汉书辨疑》谓"熹"即"憙"之讹。

〔36〕　九江贼马勉称黄帝　按：《袁纪》"九江"作"扬州"。汲本、殿本"黄帝"作"皇帝"，《袁纪》同。

〔37〕　故得祷祈明祀　按：《刊误》谓"得"当作"复"。

〔38〕　无杀〔孩〕虫　据今本《礼记·月令》补。

〔39〕　务加埋恤　按："埋"原讹"理"，径据汲本、殿本改正。

后汉书卷七

孝桓帝纪第七

孝桓皇帝讳志,①肃宗曾孙也。祖父河间孝王开,父蠡吾侯翼,②母匽氏。③翼卒,帝袭爵为侯。

①《谥法》曰:"克敌服远曰桓。"志之字曰意。

②顺帝时,开上书,愿分蠡吾县以封翼,帝许之。蠡吾故城在今瀛州博野县西。蠡音礼。

③讳明,本蠡吾侯之媵妾。《史记》曰,匽姓,咎繇之后也。匽音偃。

本初元年,梁太后征帝到夏门亭,①将妻以女弟。②会质帝崩,太后遂与兄大将军冀定策禁中,闰月庚寅,使冀持节,以王青盖车③迎帝入南宫,其日即皇帝位,时年十五。太后犹临朝政。④

①洛阳城北面西头门也,门外有万寿亭。

②妻音七计反。

③《续汉志》曰:"皇太子、皇子皆安车,朱班轮,青盖,金华蚤。"故曰王青盖车也。

④《东观记》曰:"太后御却非殿。"

秋七月乙卯,葬孝质皇帝于静陵。①

①在洛阳东南三十里,陵高五丈五尺,周百三十八步。

齐王喜薨。

辛巳,谒高庙、光武庙。〔1〕

丙戌,诏曰:"孝廉、廉吏皆当典城牧民,禁奸举善,兴化之本,恒必由之。诏书连下,分明恳恻,而在所玩习,遂至怠慢,选举乖错,害及元

元。顷虽颇绳正,犹未惩改。方今淮夷未殄,军师屡出,①百姓疲悴,困
于征发。庶望群吏,惠我劳民,蠲涤贪秽,以祈休祥。其令秩满百石,十
岁以上,有殊才异行,乃得参选。臧吏子孙,不得察举。杜绝邪伪请托
之原,令廉白守道者得信其操。②各明守所司,将观厥后。”

①本初元年,庐江贼攻盱台,广陵贼张婴等杀江都长。盱台、江都并近淮,故
　言淮夷。时中郎将滕抚屡击破之,其馀众犹未殄也。
②信音申,古字通。

九月戊戌,追尊皇祖河间孝王曰孝穆皇,夫人赵氏曰孝穆皇后,皇
考蠡吾侯曰孝崇皇。冬十月甲午,尊皇母匽氏为孝崇博园贵人。①

①博本汉蠡吾县之地也。帝既追尊父为孝崇皇,其陵曰博陵,置园庙焉,故曰
　博园,在今瀛州博野县西。贵人位次皇后,金印紫绶。

建和元年春正月辛亥朔,日有食之。诏三公、九卿、校尉各言得失。
戊午,大赦天下。赐吏更劳一岁;男子爵,人二级,为父后及三老、
孝悌、力田人三级;鳏、寡、孤、独、笃癃、贫不能自存者粟,人五斛;贞妇
帛,人三匹。灾害所伤什四以上,勿收田租;其不满者,以实除之。
二月,荆扬二州人多饿死,遣四府掾分行赈给。
沛国言黄龙见谯。
夏四月庚寅,京师地震。诏大将军、公、卿、校尉举贤良方正能直言
极谏者各一人。又命列侯、将、大夫、御史、谒者、千石、六百石、①博士、
议郎、郎官各上封事,指陈得失。②又诏大将军、公、卿、郡、国举至孝笃
行之士各一人。

①将谓五官、左、右、虎贲、羽林中郎将也。大夫谓光禄大夫、太中大夫、中散
　大夫、谏议大夫。
②博士掌通古今,比六百石。议郎比六百石。郎官谓三中郎将下之属官也。
　有中郎、侍郎、郎中。

壬辰,诏州郡不得迫协驱逐长吏。长吏臧满三十万而不纠举者,刺
史、二千石以纵避为罪。若有擅相假印绶者,与杀人同弃市论。

丙午,诏郡国系囚减死罪一等,勿笞。唯谋反大逆,不用此书。又诏曰:"比起陵茔,①弥历时岁,力役既广,徒隶尤勤。顷雨泽不沾,密云复散,悦或在兹。②其令徒作陵者减刑各六月。"

①作静陵也。

②《易》曰:"密云不雨,自我西郊。"

是月,立阜陵王代兄勃遒亭侯便为阜陵王。①

①便,光武玄孙也,阜陵王恢之子,以顺帝阳嘉中封为教遒亭侯,〔2〕今改封也。遒音子由反。本传作"便亲",纪传不同,盖有误。

郡国六地裂,水涌井溢。①芝草生中黄藏府。②

①《续汉志》曰:"水溢坏城寺室屋,杀人。时梁太后摄政,兄冀枉杀李固、杜乔。"

②《汉官仪》曰:"中黄藏府掌中币帛金银诸货物"也。

六月,太尉胡广罢,大司农杜乔为太尉。〔3〕

秋七月,勃海王鸿薨,①立帝弟蠡吾侯悝为勃海王。

①章帝曾孙也,乐安夷王宠之子,质帝之父也。梁太后改封勃海。

〔八月〕乙未,立皇后梁氏。〔4〕

九月丁卯,京师地震。

太尉杜乔免,冬十月,司徒赵戒为太尉,①司空袁汤为司徒,前太尉胡广为司空。

①戒字志伯,蜀郡人也。

十一月,济阴言有五色大鸟见于己氏。①

①《续汉志》曰:"时以为凤皇。政既衰缺,梁冀专权,皆羽孽也。"己氏,县名,属汉阴郡,故城在今宋州楚丘县也,古戎州己氏之邑也。

戊午,减天下死罪一等,戍边。

清河刘文反,杀国相射嵩,〔5〕欲立清河王蒜为天子,事觉伏诛。蒜坐贬为尉氏侯,徙桂阳,自杀。①

①尉氏,县,属陈留郡,今汴州县也。

前太尉李固、杜乔皆下狱死。①

①《续汉志》曰:"顺帝之末,京都童谣曰:'直如弦,死道边;曲如钩,反封侯。'
曲如钩谓梁冀、胡广等。直如弦谓李固等。"

陈留盗贼李坚自称皇帝,伏诛。①

①《东观记》曰江舍及李坚等。

二年春正月甲子,皇帝加元服。庚午,大赦天下。赐河间、勃海二
王黄金各百斤,①彭城诸国王各五十斤;②公主、大将军、三公、特进、侯、
中二千石、二千石、将、大夫、郎吏、从官、四姓及梁邓小侯、诸夫人以下
帛,各有差。年八十以上赐米、酒、肉,九十以上加帛二匹,绵三斤。

①河间王建,勃海王悝。

②彭城王定。

三月戊辰,帝从皇太后幸大将军梁冀府。

白马羌寇广汉属国,杀长吏,益州刺史率板楯蛮讨破之。①

①板楯,西南蛮之号。

夏四月丙子,封帝弟(顾)〔硕〕为平原王,〔六〕奉孝崇皇祀。尊孝崇皇
夫人马氏为孝崇园贵人。

嘉禾生大司农帑藏。①五月癸丑,北宫掖廷中德阳殿及左掖门火,
车驾移幸南宫。

①《说文》曰:"帑者,金布所藏之府也。"帑,佗朗反。

六月,改清河为甘陵,立安平王得子经侯理为甘陵王。①

①安平,今定州县也。经,今贝州经城县。

秋七月,京师大水。河东言木连理。

冬十月,长平陈景自号"黄帝子",署置官属,又南顿管伯亦称"真
人",并图举兵;悉伏诛。

三年春三月甲申,彭城王定薨。

夏四月丁卯晦，日有食之。①五月乙亥，诏曰："盖闻天生蒸民，不能相理，为之立君，使司牧之。君道得于下，则休祥著乎上；庶事失其序，则咎征见乎象。②间者，日食毁缺，阳光晦暗，朕祗惧潜思，匪遑启处。③传不云乎：'日食修德，月食修刑。'④昔孝章帝愍前世禁徙，故建初之元，并蒙恩泽，流徙者使还故郡，没入者免为庶民。〔7〕先皇德政，可不务乎！其自永建元年迄乎今岁，凡诸妖恶，支亲从坐，及吏民减死徙边者，悉归本郡，唯没入者不从此令。"

①《续汉志》曰："在东井二十三度。东井主法，梁太后枉杀公卿，犯天法也。"

②已上略成帝诏词。

③遑，暇也。启，跪也。《诗·小雅》曰："王事靡盬，不遑启处。"

④《公羊传》之文也。〔8〕

六月庚子，诏大将军、三公、特进、侯、其与卿、校尉举贤良方正能直言极谏之士各一人。

乙卯，震宪陵寝屋。秋七月庚申，廉县雨肉。①八月乙丑，有星孛于天市。②京师大水。九月己卯，地震。庚寅，地又震。诏死罪以下及亡命者赎，各有差。郡国五山崩。

①《续汉志》曰："肉似羊肺，或大如手。"《五行传》云："弃法律，逐功臣，时则有羊祸，时则有赤眚赤祥。"是时梁太后摄政，兄冀专权，枉诛李固、杜乔，天下冤之。廉县属北地郡也。

②《前书》曰："旗星中四星，名曰天市。"

冬十月，太尉赵戒免。司徒袁汤为太尉，大司农河内张歆为司徒。①

①歆字敬让。

十一月甲申，诏曰："朕摄政失中，灾眚连仍，三光不明，阴阳错序。监寐寤叹，疢如疾首。①今京师厮舍，死者相枕，②郡县阡陌，处处有之，甚违周文掩胔之义。其有家属而贫无以葬者，给直，人三千，丧主布三匹；若无亲属，可于官壖地葬之，③表识姓名，为设祠祭。又徙在作部，疾病致医药，死亡厚埋藏。民有不能自振及流移者，禀谷如科。州郡检察,务崇恩施,以康我民。"

①监寐言虽寝而不寐也。寤,觉也。

②厮舍,贱役人之舍。

③壖,官之馀地也。《前书音义》曰:"壖,城郭旁地。"音奴唤、而恋二反。

和平元年春正月甲子,〔9〕大赦天下,改元和平。

(己)〔乙〕丑,诏曰:〔10〕"曩者遭家不造,先帝早世。①永惟大宗之重,深思嗣续之福,询谋台辅,稽之兆占。既建明哲,克定统业,天人协和,万国咸宁。元服已加,将即委付,而四方盗窃,颇有未静,故假延临政,以须安谧。幸赖股肱御侮之助,残丑消荡,②民和年稔,普天率土,遐迩洽同。远览'复子明辟'之义,③近慕先姑归授之法,④及今令辰,皇帝称制。群公卿士,虔恭尔位,戮力一意,勉同断金。⑤'展也大成',则所望矣。"⑥

①谓顺帝崩也。《诗·周颂》曰:"闵予小子,遭家不造。"郑玄注云:"造,成也。言成王遭武王崩,家道未成。"

②谓建和二年长安陈景反,南顿管伯等谋反,并伏诛。

③《尚书》曰:"周公曰'朕复子明辟'。"复,还也。子谓成王也。辟,君也。谓周公摄政已久,故复还明君之政于成王;今太后亦还政于帝也。

④先姑谓安帝阎皇后也。《尔雅》曰"妇人谓夫之父曰舅,夫之母曰姑。在则曰君舅、君姑,殁则曰先舅、先姑"也。

⑤金者,刚之物也。言人能同心,则其利可以断之也。《易》曰:"二人同心,其利断金。"

⑥《诗·小雅》曰:"允矣君子,展也大成。"郑玄注云:"允,信也。展,诚也。大成谓致太平也。"言诚能致太平,是所望也。

二月,扶风妖贼裴优自称皇帝,伏诛。①

①裴,姓;优,名也。《风俗通》曰:"裴,伯益之后。"

甲寅,皇太后梁氏崩。

三月,车驾徙幸北宫。

甲午,葬顺烈皇后。〔11〕

夏五月庚辰，尊傅园匽贵人曰孝崇皇后。

秋七月，梓潼山崩。①

①梓潼，县，属广汉郡，今始州县也，有梓潼水。

冬十一月辛巳，[12]减天下死罪一等，徙边戍。

元嘉元年春正月，京师疾疫，使光禄大夫将医药案行。

癸酉，大赦天下，改元元嘉。

二月，九江、庐江大疫。

甲午，河间王建薨。夏四月己丑，安平王得薨。①

①河间孝王开之子，初为乐成王，后改曰安平。

京师旱。任城、梁国饥，民相食。

司徒张歆罢，光禄勋吴雄为司徒。

秋七月，武陵蛮叛。

冬十月，司空胡广罢。

十一月辛巳，京师地震。

闰月庚午，任城王崇薨。太常黄琼为司空。

二年春正月，西域长史王敬为于寘国所杀。①

①敬杀于寘王建，故国人杀之。

丙辰，京师地震。

夏四月甲寅，孝崇皇后匽氏崩。庚午，常山王豹薨。五月辛卯，葬孝崇皇后于博陵。

秋七月庚辰，日有食之。[13]八月，济阴言黄龙见句阳，①金城言黄龙见允街。②冬十月乙亥，京师地震。

①县名，属济阴郡，《左传》曰"盟于句渎之丘"是也，故城在今曹州乘氏县北，一名谷丘。

②允街，县名，属金城郡，音缘皆。

十一月,司空黄琼免。十二月,特进赵戒为司空。

右北平太守和旻坐臧,下狱死。

永兴元年春二月,张掖言白鹿见。

三月丁亥,幸鸿池。

夏五月丙申,大赦天下,改元永兴。

丁酉,济南王广薨,无子,国除。

秋七月,郡国三十二蝗。河水溢。百姓饥穷,流冗道路,至有数十万户,冀州尤甚。诏在所赈给乏绝,安慰居业。

冬十月,太尉袁汤免,太常胡广为太尉。司徒吴雄罢,司空赵戒免;以太仆黄琼为司徒,光禄勋房植为司空。

十一月丁丑,诏减天下死罪一等,徙边戍。

是岁,武陵太守应奉招诱叛蛮,降之。

二年春正月甲午,大赦天下。

二月辛丑,初听刺史、二千石行三年丧服。

癸卯,京师地震,诏公、卿、校尉举贤良方正能直言极谏者各一人。诏曰:“比者星辰谬越,坤灵震动,灾异之降,必不空发。敕己修政,庶望有补。其舆服制度有逾侈长饰者,皆宜损省。①郡县务存俭约,申明旧令,如永平故事。”

①长音直亮反。

六月,彭城泗水增长逆流。①诏司隶校尉、部刺史曰:“蝗灾为害,水变仍至,五谷不登,人无宿储。其令所伤郡国种芜菁以助人食。”

①张衡对策曰:“水者,五行之首。逆流者,人君之恩不能下及,而教逆也。”

京师蝗。东海朐山崩。①

①朐,山名也,在今海州朐山县南。

九月丁卯朔,日有食之。诏曰:“朝政失中,云汉作旱,①川灵涌水,蝗螽挚蔓,残我百谷,太阳亏光,饥馑荐臻。其不被害郡县,当为饥馁者储。天下一家,趣不糜烂,则为国宝。其禁郡国不得卖酒,祠祀裁足。”

①《云汉》,《诗·大雅》篇名也。周宣王时大旱,故作诗曰:“倬彼云汉,昭回于天。”郑玄注云:“云汉,天河也。倬然转运于天。时旱渴雨,故宣王夜视天河,望其候焉。”

太尉胡广免,司徒黄琼为太尉。闰月,光禄勋尹颂为司徒。①

①颂字公孙,巩人。

减天下死罪一等,徙边戍。

蜀郡李伯诈称宗室,当立为“太初皇帝”,伏诛。

冬十一月甲辰,校猎上林苑,遂至函谷关,赐所过道傍年九十以上钱,各有差。

太山、琅邪贼公孙举等反叛,杀长吏。

永寿元年春正月戊申,大赦天下,改元永寿。

二月,司隶、冀州饥,人相食。①敕州郡赈给贫弱。若王侯吏民有积谷者,一切贡十分之三,②以助禀贷;其百姓吏民者,以见钱雇直。③王侯须新租乃偿。④

①司隶,州,即洛阳。

②贡音吐得反,又音徒得反。

③雇犹酬也。

④须,待也。

夏四月,白乌见齐国。

六月,洛水溢,坏鸿德苑。①南阳大水。

①《续汉志》曰:“水溢至津城门,漂流人物。时梁冀专政,疾害忠良,威权震主,后遂诛灭也。”

司空房植免,太常韩缤为司空。①

①缤音翼善反。

诏太山、琅邪遇贼者,勿收租、赋,复更、算三年。又诏被水死流失尸骸者,令郡县钩求收葬,及所唐突压溺物故,七岁以上赐钱,人二千。坏败庐舍,亡失谷食,尤贫者禀,人二斛。

巴郡、益州郡山崩。①

①益州,郡名也,武帝置。诸本无"郡"字者,误也。

秋七月,初置太山、琅邪都尉官。①

①《汉官仪》曰:"秦郡有尉一人,典兵禁,捕盗贼,景帝更名都尉,建武(七)〔六〕年〔14〕省,唯边郡往往置都尉及属国都尉。"今二郡寇贼不息,故置。

南匈奴左〔薁鞬〕台〔耆〕、且渠伯德等叛,〔15〕寇美稷,①安定属国都尉张奂讨除之。

①美稷,西河县也。

二年春正月,初听中官得行三年服。①

①中官,常侍以下。

二月甲申,东海王臻薨。

三月,蜀郡属国夷叛。

秋七月,鲜卑寇云中。太山贼公孙举等寇青、兖、徐三州,遣中郎将段颎讨,破斩之。

冬十一月,置太官右监丞官,①

①《汉官仪》太官右监丞,秩比六百石也。

十二月,京师地震。

三年春正月己未,〔16〕大赦天下。

夏四月,九真蛮夷叛,太守儿式讨之,战殁;遣九真都尉魏朗击破之。复屯据日南。

闰月庚辰晦,日有食之。

六月，初以小黄门为守宫令，置冗从右仆射官。①

①《汉官仪》曰"守宫令一人，黄门冗从仆射一人，并秩六百石"也。

京师蝗。秋七月，河东地裂。

冬十一月，司徒尹颂薨。

长沙蛮叛，寇益阳。①

①县名，属长沙国，在益水之阳，今潭州县也，故城在县东。

司空韩𬘓为司徒，太常北海孙朗为司空。①

①朗字代平。

延熹元年春三月己酉，初置鸿德苑令。①

①《汉官仪》曰："苑令一人，秩六百石。"

夏五月己酉，大会公卿以下，赏赐各有差。

甲戌晦，日有食之。京师蝗。

六月戊寅，大赦天下，改元延熹。

丙戌，分中山置博陵郡，以奉孝崇皇园陵。①大雩。

①博陵郡，故城在今瀛州博野县也。后徙安平。

秋七月己巳，[17]云阳地裂。

甲子，太尉黄琼免，太常胡广为太尉。

冬十月，校猎广成，遂幸上林苑。

十二月，鲜卑寇边，使匈奴中郎将张奂率南单于击破之。

二年春二月，鲜卑寇雁门。

己亥，阜陵王便薨。

蜀郡夷寇蚕陵，杀县令。

三月，复断刺史、二千石行三年丧。

夏，京师雨水。

六月，鲜卑寇辽东。

秋七月，初造显阳苑，置丞。

丙午，皇后梁氏崩。乙丑，葬懿献皇后于懿陵。

大将军梁冀谋为乱。八月丁丑，帝御前殿，诏司隶校尉张彪将兵围冀第，收大将军印绶，冀与妻皆自杀。卫尉梁淑、河南尹梁胤、屯骑校尉梁让、越骑校尉梁忠、长水校尉梁戟等，及中外宗亲数十人，皆伏诛。太尉胡广坐免。司徒韩縯、司空孙朗下狱。①

①《东观记》曰："并坐不卫宫，止长寿亭，减死一等，以爵赎之。"

壬午，立皇后邓氏，追废懿陵为贵人冢。诏曰："梁冀奸暴，浊乱王室。孝质皇帝聪敏早茂，冀心怀忌畏，私行杀毒。永乐太后亲尊莫二，①冀又遏绝，禁还京师，②使朕离母子之爱，隔顾复之恩。祸害深大，罪衅日滋。赖宗庙之灵，及中常侍单超、徐璜、具瑗、左悺、③唐衡、尚书令尹勋等激愤建策，内外协同，漏刻之间，桀逆枭夷。④斯诚社稷之祐，臣下之力，宜班庆赏，以酬忠勋。其封超等五人为县侯，勋等七人为亭侯。"⑤于是旧故恩私，多受封爵。

①和平元年有司奏，太后所居皆以永乐为称，置官属太仆、少府焉。

②谓太后常居博园，不得在洛阳。

③《说文》曰："悺，忧也。"音工奂反。今作心旁官，即"悺"字也，今相传音绾。

④枭，县首于木也。

⑤五县侯谓单超新丰侯、徐璜武原侯、具瑗东武阳侯、左悺上蔡侯、唐衡汝阳侯。七亭侯谓尹勋宜阳都乡、霍谞邺都亭、张敬山阳西乡、欧阳参修武仁亭、李玮宜阳金门、虞放冤句吕都亭、周永下邳高迁乡。

大司农黄琼为太尉，光禄大夫中山祝恬为司徒，①大鸿胪梁国盛允为司空。②初置秘书监官。③

①恬字伯休，卢奴人。

②允字伯代。〔18〕

③《汉官仪》："秘书监一人，秩六百石。"

冬十月壬申，行幸长安。乙酉，幸未央宫。甲午，祠高庙。十一月庚子，遂有事十一陵。

壬寅,中常侍单超为车骑将军。

十二月己巳,至自长安。赐长安民粟人十斛,园陵人五斛,行所过县三斛。

烧当等八种羌叛,寇陇右,护羌校尉段颎追击于罗亭,破之。①

①《东观记》曰追到积石山,即与罗亭相近,在今鄯州也。

天竺国来献。

三年春正月丙申,大赦天下。

丙午,车骑将军单超薨。

闰月,烧何羌叛,寇张掖,护羌校尉段颎追击于积石,大破之。①

①积石山在今鄯州龙支县南,即《禹贡》云"导河积石"是也。

白马令李云坐直谏,下狱死。

夏四月,上郡言甘露降。五月甲戌,汉中山崩。

六月辛丑,司徒祝恬薨。秋七月,司空盛允为司徒,太常虞放为司空。①

①放字子仲,陈留人也。

长沙蛮寇郡界。

九月,太山、琅邪贼劳丙等复叛,寇掠百姓,遣御史中丞赵某①持节督州郡讨之。

①史阙名也。

丁亥,诏无事之官权绝奉,丰年如故。

冬十一月,日南蛮贼率众诣郡降。

勒姐羌围允街,①段颎击破之。

①勒姐,羌号也。姐音子野反。

太山贼叔孙无忌攻杀都尉侯章。十二月,遣中郎将宗资讨破之。

武陵蛮寇江陵,车骑将军冯绲讨,皆降散。荆州刺史度尚讨长沙蛮,平之。〔19〕

四年春正月辛酉,南宫嘉德殿火。戊子,丙署火。① 大疫。二月壬辰,武库火。

① 丙署,署名也。《续汉志》曰:"丙署长七人,秩四百石,黄绶,宦者为之,主中宫别处。"

司徒盛允免,大司农种暠为司徒。三月,省冗从右仆射官。① 太尉黄琼免。夏四月,太常刘矩为太尉。

① 永寿三年置。

甲寅,封河间王开子博为任城王。

五月辛酉,有星孛于心。丁卯,原陵长寿门火。己卯,京师雨雹。① 六月,京兆、扶风及凉州地震。庚子,岱山及博尤来山并颓裂。②

① 《东观记》曰大如鸡子。《续汉志》曰"诛杀过差,宠小人"也。

② 博,今博城县也。太山有徂来山,一名尤来。

己酉,大赦天下。

司空虞放免,前太尉黄琼为司空。

犍为属国夷寇钞百姓,益州刺史山昱击破之。

零吾羌与先零诸种并叛,寇三辅。

秋七月,京师雩。

减公卿以下奉,贷王侯半租。占卖关内侯、虎贲、羽林、缇骑营士、五大夫钱各有差。

九月,司空黄琼免,大鸿胪刘宠为司空。

冬十月,天竺国来献。

南阳黄武与襄城惠得、昆阳乐季讹言相署,皆伏诛。

先零沈氏羌与诸种羌寇并凉二州,十一月,中郎将皇甫规击破之。

十二月,夫馀王遣使来献。

五年春正月,省太官右监丞。①

① 永寿三年置。

壬午,南宫丙署火。

三月,沈氐羌寇张掖、酒泉。

壬午,济北王次薨。

夏四月,长沙贼起,寇桂阳、苍梧。①

①《东观记》曰:"时攻没苍梧,取铜虎符,太守甘定、刺史侯辅各奔出城。"桂
　阳,郡,在桂水之阳,今连州县。

惊马逸象突入宫殿。乙丑,恭陵东阙火。①〔20〕戊辰,虎贲掖门火。
己巳,太学西门自坏。五月,康陵园寝火。②

①安帝陵也。
②殇帝陵也。

长沙、零陵贼起,攻桂阳、苍梧、南海、交阯,遣御史中丞盛脩督州郡
讨之,不克。

乙亥,京师地震。诏公、卿各上封事。甲申,中藏府承禄署火。秋
七月己未,南宫承善闼火。①

①《尔雅》曰:"宫中门谓之闱。"《广雅》曰:"闱谓之阃。"

鸟吾羌寇汉阳、陇西、金城,诸郡兵讨破之。

八月庚子,诏减虎贲、羽林住寺不任事者半奉,勿与冬衣;①其公卿
以下给冬衣之半。

①《东观记》曰:"以京师水旱疫病,〔21〕帑藏空虚,虎贲、羽林不任事者住寺,减
　半奉。"据此,谓简选疲弱不胜军事者,留住寺也。

艾县贼焚烧长沙郡县,寇益阳,杀令。①又零陵蛮亦叛,寇长沙。

①《东观记》曰:"时贼乘刺史车,屯据临湘,居太守舍。贼万人以上屯益阳,杀
　长吏。"艾,县名,属豫章郡,故城在今洪州建昌县。

己卯,罢琅邪都尉官。①

①永寿元年置。

冬十月,武陵蛮叛,寇江陵,南郡太守李肃坐奔北弃市;辛丑,以太
常冯绲为车骑将军,讨之。假公卿以下奉。又换王侯租以助军粮,出濯

龙中藏钱还之。十一月，冯绲大破叛蛮于武陵。

京兆虎牙都尉宗谦〔22〕坐臧，下狱死。①

①京兆虎牙都尉屯长安，见《西羌传》。

滇那羌寇武威、张掖、酒泉。

太尉刘矩免，太常杨秉为太尉。

六年春二月戊午，司徒种暠薨。

三月戊戌，大赦天下。

卫尉颍川许栩为司徒。①

①栩字季阙，鄢人。

夏四月辛亥，康陵东署火。

五月，鲜卑寇辽东属国。

秋七月甲申，平陵园寝火。①

①平陵，昭帝陵也。

桂阳盗贼李研等寇郡界。

武陵蛮复叛，太守陈奉与战，大破降之。

陇西太守孙羌讨滇那羌，破之。

八月，车骑将军冯绲免。

冬十月丙辰，校猎广成，遂幸函谷关、上林苑。

十一月，司空刘宠免。

南海贼寇郡界。

十二月，卫尉周景为司空。

七年春正月庚寅，沛王荣薨。

三月癸亥，陨石于鄠。

夏四月丙寅，梁王成薨。

五月己丑，京师雨雹。

秋七月辛卯，赵王乾薨。

野王山上有死龙。〔23〕

荆州刺史度尚击零陵、桂阳盗贼及蛮夷，大破平之。

冬十月壬寅，南巡狩。庚申，幸章陵，祠旧宅，遂有事于园庙，赐守令以下各有差。戊辰，幸云梦，临汉水；还，幸新野，祠湖阳、新野公主、鲁哀王、寿张敬侯庙。①

> ①光武姊湖阳长公主、新野长公主；兄鲁哀王，舅寿张敬侯樊重，并光武时立庙。

护羌校尉段颎击当煎羌，破之。

十二月辛丑，车驾还宫。

八年春正月，遣中常侍左悺之苦县，祠老子。①

> ①《史记》曰："老子者，楚苦县厉乡曲仁里人也。名耳，字聃，姓李氏。为周守藏（吏）〔史〕。"〔24〕有神庙，故就祠之。苦县属陈国，故城在今亳州谷阳县也。苦音户，又如字。

勃海王悝谋反，降为（瘿）〔廮〕陶王。①〔25〕

> ①（瘿）〔廮〕陶，县，属钜鹿郡，故城在今赵州（瘿）〔廮〕陶县西南。

丙申晦，日有食之。诏公、卿、校尉举贤良方正。

〔二月〕己酉，南宫嘉德署黄龙见。千秋万岁殿火。〔26〕

太仆左称有罪自杀。

癸亥，皇后邓氏废。河南尹邓万世、①虎贲中郎将邓会下狱死。②

> ①邓后之叔父。

> ②邓后之兄子。

护羌校尉段颎击罕姐羌，〔27〕破之。

三月辛巳，大赦天下。

夏四月甲寅，安陵园寝火。①

> ①惠帝陵也。

丁巳,坏郡国诸房祀。①

①房谓祠堂也。《王涣传》曰:"时唯密县存故太傅卓茂庙,洛阳留令王涣祠。"

济阴、东郡、济北河水清。

五月壬申,罢太山都尉官。①丙戌,太尉杨秉薨。

①永寿元年置。

〔六月〕丙辰,缑氏地裂。〔28〕

桂阳胡兰、朱盖等复反,〔29〕攻没郡县,转寇零陵,零陵太守陈球拒之;遣中郎将度尚、长沙太守抗徐等击兰、盖,大破斩之。①苍梧太守张叙为贼所执,又桂阳太守任胤背敌畏懦,皆弃市。

①《谢承书》曰:"抗徐字伯徐,丹阳人。少为郡佐史,有胆智策略,三府表徐有
将率之任,特迁长沙太守。"《风俗通》曰:"卫大夫三抗之后,汉有抗喜,为汉
中太守。"

闰月甲午,南宫长秋和欢殿后钩楯、掖庭、朔平署火。①

①《长秋》,宫名,《汉官》曰:"朔平署司马一人。"

六月,段颎击当煎羌于湟中,大破之。①

①湟,水名,在今鄯州湟水县。

秋七月,太中大夫陈蕃为太尉。

八月戊辰,初令郡国有田者亩敛税钱。①

①亩十钱也。〔30〕

九月丁未,京师地震。

冬十月,司空周景免,太常刘茂为司空。①

①茂字叔盛,彭城人也。

辛巳,立贵人窦氏为皇后。

勃海妖贼盖登等①称"太上皇帝",有玉印、珪、璧、钱铁,相署置,皆伏诛。②

①盖音古盍反。

②《续汉书》曰:"时登等有玉印五,皆如白石,文曰'皇帝信玺','皇帝行玺',

其三无文字。璧二十二，珪五，铁券十一。开王庙，带王绶，〔31〕衣绛衣，相署置也。"

十一月壬子，德阳殿西阁、黄门北寺火，延及广义、神虎门，烧杀人。①

①广义、神虎，洛阳宫西门也，在金商门外。《袁山松书》曰："是时连月火灾，诸宫寺或一日再三发。又夜有讹言，击鼓相惊。陈蕃等上疏谏曰'唯善政可以已之'，书奏不省。"

使中常侍管霸之苦县，祠老子。

九年春正月辛(亥)〔卯〕朔，〔32〕日有食之。诏公、卿、校尉、郡国举至孝。

沛国戴异得黄金印，无文字，遂与广陵人龙尚等共祭井，作符书，称"太上皇"，伏诛。①

①《东观记》曰："戴异钼田得金印，到广陵以与龙尚。"

己酉，诏曰："比岁不登，民多饥穷，又有水旱疾疫之困。盗贼征发，南州尤甚。①灾异日食，谴告累至。政乱在予，仍获咎征。其令大司农绝今岁调度征求，及前年所调未毕者，勿复收责。其灾旱盗贼之郡，勿收租，馀郡悉半入。"

①谓长沙、桂阳、零陵等郡也，并属荆州。

三月癸巳，京师有火光转行，人相惊噪。
司隶、豫州饥死者什四五，至有灭户者，遣三府掾赈禀之。
陈留太守韦毅坐臧自杀。
夏四月，济阴、东郡、济北、平原河水清。
司徒许栩免。五月，太常胡广为司徒。
六月，南匈奴及乌桓、鲜卑寇缘边九郡。
秋七月，沈氏羌寇武威、张掖。诏举武猛，三公各二人，卿、校尉各一人。

太尉陈蕃免。

庚午,祠黄老于濯龙宫。

遣使匈奴中郎将张奂击南匈奴、乌桓、鲜卑。

九月,光禄勋周景为太尉。

南阳太守成瑨、〔33〕太原太守刘质,〔34〕并以谮弃市。①

①时小黄门赵津犯法,质考杀之,宦官怨恚,有司承旨奏质等。

司空刘茂免。

大秦国王遣使奉献。①

①时国王安敦献象牙、犀角、玳瑁等。

冬十二月,洛城傍竹柏枯伤。

光禄勋汝南宣酆为司空。①

①酆字伯应,封东阳亭侯。

南匈奴、乌桓率众诣张奂降。

司隶校尉李膺等二百馀人受诬为党人,并坐下狱,书名王府。①

①河内牢脩告之,事具《刘淑传》。

永康元年春正月,先零羌寇三辅,中郎将张奂破平之。当煎羌寇武威,护羌校尉段颎追击于鸾鸟,大破之。①西羌悉平。

①鸾鸟,县名,属武威郡。鸾音雚。

夫馀王寇玄菟,太守公孙域与战,破之。

夏四月,先零羌寇三辅。

五月丙申,京师及上党地裂。

庐江贼起,寇郡界。

壬子晦,日有食之。诏公、卿、校尉举贤良方正。

六月庚申,大赦天下,悉除党锢,改元永康。①

①时李膺等颇引宦者子弟,宦官多惧,请帝以天时当赦,帝许之,故除党锢也。

丙寅,阜陵王统薨。

秋八月，魏郡言嘉禾生，甘露降。巴郡言黄龙见。①

①《续汉志》曰："时人欲就沱浴，见沱水浊，因戏相恐：'此中有黄龙。'语遂行人
　〔间〕，闻郡，〔35〕欲以为美，故上言之，时史以书帝纪。桓帝政化衰缺，而多言
　瑞应，皆此类也。先儒言瑞兴非时，则为妖孽，而人言生龙，皆龙孽也。"

六州大水，勃海海溢。诏州郡赐溺死者七岁以上钱，人二千；一家
皆被害者，悉为收敛；其亡失谷食，禀人三斛。

冬十月，先零羌寇三辅，使匈奴中郎将张奂击破之。

十一月，西河言白菟见。

十二月壬申，复(瘿)〔廮〕陶王悝为勃海王。

丁丑，帝崩于德阳前殿，年三十六。戊寅，尊皇后曰皇太后，太后
临朝。

是岁，复博陵、河间二郡，比丰、沛。

论曰：前史称桓帝好音乐，善琴笙。①饰芳林而考濯龙之宫，②设华
盖以祠浮图、老子，③斯将所谓"听于神"乎！④及诛梁冀，奋威怒，天下犹
企其休息。而五邪嗣虐，流衍四方。⑤自非忠贤力争，屡折奸锋，⑥虽愿
依斟流彘，亦不可得已。⑦

①前史谓《东观记》。

②薛综注《东京赋》云："濯龙，殿名。芳林谓两旁树木兰也。"考，成也。既成
　而祭之。《左传》曰"考仲子之宫"也。

③浮图，今佛也。《续汉志》曰："祠老子于濯龙宫，文罽为坛，饰淳金(铅)〔钅口〕
　器，〔36〕设华盖之坐，用郊天乐。"

④《左传》曰："《史嚚》曰：'国将兴，听于人；将亡，听于神。'"

⑤五邪谓单超、徐璜、左悺、唐衡、具瑗也。

⑥忠贤谓李膺、陈蕃、窦武、黄琼、朱穆、刘淑、刘陶等，各上书极谏，以折宦官
　等奸谋之锋也。

⑦《帝王纪》曰："夏帝相为羿所逐，相乃都商丘，依同姓诸侯斟灌、斟寻氏。"《史
　记》曰："周厉王好利暴虐，周人相与畔，而袭厉王，王出奔于彘"。言帝宠幸宦
　竖，令执成权，赖忠臣李膺等竭力谏争，以免篡弑之祸。不然，则虽愿如夏相

依斟,周王流彘,不可得也。斟灌、斟寻,国,故城在今青州。彘,晋地也。

赞曰:桓自宗支,越跻天禄。① 政移五幸,刑淫三狱。② 倾宫虽积,皇身靡续。③

①越谓非次也。跻,升也,天禄,天位也。《左传》子家羁曰:"天禄不再。"

②幸,倖也。淫,滥也。五幸即上"五邪"也。三狱谓李固、杜乔,李云、杜众、成瑨、刘质也。

③《帝王纪》曰:"纣多发美女以充倾宫之室,妇人衣绫纨者三百馀人。"据桓帝纳三皇后,又博采宫女五六千人,并无子也。

【校勘记】

〔1〕　谒高庙光武庙　按:殿本《考证》引何焯说,谓"光武庙"上疑脱"壬午谒"三字。

〔2〕　以顺帝阳嘉中封为教逎亭侯　按:汲本、殿本"为教"二字误倒。又按:教即勃之俗字,汲本、殿本俱作"勃"。

〔3〕　大司农杜乔为太尉　按:"大司农"当作"光禄勋"。《杜乔传》"迁光禄勋,建和元年代胡广为太尉"。《袁纪》亦云光禄勋杜乔代胡广为太尉。

〔4〕　"八月"乙未立皇后梁氏　《集解》引惠栋说,谓《考异》云皇后纪、《袁纪》皆云八月,而无日。以长历考之,七月戊申朔,无乙未,乙未八月十八日,此上脱"八月"二字。今据补。

〔5〕　杀国相射暠　按:《清河王传》云文等劫相谢暠,章怀注云帝纪"谢"作"射",盖纪传不同。《集解》引惠栋说,谓三辅决录云汉末大鸿胪射咸,本姓谢名服,天子以将军出征,姓谢名服不祥,改之为射氏名咸。案此谢氏至汉末时始改射,故吴时有射慈。暠在桓帝初,不应先姓射氏,当从传为正。又按:据清河王传章怀注,则纪本作"射",汲本、殿本作"谢",殆后人据传改也。

〔6〕　封帝弟(顾)〔硕〕为平原王　按:《河间王开传》作"帝兄都乡侯硕",《孝崇匽王后纪》又作"帝弟平原王石"。《校补》引侯康说,谓作"硕"者是,顾则形近之误,石则声近之误也。作"帝弟"者是,桓帝为蠡吾侯长子,不

得有兄也。今据改。

〔7〕 没入者免为庶民　　按："民"当作"人"，此后人回改之讹。

〔8〕 公羊传之文也　　按：《集解》引苏舆说，谓《公羊传》无此文，语见《管子》。

〔9〕 和平元年春正月甲子　　按：李慈铭谓据《通鉴目录》甲子是朔，"甲子"下
当脱一"朔"字。

〔10〕 （己）〔乙〕丑诏曰　　按：汲本、殿本作"己亥"，《袁纪》作"己丑"，《通鉴》作
"乙丑"，《校补》谓当以《通鉴》为正。今据改。

〔11〕 甲午葬顺烈皇后　　按：李慈铭谓按通鉴目录，三月癸亥朔，不得有甲午，
若是甲子，则距崩十一日，太促，疑"甲"当作"庚"。

〔12〕 冬十一月辛巳　　按：汲本、殿本、《集解》本无"辛巳"二字。

〔13〕 秋七月庚辰日有食之　　按：推是年七月合朔己卯，无日食，参阅《续五行
志》六校记。

〔14〕 建武（七）〔六〕年　　汲本作"十年"，《校补》谓据《光武纪》及《续志》，皆"六
年"之误。今据改。

〔15〕 南匈奴左〔薁鞬〕台〔耆〕且渠伯德等叛　　沈家本谓按《张奂传》及《南匈
奴传》"左"下夺"薁鞬"二字，"台"下夺"耆"字。今据补。按：《通鉴》亦
作"左薁鞬台耆"，《考异》云从《张奂传》。

〔16〕 春正月己未　　按："己未"当依《袁宏纪》作"癸未"，是年正月癸未朔，无
己未。

〔17〕 秋七月己巳　　按：当依《续志》作"乙巳"，详《五行志》四校记。

〔18〕 允字伯代　　按：据《司徒盛允碑》，允字伯世，此作"代"，章怀避唐讳改也。

〔19〕 武陵蛮寇江陵车骑将军冯绲讨皆降散荆州刺史度尚讨长沙蛮平之　　
《集解》引惠栋说，谓《考异》云事在五年，重出。按：《校补》谓案后五年
十月，绲始由太常为车骑将军，十一月，大破蛮于武陵，此为重出。《度
尚传》度自右校令擢为荆州刺史，亦在延熹五年，其讨蛮同属五年事，今
载入三年纪，而五年纪无之，是为误出。

〔20〕 乙丑恭陵东阙火　　按：钱大昕谓《五行志》作"恭北陵"，恭北陵者，顺帝
母李氏陵也。

〔21〕 以京师水旱疫病　　按："京"原讹"军"，径据汲本、殿本改正。

〔22〕 京兆虎牙都尉宗谦　　按：《集解》引惠栋说，谓《续志》作"宋谦"。

〔23〕 秋七月辛卯赵王乾薨野王山上有死龙　　按：《校补》引钱大昭说，谓《襄

楷传》七年六月十三日河内野王山上有龙死,长可数十丈,《续志》作六月壬子,此云"七月",似误。

〔24〕 为周守藏(吏)〔史〕 据汲本、殿本改。

〔25〕 降为(瘿)〔廮〕陶王 据殿本改。注同。按廮字从广婴声,钜鹿有廮陶县,见《说文》。作"瘿"者误。

〔26〕 〔二月〕己酉南宫嘉德署黄龙见千秋万岁殿火 《集解》引钱大昕说,谓按此上承正月丙申晦日食,则"己酉"上当脱"二月"二字,《五行志》亦云二月。今据补。按:钱氏又谓依此文似龙见一事,火灾又一事。志于"黄龙"下无"见"字,"万岁殿"下多"皆"字,则"黄龙"亦是殿名,与嘉德署同日火也。

〔27〕 护羌校尉段颎击罕姐羌 按:殿本"罕"作"勒",与《段颎传》合。张森楷《校勘记》谓案《西羌传》有罕羌,无罕姐羌,则"罕"字讹也。又按:《通鉴》亦作"罕姐",章珏《校记》据张敦仁《通鉴刊本识误》云"罕"作"勒"。

〔28〕 〔六月〕丙辰缑氏地裂 《校补》谓案《续志》乃六月丙辰也,纪文脱"六月"二字。且五月既书壬申于前,不应有丙辰也。今据补。

〔29〕 桂阳胡兰朱盖等复反 按:"阳"原讹"杨",径改正。

〔30〕 亩十钱也 按:《集解》引《通鉴》胡注,谓《宦者传》张让等说帝敛天下田,亩税十钱,非此时事也。盖汉法田租三十税一,而计亩敛钱,则自此始。又《校补》引沈铭彝说,谓此所云亩敛税钱,乃出于常赋三十取一之外,今所谓税钱始此。

〔31〕 带王绶 按:汲本、殿本"王"作"玉"。

〔32〕 春正月辛(亥)〔卯〕朔 据《集解》引钱大昕说改。

〔33〕 南阳太守成瑨 按:《集解》引惠栋说,谓"瑨"《车骑将军冯绲碑》作"晋"。

〔34〕 太原太守刘质 按:《集解》引惠栋说,谓"质"《冯绲碑》及《天文志》作"瓆"。又引钱大昕说,谓按《陈蕃》、《王允》、《刘般》、《襄楷传》俱作"刘瓆",考《说文》无瓆字,当以质为正也。

〔35〕 语遂行人〔间〕闻郡 按:汲本有〔间〕字,无"闻"字。 今据《续志》补一"间"字。

〔36〕 饰淳金(铅)〔钿〕器 据《续志》改。按:铅与钿形近而误。汲本、殿本作"银",误。

后汉书卷八

孝灵帝纪第八

孝灵皇帝讳宏。① 肃宗玄孙也。曾祖河间孝王开,祖淑,父苌,〔1〕世封解渎亭侯,② 帝袭侯爵。母董夫人。桓帝崩,无子,皇太后与父城门校尉窦武定策禁中,使守光禄大夫刘儵持节,将左右羽林至河间奉迎。③

① 《谥法》曰:"乱而不损曰灵。"(伏侯古今注曰)宏之字曰大。〔2〕

② 淑以河间王子封为解渎亭侯,苌袭父封,故言世封也。解渎亭在今定州义丰县东北也。

③ 《续汉志》曰:"桓帝之初,京都童谣曰:'城上乌,尾毕逋,父为吏,子为徒,一徒死,百乘车。车班班,入河间。河间姹女工数钱,以钱为室金为堂,石上慊慊春黄粱。(梁)〔梁〕下有悬鼓,〔3〕我欲击之丞卿怒。''城上乌'者,处高独食,不与下共,谓人主多聚敛也。'父为吏,子为徒'者,言蛮夷叛逆,父既为军吏,子弟又为卒徒往击之也。'一徒死,百乘车'者,言前一人讨胡既死矣,后又遣百乘车往也。'车班班'者,言乘舆班班入河间迎灵帝也。'姹女数钱',言帝既立,其母永乐太后好聚金以为堂室也。'石上慊慊'者,言太后虽积金钱,犹慊慊常若不足,使人春黄粱而食之也。'我欲击之'者,言太后教帝使卖官受钱,天下忠笃之士怨望,欲击鼓求见〔丞〕卿,(悬)〔主〕鼓者复怒而止我也。"〔4〕

建宁元年春正月壬午,城门校尉窦武为大将军。己亥,帝到夏门亭,① 使窦武持节,以王青盖车迎入殿中。庚子,即皇帝位,年十二。改元建宁。以前太尉陈蕃为太傅,与窦武及司徒胡广参录尚书事。

① 《东观记》曰:"到夏门外万寿亭,群臣谒见。"

使护羌校尉段颎讨先零羌。

二月辛酉,葬孝桓皇帝于宣陵,①庙曰威宗。

①在洛阳东南三十里,高十二丈,周三百步。

庚午,谒高庙。辛未,谒世祖庙。大赦天下。赐民爵及帛各有差。

段颎大破先零羌于逢义山。①

①山在今原州(高)平〔高〕县。〔5〕"逢"一作"途"。

闰月甲午,追尊皇祖为孝元皇,夫人夏氏为孝元皇后,考为孝仁皇,夫人董氏为慎园贵人。①

①慎园在今瀛州乐寿县东南,俗呼为二皇陵。

夏四月戊辰,〔6〕太尉周景薨。司空宣酆免,长乐卫尉王畅为司空。

五月丁未朔,日有食之。诏公卿以下各上封事,及郡国守相举有道之士各一人,又故刺史、二千石清高有遗惠,为众所归者,皆诣公车。

太中大夫刘矩为太尉。

六月,京师雨水。

秋七月,破羌将军段颎复破先零羌于泾阳。①

①泾阳,县名,属安定,故城在今原州平凉县南也。

八月,司空王畅免,宗正刘宠为司空。

九月(丁)〔辛〕亥,〔7〕中常侍曹节矫诏诛太傅陈蕃、大将军窦武及尚书令尹勋、侍中刘瑜、屯骑校尉冯述,皆夷其族。皇太后迁于南宫。①司徒胡广为太傅,录尚书事。司空刘宠为司徒,大鸿胪许栩为司空。

①太后与窦武密谋欲诛曹节,今武等既诛,故太后被迁。

冬十月甲辰晦,日有食之。令天下系囚罪未决入缣赎,各有差。

十一月,太尉刘矩免,太仆沛国闻人袭为太尉。①

①姓闻人,名袭,字定卿。《风俗通》曰:"少正卯,鲁之闻人,其后氏焉。"

十二月,鲜卑及濊貊寇幽并二州。

二年春正月丁丑,大赦天下。

三月乙巳,尊慎园董贵人为孝仁皇后。①

①《续汉志》曰:"置永乐宫,仪如桓帝尊匽贵人之礼。"

夏四月癸巳,大风,雨雹。诏公卿以下各上封事。

五月,太尉闻人袭罢,司空许栩免。六月,司徒刘宠为太尉,太常许训为司徒,①太仆长沙刘嚣为司空。②

①训字季师,平舆人。

②嚣字重宁。

秋七月,破羌将军段颎大破先零羌于射虎塞外谷,东羌悉平。

九月,江夏蛮叛,州郡讨平之。

丹阳山越贼围太守陈寅,寅击破之。

冬十月丁亥,中常侍侯览讽有司奏前司空虞放、太仆杜密、长乐少府李膺、司隶校尉朱(瑀)〔寓〕、〔8〕颍川太守巴肃、沛相荀(翌)〔昱〕、〔9〕河内太守魏朗、山阳太守翟超皆为钩党,下狱,①死者百馀人,妻子徙边,诸附从者锢及五属。②制诏州郡大举钩党,于是天下豪桀及儒学行义者,一切结为党人。③

①钩谓相牵引也。事具《刘淑》、《李膺传》。

②五属谓五服内亲也。

③《续汉志》曰:"建宁中,京都长者皆以苇方笥为装具,时有识者窃言,苇笥郡国谶篚也。后党人禁锢,会赦,有疑者皆谶廷尉,人名悉入方笥中。"

(庚子)〔戊戌〕晦,日有食之。〔10〕

十一月,太尉刘宠免,太朴郭禧为太尉。①

①字公房,扶沟人也。禧音僖。

鲜卑寇并州。

是崴,长乐太仆曹节为车骑将军,百馀日罢。

三年春正月,河内人妇食夫,河南人夫食妇。

三月丙寅晦,日有食之。〔11〕

夏四月,太尉郭禧罢,太中大夫闻人袭为太尉。秋七月,司空刘嚣罢。八月,大鸿胪桥玄为司空。

九月,执金吾董宠下狱死。

冬,济南贼起,攻东平陵。①

①东平陵,县名,属济南国,故城在今(济)〔齐〕州东。〔12〕

郁林乌浒民相率内属。①

①乌浒,南方夷号也。《广州记》曰:"其俗食人,以鼻饮水,口中进啖如故。"

四年春正月甲子,帝加元服,大赦天下。赐公卿以下各有差,唯党人不赦。

二月癸卯,地震,海水溢,河水清。

三月辛酉朔,日有食之。

太尉闻人袭免,〔13〕太仆李咸为太尉。①

①字元卓,汝南西平人。

诏公卿至六百石各上封事。

大疫,使中谒者巡行致医药。

司徒许训免,司空桥玄为司徒。夏四月,太常来艳为司空。①

①艳字季德,南阳新野人。

五月,河东地裂,雨雹,山水暴出。

秋七月,司空来艳免。

癸丑,立贵人宋氏为皇后。①〔14〕

①执金吾宋酆女,前年入掖庭为贵人。

司徒桥玄免。太常宗俱为司空,①前司空许栩为司徒。

①俱字伯俪,南阳安众人。

冬,鲜卑寇并州。

熹平元年春三月壬戌,太傅胡广薨。

夏五月己巳,大赦天下,改元熹平。

长乐太仆侯览有罪,自杀。

六月,京师雨水。

癸巳,皇太后窦氏崩。秋七月甲寅,葬桓思皇后。

宦官讽司隶校尉段颎捕系太学诸生千馀人。① 冬十月,渤海王悝被诬谋反,丁亥,悝及妻子皆自杀。

①时有人书朱雀阙云"天下大乱,公卿皆尸禄",故捕之。事见《宦者传》。

十一月,会稽人许生自称"越王",〔15〕寇郡县,① 遣杨州刺史臧旻、丹阳太守陈夤讨破之。〔16〕

①《东观记》曰:"会稽许昭聚众自称大将军,〔17〕立父生为越王,攻破郡县。"

十二月,司徒许栩罢,大鸿胪袁隗为司徒。

鲜卑寇并州。

是岁,甘陵王恢薨。〔18〕

二年春正月,大疫,使使者巡行致医药。

丁丑,司空宗俱薨。

二月壬午,大赦天下。

以光禄勋杨赐为司空。

三月,太尉李咸免。夏五月,以司隶校尉段颎为太尉。

沛相师迁坐诬罔国王,下狱死。①

①国王,陈愍王宠也。臣贤案:《陈敬王传》云"国相师迁"。又《东观记》曰"陈行相师迁奏,沛相魏愔,前为陈相,与陈王宠交通"。明魏愔为沛相,此言师迁为沛相,盖误也。

六月,北海地震。东莱、北海海水溢。①

①《续汉志》曰:"时出大鱼二枚,各长八九丈,高二丈馀。"

秋七月,司空杨赐免,太常颍川唐珍为司空。

冬十二月,日南徼外国重译贡献。

太尉段颎罢。

鲜卑寇幽并二州。

癸酉晦,日有食之。〔19〕

三年春正月,夫馀国遣使贡献。

二月己巳,大赦天下。

太常陈耽为太尉。①

①耽字汉公,东海人也。

三月,中山王畅薨,无子,国除。〔20〕

夏六月,封河间王利子康为济南王,奉孝仁皇祀。

秋,洛水溢。

冬十月癸丑,令天下系囚罪未决,入缣赎。

十一月,杨州刺史臧旻率丹阳太守陈寅,大破许生于会稽,斩之。

任城王博薨。

十二月,鲜卑寇北地,北地太守夏育追击破之。鲜卑又寇并州。

司空唐珍罢,永乐少府许训为司空。

四年春三月,诏诸儒正《五经》文字,刻石立于太学门外。

封河间王建(孙)〔子〕佗为任城王。①〔21〕

①建,桓帝弟也。

夏四月,郡国七大水。〔22〕

五月丁卯,大赦天下。

延陵园灾①,遣使者持节告祠延陵。

①成帝陵也,在今咸阳县西。

鲜卑寇幽州。

六月,弘农、三辅螟。

遣守宫令之盐监,穿渠为民兴利。①

①《前书·地理志》及《续汉·郡国志》并无〔盐〕监,今蒲州安邑县西南有盐池〔监也〕。〔23〕

令郡国遇灾者,减田租之半;其伤害十四以上,勿收责。

冬十月丁巳,令天下系囚罪未决,入缣赎。

拜冲帝母虞美人为宪园贵人,①质帝母陈夫人为渤海孝王妃。②

①顺帝虞美人也。宪园在洛阳东北。

②渤海孝王鸿之夫人也。

改平准为中准,①使宦者为令,列于内署。自是诸署悉以阉人为丞、令。

①《汉官仪》曰:“平准令一人,秩六百石也。”

五年夏四月癸亥,大赦天下。

益州郡夷叛,太守李颙讨平之。

复崇高山名为嵩高山。①

①《前书》武帝祠中岳,改嵩高为崇高。《东观记》曰:“使中郎将堂谿典请雨,因上言改之,名为嵩高山。”

大雩。使侍御史行诏狱亭部,理冤枉,原轻系,休囚徒。

五月,太尉陈耽罢,司空许训为太尉。

闰月,永昌太守曹鸾坐讼党人,弃市。①诏党人门生故吏父兄子弟在位者,皆免官禁锢。

①讼谓申理之也。其言切直,帝怒,槛车送槐里狱掠杀之也。

六月壬戌,太常南阳刘逸①为司空。

①逸字大过,〔24〕安众人。

秋七月,太尉许训罢,光禄勋刘宽为太尉。

冬十月壬午,御殿后槐树自拔倒竖。

司徒袁隗罢。十一月丙戌,光禄大夫杨赐为司徒。

十二月,甘陵王定薨。

试太学生年六十以上百馀人,除郎中、太子舍人至王家郎、郡国文学吏。①

①《汉官仪》曰:"太子舍人、王家郎中并秩二百石,无员。"

是岁,鲜卑寇幽州。沛国言黄龙见谯。

六年春正月辛丑,大赦天下。

二月,南宫平城门及武库东垣屋自坏。①〔25〕

①平城门,洛阳城南门也。蔡邕曰:"平城门,正阳之门,与宫连,郊祀法驾所从
　出,门之最尊者。"武库,禁兵所藏。东垣,库之外障。《易传》曰:"小人在位,
　厥妖城门自坏。"

夏四月,大旱,七州蝗。

鲜卑寇三边。①

①谓东、西与北边。

市贾民为宣陵孝子者数十人,皆除太子舍人。

秋七月,司空刘逸免,卫尉陈球为司空。

八月,遣破鲜卑中郎将田晏出云中,使匈奴中郎将臧旻与南单于出雁门,护乌桓校尉夏育出高柳,并伐鲜卑,晏等大败。

冬十月癸丑朔,日有食之。

太尉刘宽免。

帝临辟雍。

辛丑,京师地震。〔26〕

辛亥,令天下系囚罪未决,入缣赎。〔27〕

十一月,司空陈球免。十二月甲寅,太常河南孟彧为太尉。①庚辰,司徒杨赐免。太常陈耽为司空。

①彧字叔达,音乙六反。

鲜卑寇辽西。

永安太仆王旻下狱死。①

①永安宫之太仆也。

　　光和元年春正月，合浦、交阯乌浒蛮叛，招引九真、日南民攻没郡县。

　　太尉孟郁罢。

　　二月辛亥朔，日有食之。〔28〕

　　癸丑，光禄勋陈国袁滂为司徒。①

①滂字公喜。

　　己未，地震。

　　始置鸿都门学生。①

①鸿都，门名也，于内置学。时其中诸生，皆敕州、郡、三公举召能为尺牍辞赋及工书鸟篆者相课试，至千人焉。

　　三月辛丑，大赦天下，改元光和。

　　太常常山张颢为太尉。①

①颢字智明。《搜神记》曰："颢为梁相，新雨后，有鹊飞翔近地，令人摘之，堕地化为圆石，颢命椎破，得一金印，文曰'忠孝侯印'。"

　　夏四月丙辰，地震。

　　侍中寺雌鸡化为雄。

　　司空陈耽免，太常来艳为司空。

　　五月壬午，有白衣人入德阳殿门，亡去不获。①六月丁丑，有黑气堕所御温德殿庭中。②秋七月壬子，青虹见御坐玉堂后殿庭中。③八月，有星孛于天市。

①《东观记》曰："白衣人言'梁伯夏教我上殿'，与中黄门桓贤语，因忽不见。"

②《东观记》曰："堕所御温明殿庭中，如车盖隆起，奋迅，五色，有头，体长十馀丈，形儿似龙。"

③《洛阳宫殿名》，南宫有玉堂前、后殿。据《杨赐传》，云堕嘉德殿前。

　　九月，太尉张颢罢，太常陈球为太尉。司空来艳薨。冬十月，屯骑校尉袁逢为司空。

皇后宋氏废,后父执金吾酆下狱死。

丙子晦,日有食之。

十一月,太尉陈球免。十二月丁巳,光禄大夫桥玄为太尉。

是岁,鲜卑寇酒泉。京师马生人。①初开西邸卖官,自关内侯、虎贲、羽林,入钱各有差。②私令左右卖公卿,公千万,卿五百万。

①京房《易传》曰:"诸侯相伐,厥妖马生人。"

②《山阳公载记》曰:"时卖官,二千石二千万,四百石四百万,其以德次应选者半之,或三分之一,于西园立库以贮之。"

二年春,大疫,使常侍、中谒者巡行致医药。

三月,司徒袁滂免,大鸿胪刘郃为司徒。①乙丑,太尉桥玄罢,太中大夫段颎为太尉。

①郃字季承。

京兆地震。

司空袁逢罢,太常张济为司空。①

①济字元江,细阳人。

夏四月甲戌朔,日有食之。

辛巳,中常侍王甫及太尉段颎并下狱死。〔29〕

丁酉,大赦天下,诸党人禁锢小功以下皆除之。①

①时上禄长和海上言:"党人锢及五族,有乖典训。"帝从之。

东平王端薨。

五月,卫尉刘宽为太尉。

秋七月,使匈奴中郎将张脩有罪,下狱死。①

①时张脩擅斩单于呼徵,更立羌渠为单于,故坐死。

冬十月甲申,司徒刘郃、永乐少府陈球、卫尉阳球、步兵校尉刘纳谋诛宦者,事泄,皆下狱死。

巴郡板楯蛮叛,遣御史中丞萧瑗督益州刺史讨之,不克。

十二月,光禄勋杨赐为司徒。

鲜卑寇幽并二州。

是岁,河间王利薨。洛阳女子生儿,两头四臂。①

①京房《易传》曰:"二首,下不一也,厥妖人生两头。"

三年春正月癸酉,大赦天下。

二月,公府驻驾庑自坏。①

①公府,三公府也。驻驾,停车处也。庑,廊屋也,音无禹反。《续汉志》云:"南北四十馀间坏。"

三月,梁王元薨。

夏四月,江夏蛮叛。

六月,诏公卿举能通《〔古文〕尚书》、〔30〕《毛诗》、《左氏》、《穀梁春秋》各一人,悉除议郎。

秋,表是地震,涌水出。①

①表是,县,属酒泉郡,故城在今甘州张掖县西北也。

八月,令系囚罪未决,入缣赎,各有差。

冬闰月,〔31〕有星孛于狼、弧。①

①二星名也。

鲜卑寇幽、并二州。

十二月己巳,立贵人何氏为皇后。①

①南阳宛人也,车骑将军何(贡)〔真〕女也。〔32〕

是岁,作罼圭、灵昆苑。①

①罼圭苑有二,东罼圭苑周一千五百步,中有鱼梁台,西罼圭苑周三千三百步,并在洛阳宣平门外也。

四年春正月,初置骒骥厩丞,领受郡国调马。①豪右辜榷,马一匹至二百万。②

①骒骥,善马也。调谓征发也。

②《前书音义》曰:"辜,障也。榷,专也。谓障馀人卖买而自取其利。"

二月,郡国上芝英草。夏四月庚子,大赦天下。

交阯刺史朱儁讨交阯、合浦乌浒蛮,破之。

六月庚辰,雨雹。①秋七月,河南言凤皇见新城,群鸟随之;赐新城令及三老、力田帛,各有差。九月庚寅朔,日有食之。

①《续汉书》曰:"雹大如鸡子。"

太尉刘宽免,卫尉许馘为太尉。〔33〕

闰月辛酉,北宫东掖庭永巷署灾。①

①永巷,宫中署名也。《汉官仪》曰:"令一人,宦者为之,秩六百石,掌宫婢侍使。"〔34〕

司徒杨赐罢。冬十月,太常陈耽为司徒。

鲜卑寇幽并二州。

是岁帝作列肆于后宫,使诸采女贩卖,更相盗窃争斗。帝著商估服,饮宴为乐。又于西园弄狗,著进贤冠,带绶。①又驾四驴,帝躬自操辔,驱驰周旋,京师转相放效。②

①《三礼图》曰:"进贤冠,文官服之,前高七寸,后高三寸,长八寸。"《续汉志》曰:"灵帝宠用便嬖子弟,转相汲引,卖关内侯直五百万。令长强者贪如豺狼,弱者略不类物,实狗而冠也。"昌邑王见狗冠方山冠,龚遂曰:"王之左右皆狗而冠。"

②《续汉志》曰:"驴者乃服重致远,上下山谷,野人之所用耳,何有帝王君子而驺驾之乎! 天意若曰,国且大乱,贤愚倒植,凡执政者皆如驴也。"

五年春正月辛未,大赦天下。

二月,大疫。

三月,司徒陈耽免。

夏四月,旱。

太常袁隗为司徒。

五月庚申,永乐宫署灾。①秋七月,有星孛于太微。

①《续汉志》曰:"德阳前殿西北入门内永乐太后宫署灾。"

巴郡板楯蛮诣太守曹谦降。

癸酉,令系囚罪未决,入缣赎。

八月,起四百尺观于阿亭道。

冬十月,太尉许馘罢,太常杨赐为太尉。

校猎上林苑,历函谷关,遂巡狩于广成苑。十二月,还,幸太学。

六年春正月,日南徼外国重译贡献。

二月,复长陵县,比丰、沛。三月辛未,大赦天下。

夏,大旱。

秋,金城河水溢。五原山岸崩。

始置圃囿署,以宦者为令。

冬,东海、东莱、琅邪井中冰厚尺馀。〔35〕

大有年。

中平元年春二月,钜鹿人张角自称"黄天",其部(师)〔帅〕有三十六(万)〔方〕,〔36〕皆著黄巾,同日反叛。①安平、甘陵人各执其王以应之。②

①《续汉书》曰:"三十六万馀人。"

②安平王续、甘陵王忠。

三月戊申,以河南尹何进为大将军,将兵屯都亭。置八关都尉官。①壬子,大赦天下党人,还诸徙者,②唯张角不赦。诏公卿出马、弩,举列将子孙及吏民有明战阵之略者,诣公车。遣北中郎将卢植讨张角,左中郎将皇甫嵩、右中郎将朱儁讨颍川黄巾。庚子,南阳黄巾张曼成攻杀郡守褚贡。

①都亭在洛阳。八关谓函谷、广城、伊阙、大谷、轘辕、旋门、小平津、孟津也。

②时中常侍吕强言于帝曰:"党锢久积,若与黄巾合谋,悔之无救。"帝惧,皆赦之"。

　　夏四月,太尉杨赐免,太仆弘农邓盛为太尉。① 司空张济罢,大司农张温为司空。

①盛字伯能。

　　朱儁为黄巾波才所败。

　　侍中向栩、张钧〔37〕坐言宦者,下狱死。①

①时钧上书曰:"今斩常侍,悬其首于南郊以谢天下,即兵自消也。"帝以章示常侍,故下狱也。

　　汝南黄巾败太守赵谦于邵陵。① 广阳黄巾杀幽州刺史郭勋及太守刘卫。

①邵陵,县名,属汝南郡,故城在今豫州郾城县东。

　　五月,皇甫嵩、朱儁复与波才等战于长社,大破之。①

①长社,今许州县也,故城在长葛县西。

　　六月,南阳太守秦颉击张曼成,斩之。

　　交阯屯兵执刺史及合浦太守来达,自称"柱天将军",遣交阯刺史贾琮讨平之。

　　皇甫嵩、朱儁大破汝南黄巾于西华。① 诏嵩讨东郡,朱儁讨南阳。卢植破黄巾,围张角于广宗。宦官诬奏植,抵罪。② 遣中郎将董卓攻张角,不克。

①西华,县,属汝南郡,故城在今陈州项城县西。

②植连破张角,垂当拔之,小黄门左丰言于帝曰:"卢中郎固垒息军,以待天诛。"帝怒,遂槛车征植,减死一等。

　　洛阳女子生儿,两头共身。①

①《续汉志》曰:〔38〕"上西门外女子生儿,两头,异肩共胸,以为不祥,堕地弃之。其后政在私门,上下无别,二头之象。"

　　秋七月,巴郡妖巫张脩反,寇郡县。①

①刘艾纪曰:"时巴郡巫人张脩疗病,愈者雇以米五斗,号为'五斗米师'。"

　　河南尹徐灌下狱死。

八月，皇甫嵩与黄巾战于仓亭，获其帅。①

①其帅，卜已也。仓亭在东郡。

乙巳，诏皇甫嵩北讨张角。

九月，安平王续有罪诛，国除。

冬十月，皇甫嵩与黄巾贼战于广宗，获张角弟梁。角先死，乃戮其尸。①以皇甫嵩为左车骑将军。十一月，皇甫嵩又破黄巾于下曲阳，斩张角弟宝。

①发棺断头，传送马市。

湟中义从胡北宫伯玉与先零羌叛，以金城人边章、韩遂为军帅，攻杀护羌校尉伶徵、金城太守陈懿。①

①伶，姓也，周有大夫伶州鸠。

癸巳，朱儁拔宛城，斩黄巾别帅孙夏。

诏减太官珍羞，御食一肉；厩马非郊祭之用，悉出给军。

十二月己巳，大赦天下，改元中平。

是岁，下邳王意薨，无子，国除。[39]郡国生异草，备龙蛇鸟兽之形。①

①《风俗通》曰："亦作人状，操持兵弩，一一备具。"《续汉志》曰："龙蛇鸟兽，其状毛羽头目足翅皆具。是岁黄巾贼起。汉遂微弱。"

二年春正月，大疫。

琅邪王据薨。

二月己酉，南宫大灾，火半月乃灭。①（己）〔癸〕亥，广阳门外屋自坏。②〔40〕

①《续汉志》曰："时烧灵台殿、乐成殿，延及北阙度道，西烧嘉德、和欢殿。"
②洛阳城西面南头门也。

税天下田，亩十钱。①

①以修宫室。

黑山贼张牛角等十馀辈并起,所在寇钞。

司徒袁隗免。三月,廷尉崔烈为司徒。

北宫伯玉等寇三辅,遣左车骑将军皇甫嵩讨之,不克。

夏四月庚戌,大风,雨雹。

五月,太尉邓盛罢,太仆河(南)〔内〕张延为太尉。①〔41〕

①延字公威,歆之子。

秋七月,三辅螟。

左车骑将军皇甫嵩免。八月,以司空张温为车骑将军,讨北宫伯玉。九月,特进杨赐为司空。冬十月庚寅,司空杨赐薨,〔42〕光禄大夫许相为司空。①

①相字公弼,平舆人,许训之子。

前司徒陈耽、谏议大夫刘陶坐直言,下狱死。

十一月,张温破北宫伯玉于美阳,因遣荡寇将军周慎追击之,围榆中;①又遣中郎将董卓讨先零羌。慎、卓并不克。

①县名,故城在今兰州金城县东也。

鲜卑寇幽并二州。

是岁,造万金堂于西园。洛阳民生儿,两头四臂。

三年春二月,江夏兵赵慈反,杀南阳太守秦颉。

庚戌,大赦天下。

太尉张延罢。车骑将军张温为太尉,中常侍赵忠为车骑将军。

复修玉堂殿,铸铜人四,黄钟四。①及天禄、虾蟆,又铸四出文钱。②

①其音中黄钟也。子为黄钟。

②天禄,兽也。时使掖廷令毕岚铸铜人,列于仓龙、玄武阙外,钟悬于玉堂及云台殿前,天禄、虾蟆吐水于平门外。事具《宦者传》。案:今邓州南阳县北有宗资碑,旁有两石兽,镌其膊一曰天禄,一曰辟邪。据此,即天禄、辟邪并兽名也。汉有天禄阁,亦因兽以立名。

五月壬辰晦,日有食之。

六月,荆州刺史王敏讨赵慈,斩之。

车骑将军赵忠罢。

秋八月,怀陵上有雀万数,悲鸣,因斗相杀。①

①怀陵,冲帝陵也。《续汉志》曰:"天戒若曰:"诸怀爵禄而尊厚者,还自相害也。"

冬十月,武陵蛮叛,寇郡界,郡兵讨破之。

前太尉张延为宦人所谮,下狱死。

十二月,鲜卑寇幽并二州。

四年春正月己卯,大赦天下。

二月,荥阳贼杀中牟令。①

①中牟,今郑州县。刘艾纪曰:"令落皓及主簿潘业,临阵不顾,皆被害。"

己亥,南宫内殿罘罳自坏。①

①《前书音义》曰:"罘罳,连阙曲阁也,音浮思。"

三月,河南尹何苗讨荥阳贼,破之,拜苗为车骑将军。

夏四月,凉州刺史耿鄙讨金城贼韩遂,鄙兵大败,遂寇汉阳,汉阳太守傅燮战没。扶风人马腾、汉阳人王国并叛,寇三辅。

太尉张温免,司徒崔烈为太尉。五月,司空许相为司徒,光禄勋沛国丁宫为司空。①

①宫字元雄。

六月,洛阳民生男,两头共身。①

①刘艾纪曰"上西门外刘仓妻生"也。

渔阳人张纯与同郡张举举兵叛,攻杀右北平太守刘政、辽东太守杨终、[43] 护乌桓校尉公綦稠等。举(兵)自称天子,[44] 寇幽、冀二州。

秋九月丁酉,令天下系囚罪未决,入缣赎。

冬十月,零陵人观鹄①自称"平天将军",寇桂阳,长沙太守孙坚击斩之。

①观,姓;鹄,名。

十一月,太尉崔烈罢,大司农曹嵩为太尉。

十二月,休屠各胡叛。

是岁,卖关内侯,假金印紫绶,传世,入钱五百万。

五年春正月,休屠各胡寇西河,杀郡守邢纪。

丁酉,大赦天下。

二月,有星孛于紫宫。

黄巾馀贼郭太[45]等起于西河白波谷,寇太原、河东。

三月,休屠各胡攻杀并州刺史张懿,遂与南匈奴左部胡合,杀其单于。

夏四月,汝南葛陂黄巾攻没郡县。①

①葛陂在今豫州新蔡县西北。

太尉曹嵩罢。五月,永乐少府樊陵为太尉。①

①陵字德云,胡阳人也。[46]

六月丙寅,大风。

太尉樊陵罢。

益州黄巾马相攻杀刺史郗俭,自称天子,又寇巴郡,杀郡守赵部,益州从事贾龙击相,斩之。

郡国七大水。

秋七月,射声校尉马日磾为太尉。

八月,初置西园八校尉。①

①乐资《山阳公载记》曰:“小黄门蹇硕为上军校尉,虎贲中郎将袁绍为中军校尉,屯骑校尉鲍鸿为下军校尉,议郎曹操为典军校尉,赵融为助军左校尉,冯芳为助军右校尉,谏议大夫夏牟为左校尉,淳于琼为右校尉:凡八校〔尉〕,[47]皆统于蹇硕。”

司徒许相罢，司空丁宫为司徒。光禄勋南阳刘弘为司空。①卫尉董重为票骑将军。

①字子高，安众人。

九月，南单于叛。与白波贼寇河东。〔48〕遣中郎将孟益率骑都尉公孙瓒讨渔阳贼张纯等。

冬十月，（壬午御殿后槐树自拔倒竖）青、徐黄巾复起，〔49〕寇郡县。

甲子，帝自称"无上将军"，耀兵于平乐观。①

①平乐观在洛阳城西。

十一月，凉州贼王国围陈仓，右将军皇甫嵩救之。

遣下军校尉鲍鸿讨葛陂黄巾。

巴郡板楯蛮叛，遣上军别部司马赵瑾讨平之。

公孙瓒与张纯战于石门，大破之。①

①时乌桓反叛，与贼张纯等攻蓟中，故瓒追击之。石门，山名也，在今营州西南。

是岁，改刺史，新置牧。

六年春二月，左将军皇甫嵩大破王国于陈仓。

三月，幽州牧刘虞购斩渔阳贼张纯。

下军校尉鲍鸿下狱死。

夏四月丙午朔，日有食之。

太尉马日磾免，幽州牧刘虞为太尉。

丙辰，帝崩于南宫嘉德殿，年三十四。〔50〕戊午，皇子辩即皇帝位，年十七。尊皇后曰皇太后，太后临朝。大赦天下，改元为光（喜）〔熹〕。〔51〕封皇弟协为渤海王。后将军袁隗为太傅，与大将军何进参录尚书事。上军校尉蹇硕下狱死。①五月辛巳，票骑将军董重下狱死。②六月辛亥，孝仁皇后董氏崩。

①时蹇硕谋欲立渤海王协，发觉。

②董重,〔孝仁〕皇后之(弟)〔兄〕子也。[52]

辛酉,葬孝灵皇帝于文陵。①

①在洛阳西北二十里,陵高十二丈,周回三百步。

雨水。

秋七月,甘陵王忠薨。

庚寅,孝仁皇后归葬河间慎陵。

徙渤海王协为陈留王。司徒丁宫罢。

八月戊辰,中常侍张让、段珪等杀大将军何进,于是虎贲中郎将袁术烧东西宫,攻诸宦者。庚午,张让、段珪等劫少帝及陈留王幸北宫德阳殿。何进部曲将吴匡与车骑将军何苗战于朱雀阙下,苗败斩之。辛未,司隶校尉袁绍勒兵收伪司隶校尉樊陵、河南尹许相及诸阉人,无少长皆斩之。让、珪等复劫少帝、陈留王走小平津。① 尚书卢植追让、珪等,斩数人,其馀投河而死。② 帝与陈留王协夜步逐荧光行数里,得民家露车,共乘之。

①小平津在今巩县西北。《续汉志》曰:"时京师童谣曰'侯非侯,王非王,千乘万骑上北邙。'案献帝未有爵号,为段珪等所执,公卿百官皆随其后,到河上乃得还。"

②《献帝春秋》曰:"河南中部掾闵贡见天子出,率骑追之,(北)〔比晓〕到河上。[53] 天子饥渴,贡宰羊进之,厉声责让等曰:'君以阉宦之隶,刀锯之残,越从污泥,扶侍日月,卖弄国恩,阶贱为贵,劫迫帝主,荡覆王室,假息漏刻,游魂河津。自亡新以来,奸臣贼子未有如君者。今不速死,吾射杀汝。'让等惶怖,叉手再拜叩头,向天子辞曰:'臣等死,陛下自爱。'遂投河而死。"

辛未,还宫。[54] 大赦天下,改光(喜)〔熹〕为昭宁。

并州牧董卓杀执金吾丁原。司空刘弘免,董卓自为司空。

九月甲戌,董卓废帝为弘农王。

自六月雨,至于是月。

论曰:《秦本纪》说赵高谲二世,指鹿为马,① 而赵忠、张让亦绐灵帝不得登高临观，②故知亡敝者同其致矣。然则灵帝之为灵也优哉！

　①《史记》曰，赵高欲为乱，恐群臣不听，乃先设验。持鹿献胡亥曰："马也。"胡
　　亥曰："丞相误也。"以问群臣，左右或言马，或言鹿者高皆阴法中之，自此左
　　右不敢言之也。

　②时宦官并起第宅，拟则宫室。帝尝登永安候台，宦官恐望见之，乃使赵忠等
　　谏曰："人君不当登高，登高则百姓散离。"自是不敢复登台榭。见《宦者传》。

　　　赞曰：灵帝负乘，委体宦孽。①征亡备兆，《小雅》尽缺。②麋鹿霜露，
遂栖宫卫。③

　①《易》曰："负且乘，致寇至。"言帝以小人而乘君子之器。

　②《诗·小雅》曰："《小雅》废，则四夷交侵，中国微矣。"缺亦废也。

　③《史记》曰，伍子胥谏吴王，吴王不听，子胥曰："臣今见麋鹿游于姑苏之台，宫
　　中生荆棘，露沾衣也。"言帝为政贪乱，任寄不得其人，寻以献帝迁播，洛阳丘
　　墟，故麋鹿栖宫卫也。卫，协韵音于别反。

【校勘记】

〔1〕　父苌　按：《集解》引钱大昕说，谓《河间王开传》作"长"，古书长苌多
　　　通用。

〔2〕　(伏侯《古今注》曰)宏之字曰大　据《集解》引沈宇说删。按：沈氏谓据《伏湛
　　　传》注，章怀亲见伏侯《古今注》，其书终于质帝，不及桓帝，今《桓献》二
　　　纪俱无此六字，此传写者妄增。

〔3〕　(梁)〔梁〕下有悬鼓　据殿本改。按：《续志》亦作"梁"。

〔4〕　欲击鼓求见〔丞〕卿(悬)〔主〕鼓者复怒而止我也　据《续志》补改。

〔5〕　今原州(高)平〔高〕县　据《集解》引惠栋说改。

〔6〕　夏四月戊辰　按：《校补》引钱大昭说，谓是月戊寅朔，不得有戊辰。《校
　　　补》又谓《袁纪》亦书"夏四月戊辰以王畅为司空"，则误不自《范书》始。

〔7〕　九月(丁)〔辛〕亥　《集解》引惠栋说，谓是年九月乙巳朔，无丁亥，当从
　　　《袁纪》作"辛亥"。今据改。

〔8〕　司隶校尉朱(瑀)〔寓〕　《集解》引钱大昕说，谓《党锢》及《窦武传》皆作

"朱寓",此作"瑀",误。今据改。

〔9〕　沛相荀(翌)〔昱〕　洪颐轩《读书丛录》谓"翌"当作"昱",《荀淑传》、《党锢传序》及《窦武传》并作"昱"。今据改。

〔10〕　(庚子)〔戊戌〕晦日有食之　据《集解》引钱大昕说改,与《五行志》合。

〔11〕　三月丙寅晦日有食之　按:推是年四月合朔丁卯晨夜,日食不能见。参阅《续五行志》六校记。

〔12〕　故城在今(济)〔齐〕州东　钱大昕《廿二史考异》谓"济州"当作"齐州"。今据改。按:唐无"济州"。

〔13〕　太尉闻人袭免　《集解》引惠栋说,谓案蔡质《汉官典职仪》载建宁四年七月立宋皇后仪,称太尉袭使持节奉玺绶。袭于三月罢,不应七月尚与立后之事。何焯云蔡氏所载是诏书,不应有误,当是本纪所书拜罢未审也。按:《校补》谓《袁纪》建宁四年三月,太尉刘宠、司空乔玄以灾异免,免太尉者不作闻人袭,其他拜罢亦多与《范书》异,则何说信也。

〔14〕　癸丑立贵人宋氏为皇后　《集解》引何焯说,谓《礼仪志》载蔡质所记立后仪,下诏之日非癸丑,乃乙未。奉玺绶者乃闻人袭,非李咸,疑范氏误。今按:此云七月癸丑,蔡质所记则云七月乙未。建宁四年七月己未朔,无癸丑,亦无乙未。疑此"癸丑"上脱"八月"二字,而蔡质所记之七月乙未,亦八月乙未之误也。

〔15〕　会稽人许生自称越王　按:《集解》引何焯说,谓"许生"《吴志》作"许昌"。又引惠栋说,谓《天文志》、《臧洪传》皆作"许生"。

〔16〕　丹阳太守陈夤讨破之　《集解》引惠栋说,谓"夤"《天文志》作"寅"。按:前建宁二年作"陈夤",下熹平三年又作"陈寅",纪前后亦不一律也。

〔17〕　会稽许昭聚众自称大将军　按:《集解》引何焯说,谓"许昭"《吴志》作"许韶"。又引惠栋说,谓晋讳昭,故作"韶"。

〔18〕　甘陵王恢薨　按:《集解》引钱大昕说,谓《清河王庆传》梁太后立安平孝王子经侯理为甘陵王,是为威王,理立二十五年薨,子贞王定嗣,定立四年薨,子献王忠嗣,别无名恢者。考理以桓帝建和二年封,至熹平元年恰二十五年,则恢与理实一人也。

〔19〕　癸酉晦日有食之　按:熹平二年十二月乙巳朔,三年正月乙亥朔,则晦为甲戌而非癸酉。今推熹平三年正月合朔甲戌,日食可见,纪书月日有误。参阅《续五行志》六校记。

〔20〕 三月中山王畅薨无子国除　按：《集解》引钱大昕说，谓按《中山王焉传》，穆王畅立三十四年薨，子节王稚嗣，无子，国除。是畅本有子，而国亦未即除也。

〔21〕 封河间王建(孙)〔子〕佗为任城王　《集解》引钱大昕说，谓《光武十王传》佗为建子，非建孙。今据改。

〔22〕 夏四月郡国七大水　按：《校补》谓《续志》但云"郡国三水"。

〔23〕 并无〔盐〕监今蒲州安邑县西南有盐池〔监也〕　据《刊误》并参照《校补》改。

〔24〕 逸字大过　按：殿本、《集解》本"过"作"迥"。

〔25〕 二月南宫平城门及武库东垣屋自坏　按：《集解》引惠栋说，谓《谢承书》及《续汉志》皆云光和元年事，疑纪误也。

〔26〕 辛丑京师地震　按：是年十月癸丑朔，不得有辛丑。《校补》谓《袁纪》于癸丑朔日食下接书地震，不另出日，似两事同日，"辛丑"或即"癸丑"之误。

〔27〕 辛亥令天下系囚罪未决入缣赎　按：是年十月癸丑朔，不得有辛亥，辛亥当在下月，疑有误。

〔28〕 二月辛亥朔日有食之　按：今推是年二月合朔辛亥，无日食。参阅《续五行志》六校记。

〔29〕 中常侍王甫及太尉段颎并下狱死　按：李慈铭谓"并"下当增"有罪"二字。

〔30〕 诏公卿举能通〔古文〕尚书　殿本《考证》引顾炎武说，谓"尚书"上脱"古文"二字。今据补。按：李慈铭谓以《古文尚书》及《毛诗》、《左氏》、《穀梁春秋》皆不立学官，故诏能通之者得拜议郎也，与《安纪》延光二年所书正同。

〔31〕 冬闰月　按：光和三年无闰月，"闰月"二字衍。

〔32〕 车骑将军何(贡)〔真〕女也　据《校补》引洪亮吉说改。

〔33〕 卫尉许馘为太尉　按：《集解》引惠栋说，谓"许馘"《袁宏纪》作"许郁"。

〔34〕 掌宫婢侍使　按：《刊误》谓"使"当作"史"，即尚书郎侍史之类。

〔35〕 冬东海东莱琅邪井中冰厚尺馀　按：《校补》引钱大昭说，谓《续五行志》"东海"作"北海"。

〔36〕 其部(师)〔帅〕有三十六(万)〔方〕　据殿本《考证》及《集解》引惠栋说改。

〔37〕 张钧 按:《集解》引惠栋说,谓《袁宏纪》作"均"。

〔38〕 续汉志曰 按:"志"原作"书",径据汲本、殿本改。

〔39〕 下邳王意薨无子国除 按:《集解》引钱大昕说,谓《下邳王衍传》中平元年意薨,子哀王宜嗣,数月薨,无子,建安十一年国除。是意亦有子。

〔40〕 (己)〔癸〕亥广阳门外屋自坏 《集解》引钱大昕说,谓《五行志》作"癸亥",以《四分术》推之,是年二月庚子朔,不得有己亥日,纪误。今据改。

〔41〕 太仆河(南)〔内〕张延为太尉 据《集解》引惠栋说改。

〔42〕 冬十月庚寅司空杨赐薨 《集解》引钱大昕说,谓以《四分术》推,是月丙申朔,无庚寅,庚寅乃九月二十四也,月日必有一误。今按:《杨赐传》云二年九月复代张温为司空,其月薨,则纪作"十月",误也。

〔43〕 辽东太守杨终 按:《集解》引惠栋说,谓《水经注》作"杨纮"。

〔44〕 举(兵)自称天子 据《刊误》删。

〔45〕 黄巾馀贼郭太 按:"太"原作"大",径据汲本、殿本改。《集解》引惠栋说,谓"太"本作"泰",范氏以家讳改也。

〔46〕 陵字德云胡阳人也 按:陵,樊英之孙,《英传》称南阳鲁阳人,此作"胡阳",非。

〔47〕 凡八校〔尉〕 据汲本、殿本补。

〔48〕 九月南单于叛与白波贼寇河东 按:《集解》引惠栋说,谓《考异》云《匈奴传》六年帝崩之后,於扶罗乃与白波贼为寇,纪误。

〔49〕 冬十月(壬午御殿后槐树自拔倒竖)青徐黄巾复起 按:熹平五年已书"冬十月壬午御殿后槐树自拔倒竖",此重出,且是年十月己酉朔,无壬午,今删。

〔50〕 年三十四 按:当作"三十三"。张熷《读史举正》谓帝即位年十二,是年改元建宁,至此凡二十二年,时帝年三十三。

〔51〕 改元为光(喜)〔熹〕 据汲本、殿本改。下同。

〔52〕 董重〔孝仁〕皇后之(弟)〔兄〕子也 据《集解》引陈景云说改。

〔53〕 (北)〔比晓〕到河上 《集解》谓《御览》引《献帝春秋》作"比晓到河上",注脱"晓"字,复误"比"为"北"也。今据改。

〔54〕 辛未还宫 《集解》引陈景云说,谓上文已书"辛未",不应复书。

后汉书卷九

孝献帝纪第九

孝献皇帝讳协,灵帝中子也。①〔1〕母王美人,为何皇后所害。中平六年四月,少帝即位,封帝为勃海王,徙封陈留王。

①《谥法》曰:"聪明睿智曰献。"协之字曰合。张璠《记》曰:"灵帝以帝似己,故名曰协。"《帝王纪》曰:"协字伯和。"

九月甲戌,即皇帝位,年九岁。迁皇太后于永安宫。①大赦天下。改昭宁为永汉。丙子,董卓杀皇太后何氏。

①董卓迁也。《洛阳宫殿名》曰:"永安宫周回六百九十八丈,故基在洛阳故城中。"

初令侍中、给事黄门侍郎员各六人。①赐公卿以下至黄门侍郎家一人为郎,以补宦官所领诸署,侍于殿上。②

①《续汉志》曰:"侍中,比二千石,无员。"《汉官仪》曰:"侍中,左蝉右貂,本秦丞相史,往来殿内,故谓之侍中。分掌乘舆服物,下至亵器虎子之属。武帝时,孔安国为侍中,以其儒者,特听掌御唾壶,朝廷荣之。至东京时,属少府,亦无员。驾出,则一人负传国玺,操斩蛇剑,〔参〕乘。(舆)〔与〕中官俱止禁中。"〔2〕又曰:"给事黄门侍郎,六百石,无员。掌侍从左右,给事中使,关通中外。"应劭曰:"黄门侍郎,每日暮向青琐门拜,谓之夕郎。"《舆服志》曰:"禁门曰黄闼,以中人主之,故号曰黄门令。"然则黄门郎给事黄闼之内,故曰黄门郎。本既无员,于此各置六人也。《献帝起居注》曰:"自诛黄门后,侍中、侍郎出入禁中,机事颇露,由是王允乃奏侍中、黄门不得出入。不通宾客,自此始也。"

②灵帝(建元)〔熹平〕四年,改平准为中准,〔3〕使宦者为令。自是诸内署令、丞

悉以阉人为之,故今并令士人代领之。

乙酉,以太尉刘虞为大司马。董卓自为太尉,加铁钺、虎贲。①丙戌,太中大夫杨彪为司空。甲午,豫州牧黄琬为司徒。

①《礼记》曰:"诸侯赐铁钺然后专杀。"《说文》曰:"铁,莝刃也。"《苍颉篇》曰:"铁,斧也。"加铁钺者,得专杀也。

遣使吊祠故太傅陈蕃、大将军窦武等。冬十月乙巳,葬灵思皇后。

白波贼寇河东,①董卓遣其将牛辅击之。

①《薛莹书》曰:"黄巾郭泰等起于西河白波谷,时谓之白波贼。"

十一月癸酉,董卓〔自〕为相国。〔4〕十二月戊戌,司徒黄琬为太尉,司空杨彪为司徒,光禄勋荀爽为司空。

省扶风都尉,置汉安都护。①

①扶风都尉,比二千石,武帝元鼎四年置,中兴不改,至此以羌扰三辅,故省之。置都护,令总统西方。

诏除光熹、昭宁、永汉三号,还复中平六年。

初平元年春正月,山东州郡起兵以讨董卓。

辛亥,大赦天下。

癸酉,董卓杀弘农王。

白波贼寇东郡。

二月乙亥,太尉黄琬、司徒杨彪免。

庚辰,董卓杀城门校尉伍琼、督军校尉周珌。①以光禄勋赵谦为太尉,②太仆王允为司徒。

①珌音必。《东观记》曰:"周珌,豫州刺史慎之子也。"《续汉书》、《魏志》并作"毖",音秘。

②《谢承书》曰:"谦字彦信,太尉赵戒之孙,蜀郡成都人也。"

丁亥,迁都长安。董卓驱徙京师百姓悉西入关,自留屯毕圭苑。

壬辰,白虹贯日。

三月乙巳,车驾入长安,幸未央宫。①

①未央宫,萧何所造也。张璠《记》曰:"将入宫日,大雨,昼晦,翟雉飞入长安宫。"

己酉,董卓焚洛阳宫庙及人家。

戊午,董卓杀太傅袁隗、太仆袁基,夷其族。①

①隗,绍之叔父。基,袁术之母兄。卓以山东兵起,依绍、术为主,故诛其亲属。《献帝春秋》曰:"尺口以上男女五十馀人,皆下狱死。"

夏五月,司空荀爽薨。六月辛丑,光禄大夫种拂为司空。

大鸿胪韩融、少府阴脩、执金吾胡母班、①将作大匠吴脩、越骑校尉王瓌安集关东,后将军袁术、河内太守王匡各执而杀之,②唯韩融获免。

①《风俗通》云:"胡母,姓,本陈胡公之后也。公子完奔齐,遂有齐国,齐宣王母弟别封母乡,远本胡公,近取母邑,故曰胡母氏也。"

②《英雄记》曰:"匡字公节,太山人也。轻财好施,以任侠闻,为袁绍河内太守。"

董卓坏五铢钱,更铸小钱。①

①光武中兴,除王莽货泉,更用五铢钱。

冬十一月庚戌,镇星、荧惑、太白合于尾。

是岁,有司奏,和、安、顺、桓四帝无功德,不宜称宗,又恭怀、敬隐、恭愍三皇后并非正嫡,不合称后,皆请除尊号。制曰:"可。"①孙坚杀荆州刺史王叡,②又杀南阳太守张咨。

①和帝号穆宗,安帝号恭宗,顺帝号敬宗,桓帝号威宗。和帝尊母梁贵人曰恭怀皇后,安帝尊祖母宋贵人曰敬隐皇后,顺帝尊母李氏曰恭愍皇后。

②《王氏谱》曰:"叡字通曜,晋太保祥伯父也。"《吴录》曰:"叡素遇坚无礼,坚此时欲杀叡。叡曰:'我何罪?'坚曰:'坐无所知。'叡穷迫,刮金饮之而死。"

二年春正月辛丑,大赦天下。

二月丁丑,董卓自为太师。

袁术遣将孙坚与董卓将胡轸战于阳人,①轸军大败。董卓遂发掘洛阳诸帝陵。夏四月,董卓入长安。

> ①阳人,聚名,属河南郡,故城在今汝州梁县西。《史记》秦灭东周,徙其君于
> 　阳人聚,即此地也。

六月丙戌,地震。

秋七月,司空种拂免,光禄大夫济南淳于嘉为司空。太尉赵谦罢,太常马日磾为太尉。

九月,蚩尤旗见于角、亢。①

> ①《天官书》曰:"蚩尤之旗,类彗而后曲,象旗。"荧惑之精也。《吕氏春秋》云:
> 　"其色黄上白下,见则王者征伐四方。"角、亢,苍龙之星。

冬十月壬戌,董卓杀卫尉张温。

十一月,青州黄巾寇太山,太山太守应劭击破之。黄巾转寇勃海,公孙瓒与战于东光,复大破之。①

> ①东光,今沧州县。

是岁,长沙有人死经月复活。

三年春正月丁丑,大赦天下。

袁术遣将孙坚攻刘表于襄阳,坚战殁。[5]

袁绍及公孙瓒战于界桥,①瓒军大败。

> ①今贝州宗城县东有古界城,近枯漳水,则界桥在此也。

夏四月辛巳,诛董卓,夷三族。司徒王允录尚书事,总朝政,遣使者张种抚慰山东。

青州黄巾击杀兖州刺史刘岱于东平。东郡太守曹操大破黄巾于寿张,降之。

五月丁酉,大赦天下。

丁未,征西将军皇甫嵩为车骑将军。

董卓部曲将李傕、郭汜、[6]樊稠、张济等反,攻京师。六月戊午,陷长安城,太常种拂、太仆鲁旭、大鸿胪周奂、①城门校尉崔烈、越骑校尉

王颀并战殁,②吏民死者万馀人。李傕等并自为将军。

①《三辅决录注》曰:"奂字文明,茂陵人。"

②颀音祈。

己未,大赦天下。

李傕杀司隶校尉黄琬,甲子,杀司徒王允,皆灭其族。丙子,前将军赵谦为司徒。

秋七月庚子,太尉马日磾为太傅,录尚书事。八月,遣日磾及太仆赵岐,〔7〕持节慰抚天下。车骑将军皇甫嵩为太尉。司徒赵谦罢。

九月,李傕自为车骑将军,郭汜后将军,樊稠右将军,张济镇东将军。济出屯弘农。

甲申,司空淳于嘉为司徒,光禄大夫杨彪为司空,并录尚书事。

冬十二月,太尉皇甫嵩免。光禄大夫周忠为太尉,参录尚书事。

四年春正月甲寅朔,日有食之。①

①《袁宏纪》曰:"时未晡八刻。太史令王立奏曰:'晷过度,无变也。'朝臣皆贺。帝令候焉,未晡一刻而食。贾诩奏曰:'立司候不明,疑误上下,请付理官。'帝曰:'天道远,事验难明,欲归咎史官,益重朕之不德也。'"

丁卯,大赦天下。

三月,袁术杀杨州刺史陈温,据淮南。

长安宣平城门外屋自坏。①

①《三辅黄图》曰:"长安城东面北头门也。"

夏五月癸酉,〔8〕无云而雷。六月,扶风大风,雨雹。华山崩裂。

太尉周忠免,太仆朱儁为太尉,录尚书事。

下邳贼阙宣自称天子。①

①《风俗通》曰:"阙,姓也,承阙党童子之后也。纵横家有阙子著书。"

雨水。遣侍御史裴茂讯诏狱,原轻系。六月辛丑,天狗西北行。①

①《前书音义》曰:"有声为天狗,无声为枉矢。"

九月甲午,试儒生四十馀人,〔9〕上第赐位郎中,次太子舍人,下第者罢之。诏曰:"孔子叹'学之不讲',①不讲则所识日忘。今耆儒年逾六十,去离本土,营求粮资,不得专业。结童入学,白首空归,长委农野,永绝荣望,朕甚愍焉。其依科罢者,听为太子舍人。"②

①讲,习也。《论语》之文。

②刘艾《献帝纪》曰:"时长安中为之谣曰:'头白皓然,食不充粮。裹衣襄裳,当还故乡。圣主愍念,悉用补郎。舍是布衣,被服玄黄。'"

冬十月,太学行礼,车驾幸永福城门,临观其仪,赐博士以下各有差。

辛丑,京师地震。有星孛于天市。①

①《袁宏纪》曰:"孛于天市,将从天子移都,其后上东迁之应也。"

司空杨彪免,太常赵温为司空。

公孙瓒杀大司马刘虞。

十二月辛丑,地震。

司空赵温免,乙巳,卫尉张喜为司空。①

①《献帝春秋》(日)"喜"作"嘉"。〔10〕

是岁,琅邪王容薨。

兴平元年春正月辛酉,大赦天下,改元兴平。甲子,帝加元服。二月壬午,追尊谥皇妣王氏为灵怀皇后,甲申,改葬于文昭陵。丁亥,帝耕于藉田。

三月,韩遂、马腾与郭汜、樊稠战于长平观,遂、腾败绩,左中郎将刘范、前益州刺史种劭战殁。①

①《前书音义》曰:"长平,阪名也,上有观,在池阳宫南,去长安五十里,今泾水南原眭城是也。"《袁宏纪》曰:"是时马腾以李傕等专乱,以益州刺史刘焉宗室大臣,遣使招引共诛傕。焉遣子范将兵就腾。故凉州刺史种劭,太常拂之子也。拂为傕所害,劭欲报仇,遂为此战。"

夏六月丙子,分凉州河西四郡为廱州。①

①谓金城、酒泉、燉煌、张掖。

丁丑,地震;戊寅,又震。乙巳晦,日有食之,帝避正殿,寝兵,不听事五日。大蝗。

秋七月壬子,太尉朱儁免。戊午,太常杨彪为太尉,录尚书事。

三辅大旱,自四月至于是月。帝避正殿请雨,遣使者洗囚徒,原轻系。①是时谷一斛五十万,豆麦一斛二十万,人相食啖,白骨委积。帝使侍御史侯汶出太仓米豆,为饥人作糜粥,经日而死者无降。帝疑赋恤有虚,[11]乃亲于御坐前量试作糜,乃知非实,②使侍中刘艾出让有司。于是尚书令以下皆诣省阁谢,奏收侯汶考实。诏曰:“未忍致汶于理,可杖五十。”自是之后,多得全济。

①洗谓荡涤也。

②《袁宏纪》曰:“时敕侍中刘艾取米豆五升于御前作糜,得满三盂,于是诏尚书曰:‘米豆五升,得糜三盂,而人委顿,何也?’”

八月,冯翊羌叛,寇属县,郭汜、樊稠击破之。

九月,桑复生椹,人得以食。

司徒淳于嘉罢。

冬十月,长安市门自坏。

以卫尉赵温为司徒,录尚书事。

十二月,分安定、扶风为新平郡。

是岁,杨州刺史刘繇与袁术将孙策战于曲阿,①繇军败绩,孙策遂据江东。②太傅马日磾薨于寿春。③

①策字伯符,孙坚子。曲阿,今润州县。

②《吴志》曰:“孙策既破繇,遂度兵据会稽,策自领会稽太守。”

③寿春,县名,属九江郡,今寿春县也。

二年春正月癸丑,大赦天下。

二月乙亥,李傕杀樊稠而与郭汜相攻。三月丙寅,李傕胁帝幸其营，焚宫室。

夏四月甲午，立贵人伏氏为皇后。

丁酉，郭汜攻李傕，矢及御前。①是日，李傕移帝幸北坞。②

①《山阳公载记》曰："时弓弩并发，矢下如雨，及御所止高楼殿前帷帘也。"〔12〕

②服虔《通俗文》曰"营居曰坞，一曰庳城"也。《山阳公载记》曰："时帝在南坞，傕在北坞。时流矢中傕左耳，乃迎帝幸北坞。帝不肯从，强之乃行。"

大旱。

五月壬午，李傕自为大司马。六月庚午，张济自陕来和傕、汜。

秋七月甲子，车驾东归。郭汜自为车骑将军，杨定为后将军，杨奉为兴义将军，董承为安集将军，并侍送乘舆。张济为票骑将军，还屯陕。八月甲辰，幸新丰。冬十月戊戌，郭汜使其将伍习夜烧所幸学舍，逼胁乘舆。杨定、杨奉与郭汜战，破之。壬寅，幸华阴，露次道南。是夜，有赤气贯紫宫。①张济复反，与李傕、郭汜合。十一月庚午，李傕、郭汜等追乘舆，战于东涧，王师败绩，杀光禄勋邓泉、〔13〕卫尉士孙瑞、廷尉宣播、②大长秋苗祀、步兵校尉魏桀、侍中朱展、射声校尉沮俊。③壬申，幸曹阳，露次田中。④杨奉、董承引白波帅胡才、李乐、韩暹及匈奴左贤王去卑，率师奉迎，与李傕等战，破之。十二月庚辰，车驾乃进。李傕等复来追战，王师大败，杀略宫人，少府田芬、〔14〕大司农张义等皆战殁。进幸陕，夜度河。乙亥，幸安邑。

①《献帝春秋》曰："赤气广六七尺，东至寅，西至戌地。"

②《献帝春秋》"播"作"璠"也。

③《风俗通》曰："沮，姓也。黄帝时史官沮诵之后。"音侧余反。

④曹阳，涧名，在今陕州西南七里，俗谓之七里涧。崔浩云："自南山北通于河。"

是岁，袁绍遣将麹义与公孙瓒战于鲍丘，①瓒军大败。

①鲍丘，水名，出北塞中，南流经九庄岭东，俗谓之大榆河。又东南经渔阳县故城东，是瓒之战处。见《水经注》。

建安元年春正月癸酉，郊祀上帝于安邑，大赦天下，改元建安。

二月，韩暹攻卫将军董承。

夏六月乙未，幸闻喜。秋七月甲子，车驾至洛阳，幸故中常侍赵忠宅。丁丑，郊祀上帝，大赦天下。己卯，谒太庙。八月辛丑，幸南宫杨安殿。

癸卯，安国将军张杨为大司马，韩暹为大将军，杨奉为车骑将军。

是时，宫室烧尽，百官披荆棘，依墙壁间。州郡各拥强兵，而委输不至，群僚饥乏，尚书郎以下自出采稆，①或饥死墙壁间，或为兵士所杀。

①稆音吕。《埤苍》曰："稆自生也。"稆与穞同。

辛亥，镇东将军曹操自领司隶校尉，录尚书事。曹操杀侍中台崇、尚书冯硕等。①封卫将军董承为辅国将军伏完等十三人为列侯，[15] 赠沮儁为弘农太守。

①《风俗通》曰："金天氏裔孙曰台骀，其后氏焉。"《山阳公载记》(曰)〔16〕"台"字作"壶"。

庚申，迁都许。己巳，幸曹操营。

九月，太尉杨彪、司空张喜罢。冬十一月丙戌，曹操自为司空，行车骑将军事，百官总己以听。

二年春，袁术自称天子。三月，袁绍自为大将军。

夏五月，蝗。秋九月，汉水溢。

是岁饥，江淮间民相食。袁术杀陈王宠。孙策遣使奉贡。

三年夏四月，遣谒者裴茂率中郎将段煨讨李傕，夷三族，①

①《献帝起居注》曰"传傕首到许，有诏高悬之"也。

吕布叛。

冬十一月，盗杀大司马张杨。

十二月癸酉，曹操击吕布于徐州，斩之。

四年春三月，袁绍攻公孙瓒于易京，获之。①

①公孙瓒频失利，乃临易河筑京以自固，故号易京。其城三重，周回六里。今
内城中有土京，在幽州归义县南。《尔雅》曰："绝高谓之京，非人力为之丘。"

卫将军董承为车骑将军。

夏六月，袁术死。

是岁，初置尚书左右仆射。武陵女子死十四日复活。①

①《续汉志》曰："女子李娥，年六十余死，瘗于城外。有行人闻冢中有声，告家
人出之。"

五年春正月，车骑将军董承、偏将军王服、越骑校尉种辑受密诏诛
曹操，事泄。壬午，曹操杀董承等，夷三族。

秋七月，立皇子冯为南阳王。壬午，南阳王冯薨。

九月庚午朔，日有食之。诏三公举至孝二人，九卿、校尉、郡国守相
各一人。皆上封事，靡有所讳。

曹操与袁绍战于官度，①绍败走。

①裴松之《北征记》曰："中牟台下临汴水，是为官度，袁绍、曹操垒尚存焉。"在
今郑州中牟县北。

冬十月辛亥，有星孛于大梁。①

①大梁，酉之分。

东海王祗薨。

是岁，孙策死，①弟权袭其馀业。②

①为许贡客所射伤。

②权字仲谋。

六年春(三)〔二〕月丁卯朔，日有食之。〔17〕

七年夏五月庚戌，袁绍薨。

于寘国献驯象。①

①驯象谓随人意也。

是岁,越巂男子化为女子。

八年冬十月己巳,公卿初迎冬于北郊,①总章始复备八佾舞。②
①斯礼久废,故曰初。
②《袁宏纪》云:"迎气北郊,始用八佾。"佾,列也。谓舞者之行列。往因乱废,
 今始备之。总章,乐官名。古之《安代乐》。

初置司直官,督中都官。①
①司直,秩比二千石,武帝元狩五年置,掌佐丞相,举不法也。建武十一年省,
 今复置之。

九年秋八月戊寅,曹操大破袁尚,平冀州,自领冀州牧。
冬十月,有星孛于东井。
十二月,赐三公已下金帛各有差。自是三年一赐,以为常制。

十年春正月,曹操破袁谭于青州,斩之。①
①《魏书》曰:"操攻谭不克,乃自执枹鼓,应时破之。"

夏四月,黑山贼张燕率众降。①
①《魏志》曰:"燕,本姓褚,常山真定人也。黄巾起,燕合聚少年为群盗,万馀
 人,博陵人张牛角为主。牛角死,燕代为主,故改姓张。燕剽勇,军中号曰张
 飞燕。众至百万,号曰黑山贼。"

秋九月,赐百官尤贫者金帛各有差。

十一年春正月,有星孛于北斗。
三月,曹操破高幹于并州,获之。①
①《典论》曰:"上洛都尉王琰败之,追斩其首。"

秋七月,武威太守张猛杀雍州刺史邯郸商。①

①袁宏《汉纪》(曰)〔18〕"雍州"作"凉州"也。

是岁,立故琅邪王容子熙为琅邪王。齐、北海、阜陵、下邳、常山、甘陵、济(阴)〔北〕、〔19〕平原八国皆除。

十二年秋八月,曹操大破乌桓于柳城,斩其蹋顿。①〔20〕
①蹋顿,匈奴王号。柳城,县名,属辽西郡,今营州县。

冬十月辛卯,有星孛于鹑尾。①
①鹑尾,巳之分也。

乙巳,黄巾贼杀济南王赟。①
①河间孝王五代孙。

十一月,辽东太守公孙康杀袁尚、袁熙。

十三年春正月,司徒赵温免。
夏六月,罢三公官,置丞相、御史大夫。癸巳,曹操自为丞相。
秋七月,曹操南征刘表。
八月丁未,光禄勋郗虑为御史大夫。①
①《续汉书》曰:"虑字鸿豫,山阳高平人也。少受学于郑玄。"

壬子,曹操杀太中大夫孔融,夷其族。
是月,刘表卒,少子琮立,琮以荆州降操。
冬十月癸未朔,日有食之。
曹操以舟师伐孙权,权将周瑜败之于乌林、赤壁。

十四年冬十月,荆州地震。

十五年春二月乙巳朔,日有食之。

十六年秋九月庚戌,曹操与韩遂、马超战于渭南,遂等大败,关西平。①

> ①《曹瞒传》曰:"时娄子伯说操曰:'今天寒,可起沙为城,以水灌之,可一夜而成。'公从之,比明城立。超、遂数挑战不利,操纵虎骑夹击,大破之,超、遂走凉州。"

是岁,越王赦薨。

十七年夏五月癸未,诛卫尉马腾,夷三族。

六月庚寅晦,日有食之。

秋七月,洧水、颍水溢。螟。

八月,马超破凉州,杀刺史韦康。

九月庚戌,立皇子熙为济阴王,懿为山阳王,邈为济北王,敦为东海王。①

> ①《山阳公载记》曰:"时许靖在巴郡,闻立诸王,曰:'将欲歙之,必姑张之;将欲夺之,必姑与之。其孟德之谓乎!'"

冬十二月,星孛于五诸侯。①

> ①五诸侯,星名也。

十八年春正月庚寅,复《禹贡》九州。①

> ①《献帝春秋》曰:"时省幽、并州,以其郡国并于冀州;省司隶校尉及凉州,以其郡国并为雍州;省交州,并荆州、益州。于是有兖、豫、青、徐、荆、杨、冀、益、雍也。"九数虽同,而《禹贡》无益州有梁州,然梁、益亦一地也。

夏五月丙申,曹操自立为魏公,加九锡。①

> ①案《礼含文嘉》曰:"九锡谓一曰车马,二曰衣服,三曰乐器,四曰朱户,五曰纳陛,六曰虎贲士百人,七曰斧钺,八曰弓矢,九曰秬鬯。"

大雨水。

徙赵王珪为博陵王。

是岁,岁星、镇星、荧惑俱入太微。①彭城王和薨。

> ①是年秋,三星逆行入太微,守帝坐五十日。

　　十九年,夏四月,旱。五月,雨水。

　　刘备破刘璋,据益州。

　　冬十月,曹操遣将夏侯渊讨宋建于枹罕,〔21〕获之。①

①枹罕,县,属金城郡,今河州县也。《魏志》曰:"渊字妙才,沛国谯人。"

　　十一月丁卯,曹操杀皇后伏氏,灭其族及二皇子。①

①《山阳公载记》曰:"刘备在蜀闻之,遂发丧。"

　　二十年春正月甲子,立贵人曹氏为皇后。赐天下男子爵,人一级,孝悌、力田二级。赐诸王侯公卿以下谷各有差。

　　秋七月,曹操破汉中,张鲁降。

　　二十一年夏四月甲午,曹操自进号魏王。

　　五月己亥朔,日有食之。

　　秋七月,匈奴南单于来朝。

　　是岁,曹操杀琅邪王熙,国除。①

①坐谋欲渡江,被诛。

　　二十二年夏六月,丞相军师华歆为御史大夫。

　　冬,有星孛于东北。

　　是岁大疫。

　　二十三年春正月甲子,少府耿纪、丞相司直韦晃起兵诛曹操,不克,夷三族。①

①《三辅决录》〔注〕曰:〔22〕"时有京兆金袆,〔23〕字德伟,自以代为汉臣,乃发愤,与耿纪、韦晃欲挟天子以攻魏,南援刘备。事败,夷三族。"

　　三月,有星孛于东方。①〔24〕

①杜预注《左传》云"平旦,众星皆没,而孛星乃见",故不言所在之次。

二十四年春二月壬子晦,日有食之。

夏五月,刘备取汉中。

秋七月庚子,刘备自称汉中王。

八月,汉水溢。

冬十一月,孙权取荆州。

二十五年春正月庚子,魏王曹操薨。① 子丕袭位。②

①《魏志》曰,操字孟德,薨时年六十六。

②《魏志》曰,丕字子桓,操之太子。

二月丁未朔,日有食之。

三月,改元延康。

冬十月乙卯,皇帝逊位,魏王丕称天子。①〔25〕奉帝为山阳公,②邑一万户,位在诸侯王上,奏事不称臣,受诏不拜,以天子车服郊祀天地,宗庙、祖、腊皆如汉制,都山阳之浊鹿城。③四皇子封王者,皆降为列侯。

①逊,让也。《献帝春秋》曰:"帝时召群臣卿士告祠高庙,诏太常张音持节,奉策玺绶,禅位于魏王。乃为坛于繁阳故城,魏王登坛,受皇帝玺绶。"

②山阳,县名,属河内郡,故城在今怀州修武县西北。

③浊鹿一名浊城,亦名清阳城,在今怀州修武县东北。

明年,刘备称帝于蜀,孙权亦自王于吴,于是天下遂三分矣。

魏青龙二年三月庚寅,山阳公薨。自逊位至薨,十有四年,年五十四,谥孝献皇帝。八月壬申,以汉天子礼仪葬于禅陵。①置园邑令丞。

①《续汉书》曰:"天子葬,太仆驾四轮辁为宾车,大练为屋幕。中黄门、虎贲各二十人执绋。司空择士造穿,太史卜日,将作作黄肠、题凑、便房,如礼。大驾,大仆御。方相氏黄金四目,蒙熊皮,玄衣朱裳,执戈扬楯,立乘四马先驱。旗长三刃,十有二旒曳地,画日、月、升龙。书旐曰'天子之柩'。谒者二人,立乘六马为次。太常跪〔曰〕哭,(曰)十五举音,止哭。〔26〕昼漏上〔水〕,请发。〔27〕司徒、河南尹先引车转,太常曰请拜送。车著白丝三纠,绋长三十丈,围七寸;六行,行五十人。公卿巳下子弟凡三百人,皆素帻,委貌冠,衣素

裳,挽。校尉三(百)人,〔28〕皆赤帻,不冠,持幢幡,皆衔枚。羽林孤儿、《巴俞》耀歌者六十人,为六列。司马八人,执铎。至陵南羡门,司徒跪请就下房,都导东园武士奉入房,执事下明器,太祝进醴献。司空将校复土。"耀音徒了反。《帝王纪》曰:"禅陵在浊鹿城西北十里,在今怀州修武县北二十五里。陵高二丈,周回二百步。"刘澄之《地记》云:"以汉禅魏,故以名焉。"

　　太子早卒,孙康立五十一年,晋太康六年薨。子瑾立四年,太康十年薨。子秋立二十年,永嘉中为胡贼所杀,国除。

　　论曰:传称鼎之为器,虽小而重,故神之所宝,不可夺移。① 至令负而趋者,此亦穷运之归乎!② 天厌汉德久矣,山阳其何诛焉!③

①《左氏传》王孙满曰:"桀有昏德,鼎迁于商;商纣暴虐,鼎迁于周。德之休明,虽小,重也;其奸回昏乱,虽大,轻也。"故言神之所宝,不可夺移。

②言神器至重,被人负而趋走者,斯亦穷尽之运归于此时乎,言不可复振也。《庄子》曰:"藏舟于壑,藏山于泽,谓之固矣。然而有力者负之而趋,而昧者不知。"

③厌,倦;诛,责也。汉自和帝以后,政教陵迟,故言天厌汉德久矣。祸之来也,非独山阳公之过,其何所诛责乎?《左传》宋子鱼曰:"天既厌商德。"孔子曰:"于予(予)〔与〕何诛。"〔29〕

　　赞曰:献生不辰,身播国屯。① 终我四百,永作虞宾。②

①辰,时也。播,迁也。言献帝生不逢时,身既播迁,国又屯难。《诗》曰:"我生不辰。"《左传》曰:"震荡播越。"

②《春秋演孔图》曰〔30〕:"刘四百岁之际,褒汉王辅,皇王以期,有名不就。"宋均注曰:"虽褒族人为汉王以自辅,以当有应期,名见摄录者,故名不就也。"虞宾谓舜以尧子丹朱为宾,(商)《〔虞〕书》曰〔31〕"虞宾在位"是也。以喻山阳公为魏之宾也。

【校勘记】

〔1〕 灵帝中子也　按:《集解》引惠栋说,谓《续志》作"灵帝少子"。

〔2〕　〔参〕乘(舆)〔与〕中官俱止禁中　依《刊误》删补。按《御览》卷二一九引《汉官仪》，正作"参乘，与中官俱止禁中"。

〔3〕　灵帝(建元)〔熹平〕四年改平准为中准　据殿本、《集解》本改，与灵纪合。按：两"准"字原俱作"准"，径据汲本、殿本改。

〔4〕　董卓〔自〕为相国　据殿本《考证》引何焯说补。

〔5〕　袁术遣将孙坚攻刘表于襄阳坚战殁　按：《校补》谓案《通鉴》坚被黄祖部曲兵射杀，叙在二年冬十月后。

〔6〕　董卓部曲将李傕郭汜　汲本"汜"作"汜"，殿本则前作"汜"，后又作"汜"，不一律。按：《通鉴》作"汜"，胡注汜音祀，又孚梵反。然则作"汜"或"汜"，初无一定，亦犹汜水之又作汜水矣。

〔7〕　太仆赵岐　按："岐"原讹"歧"，径据汲本、殿本改正。后如此，不悉出校记。

〔8〕　夏五月癸酉　按："五"原讹"三"，径改正。

〔9〕　试儒生四十馀人　按《袁纪》作"三十馀人"。

〔10〕　献帝春秋(曰)喜作嘉　按："曰"字当衍，今删。

〔11〕　帝疑赋恤有虚　按：《御览》八三八引"赋"作"赈"。

〔12〕　帷帘　按："帘"原误"廉"，径据汲本、殿本改正。

〔13〕　杀光禄勋邓泉　按：《集解》引钱大昕说，谓《五行志》作"邓渊"，此章怀避讳改。

〔14〕　少府田芬　按：《集解》引惠栋说，谓《五行志》作"田邠"。

〔15〕　封卫将军董承为辅国将军伏完等十三人为列侯　按：惠栋、王鸣盛、钱大昕皆谓"董承"下衍"为"字。李慈铭谓当云"以执金吾伏完为辅国将军，封卫将军董承等十三人为列侯"，纪文传写脱误。

〔16〕　山阳公载记(曰)　据《刊误》删。

〔17〕　六年春(三)〔二〕月丁卯朔日有食之　《集解》引钱大昕说，谓《五行志》作"十月癸未"。按：推是年二月丁卯朔，日食可见，"三月"乃"二月"之误，今改，与《通鉴目录》引本志合。

〔18〕　袁宏汉纪(曰)　按："曰"字当衍，今删。

〔19〕　济(阴)〔北〕　据《集解》引钱大昕说及《校补》引钱大昭说改。

〔20〕　斩其蹋顿　殿本《考证》引何焯说，谓"其"字应衍。《校补》谓案《乌桓传》，蹋顿为辽西乌桓王丘力居从子，代丘力居立为王，是蹋顿乃乌桓王

名,故何氏谓"其"字应衍,不解注何以释为匈奴王号。今按:如依《乌桓传》,则"其"字当删,"蹋顿"应加标号。

〔21〕 曹操遣将夏侯渊讨宋建于枹罕　按:汲本、《集解》本"宋建"作"朱建"。《集解》引钱大昕说,谓《天文志》作"宋建",《董卓传》作"宗建",《三国志》亦作"宋建"。

〔22〕 三辅决录〔注〕曰　按:《三辅决录》赵岐著。《集解》引陈景云说,谓"决录"下当有"注"字,赵岐卒于建安六年,不及见此事。今据补。

〔23〕 时有京兆全祎　按:汲本、殿本"全祎"作"金祎"。

〔24〕 有星孛于东方　按:《袁纪》"东方"作"东井"。

〔25〕 冬十月乙卯皇帝逊位魏王丕称天子　按:《集解》引惠栋说,谓《魏受禅碑》作"十月辛未"。据裴松之注《魏志》,汉实以十月乙卯策诏魏王,使张愔奉玺绶,而魏王辞让,往返三四而后受也。又据侍中刘廙奏,问太史令许芝,今月十七日乙未,可治坛埠。又据尚书桓阶等奏,云辄下太史令择元辰,今月二十九日可登坛受命。盖自十七日乙未至二十九日正得辛未。以此据之,《汉魏》二纪皆谬,而独此碑为是也。

〔26〕 太常跪〔曰〕哭(日)十五举音止哭　据《刊误》改。

〔27〕 昼漏上〔水〕请发　据《续志》补。

〔28〕 校尉三(百)人　据《续志》删。

〔29〕 于予(予)〔与〕何诛　据《刊误》改。

〔30〕 春秋演孔图　按:原作"春秋孔演图",误,径乙正。

〔31〕 (商)〔虞〕书曰　据殿本、《集解》本改。

后汉书卷十上

皇后纪第十上

夏、殷以上，后妃之制，其文略矣。《周礼》王者立后，①三夫人，九嫔，二十七世妇，八十一女御，以备内职焉。后正位宫闱，同体天王。夫人坐论妇礼，②九嫔掌教四德，③世妇主丧、祭、宾客，④女御序于王之燕寝。⑤颁官分务，各有典司。女史彤管，记功书过。⑥居有保阿之训，动有环佩之响。⑦进贤才以辅佐君子，哀窈窕而不淫其色。⑧所以能述宣阴化，修成内则，⑨闺房肃雍，险谒不行也。⑩故康王晚朝，《关雎》作讽；⑪宣后晏起，姜氏请愆。⑫及周室东迁，礼序凋缺。⑬诸侯僭纵，轨制无章。齐桓有如夫人者六人，⑭晋献升戎女为元妃，⑮终于五子作乱，⑯冢嗣遘屯。⑰爰逮战国，风宪逾薄，适情任欲，颠倒衣裳，⑱以至破国亡身，不可胜数。斯固轻礼弛防，先色后德者也。

①郑玄注《礼记》曰："后之言后，言在夫之后也。"

②郑玄注《周礼》云"夫人之于后，犹三公之于王，坐而论妇礼"也。

③九嫔比九卿。《周礼》曰"九嫔，掌妇学之法，以教九御"也。四德谓妇德、妇言、妇容、妇功也。

④妇，服也，明其能服事于人也，比二十七大夫。《周礼》："世妇，掌祭祀、宾客、丧纪之事。祭之日，莅陈女宫之具，凡内羞之物，掌吊临于卿大夫之丧。"

⑤御谓进御于王也，比八十一元士。《周礼》曰"女御，〔掌〕叙于王之燕寝，〔1〕以岁时献功事"也。

⑥《周礼》云"女史，掌王后之礼，书内令，凡后之事以礼从"也。郑玄注云"亦如大史之于王"也。彤管，赤管笔也。《诗》云："诒我彤管。"注云"古者，后夫人必有女史彤管之法"也。

⑦《列女传》曰："齐孝公孟姬,华氏之女。从孝公游,车奔,姬堕,车碎,孝公使驷马立车载姬。姬泣曰:'妾闻妃下堂,必从傅母保阿,进退则鸣玉佩环;今立车无辇,非敢受命。'"

⑧《诗序》云:"《关雎》,乐得淑女以配君子,忧在进贤,不淫其色,哀窈窕,思贤才,而无伤善之心。"毛苌注云:"窈窕,幽闲也。"

⑨《周礼》内宰职曰:"以阴礼教六宫,以妇职之法教九御。"

⑩肃,敬也。雍,和也。谒,请也。言能辅佐君子,和顺恭敬,不行私谒。《诗序》曰:"虽则王姬,犹执妇道,以成肃雍之德。"又曰:"而无险诐私谒之心。"

⑪《前书音义》曰:"后夫人鸡鸣佩玉去君所。周康王后不然,故诗人叹而伤之。"见《鲁诗》。

⑫《列女传》曰:"周宣姜后,齐侯之女也。宣王尝夜卧晏起,后夫人不出房。姜后既出,乃脱簪珥,待罪于永巷,使傅母通言于王曰:'妾不才,淫心见矣,至使君王失礼而晏起,以见君王乐色忘德。敢请罪,惟君王之命。'王曰:'寡人之过,夫人何辜。'遂勤政事,成中兴之名焉。"

⑬幽王时,西夷、犬戎共攻杀幽王于骊山之下。太子宜臼立,是为平王,东迁洛邑,以避犬戎,政遂微弱。

⑭《左传》曰,桓公多内宠,有如夫人者六人:长卫姬,少卫姬、郑姬、葛嬴、密姬、宋华子也。

⑮元妃,嫡夫人也。《史记》曰,晋献公伐骊戎,得骊姬,爱幸,立以为妃。

⑯桓公六夫人,生六子。桓公卒,立公子昭,于是公子无亏、公子元、公子潘、公子商人、公子雍等五公子皆求立,公子昭奔宋,是作乱也。

⑰冢,大也。遘,遇也。屯,难也。晋献公受骊姬之谮,杀太子申生,故曰遇屯。

⑱上曰衣,下曰裳。《诗》曰:"绿兮衣兮,绿衣黄裳。"郑玄曰:"褖衣黑,今反以黄为里,非其礼制,谕妾上僭也。"

秦并天下,多自骄大,宫备七国,①〔2〕爵列八品,②汉兴,因循其号,而妇制莫厘。③高祖帷薄不修,④孝文衽席无辩。⑤然而选纳尚简,饰玩少华。自武、元之后,世增淫费,至乃掖庭三千,增级十四。⑥妖幸毁政之符,外姻乱邦之迹,前史载之详矣。

①《史记》曰:"始皇破六国,写放其宫室,作之咸阳北坂上,南临渭水,殿屋复

道,周阁相属,所得诸侯美人,以充入之。"并秦为七也。

②《前书》曰:"汉兴因秦之称号,正嫡称皇后,妾皆称夫人,又有美人、良人、八子、七子、长使、少使之号。"

③厘,理。

④《大戴礼》曰:"大臣坐污秽男女无别者,不曰污秽,曰帷薄不修。"谓周昌入奏事,高帝拥戚姬,是不修也。

⑤郑玄注《礼记》曰:"衽,卧席也。"孝文幸慎夫人,每与皇后同坐,是无辨也。

⑥婕妤一,姪娥二,容华三,充衣四,已上武帝置;昭仪五,元帝置;美人六,良人七,七子八,八子九,长使十,少使十一,五官十二,顺常十三,无涓、共和、娱灵、保林、良使、夜者十四,此六宫品秩同为一等也。

及光武中兴,斫雕为朴,①六宫称号,唯皇后、贵人。②贵人金印紫绶,奉不过粟数十斛。又置美人、宫人、采女三等,并无爵秩,岁时赏赐充给而已。汉法常因八月算人,③遣中大夫与掖庭丞及相工,于洛阳乡中阅视良家童女,年十三以上,二十已下,姿色端丽,合法相者,载还后宫,择视可否,乃用登御。所以明慎聘纳,详求淑哲。明帝聿遵先旨,宫教颇修,登建嫔后,必先令德,内无出阃之言,④权无私溺之授,可谓矫其敝矣。向使因设外戚之禁,编著《甲令》,⑤改正后妃之制,贻厥方来,岂不休哉! 虽御己有度,而防(间)〔闲〕未笃,〔3〕故孝章以下,渐用色授,恩隆好合,遂忘淄蠹。⑥

①雕谓刻镂也。《史记》曰:"汉兴,破觚而为圆,斫雕而为璞。"

②郑玄注《周礼》曰"皇后正寝一,燕寝五,是为六宫"也。夫人已下分居焉。

③《汉仪注》曰:"八月初为算赋,故曰算人。"

④阃,门限也。《礼记》曰"外言不入于阃,内言不出于阃"也。

⑤《前书音义》曰:"《甲令》者,前帝第一令也,有《甲令》、《乙令》、《丙令》。"

⑥淄,黑也。蠹,食木虫。以谕倾败也。

自古虽主幼时艰,王家多衅,必委成家宰,简求忠贤,未有专任妇人,断割重器。唯秦芈太后始摄政事,①〔4〕故穰侯权重于昭王,家富于嬴国。②汉仍其谬,知患莫改。东京皇统屡绝,权归女主,外立者四帝,③临朝者六后,④莫不定策帷帟,委事父兄,贪孩童以久其政,抑明贤以专其威。⑤任重道悠,利深祸速。身犯雾露于云台之上,⑥家婴缧绁于囹犴之下。⑦湮灭连踵,倾辀继路。⑧而赴蹈不息,燋烂为期,终于陵夷大运,沦亡神宝。⑨《诗》、《书》所叹,略同一揆。故考列行迹,以为《皇后本纪》。虽成败事异,而同居正号者,并列于篇。其以私恩追尊,非当时所奉者,则随它事附出。⑩亲属别事,各依列传。其馀无所见,则系之此纪,⑪以缵西京《外戚》云尔。⑫

①芈音亡尔反。

②太后,昭王母也,号宣太后。《史记》曰,昭王立,年少,宣太后自知事,以同母弟魏冉为将军,任政,封为穰侯。太后摄政,始于此也。

③谓安、质、桓、灵。

④章帝窦太后、和熹邓太后、安思阎太后、顺烈梁太后、桓思窦太后、灵思何太后也。

⑤《周礼》:“幕人,掌帷帟幄幕之事。”郑玄注曰:“帟,幄中坐上承尘也。”殇帝崩,邓太后与兄骘等迎立安帝,年十三。冲帝崩,梁太后与兄冀迎立质帝,年八岁。质帝崩,太后与兄冀迎桓帝,年十五。桓帝崩,窦太后与父武迎立灵帝,年十二。

⑥雾露谓疾病也。不可指言死,故假雾露以言之。灵帝时,中常侍曹节矫诏迁太后于云台。谢弼上封事曰:“伏惟皇太后援立明圣,幽居空宫,如有雾露之疾,陛下当何面目以见天下!”

⑦缧,索也。绁,系也。囹圄,周狱名也。乡亭之狱曰犴,音五旦反。谓外戚等被诛也。

⑧踵,迹也。辀,车辕也。贾谊曰:“前车覆,后车诫。”

⑨陵夷犹颓替。神宝,帝位也。

⑩谓安帝母左姬及祖母宋贵人之类,并见《清河孝王传》。

⑪谓贾贵人、虞美人之类是。

⑫缵,继也。

光武郭皇后讳圣通,真定槀人也。①〔5〕为郡著姓。父昌,让田宅财产数百万与异母弟,国人义之。仕郡功曹。娶真定恭王女,号郭主,②

生后及子况。昌早卒。郭主虽王家女,而好礼节俭,有母仪之德。更始二年春,光武击王郎,至真定,因纳后,有宠。及即位,以为贵人。

①槁,县名,故城在今恒州槁城县西。

②恭王名普,景帝七代孙。

建武元年,生皇子彊。帝善况小心谨慎,〔6〕年始十六,拜黄门侍郎。二年,贵人立为皇后,彊为皇太子,封况绵蛮侯。以后弟贵重,宾客辐凑。况恭谦下士,颇得声誉。十四年,迁城门校尉。其后,后以宠稍衰,数怀怨怼。十七年,遂废为中山王太后,进后中子右翊公辅为中山王,以常山郡益中山国。徙封况大国,为阳安侯。①后从兄竟,以骑都尉从征伐有功,封为新郪侯,官至东海相。②竟弟匡为发干侯,③官至太中大夫。后叔父梁,早终,无子。其婿南阳陈茂,以恩泽封南銮侯。④

①阳安,县,属汝南郡,故城在今豫州朗山县,故道国城是也。

②新郪,县,属汝南郡,故城在今颍州汝阴县西北郪丘城是也。音七私反。

③发干,县,属东郡,故城在今博州堂邑县西南。

④銮音力全反。

二十年,中山王辅复徙封沛王,后为沛太后。况迁大鸿胪。帝数幸其第,会公卿诸侯亲家饮燕,赏赐金钱缣帛,丰盛莫比,京师号况家为金穴。二十六年,后母郭主薨,帝亲临丧送葬,百官大会,遣使者迎昌丧枢,与主合葬,追赠昌阳安侯印绶,谥曰思侯。二十八年,后薨,葬于北芒。〔7〕

帝怜郭氏,诏况子璜尚淯阳公主,除璜为郎。显宗即位,况与帝舅阴识、阴就并为特进,数授赏赐,〔8〕恩宠俱渥。礼待阴、郭,每事必均。永平二年,况卒,赠赐甚厚,帝亲自临丧,谥曰节侯,子璜嗣。

元和三年,肃宗北巡狩,过真定,会诸郭,朝见上寿,引入倡饮甚欢。①以太牢具上郭主家,赐粟万斛,钱五十万。永元初,璜为长乐少府,②子举为侍中,兼射声校尉。及大将军窦宪被诛,举以宪女婿谋逆,故父子俱下狱死,家属徙合浦,③宗族为郎吏者,悉免官。新郪侯竟初为骑将,④从征伐有功,拜东海相。永平中卒,子嵩嗣;嵩卒,追坐染楚

王英事,国废。建初二年,章帝绍封嵩子勤为伊亭侯,勤无子,国除。发
干侯匡,官至太中大夫,建武三十年卒,子勋嗣;勋卒,子骏嗣,永平十三
年,亦坐楚王英事,失国。建初三年,复封骏为观都侯,卒,无子,国除。
郭氏侯者凡三人,皆绝国。

① 《说文》曰:"倡,乐也。"《声类》曰"俳"。

② 长乐少府,掌皇太后宫,秩二千石。居长信宫曰长信少府,长乐宫曰长乐
　　少府。

③ 郡名,今廉州县。

④ 《前书》曰:"车、户、骑将,属光禄,秩比千石。"

论曰:物之兴衰,情之起伏,理有固然矣。而崇替去来之甚者,必唯
宠惑乎? 当其接床第,承恩色,虽险情赘行,莫不德焉。① 及至移意爱,
析嬿私,虽惠心妍状,愈献丑焉。爱升,则天下不足容其高;欢队,故九
服无所逃其命。斯诚志士之所沉溺,君人之所抑扬,未或违之者也。郭
后以衰离见贬,恚怨成尤,而犹恩加别馆,增宠党戚。至乎东海逡巡,去
就以礼,使后世不见隆薄进退之隙,不亦光于古乎!

① 《说文》曰:"赘,疣也。"《老子》曰:"馀食赘行。"河上公注曰:"行之无当为
　　赘。"《庄子》曰:"附赘悬疣。"言丑恶也。

光烈阴皇后讳丽华,①南阳新野人。初,光武适新野,闻后美,心悦
之。后至长安,见执金吾车骑甚盛,因叹曰:"仕宦当作执金吾,娶妻当
得阴丽华。"更始元年六月,遂纳后于宛当成里,时年十九。及光武为司
隶校尉,方西之洛阳,令后归新野。及邓奉起兵,后兄识为之将,后随家
属徙淯阳,止于奉舍。

① 《谥法》曰:"执德遵业曰烈。"《东观记》:"有阴子公者,生子方,方生幼公,公
　　生君孟,名睦,即后之父也。"今世本"睦"作"陆"。

光武即位,令侍中傅俊迎后,与湖阳、宁平主诸宫人俱到洛阳,以后
为贵人。①帝以后雅性宽仁,欲崇以尊位,后固辞,以郭氏有子,终不肯

当,故遂立郭皇后。建武四年,从征彭宠,生显宗于元氏。九年,有盗劫杀后母邓氏及弟䜣,②帝甚伤之,乃诏大司空曰:"吾微贱之时,娶于阴氏,因将兵征伐,遂各别离。幸得安全,俱脱虎口。③以贵人有母仪之美,宜立为后,而固辞弗敢当,列于媵妾。④朕嘉其义让,许封诸弟。未及爵土,而遭患逢祸,母子同命,愍伤于怀。《小雅》曰:'将恐将惧,惟予与汝。将安将乐,汝转弃予。'⑤风人之戒,可不慎乎?其追爵谥贵人父陆为宣恩哀侯,弟䜣为宣义恭侯,以弟就嗣哀侯后。及尸枢在堂,使太中大夫拜授印绶,如在国列侯礼。魂而有灵,嘉其宠荣!"

①宁平,县,属淮阳,故城在今亳州谷阳县西南。

②音欣。

③《庄子》曰,孔子见盗跖,谓柳下惠曰:"几不免于虎口。"

④《尔雅》曰:"媵,送也。"孙炎曰:"送女曰媵。"

⑤《谷风》之诗。

十七年,废皇后郭氏而立贵人。制诏三公曰:"皇后怀执怨怼,数违教令,不能抚循它子,训长异室。宫闱之内,若见鹰鹯。①既无《关雎》之德,而有吕、霍之风,岂可托以幼孤,恭承明祀。今遣大司徒涉、②宗正吉持节,其上皇后玺绶。阴贵人乡里良家,归自微贱。③'自我不见,于今三年。'④宜奉宗庙,为天下母。主者详案旧典,时上尊号。异常之事,非国休福,不得上寿称庆。"后在位恭俭,少嗜玩,不喜笑谑。性仁孝,多矜慈。七岁失父,[9]虽已数十年,言及未曾不流涕。[10]帝见,常叹息。

①《尔雅》曰:"宫中小门谓之闱。"

②戴涉也。

③《公羊传》曰:"妇人谓嫁曰归。"

④《诗·豳风·东山》之词也。

显宗即位,尊后为皇太后。永平三年冬,帝从太后幸章陵,置酒旧宅,会阴、邓故人诸家子孙,并受赏赐。七年,崩,在位二十四年,年六十,合葬原陵。

明帝性孝爱,追慕无已。十七年正月,当谒原陵,夜梦先帝、太后如平生欢。既寤,悲不能寐,即案历,明旦日吉,遂率百官及故客上陵。其日,取甘露于陵树,帝令百官采取以荐。会毕,帝从席前伏御床,视太后镜奁中物,①感动悲涕,令易脂泽装具。左右皆泣,莫能仰视焉。

　　①奁,镜匣也,音廉。

　　明德马皇后讳某,①伏波将军援之小女也。少丧父母。兄客卿敏惠早夭,母蔺夫人悲伤发疾慌惚。后时年十岁,干理家事,敕制僮御,②内外诸禀,事同成人。初,诸家莫知者,后闻之,咸叹异焉。后尝久疾,太夫人令筮之,筮者曰:“此女虽有患状而当大贵,兆不可言也。”后又呼相者使占诸女,见后,大惊曰:“我必为此女称臣。然贵而少子,若养它子者得力,乃当逾于所生。”

　　①《谥法》曰:“忠和纯淑曰德。”讳某者,史失某名。下皆类此。
　　②干,正也。《广雅》曰“僮、御,皆使者”也。

　　初,援征五溪蛮,卒于师,虎贲中郎将梁松、黄门侍郎窦固等因潜之,由是家益失埶,又数为权贵所侵侮。后从兄严不胜忧愤,白太夫人绝窦氏婚,求进女掖庭。乃上书曰:“臣叔父援孤恩不报,①而妻子特获恩全,戴仰陛下,为天为父。人情既得不死,便欲求福。窃闻太子、诸王妃匹未备,援有三女,大者十五,次者十四,小者十三,仪状发肤,上中以上。②皆孝顺小心,婉静有礼。③愿下相工,简其可否。如有万一,援不朽于黄泉矣。又援姑姊妹并为成帝婕妤,葬于延陵。臣严幸得蒙恩更生,冀因缘先姑,当充后宫。”由是选后入太子宫。时年十三。奉承阴后,傍接同列,礼则修备,上下安之。遂见宠异,常居后堂。

　　①孤,负也。
　　②《东观记》曰:“明帝马皇后美发,为四起大髻,但以发成,尚有馀,绕髻三匝。眉不施黛,独左眉角小缺,补之如粟。常称疾而终身得意。”
　　③婉,顺。

　　显宗即位,以后为贵人。时后前母姊女贾氏亦以选入,生肃宗。帝以后无子,命令养之。谓曰:"人未必当自生子,但患爱养不至耳。"后于是尽心抚育,劳悴过于所生。肃宗亦孝性淳笃,恩性天至,母子慈爱,始终无纤介之间。①后常以皇嗣未广,每怀忧叹,荐达左右,若恐不及。后宫有进见者,每加慰纳。若数所宠引,辄增隆遇。永平三年春,有司奏立长秋宫,②帝未有所言。皇太后曰:"马贵人德冠后宫,即其人也。"遂立为皇后。

> ①纤介犹细微也。间,隙也。
> ②皇后所居宫也。长者久也,秋者万物成孰之初也,故以名焉。请立皇后,不敢指言,故以宫称之。

先是数日,梦有小飞虫无数赴著身,又入皮肤中而复飞出。既正位宫闱,愈自谦肃。身长七尺二寸,方口,美发。能诵《易》,好读《春秋》、《楚辞》,尤善《周官》、《董仲舒书》。①常衣大练,裙不加缘。②朔望诸姬主朝请,③望见后袍衣疏粗,反以为绮縠,就视,乃笑。后辞曰:"此缯特宜染色,故用之耳。"六宫莫不叹息。帝尝幸宛囿离宫,后辄以风邪露雾为戒,辞意款备,多见详择。帝幸濯龙中,④并召诸才人,下邳王已下皆在侧,请呼皇后。帝笑曰:"是家志不好乐,虽来无欢。"是以游娱之事希尝从焉。

> ①《周官》,《周礼》也。《仲舒书》,《玉杯》、《蕃露》、《清明》、《竹林》之属也。蕃音繁。
> ②大练,大帛也。《杜预》注《左传》曰:"大帛,厚缯也。"太后兄廖上书曰"今陛下躬服厚缯"是也。
> ③《汉律》春曰朝,秋曰请。
> ④《续汉志》曰,濯龙,园名也,近北宫。

十五年,帝案地图,将封皇子,悉半诸国。后见而言曰:"诸子裁食数县,于制不已俭乎?"帝曰:"我子岂宜与先帝子等乎?岁给二千万足矣。"时楚狱连年不断,因相证引,坐系者甚众。后虑其多滥,乘间言及,恻然。帝感悟之,夜起仿偟,为思所纳,①卒多有所降宥。时诸将奏事及公卿较议难平者,②帝数以试后。后辄分解趣理,各得其情。每于侍执之际,辄言及政事,多所毗补,而未尝以家私干。(欲)〔故〕宠敬日隆,〔11〕始终无衰。

①思后所纳之言。

②《广雅》曰:"较,明也。"

及帝崩,肃宗即位,尊后曰皇太后。诸贵人当徙居南宫,太后感析别之怀,各赐王赤绶,加安车驷马,白越三千端,①〔12〕杂帛二千匹,黄金十斤。自撰《显宗起居注》,削去兄防参医药事。帝请曰:"黄门舅旦夕供养且一年,既无褒异,又不录勤劳,无乃过乎!"太后曰:"吾不欲令后世闻先帝数亲后宫之家,故不著也。"

①白越,越布。

建初元年,〔帝〕欲封爵诸舅,〔13〕太后不听。明年夏,大旱,言事者以为不封外戚之故,有司因此上奏,宜依旧典。①太后诏曰:"凡言事者皆欲媚朕以要福耳。昔王氏五侯同日俱封,②其时黄雾四塞,不闻澍雨之应。又田蚡、窦婴,宠贵横恣,倾覆之祸,为世所传。③故先帝防慎舅氏,不令在枢机之位。④诸子之封,裁令半楚、淮阳诸国,常谓'我子不当与先帝子等'。今有司奈何欲以马氏比阴氏乎! 吾为天下母,而身服大练,食不求甘,左右但著帛布,无香薰之饰者,欲身率下也。以为外亲见之,当伤心自敕,但笑言太后素好俭。前过濯龙门上,见外家问起居者,车如流水,马如游龙,仓头衣绿褠,领袖正白,⑤顾视御者,不及远矣。故不加谴怒,但绝岁用而已,冀以默愧其心,而犹懈怠,无忧国忘家之虑。知臣莫若君,况亲属乎? 吾岂可上负先帝之旨,下亏先人之德,重袭西京败亡之祸哉!"固不许。⑥

①汉制,外戚以恩泽封侯,故曰旧典也。

②成帝封太后弟王谭、王商、王立、王根、王逢时等,同时为关内侯。

③田蚡,景帝王皇后同母弟武安侯也。为丞相,贪骄,与淮南王霸上私语。后薨,武帝曰:"使武安侯在者,族矣!"窦婴,文帝窦皇后从兄子魏其侯也,为丞相,坐与灌夫朋党弃市也。

④枢机,近要之官也。〔14〕《春秋运斗枢》曰:"北斗,第一天枢,第二琁,第三

机也。"

⑤裈,臂衣,今之臂韝,以缚左右手,于事便也。

⑥西京外戚吕禄、吕产、窦婴、上官桀安父子、霍禹等皆被诛。

帝省诏悲叹,复重请曰:"汉兴,舅氏之封侯,犹皇子之为王也。太后诚存谦虚,奈何令臣独不加恩三舅乎?且卫尉年尊,两校尉有大病,①如令不讳,使臣长抱刻骨之恨。宜及吉时,不可稽留。"

①卫尉,太后兄廖。两校尉,兄防、兄光也。

太后报曰:"吾反覆念之,思令两善。岂徒欲获谦让之名,而使帝受不外施之嫌哉!①昔窦太后欲封王皇后之兄,②丞相条侯言受高祖约,无军功,非刘氏不侯。③今马氏无功于国,岂得与阴、郭中兴之后等邪?常观富贵之家,禄位重叠,犹再实之木,其根必伤。④且人所以愿封侯者,欲上奉祭祀,下求温饱耳。今祭祀则受四方之珍,衣食则蒙御府馀资,斯岂不足,而必当得一县乎?吾计之孰矣,勿有疑也。夫至孝之行,安亲为上。今数遭变异,谷价数倍,忧惶昼夜,不安坐卧,而欲先营外封,违慈母之拳拳乎!⑤吾素刚急,有匈中气,不可不顺也。若阴阳调和,边境清静,然后行子之志。吾但当含饴弄孙,⑥不能复关政矣。"

①以恩泽封爵外家为外施也。

②窦太后,文帝后也。王皇后,景帝后也。兄即王信,后封为盖侯。

③条侯,周亚夫也。《前书》曰:"高帝与功臣约,非刘氏不王,非有功不侯。不如约,天下共击之。"

④《文子》曰〔15〕"再实之木根必伤,掘藏之家后必殃"也。

⑤拳拳犹勤勤也,音权。

⑥《方言》曰:"饴,饧也。陈、楚、宋、卫之间通语。"

时新平主家御者失火,延及北阁后殿。太后以为己过,起居不欢。时当谒原陵,自引守备不慎,惭见陵园,遂不行。初,太夫人葬,起坟微高,太后以为言,兄廖等即时减削。其外亲有谦素义行者,辄假借温言,赏以财位。〔16〕如有纤介,则先见严恪之色,然后加谴。其美车服不轨法度者,便绝属籍,遣归田里。广平、钜鹿、乐成王车骑朴素,无金银之饰,帝以白太后,太后即赐钱各五百万。于是内外从化,被服如一,诸家惶恐,倍于永平时。乃置织室,蚕于濯龙中,①数往观视,以为娱乐。常与帝旦夕言道政事,及教授诸小王,论议经书,述叙平生,雍和终日。

①《前书》有东织、西织,属少府,平帝改名织室。

　　四年,天下丰稔,方垂无事,帝遂封三舅廖、防、光为列侯。并辞让,愿就关内侯。太后闻之,曰:“圣人设教,各有其方,知人情性莫能齐也。①吾少壮时,但慕竹帛,志不顾命。②今虽已老,而复‘戒之在得’,③故日夜惕厉,思自降损。④居不求安,食不念饱。冀乘此道,不负先帝。所以化导兄弟,共同斯志,欲令瞑目之日,无所复恨。何意老志复不从哉?万年之日长恨矣!”廖等不得已,受封爵而退位归第焉。

①《礼记·王制》曰:“凡居人材,必因天地寒暖燥湿,广谷大川异制,人居其间异俗。修其教不易其俗,齐其政不易其宜。中国戎夷五方之人,皆有性也,不可推移。”
②言少慕古人,书名竹帛,不顾命之长短。
③《论语》孔子曰:“少之时,戒之在色;及其老也,戒之在得。”得,贪啬也。言弥复吝惜封爵,不欲滥封亲戚也。
④惕,惧也。厉,危也。

　　太后其年寝疾,不信巫祝小医,数敕绝祷祀。至六月,崩。在位二十三年,年四十馀。合葬显节陵。

　　贾贵人,南阳人。建武末选入太子宫,中元二年生肃宗,而显宗以为贵人。帝既为太后所养,专以马氏为外家,故贵人不登极位,贾氏亲族无受宠荣者。及太后崩,乃策书加贵人王赤绶,①安车一驷,永巷宫人二百,②御府杂帛二万匹,大司农黄金千斤,钱二千万。诸史并阙后事,故不知所终。

①《续汉书》曰诸侯王赤绶也。
②永巷,宫中署名也,后改为掖庭。永巷宫人,即官婢也。

章德窦皇后讳某，扶风平陵人，大司(徒)〔空〕融之曾孙也。〔17〕祖穆，父勋，坐事死，事在《窦融传》。勋尚东海恭王彊女沘阳公主，后其长女也。家既废坏，数呼相工问息耗，①见后者皆言当大尊贵，非臣妾容貌。年六岁能书，亲家皆奇之。建初二年，后与女弟俱以选例入见长乐宫，进止有序，风容甚盛。肃宗先闻后有才色，数以讯诸姬傅。②及见，雅以为美，马太后亦异焉，因入掖庭，见于北宫章德殿。后性敏给，倾心承接，称誉日闻。明年，遂立为皇后，妹为贵人。七年，追爵谥后父勋为安成思侯。③后宠幸殊特，专固后宫。

①薛氏《韩诗章句》曰："耗，恶也。"息耗犹言善恶也。

②讯，问也。傅谓傅母。

③安成，县，属汝南郡，故城在今豫州吴房县东南。

初，宋贵人生皇太子庆，梁贵人生和帝。后既无子，并疾忌之，数间于帝，渐致疏嫌。因诬宋贵人挟邪媚道，遂自杀，废庆为清河王，语在《庆传》。

梁贵人者，褒亲愍侯梁竦之女也。少失母，为伯母舞阴长公主所养。①年十六，亦以建初二年与中姊俱选入掖庭为贵人。四年，生和帝。后养为己子。欲专名外家而忌梁氏。八年，乃作飞书以陷竦。②竦坐诛，贵人姊妹以忧卒。自是宫房慄息，③后爱日隆。

①长公主，光武女，梁松尚焉。

②飞书，若今匿名书也。

③慄，惧也，音牒。《周书》曰"临捕以咸，而气慄惧"也。

及帝崩，和帝即位，尊后为皇太后。皇太后临朝，尊母沘阳公主为长公主，益汤沐邑三千户。兄宪，弟笃、景，并显贵，擅威权，后遂密谋不轨，永元四年，发觉被诛。

九年，太后崩，未及葬，而梁贵人姊(嬺)〔嫕〕①〔18〕上书陈贵人枉殁之状。太尉张酺、司徒刘方、司空张奋上奏，依光武黜吕太后故事，②贬太后尊号，不宜合葬先帝。百官亦多上言者。帝手诏曰："窦氏虽不遵法度，而太后常自减损。朕奉事十年，深惟大义，礼，臣子无贬尊上之

文。恩不忍离，义不忍亏。案前世上官太后亦无降黜，③其勿复议。”于
是合葬敬陵。在位十八年。

①音一计反。

②中元元年，黜吕后不宜配食高庙。

③上官太后，昭帝后也。父安与燕王谋反诛。太后以年少，又霍光外孙，故不
　废也。

帝以贵人酷殁，敛葬礼阙，乃改殡于承光宫，上尊谥曰恭怀皇后，①
追服丧制，百官缟素，与姊大贵人俱葬西陵，仪比敬园。②

①《谥法》曰：“敬事尊上曰恭，慈仁哲行曰怀。”

②敬园，安帝祖母宋贵人之园也。

和帝阴皇后讳某，光烈皇后兄执金吾识之曾孙也。后少聪慧，善书
艺。永元四年，选入掖庭，以先后近属，故得为贵人。有殊宠。八年，遂
立为皇后。

自和熹邓后入宫，①爱宠稍衰，数有恚恨。后外祖母邓朱出入宫
掖。十四年夏，有言后与朱共挟巫蛊道，②事发觉，帝遂使中常侍张慎
与尚书陈褒于掖庭狱杂考案之。朱及二子奉、毅与后弟轶、辅、敞辞语
相连及，以为祠祭祝诅，大逆无道。奉、毅、辅考死狱中。帝使司徒鲁恭
持节赐后策，上玺绶，迁于桐宫，以忧死。立七年，葬临平亭部。③父特
进纲自杀，轶、敞及朱家属徙日南比景县，宗亲外内昆弟皆免官还田里。
永初四年，邓太后诏赦阴氏诸徙者悉归故郡，还其资财五百馀万。

①熹音许其反。

②巫师为蛊，故曰巫蛊。《左传》注曰：“蛊，惑也。”

③葬于亭部内之地也。

和熹邓皇后讳绥，①太傅禹之孙也。父训，护羌校尉；母阴氏，光烈
皇后从弟女也。后年五岁，太傅夫人爱之，自为剪发。夫人年高目
冥，〔19〕误伤后额，忍痛不言。左右见者怪而问之，后曰：“非不痛也，太

夫人哀怜为断发，难伤老人意，故忍之耳。"六岁能《史书》，②十二通《诗》、《论语》。诸兄每读经传，辄下意难问。③志在典籍，不问居家之事。母常非之，曰："汝不习女工以供衣服，乃更务学，宁当举博士邪?"后重违母言，昼修妇业，暮诵经典，家人号曰"诸生"。父训异之，事无大小，辄与详议。

①蔡邕曰："《谥法》，有功安人曰熹。"

②《史书》，周宣王太史籀所作大篆十五篇也。《前书》曰"教学童之书"也。〔20〕

③下意犹出意也。

永元四年，当以选入，会训卒，后昼夜号泣，终三年不食盐菜，憔悴毁容，亲人不识之。后尝梦扪天，①荡荡正青，若有钟乳状，〔21〕乃仰嗽饮之。以讯诸占梦，言尧梦攀天而上，汤梦及天而咶之，②斯皆圣王之前占，吉不可言。又相者见后惊曰："此成汤之法也。"③〔22〕家人窃喜而不敢宣。后叔父陔〔23〕言："常闻活千人者，子孙有封。兄训为谒者，使修石臼河，岁活数千人。天道可信，家必蒙福。"初，太傅禹叹曰："吾将百万之众，未尝妄杀一人，其后世必有兴者。"〔24〕

①扪，摸也。

②咶音是。

③《续汉书》曰："相者待诏相工苏大曰：'此成汤之骨法。'"

七年，后复与诸家子俱选入宫。后长七尺二寸，姿颜姝丽，①绝异于众，左右皆惊。八年冬，入掖庭为贵人，时年十六。恭肃小心，动有法度。承事阴后，夙夜战兢。接抚同列，常克己以下之，虽宫人隶役，皆加恩借。帝深嘉爱焉。及后有疾，特令后母兄弟入视医药，不限以日数。后言于帝曰："宫禁至重，而使外舍久在内省，②上令陛下有幸私之讥，下使贱妾获不知足之谤。上下交损，诚不愿也。"帝曰："人皆以数入为荣，贵人反以为忧，深自抑损，诚难及也。"每有宴会，诸姬贵人竞自修整，簪珥光采，袿裳鲜明，③而后独著素，装服无饰。其衣有与阴后同色者，即时解易。若并时进见，则不敢正坐离立，行则偻身自卑。④帝每有所问，常逡巡后对，不敢先阴后言。帝知后劳心曲体，叹曰："修德之劳，乃如是乎!"后阴后渐疏,每当御见,辄辞以疾。时帝数失皇子,后忧继嗣不广,恒垂涕叹息,数选进才人,以博帝意。

①姝,美色也。《诗》曰:"彼姝者子。"

②外舍,外家。

③《说文》曰:"簪,笄也。珥,瑱也,以玉充耳。"《释名》曰:"妇人上服曰袿。"

④离,并也。《礼记》曰:"离坐离立,无往参焉。"

阴后见后德称日盛,不知所为,遂造祝诅,欲以为害。帝尝寝病危甚,阴后密言:"我得意,不令邓氏复有遗类!"后闻,乃对左右流涕言曰:"我竭诚尽心以事皇后,竟不为所祐,而当获罪于天。妇人虽无从死之义,然周公身请武王之命,①越姬心誓必死之分,②上以报帝之恩,中以解宗族之祸,下不令阴氏有人豕之讥。"③即欲饮药,宫人赵玉者固禁之,因诈言属有使来,上疾已愈。后信以为然,乃止。明日,帝果瘳。

①武王有疾,周公为之请命于大王、王季、文王,曰"若尔三王有丕子之责于天,以旦代某之身"也。

②越姬,楚昭王之姬,越王句践女也。昭王宴游,越姬从,谓姬曰:"乐乎?"对曰:"乐则乐矣,而不可久也。"王曰:"愿与子生死若此。"姬曰:"君王乐游,要妾以死,不敢闻命。"后王病,有赤云夹日如飞鸟。王问周太史。史曰:"是害王身,请移于将相。"王曰:"将相于孤,犹股肱也。"不听。姬曰:"大哉君王之德。妾请从王死矣。昔日游乐,是以不敢听命,今君王复礼,国人为君王死,何况妾乎?妾愿先驱狐狸于地下。昔日口虽不言,心许之矣。妾闻信者不负其心。"遂自杀。故曰"心誓"。事见《列女传》也。

③高帝爱幸戚夫人。帝崩,吕太后断夫人手足,去眼薰耳,使居鞠室中,名曰"人豕"也。

十四年夏,阴后以巫蛊事废,后请救不能得,帝便属意焉。后愈称疾笃,深自闭绝。会有司奏建长秋宫,帝曰:"皇后之尊,与朕同体,承宗庙,母天下,岂易哉!唯邓贵人德冠后庭,乃可当之。"至冬,立为皇后。辞让者三,然后即位。手书表谢,深陈德薄,不足以充小君之选。是时,方国贡献,竞求珍丽之物,自后即位,悉令禁绝,岁时但供纸墨而已。帝每欲官爵邓氏,后辄哀请谦让,故兄骘终帝世不过虎贲中郎将。

元兴元年，帝崩，长子平原王有疾，而诸皇子夭没，前后十数，后生者辄隐秘养于人间。殇帝生始百日，后乃迎立之。尊后为皇太后，太后临朝。和帝葬后，宫人并归园，太后赐周、冯贵人策曰："朕与贵人托配后庭，共欢等列，十有馀年。不获福佑，先帝早弃天下，孤心茕茕，①靡所瞻仰，夙夜永怀，感怆发中。今当以旧典分归外园，惨结增叹，燕燕之诗，曷能喻焉？②共赐贵人王青盖车，采饰辂，骖马各一驷，黄金三十斤，杂帛三千匹，白越四千端。"又赐冯贵人王赤绶，以未有头上步摇、环佩，加赐各一具。③

①茕茕，孤特之貌也。《诗》曰："茕茕在疚。"

②《诗·鄘(鄘)序》曰：〔25〕"卫庄姜送归妾也。"其《诗》曰："燕燕于飞，差池其羽。之子于归，远送于野。瞻望不及，泣涕如雨。"

③《周礼》"王后首服为副"，所以副首为饰，若今步摇也。《释名》曰："皇后首副，其上有垂珠，步则摇也。"

是时新遭大忧，法禁未设。宫中亡大珠一箧，太后念，欲考问，必有不辜。乃亲阅宫人，观察颜色，即时首服。又和帝幸人吉成，御者共枉吉成以巫蛊事，遂下掖庭考讯，辞证明白。太后以先帝左右，待之有恩，平日尚无恶言，今反若此，不合人情，更自呼见实覈，果御者所为。莫不叹服，以为圣明。常以鬼神难征，淫祀无福，乃诏有司罢诸祠官不合典礼者。又诏赦除建武以来诸犯妖恶，及马、窦家属所被禁锢者，皆复之为平人。减大官、导官、尚方、内者服御珍膳靡丽难成之物，①自非供陵庙，稻粱米不得导择，〔26〕朝夕一肉饭而已。旧太官汤官经用岁且二万万，②太后敕止，(曰)〔日〕杀省珍费，〔27〕自是裁数千万。及郡国所贡，皆减其过半。悉斥卖上林鹰犬。其蜀、汉扣器九带佩刀，并不复调。③止画工三十九种。又御府、尚方、织室锦绣、冰纨、绮縠、金银、珠玉、犀象、玳瑁、雕镂玩弄之物，皆绝不作。离宫别馆储峙米糒薪炭，悉令省之。④又诏诸园贵人，其宫人有宗室同族若羸老不任使者，令园监实覈上名，自御北宫增喜观阅问之，恣其去留，即日免遣者五六百人。

①《汉官仪》曰："大官，主膳羞也。"《前书音义》曰："导官，主导择米以供祭祀。

尚方,掌工作刀剑诸物及刻玉为器。"《汉官仪》曰:"内者,主帷帐。"并署
　名也。

②经,常也。

③蜀,蜀郡也。汉,广汉郡也。二郡主作供进之器,元帝时贡禹上书"蜀、广汉
　主金银器,各用五百万"是也。扣音口,以金银缘器也。

④储峙犹蓄积也。糒,干饭。

及殇帝崩,太后定策立安帝,犹临朝政。以连遭大忧,百姓苦役,①
殇帝康陵方中秘藏,②及诸工作,事事减约,十分居一。

①大忧谓和帝、殇帝崩。

②方中,陵中也。冢藏之中,故言秘也。

诏告司隶校尉、河南尹、南阳太守曰:"每览前代外戚宾客,假借威
权,轻薄遰诇,①至有浊乱奉公,为人患苦。咎在执法怠懈,不辄行其罚
故也。今车骑将军骘等虽怀敬顺之志,而宗门广大,姻戚不少,宾客奸
猾,多干禁宪。②其明加检敕,勿相容护。"自是亲属犯罪,无所假贷。太
后愍阴氏之罪废,赦其徙者归乡,敕还资财五百馀万。永初元年,爵号
太夫人为新野君,万户供汤沐邑。③

①言勿遮也。遰音七洞反。诇音洞。

②干,犯也。

③汤沐者,取其赋税以供汤沐之具也。

二年夏,京师旱,亲幸洛阳寺录冤狱。有囚实不杀人而被考自诬,
羸困舆见,畏吏不敢言,将去,举头若欲自诉。太后察视觉之,即呼还问
状,具得枉实,即时收洛阳令下狱抵罪。行未还宫,澍雨大降。

三年秋,太后体不安,左右忧惶,祷请祝辞,愿得代命。太后闻之,
即谴怒,切敕掖庭令以下,但使谢过祈福,不得妄生不祥之言。旧事,岁
终当飨遣卫士,①大傩逐疫。②太后以阴阳不和,军旅数兴,诏飨会勿设
戏作乐,减逐疫侲子之半,③悉罢象橐驼之属。丰年复故。太后自入宫
掖,从曹大家受经书,兼天文、算数。昼省王政,夜则诵读,而患其谬误,
惧乖典章,乃博选诸儒刘珍等及博士、议郎、四府掾史五十馀人,诣东观

雠校传记。④事毕奏御，赐葛布各有差。又诏中官近臣于东观受读经传，以教授宫人，左右习诵，朝夕济济。及新野君薨，太后自侍疾病，至乎终尽，忧哀毁损，事加于常。赠以长公主赤绶、东园秘器、玉衣绣衾，⑤又赐布三万匹，钱三千万。骘等遂固让钱布不受。使司空持节护丧事，仪比东海恭王，谥曰敬君。太后谅闇既终，⑥久旱，太后比三日幸洛阳，录囚徒，理出死罪三十六人，耐罪八十人，其馀减罪死右趾已下至司寇。

①旧事，卫士得代归者，上亲飨焉。《前书·盖宽饶传》曰"岁尽交代，上临飨罢卫卒"是也。

②《礼记·月令》："〔命〕有〔司〕大傩，旁磔，〔出〕土牛，〔28〕以送寒气。"郑玄注云："傩，阴气也。此月之中，日历虚、危，有坟墓四星之气为厉鬼，随强阴出以害人。"故傩却之也。

③侲子，逐疫之人也，音振。薛综注《西京赋》云："侲之言善也，善童幼子也。"《续汉书》曰："大傩，选中黄门子弟，年十岁以上，十二以下，百二十人为侲子。皆赤帻皂制，执大鼗。"

④雠，对也。

⑤东园，署名，属少府。主作凶器，故言秘也。

⑥谅闇，居丧之庐也。或为"谅阴"。谅，信也；阴，默也。言居忧信默不言。

七年正月，初入太庙，斋七日，赐公卿百僚各有差。庚戌，谒宗庙，率命妇群妾相礼仪，①与皇帝交献亲荐，成礼而还。②因下诏曰："凡供荐新味，多非其节，或郁养强孰，或穿掘萌牙，味无所至而夭折生长，岂所以顺时育物乎！传曰：'非其时不食。'③自今当奉祠陵庙及给御者，皆须时乃上。"凡所省二十三种。

①相，助也。《仪礼》曰："命夫者，男子之为大夫也。命妇者，大夫之妻也。"

②周礼，宗庙祭之日，旦，王服衮冕而入，立于阼；后服副袆，从王而入。王以圭瓒酌郁鬯以献尸，次后以璋瓒酌郁鬯以献尸，此谓交献也。卒事凡九献焉。

③《论语》曰："不时不食。"言非其时物则不食之。《前书》邵信臣曰："不时之物，有伤于人，不宜以奉供养。"

自太后临朝，水旱十载，四夷外侵，盗贼内起。每闻人饥，或达旦不寐，而躬自减彻，以救灾厄，故天下复平，岁还丰穰。

元初五年，平望侯刘毅①〔29〕以太后多德政，欲令早有注记，上书安帝曰："臣闻《易》载羲农而皇德著，②《书》述唐虞而帝道崇，故虽圣明，必书功于竹帛，流音于管弦。③伏惟皇太后膺大圣之姿，体乾坤之德，④齐踪虞妃，比迹任姒。⑤孝悌慈仁，允恭节约，杜绝奢盈之源，防抑逸欲之兆。正位内朝，流化四海。⑥及元兴、延平之际，国无储副，仰观乾象，参之人誉，援立陛下为天下主，永安汉室，绥静四海。又遭水潦，东州饥荒。⑦垂恩元元，冠盖交路，菲薄衣食，躬率群下，损膳解骖，以赡黎苗。⑧恻隐之恩，犹视赤子。⑨克己引愆，显扬仄陋。崇晏晏之政，⑩敷在宽之教。⑪兴灭国，继绝世，录功臣，复宗室。追还徙人，蠲除禁锢。政非惠和，不图于心；制非旧典，不访于朝。弘德洋溢，充塞宇宙；⑫洪泽丰沛，漫衍八方。华夏乐化，戎狄混并。丕功著于大汉，硕惠加于生人。巍巍之业，可闻而不可及；荡荡之勋，可诵而不可名。古之帝王，左右置史；⑬汉之旧典，世有注记。夫道有夷崇，治有进退。若善政不述，细异辄书，是为尧汤负洪水大旱之责，而无咸熙假天之美；⑭高宗成王有雊雉迅风之变，而无中兴康宁之功也。⑮上考《诗》、《书》，有虞二妃，周室三母，⑯修行佐德，⑰思不逾阈。⑱未有内遭家难，外遇灾害，览总大麓，经营天物，⑲功德巍巍若兹者也。宜令史官著《长乐宫注》、《圣德颂》，以敷宣景耀，勒勋金石，县之日月，⑳摅之罔极，以崇陛下烝烝之孝。"帝从之。㉑

①平望，县，属北海郡，今青州北海县西北平望台是也，一名望海台也。

②《易·系辞》曰："古者庖羲氏之王天下，仰观（法）〔象〕于天，〔30〕俯观法于地，于是始画八卦，以通神明之德，以类万物之情。庖羲氏没，神农氏作，斫木为耜，揉木为耒，耒耜之利，以教天下。"伏羲、神农为三皇，故言皇德也。

③竹谓简册，帛谓缣素。黄帝以下六代乐，皆所以章显功德，是流音于管弦。

④《易》曰："圣人与天地合其德。"

⑤虞妃，即舜妻娥皇、女英也。任，文王母；姒，武王母也。

⑥《易·家人》卦曰："女正位乎内，正家而天下定矣。"《礼记》曰，东夷、西戎、

南蛮、北狄,谓之四海。

⑦延平元年,安帝初即位,六州大水,永初元年,禀司隶、兖、豫、徐、冀、并六州贫人也。

⑧《广雅》云:"苗,众也。"

⑨隐,痛也。《尚书》曰"若保赤子,惟人其康义"也。

⑩《尚书考灵耀》曰:"文(基)〔塞〕晏晏。"〔31〕

⑪敷,布也。《尚书》曰:"五教在宽。"

⑫洋溢,言多。

⑬《礼记·玉藻》曰:"动则左史书之,言则右史书之。"

⑭咸,皆也。熙,广也。《尚书》曰:"庶绩咸熙。"言尧之朝政,众功皆广。假音格,至也。《尚书》曰:"佑我烈祖,格于皇天。"言伊尹佐汤,功至于天也。尧洪水九载,汤大旱七年。

⑮高宗,殷王也,小乙之子,名武丁。当祭成汤,有飞雉升鼎耳而禀,高宗修德,殷道中兴。成王疑周公,乃有雷电大风之变,成王改过,几致刑措也。

⑯《尚书》曰:"厘降二女于妫汭,嫔于虞。"三母谓后稷母姜嫄,文王母大任,武王母大姒也。《诗·大雅》曰:"厥初生人,时维姜嫄。"又曰:"大任有身,生此文王。"又曰"太姒嗣徽音,则百斯男"也。

⑰《诗》云:"既有烈考,亦有文母。"〔32〕是佐德。

⑱阃,门限也。《左传》曰:"妇人送迎不出门,见兄弟不逾阈。"

⑲麓,录也。言大录万机之政。《书》曰"纳于大麓",又曰"暴殄天物"也。

⑳《易》曰:"县象著明,莫大于日月。"

㉑《广雅》曰:"摅,舒也。"孔安国注《尚书》曰:"烝烝犹进进也。"

六年,太后诏征和帝弟济北、河间王子男女年五岁以上四十馀人,又邓氏近亲子孙三十馀人,并为开邸第,①教学经书,躬自监试。尚幼者,使置师保,朝夕入宫,抚循诏导,恩爱甚渥。②乃诏从兄河南尹豹、越骑校尉康等曰:"吾所以引纳群子,置之学官者,实以方今承百王之敝,时俗浅薄,巧伪滋生,《五经》衰缺,不有化导,将遂陵迟,故欲褒崇圣道,以匡失俗。传不云乎:'饱食终日,无所用心,难矣哉!'③今末世贵戚食禄之家,温衣美饭,乘坚驱良,④而面墙术学,不识臧否,⑤斯故祸败所从来也。永平中,四姓小侯皆令入学,⑥所以矫俗厉薄,反之忠孝。先公既以武功书之竹帛,兼以文德教化子孙,⑦故能束修,不触罗网。⑧诚令儿曹上述祖考休烈,下念诏书本意,则足矣。其勉之哉!"

①《苍颉篇》曰:"邸,舍也。"

②诏,告也。

③《论语》孔子言也。言人终日饱食,不措心于道义。难矣哉,言终无远大也。

④坚谓好车,良谓善马也。《墨子》曰:"圣王为衣服之法,坚车良马,不知贵也。"

⑤《尚书》曰"弗学墙面"也。

⑥小侯,解见《明纪》。

⑦先公谓邓禹。禹有子十三人,各使守一艺,故曰文德也。

⑧言能自约束修整也。

康以太后久临朝政,心怀畏惧,托病不朝。太后使内人问之。时宫婢出入,多能有所毁誉,其耆宿者皆称中大人,所使者乃康家先婢,亦自通中大人。康闻,诟之曰:"汝我家出,尔敢尔邪!"〔33〕婢怒,还说康诈疾而言不逊。太后遂免康官,遣归国,绝属籍。

永宁二年二月,寝病渐笃,乃乘辇于前殿,见侍中、尚书,因北至太子新所缮宫。还,大赦天下,赐诸园贵人、王、主、群僚钱布各有差。诏曰:"朕以无德,托母天下,而薄祐不天,〔34〕早离大忧。延平之际,海内无主,元元匈运,危于累卵。①勤勤苦心,不敢以万乘为乐,上欲不欺天愧先帝,下不违人负宿心,诚在济度百姓,以安刘氏。自谓感彻天地,当蒙福祚,而丧祸内外,伤痛不绝。②顷以废病沈滞,久不得侍祠,自力上原陵,加欬逆唾血,遂至不解。存亡大分,无可奈何。公卿百官,其勉尽忠恪,以辅朝廷。"三月崩。在位二十年,年四十一。合葬顺陵。

①《说苑》曰:"晋灵公骄奢,造九层之台,国困人贫,耻功不成。令曰:'左右谏者斩也。'荀息乃求见。公曰:'谏邪?'息曰:'不敢。臣能累十二博棋,加九鸡子其上。'公曰:'危哉。'息曰:'复有危于此者。公为九层之台,男女不得耕织,社稷一灭,君何所望!'君曰:'寡人之过。'乃坏台焉。"

②内外谓新野君薨及和、殇二帝崩也。

论曰：邓后称制终身，号令自出，术谢前政之良，身阙明辟之义，①至使嗣主侧目，敛衽于虚器，②直生怀懑，悬书于象魏。③借之仪者，殆其惑哉！④然而建光之后，王柄有归，⑤遂乃名贤戮辱，便孽党进，⑥衰斁之来，兹焉有征。⑦故知持权引谤，所幸者非己；焦心恤患，自强者唯国。⑧是以班母一说，阖门辞事；⑨爱侄微愆，髡剔谢罪。⑩将杜根逢诛，未值其诚乎！⑪但蹊田之牛，夺之已甚。⑫

① 前政谓周公也。辟，君也。《尚书》曰"朕复子明辟"，言周公摄位，复还成王。今太后不还，故曰阙也。

② 器谓神器，谕帝位也。

③ 象魏，阙也。直生，杜根等上书，请太后还政。

④ 借犹假也。殆，近也。言太后不还政于安帝，近可惑也。

⑤ 太后建光之中崩，归政安帝。

⑥ 帝宠用乳母王圣及其女伯荣，出入宫掖，通传奸赂，太尉杨震及邓骘等皆被中官谮诛也。

⑦ 斁，败也。安帝临政，衰败逾甚，故曰有征也。

⑧ 言执持朝权以招众谤者，所幸不为己身，唯忧国也。

⑨ 太后兄大将军骘，以母忧上书乞身，太后不许，以问班昭，乃许之。语见《昭传》也。

⑩ 太后兄骘子凤受遗事泄，骘遂髡妻及凤以谢天下。语见《骘传》。

⑪ 诚，信也。言未为太后所信。

⑫ 《左传》申叔时曰："牵牛以蹊人之田而夺之牛，牵牛以蹊者信有罪矣，而夺之牛，罚已重矣。"此喻杜根。上书虽曰有罪，太后杀之为过甚也。

【校勘记】

〔1〕 女御〔掌〕叙于王之燕寝　据今本《周礼》补。按：前后皆有"掌"字，明此脱。

〔2〕 宫备七国　按：《文选》"宫"作"官"，李善注谓当秦之时，凡有七国，秦并其六国，故内职皆备置之，而爵列八品焉。据此，似李所见本作"官"，而章怀所据本则作"宫"也。

〔3〕　而防（聞）〔閑〕未笃　据汲本、殿本改。

〔4〕　唯秦芈太后始摄政事　按:"芈"原讹"芉",各本同,今改正。

〔5〕　真定槀人也　按:"槀"当作"稾",其字从禾,各本皆未正。

〔6〕　帝善况小心谨慎　按:《校补》引钱大昭说,谓"善"闽本作"美"。

〔7〕　葬于北芒　按:《集解》引汪文台说,谓《御览》百三十七引《续汉书》作"葬北陵"。

〔8〕　数授赏赐　《刊误》谓案文"授"当作"受"。

〔9〕　七岁失父　按:《袁纪》作"十岁丧父"。

〔10〕　言及未曾不流涕　按:汲本、殿本"曾"作"尝"。

〔11〕　（欲）〔故〕宠敬日隆　据殿本、《集解》本改。按:《集解》引惠栋说,谓"故"旧本作"欲",李氏改作"故"。

〔12〕　白越三千端　按:《御览》八一八引"白越"作"越帛"。

〔13〕　〔帝〕欲封爵诸舅　按:张森楷《校勘记》谓《群书治要》"欲"上有"帝"字,当依添。今据补。

〔14〕　枢机近要之官也　按:"官"原讹"宫",径改正。

〔15〕　文子曰　按:"文"原讹"太",径据汲本、殿本改正。

〔16〕　赏以财位　按:《集解》引何焯说,谓"位"字疑。《校补》谓"位"当作"物",转写之讹。

〔17〕　大司（徒）〔空〕融之曾孙也　张森楷《校勘记》谓案《光武纪》及《窦融传》,融止为大司空,未尝为大司徒,"徒"当作"空"。按:张说是,今据改。

〔18〕　梁贵人姊（嬾）〔嬀〕　据《梁竦传》改。按:《集解》引惠栋说谓《袁纪》作"凭"。

〔19〕　夫人年高目冥　按:《御览》四一五引,"冥"作"眊"。

〔20〕　下意犹出意也　汲本、殿本"出意"作"出气"。按:《校补》谓下意犹出意者,谓别出己意,与诸兄论难。《战国策·秦策》"下兵三川",高注"下兵,出兵也",此下得训出之证。

〔21〕　后尝梦扪天荡荡正青若有钟乳状　按:《御览》卷一引作"后尝梦扪天,天体荡荡正青,滑如磄磇,有若钟乳状",较此为胜。

〔22〕　又相者见后惊曰此成汤之法也　按:《御览》七二九引"相者"下有"苏大"二字。"法"上有"骨"字。

〔23〕　后叔父陔　按:《袁纪》"陔"作"邠"。

〔24〕 其后世必有兴者　按:王先谦谓"其"字当衍。

〔25〕 诗鄁(廊)序曰　据张森楷《校勘记》删。按:张氏谓《邶风》诗不当有"廊"字,盖误衍。

〔26〕 稻粱米不得导择　王先谦谓"导"当作"渜",《前书·百官表》少府属有渜官。今按:《前书》"渜"亦讹"导"。《说文》段注云择米曰渜,汉人语如此,凡作"导"者,讹字也。

〔27〕 太后敕止(日)〔日〕杀省珍费　据《集解》引惠栋说改。

〔28〕 〔命〕有〔司〕大傩旁磔〔出〕土牛　按:此注脱讹不可句读,今据《礼·月令》补。

〔29〕 平望侯刘毅　按:《校补》引钱大昭说,谓毅,北海敬王子,建初二年封,永元中坐事失侯,此当云"故平望侯"。

〔30〕 仰观(法)〔象〕于天　据汲本、殿本改。

〔31〕 文(基)〔塞〕晏晏　据汲本改。

〔32〕 既有烈考亦有文母　《刊误》谓两"有"字皆当作"右"。

〔33〕 尔敢尔邪　按:上"尔"字应依《邓禹传》作"亦"。

〔34〕 薄祐不天　按:周寿昌谓"佑"当作"祜",史避安帝讳改。

后汉书卷十下

皇后纪第十下

安思阎皇后讳姬,①河南荥阳人也。祖父章,永平中为尚书,以二妹为贵人。章精力晓旧典,久次,当迁以重职,显宗为后宫亲属,竟不用,出为步兵校尉。②章生畅,畅生后。

①《谥法》曰:"谋虑不愆曰思。"

②《汉官仪》曰"比二千石,掌宿卫兵,属北军中侯"也。

后有才色。元初元年,以选入掖庭,甚见宠爱,为贵人。二年,立为皇后。后专房妒忌,帝幸宫人李氏,生皇子保,遂鸩杀李氏。①三年,以后父侍中畅为长水校尉,封北宜春侯,②食邑五千户。四年,畅卒,谥曰文侯,子显嗣。

①鸩,毒鸟也。食蝮。以其羽画酒中,饮之立死。

②北宜春,县,属汝南郡。以豫章有宜春,故此加北。故城在今豫州汝阳县西南也。

建光元年,邓太后崩,帝始亲政事。显及弟景、耀、晏并为卿校,典禁兵。延光元年,更封显长社(县)侯,①〔1〕食邑万三千五百户,追尊后母宗为荥阳君。②显、景诸子年皆童龀,③并为黄门侍郎。后宠既盛,而兄弟颇与朝权,后遂与大长秋江京、中常侍樊丰等共谮皇太子保,废为济阴王。

①长社,县,属颍川郡。《前书音义》曰:"其社中树暴长,故名长社。"今许州县。

②《续汉志》曰:"妇人封君,仪比公主,油犊軿车,〔2〕带绶以采组为绲带,各如其绶色,黄金辟邪加其首为带。"

③《大戴礼》曰："男八岁而龀，女七岁而龀。"龀，毁齿也，音初刃反。

四年春，后从帝幸章陵，帝道疾，崩于叶县。后、显兄弟及江京、樊丰等谋曰："今晏驾道次，①济阴王在内，邂逅公卿立之，还为大害。"乃伪云帝疾甚，徙御卧车。行四日，驱驰还宫。明日，诈遣司徒刘（喜）〔熹〕[3]诣郊庙社稷，告天请命。其夕，乃发丧。尊后曰皇太后。皇太后临朝，②以显为车骑将军仪同三司。

①晏，晚也。臣下不敢斥言帝崩，犹言晚驾而出。

②蔡邕《独断》曰："少帝即位，太后即代摄政，临前殿，朝群臣。太后东面，少帝西面。群臣奏事上书，皆为两通，一诣后，一诣少帝。"

太后欲久专国政，贪立幼年，与显等定策禁中，迎济北惠王子北乡侯懿，①立为皇帝。显忌大将军耿宝②位尊权重，威行前朝，乃风有司奏宝及其党与中常侍樊丰、虎贲中郎将谢恽、恽弟侍中笃、笃弟大将军长史宓、③侍中周广、阿母野王君王圣、圣女永、永婿黄门侍郎樊严等，更相阿党，互作威福，探刺禁省，更为唱和，皆大不道。丰、恽、广皆下狱死，家属徙比景；④宓、严减死，髡钳；贬宝为则亭侯，遣就国，自杀；王圣母子徙雁门。于是景为卫尉，耀城门校尉，晏执金吾，兄弟权要，威福自由。

①惠王名寿，章帝子也。

②耿弇之弟舒之孙。

③《善文》曰："恽字伯周，宓字仲周，笃字季周。"

④比景，县名，属日南郡。《前书音义》曰："日中于头上，景在己下，故名之。"

少帝立二百馀日而疾笃，显兄弟及江京等皆在左右。京引显屏语曰："北乡侯病不解，国嗣宜时有定。前不用济阴王，今若立之，后必当怨，又何不早征诸王子，[4]简所置乎？"显以为然。及少帝薨，京白太后，征济北、河间王子。未至，而中黄门孙程合谋杀江京等，立济阴王，是为顺帝。显、景、晏及党与皆伏诛，迁太后于离宫，家属徙比景。明年，太后崩。在位十二年，合葬恭陵。

帝母李氏瘗在洛阳城北，帝初不知，莫敢以闻。及太后崩，左右白之,帝感悟发哀,亲到瘗所,更以礼殡,上尊谥曰恭愍皇后,葬恭北陵,为策书金匮,藏于世祖庙。①

> ①在恭陵之北,因以为名。《汉官仪》曰:"置陵园令、食监各一人,秩皆六百石。"金匮,缄之以金。

顺烈梁皇后讳妠,①大将军商之女,恭怀皇后弟之孙也。后生,有光景之祥。少善女工,好《史书》,九岁能诵《论语》,治《韩诗》,②大义略举。常以列女图画置于左右,以自监戒。③父商深异之,窃谓诸弟曰:"我先人全济河西,所活者不可胜数。④虽大位不究,而积德必报。若庆流子孙者,傥兴此女乎?"

> ①《谥法》曰:"执德尊业曰烈。"《声类》曰:"妠,(妠)娶也,〔5〕音纳。"
>
> ②韩婴所传《诗》也。
>
> ③刘向撰《列女传》八篇,图画其象。
>
> ④商曾祖统,更始二年补中郎将、酒泉太守,使安集凉州。时(西)河〔西〕扰乱,〔6〕众议以统素有威信,乃推统与窦融共完全五郡。

永建三年,与姑俱选入掖庭,时年十三。相工茅通见后,惊,再拜贺曰:"此所谓日角偃月,相之极贵,臣所未尝见也。"太史卜兆得寿房,又筮得《坤》之《比》,①遂以为贵人。常特被引御,从容辞于帝曰:"夫阳以博施为德,阴以不专为义,螽斯则百,福之所由兴也。②愿陛下思云雨之均泽,识贯鱼之次序,③使小妾得免罪谤之累。"由是帝加敬焉。

> ①《易·坤卦》六五爻,变而之《比》,《比》九五,《象》曰:"显比之吉,位正中也。"九五居得其位,下应于上,故吉。
>
> ②《诗·国风序》曰:"言后妃若螽斯不妒忌,则子孙众多也。"《诗·大雅》曰"大姒嗣徽音,则百斯男"也。
>
> ③《易》曰:"云行雨施,品物流形。"《剥卦》曰:"贯鱼,以宫人宠,无不利。"《剥》,《坤》下《艮》上,五阴而一阳,众阴在下,骈头相次,似贯鱼也。

阳嘉元年春,有司奏立长秋宫,以乘氏侯商先帝外戚,①《春秋》之义,娶先大国,②梁小贵人宜配天祚,正位坤极。③帝从之,乃于寿安殿立贵人为皇后。④后既少聪惠,深览前世得失,虽以德进,不敢有骄专之心,每日月见谪,⑤辄降服求愆。

①商祖姑,章帝贵人,生和帝也。

②《公羊传》曰,天子娶于纪。纪本子爵也,先褒为侯,言王者不娶于小国也。

③正其内位,居阴德之极也。《易》曰"女正位乎内"也。

④寿安是德阳宫内殿名。

⑤谪,责也。《礼记》云:"阳事不得,谪见于天,日为之食。阴事不得,谪见于天,月为之食。"

建康元年,帝崩。后无子,美人虞氏子炳立,是为冲帝。尊后为皇太后,太后临朝。冲帝寻崩,复立质帝,犹秉朝政。

时杨、徐剧贼寇扰州郡,西羌、鲜卑及日南蛮夷攻城暴掠,赋敛烦数,官民困竭。太后夙夜勤劳,推心杖贤,委任太尉李固等,拔用忠良,务崇节俭。其贪叨罪慝,多见诛废。①分兵讨伐,群寇消夷。故海内肃然,宗庙以宁。而兄大将军冀鸩杀质帝,专权暴滥,忌害忠良,数以邪说疑误太后,遂立桓帝而诛李固。太后又溺于宦官,多所封宠,以此天下失望。

①贪财曰叨。慝,恶也。

和平元年春,归政于帝,太后寝疾遂笃,乃御辇幸宣德殿,见宫省官属及诸梁兄弟。诏曰:"朕素有心下结气,从间以来,加以浮肿,逆害饮食,浸以沈困,①比使内外劳心请祷。私自忖度,日夜虚劣,不能复与群公卿士共相终竟。援立圣嗣,恨不久育养,见其终始。今以皇帝、将军兄弟委付股肱,其各自勉焉。"后二日而崩。在位十九年,年四十五。合葬宪陵。

①浸,渐也。

虞美人者,以良家子年十三选入掖庭,①又生女舞阳长公主。自汉兴、母氏莫不尊宠。顺帝既未加美人爵号,而冲帝早夭,大将军梁冀秉政,忌恶佗族,故虞氏抑而不登,但称"大家"而已。

①《续汉志》曰:"美人父诗为郎中,诗父衡屯骑校尉。"

　　陈夫人者，家本魏郡，少以声伎入孝王宫，得幸，生质帝。亦以梁氏故，荣宠不及焉。

　　熹平四年，小黄门赵佑、①议郎卑整上言：②"《春秋》之义，母以子贵。③隆汉盛典，尊崇母氏，凡在外戚，莫不加宠。今冲帝母虞大家，质帝母陈夫人，皆诞生圣皇，而未有称号。夫臣子虽贱，尚有追赠之典，况二母见在，不蒙崇显之次，无以述遵先世，垂示后世也。"帝感其言，乃拜虞大家为宪陵贵人，陈夫人为渤海孝王妃，④使中常侍持节授印绶，遣太常以三牲告宪陵、怀陵、静陵焉。⑤

　　①《续汉志》曰："小黄门，六百石，宦者，无员，掌侍左右，受尚书事。上在内
　　　宫，关通中外，及中宫以下众事，诸公主及王大妃等疾苦，则使问之。"
　　②《风俗通》曰："卑氏，郑大夫卑谌之后，汉有卑躬，为北平太守。"
　　③《公羊传》曰："桓公幼而贵，隐公长而卑。桓何以贵？母贵也。母贵则子何
　　　以贵？子以母贵，母以子贵。"
　　④孝王名鸿，章帝子千乘贞王伉之孙。鸿生质帝，帝立，徙勃海焉。
　　⑤怀陵，冲帝陵。静陵，质帝陵。

　　孝崇匽皇后讳明，①为蠡吾侯翼媵妾，②生桓帝。桓帝即位，明年，追尊翼为孝崇皇，陵曰博陵，以后为博园贵人。和平元年，梁太后崩，乃就博陵尊后为孝崇皇后。遣司徒持节奉策授玺绶，赍乘舆器服，备法物。宫曰永乐。置太仆、少府以下，皆如长乐宫故事。③又置虎贲、羽林卫士，起宫室，分钜鹿九县为后汤沐邑。在位三年，元嘉二年崩。以帝弟平原王石为丧主，④敛以东园画梓寿器、玉匣、饭含之具，礼仪制度比恭怀皇后。⑤使司徒持节，大长秋奉吊祠，赗钱四千万，⑥布四万匹，中谒者仆射典护丧事，侍御史护大驾卤簿。⑦诏安平王豹、〔7〕河间王建、勃海王悝，⑧长社、益阳二长公主，⑨与诸国侯三百里内者，及中二千石、二千石、令、长、相，皆会葬。将作大匠复土，缮庙，合葬博陵。

　　①匽音偃。
　　②蠡吾侯翼，河间王开子，和帝孙。

③《汉官仪》曰："帝祖母称长信宫,帝母称长乐宫,故有长信少府、长乐少府及
　　职吏,皆宦者为之。"

④石,蠡吾侯翼子,桓帝兄。〔8〕

⑤东园,署名,属少府,掌为棺器。梓木为棺,以漆画之。称寿器者,欲其久长
　　也,犹如寿堂、寿宫、寿陵之类也。《汉旧仪》曰:"梓棺长二丈,崇广四尺。"
　　玉匣者,腰已下为匣,〔9〕至足亦缝,以黄金为缕。饭含者,以珠玉实口。

⑥《公羊传》曰:"货财曰赙。"

⑦《汉官仪》曰:"天子车驾次第谓之卤簿。有大驾、法驾、小驾。大驾公卿奉
　　引,大将军参乘,太仆御,属车八十一乘,备千乘万骑,侍御史在左驾马,询
　　问不法者。"今仪比车驾,故以侍御史监护焉。

⑧悝音恢。

⑨长社公主,桓帝姊,耿弇弟霸玄孙援尚焉。益阳公主,桓帝妹,侍中寇荣从
　　兄子尚焉。

　　桓帝懿献梁皇后讳女莹,①顺烈皇后之女弟也。帝初为蠡吾侯,梁
太后征,欲与后为婚,未及嘉礼,②会质帝崩,因以立帝。明年,有司奏
太后曰:"《春秋》迎王后于纪,在涂则称后。③今大将军冀女弟,膺绍圣
善。④结婚之际,有命既集,⑤宜备礼章,时进征币。⑥请下三公、太常案
礼仪。"奏可。于是悉依孝惠皇帝纳后故事,聘黄金二万斤,纳采雁璧乘
马束帛,一如旧典。⑦建和元年六月始入掖庭,八月立为皇后。

①《谥法》曰:"温和圣善曰懿,聪明睿知曰献。"

②嘉礼,婚礼。

③《公羊传》曰:"祭公来逆王后于纪。"传曰:"祭公者何? 天子之三公。其称
　　王后何? 王者无外,其辞成矣。"

④膺,当也。绍,嗣也。圣善谓母也,言娶妻当嗣亲也。《诗》云:"母氏圣善。"

⑤谓太后先有令许结亲也。《诗》云"天监在下,有命既集"也。

⑥征,成也。纳币以成婚。

⑦《汉(书)旧仪》:〔10〕"娉皇后,黄金万斤。"吕后为惠帝娶鲁元公主女,故特优
　　其礼也。《仪礼》曰:"纳采用雁。"郑玄注曰:"纳其采择之礼。用雁,取顺阴
　　阳往来也。"《周礼》:"王者谷圭以聘女。"郑玄注云:"士大夫已上,乃以玄纁

东帛,天子加以谷圭,诸侯加以大璋。"然《礼》称以圭,此云用璧,形制虽异,为玉同也。乘马,四匹马也。《杂记》曰:"纳币一束,束五两,两五寻。"然则每端二丈也。

时太后秉政而梁冀专朝,故后独得宠幸,自下莫得进见。后藉姊兄荫埶,恣极奢靡,宫幄雕丽,服御珍华,巧饰制度,兼倍前世。及皇太后崩,恩爱稍衰。后既无子,潜怀怨忌,每宫人孕育,鲜得全者。帝虽迫畏梁冀,不敢谴怒,然见御转稀。至延熹(三)〔二〕年,〔11〕后以忧恚崩,在位十三年,葬懿陵。其岁,诛梁冀,废懿陵为贵人冢焉。

桓帝邓皇后讳猛女,〔12〕和熹皇后从兄子邓香之女也。母宣,初适香,生后。改嫁梁纪,纪者,大将军梁冀妻孙寿之舅也。后少孤,随母为居,因冒姓梁氏。冀妻见后貌美,永兴中进入掖庭,为采女,绝幸。① 明年,封兄邓演为南顿侯,位特进。演卒,子康嗣。及懿献后崩,梁冀诛,立后为皇后。帝恶梁氏,改姓为薄,〔13〕封后母宣为长安君。四年,有司奏后本郎中邓香之女,不宜改易它姓,于是复为邓氏。追封赠香车骑将军安阳侯印绶,更封宣、康大县,宣为昆阳君,康为沘阳侯,赏赐巨万计。② 宣卒,赗赠葬礼,皆依后母旧仪。以康弟统袭封昆阳侯,位侍中;统从兄会袭安阳侯,为虎贲中郎将;又封统弟秉为淯阳侯。〔14〕宗族皆列校、郎将。

① 采,择也,以因采择而立名。
② 巨,大也。大万谓万万也。

帝多内幸,博采宫女至五六千人,及驱役从使,复兼倍于此。而后恃尊骄忌,与帝所幸郭贵人更相谮诉。八年,诏废后,送暴室,以忧死。① 立七年。葬于北邙。从父河南尹万世及会皆下狱死。统等亦系暴室,免官爵,归本郡,财物没入县官。

① 《汉官仪》曰:"暴室在掖庭内,丞一人,主宫中妇人疾病者。其皇后、贵人有罪,亦就此室也。"

桓思窦皇后讳妙，章德皇后从祖弟之孙女也。父(讳)武。[15]延熹八年，邓皇后废，后以选入掖庭为贵人，其冬，立为皇后，而御见甚稀，帝所宠唯采女田圣等。永康元年冬，帝寝疾，遂以圣等九女皆为贵人。及崩，无嗣，后为皇太后。太后临朝定策，立解犊亭侯宏，[16]是为灵帝。

太后素忌忍，积怒田圣等，桓帝梓宫尚在前殿，遂杀田圣。又欲尽诛诸贵人，中常侍管霸、苏康苦谏，乃止。时太后父大将军武谋诛宦官，而中常侍曹节等矫诏杀武，迁太后于南宫云台，家属徙比景。

窦氏虽诛，帝犹以太后有援立之功，建宁四年十月朔，率群臣朝于南宫，亲馈上寿。黄门令董萌①因此数为太后诉怨，帝深纳之，供养资奉有加于前。中常侍曹节、王甫疾萌附助太后，诬以谤讪永乐宫，②萌坐下狱死。熹平元年，太后母卒于比景，〔太〕后感疾而崩。[17]立七年。合葬宣陵。

①《汉官仪》曰："黄门令秩六百石。"
②灵帝母所居也。讪，谤毁也。

孝仁董皇后讳某，河间人。为解犊亭侯苌夫人，①生灵帝。建宁元年，帝即位，追尊苌为孝仁皇，陵曰慎陵，以后为慎园贵人。及窦氏诛，明年，帝使中常侍迎贵人，并征贵人兄宠到京师，上尊号曰孝仁皇后，居南宫嘉德殿，②宫称永乐。拜宠执金吾。后坐矫称永乐后属请，下狱死。

①苌，河间孝王开孙淑之子也。
②嘉德殿在九龙门内。

及窦太后崩，始与朝政，使帝卖官求货，自纳金钱，盈满堂室。中平五年，以后兄子卫尉脩侯重①为票骑将军，领兵千馀人。初，后自养皇子协，数劝帝立为太子，而何皇后恨之，议未及定而帝崩。何太后临朝，重与太后兄大将军进权埶相害，后每欲参干政事，太后辄相禁塞。后忿恚詈言曰："汝今辀张，恃汝兄耶？②当敕票骑断何进头来。"何太后闻，以告进。进与三公及弟车骑将军苗等奏："孝仁皇后使故中常侍夏恽、永乐太仆封谞等交通州郡,③辜较在所珍宝货赂,悉入西省。④蕃后故事不得留京师,⑤舆服有章,膳羞有品。请永乐后迁宫本国。"奏可。何进遂举兵围骠骑府,收重,〔重〕免官自杀。[18]后忧怖,疾病暴崩,在位二十二年。民间归咎何氏。丧还河间,合葬慎陵。

①脩,今德州县也,故城在县南。"脩"今作"蓨",音条。

②辀张犹强梁也。

③《汉官仪》曰:"永乐太仆,用中人为之。"

④辜较,解见《灵纪》。西省,即谓永乐宫之司。

⑤蕃后谓平帝母卫姬。时王莽摄政,恐其专权,后不得留在京师,故云故事也。

灵帝宋皇后讳某,扶风平陵人也,肃宗宋贵人之从曾孙也。[19]建宁三年,选入掖庭为贵人。明年,立为皇后。父酆,执金吾,封不其乡侯。①

①不其,县,属琅邪郡,故城在今莱州即墨县西南,盖其县之乡也。其音基。《决录注》:"酆字伯遇。"

后无宠而居正位,后宫幸姬众,共谮毁。初,中常侍王甫枉诛勃海王悝及妃宋氏,①妃即后之姑也。甫恐后怨之,乃与太中大夫程阿共构言皇后挟左道祝诅,②帝信之。光和元年,遂策收玺绶。后自致暴室,以忧死。在位八年。父及兄弟并被诛。诸常侍、小黄门在省闼者,皆怜宋氏无辜,共合钱物,收葬废后及酆父子,归宋氏旧茔皋门亭。③

①熹平元年,王甫谮悝与中常侍郑飒交通,欲迎立悝,悝自杀,妃死狱中也。

②《礼记》曰:"执左道以乱众,杀无赦。"郑玄注云:"左道,若巫蛊也。"

③《诗》云:"乃立皋门。"注云:"王之郭门曰皋门。"《汉官仪》曰:"十二门皆有亭。"

帝后梦见桓帝怒曰:"宋皇后有何罪过,而听用邪孽,使绝其命?勃海王悝既已自贬,又受诛毙。今宋氏及悝自诉于天,上帝震怒,①罪在难救。"梦殊明察。帝既觉而恐,以事问于羽林左监许永②曰:"此何祥?其可攘③乎?"永对曰:"宋皇后亲与陛下共承宗庙,母临万国,历年已久,海内蒙化,过恶无闻。而虚听谗妒之说,以致无辜之罪,身婴极诛,祸及家族,天下臣妾,咸为怨痛。勃海王悝,桓帝母弟也。处国奉藩,未尝有过。陛下曾不证审,遂伏其辜。昔晋侯失刑,亦梦大厉被发属地。④天道明察,鬼神难诬。宜并改葬,以安冤魂。反宋后之徙家,复勃海之先封,以消厥咎。"帝弗能用,寻亦崩焉。

①上帝,天也。震,动也。《书》曰"帝乃震怒"也。

②《续汉志》曰:"羽林左监一人,秩六百石,主羽林左骑。右亦如之。""永"或作"咏"。

③攘谓除也。

④《左传》曰:"晋侯梦大厉,被发及地,搏膺而踊曰:'杀余孙,不义,余得请于帝矣。'"杜预注曰:"厉鬼,赵氏之先祖也。晋侯先杀赵同、赵括,故怒也。"

灵思何皇后讳某,南阳宛人。家本屠者,以选入掖庭。①长七尺一寸。生皇子辩,养于史道人家,号曰史侯。②拜后为贵人,甚有宠幸。性强忌,后宫莫不震慑。

①《风俗通》曰,汉以八月算人。后家以金帛赂遗主者以求入也。

②道人谓道术之人也。《献帝春秋》曰:"灵帝数失子,不敢正名,养道人史子眇家,号曰史侯。"

光和三年,立为皇后。明年,追号后父真为车骑将军、舞阳宣德侯,因封后母兴为舞阳君。时王美人任娠,①畏后,乃服药欲除之,而胎安不动,又数梦负日而行。四年,生皇子协,后遂鸩杀美人。帝大怒,欲废后,诸宦官固请得止。董太后自养协,号曰董侯。

①《左传》曰:"邑姜方娠。"杜预注曰:"怀胎为娠。"音之刃反,一音身。

王美人,赵国人也。祖父苞,五官中郎将。美人丰姿色,聪敏有才明,能书会计,①[20]以良家子应法相选入掖庭。[21]帝愍协早失母,又思美人,作《追德赋》、《令仪颂》。

①会计谓总会其数而算。

中平六年,帝崩,皇子辩即位,尊后为皇太后。太后临朝。后兄大将军进欲诛宦官，反为所害；舞阳君亦为乱兵所杀。并州牧董卓被征，将兵入洛阳，陵虐朝庭，遂废少帝为弘农王而立协，是为献帝。扶弘农王下殿，北面称臣。太后鲠涕，群臣含悲，莫敢言。董卓又议太后踧迫永乐宫，至令忧死，逆妇姑之礼，乃迁于永安宫，因进鸩，弑而崩。在位十年。董卓令帝出奉常亭举哀，①公卿皆白衣会，不成丧也。②合葬文昭陵。

①华延儁《洛阳记》曰：“城内有奉常亭。”

②有凶事素服而朝，谓之白衣会。《左传》曰：“不书葬，不成丧。”

初，太后新立，当谒二祖庙，欲斋，辄有变故，如此者数，竟不克。时有识之士心独怪之，后遂因何氏倾没汉祚焉。

明年，山东义兵大起，讨董卓之乱。卓乃置弘农王于阁上，使郎中令李儒进鸩，曰：“服此药，可以辟恶。”王曰：“我无疾，是欲杀我耳！”不肯饮。强饮之，不得已，乃与妻唐姬及宫人饮宴别。酒行，王悲歌曰：“天道易兮我何艰！弃万乘兮退守蕃。逆臣见迫兮命不延，逝将去汝兮适幽玄！”因令唐姬起舞，姬抗袖而歌①曰：“皇天崩兮后土颓，②身为帝兮命夭摧。死生路异兮从此乖，奈我茕独兮心中哀！”因泣下呜咽，坐者皆歔欷。王谓姬曰：“卿王者妃，执不复为吏民妻。自爱，从此长辞！”遂饮药而死。时年十八。

①抗，举也。

②《史记》，周烈王崩，周人谓齐威王曰“天崩地坼”也。

唐姬，颍川人也。王薨，归乡里。父会稽太守瑁欲嫁之，姬誓不许。及李傕破长安，遣兵钞关东，略得姬。傕因欲妻之，固不听，而终不自名。①尚书贾诩知之，②以状白献帝。帝闻感怆，乃下诏迎姬，置园中，使侍中持节拜为弘农王妃。

①不自名少帝之姬也。《袁宏纪》曰：“为傕所略，不敢自言。”

②《魏志》曰：“诩字文和，武威姑臧人。少时汉阳阎忠见而异之，曰：‘诩有良、平之才。’”

初平元年二月，葬弘农王于故中常侍赵忠成圹中，①谥曰怀王。

①赵忠先有成圹,因而葬焉。

帝求母王美人兄斌,斌将妻子诣长安,赐第宅田业,拜奉车都尉。

兴平元年,帝加元服。有司奏立长秋宫。诏曰:"朕禀受不弘,遭值祸乱,未能绍先,以光故典。皇母前薨,未卜宅兆,礼章有阙,中心如结。①三岁之戚,盖不言吉,且须其后。"于是有司乃奏追尊王美人为灵怀皇后,改葬文昭陵,仪比敬、恭二陵,②使光禄大夫持节行司空事奉玺绶,斌与河南尹骆业复土。

①《诗》云:"心如结兮。"

②敬,章帝陵。恭,安帝陵。

斌还,迁执金吾,封都亭侯,①食邑五百户。病卒,赠前将军印绶,谒者监护丧事。长子端袭爵。

①凡言都亭者,并城内亭也。汉法,大县侯位视三公,小县侯位视上卿,乡侯、亭侯视中二千石也。

献帝伏皇后讳寿,琅邪东武人,①大司徒湛之八世孙也。父完,沈深有大度,袭爵不其侯,尚桓帝女阳安公主,②为侍中。

①东武,今密州诸城县。

②阳安,县,属汝南郡,故城在今豫州朗山县东北。

初平元年,从大驾西迁长安,后时入掖庭为贵人。兴平二年,立为皇后,完迁执金吾。帝寻而东归,李傕、郭汜等追败乘舆于曹阳,帝乃潜夜度河走,①六宫皆步行出营。②后手持缣数匹,董承使符节令孙徽[22]以刃胁夺之,杀傍侍者,血溅后衣。③既至安邑,御服穿敝,唯以枣栗为粮。建安元年,拜完辅国将军,仪比三司。完以政在曹操,自嫌尊戚,乃上印绶,拜中散大夫,寻迁屯骑校尉。十四年卒,子典嗣。

①度所在今陕州陕县北。《水经》曰铜翁仲所没处,是献帝东迁潜度所。

②《周礼》曰:"王后率六宫之人。"郑玄注曰:"六宫之人,夫人以下,分居后之六宫者。"

③溅音子见反。

　　自帝都许,守位而已,宿卫兵侍,莫非曹氏党旧姻戚。议郎赵彦尝为帝陈言时策,曹操恶而杀之。其馀内外,多见诛戮。操后以事入见殿中,帝不任其愤,因曰:"君若能相辅,则厚;不尔,幸垂恩相舍。"操失色,俯仰求出。旧仪,三公领兵朝见,令虎贲执刃挟之。操出,顾左右,汗流浃背,①自后不敢复朝请。董承女为贵人,操诛承而求贵人杀之。帝以贵人有妊,②累为请,不能得。后自是怀惧,乃与父完书,言曹操残逼之状,令密图之。完不敢发。至十九年,事乃露泄。操追大怒,〔23〕遂逼帝废后,假为策曰:"皇后寿,得由卑贱,登显尊极,自处椒房,③二纪于兹。既无任、姒徽音之美,④又乏谨身养己之福,⑤而阴怀妒害,苞藏祸心,弗可以承天命,奉祖宗。今使御史大夫郗虑持节策诏,其上皇后玺绶,⑥退避中宫,迁于它馆。呜呼伤哉! 自寿取之,未致于理,为幸多焉。"又以尚书令华歆为郗虑副,⑦勒兵入宫收后。闭户藏壁中,〔24〕歆就牵后出。时帝在外殿,引虑于坐。后被发徒跣行泣过诀曰:"不能复相活邪?"帝曰:"我亦不知命在何时!"顾谓虑曰:"郗公,天下宁有是邪?"遂将后下暴室,以幽崩。所生二皇子,皆鸩杀之。后在位二十年,兄弟及宗族死者百馀人,母盈等十九人徙涿郡。

　　①浃,彻也,音子协反。

　　②《说文》曰:"妊,孕也。"音仁荫反。

　　③《汉官仪》曰:"皇后称椒房,取其蕃实之义也。"《诗》云:"椒聊之实,蕃衍
　　　盈升。"

　　④大任,文王母。大姒,武王母。徽,美也。《诗》云:"大姒嗣徽音。"

　　⑤《左传》曰:"人受天地之中而生,谓之命。能者养之以福,不能者败以
　　　取祸。"

　　⑥蔡邕《独断》曰:"皇后赤绶玉玺。"《续汉志》曰:"乘舆黄赤绶,四彩黄赤缥
　　　绀,淳黄圭,绶长二丈九尺九寸,五百首。太皇太后、皇太后,其绶皆与乘
　　　舆同。"

　　⑦《魏志》曰:"华歆字子鱼,平原高唐人。代荀彧为尚书令。虑字鸿预,山阳
　　　高平人。"

　　献穆曹皇后讳节,①魏公曹操之中女也。建安十八年,操进三女宪、节、华为夫人,聘以束帛玄𫄸五万匹,小者待年于国。②十九年,并拜为贵人。及伏皇后被弑,明年,立节为皇后。魏受禅,遣使求玺绶,后怒不与。如此数辈,后乃呼使者入,亲数让之,以玺抵轩下,③因涕泣横流曰:"天不祚尔!"左右皆莫能仰视。后在位七年。魏氏既立,以后为山阳公夫人。自后四十一年,魏景(初)〔元〕元年薨,〔25〕合葬禅陵,车服礼仪皆依汉制。

　　①《谥法》曰:"布德执义曰穆。"

　　②留住于国,以待年长。

　　③抵,掷也。轩,阑板也。

　　论曰:汉世皇后无谥,皆因帝谥以为称。虽吕氏专政,上官临制,亦无殊号。①中兴,明帝始建光烈之称,其后并以德为配,至于贤愚优劣,混同一贯,故马、窦二后俱称德焉。其馀唯帝之庶母及蕃王承统,以追尊之重,特为其号,如恭怀、孝崇之比是也。初平中,蔡邕始追正和熹之谥,②其安思、顺烈以下,皆依而加焉。

　　①上官,昭帝后也。

　　②《蔡邕集》谥议曰:"汉世母氏无谥,至于明帝始建光烈之称,是后转因帝号加之以德,上下优劣,混而为一,违《礼》'大行受大名,小行受小名'之制。《谥法》'有功安人曰熹'。帝后一体,礼亦宜同。大行皇太后谥宜为和熹。"

　　赞曰:坤惟厚载,阴正乎内。①《诗》美好逑,②《易》称归妹。③祁祁皇姊,言观贞淑。④媚兹良哲,承我天禄。班政兰闺,宣礼椒屋。⑤既云德升,亦曰幸进。⑥身当隆极,族渐河润。⑦视景争晖,方山并峻。乘刚多阻,行地必顺。⑧咎集骄满,福协贞信。庆延自己,祸成谁衅。

　　①《易》曰:"坤厚载物。"又曰:"女正位乎内,男正位乎外。"

　　②逑,匹也。《诗》云:"窈窕淑女,君子好逑。"言后妃有《关雎》之德,为君子好匹。

　　③《兑》下《震》上,《归妹卦》也。妇人谓嫁曰妇,妹为少女之称。《兑》为少阴,

《震》为长阳,少阴而承长阳,悦以动之,归妹之象也。〔26〕以六五与九二相应,五为王侯,故《易》言"帝乙归妹"。

④祁祁,众多也。姍亦俪也。观,示也。言诸后皆示其贞淑,配皇为俪。案字书无"姍"字,相传音丽,萧该音离。

⑤班固《西都赋》曰:"后宫则掖庭椒房,后妃之室。兰林蕙草,披香发越。"兰林,殿名,故言兰闺。椒屋即椒房也。

⑥德升谓马、邓等也。幸进谓阎、何之类也。

⑦《公羊传》曰"河海润千里"也。

⑧《易·屯卦·象》曰:"六二之难,乘刚也。"又《坤卦》曰:"牝马地类,行地无疆。"王弼注云:"地之所以得无疆者,以卑顺行之故也。"

　　汉制,皇女皆封县公主,仪服同列侯。①其尊崇者,加号长公主,仪服同蕃王。②诸王女皆封乡、亭公主,仪服同乡、亭侯。③肃宗唯特封东平宪王苍、琅邪孝王京女为县公主。④其后安帝、桓帝妹亦封长公主,同之皇女。⑤其皇女封公主者,所生之子袭母封为列侯,⑥皆传国于后。乡、亭之封,则不传袭。其职僚品秩,事在《百官志》。⑦不足别载,故附于后纪末。

①汉法,大县侯视三公。

②蔡邕曰:"帝女曰公主,姊妹曰长公主。"建武十五年,封(武)〔舞〕阳公主为长公主,〔27〕即是帝女尊崇亦为长,非惟姊妹也。《舆服志》曰"长公主赤罽軿车,与诸侯同绶"也。

③乡、亭侯视中二千石。

④《东平王传》曰:"封苍女五人为县公主。"孝王女,传不见其数。

⑤案:邓禹玄孙少府褒尚舞阴长公主,耿弇曾孙侍中良尚(汉)〔濮〕阳长公主,〔28〕岑彭玄孙魏郡守熙尚涅阳长公主,来歙玄孙虎贲中郎将定尚平氏长公主,并安帝妹也。长社、益阳公主,桓帝妹也。〔29〕解见上。

⑥冯定,获嘉公主子,袭封获嘉侯;〔30〕冯奋,平阳公主子,袭封平阳侯。此其类也。

⑦沈约《谢俨传》曰:"范晔所撰十志,一皆托俨。搜撰垂毕,遇晔败,悉蜡以覆车。宋文帝令丹阳尹徐湛之就俨寻求,已不复得,一代以为恨。其志今

阙。《续汉志》曰："诸公主家令一人,六百石;丞一人,三百石;其馀属吏,增减无常。"《汉官仪》曰"长公主傅一人,私府长一人,食官一人,永巷长一人,家令一人,秩皆六百石,各有员吏。而乡公主傅一人,秩六百石,仆一人,六百石,家丞一人,三百石"也。

皇女义王,建武十五年封舞阳长公主,适(延)陵乡侯太仆梁松。①〔31〕松坐诽谤诛。

①舞阳,县,属颍川郡。松,梁统之子。其传云:"尚光武女舞阴公主。"〔32〕又《邓训传》:"舞阴公主子梁扈,有罪,训与交通。"此云舞阳,误也。

皇女中礼,十五年封涅阳公主,适显亲侯大鸿胪窦固,①肃宗尊为长公主。

①涅阳,属南阳郡。显亲,县,属汉阳郡。固,窦融子。〔33〕

皇女红夫,十五年封馆陶公主,适驸马都尉韩光。光坐与淮阳王延谋反诛。

皇女礼刘,十七年封淯阳公主,适阳安侯长乐少府郭璜。①璜坐与窦宪谋反诛。

①璜,郭况子也。

皇女绶,①二十一年封郦邑公主,适新阳侯世子阴丰。丰害主,诛死。②

①"绶"一作"缓"。

②郦,县,属南阳郡,音掷亦反。新阳,县,属汝南郡。丰,阴就子。

世祖五女。

皇女姬,永平二年封获嘉长公主,适杨邑侯将作大匠冯柱。①

①获嘉,县,属河内郡。杨邑,县,属太原郡。柱,(马)〔冯〕鲂子。

皇女奴,三年封平阳公主,①〔34〕适大鸿胪冯顺。②

①平阳,县,属河东郡。

②冯勤子也。

皇女迎，①三年封隆虑公主，②适牟平侯耿袭。③

①"迎"或作"延"。

②隆虑，县，属河内郡。

③牟平，县，属东莱郡。袭，耿弇弟舒之子。

皇女次，三年封平氏公主。①〔35〕

①平氏，县，属南阳郡〔36〕既不言所适，不显始终，盖史阙之也。它皆仿此。

皇女致，三年封沁水公主，①〔37〕适高密侯邓乾。②

①沁水，县，属河内郡。

②乾，邓震之子，禹之孙。

皇女小姬，十二年封平皋公主，①适昌安侯侍中邓蕃。②

①平皋，县，属河内郡。

②昌安，县，属高密国。蕃，邓袭子，禹之孙也。

皇女仲，十七年封浚仪公主，适轵侯①黄门侍郎王度。②

①"轵"，志作"轶"，音伏。师古曰："又音徒系反。"〔38〕

②轵，县，属江夏郡。度，王符子，霸之孙。

皇女惠，十七年封武安公主，适征羌侯世子黄门侍郎来棱，①安帝尊为长公主。

①征羌，县，属汝南郡。棱，褒之子，歙之孙。

皇女臣，建初元年封鲁阳公主。①

①鲁阳，县，属南阳郡。

皇女小迎，元年封乐平公主。①

①乐平，太清县，属东郡，章帝更名。

皇女小民，元年封成安公主。①

①成安，县，属颍川郡。

显宗十一女。

皇女男，建初四年封武德长公主。

皇女王,四年封平邑公主,①适黄门侍郎冯由。〔39〕

①平邑,县,属代郡,今魏郡昌乐东北又有平邑城。

皇女吉,永元五年封阴安公主。①

①阴安,县,属魏郡。

肃宗三女。

皇女保,延平元年封修武长公主。①

①修武,县,属河内郡。

皇女成,元年封共邑公主。①

①共,县,属河内郡。

皇女利,元年封临颍公主。①适即墨侯侍中贾建。②〔40〕

①县,属颍川郡。

②即墨,县,属胶东国。建,贾参子,复之曾孙。

皇女兴,元年封闻喜公主。①

①闻喜,县,属河东郡。

和帝四女。

皇女生,永和三年封舞阳长公主。

皇女成男,三年封冠军长公主。①

①冠军,县,属南阳郡。

皇女广,永和六年封汝阳长公主。①

①汝阳,县,属汝南郡。

顺帝三女。

皇女华,延熹元年封阳安长公主,适不其侯辅国将军伏完。①

①完,伏湛(五)〔七〕世孙。〔41〕

皇女坚,七年封颍阴长公主。①

①颍阴,县,属颍川郡。

皇女脩,九年封阳翟长公主。

桓帝三女。

皇女某,光和三年封万年公主。

灵帝一女。

【校勘记】

〔1〕　更封显长社(县)侯　按:王先谦谓"县"字衍,今据删。

〔2〕　油犍轩车　按:《校补》谓今《续志》作"油画轩车"。

〔3〕　司徒刘(喜)〔熹〕　据钱大昭说改。按:《校补》谓本书《安纪》、《顺纪》皆作"熹",《通鉴》亦作"熹",惟袁宏《后汉纪》两见皆作"喜"。

〔4〕　又何不早征诸王子　按:"又"原讹"人",径改正。

〔5〕　呐(呐)娶也　陈景云谓下"呐"字衍,今据删。

〔6〕　时(西)河〔西〕扰乱　陈景云谓"西河"当作"河西",今据改。

〔7〕　诏安平王豹　按:《校补》引钱大昭说,谓"豹"疑当作"续"。

〔8〕　石蠡吾侯翼子桓帝兄　按:正文云"帝弟平原王石",此云"桓帝兄",必有一误。

〔9〕　腰已下为匣　按:"下"原讹"而",径改正。

〔10〕　汉(书)旧仪　按:当依《卫宏传》作"汉旧仪","书"字衍,今删。

〔11〕　至延熹(三)〔二〕年　据汲本、殿本改。

〔12〕　桓帝邓皇后讳猛女　按:《东观记》云"字猛",无"女"字。《续天文志》同。作"猛"。

〔13〕　改姓为薄　按:《袁纪》"薄"作"亳"。

〔14〕　又封统弟秉为淯阳侯　按:《袁纪》"秉"作"庚","淯"作"育"。

〔15〕　父(讳)武　殿本无此三字,《考证》谓监本此三字是注文,依宋本删。今按:各旧本此三字皆作正文,与北监本不同。《考证》所云之"宋本",不知宋刊何本也。又按:《校补》引顾炎武说,谓"讳"字衍,今据删。

〔16〕　立解犊亭侯宏　按:王先谦谓"犊"当作"渎"。

〔17〕　太后母卒于比景〔太〕后感疾而崩　据王鸣盛说及《通鉴》补。

〔18〕　〔重〕免官自杀　据汲本、殿本补。按:王先谦谓疑当作"免重官,重自杀",而传写倒脱也。

〔19〕　肃宗宋贵人之从曾孙也　　按:《刊误》谓宋贵人安得有从曾孙姓宋者,当是漏一"父"字。

〔20〕　聪敏有才明能书会计　　按:"明能"二字疑讹倒,《御览》一四五引,正作"聪敏有才能,明书会计"。

〔21〕　选入掖庭　　按:《御览》一四五引,下有"为何后所鸩"五字。

〔22〕　符节令孙徽　　按:《御览》八一八引华峤《后汉书》,"徽"作"微",《袁纪》作"俨"。

〔23〕　操追大怒　　按:《校补》引钱大昭说,谓闽本无"追"字。

〔24〕　闭户藏壁中　　按:《刊误》谓案文"闭户"上少一"后"字。

〔25〕　自后四十一年魏景(初)〔元〕元年薨　　《校补》引周寿昌说,谓自后四十一年,案《魏志》为魏主奂景元元年。志载其年六月己未,故汉献帝夫人节薨。此作"景初",误。景初乃魏明帝纪元也。今据改。

〔26〕　归妹之象也　　按:"归"原讹"嫁",径据汲本、殿本改正。

〔27〕　封(武)〔舞〕阳公主为长公主　　据《校补》改。按:《校补》谓下文皇女义王注文及注释均作"舞阳",则此注作"武阳"误。

〔28〕　尚(汉)〔濮〕阳长公主　　《集解》引钱大昭说,谓"汉阳"当从《耿弇传》作"濮阳"。今据改。

〔29〕　长社益阳公主桓帝妹也　　按:《集解》引惠栋说,谓长社公主桓帝姊,注误为桓帝妹。

〔30〕　冯定获嘉公主子袭封获嘉侯　　按:张森楷《校勘记》谓案《冯鲂传》,袭封获嘉侯者乃定弟石,非定也。

〔31〕　适(延)陵乡侯太仆梁松　　洪亮吉谓案《明帝纪》及《梁统传》,皆云封陵乡侯。《水经注》,清水又东北径陵乡西,太仆梁松国也。此"延"字衍文。今据删。

〔32〕　其传云尚光武女舞阴公主　　按:《校补》谓今《梁统传》作"尚舞阴长公主",此省"长"字。

〔33〕　固窦融子　　按:《校补》谓固乃融弟友之子,自有传,注误。

〔34〕　皇女奴三年封平阳公主　　按:《校补》引洪亮吉说,谓《冯勤传》称"平阳长公主",盖肃宗时所加。下平皋公主小姬、浚仪公主仲,《邓禹》、《王霸传》皆称"长公主",与此同。

〔35〕　皇女次三年封平氏公主　　按:"三"原讹"二",径改正。

〔36〕 平氏县属南阳郡　按:"郡"原讹"县",径据汲本、殿本改正。

〔37〕 皇女致三年封沁水公主　按:《集解》引钱大昭说,谓《五行志》作"长公主"。

〔38〕 轶志作轵音伏师古曰又音徒系反　"轵"字原本模糊,各本多作"轵",《集解》本依殿本,从大作"轵"。伏字别本皆作"伏"。今按:"伏"乃"伏"之讹,伏音大,今人习见"伏"字,故讹"伏"为"伏"耳。

〔39〕 皇女王四年封平邑公主适黄门侍郎冯由　按:《校补》谓由即冯顺之子,勤之孙也。"平邑"《勤传》作"平安",传注引《东观记》,又作"安平"。

〔40〕 皇女利元年封临颍公主适即墨侯侍中贾建　按:《校补》谓据《贾复传》,建尚主在安帝元初元年,主于安帝为姊妹,故传称"长公主"。

〔41〕 伏湛(五)〔七〕世孙　据殿本《考证》引何焯说改。

后汉书卷十一

刘玄刘盆子列传第一

刘玄字圣公,光武族兄也。① 弟为人所杀,圣公结客欲报之。客犯法,② 圣公避吏于平林。吏系圣公父子张。圣公诈死,使人持丧归舂陵,吏乃出子张,圣公因自逃匿。

①《尔雅》曰:"族父之子相谓为族昆弟。"《帝王纪》曰:"舂陵戴侯熊渠生苍梧太守利,利生子张,纳平林何氏女,生更始。"

②《续汉书》曰:"时圣公聚客,家有酒,请游徼饮,宾客醉歌,言'朝亨两都尉,游徼后来,用调羹味'。游徼大怒,缚捶数百。"

王莽末,南方饥馑,人庶群入野泽,掘凫茈而食之,更相侵夺。① 新市人王匡、王凤为平理诤讼,遂推为渠帅,众数百人。于是诸亡命马武、王常、成丹等往从之;共攻离乡聚,〔1〕臧于绿林中,② 数月间至七八千人。地皇二年,③ 荆州牧某④ 发奔命二万人攻之,匡等相率迎击于云杜,⑤ 大破牧军,杀数千人,尽获辎重,⑥ 遂攻拔竟陵。⑦ 转击云杜、安陆,⑧ 多略妇女,还入绿林中,至有五万馀口,州郡不能制。

①《尔雅》曰:"芍,凫茈。"郭璞曰:"生下田中,苗似龙须而细,根如指头,黑色,可食。"芍音胡了反。凫茈,《续汉书》作"符訾"。

②离乡聚谓诸乡聚离散,去城郭远者。大曰乡,小曰聚。《前书》曰"收合离乡置大城中",即其义也。绿林,山,在今荆州当阳县东北也。

③王莽年也。

④史阙名也。

⑤云杜,县名,属江夏郡,故城在今复州沔阳县西北。

⑥《续汉书》曰:"牧欲北归随,武等复遮击之,钩牧车屏泥,刺杀其骖乘,然不

　敢杀牧也。”

〔7〕县名，属江夏郡，故城在今郢州长寿县南。

〔8〕安陆，县，属江夏郡，今安州县也。

　　三年，大疾疫，死者且半，乃各分散引去。王常、成丹西入南郡，号下江兵；王匡、王凤、马武及其支党朱鲔、张卬等①北入南阳，号新市兵；〔2〕皆自称将军。七月，匡等进攻随，未能下。②平林人陈牧、廖湛③复聚众千馀人，号平林兵，以应之。圣公因往从牧等，为其军安集掾。④

①《续汉书》“卬”作“印”。

②随，县，属南阳郡，今随州县。

③廖音力吊反。

④欲其安集军众，故权以为官名。

　　是时光武及兄伯升亦起舂陵，与诸部合兵而进。四年正月，破王莽前队大夫甄阜、属正梁丘赐，斩之，号圣公为更始将军。众虽多而无所统一，诸将遂共议立更始为天子。二月辛巳，设坛场于淯水上沙中，陈兵大会。更始即帝位，南面立，朝群臣。素懦弱，羞愧流汗，举手不能言。于是大赦天下，建元曰更始元年。悉拜置诸将，以族父良为国三老，王匡为定国上公，王凤成国上公，朱鲔大司马，伯升大司徒，陈牧大司空，馀皆九卿、将军。五月，伯升拔宛。六月，更始入都宛城，尽封宗室及诸将，为列侯者百馀人。

　　更始忌伯升威名，遂诛之，以光禄勋刘赐为大司徒。前钟武侯刘望起兵，〔3〕略有汝南。时王莽纳言将军严尤、秩宗将军陈茂既败于昆阳，往归之。八月，望遂自立为天子，以尤为大司马，茂为丞相。王莽使太师王匡、国将哀章守洛阳。①更始遣定国上公王匡攻洛阳，西屏大将军申屠建、丞相司直李松攻武关，三辅震动。是时海内豪桀翕然响应，皆杀其牧守，自称将军，用汉年号，以待诏命，旬月之间，遍于天下。

①《风俗通》曰：“哀姓，鲁哀公之后，因谥以为姓。”

　　长安中起兵攻未央宫。九月，东海人公宾就斩王莽于渐台，①收玺绶，传首诣宛。更始时在便坐黄堂，取视之，喜曰：“莽不如是，当与霍光等。"宠姬韩夫人笑曰："若不如是，帝焉得之乎？"更始悦，乃悬莽首于宛城市。是月，拔洛阳，生缚王匡、哀章，至，皆斩之。十月，使奋威大将军刘信击杀刘望于汝南，并诛严尤、陈茂。更始遂北都洛阳，以刘赐为丞相。申屠建、李松自长安传送乘舆服御，又遣中黄门从官奉迎迁都。二年二月，更始自洛阳而西。初发，李松奉引，马惊奔，触北宫铁柱〔门〕，〔4〕三马皆死。②

①《风俗通》曰："公宾，姓也。鲁大夫公宾庚之后。"渐台，太液池中台也。为水所渐润，故以为名。

②《续汉书》曰："马祸也。时更始失道，将亡之征。"

初，王莽败，唯未央宫被焚而已，其馀宫馆一无所毁。宫女数千，备列后庭，自钟鼓、帷帐、舆辇、器服、太仓、武库、官府、市里，不改于旧。更始既至，居长乐宫，升前殿，郎吏以次列庭中。更始羞怍，俯首刮席不敢视。①〔5〕诸将后至者，更始问虏掠得几何，左右侍官皆宫省久吏，各惊相视。

①怍，颜色变也。俛，俯也。

李松与棘阳人赵萌说更始，宜悉王诸功臣。朱鲔争之，以为高祖约，非刘氏不王。更始乃先封宗室太常将军刘祉为定陶王，刘赐为宛王，刘庆为燕王，刘歙为元氏王，大将军刘嘉为汉中王，刘信为汝阴王；后遂立王匡为比阳王，王凤为宜城王，朱鲔为胶东王，卫尉大将军张卬为淮阳王，廷尉大将军王常为邓王，执金吾大将军廖湛为穰王，申屠建为平氏王，尚书胡殷为随王，柱天大将军李通为西平王，①五威中郎将李轶为舞阴王，水衡大将军成丹为襄邑王，大司空陈牧为阴平王，②骠骑大将军宋佻为颍阴王，〔6〕尹尊为郾王。唯朱鲔辞曰："臣非刘宗，不敢干典。"遂让不受。乃徙鲔为左大司马，刘赐为前大司马，使与李轶、李通、王常等镇抚关东。以李松为丞相，赵萌为右大司马，共秉内任。

①西平，县，属汝南郡，故城在今豫州郾城县南也。

②阴平，县，属广汉国。〔7〕

　　更始纳赵萌女为夫人，有宠，遂委政于萌，日夜与妇人饮谯后庭。群臣欲言事，辄醉不能见，时不得已，乃令侍中坐帷内与语。诸将识非更始声，出皆怨曰："成败未可知，遽自纵放若此！"韩夫人尤嗜酒，每侍饮，见常侍奏事，辄怒曰："帝方对我饮，正用此时持事来乎！"起，抵破书案。①赵萌专权，威福自己，郎吏有说萌放纵者，更始怒，拔剑击之。自是无复敢言。萌私忿侍中，引下斩之，更始救请，不从。时李轶、朱鲔擅命山东，王匡、张卬横暴三辅。其所授官爵者，皆群小贾竖，或有膳夫庖人，多著绣面衣、锦裤、襜褕、诸于，骂詈道中。②长安为之语曰："灶下养，中郎将。烂羊胃，骑都尉。烂羊头，关内侯。"③

　　①抵，击也。

　　②襜褕、诸于见《光武纪》。《续汉志》曰"时智者见之，以为服之不中，身之灾也，乃奔入边郡避之。是服妖也。其后为赤眉所杀"也。

　　③《公羊传》曰："炊亨为养。"

　　军帅将军[8]豫章李淑上书谏曰："方今贼寇始诛，王化未行，百官有司宜慎其任。夫三公上应台宿，九卿下括河海，①故天工人其代之。陛下定业，虽因下江、平林之埶，斯盖临时济用，不可施之既安。宜厘改制度，更延英俊，因才授爵，以匡王国。今公卿大位莫非戎陈，尚书显官皆出庸伍，资亭长、贼捕之用，②而当辅佐纲维之任。唯名与器，圣人所重。今以所重加非其人，望其毗益万分，兴化致理，譬犹缘木求鱼，升山采珠。③海内望此，有以窥度汉祚。臣非有憎疾以求进也，但为陛下惜此举厝。败材伤锦，所宜至虑。④惟割既往谬妄之失，思隆周文济济之美。"⑤更始怒，系淑诏狱。自是关中离心，四方怨叛。诸将出征，各自专置牧守，州郡交错，不知所从。

　　①《春秋汉含孳》曰："三公在天为三台，九卿为北斗，故三公象五岳，九卿法河海，二十七大夫法山陵，八十一元士法谷阜，合为帝佐，以匡纲纪。"

　　②汉法，十里一亭，亭置一长。捕贼掾，[9]专捕盗贼也。

　　③求之非所，不可得也。孟子对（梁惠）〔齐宣〕王曰：[10]"以若所为，求若所欲，犹缘木求鱼。"

④孟子谓齐宣王曰："为巨室,则必使工师求大木。工师得大木,则王喜,以为能胜其任也。匠人斫而小之,则王怒,以为不胜其任矣。"《左传》子产谓子皮曰"子有美锦,不使人学制焉。大官大邑,身之所庇,而使学者制焉。其为美锦,不亦重乎? 未尝操刀而使之割,其伤实多"也。

⑤割,绝也。《诗·大雅》曰:"济济多士,文王以宁。"

十二月,赤眉西入关。

三年正月,平陵人方望立前孺子刘婴为天子。初,望见更始政乱,度其必败,谓安陵人弓林等曰:"前定安公婴,平帝之嗣,虽王莽篡夺,而尝为汉主。今皆云刘氏真人,当更受命,欲共定大功,何如?"林等然之,乃于长安求得婴,将至临泾立之。①聚党数千人,望为丞相,林为大司马。更始遣李松与讨难将军苏茂等击破,皆斩之。又使苏茂拒赤眉于弘农,茂军败,死者千馀人。

①今泾州县也。

三月,遣李松会朱鲔与赤眉战于蓩乡,①〔11〕松等大败,弃军走,死者三万馀人。

①蓩音莫老反。《字林》云:"毒草也。"因以为地名。《续汉志》弘农有蓩乡。《东观记》曰:"徐宣、樊崇等入至弘农枯枞山下,与更始将军苏茂战。崇北至蓩乡,转至湖。"湖即湖城县也。以此而言,其(蓩)〔地〕盖在今虢州湖城县之间。〔12〕

时王匡、张卬守河东,为邓禹所破,还奔长安。卬与诸将议曰:"赤眉近在郑、华阴间,旦暮且至。今独有长安,见灭不久,不如勒兵掠城中以自富,转攻所在,东归南阳,收宛王等兵。事若不集,复入湖池中为盗耳。"申屠建、廖湛等皆以为然,共入说更始。更始怒不应,莫敢复言。及赤眉立刘盆子,更始使王匡、陈牧、成丹、赵萌屯新丰,李松军掫,以拒之。①

①掫音子侯反。《续汉志》曰:"新丰有鸿门亭。"掫城即此也。

张卬、廖湛、胡殷、申屠建等与御史大夫隗嚣合谋,欲以立秋日貙膢时共劫更始,①俱成前计。侍中刘能卿知其谋,以告之。更始托病不出，召张卬等。卬等皆入，将悉诛之，唯隗嚣不至。更始狐疑，使卬等四人且待于外庐。卬与湛、殷疑有变，遂突出，独申屠建在，更始斩之。卬与湛、殷遂勒兵掠东西市。昏时，烧门入，战于宫中，更始大败。明旦，将妻子车骑百馀，东奔赵萌于新丰。

①《前书音义》曰："貙，兽。以立秋日祭兽。王者亦此日出猎，用祭宗庙。"冀州北郡以八月朝作饮食为媵，其俗语曰"媵腊社伏"。貙音丑于反。媵音娄。

更始复疑王匡、陈牧、成丹与张卬等同谋，乃并召入。牧、丹先至，即斩之。王匡惧，将兵入长安，与张卬等合。李松还从更始，与赵萌共攻匡、卬于城内。连战月馀，匡等败走，更始徙居长信宫。①赤眉至高陵，匡等迎降之，遂共连兵而进。更始守城，使李松出战，败，死者二千馀人，赤眉生得松。时松弟汜为城门校尉，赤眉使使谓之曰："开城门，活汝兄。"汜即开门。九月，赤眉入城。更始单骑走，从厨城门出。②诸妇女从后连呼曰："陛下，当下谢城！"更始即下拜，复上马去。

①《三辅黄图》曰，从洛门至周庙门，有长信宫在其中。

②《三辅黄图》曰，洛城门，王莽改曰建子门，其内有长安厨官，俗名之为厨城门，今长安故城北面之中门是也。

初，侍中刘恭以赤眉立其弟盆子，自系诏狱；闻更始败，乃出，步从至高陵，止传舍。右辅都尉严本①恐失更始为赤眉所诛，将兵在外，号为屯卫而实囚之。赤眉下书曰："圣公降者，封长沙王。过二十日，勿受。"更始遣刘恭请降，赤眉使其将谢禄往受之。十月，更始遂随禄肉袒诣长乐宫，上玺绶于盆子。赤眉坐更始，置庭中，将杀之。刘恭、谢禄为请，不能得，遂引更始出。刘恭追呼曰："臣诚力极，请得先死。"拔剑欲自刎，赤眉帅樊崇等遽共救止之，乃赦更始，封为畏威侯。刘恭复为固请，竟得封长沙王。更始常依谢禄居，刘恭亦拥护之。

①"本"，或作"平"，或作"丕"。

三辅苦赤眉暴虐，皆怜更始，而张卬等以为虑，谓禄曰："今诸营长多欲篡圣公者。一旦失之，合兵攻公，自灭之道也。"于是禄使从兵与更始共牧马于郊下,因令缢杀之。刘恭夜往收藏其尸。光武闻而伤焉,诏大司徒邓禹葬之于霸陵。

有三子:求,歆,鲤。明年夏,求兄弟与母东诣洛阳,帝封求为襄邑侯,奉更始祀;歆为谷孰侯,鲤为寿光侯。求后徙封成阳侯。求卒,子巡嗣,复徙封(灌)〔澓〕泽侯。①〔13〕巡卒,子姚嗣。

　①襄邑即《春秋》襄牛地也,今为县,在宋州西。谷孰,县,属梁国,在宋州东
　　南。寿光,县,属北海郡,今青州县也。(灌)〔澓〕泽,县,今泽州县,故曰徙封。

论曰:周武王观兵孟津,退而还师,以为纣未可伐,斯时有未至者也。①汉起,驱轻黠乌合之众,②不当天下万分之一,而旌旐之所拽及,③书文之所通被,莫不折戈顿颡,争受职命。非唯汉人馀思,固亦几运之会也。夫为权首,鲜或不及。④陈、项且犹未兴,况庸庸者乎!

　①《史记》曰,武王即位,太公望为师,周公旦为辅,召公、毕公之徒左右王师,
　　东观兵孟津。时诸侯不期而会者八百,皆曰:"纣可伐矣。"武王曰:"未可。"
　　乃还师。
　②轻黠谓轻锐杰黠也。乌合如乌鸟之群合也。
　③拽与拽同。
　④《左传》曰:"无始祸。"《前书》曰:"无为权首,将受其咎。"

刘盆子者,太山式人,①城阳景王章之后也。②祖父宪,元帝时封为式侯,父萌嗣。王莽篡位,国除,因为式人焉。

　①式,县名,中兴县废。
　②章,高帝孙朱虚侯也。

天凤元年,琅邪海曲有吕母者,子为县吏,犯小罪,宰论杀之。①吕母怨宰,密聚客,规以报仇。母家素丰,赀产数百万,乃益酿醇酒,买刀剑衣服。少年来酤者,皆赊与之,视其乏者,辄假衣裳,不问多少。数年,财用稍尽,少年欲相与偿之。吕母垂泣曰:"所以厚诸君者,非欲求利,徒以县宰不道,枉杀吾子,欲为报怨耳。诸君宁肯哀之乎!"少年壮

其意,又素受恩,皆许诺。其中勇士自号猛虎,遂相聚得数十百人,②因与吕母入海中,招合亡命,众至数千。吕母自称将军,引兵还攻破海曲,执县宰。诸吏叩头为宰请。母曰:"吾子犯小罪,不当死,而为宰所杀。杀人当死,又何请乎?"遂斩之,以其首祭子冢,复还海中。

> ①海曲,县名,故城在密州莒县东。《续汉书》曰"吕母子名育,为游徼,犯罪"也。
>
> ②《东观记》曰:"宾客徐次子等自号'扼虎'。"扼音于责反,力可扼虎,言其勇也。今为"猛"字,"扼"与"猛"相类也。

后数岁,琅邪人樊崇起兵于莒,①众百馀人,转入太山,自号三老。时青、徐大饥,寇贼蜂起,众盗以崇勇猛,皆附之,一岁间至万馀人。崇同郡人逢安,东海人徐宣、谢禄、杨音,②各起兵,合数万人,复引从崇。共还攻莒,不能下,转掠至姑幕,③因击王莽探汤侯田况,大破之,④杀万馀人,遂北入青州,所过虏掠。还至太山,留屯南城。⑤初,崇等以困穷为寇,无攻城徇地之计。众既浸盛,乃相与为约:杀人者死,伤人者偿创。以言辞为约束,无文书、旌旗、部曲、号令。其中最尊者号三老,次从事,次卒(吏)〔史〕,〔14〕泛相称曰(臣)〔巨〕人。〔15〕王莽遣平均公廉丹、太师王匡击之。崇等欲战,恐其众与莽兵乱,乃皆朱其眉以相识别,由是号曰赤眉。赤眉遂大破丹、匡军,杀万馀人,追至无盐,⑥廉丹战死,王匡走。崇又引其兵十馀万,复还围莒,数月。或说崇曰:"莒,父母之国,奈何攻之?"乃解去。时吕母病死,其众分入赤眉、青犊、铜马中。赤眉遂寇东海,与王莽沂平大尹⑦战,败,死者数千人,乃引去,掠楚、沛、汝南、颍川,还入陈留,攻拔鲁城,转至濮阳。

> ①《东观记》曰:"樊崇字细君。"
>
> ②《东观记》曰"逢",音庞。安字少子,东莞人也。徐宣字骄稚,谢禄字子奇,皆东海临沂人也。
>
> ③姑幕,县名,故城在今密州莒县东北,古薄姑氏之国。
>
> ④王莽改北海益县曰探汤。
>
> ⑤南城,县,属东海郡,有南城山,因以为名也。

⑥无盐,县名,故城在今郓州须昌县东。

⑦王莽改东海郡曰沂平,以郡守为大尹。

会更始都洛阳,遣使降崇。崇等闻汉室复兴,即留其兵,自将渠帅二十馀人,随使者至洛阳降更始,皆封为列侯。崇等既未有国邑,而留众稍有离叛,乃遂亡归其营,将兵入颍川,分其众为二部,崇与逢安为一部,徐宣、谢禄、杨音为一部。崇、安攻拔长社,南击宛,斩县令;而宣、禄等亦拔阳翟,引之梁,①击杀河南太守。赤眉众虽数战胜,而疲敝厌兵,②皆日夜愁泣,思欲东归。崇等计议,虑众东向必散,不如西攻长安。更始二年冬,崇、安自武关,宣等从陆浑关,③两道俱入。三年正月,俱至弘农,与更始诸将连战克胜,众遂大集。乃分万人为一营,凡三十营,营置三老、从事各一人。进至华阴。

①今汝州梁县也。

②厌,倦。

③武关在今商州上洛县东。《河图括地象》曰:"武关山为地门,上为天齐星。"《前书》曰陆浑县有关,在今洛州伊阙县西南。

军中常有齐巫鼓舞祠城阳景王,以求福助。①巫狂言景王大怒,曰:"当为县官,何故为贼?"②有笑巫者辄病,军中惊动。时方望弟阳怨更始杀其兄,乃逆说崇等曰:"更始荒乱,政令不行,故使将军得至于此。今将军拥百万之众,西向帝城,而无称号,名为群贼,不可以久。不如立宗室,挟义诛伐。以此号令,谁敢不服?"崇等以为然,而巫言益甚。前及郑,③乃相与议曰:"今迫近长安,而鬼神如此,当求刘氏共尊立之。"六月,遂立盆子为帝,自号建世元年。

①以其定诸吕,安社稷,故郡国多为立祠焉。盆子承其后,故军中祠之。

②县官谓天子也。

③今华州县。

初,赤眉过式,掠盆子及二兄恭、茂,皆在军中。恭少习《尚书》,略通大义。及随崇等降更始,即封为式侯。以明经数言事,拜侍中,从更始在长安。盆子与茂留军中,属右校卒(吏)〔史〕刘侠卿,[16]主刍牧牛,号曰牛吏。及崇等欲立帝,求军中景王后者,得七十馀人,唯盆子与茂及前西安侯刘孝最为近属。[17]崇等议曰:"闻古天子将兵称上将军。"乃书札为符曰"上将军",又以两空札置笥中,①遂于郑北设坛场,祠城阳景王。诸三老、从事皆大会陛下,列盆子等三人居中立,以年次探札。盆子最幼,后探得符,诸将乃皆称臣拜。盆子时年十五,被发徒跣,敝衣赭汗,见众拜,恐畏欲啼。茂谓曰:"善藏符。"盆子即啮折弃之,复还依侠卿。侠卿为制绛单衣、半头赤帻、②直綦履,③乘轩车大马,赤屏泥,④绛襜络,⑤而犹从牧儿遨。

①札,简也。笥,箧也。

②帻巾,所谓覆髻也。《续汉书》曰:"童子帻无屋,示未成人也。"半头帻即空顶帻也,其上无屋,故以为名。董仲舒《繁露》曰:"以赤统者,帻尚赤。"盆子承汉统,故用赤也。《东宫故事》曰:"太子有空顶帻一枚。"即半头帻之制也。

③綦,履文也。盖直刺其文以为饰也。

④赤屏泥谓以缇油屏泥于轼前。

⑤襜,帷也。车上施帷以屏蔽者,交络之以为饰。《续汉志》曰"王公列侯安车,加交络帷裳"也。

崇虽起勇力而为众所宗,然不知书数。徐宣故县狱吏,能通《易经》。遂共推宣为丞相,崇御史大夫,逢安左大司马,谢禄右大司马,自杨音以下皆为列卿。

军及高陵,与更始叛将张卬等连和,遂攻东都门,①入长安城,更始来降。

①《三辅黄图》曰:"宣平门,长安城东面北头第一门也,其外郭门名东都门。"

盆子居长乐宫,诸将日会论功,争谯欢呼,①拔剑击柱,不能相一。三辅郡县营长遣使贡献,兵士辄剽夺之。②又数虏暴吏民,百姓保壁,由是皆复固守。至腊日,崇等乃设乐大会,盆子坐正殿,中黄门持兵在后,公卿皆列坐殿上。酒未行,其中一人出刀笔书谒欲贺,③其馀不知书者起请之,④各各屯聚,更相背向。大司农杨音按剑骂曰:"诸卿皆老佣也！今日设君臣之礼，反更骰乱，⑤儿戏尚不如此，皆可格杀！"⑥更相辩斗，而兵众遂各逾宫斩关，入掠酒肉，互相杀伤。卫尉诸葛穉闻之，[18]勒兵入，格杀百馀人，乃定。盆子惶恐，日夜啼泣，独与中黄门共卧起，唯得上观阁而不闻外事。

①谨，哗也，谨音火完反。

②剽，劫也。

③古者记事书于简册，谬误者以刀削而除之，故曰刀笔。

④请其书己名也。

⑤肴亦乱也。[19]

⑥相拒而杀之曰格。

时掖庭中宫女犹有数百千人，自更始败后，幽闭殿内，掘庭中芦菔根，①[20]捕池鱼而食之，死者因相埋于宫中。有故祠甘泉乐人，尚共击鼓歌舞，衣服鲜明，②见盆子叩头言饥。盆子使中黄门禀之米，人数斗。后盆子去，皆饿死不出。

①《尔雅》曰："葖，芦菔。"音步北反。"菔"字或作"卜"。

②甘泉宫有祭祠之所。乐人谓掌祭天之乐者也。

刘恭见赤眉众乱，知其必败，自恐兄弟俱祸，密教盆子归玺绶，习为辞让之言。建武二年正月朔，崇等大会，刘恭先曰："诸君共立恭弟为帝，德诚深厚。立且一年，肴乱日甚，诚不足以相成。恐死而无所益，愿得退为庶人，更求贤知，唯诸君省察。"崇等谢曰："此皆崇等罪也。"恭复固请。或曰："此宁式侯事邪！"①恭惶恐起去。盆子乃下床解玺绶，叩头曰："今设置县官而为贼如故。吏人贡献，辄见剽劫，流闻四方，莫不怨恨，不复信向。此皆立非其人所致，愿乞骸骨，避贤圣。必欲杀盆子以塞责者，无所离死。②诚冀诸君肯哀怜之耳！"因涕泣嘘唏。③崇等及会者数百人，莫不哀怜之，乃皆避席顿首曰："臣无状，负陛下。请自今已后，不敢复放纵。"因共抱持盆子，带以玺绶。盆子号呼不得已。既罢出，各闭营自守，三辅翕然，称天子聪明。百姓争还长安，市里且满。

①刘恭为式侯。言众立天子，非恭所预。

②离,避也。

③唏与欷同。

　　(得)〔后〕二十餘日,〔21〕赤眉贪财物,复出大掠。城中粮食尽,遂收载珍宝,因大纵火烧宫室,引兵而西。过祠南郊,车甲兵马最为猛盛,众号百万。盆子乘王车,驾三马,①从数百骑。乃自南山转掠城邑,与更始将军严春战于郿,破春,杀之,遂入安定、北地。至阳城、番须中,逢大雪,坑谷皆满,士多冻死,乃复还,发掘诸陵,取其宝货,遂污辱吕后尸。凡贼所发,有玉匣殓者率皆如生。②故赤眉得多行淫秽。大司徒邓禹时在长安,遣兵击之于郁夷,③反为所败,禹乃出之云阳。九月,赤眉复入长安,止桂宫。④

　　①《续汉志》曰:"王车,朱班轮,青盖,左右騑,驾三马。"

　　②《汉仪注》曰"自腰以下,以玉为札,长尺,广一寸半,〔22〕为匣,下至足,缀以黄金缕,谓之为玉匣"也。

　　③郁夷,县,属右扶风也。

　　④《长安记》曰:"桂宫在未央宫北,亦曰北宫。"

　　时汉中贼延岑出散关,屯杜陵,逢安将十餘万人击之。邓禹以逢安精兵在外,唯盆子与羸弱居城中,乃自往攻之。会谢禄救至,夜战槀街中,①禹兵败走。延岑及更始将军李宝合兵数万人,与逢安战于杜陵。岑等大败,死者万餘人,宝遂降安,而延岑收散卒走。宝乃密使人谓岑曰:"子努力还战,吾当于内反之,表里合势,可大破也。"岑即还挑战,安等空营击之,宝从后悉拔赤眉旌帜,更立己幡旗。安等战疲还营,见旗帜皆白,大惊乱走,自投川谷,死者十餘万,逢安与数千人脱归长安。时三辅大饥,人相食,城郭皆空,白骨蔽野,遗人往往聚为营保,各坚守不下。赤眉虏掠无所得,十二月,乃引而东归,众尚二十餘万,随道复散。

　　①《三辅旧事》曰:"长安城中有槀街。"

　　光武乃遣破奸将军侯进等屯新安,建威大将军耿弇等屯宜阳,分为二道,以要其还路。敕诸将曰:"贼若东走,可引宜阳兵会新安;贼若南走,可引新安兵会宜阳。"明年正月,邓禹自河北度,击赤眉于湖,①禹复败走,赤眉遂出关南向。征西大将军冯异破之于崤底。②帝闻,乃自将幸宜阳,盛兵以邀其走路。

①湖,县,故城在今虢州湖城县西南。

②即崤坂也,在今洛州永宁县西北。

赤眉忽遇大军,惊震不知所为,乃遣刘恭乞降,曰:"盆子将百万众降,陛下何以待之?"帝曰:"待汝以不死耳。"樊崇乃将盆子及丞相徐宣以下三十余人肉袒降。上所得传国玺绶,更始七尺宝剑及玉璧各一。积兵甲宜阳城西,与熊耳山齐。①帝令县厨赐食,众积困馁,十余万人皆得饱饫。明旦,大陈兵马临洛水,令盆子君臣列而观之。谓盆子曰:"自知当死不?"对曰:"罪当应死,犹幸上怜赦之耳。"帝笑曰:"儿大黠,宗室无蚩者。"②又谓崇等曰:"得无悔降乎？朕今遣卿归营勒兵,鸣鼓相攻,决其胜负,不欲强相服也。"徐宣等叩头曰:"臣等出长安东都门,君臣计议,归命圣德。百姓可与乐成,难与图始,故不告众耳。今日得降,犹去虎口归慈母,诚欢诚喜,无所恨也。"帝曰:"卿所谓铁中铮铮,佣中佼佼者也。"③又曰:"诸卿大为无道,所过皆夷灭老弱,溺社稷,污井灶。④然犹有三善:攻破城邑,[23]周遍天下,本故妻妇无所改易,是一善也;立君能用宗室,是二善也;余贼立君,迫急皆持其首降,自以为功,诸卿独完全以付朕,是三善也。"乃令各与妻子居洛阳,赐宅人一区,田二顷。

①宜阳,县,故城韩国城也,在今洛州福昌县东。郦元《水经注》曰:"洛水之北有熊耳山,双峦竞举,状同熊耳。"在宜阳西也。

②《释名》曰:"蚩,痴也。"

③《说文》曰:"铮铮,金也。"[24]铁之铮铮,言微有刚利也。铮音初耕反。佼音古巧反。佼,好貌也。《诗》曰:"佼人僚兮。"今相传云音胡巧反。言佼佼者,凡佣之人稍为胜也。

④溺音奴吊反。

其夏,樊崇、逢安谋反,诛死。杨音在长安时,遇赵王良有恩,赐爵关内侯,与徐宣俱归乡里,卒于家。刘恭为更始报杀谢禄,自系狱,赦不诛。

帝怜盆子,赏赐甚厚,以为赵王郎中。后病失明,赐荥阳均输官地,以为列肆,①使食其税终身。

①均输,官名,属司农。肆,市列也。桓宽《盐铁论》云:"郡国诸侯各以其方物贡输往来,物多苦恶,不偿其费,故郡国置输官以相绍运,故曰均输。"

赞曰:圣公靡闻,假我风云。①始顺归历,终然崩分。赤眉阻乱,②盆子探符。虽盗皇器,③乃食均输。

①《易》曰:"云从龙,风从虎,圣人作而万物睹。"假,借也。言圣公初起无所闻知,借我中兴风云之便。

②阻,恃也。

③皇器犹神器,谓天位也。

【校勘记】

〔1〕　共攻离乡聚　按:殿本《考证》万承苍谓离乡聚地名,章怀注非。今据加标号。

〔2〕　及其支党朱鲔张卬等北入南阳号新市兵　按:《校补》引张熷说,谓《王常传》卬与王常、成丹皆为下江兵,与纪异。

〔3〕　前钟武侯刘望起兵　按:《集解》引《通鉴考异》,谓《前书·王莽传》"刘望"作"刘圣"。

〔4〕　触北宫铁柱〔门〕　据汲本、殿本补。按:《续志》有"门"字。

〔5〕　俯首刮席不敢视　按:惠栋《补注》本"视"上有"仰"字。

〔6〕　骠骑大将军宋佻为颍阴王　按:《集解》引惠栋说,谓《光武纪》及《通鉴》"宋"皆作"宗"。

〔7〕　阴平县属广汉国　按:《校补》谓前汉阴平国属东海郡,后汉改县,属同。又前汉阴平道属广汉郡,后汉分属广汉属国,注据阴平道言,虽亦可言"县",但属前汉言,不当言"国",属后汉言,当云"属国",亦不当仅言"国"。

〔8〕　军帅将军　按:《刊误》谓"帅"当作"师",是时多置军师,《邓禹传》亦作"军师将军"。

〔9〕　捕贼掾　按:《刊误》谓案《前书》合作"贼捕掾"。

〔10〕　孟子对(梁惠)〔齐宣〕王曰　据殿本改。

〔11〕　战于荔乡　按:《续志》"荔"作"务"。

〔12〕　其(荔)〔地〕盖在今虢州湖城县之间　《集解》引王补说,谓"其荔"《通鉴》注作"其地",是。今据改。

〔13〕　复徙封(灌)〔濩〕泽侯　据《集解》引钱大昕说改,注同。

〔14〕　次卒(吏)〔史〕　《刊误》谓"吏"当作"史"。今据改。

〔15〕　泛相称曰(臣)〔巨〕人　《刊误》谓《前书》言盗贼擅称巨人,今此为臣人,亦误也,当作"巨"。今据改。

〔16〕　属右校卒(吏)〔史〕刘侠卿　据《刊误》改。

〔17〕　唯盆子与茂及前西安侯刘孝最为近属　按:沈家本谓按《前书·王子侯表》,西安侯汉东平思王孙,而城阳近属无封西安者,亦无名孝者。

〔18〕　卫尉诸葛稺闻之　按:"稺"原讹"释",径据汲本、殿本改正。

〔19〕　肴亦乱也　按:殿本"肴"作"淆"。《校补》谓殿本注作"淆",取与正文相应。然观下文"肴乱日甚",正文本作"肴",知此处正文作"淆",乃翻刻之误,注盖本不误也。

〔20〕　幽闭殿内掘庭中芦菔根　按:汲本"内"作"门"。《御览》九八〇引"掘"作"拔"。又按:"闭"原讹"闲",径改正。

〔21〕　(得)〔后〕二十馀日　《集解》引王补说,谓《袁纪》、《通鉴》并作"后二十馀日",是。今据改。

〔22〕　广一寸半　按:殿本"一寸"作"二寸"。

〔23〕　攻破城邑　按:《刊误》谓案文当云"攻城破邑"。

〔24〕　说文曰铮铮金也　按:《说文》"铮,金声也",此疑误。

后汉书卷十二

王刘张李彭卢列传第二

王昌一名郎,赵国邯郸人也。素为卜相工,明星历,常以为河北有天子气。时赵缪王子林①好奇数,②任侠于赵、魏间,多通豪猾,而郎与之亲善。初,王莽篡位,长安中或自称成帝子子舆者,莽杀之。③郎缘是诈称真子舆,云"母故成帝讴者,尝下殿卒僵,须臾有黄气从上下,半日乃解,遂妊身就馆。赵后欲害之,④伪易他人子,以故得全。⑤〔子〕舆年十二,〔1〕识命者郎中李曼卿,⑥与俱至蜀;十七,到丹阳;⑦二十,还长安;展转中山,来往燕、赵,以须天时。"⑧林等愈动疑惑,乃与赵国大豪李育、张参等通谋,规共立郎。会人间传赤眉将度河,林等因此宣言赤眉当〔至〕,立刘子舆以观众心,〔2〕百姓多信之。

①景帝七代孙也。〔3〕

②术数。

③《王莽传》曰,时男子武仲自称刘子舆。

④赵飞燕也。

⑤《东观记》曰"宫婢生子,正与同时,即易之"也。

⑥识命谓知天命也。

⑦丹阳,楚所封地,在今归州秭归县东也。

⑧须,待也。

更始元年十二月,林等遂率车骑数百,〔4〕晨入邯郸城,止于王宫,①立郎为天子。林为丞相,李育为大司马,张参为大将军。分遣将帅,徇下幽、冀。移檄州郡曰:"制诏部刺史、郡太守(曰):〔5〕朕,孝成皇帝子子舆者也。昔遭赵氏之祸,因以王莽篡杀,赖知命者将护朕躬,②

解形河滨,削迹赵、魏。③王莽窃位,获罪于天,天命佑汉,故使东郡太守
翟义、严乡侯刘信,拥兵征讨,出入胡、汉。普天率土,知朕隐在人间。
南岳诸刘,为其先驱。④〔6〕朕仰观天文,乃兴于斯,以今月壬辰即位赵
宫。休气熏蒸,应时获雨。盖闻为国,子之袭父,古今不易。刘圣公未
知朕,故且持帝号。诸兴义兵,咸以助朕,皆当裂土享祚子孙。已诏圣
公及翟太守,亟与功臣诣行在所。⑤疑刺史、二千石皆圣公所置,未睹朕
之沈滞,或不识去就,强者负力,⑥弱者惶惑。今元元创痍,已过半矣,⑦
朕甚悼焉,故遣使者班下诏书。"郎以百姓思汉,即多言翟义不死,故诈
称之,以从人望。于是赵国以北,辽东以西,皆从风而靡。

①故赵王之宫也。

②《东观记》曰,知命者谓侍郎韩公等。

③解形犹脱身也。

④圣公、光武本自舂陵北徙。故舂陵近衡山,故曰"南岳诸刘"也。

⑤天子所在曰行在所。

⑥负,恃也。

⑦痍,伤也。

明年,光武自蓟得郎檄,南走信都,①发兵徇旁县,遂攻柏人,不下。
议者以为守柏人不如定钜鹿,光武乃引兵东北围钜鹿。〔7〕郎太守王饶
据城,数十日连攻不克。耿纯说曰:"久守王饶,士众疲敝,不如及大兵
精锐,进攻邯郸。若王郎已诛,王饶不战自服矣。"光武善其计,乃留将
军邓满②守钜鹿,而进军邯郸,屯其郭北门。

①走,趣也,音子豆反。

②《续汉书》"满",作"蒲"。

郎数出战不利,乃使其谏议大夫杜威持节请降。威雅称郎实成帝
遗体。光武曰:"设使成帝复生,天下不可得,况诈子舆者乎!"威请求万
户侯。光武曰:"顾得全身可矣。"①〔8〕威曰:"邯郸虽鄙,并力固守,尚
旷日月,终不君臣相率但全身而已。"遂辞而去。〔因〕急攻之,〔9〕二十
馀日,郎少傅李立为反间,开门内汉兵,遂拔邯郸。郎夜亡走,道死,追

斩之。①

①顾犹念也。

刘永者,梁郡睢阳人,梁孝王八世孙也。传国至父立。元始中,立与平帝外家卫氏交通,①〔10〕为王莽所诛。

①卫氏,平帝母家也,中山卫子豪之女。

更始即位,永先诣洛阳,绍封为梁王,都睢阳。永闻更始政乱,遂据国起兵,以弟防为辅国大将军,防弟少公御史大夫,封鲁王。遂招诸豪杰沛人周建等,并署为将帅,攻下济阴、山阳、沛、楚、淮阳、汝南,凡得二十八城。又遣使拜西防贼帅山阳佼彊为横行将军。①是时东海人董宪起兵据其郡,而张步亦定齐地。永遣使拜宪翼汉大将军,步辅汉大将军,与共连兵,遂专据东方。及更始败,永自称天子。

①西防,县名,故城在今宋州单父县北。佼音绞。

建武二年夏,光武遣虎牙大将军盖延等伐永。初,陈留人苏茂为更始讨难将军,与朱鲔等守洛阳。鲔既降汉,茂亦归命,光武因使茂与盖延俱攻永。军中不相能,茂遂反,杀淮阳太守,掠得数县,据广乐而臣于永。永以茂为大司马、淮阳王。盖延遂围睢阳,数月,拔之,永将家属走虞。①虞人反,杀其母及妻子,永与麾下数十人奔谯。苏茂、佼彊、周建合军救永,为盖延所败,茂奔还广乐,彊、建从永走保湖陵。三年春,永遣使立张步为齐王,董宪为海西王。于是遣大司马吴汉等围苏茂于广乐,周建率众救茂,茂、建战败,弃城复还湖陵,而睢阳人反城迎永。②吴汉与盖延等合军围之,城中食尽,永与茂、建走酂。③诸将追急,永将庆吾斩永首降,封吾为列侯。苏茂、周建奔垂惠,共立永子纡为梁王。佼彊还保西防。

①虞,县名,属梁国,故城在今宋州虞城县。

②反音幡。

③今亳州县也。酂音在何反。

四年秋,遣捕虏将军马武、骑都尉王霸〔11〕围纡、建于垂惠,苏茂将五校兵救之,纡、建亦出兵与武等战,不克,而建兄子诵反,闭城门拒之。建、茂、纡等皆走,建于道死,茂奔下邳与董宪合,纡奔佼彊。五年,遣骠骑大将军杜茂攻佼彊于西防,彊与刘纡奔董宪。

时平狄将军庞萌反叛,〔12〕遂袭破盖延,引兵与董宪连和,自号东平王,屯桃乡之北。①

①桃乡故城在今兖州龚丘县西北也。

庞萌,山阳人。初亡命在下江兵中。更始立,以为冀州牧,将兵属尚书令谢躬,共破王郎。及躬败,萌乃归降。光武即位,以为侍中。萌为人逊顺,甚见信爱。帝常称曰:〔13〕“可以托六尺之孤,寄百里之命者,①庞萌是也。”拜为平狄将军,与盖延共击董宪。

①解见《明纪》。

时诏书独下延而不及萌,萌以为延谮己,自疑,遂反。帝闻之,大怒,乃自将讨萌。与诸将书曰:“吾常以庞萌社稷之臣,将军得无笑其言乎?老贼当族。其各厉兵马,会睢阳!”宪闻帝自讨庞萌,乃与刘纡、苏茂、佼彊去下邳,还兰陵,使茂、彊助萌,合兵三万,急围桃城。

帝时幸蒙,闻之,乃留辎重,自将轻骑三千,步卒数万,晨夜驰赴,〔师〕次任城,〔14〕去桃乡六十里。旦日,诸将请进,贼亦勒兵挑战,帝不听,乃休士养锐,以挫其锋。城中闻车驾至,众心益固。时吴汉等在东郡,驰使召之。萌等乃悉兵攻城,二十馀日,众疲困而不能下,及吴汉与诸将到,乃率众军进桃城,而帝亲自搏战,大破之。萌、茂、彊夜弃辎重逃奔,董宪乃与刘纡悉其兵数万人屯昌虑,自将锐卒拒新阳。①帝先遣吴汉击破之,宪走还昌虑。汉进守之,宪恐,乃招诱五校馀贼步骑数千人屯建阳,去昌虑三十里。②

①新阳,县,属东海郡。

②建阳,县,属东海郡,故城在今沂州丞县北。丞音时证反。

帝至蕃,①去宪所百馀里。诸将请进,帝不听,知五校乏食当退,敕各坚壁以待其敝。顷之,五校粮尽,界引去。帝乃亲临,四面攻宪,三日,复大破之;众皆奔散。遣吴汉追击之,佼彊将其众降,苏茂奔张步,宪及庞萌走入缯山。②数日,吏士闻宪尚在,复往往相聚,得数百骑,迎宪入郯城。吴汉等复攻拔郯,宪与庞萌走保朐。③刘纡不知所归,军士高扈斩其首降,梁地悉平。

①蕃音皮,又音婆。

②缯,县名,故城在今沂州承县东北。〔15〕缯山,即其县之山也。

③县名,属东海郡,今海州朐山县西有故朐城,秦始皇立石以为东阙门,即此地也。

吴汉进围朐。明年,城中谷尽,宪、萌潜出,袭取赣榆,①琅邪太守陈俊攻之,宪、萌走泽中。会吴汉下朐城,进尽获其妻子。〔16〕宪乃流涕谢其将士曰:"妻子皆已得矣。②嗟乎! 久苦诸卿。"乃将数十骑夜去,欲从间道归降,而吴汉校尉韩湛追斩宪于方与,③方与人黔陵亦斩萌,皆传首洛阳。封韩湛为列侯,黔陵关内侯。

①赣榆,县名,今海州东海县也。赣音贡。

②为吴汉所得也。

③方与音防预。

张步字文公,琅邪不其人也。汉兵之起,步亦聚众数千,转攻傍县,下数城,自为五威将军,遂据本郡。

更始遣魏郡王闳为琅邪太守,步拒之,不得进。闳为檄,晓喻吏人降,得赣榆等六县,收兵数千人,与步战,不胜。时梁王刘永自以更始所立,贪步兵强,承制拜步辅汉大将军、忠节侯,督青徐二州,使征不从命者。步贪其爵号,遂受之。乃理兵于剧,①以弟弘为卫将军,弘弟蓝玄武大将军,蓝弟寿高密太守。遣将徇太山、东莱、城阳、胶东、北海、济南、齐诸郡,皆下之。

①剧,县名,在今青州寿光县南也。

步拓地浸广,①兵甲日盛。王闳惧其众散,乃诣步相见,欲诱以义方。步大陈兵引闳，〔17〕怒曰："步有何过，君前见攻之甚乎！"闳按剑曰："太守奉朝命，而文公拥兵相距，闳攻贼耳，何谓甚邪！"步嘿然，良久，离席跪谢，乃陈乐献酒，待以上宾之礼，令闳关掌郡事。②

①浸，渐也。

②关，通也。

建武三年，光武遣光禄大夫伏隆持节使齐，拜步为东莱太守。刘永闻隆至剧，乃驰遣立步为齐王，步即杀隆而受永命。

是时帝方北忧渔阳，南事梁、楚，故步得专集齐地，据郡十二。及刘永死，步等欲立永子纡为天子，自为定汉公，置百官。王闳谏曰："梁王以奉本朝之故，是以山东颇能归之。今尊立其子，将疑众心。且齐人多诈，①宜且详之。"步乃止。五年，步闻帝将攻之，以其将费邑为济南王，屯历下。冬，建威大将军耿弇破斩费邑，进拔临淄。步以弇兵少远客，可一举而取，乃悉将其众攻弇于临淄。步兵大败，还奔剧。帝自幸剧。步退保平寿，②苏茂将万馀人来救之。茂让步曰："以南阳兵精，延岑善战，而耿弇走之。大王奈何就攻其营？既呼茂，不能待邪？"步曰："负负，无可言者。"③帝乃遣使告步、茂，能相斩降者，封为列侯。步遂斩茂，使使奉其首降。步三弟各自系所在狱，皆赦之。封步为安丘侯，后与家属居洛阳。王闳亦诣剧降。

①汲黯目公孙弘之词。

②今青州北海县也。

③负，愧也。再言之者，愧之甚。

八年夏，步将妻子逃奔临淮，与弟弘、蓝欲招其故众，乘船入海，琅邪太守陈俊追击斩之。

王闳者，王莽叔父平阿侯谭之子也，哀帝时为中常侍。时幸臣董贤为大司马，宠爱贵盛，闳屡谏，忤旨。哀帝临崩，以玺绶付贤曰："无妄以与人。"时国无嗣主，内外恇惧，闳白元后，请夺之；即带剑至宣德后闼，①举手叱贤曰："宫车晏驾，国嗣未立，公受恩深重，当俯伏号泣，何事久持玺绶以待祸至邪!"贤知闳必死,不敢拒之,乃跪授玺绶。闳持上太后,〔18〕朝廷壮之。及王莽篡位,僭忌闳,乃出为东郡太守。闳惧诛,常系药手内。莽败,汉兵起,闳独完全东郡三十馀万户,归降更始。

　　①《三辅黄图》曰,未央宫有宣德殿。闳,宫中门也。

　　李宪者,颍川许昌人也。〔19〕王莽时为庐江属令。①莽末,江贼王州公等起众十馀万,攻掠郡县,莽以宪为偏将军、庐江连率,击破州公。莽败,宪据郡自守。更始元年,自称淮南王。建武三年,遂自立为天子,置公卿百官,拥九城,众十馀万。

　　①王莽每郡置属令,职如都尉。

　　四年秋,光武幸寿春,遣扬武将军马成等击宪,围舒。①至六年正月,拔之。宪亡走,其军士帛意②追斩宪而降,宪妻子皆伏诛。封帛意渔浦侯。

　　①庐江舒县。
　　②帛,姓也,宋帛产之后,〔见〕《韩非子》也。〔20〕

　　后宪馀党淳于临等犹聚众数千人,屯灊山,攻杀安风令。①〔21〕杨州牧欧阳歙遣兵不能克,帝议欲讨之。庐江人陈众为从事,白歙请得喻降临;②于是乘单车,驾白马,往说而降之。灊山人共生为立祠,号"白马陈从事"云。

　　①灊山、安丰,皆县名,属庐江郡。灊县故城,今寿州也。
　　②晓喻其意而降之也。

　　彭宠字伯通,南阳宛人也。父宏,〔22〕哀帝时为渔阳太守,伟容貌,能饮饭,①有威于边。王莽居摄,诛不附己者,宏与何武、鲍宣并遇害。

　　①饭音扶远反。

　　宠少为郡吏,地皇中,为大司空士,①从王邑东拒汉军。到洛阳,闻同产弟在汉兵中,惧诛,即与乡人吴汉亡至渔阳,抵父时吏。②更始立,使谒者韩鸿持节徇北州,③承制得专拜二千石已下。鸿至蓟,以宠、汉并乡间故人,相见欢甚,即拜宠偏将军,行渔阳太守事,汉安乐令。④

①王莽时九卿分属三公,每一卿置元士三人。〔23〕

②抵,归也。

③谓幽、并也。

④安乐,县名,属渔阳郡,故城在今幽州潞县西北也。

及光武镇慰河北,至蓟,以书招宠。宠具牛酒,将上谒。会王郎诈立,传檄燕、赵,遣将徇渔阳、上谷,急发其兵,北州众多疑惑,欲从之。吴汉说宠从光武,语在《汉传》。会上谷太守耿况亦使功曹寇恂诣宠,结谋共归光武。宠乃发步骑三千人,以吴汉行长史,及都尉严宣、护军盖延、狐奴令王梁,①与上谷军合而南,及光武于广阿。光武承制封宠建忠侯,赐号大将军。遂围邯郸,宠转粮食,前后不绝。

①狐奴,县名,属渔阳郡。

及王郎死,光武追铜马,北至蓟。宠上谒,自负其功,意望甚高,①光武接之不能满,以此怀不平。②光武知之,以问幽州牧朱浮。浮对曰:"前吴汉北发兵时,大王遗宠以所服剑,又倚以为北道主人。宠谓至当迎阁握手,交欢并坐。今既不然,所以失望。"浮因曰:"王莽为宰衡时,甄丰旦夕入谋议,时人语曰:'夜半客,甄长伯。'③及莽篡位后,丰意不平,卒以诛死。"光武大笑,以为不至于此。及即位,吴汉、王梁,宠之所遣,并为三公,而宠独无所加,愈快快不得志。叹曰:"我功当为王;但尔者,陛下忘我邪?"

①负,恃也。

②不能满其意,故心不平也。

③长伯,丰字也。丰,平帝时为少府,王莽篡位时为更始将军。

是时北州破散,而渔阳差完,有旧盐铁官,〔24〕宠转以贸谷,①积珍宝,益富强。朱浮与宠不相能,浮数谮构之。建武二年春,诏征宠,宠意浮卖己,上疏愿与浮俱征。又与吴汉、盖延等书,盛言浮枉状,②固求同

征。帝不许，益以自疑。而其妻素刚，不堪抑屈，固劝无受召。宠又与
常所亲信吏计议，皆怀怨于浮，莫有劝行者。帝遣宠从弟子后兰卿喻
之，宠因留子后兰卿，遂发兵反，拜署将帅，自将二万馀人攻朱浮于蓟，
分兵徇广阳、上谷、右北平。又自以与耿况俱有重功，而恩赏并薄，数遣
使要诱况。况不受，辄斩其使。

①贸，易也。

②枉，谮己之状也。

秋，帝使游击将军邓隆救蓟。隆军潞南，浮军雍奴，遣吏奏状。帝
读檄，怒谓使吏曰："营相去百里，其势岂可得相及？比若还，①北军必
败矣。"宠果盛兵临河以拒隆，又别发轻骑三千袭其后，大破隆军。浮
远，遂不能救，引而去。明年春，宠遂拔右北平、上谷数县。遣使以美女
缯彩赂遗匈奴，要结和亲。单于使左南将军七八千骑，往来为游兵以助
宠。又南结张步及富平获索诸豪杰，皆与交质连衡。②遂攻拔蓟城，自
立为燕王。

①若，汝也。

②交质谓交相为质也。《左传》曰："交质往来，道路无壅。"《前书音义》曰："以
　利合曰从，以威力相胁曰衡。"

其妻数恶梦，又多见怪变，①卜筮及望气者皆言兵当从中起。宠疑
子后兰卿质汉归；故不信之，使将兵居外，无亲于中。五年春，宠斋，独
在便室。②苍头子密等三人因宠卧寐，共缚著床，告外吏云："大王斋禁，
皆使吏休。"伪称宠命教，收缚奴婢，〔25〕各置一处。又以宠命呼其妻。
妻入，大惊。③宠急呼曰："趣为诸将军办装。"④于是两奴将妻入取宝物，
留一奴守宠。宠谓守奴曰："若小儿，我素爱也，今为子密所迫劫耳。解
我缚，当以女珠妻汝，家中财物皆与若。"小奴意欲解之，视户外，见子密
听其语，遂不敢解。于是收金玉衣物，至宠所装之，被马六匹，使妻缝两
缣囊。昏夜后，解宠手，令作记告城门将军云："今遣子密等至子后兰卿
所，速开门出，勿稽留之。"⑤书成，即斩宠及妻头，置囊中，便持记驰出
城，因以诣阙。封为不义侯。明旦，阁门不开，官属逾墙而入，见宠尸，

惊怖。其尚书韩立等共立宠子午为王,以子后兰卿为将军。国师韩利斩午首,诣征虏将军祭遵降。夷其宗族。

①《东观记》曰:"梦嬴袒冠帻,逾城,髡徒推之。"又"宠堂上闻虾蟆声在火罏下,凿地求之,不得"也。

②便坐之室,非正室也。

③《东观记》曰:"妻入,惊曰:'奴反!'奴乃捽其妻头,击其颊。"

④呼奴为将军,欲其赦己也。

⑤稽,停也。

卢芳字君期,安定三水人也,居左谷中。①王莽时,天下咸思汉德,芳由是诈自称武帝曾孙刘文伯。曾祖母匈奴谷蠡浑邪王之姊为武帝皇后,生三子。遭江充之乱,太子诛,皇后坐死,中子次卿亡之长陵,小子回卿逃于左谷。霍将军立次卿,迎回卿。回卿不出,因居左谷,生子孙卿,孙卿生文伯。常以是言诳惑安定间。王莽末,乃与三水属国羌胡起兵。更始至长安,征芳为骑都尉,使镇抚安定以西。

①《续汉志》曰三水县有左(右)谷,〔26〕故城在今泾州安定县南。

更始败,三水豪杰共计议,以芳刘氏子孙,宜承宗庙,乃共立芳为上将军、西平王,①使使与西羌、匈奴结和亲。单于曰:"匈奴本与汉约为兄弟。②后匈奴中衰,呼韩邪单于归汉,汉为发兵拥护,世世称臣。③今汉亦中绝,刘氏来归我,亦当立之,令尊事我。"乃使句林王将数千骑迎芳,④芳与兄禽、弟程俱入匈奴。单于遂立芳为汉帝。以程为中郎将,将胡骑还入安定。初,五原人李兴、随昱,朔方人田飒,代郡人石鲔、闵堪,各起兵自称将军。建武四年,单于遣无楼且渠王入五原塞,⑤与李兴等和亲,告兴欲令芳还汉地为帝。五年,李兴、闵堪引兵至单于庭迎芳,与俱入塞,都九原县。⑥掠有五原、朔方、云中、定襄、雁门五郡,并置守令,与胡通兵,侵苦北边。

①欲平定西方,故以为号。

②高祖时,与冒顿单于约为兄弟。

③呼韩邪单于降汉，入朝，宣帝拥护，国内遂定。

④句音古侯反。

⑤塞属五原郡，因以为名。

⑥九原，县名，故城在胜州银山县也。

六年，芳将军贾览将胡骑击杀代郡太守刘兴。芳后以事诛其五原太守李兴兄弟，而其朔方太守田飒、云中太守桥扈〔27〕恐惧，叛芳，举郡降，光武令领职如故。后大司马吴汉、骠骑大将军杜茂数击芳，并不克。十二年，芳与贾览共攻云中，久不下，其将随昱留守九原，欲胁芳降。芳知羽翼外附，心膂内离，遂弃辎重，与十馀骑亡入匈奴，其众尽归随昱。昱乃随使者程恂诣阙。拜昱为五原太守，封镌胡侯，①昱弟宪武进侯。

①镌谓琢凿之，故以为名。下有镌羌侯，即其类。

十六年，芳复入居高柳，①与闵堪兄林使使请降。乃立芳为代王，堪为代相，林为代太傅，赐缯二万匹，因使和集匈奴。芳上疏谢曰："臣芳过托先帝遗体，弃在边陲。社稷遭王莽废绝，以是子孙之忧，所宜共诛，故遂西连羌戎，北怀匈奴。单于不忘旧德，权立救助。是时兵革并起，往往而在。臣非敢有所贪觊，②期于奉承宗庙，兴立社稷，是以久僭号位，十有馀年，罪宜万死。陛下圣德高明，躬率众贤，海内宾服，惠及殊俗。以肺附之故，③赦臣芳罪，加以仁恩，封为代王，使备北藩。无以报塞重责，冀必欲和辑匈奴，④不敢遗余力，负恩贷。⑤谨奉天子玉玺，思望阙庭。"诏报芳朝明年正月。其冬，芳入朝，南及昌平，⑥有诏止，令更朝明岁。芳自道还，忧恐，乃复背叛，遂反，与闵堪、闵林相攻连月。匈奴遣数百骑迎芳及妻子出塞。〔28〕芳留匈奴中十馀年，病死。

①高柳，县名，故城在今云州定襄县。

②觊，望也。

③肺附，若肝肺相附著，犹言亲戚也。

④辑音才入反。郭景纯云古"集"字。

⑤负犹背也。

⑥昌平，县名，故城在今幽州昌平县东南。

初，安定属国胡与芳为寇，及芳败，胡人还乡里，积苦县官徭役。其中有驳马少伯者，素刚壮；二十一年，遂率种人反叛，与匈奴连和，屯聚青山。① 乃遣将兵长史陈䜣，② 率三千骑击之，少伯乃降。徙于冀县。③

①青山，在今庆州，有青山水。

②吕忱云："䜣，古'欣'字。"

③冀县属天水郡，今秦州伏羌县。

论曰：传称"盛德必百世祀"，① 孔子曰"宽则得众"。夫能得众心，则百世不忘矣。观更始之际，刘氏之遗恩馀烈，英雄岂能抗之哉！然则知高祖、孝文之宽仁，结于人心深矣。周人之思邵公，爱其甘棠，② 又况其子孙哉！刘氏之再受命，盖以此乎！若数子者，岂有国之远图哉！因时扰攘，苟恣纵而已耳，然犹以附假宗室，能掘强岁月之间。③ 观其智略，固无足以惮汉祖，发其英灵者也。④

①《左传》晋侯问于史赵曰："陈其遂亡乎？"对曰："未也。臣闻盛德必百代祀，虞之代数未也。"。

②《诗序》曰："《甘棠》，美邵伯也。邵伯听讼于甘棠之下，周人思之，不伐其树。"

③掘强谓强梁也。《前书》伍被谓淮南王安曰："掘强江淮之间，苟延岁月之命。"

④言此数子非汉祖之敌，不足奋发英灵而惮畏之也。

赞曰：天地闭革，① 野战群龙。② 昌、芳僭诈，梁、齐连锋。③ 宠负强地，④ 宪萦深江。⑤ 实惟非律，代委神邦。⑥

①革，改也。《易》曰："天地闭，贤人隐。"又曰："天地革而四时成，汤、武革命，顺乎天而应乎人。"

②喻英雄并起也。《易》曰："龙战于野，其血玄黄。"又曰"群龙无首，吉"也。

③梁王刘永，齐王张步。

④据渔阳也。

⑤起庐江也。

⑥《易》曰："师出以律。"律，法也。言反叛非用师之法，故更代破灭，委弃其神皋之国，伏于光武也。

【校勘记】

〔1〕　〔子〕舆年十二　据《刊误》补。

〔2〕　林等因此宣言赤眉当〔至〕立刘子舆以观众心　《校补》谓《袁纪》"当"下有"至"字。今据补。按：脱"至"字则文意不属。

〔3〕　景帝七代孙也　按：《校补》谓平干缪王元乃景帝曾孙，"七"字误。

〔4〕　林等遂率车骑数百　"率"原讹"卒"，据汲本、殿本改正。按：影印绍兴本此卷原阙，系取它本补配者，故讹字特多，以下遇有极明显之讹字，皆据汲本、殿本改正，不作校记。

〔5〕　制诏部刺史郡太守（曰）　据《刊误》删。

〔6〕　南岳诸刘为其先驱　按：钱大昭谓王莽分四方为四岳，故有南岳之称，犹云南方耳，注言舂陵近衡山，故曰南岳诸刘，误。又按：《袁纪》"其"作"朕"。

〔7〕　光武乃引兵东北围钜鹿　按：张燧谓"东北"当作"东南"。

〔8〕　顾得全身可矣　按："顾"原作"愿"，"矣"原作"乎"，径据汲本、殿本改。

〔9〕　〔因〕急攻之　据汲本、殿本补。

〔10〕　立与平帝外家卫氏交通　按：李慈铭谓"立"字疑"坐"字之误。

〔11〕　骑都尉王霸　按：《集解》引洪颐煊说，谓"骑都尉"当依《光武纪》、《王梁传》及《王霸传》作"偏将军"。

〔12〕　时平狄将军庞萌反叛　按：《校补》引钱大昭说，谓"平狄'《盖延传》作"平敌"。

〔13〕　帝常称曰　汲本、殿本"常"作"尝"。按：常尝古通作，后如此不悉出。

〔14〕　〔师〕次任城　据汲本、殿本补。

〔15〕　故城在今沂州承县东北　殿本"承"作"丞"。按：前文注亦作"丞"。此县以承水所经而得名，承古作"承"，故两《汉志》并作"承"，《旧唐志》作"丞"，《新唐志》作"承"。

〔16〕　进尽获其妻子　按：《刊误》谓案文多一"进"字。

〔17〕步大陈兵引阂　按:李慈铭谓"引阂"下当有"入"字。

〔18〕阂持上太后　按:汲本、殿本"持"作"驰"。

〔19〕颍川许昌人也　按:《集解》引洪亮吉说,谓许县献帝徙都后始改许昌,前汉安得有此名,此史误。

〔20〕〔见〕韩非子也　据汲本、殿本补。

〔21〕攻杀安风令　按:注"安风"作"安丰"。《刊误》谓注当从传作"安风",殿本《考证》则谓安风为侯国,而安丰则县也,传言杀令,则似当从注作"安丰"。沈家本谓据《窦融传》,以安丰、阳泉、蓼安、安风四县封融为安丰侯,则融未封之前,安风、安丰并为县,注作"安丰",而正文作"安风",难定其孰是。

〔22〕父宏　按:《东观记》"宏"作"容"。

〔23〕每一卿置元士三人　按:《刊误》谓当作"每一卿置大夫三人,一大夫置元士三人"。

〔24〕而渔阳差完有旧盐铁官　按:《前书·地理志》渔阳有铁官,无盐官,此"盐"字当衍。《通鉴》无。

〔25〕伪称宠命教收缚奴婢　按:《刊误》谓多一"命"字,教即间下之书,下文自有"命"字。

〔26〕三水县有左(右)谷　据《续志》删。按:《校补》引张熷说,谓今《续志》"三水"下但有刘注云"有左谷,卢芳所居",无"右"字。

〔27〕云中太守桥扈　按:《光武纪》"桥"作"乔"。

〔28〕匈奴遣数百骑迎芳及妻子出塞　按"百"下原衍"万"字,径据汲本、殿本删。

后汉书卷十三

隗嚣公孙述列传第三

隗嚣①字季孟，〔1〕天水成纪人也。②少仕州郡。王莽国师刘歆引嚣为士。③歆死，嚣归乡里。季父崔，素豪侠，能得众。闻更始立而莽兵连败，于是乃与兄义及上邽人杨广、冀人周宗谋起兵应汉。嚣止之曰："夫兵，凶事也。④宗族何辜！"崔不听，遂聚众数千人，攻平襄，杀莽镇戎大尹。⑤崔、广等以为举事宜立主以一众心，咸谓嚣素有名，好经书，遂共推为上将军。嚣辞让不得已，曰："诸父众贤不量小子。必能用嚣言者，乃敢从命。"众皆曰"诺"。

①嚣音五高反。〔2〕

②成纪，县名，故城在今秦州陇城县西北。

③王莽置国师，位上公，士其属官也。莽置九卿，分属三公，〔3〕每一卿置大夫三人，一大夫置元士三人。

④《史记》范蠡曰："兵者凶器，战者逆德。"

⑤平襄，县名，属天水郡，故城在今秦州伏羌县西北。王莽改天水郡曰镇戎郡，守曰大尹。

嚣既立，遣使聘请平陵人方望，以为军师。①望至，说嚣曰："足下欲承天顺民，辅汉而起，今立者乃在南阳，王莽尚据长安，虽欲以汉为名，其实无所受命，将何以见信于众乎？宜急立高庙，称臣奉祠，所谓'神道设教'，求助人神者也。②且礼有损益，质文无常。削地开兆，③茅茨土阶，以致其肃敬。虽未备物，神明其舍诸。"嚣从其言，遂立庙邑东，祀高祖、太宗、世宗。嚣等皆称臣执事，史奉璧而告。④祝毕，有司穿坎于庭，⑤牵马操刀，奉盘错镯，遂割牲而盟。⑥曰："凡我同盟三十一将，十有六姓,允承天道,兴辅刘宗。如怀奸虑,明神殛之。⑦高祖、文皇、武皇,俾坠厥命,厥宗受兵,族类灭亡。"有司奉血锃进,护军举手揖诸将军曰:"锃不濡血,歃不入口,是欺神明也,厥罚如盟。"既而蘸血加书,一如古礼。

①平陵,县名,属右扶风也。

②《易·观卦》曰:"圣人神道设教而天下服矣。"

③除地以开兆域。

④史,祝史也。璧者,所以祀神也。

⑤《周礼》司盟掌盟载之法也。郑玄注曰:"载,盟辞也。书其辞于策,杀牲取血,坎其牲,加书于上而蘸之。"

⑥巨贤按:萧该音引《字诂》"锃即题,音徒启反"。《方言》曰"宋楚之间,谓盎为题"。据下文云"锃不濡血",明非盆盎之类。《前书·匈奴传》云"汉遣韩昌等与单于及大臣俱登诺水东山,刑白马,单于以径路刀、金留犁挠酒"。应劭云"留犁,饭匕也。挠,扰也。以匕搅血而歃之"。今亦奉盘措匙而歃也。以此而言,(锃)〔题〕即匙字。〔四〕错,置也,音七故反。

⑦殛,诛也。

事毕,移檄告郡国曰:

汉复元年七月己酉朔。己巳,上将军隗嚣、白虎将军隗崔、左将军隗义、右将军杨广、明威将军王遵、云旗将军周宗等,告州牧、部监、郡卒正、连率、大尹、尹、尉队大夫、属正、属令:①故新都侯王莽,慢侮天地,悖道逆理。鸩杀孝平皇帝,篡夺其位。矫托天命,伪作符书,②欺惑众庶,震怒上帝。反戾饰文,以为祥瑞。③戏弄神祇,歌颂祸殃。④楚、越之竹,不足以书其恶。⑤天下昭然,所共闻见。今略举大端,以喻吏民。

①莽以《周官》、《王制》之文,置卒正、连率、大尹。大尹职如太守。属令、属长职如都尉。置州牧、部监二十五人,见礼如三公。监位上大夫,各主五郡。公氏作牧,侯氏卒正,伯氏连率,子氏属令,男氏属长,皆代其官。其无爵者为尹。又置〔六尉〕、六队(部)〔郡〕,置大夫,〔五〕职如太守。

②莽遣五威将军王奇等班符命四十二篇于天下,言当代汉之意。

③大风毁莽王路堂,又拔其昭宁堂池东榆树,大十围。莽乃曰:"念《紫阁仙图》,天意立太子,正其名。"乃立其子临为太子,以为祥应也。

④戏弄神祇谓仙人掌旁有白头公青衣,莽曰"皇祖叔父子侨欲来迎我"也。歌颂祸殃谓莽作告天策,自陈功劳千馀言,能诵策文者,除以为郎,至五十馀人。〔6〕

⑤《前书》朱光世曰:〔7〕"南山之竹,不足以尽我词。"嚣以楚、越多竹,故引以为言也。

　　盖天为父,地为母,①祸福之应,各以事降。莽明知之,而冥昧触冒,不顾大忌,诡乱天术,援引史传。②昔秦始皇毁坏谥法,以一二数欲至万世,③而莽下三万六千岁之历,言身当尽此度。④循亡秦之轨,推无穷之数。是其逆天之大罪也。

①《尚书》曰:"惟天地,万物父母。"

②王莽每有灾祸,皆引史传以文饰之。《前书》说符侯崔发言于莽曰:"《周礼》及《春秋》、《左氏》,国有大灾,则哭以厌之,故《周易》称先号咷而后笑。宜(乎)〔呼〕嗟(呼)告天以求救。"〔8〕莽乃率群臣至南郊,陈其符命,因搏心大哭。

③《史记》曰,秦始皇初并天下,制曰:"太古有号无谥;中古有号,死而以行为谥。如此,则子议父,臣议君。自今以来,除谥法。朕为始皇帝,后世以计数,至于万世,传之无穷。"

④莽令太史推三万六千岁历纪,六岁一改元,布告天下。

　　分裂郡国,断截地络。①田为王田,卖买不得。②规锢山泽,夺民本业。③造起九庙,穷极土作。④发冢河东,攻劫丘垄。此其逆地之大罪也。

①络犹经络也。谓莽分坼郡县,断割疆界也。

②莽更名天下田曰王田,不得卖买。

③莽制,名山大泽不得采取。

④莽九庙:一曰黄帝太初祖庙,二曰虞帝始祖昭庙,三曰陈胡王统祖穆庙,四曰齐敬王代祖昭庙,五曰济北愍王王祖穆庙,六曰济南伯王尊祢昭庙,七曰元城孺(子)王尊祢穆庙,〔9〕八曰阳平顷王昭庙,九曰新都显王穆庙。殿皆

重屋。太祖庙东西南北各四十丈，高十七丈，馀半之。为铜薄栌，饰以金铜雕文，穷极百工之巧；功费数百钜万，卒徒死者万数也。

　　尊任残贼，信用奸佞，诛戮忠正，覆按口语，赤车奔驰，①法冠晨夜，冤系无辜，②妄族众庶。行炮格之刑，除顺时之法，③灌以醇醯，裂以五毒。④政令日变，官名月易，⑤货币岁改，⑥吏民昏乱，不知所从，商旅穷窘，号泣市道。设为六管，⑦增重赋敛，刻剥百姓，厚自奉养，苟且流行，财入公辅，⑧上下贪贿，莫相检考。民坐挟铜炭，没入钟官，⑨徒隶殷积，数十万人，工匠饥死，长安皆臭。既乱诸夏，狂心益悖，北攻强胡，南扰劲越，⑩西侵羌戎，东摘涉貊。⑪使四境之外，并入为害，缘边之郡，江海之濒，涤地无类。⑫故攻战之所败，苛法之所陷，饥馑之所夭，疾疫之所及，以万万计。其死者则露尸不掩，生者则奔亡流散，幼孤妇女，流离系虏。此其逆人之大罪也。

①《续汉志》曰："小使车，赤毂白盖赤帷，从驺骑四十人。"

②《续汉志》曰："法冠一曰柱后，高五寸，侍御史服之。"

③莽作焚如之刑，烧杀陈良、终带等二十七人。莽又作不顺时之令，春夏斩人，此为不顺时之法。

④莽以董忠反，收忠宗族，以醇醯、毒药、白刃、丛棘，并一坎而薶之。

⑤莽州郡官名改无常制，乃至岁复变更，一郡至五易名而还复其故，吏人不能纪也。

⑥时百姓便安汉五铢钱，以莽钱大小两行难知，皆私以五铢钱市买。莽患之，下书诸挟五铢钱者，比非井田制，投四裔。

⑦管，主也。莽设六管之令，谓酤酒、卖盐、铁器、铸钱、名山、大泽，此〔谓〕〔为〕六也。〔10〕皆令县官主税收其利。

⑧《礼记》曰："苞苴箪笥问人者。"莽令七公六卿兼号将军，分镇大郡，皆使为奸于外，货赂为市，侵渔百姓。

⑨莽时关东大饥蝗，人犯铸钱，伍人相坐，没入为官奴婢。其男子槛车，儿女子步，以铁锁其颈，传诣钟官，（八）〔以〕十万数。〔11〕到者易其夫妇，愁苦死者什六七。钟官，主铸钱之官也。

⑩莽令十二部将同时十道并出,大击匈奴。莽改句町王为侯,其王邯怨怒不
　　附,莽讽牂柯大尹周歆诈杀邯,邯弟承起兵攻杀歆。

⑪摘,扰也。西羌庞恬、傅幡等怨莽夺其地为西海郡,遂反,攻西海太守陈永。
　　莽又发高句丽兵伐胡,不欲行,郡强迫之,皆亡出塞为寇。

⑫瀥,涯也。涤,荡也,荡地无遗类也。

　　是故上帝哀矜,降罚于莽,妻子颠殒,还自诛刈。①大臣反据,
亡形已成。大司马董忠,国师刘歆,卫将军王涉②,皆结谋内溃;司
命孔仁,纳言严尤,秩宗陈茂,举众外降。③今山东之兵二百馀万,
已平齐、楚,下蜀、汉,定宛、洛,据敖仓,守函谷,威命四布,宣风中
岳。④兴灭继绝,封定万国,遵高祖之旧制,修孝文之遗德。有不从
命,武军平之。驰使四夷,复其爵号。⑤然后还师振旅,櫜弓卧鼓。⑥
申命百姓,各安其所,庶无负子之责。”⑦

①颠,踣也。殒,绝也。莽杀其子宇、临等。妻王氏以莽数杀其子,涕泣失明,
　　病卒。

②涉,曲阳侯根之子也。

③莽置五威司命。孔仁败,降更始。馀并见《光武纪》。

④中岳,嵩高也。谓更始至洛阳。

⑤莽贬句町王为侯,西域尽改其王为侯,单于曰服于,高句丽曰下句丽,今皆
　　复其爵号。

⑥《周礼》曰:“出曰理兵,入曰振旅。”《诗·周颂》曰:“载戢干戈,载櫜弓矢。”
　　櫜,韬也。卧犹息也。

⑦百姓禠负流亡,责在君上。既安其业,则无责也。

　　嚣乃勒兵十万,击杀雍州牧陈庆。将攻安定。安定大尹王向,〔12〕
莽从弟平阿侯谭之子也,威风独能行其邦内,属县皆无叛者。嚣乃移书
于向,喻以天命,反覆诲示,终不从。于是进兵虏之,以徇百姓,然后行
戮,安定悉降。而长安中亦起兵诛王莽。嚣遂分遣诸将徇陇西、武都、
金城、武威、张掖、酒泉、敦煌,皆下之。

　　更始二年,遣使征嚣及崔、义等。嚣将行,方望以为更始未可知,固
止之,嚣不听。望以书辞谢而去,曰:“足下将建伊、吕之业,弘不世之

功,①而大事草创,②英雄未集。以望异域之人,疵瑕未露,③欲先崇郭
隗,想望乐毅,④故钦承大旨,顺风不让。将军以至德尊贤,广其谋虑,
动有功,发中权,基业已定,大勋方缉。今俊乂并会,羽翮并肩,⑤〔13〕望
无耆艾之德,而猥托宾客之上,⑥诚自愧也。虽怀介然之节,欲絜去就
之分,诚终不背其本,贰其志也。何则?范蠡收责句践,〔乘〕偏舟于五
湖;⑦〔14〕舅犯谢罪文公,亦逡巡于河上。⑧夫以二子之贤,勒铭两国,犹
削迹归愆,请命乞身,望之无劳,盖其宜也。望闻乌氏有龙池之山,⑨微
径南通,与汉相属,其傍时有奇人,聊及闲暇,广求其真。愿将军勉之。"
嚣等遂至长安,更始以为右将军,崔、义皆即旧号。其冬,崔、义谋欲叛
归,嚣惧并祸,即以事告之,崔、义诛死。更始感嚣忠,以为御史大夫。

①不世者,言非代之所常有也。

②草创谓初始也。

③望,平陵人,以与嚣别郡,故言异域。

④《新序》云:"郭隗谓燕昭王曰:'王诚欲致士,请从隗始。隗且见事,况贤于
　隗者乎?'于是昭王为隗筑宫而师之。乐毅自魏往,驺衍自齐往,剧辛自赵
　往,士争赴燕。"

⑤《管子》曰:"桓公谓管仲曰:'寡人之有仲父,犹飞鸿之有羽翼耳。'"

⑥猥犹滥也。

⑦偏舟,特舟也。收责谓收其罪责也。《史记》曰,范蠡与句践灭吴,为书辞句
　践曰:"臣闻主忧臣劳,主辱臣死。昔者,君王辱于会稽,所以不死,为此事
　也。今既雪耻,臣请从会稽之诛。"乃装其轻宝珠玉,自与其私徒属乘舟浮
　海以行。《计然》云,范蠡乘偏舟于江湖。

⑧逡巡,不进也。《左传》曰,晋公子重耳反国,及河,子犯以璧授公子,曰:"臣
　负羁绁从君巡于天下,臣之罪多矣。臣犹知之,而况君乎?请由此亡。"公
　子曰:"所不与舅氏同心者,有如白水。"

⑨乌氏,县名,属安定郡,故城在今泾州安定县东也。

明年夏,赤眉入关,三辅扰乱。流闻光武即位河北,嚣即说更始归
政于光武叔父国三老良,更始不听。诸将欲劫更始东归,嚣亦与通谋。
事发觉,更始使使者召嚣,嚣称疾不入,因会客王遵、周宗等勒兵自守。

更始使执金吾邓晔①将兵围嚣,嚣闭门拒守;至昏时,遂溃围,与数十骑夜斩平城门关,②亡归天水。复招聚其众,据故地,自称西州上将军。

①《谢承书》曰:"晔,南阳南乡人。〔以〕劲悍廉直为名。"〔15〕

②《三辅黄图》曰,长安城南面西头门。

及更始败,三辅耆老士大夫皆奔归嚣。

嚣素谦恭爱士,倾身引接为布衣交。以前王莽平河大尹长安谷恭①为掌野大夫,平陵范逡为师友,赵秉、苏衡、郑兴为祭酒,②申屠刚、杜林为持书,③〔16〕杨广、王遵、周宗及平襄人行巡、阿阳人王捷、长陵人王元为大将军,④杜陵、金丹之属为宾客。由此名震西州,闻于山东。

①莽改清河为平河。

②《前书音义》曰:"礼,饮酒必祭,示有先也,故称祭酒。祭祀时,唯长者以酒沃酹。"

③持书即持书侍御史,秩六百石。

④《东观记》曰:"元,杜陵人。"阿阳,县名,属天水郡。本为"河阳"者,误也。

建武二年,大司徒邓禹西系赤眉,屯云阳。禹裨将冯愔引兵叛禹,西向天水,嚣逆击,破之于高平,①尽获辎重。于是禹承制遣使持节命嚣为西州大将军,得专制凉州、朔方事。及赤眉去长安,欲西上陇,嚣遣将军杨广迎击,破之,又追败之于乌氏、泾阳间。②

①县名,今原州(高)平〔高〕县。〔17〕

②泾阳,县名,属安定郡,今原州平(阳)〔高〕县南〔18〕泾阳故城是也。

嚣既有功于汉,又受邓禹爵,署其腹心,议者多劝通使京师。三年,嚣乃上书诣阙。光武素闻其风声,报以殊礼,言称字,用敌国之仪,所以慰藉之良厚。①时陈仓人吕鲔拥众数万,与公孙述通,寇三辅。嚣复遣兵佐征西大将军冯异击之,走鲔,遣使上状。帝报以手书曰:"慕乐德义,思相结纳。昔文王三分,犹服事殷。②但驽马铅刀,不可强扶。③数蒙伯乐一顾之价,④而苍蝇之飞,不过数步,即托骥尾,得以绝群。⑤隔于盗贼,声问不数。将军操执款款,扶倾救危,南距公孙之兵,北御羌胡之乱,是以冯异西征,得以数千百人踯躅三辅。⑥微将军之助,则咸阳已为他人禽矣。今关东寇贼，往往屯聚，志务广远，多所不暇，未能观兵成都，与子阳角力。⑦如令子阳到汉中、三辅，愿因将军兵马，鼓旗相当。倘肯如言，蒙天之福，即智士计功割地之秋也。⑧管仲曰：'生我者父母，成我者鲍子。'⑨自今以后，手书相闻，勿用傍人解构之言。"⑩自是恩礼愈笃。

①慰，安也。藉，荐也。言安慰而荐藉之良甚也。

②孔子曰："周之德其可谓至德，三分天下有其二，以服事殷。"

③《周礼》："校人掌六马。"驽马，最下者也。《说文》："铅，青金也。"似锡而色青。贾谊云："铅刀为铅。"言驽马铅刀，不可强扶持而用也。

④《战国策》曰，苏代为燕说齐，未见齐王，先说淳于髡曰："人有卖骏马者，比三旦立市，市人莫之知，往见伯乐曰：'臣有骏马，欲卖之，比三旦立于市，市人莫与言。愿子还而视之，去而顾之，臣请献一朝之价。'伯乐如其言，一旦而价十倍也。"

⑤张敞书曰："苍蝇之飞，不过十步；自托骐骥之尾，乃腾千里之路。然无损于骐骥，得使苍蝇绝群也。"见《敞传》。

⑥踯躅犹踟蹰也。

⑦角力犹争力也。

⑧秋，一岁中成功之时，故举以为言。

⑨事见《史记》。

⑩解构犹间构也。

其后公孙述数出兵汉中，遣使以大司空扶安王印绶授嚣。嚣自以与述敌国，耻为所臣，乃斩其使，出兵击之，连破述军，以故蜀兵不复北出。

时关中将帅数上书，言蜀可击之状，帝以示嚣，因使讨蜀，以效其信。嚣乃遣长史上书，盛言三辅单弱，刘文伯在边，①未宜谋蜀。帝知嚣欲持两端，不愿天下统一，于是稍黜其礼，正君臣之仪。

①文伯，卢芳字也。〔19〕

初，嚣与来歙、马援相善，故帝数使歙、援奉使往来，劝令入朝，许以重爵。嚣不欲东，连遣使深持谦辞，言无功德，须四方平定，退伏间里。

五年,复遣来歙说嚣遣子入侍,嚣闻刘永、彭宠皆已破灭,乃遣长子恂随歙诣阙。以为胡骑校尉,封镌羌侯。① 而嚣将王元、王捷常以为天下成败未可知,不愿专心内事。元遂说嚣曰:“昔更始西都,四方响应,天下喁喁,谓之太平。② 一旦败坏,大王几无所厝。今南有子阳,北有文伯,江湖海岱,王公十数,③ 而欲牵儒生之说,弃千乘之基,④ 羁旅危国,以求万全,此循覆车之轨,计之不可者也。今天水完富,士马最强,北收西河、上郡,〔20〕东收三辅之地,案秦旧迹,表里河山。⑤ 元请以一丸泥为大王东封函谷关,此万世一时也。若计不及此,且畜养士马,据隘自守,旷日持久,以待四方之变,图王不成,其弊犹足以霸。⑥ 要之,鱼不可脱于渊,⑦ 神龙失势,即还与蚯蚓同。”⑧ 嚣心然元计,虽遣子入质,犹负其险阸,欲专方面,于是游士长者,稍稍去之。⑨

①胡骑校尉,武帝置,秩二千石也。镌谓镌凿也。

②喁喁,众口向上也。

③谓张步据齐,董宪起东海,李宪守舒,刘纡居垂惠,佼彊、周建、秦丰等各据州郡。

④儒生谓马援说嚣归光武。

⑤秦外山而内河。《左传》曰:“表里山河。”

⑥《前书》徐乐曰“图王不成,其弊足以霸”也。

⑦《老子》曰:“鱼不可脱于泉。”脱,失也;失泉则涸矣。

⑧《慎子》曰:“腾蛇游雾,飞龙乘云。云罢雾除,与蚯蚓同,失其所乘故也。”

⑨《东观记》曰:“杜林先去,馀稍稍相随,东诣京师。”

六年,关东悉平。帝积苦兵间,以嚣子内侍,公孙述远据边陲,乃谓诸将曰:“且当置此两子于度外耳。”因数腾书陇、蜀,① 告示祸福。嚣宾客、掾史多文学生,每所上事,当世士大夫皆讽诵之,故帝有所辞答,尤加意焉。嚣复遣使周游诣阙,先到冯异营,游为仇家所杀。帝遣卫尉铫期持珍宝缯帛赐嚣,期至郑被盗,② 亡失财物。帝常称嚣长者,务欲招之,闻而叹曰:“吾与隗嚣事欲不谐,使来见杀,得赐道亡。”

①《说文》曰:“腾,传也。”

②郑,今华州县是也。

会公孙述遣兵寇南郡,①乃诏嚣当从天水伐蜀。因此欲以溃其心腹。嚣复上言:"白水险阻,栈阁绝败。"②又多设支阁。③〔21〕帝知其终不为用,叵欲讨之。④遂西幸长安,遣建威大将军耿弇等七将军从陇道伐蜀,先使来歙奉玺书喻旨。嚣疑惧,即勒兵,使王元据陇坻,⑤伐木塞道,谋欲杀歙。歙得亡归。

①南郡,今荆州也。

②白水,县,有关,属广汉郡。栈阁者,山路悬险,栈木为阁道。

③支柱障阁。

④叵犹遂也。

⑤坻,坂也。郭仲产《秦州记》曰:"陇山东西百八十里,在陇州汧源县西。"

诸将与嚣战,大败,各引退。嚣因使王元、〔行〕巡侵三辅,〔22〕征西大将军冯异、征虏将军祭遵等击破之。嚣乃上疏谢曰:"吏人闻大兵卒至,惊恐自救,臣嚣不能禁止。兵有大利,不敢废臣子之节,亲自追还。昔虞舜事父,大杖则走,小杖则受。①臣虽不敏,敢忘斯义。今臣之事,在于本朝,赐死则死,加刑则刑。如遂蒙恩,更得洗心,死骨不朽。"有司以嚣言慢,请诛其子恂,帝不忍,复使来歙至汧,②赐嚣书曰:"昔柴将军与韩信书③云:'陛下宽仁,诸侯虽有亡叛而后归,辄复位号,不诛也。'以嚣文吏,晓义理,故复赐书。深言则似不逊,略言则事不决。今若束手,复遣恂弟归阙庭者,则爵禄获全,有浩大之福矣。④吾年垂四十,在兵中十岁,厌浮语虚辞。即不欲,勿报。"嚣知帝审其诈,遂遣使称臣于公孙述。

①《家语》孔子谓曾子之词也。

②汧,水名,因以为县,属右扶风,故城在今陇州汧源县南。

③柴将军,柴武也。韩信,韩王信也。信反,入匈奴,与汉战,故武与之书也。

④浩亦大也。

明年,述以嚣为朔宁王,①遣兵往来,为之援执。秋,嚣将步骑三万侵安定,至阴槃,②冯异率诸将拒之。嚣又令别将下陇,攻祭遵于汧,兵并无利,乃引还。

①欲其宁静北边也。

②阴槃，县名，属安定郡，今泾州县。

帝因令来歙以书招王遵，遵乃与家属东诣京师，拜为太中大夫，封向义侯。①遵字子春，霸陵人也。父为上郡太守。遵少豪侠，有才辩，虽与嚣举兵，而常有归汉意。曾于天水私于来歙曰："吾所以戮力不避矢石者，岂要爵位哉！徒以人思旧主，先君蒙汉厚恩，思效万分耳。"又数劝嚣遣子入侍，前后辞谏切甚，嚣不从，故去焉。

①《续汉书》云："遵降，封上雒侯。"

八年春，来歙从山道袭得略阳城。嚣出不意，惧更有大兵，乃使王元拒陇坻，行巡守番须口，①王孟塞鸡头道，②牛邯军瓦亭，③嚣自悉其大众围来歙。公孙述亦遣其将李育、田弇助嚣攻略阳，连月不下。帝乃率诸将西征之，数道上陇，使王遵持节监大司马吴汉留屯于长安。

①番须口与回中相近，并在汧。

②鸡头，山道也，"鸡"或作"笄"，一名崆峒山，在今原州西。

③安定乌支县有瓦亭故关，有瓦亭川水，在今原州南。

遵知嚣必败灭，而与牛邯旧故，知其有归义意，以书喻之曰："遵与隗王歃盟为汉，自经历虎口，践履死地，已十数矣。于时周洛以西①无所统壹，故为王策，欲东收关中，北取上郡，进以奉天人之用，退以惩外夷之乱。数年之间，冀圣汉复存，当挈河陇奉旧都以归本朝。生民以来，臣人之执，未有便于此时者也。而王之将吏，群居穴处之徒，②人人抵掌，③欲为不善之计。遵与孺卿日夜所争，害几及身者，岂一事哉！前计抑绝，后策不从，所以吟啸扼腕，垂涕登车。④幸蒙封拜，得延论议，⑤每及西州之事，未尝敢忘孺卿之言。今车驾大众，已在道路，吴、耿骁将，云集四境，而孺卿以奔离之卒，拒要险，当军冲，视其形执何如哉？夫智者睹危思变，贤者泥而不滓，⑥是以功名终申，策画复得。故夷吾束缚而相齐，⑦黥布杖剑以归汉，⑧去愚就义，功名并著。今孺卿当成败之际，遇严兵之锋，可为怖栗。宜断之心胸，参之有识。"邯得书，沈吟十馀日,乃谢士众,归命洛阳,拜为太中大夫。于是嚣大将十三人,属县十六,众十馀万,皆降。

①周洛谓东都也。

②穴处言所识不远也。

③《说文》:"抵,侧击也。"《战国策》曰"苏秦与李兑抵掌而谈"也。

④扼,持也。《史记》云:"天下之士,莫不扼腕以言之。"

⑤遵为太中大夫,在论议之职。

⑥在泥滞之中而不淄污也。

⑦《新序》曰,桓公与管仲、鲍叔、宁戚饮,桓公谓鲍叔曰:"姑为寡人祝乎?"鲍叔奉酒而起,祝曰:"吾君无忘出莒也,使管子无忘束缚从鲁也,使宁戚无忘其饭牛于车下也。"

⑧黥布为楚淮南王,高祖使随何说布,乃杖剑归汉王也。

王元入蜀求救,嚣将妻子奔西城,从杨广,①而田弇、李育保上邽。诏告嚣曰:"若束手自诣,父子相见,保无佗也。高皇帝云:'横来,大者王,小者侯。'②若遂欲为黥布者,亦自任也"。③嚣终不降。于是诛其子恂,使吴汉与征南大将军岑彭围西城,耿弇与虎牙大将军盖延围上邽。车驾东归。④月馀,杨广死,嚣穷困。其大将王捷别在戎丘,登城呼汉军曰:"〔为〕隗王城守者,〔23〕皆必死无二心! 愿诸军亟罢,⑤请自杀以明之。"遂自刎颈死。⑥数月,王元、行巡、周宗将蜀救兵五千馀人,乘高卒至,鼓噪大呼曰:"百万之众方至!"汉军大惊,未及成陈,元等决围,殊死战,遂得入城,迎嚣归冀。会吴汉等食尽退去,于是安定、北地、天水、陇西复反为嚣。

①西,(城)县名,〔24〕属汉阳郡,一名始昌,城在今秦州上邽县西南。

②田横为齐王,天下既定,横与宾客五百人居海岛,高祖使召之曰:"横来,大者王,小者侯。"事见《前书》。

③必不归降,遂如黥布,云欲为帝,亦任之也。

④颍川贼起,故东归。

⑤亟音纪力反。

⑥何休〔注〕《公羊传》云:〔25〕"刎,割也。"

　　九年春,嚣病且饿,出城餐糗糒,①恚愤而死。②王元、周宗立嚣少子纯为王。明年,来歙,耿弇,盖延等攻破落门,③〔26〕周宗、行巡、苟宇、赵恢等将纯降。宗、恢及诸隗分徙京师以东,纯与巡、宇徙弘农。唯王元留为蜀将。及辅威将军臧宫破延岑,元举众诣宫降。

　　①郑康成注《周礼》曰:"糗,熬大豆与米也。"《说文》曰:"糒,干饭也。"
　　②《续汉志》曰:"王莽末,天水童谣曰:'出吴门,望缇群,见一寒人,言欲上天。
　　　今天可上,地上安得人?'时嚣初起兵于天水,后意稍广,欲为天子,遂破灭。
　　　嚣少病寒。吴门,冀都门名也。有缇群山。"〔27〕
　　③落门,聚名也,有落门谷水,在今秦州伏羌县西。

　　元字惠孟,初拜上蔡令,迁东平相,坐垦田不实,下狱死。①
　　①《决录》曰"平陵之王,惠孟锵锵,激昂嚣,述,困于东平"也。

　　牛邯字孺卿,狄道人。有勇力才气,雄于边垂。及降,大司(空)〔徒〕司直杜林、〔28〕太中大夫马援并荐之,以为护羌校尉,与来歙平陇右。
　　十八年,纯与宾客数十骑亡入胡,至武威,捕得,诛之。

　　论曰:隗嚣援旗纠族,①假制明神,②迹夫创图首事,有以识其风矣。终于孤立一隅,介于大国,③陇坻虽隘,非有百二之埶,④区区两郡,⑤以御堂堂之锋,⑥至使穷庙策,竭征徭,身殁众解,然后定之。则知其道有足怀者,所以栖有四方之桀,⑦士至投死绝亢而不悔者矣。⑧夫功全则誉显,业谢则衅生,回成丧而为其议者,或未闻焉。⑨若嚣命会符运,敌非天力,虽坐论西伯,岂多嗤乎?⑩

　　①援,引也。纠,收也。
　　②谓立高祖、孝文等庙而祭之也。
　　③东逼于汉,南拒于蜀。《左传》曰:"介于二大国之间。"
　　④百二者,以秦地险固,二万人当诸侯百万人。《前书》曰,田肯贺高祖:"秦得
　　　百二焉。"
　　⑤陇西、天水也。
　　⑥言光武亲征之也。魏武《兵书》云:"无击堂堂之阵。"

⑦四方雄桀者,皆栖集而有之。

⑧亢,喉咙也。谓王捷自刭也。

⑨成丧犹成败也。言事之成败在于天命,不由人力。能回为此议者寡,故未之闻也。

⑩天力谓光武天所授也。言不遇光武为敌,则不谢西伯也,嗤,笑也。

公孙述字子阳,扶风茂陵人也。①哀帝时,以父任为郎。②后父仁为河南都尉,③而述补清水长。④仁以述年少,遣门下掾随之官。⑤月馀,掾辞归,白仁曰:“述非待教者也。”后太守以其能,使兼摄五县,政事修理,奸盗不发,郡中谓有鬼神。⑥〔29〕王莽天凤中,为导江卒正,居临邛,⑦复有能名。

①《东观记》曰:“其先武帝时,以吏二千石自无盐徙焉。”

②任,保任也。《东观记》曰:“成帝末,述父仁为侍御史,任为太子舍人,稍增秩为郎焉。”

③秦置郡尉,典兵禁,捕盗贼,景帝更名都尉,秩比二千石也。

④清水,县名,属天水郡,今秦州县。

⑤州郡有掾,皆自辟除之,常居门下,故以为号。

⑥言明察也。

⑦王莽改蜀郡曰导江,太守曰卒正。临邛,今邛州县也。

及更始立,豪桀各起其县以应汉,南阳人宗成自称“虎牙将军”,〔30〕入略汉中;又商人王岑亦起兵于雒县,①自称“定汉将军”,杀王莽庸部牧以应成,②众合数万人。述闻之,遣使迎成等。成等至成都,虏掠暴横。述意恶之,召县中豪桀谓曰:“天下同苦新室,思刘氏久矣,故闻汉将军到,驰迎道路。今百姓无辜而妇子系获,室屋烧燔,此寇贼,非义兵也。吾欲保郡自守,以待真主。诸卿欲并力者即留,不欲者便去。”豪桀皆叩头曰:“愿效死。”述于是使人诈称汉使者自东方来,假述辅汉将军、蜀郡太守兼益州牧印绶。乃选精兵千馀人,西击成等。〔31〕比至成都,众数千人,遂攻成,大破之。成将垣副杀成,以其众降。③二年秋,更始遣柱功侯李宝、益州刺史张忠,将兵万馀人徇蜀、汉。述恃其地险众附,有自立志,乃使其弟恢④于绵竹击宝、忠,大破走之。⑤由是威震益部。

①商,今商州商雒县也。雒县属广汉郡,今益州县也。

②王莽改益州为庸部,其牧宋遵也。〔32〕

③《风俗通》曰:"垣,秦邑也,因以为姓。秦始皇有将垣齮。"〔33〕《东观记》曰:
　　"初,副以汉中亭长聚众降成,自称辅汉将军。"

④"恢"本或作"愆"。

⑤绵竹,县名,属广汉郡,今益州县也,故城在今县东。

功曹李熊说述曰:"方今四海波荡,匹夫横议。将军割据千里,地什汤武,①若奋威德以投天隙,②霸王之业成矣。宜改名号,以镇百姓。"述曰:"吾亦虑之,公言起我意。"于是自立为蜀王,都成都。

①枚乘谏吴王曰:"汤武之土,不过百里。"

②天时之间隙也。

蜀地肥饶,兵力精强,远方士庶多往归之,邛、筰君长①皆来贡献。李熊复说述曰:"今山东饥馑,人庶相食;兵所屠灭,城邑丘墟。蜀地沃野千里,土壤膏腴,②果实所生,无谷而饱。③女工之业,覆衣天下。④〔34〕名材竹干,器械之饶,不可胜用。⑤又有鱼盐铜银之利,⑥浮水转漕之便。北据汉中,杜褒、斜之险;东守巴郡,拒扞关之口;⑦地方数千里,战士不下百万。见利则出兵而略地,无利则坚守而力农。东下汉水以窥秦地,南顺江流以震荆、杨。所谓用天因地,成功之资。今君王之声,闻于天下,而名号未定,志士狐疑,宜即大位,使远人有所依归。"述曰:"帝王有命,吾何足以当之?"熊曰:"天命无常,百姓与能。⑧能者当之,王何疑焉!"述梦有人语之曰:"八厶子系,十二为期。"⑨觉,谓其妻曰:"虽贵而祚短,若何?"妻对曰:"朝闻道,夕死尚可,况十二乎!"会有龙出其府殿中,夜有光耀,述以为符瑞,因刻其掌,文曰"公孙帝"。建武元年四月,遂自立为天子,号成家。⑩〔35〕色尚白。建元曰龙兴元年。以李熊为大司徒,以其弟光为大司马,〔36〕恢为大司空。改益州为司隶校尉,蜀郡为成都尹。⑪

①邛、笮皆西南夷国名。笮音昨。见《西南夷传》。

②无块曰壤。

③左思《蜀都赋》曰：“户有橘柚之园。”又曰：“瓜畴芋区。”《前书》卓王孙曰：
　“吾闻岷山之下沃野，下有蹲鸱，至死不饥。”

④左思《蜀都赋》曰：“百室离房，机杼相和。”衣音于既反。

⑤竹干，竹箭也。内盛曰器，外盛曰械。

⑥丙穴出嘉鱼，在汉中。蜀有盐井，又有铜陵山，其朱提界出银。朱音上朱
　反。提音上移反。

⑦《史记》曰楚肃王为扞关以拒蜀，故基在今硖州巴山县。

⑧《诗》云“天命靡常”，《易》曰“百姓与能”也。

⑨《说文》云厶音私。系音係，胡计反。

⑩以起成都，故号成家。

⑪汉以京师为司隶校尉部，置京兆尹；中兴以洛阳为司隶校尉部，置河南尹。
　故述效焉。

越巂任贵亦杀王莽大尹而据郡降。述遂使将军侯丹开白水关，①
北守南郑；②将军任满从阆中下江州，③东据扞关。于是尽有益州之地。

①在汉阳西县。《梁州记》曰“关城西南有白水关”也。

②今梁州县也，故城在今县东北也。

③阆中、江州皆县名，并属巴郡。阆中，今隆州县也。江州故城在渝州巴
　县西。

自更始败后，光武方事山东，未遑西伐。关中豪桀吕鲔等往往拥众
以万数，莫知所属，多往归述，①皆拜为将军。遂大作营垒，陈车骑，肆
习战射，会聚兵甲数十万人，积粮汉中，筑宫南郑。又造十层赤楼帛兰
船。②多刻天下牧守印章，备置公卿百官。使将军李育、程乌[37] 将数万
众出陈仓，与吕鲔徇三辅。三年，征西将军冯异击鲔、育于陈仓，[38] 大
败之，鲔、育奔汉中。五年，延岑、田戎为汉兵所败，皆亡入蜀。

①时延岑据蓝田，王歆据下邽，各称将军，拥兵。事见《冯异传》。

②盖以帛饰其兰槛也。

　　岑字叔牙,南阳人。①始起据汉中,又拥兵关西,(关西)所在破散,
走〔39〕至南阳,略有数县。戎,汝南人。初起兵夷陵,转寇郡县,众数万
人。岑、戎并与秦丰合,丰俱以女妻之。及丰败,故二人皆降于述。述
以岑为大司马,封汝宁王,戎翼江王。六年,述遣戎与将军任满出江关,
下临沮、夷陵间,②招其故众,因欲取荆州诸郡,竟不能克。

　　①《东观记》曰筑阳县人。

　　②《华阳国志》曰:"巴楚相攻,故置江关。"〔旧〕在赤甲城,〔40〕后移在江州南
　　　岸,对白帝城,故基在今夔州〔人〕复县南。〔41〕临沮,县名,侯国,属南郡,故
　　　城在今荆州当阳县西北。夷陵,县名,属南郡,今硖州县也,故城在今县
　　　西北。

　　是时,述废铜钱,置铁官钱,①百姓货币不行。蜀中童谣言曰:"黄
牛白腹,五铢当复。"好事者窃言王莽称"黄",述自号"白",五铢钱,汉货
也,言天下当并还刘氏。述亦好为符命鬼神瑞应之事,妄引谶记。以为
孔子作《春秋》,为赤制而断十二公,②明汉至平帝十二代,历数尽也,③
一姓不得再受命。又引《录运法》曰:"废昌帝,立公孙。"《括地象》曰:
"帝轩辕受命,公孙氏握。"④《援神契》曰:"西太守,乙卯金。"谓西方太
守而乙绝卯金也。⑤五德之运,黄承赤而白继黄,金据西方为白德,而代
王氏,得其正序。又自言手文有奇,及得龙兴之瑞。数移书中国,冀以
感动众心。帝患之,乃与述书曰:"图谶言'公孙',即宣帝也。代汉者当
涂高,君岂高之身邪?⑥乃复以掌文为瑞,王莽何足效乎!⑦君非吾贼臣
乱子,仓卒时人皆欲为君事耳,何足数也。⑧君日月已逝,妻子弱小,当
早为定计,可以无忧。天下神器,不可力争,⑨宜留三思。"署曰"公孙皇
帝"。述不答。

　　①置铁官以铸钱。

　　②《尚书考灵耀》曰:"孔子为赤制,故作《春秋》。"赤者,汉行也。言孔子作《春
　　　秋》断十二公,象汉十二帝。

　　③据汉十一帝,言十二代者,并数吕后。

　　④《录运法》、《括地象》并《河图》名也。

⑤乙,轧也。述言西方太守能轧绝卯金也。

⑥《东观记》曰:"光武与述书曰:'承赤者,黄也;姓当涂,其名高也。'"

⑦王莽诈以铁契、石龟、文圭、玄印等为符瑞,言不足仿效也。

⑧数,责也。

⑨《老子》云:"天下神器,不可为也。"

明年,隗嚣称臣于述。述骑都尉平陵人荆邯见东方将平,兵且西向,说述曰:"兵者,帝王之大器,古今所不能废也。①昔秦失其守,豪桀并起,汉祖无前人之迹,立锥之地,②起于行阵之中,躬自奋击,兵破身困者数矣。然军败复合,创愈复战。③何则?前死而成功,逾于却就于灭亡也。〔42〕隗嚣遭遇运会,割有雍州,兵强士附,威加山东。④遇更始政乱,复失天下,众庶引领,四方瓦解。⑤嚣不及此时推危乘胜,以争天命,而退欲为西伯之事,尊师章句,宾友处士,⑥偃武息戈,卑辞事汉,喟然自以文王复出也。〔43〕令汉帝释关陇之忧,⑦专精东伐,四分天下而有其三;使西州豪杰咸居心于山东,〔44〕发间使,招携贰,⑧则五分而有其四;若举兵天水,必至沮溃,天水既定,则九分而有其八。陛下以梁州之地,内奉万乘,外给三军,百姓愁困,不堪上命,将有王氏自溃之变。⑨臣之愚计,以为宜及天下之望未绝,豪杰尚可招诱,急以此时发国内精兵,令田戎据江陵,临江南之会,倚巫山之固,⑩筑垒坚守,传檄吴、楚,长沙以南必随风而靡。令延岑出汉中,定三辅,天水、陇西拱手自服。如此,海内震摇,冀有大利。"述以问群臣。博士吴柱曰:"昔武王伐殷,先观兵孟津,八百诸侯不期同辞,然犹还师以待天命。未闻无左右之助,而欲出师千里之外,以广封疆者也。"邯曰:"今东帝无尺土之柄,驱乌合之众,⑪跨马陷敌,所向辄平。不亟乘时与之分功,⑫而坐谈武王之说,是效隗嚣欲为西伯也。"述然邯言,欲悉发北军屯士及山东客兵,使延岑、田戎分出两道,与汉中诸将合兵并埶。蜀人及其弟光以为不宜空国千里之外,决成败于一举,固争之,述乃止。延岑、田戎亦数请兵立功,终疑不听。

①《左传》宋子罕曰:"天生五材,废一不可,谁能去兵?圣人以兴,乱人以废,

废兴存亡之术,皆兵之由也。"

②言汉祖起自布衣,无公刘、太王之业也。枚乘谏吴王书曰:"舜无立锥之地
　以有天下。"

③军败谓战于睢水上,为楚所破,后得韩信军,复大振也。创愈谓在于成皋
　间,项羽射伤汉王胸,后复战。

④陇西、天水皆雍州之地,故言割有也。《嚣传》云"名震西州,流闻山东",是
　威加也。

⑤《淮南子》曰:"武王伐纣,左操黄钺,右秉白旄而麾之,则瓦解而走。"

⑥章句谓郑兴等也。处士谓方望等也。

⑦以嚣居西,无东之意,故置之度外而不为忧。

⑧间使谓来歙、马援等也。携贰谓王遵、郑兴、杜林、牛邯等相次而归光武。

⑨王氏即王莽也。

⑩巫山在今夔州巫山县东也。

⑪邹阳云:"周用乌集而王。"

⑫亟,急也。

述性苛细,察于小事。敢诛杀而不见大体,好改易郡县官名。然少
为郎,习汉家制度,出入法驾,①銮旗旄骑,②陈置陛戟,然后辇出房闼。
又立其两子为王,食犍为、广汉各数县。群臣多谏,以为成败未可知,戎
士暴露,而遽王皇子,示无大志,伤战士心。述不听。唯公孙氏得任事,
由此大臣皆怨。

①法驾,属车三十六乘,公卿不在卤簿中,侍中骖乘,奉车都尉御。前驱九斿
　云罕,凤皇阐戟,皮轩。

②旄头之骑也。

八年,帝使诸将攻隗嚣,述遣李育将万馀人救嚣。嚣败,并没其军,
蜀地闻之恐动。述惧,欲安众心。成都郭外有秦时旧仓,述改名白帝
仓,①自王莽以来常空。述即诈使人言白帝仓出谷如山陵,百姓空市里
往观之。述乃大会群臣,问曰:"白帝仓竟出谷乎?"皆对言"无"。述曰:
"讹言不可信,道隗王破者复如此矣。"俄而嚣将王元降,述以为将军。
明年,使元与领军环安拒河池,②又遣田戎及大司徒任满、南郡太守程

泛将兵下江关，破〔威〕虏将军冯骏等，〔45〕拔巫及夷陵、夷道，③因据荆门。④

　　①述以色尚白，故改之。

　　②河池，今凤州县也。

　　③夷道，县名，属南郡，故城在今硖州宜都县西。

　　④荆门，山名也，在今硖州宜都县西北，今犹有故城基址在山上。

　　十一年，征南大将军岑彭攻之，满等大败，述将王政斩满首降于彭。田戎走保江州。①城邑皆开门降，彭遂长驱至武阳。②帝乃与述书，陈言祸福，以明丹青之信。③述省书叹息，以示所亲太常常少、光禄勋张隆。〔46〕隆、少皆劝降。述曰："废兴命也。岂有降天子哉！"左右莫敢复言。

　　①江州，县名，属巴郡，故城今渝州巴县。

　　②武阳，县名，故城在今眉州。

　　③杨雄《法言》曰："王者之言，炳若丹青。"

　　中郎将来歙急攻王元、环安，安使刺客杀歙；述复令刺杀岑彭。十二年，述弟恢及子婿史兴并为大司马吴汉、辅威将军臧宫所破，战死。自是将帅恐惧，日夜离叛，述虽诛灭其家，犹不能禁。帝必欲降之，乃下诏喻述曰："往年诏书比下，①开示恩信，勿以来歙、岑彭受害自疑。今以时自诣，则家族完全；若迷惑不喻，委肉虎口，痛哉奈何！将帅疲倦，吏士思归，不乐久相屯守，诏书手记，不可数得，朕不食言。"述终无降意。

　　①比，频也。

　　九月，吴汉又破斩其大司徒谢丰、执金吾袁吉，汉兵遂守成都。述谓延岑曰："事当奈何？"岑曰："男儿当死中求生，可坐穷乎！财物易聚耳，不宜有爱。"述乃悉散金帛，募敢死士五千馀人，以配岑于市桥，①伪建旗帜，②鸣鼓挑战，而潜遣奇兵出吴汉军后，袭击破汉。汉憧水，缘马尾得出。

　　①市桥即七星之一桥也。李膺《益州记》曰："冲星桥，旧市桥也，在今成都县

西南四里。"

②帜,幡也。帜音昌忌反,又式志反。

　　十一月,臧宫军至咸门。①述视占书,云"虏死城下",大喜,谓汉等当之。乃自将数万人攻汉,使延岑拒宫。大战,岑三合三胜。自旦及日中,军士不得食,并疲,汉因令壮士突之,述兵大乱,被刺洞胸,墯马。②左右舆入城。述以兵属延岑,其夜死。明旦,岑降吴汉。乃夷述妻子,尽灭公孙氏,并族延岑。遂放兵大掠,焚述宫室。帝闻之怒,以谴汉。又让汉副将刘尚[47]曰:"城降三日,吏人从服,孩儿老母,口以万数,一旦放兵纵火,闻之可为酸鼻! 尚宗室子孙,尝更吏职,何忍行此? 仰视天,俯视地,观放麑啜羹,二者孰仁?③良失斩将吊人之义也!"④

①成都北面有二门,其西者名咸门。

②《吴汉传》云:"护军高午奔阵刺述,杀之。"

③《韩子》曰:"孟孙猎得麑,使秦西巴持之。其母随而呼,秦西巴不忍而与其母。"《战国策》曰:"乐羊为魏将而攻中山。其子在中山,中山君烹其子而遗之羹,乐羊啜之,尽一杯,而攻拔中山。"

④良犹甚也。

　　初,常少、张隆劝述降,不从,并以忧死。帝下诏追赠少为太常,隆为光禄勋,以礼改葬之。其忠节志义之士,并蒙旌显。①程乌、李育以有才干,皆擢用之。于是西土咸悦,莫不归心焉。

①谓李业、谯玄等,见《独行传》。

　　论曰:昔赵佗自王番禺,①公孙亦窃帝蜀汉,推其无他功能,而至于后亡者,将以地边处远,非王化之所先乎? 述虽为汉吏,无所冯资,徒以文俗自憙,遂能集其志计。道未足而意有馀,不能因隙立功,以会时变,方乃坐饰边幅,②以高深自安,昔吴起所以惭魏侯也。③及其谢臣属,审废兴之命,与夫泥首衔玉者异日谈也。④

①赵佗,真定人,因汉初天下未定,自立为南越王。番禺,县,属南海郡,故城在今广州西南。《越志》曰:"有番山、禺山,因以为名。"

②边幅犹有边缘，以自矜持。

③《史记》曰："魏武侯浮西河而下，中流而顾曰：'美哉乎，河山之固，此魏之宝也。'吴起对曰：'在德不在险。'"

④干宝《晋记》曰："吴王孙皓将其子瑾等，泥首面缚降王濬。"《左传》曰："许男面缚衔璧以见楚子。"璧，玉也。

赞曰：公孙习吏，隗王得士。汉命已还，二隅方跱。天数有违，江山难恃。①

①韦犹去也。

【校勘记】

〔1〕 隗嚣字季孟　"孟"原讹"夏"，据汲本、殿本改。按：此卷影印绍兴本仍有阙佚，据它本补配，故多讹字。以下凡遇极明显之讹字，皆径予改正，不作校记。

〔2〕 嚣音五高反　按：此注原在正文前小标题下，今移此。

〔3〕 莽置九卿分属三公　按："置"原作"制"，径据汲本、殿本改。

〔4〕 (锓)〔题〕即匙字　据汲本改。按：《校补》谓作"题"是。

〔5〕 又置〔六尉〕六队(部)〔郡〕置大夫　据《刊误》改，与《前书·莽传》合。

〔6〕 至五十馀人　按：《刊误》谓案本传作"五千人"。

〔7〕 前书朱光世曰　按：张森楷《校勘记》谓《前书》"光"作"安"，疑此误。

〔8〕 宜(乎)〔呼〕嗟(呼)告天以求救　据汲本改，与《前书·莽传》合。

〔9〕 元城孺(子)王尊祢穆庙　据《刊误》删。按：《刊误》谓本王翁孺，故称"孺王"，不当有"子"字。

〔10〕 此(谓)〔为〕六也　据汲本改。

〔11〕 传诣钟官(八)〔以〕十万数　《校补》引张熷说，谓据《莽传》，"八"乃"以"之误。今据改。

〔12〕 安定大尹王向　按：《集解》引惠栋说，谓《前书》云"安定卒正王旬"。

〔13〕 羽翮并肩　按：汲本、殿本"并"作"比"。

〔14〕 〔乘〕偏舟于五湖　据汲本、殿本补。

〔15〕〔以〕劲悍廉直为名　据汲本补。

〔16〕申屠刚杜林为持书　按:《集解》引惠栋说,谓“持书”《袁纪》作“治书”。王先谦谓本“治书”,避唐高宗讳改“持”。

〔17〕今原州(高)平〔高〕县　据《集解》引陈景云说改。

〔18〕今原州平(阳)〔高〕县南　按:泾阳故城在平高县南。“高”原讹“阳”,各本讹“原”,今正。

〔19〕文伯卢芳字也　按:殿本《考证》谓卢芳诈称武帝曾孙刘文伯,故当时之人但知为刘文伯,不知为卢芳,文伯非卢芳字也。芳字君期,见本传。

〔20〕北收西河上郡　按:《御览》二九九引“收”作“取”,《东观记》作“北取西河”。

〔21〕又多设支阁　按:《集解》引王补说,谓《来歙传》作“多设疑故”。

〔22〕嚣因使王元〔行〕巡侵三辅　据汲本、殿本补。

〔23〕〔为〕隗王城守者　据汲本、殿本补。

〔24〕西(城)县名　《集解》引惠栋说,谓西城者,陇西西县城也,注以为西城县,非也。又引陈景云说,谓注中“城”字衍。今据删。

〔25〕何休〔注〕公羊传云　明脱“注”字,今补。

〔26〕攻破落门　按:《集解》引惠栋说,谓《续志》“落门”作“雒门”。

〔27〕有缇群山　按:《续志》作“缇群,山名也”。

〔28〕大司(空)〔徒〕司直杜林　据《刊误》改。

〔29〕郡中谓有鬼神　按:《集解》引汪文台说,谓《类聚》五十、《御览》二百六十七引《续汉书》作“郡中谓之神明”。

〔30〕南阳人宗成自称虎牙将军　按:惠栋谓“宗成”《华阳国志》作“宗成垣”。

〔31〕西击成等　按:《通鉴》胡注,谓临邛在成都西南,述兵自临邛迎击宗成等,非西向也,传误。

〔32〕其牧宋遵也　按:《集解》引惠栋说,谓宋遵《华阳国志》作“朱遵”。

〔33〕秦始皇有将垣齮　按:沈家本谓今《史记》“垣”作“桓”。

〔34〕覆衣天下　按:李慈铭谓“覆衣”当作“覆被”。

〔35〕号成家　按:《华阳国志》作“号大成”。

〔36〕以其弟光为大司马　按:《续天文志》“光”作“晃”。

〔37〕程乌　按:《集解》引惠栋说,谓《光武纪》及《冯异传》俱作“程焉”,案《华阳志》当从“乌”。

〔38〕 征西将军冯异击鲔育于陈仓　按:《通鉴考异》谓"三年"当依本纪及《冯异传》作"四年"。

〔39〕 又拥兵关西(关西)所在破散　《刊误》谓案文多两"关西"字。今据删。

〔40〕 〔旧〕在赤甲城　据汲本、殿本补。

〔41〕 故基在今夔州〔人〕复县南　《刊误》谓"复"上少一"鱼"字。沈家本谓鱼复县西魏改人复,隋唐因之,此夺"人"字,非夺"鱼"字,《张堪传》可证。今依沈说补"人"字。按:《岑彭传》注作"鱼复",《张堪传》注作"人复"。唐贞观二十三年改人复为奉节,作"人复"是。

〔42〕 逾于却就于灭亡也　按:《刊误》谓下"于"字当作"而"。

〔43〕 喟然自以文王复出也　按:汲本作"喟然自以为武王复出也"。王先谦谓上文言西伯,作"文王"是。又《袁纪》及《通鉴》均作"文王"。

〔44〕 使西州豪杰咸居心于山东　殿本"居"作"归",王先谦谓作"归"是。

〔45〕 破〔威〕虏将军冯骏等　据《集解》引惠栋说补。

〔46〕 光禄勋张隆　按:《华阳国志》作"李隆"。

〔47〕 汉副将刘尚　按:《集解》引惠栋说,谓《东观记》"刘尚"作"刘禹"。

后汉书卷十四

宗室四王三侯列传第四

齐武王縯字伯升，①光武之长兄也。性刚毅，慷慨有大节。自王莽篡汉，常愤愤，怀复社稷之虑，不事家人居业，倾身破产，交结天下雄俊。

①縯，引也，音衍。

莽末，盗贼群起，南方尤甚。伯升召诸豪杰计议曰："王莽暴虐，百姓分崩。今枯旱连年，兵革并起。①此亦天亡之时，复高祖之业，定万世之秋也。"众皆然之。于是分遣亲客，使邓晨起新野，光武与李通、李轶起于宛。伯升自发春陵子弟，合七八千人，部署宾客，自称柱天都部。②使宗室刘嘉往诱新市、平林兵王匡、陈牧等，合军而进，屠长聚及唐子乡，杀湖阳尉，进拔棘阳，因欲攻宛。至小长安，与王莽前队大夫甄阜、属正梁丘赐战。时天密雾，汉军大败，姊元弟仲皆遇害，宗从死者数十人。伯升复收会兵众，还保棘阳。

①《东观记》曰："王莽末年，天下大旱，蝗虫蔽天，盗贼群起，四方溃畔。"
②柱天者，若天之柱也。都部者，都统其众也。

阜、赐乘胜，留辎重于蓝乡，①引精兵十万南渡黄淳水，②临(沘)〔泚〕水，〔1〕阻两川间为营，绝后桥，示无还心。新市、平林见汉兵数败，阜、赐军大至，各欲解去，伯升甚患之。会下江兵五千馀人至宜秋，③乃往为说合从之执，下江从之。语在《王常传》。伯升于是大飨军士，设盟约。休卒三日，分为六部，潜师夜起，袭取蓝乡，尽获其辎重。明旦，汉军自西南攻甄阜，下江兵自东南攻梁丘赐。至食时，赐陈溃，阜军望见散走，汉兵急追之，却迫黄淳水，斩首溺死者二万馀人，遂斩阜、赐。

①比阳县有蓝乡。

②郦元注《水经》曰:"(诸)〔赭〕水二湖流注,〔2〕合为黄水,又南经棘阳县之黄
　淳聚,又谓之黄淳水。"在今唐州湖阳县。《萧该音》〔3〕"淳"作"谆"者误。

③宜秋,聚名,在沘阳县。〔4〕

王莽纳言将军严尤、秩宗将军陈茂闻阜、赐军败,引欲据宛。〔5〕伯
升乃陈兵誓众,焚积聚,破釜甑,鼓行而前,①与尤、茂遇育阳下,战,大
破之,斩首三千馀级。尤、茂弃军走,伯升遂进围宛,自号柱天大将
军。〔6〕王莽素闻其名,大震惧,购伯升邑五万户,黄金十万斤,位上公。
使长安中官署及天下乡亭皆画伯升像于塾,且起射之。②

　　①破釜甑,示必死也。鼓行而前,言无所畏也。《史记》曰:"项羽北救赵,渡
　　河,沈船破釜甑。"

　　②《萧该音义》亦作"塾",引《字林》"塾,门侧堂也"。《东观记》、《续汉书》并作
　　"埻"。《说文》云"射臬也"。《广雅》"埻,的也"。埻音之允反。

自阜、赐死后,百姓日有降者,众至十馀万。诸将会议立刘氏以从
人望,豪杰咸归于伯升。而新市、平林将帅乐放纵,惮伯升威明而贪圣
公懦弱,先共定策立之,然后使骑召伯升,示其议。伯升曰:"诸将军幸
欲尊立宗室,其德甚厚,然愚鄙之见,窃有未同。今赤眉起青、徐,众数
十万,闻南阳立宗室,恐赤眉复有所立,如此,必将内争。今王莽未灭,
而宗室相攻,是疑天下而自损权,非所以破莽也。且首兵唱号,鲜有能
遂,陈胜、项籍,即其事也。春陵去宛三百里耳,未足为功。遽自尊立,
为天下准的,使后人得承吾敝,①非计之善者也。今且称王以号令。若
赤眉所立者贤,相率而往从之;若无所立,破莽降赤眉,然后举尊号,亦
未晚也。愿各详思之。"诸将多曰"善"。将军张卬〔7〕拔剑击地曰:"疑
事无功。②今日之议,不得有二。"众皆从之。

　　①《前书》宋义曰:"战胜则兵疲,我承其敝。"

　　②《史记》曰,赵武灵王欲被胡服,肥义曰:"疑事无功,疑行无名。"

圣公既即位,拜伯升为大司徒,封汉信侯。由是豪杰失望,多不服。
平林后部攻新野,不能下。新野宰登城言曰:①"得司徒刘公一信,愿先

下。"及伯升军至,即开城门降。五月,伯升拔宛。六月,光武破王寻、王邑。自是兄弟威名益甚。

①王莽改令长为宰。《东观记》曰,其宰潘临也。

更始君臣不自安,遂共谋诛伯升,乃大会诸将,以成其计。更始取伯升宝剑视之,绣衣御史申屠建随献玉玦,①更始竟不能发。及罢会,伯升舅樊宏谓伯升曰:"昔鸿门之会,范增举玦以示项羽。②今建此意,得无不善乎?"伯升笑而不应。初,李轶谄事更始贵将,③光武深疑之,常以戒伯升曰:"此人不可复信。"又不受。

①绣衣御史,武帝置,衣绣者,尊宠之也。玦,决也。令早决断。

②《史记》曰:"项王留沛公饮,项伯东向坐,范增南向坐,沛公北向坐。范增数目项王,举所佩玉玦者三,项王默然不应。"鸿门,地名,在新丰东七十里。

③贵将,朱鲔等也。

伯升部将宗人刘稷,数陷陈溃围,勇冠三军。时将兵击鲁阳,①闻更始立,怒曰:"本起兵图大事者,伯升兄弟也,今更始何为者邪?"更始君臣闻而心忌之,以稷为抗威将军,稷不肯拜。更始乃与诸将陈兵数千人,先收稷,将诛之,伯升固争。李轶、朱鲔因劝更始并执伯升,即日害之。

①鲁阳,县,属南(郡)〔阳〕,〔8〕今汝州鲁山县也。

有二子。建武二年,立长子章为太原王,兴为鲁王。十一年,徙章为齐王。十五年,追谥伯升为齐武王。

章少孤,光武感伯升功业不就,抚育恩爱甚笃,以其少贵,欲令亲吏事,故使试守平阴令,①迁梁郡太守。②立二十一年薨,谥曰哀王。子炀王石嗣。建武二十七年,石始就国。三十年,封石弟张为下博侯。永平十四年,封石二子为乡侯。石立二十四年薨,子晃嗣。

①试守者,称职满岁为真。平阴,县,属河南郡。应劭云在平津南,故曰平阴。魏文帝改为河阴。故城在今洛阳县东北。济州平阴县东北五里亦有平阴故城。

②今宋州也。

下博侯张以善论议,十六年,与奉车都尉窦固等①并出击匈奴,后进者多害其能,数被谮诉。建初中卒,肃宗下诏褒扬之,复封张子它人奉其祀。

①《续汉志》:"奉车都尉,比二千石,无员,掌御乘舆车。"

晃及弟利侯刚与母太姬宗更相诬告。章和元年,有司奏请免晃、刚爵为庶人,徙丹阳。①帝不忍,下诏曰:"朕闻人君正屏,有所不听。②宗尊为小君,③宫卫周备,出有辎軿之饰,④入有牖户之固,殆不至如谮者之言。⑤晃、刚愆乎至行,浊乎大伦,⑥《甫刑》三千,莫大不孝。朕不忍置之于理,其贬晃爵为芜湖侯,⑦削刚户三千。於戏! 小子不勖大道,控于法理,以堕宗绪。⑧其遣谒者收晃及太姬玺绶。"晃立十七年而降爵。晃卒,子无忌嗣。

①丹阳,(故)郡,〔故〕城在今润州江宁县东南。〔9〕

②《白虎通》曰:"所以设屏何? 以自障也,示不极臣下之敬也。天子德大,故外屏;诸侯德小,故内屏。"

③诸侯之妻称曰小君。

④辎軿,有拥蔽之车也。《列女传》曰:"齐孝公华孟姬谓公曰:'妾闻妃后逾阈必乘安车辎軿,下堂必从傅母保阿,进退则鸣玉佩,内饰则结绸缪,所以正心一意,自敛制也。'"

⑤何休注《公羊传》曰:"如其事曰诉,加诬焉曰谮。"

⑥浊犹污也。伦,理也。孔子曰:"欲洁其身而乱大伦。"

⑦芜湖,解见《章纪》。

⑧控,引也。堕,毁也。

帝以伯升首创大业,而后嗣罪废,心常愍之。时北海亦绝无后。及崩,遗诏令复二国。永元二年,乃复封无忌为齐王,是为惠王。立五十二年薨,子顷王喜嗣。立五年薨,子承嗣。建安十一年,国除。

论曰:大丈夫之鼓动拔起,其志致盖远矣。若夫齐武王之破家厚士,岂游侠下客之为哉!①其虑将存乎配天之绝业,而痛明堂之不祀也。②及其发举大谋,在仓卒扰攘之中,使信先成于敌人,③赦岑彭以显义,④若此足以见其度矣。志高虑远,祸发所忽。⑤呜呼! 古人以蜂虿为戒,⑥盖畏此也。〔10〕《诗》云:"敬之敬之,命不易哉!"⑦

①下客谓毛遂、冯煖之徒也。

②王者以远祖配天,以父配上帝于明堂,将以存其绝业,复其祭祀。

③新野宰潘临云,请刘公一信而降。

④初,彭守宛,食尽降汉,诸将欲诛之。伯升曰:"今举大事,当表义士,不如封之以劝其后。"更始封彭为归德侯。

⑤谓不用樊宏、光武之言。忽,轻也。司马相如曰"祸故多藏于隐微,而发于人之所忽"也。

⑥虿,蝎也。《左传》臧文仲谓鲁君曰:"君其无谓邾小。蜂虿有毒,而况国乎!"

⑦《诗·周颂》也。

北海靖王兴,建武二年封为鲁王,嗣光武兄仲。

初,南顿君娶同郡樊重女,字娴都。①〔11〕娴都性婉顺,自为童女,不正容服不出于房,宗族敬焉。生三男三女:长男伯升,次仲,次光武;长女黄,次元,次伯姬。皇妣以初起兵时病卒,宗人樊巨公收敛焉。建武二年,封黄为湖阳长公主,伯姬为宁平长公主。元与仲俱殁于小长安,追爵元为新野长公主,十五年,追谥仲为鲁哀王。

①娴,胡间反。《说文》:"娴,雅也。"

兴其岁试守缑氏令。为人有明略,善听讼,甚得名称。迁弘农太守,亦有善政。①视事四年,上疏乞骸骨,征还京师,奉朝请。二十七年,始就国。明年,以鲁国益东海,②故徙兴为北海王。三十年,封兴子复为临邑侯。③中元二年,又封兴二子为县侯。显宗器重兴,每有异政,辄乘驿问焉。立三十九年薨,子敬王睦嗣。

①《续汉书》曰:"弘农县吏张申有伏罪,兴收申案论,郡中震栗。时年旱,分遣文学循行属县,理冤狱,宥小过,应时甘雨降澍。"

②《续汉书》曰:"二郡二十九县,租入倍诸王也。"

③临邑,县,属东(海)〔郡〕,故城在今(济)〔齐〕州东,〔12〕亦名马坊城也。

睦少好学,博通书传,光武爱之,数被延纳。显宗之在东宫,尤见幸待,入侍讽诵,出则执辔。①中兴初,禁网尚阔,而睦性谦恭好士,千里交结,自名儒宿德,莫不造门,由是声价益广。永平中,法宪颇峻,睦乃谢绝宾客,放心音乐。然性好读书,常为爱玩。岁终,遣中大夫奉璧朝贺,②召而谓之曰:“朝廷设问寡人,③大夫将何辞以对?”使者曰:“大王忠孝慈仁,敬贤乐士。臣虽蝼蚁,敢不以实?”睦曰:“吁,子危我哉!④此乃孤幼时进趣之行也。⑤大夫其对以孤袭爵以来,志意衰惰,声色是娱,犬马是好。”使者受命而行。其能屈申若此。

① 乘舆,尊者居中,执辔在左。
② 中大夫,王国官也。《续汉志》曰:“中大夫,比六百石,无员,掌奉王使京都奉璧贺正月,及使诸国。本皆持节,后去节。”《尔雅》曰:“肉倍好谓之璧。”好,孔也。
③ 朝廷谓天子也。
④ 吁音虚。孔安国注《尚书》曰:“吁者,疑怪之声也。”
⑤《东观记》、《续汉书》并云“是吾幼时狂蠢之行也”。

初,靖王薨,悉推财产与诸弟,虽王车服珍宝非列侯制,皆以为分,然后随以金帛赎之。睦能属文,作《春秋旨义终始论》及赋颂数十篇。又善《史书》,当世以为楷则。及寝病,帝驿马令作草书尺牍十首。①立十年薨,子哀王基嗣。

①《说文》云:“牍,书版也。”盖长一尺,因取名焉。

永平十八年,封基二弟为县侯,二弟为乡侯。建初二年,又封基弟毅为平望侯。基立十四年薨,无子,肃宗怜之,不除其国。

永元二年,和帝封睦庶子斟乡侯威为北海王,奉睦后。立七年,威以非睦子,又坐诽谤,槛车征诣廷尉,道自杀。

永初元年,邓太后复封睦孙寿光侯普为北海王,是为顷王。延光二年,复封睦少子为亭侯。〔13〕普立〔十〕七年薨,〔14〕子恭王翼嗣;立十四年薨,子康王嗣,无后,建安十一年,国除。

　　初，临邑侯复好学，能文章。永平中，每有讲学事，辄令复典掌焉。与班固、贾逵共述汉史，傅毅等皆宗事之。复子骍骈及从兄平望侯毅，并有才学。永宁中，邓太后召毅及骍骈入东观，与谒者仆射刘珍① 著中兴以下名臣列士传。骍骈又自造赋、颂、书、论凡四篇。

　　① 与平望侯毅并在《文苑传》。

　　赵孝王良字次伯，光武之叔父也。平帝时举孝廉，为萧令。光武兄弟少孤，良抚循甚笃。及光武起兵，以事告，良大怒，①曰：“汝与伯升志操不同，今家欲危亡，而反共谋如是！”既而不得已，从军至小长安，汉兵大败，良妻及二子皆被害。②更始立，以良为国三老，从入关。更始败，良闻光武即位，乃亡奔洛阳。建武二年，封良为广阳王。五年，徙为赵王，始就国。十三年，降为赵公。频岁来朝。十七年，薨于京师。凡立十六年。子节王栩嗣。③〔15〕建武三十年，封栩二子为乡侯。建初二年，复封栩十子为亭侯。

　　①《东观记》曰：“光武初起兵，良搏手大呼曰：‘我欲诣纳言严将军。’叱上起去。出阁，令人视之。还白方坐啖脯，良复谨呼。上言‘不可谨露’。明旦欲去，前白良曰：‘欲竟何时诣严将军所？’良意下，曰：‘我为诈汝耳，当复何苦乎？’”

　　②《续汉书》曰：“阜、赐移书于良曰：‘老子不率宗族，单绔骑牛，哭且行，何足赖哉！’”

　　③栩音况羽反。

　　栩立四十年薨，子顷王商嗣。永元三年，封商三弟为亭侯。元年，封商四子为亭侯。〔16〕

　　南立二十三年薨，子靖王宏〔嗣〕。〔17〕立十二年薨，子惠王乾嗣。

　　元初五年，封乾二弟为亭侯。是岁，赵相奏乾居父丧私娉小妻，①又白衣出司马门，坐削中丘县。②时郎中南阳程坚素有志行，拜为乾傅。坚辅以礼义，乾改悔前过，坚列上，复所削县。本初元年，封乾一子为亭侯。乾立四十八年薨，子怀王豫嗣。豫薨，子献王赦嗣。赦薨，子珪嗣，

建安十八年徙封博陵王。立九年，魏初以为崇德侯

①小妻，妾也。

②王宫门有兵卫，亦为司马门。《东观记》曰："乾私出国，到魏郡邺、易阳，止
　宿亭，令奴金盗取亭席，金与亭佐孟常争言，以刃伤常，部吏追逐，乾藏逃，
　金绞杀之，悬其尸道边树。国相举奏，诏书削〔中丘〕。"〔18〕中丘，县，属赵
　国，故城在今邢州内丘县西。随室讳"忠"，故改为"内"焉。

城阳恭王祉字巨伯，①光武族兄舂陵康侯敞〔19〕之子也。

①《东观记》："初名终，后改为祉。"

敞曾祖父节侯买，以长沙定王子封于零道之舂陵乡，〔20〕为舂陵侯。
买卒，子戴侯熊渠嗣。〔21〕熊渠卒，子考侯仁嗣。仁以舂陵地埶下湿，山林
毒气，上书求减邑内徙。①元帝初元四年，徙封南阳之白水乡，犹以舂陵为
国名，遂与从弟钜鹿都尉回及宗族往家焉。仁卒，子敞嗣。敞谦俭好义，
尽推父时金宝财产与昆弟，荆州刺史上其义行，拜庐江都尉。②岁馀，会族
兄安众侯刘崇起兵，③〔22〕王莽畏恶刘氏，征敞至长安，免归国。④

①《东观记》曰："考侯仁于时见户四百七十六，上书愿减户徙南阳，留子男昌
　守坟墓，元帝许之。"

②南阳郡是荆州所管，故刺史上其行义也。《续汉书》曰"侯等助祭明堂，以例
　益户二百，敞以有行义，拜为庐江都尉"也。

③安众康侯丹，长沙定王子，崇即丹之玄孙之子。

④《东观记》曰："敞临庐江岁馀，遭旱，行县，人持枯稻，自言稻皆枯。吏强责
　租。敞应曰：'太守事也。'载枯稻至太守所。酒数行，以语太守，太守曰：
　'无有。'敞以枯稻示之，太守曰：'都尉事邪？'〔23〕敞怒叱太守曰：'鼠〔子〕何
　敢尔！'〔24〕刺史举奏，莽征到长安，免就国。"

先是平帝时，敞与崇俱朝京师，助祭明堂。①崇见莽将危汉室，私谓
敞曰："安汉公擅国权，群臣莫不回从，②社稷倾覆至矣。太后春秋高，
天子幼弱，③高皇帝所以分封子弟，盖为此也。"敞心然之。及崇事败，
敞惧，欲结援树党，乃为祉娶高陵侯翟宣女为妻。④会宣弟义起兵欲攻

莽,南阳捕杀宣女,祉坐系狱。敞因上书谢罪,愿率子弟宗族为士卒先。莽新居摄,欲慰安宗室,故不被刑诛。及莽篡立,刘氏为侯者皆降称子,食孤卿禄,⑤后皆夺爵。及敞卒,祉遂特见废,又不得官为吏。

①平帝时王莽辅政,袷祭明堂,诸侯王二十八人,列侯百二十人,宗室子九百餘人,征助祭也。

②回,曲。

③谓元后、平帝也。

④宣,丞相方进之子也,袭父侯爵。《东观记》曰"敞为嫡子终娶宣子女习为妻,宣使嫡子姬送女入门,二十餘日,义起兵"也。

⑤孤者,特也。卑于公,尊于卿,特置之,故曰孤。《礼记》"上农夫食九人,诸侯下士视上农夫,中士倍下士,上士倍中士,下大夫倍上士,卿四大夫禄"也。

祉以故侯嫡子,行淳厚,宗室皆敬之。及光武起兵,祉兄弟相率从军,前队大夫甄阜尽收其家属系宛狱。及汉兵败小长安,祉挺身还保棘阳,甄阜尽杀其母弟妻子。更始立,以祉为太常将军,绍封舂陵侯。从西入关,封为定陶王。别将击破刘婴于临泾。

及更始降于赤眉,祉乃间行亡奔洛阳。是时宗室唯祉先至,光武见之欢甚。①建武二年,封为城阳王,赐乘舆、御物、车马、衣服。追谥敞为康侯。十一年,祉疾病,上城阳王玺绶,愿以列侯奉先人祭祀。帝自临其疾。祉薨,年四十三,谥曰恭王,竟不之国,葬于洛阳北芒。

①《东观记》曰:"祉以建武二年三月见于怀宫。"

十三年,封祉嫡子平为蔡阳侯,以奉祉祀;平弟坚为高乡侯。

初,建武二年,以皇祖、皇考墓为昌陵,置陵令守视;后改为章陵,因以舂陵为章陵县。十八年,立考侯、康侯庙,比园陵,置啬夫。①诏零陵郡奉祠节侯、戴侯庙,以四时及腊岁五祠焉。②置啬夫、佐吏各一人。[25]

①啬夫本乡官,主知赋役多少,平其差品。园陵置之,知祭祀、征求诸事。

②腊,岁终祭神之名也。

平后坐与诸王交通,国除。永平五年,显宗更封平为竟陵侯。平卒,子真嗣。真卒,子禹嗣。禹卒,子嘉嗣。

　　泗水王歙字经孙,①〔26〕光武族父也。歙子终,与光武少相亲爱。
汉兵起,始及唐子〔27〕,终诱杀湖阳尉。更始立,歙从入关,封为元氏王,
终为侍中。更始败,歙、终东奔洛阳。建武二年,立歙为泗水王,终为淄
川王。②十年,歙薨,封小子燀为堂溪侯,③奉歙后。终居丧思慕,哭泣二
十餘日,亦薨。封长子柱为邛侯,④以奉终祀,又封终子凤曲阳侯。⑤

　　①歙音许及反。

　　②今淄州县也。

　　③燀,《字林》云"灼也,音充善反"。《续汉志》:"汝南吴房县有堂谿亭。""燀"
　　　或作"辉"。〔28〕

　　④邛,县,属南郡,故城在今襄州。邛音其纪反。

　　⑤曲阳,县,属东海郡,故城在今海州朐山县西南。

　　歙从父弟茂,年十八,汉兵之起,茂自号刘失职,①亦聚众京、密
间,②称厌新将军。攻下颍川、汝南,众十餘万人。光武即至河内,茂率
众降,封为中山王。十三年,宗室为王者皆降为侯,更封茂为穰侯。〔29〕

　　①《续汉志》曰:"茂自号为刘先职。"

　　②京,县,属河南郡,郑之京邑,故城在今郑州荥阳县东南。密,县,属河南郡,
　　　故城在今密县东南。

　　茂弟匡,亦与汉兵俱起。建武二年,封宜春侯。为人谦逊,永平中
为宗正。子浮嗣,封朝阳侯。①

　　①朝阳,县,属南(郡)〔阳〕,〔30〕故城在今邓州穰县南,今谓之朝城。

　　浮弟尚,永元中为征西将军。浮传国至孙护,无子,封绝。延光中,
护从兄瓒与安帝乳母王圣女伯荣私通,遂取伯荣为妻,得绍护封为朝阳
侯,位侍中。及王圣败,贬爵为亭侯。

　　安成孝侯赐〔31〕字子琴,光武族兄也。祖父利,苍梧太守。①赐少

孤。兄显报怨杀人,吏捕显杀之。赐与显子信卖田宅,同抛②财产,结客报吏,③皆亡命逃伏,遭赦归。会伯升起兵,乃随从攻击诸县。

①苍梧,郡,今梧州县也。

②普交反。

③《续汉书》曰:"王莽时诸刘抑废,为郡县所侵。蔡阳国釜亭(侯)〔候〕长醉(诮)〔诟〕更始父子张,〔32〕子张怒,刺杀亭长。后十馀岁,亭长子报杀更始弟骞。赐兄〔显〕欲为报怨,〔33〕宾客转劫人,发觉,州郡杀显狱中。赐与显子信结客陈政等九人,燔烧杀亭长妻子四人。"

更始既立,以赐为光禄勋,封广汉侯。及伯升被害,代为大司徒,将兵讨汝南。未及平,更始又以信为奋威大将军,代赐击汝南,赐与更始俱到洛阳。更始欲令亲近大将徇河北,未知所使。赐言诸家子独有文叔可用,大司马朱鲔等以为不可,更始狐疑,赐深劝之,乃拜光武行大司马,持节过河。是日以赐为丞相,令先入关,修宗庙宫室。还迎更始都长安,封赐为宛王,拜前大司马,使持节镇抚关东。二年春,赐就国于宛,典将六部兵。①后赤眉破更始,赐所领六部亦稍散畔,乃去宛保育阳。

①伯升初起,置六部之兵。

闻光武即位,乃西之武关,迎更始妻子将诣洛阳。帝嘉赐忠,建武二年,封为慎侯。①十三年,更增户邑,定封为安成侯,〔34〕奉朝请。以赐有恩信,故亲厚之,数蒙谠私,时幸其第,恩赐特异。赐辄赈与故旧,无有遗积。帝为营冢堂,起祠庙,置吏卒,如春陵孝侯。二十八年卒,子闳嗣。

①慎,县,属汝南郡,故城在今颍州颍上县西北。

三十年,帝复封闳弟嵩为白牛侯。①坐楚事,②辞语相连,国除。闳卒,子商嗣,徙封为白牛侯。商卒,子昌嗣。

①白牛,盖乡亭之号也,今在邓州东也。

②谓楚王英谋反。

初,信为更始讨平汝南,因封为汝阴王。①信遂将兵平定江南,据豫章。光武即位,桂阳太守张隆击破之,信乃诣洛阳降,以为汝阴侯。永平十三年,亦坐楚事国除。

①汝阴属汝(州)南郡,故城即今颍(川)〔州〕(郡)汝阴县也。〔35〕

成武孝侯顺字平仲,光武族兄也。父庆,①春陵侯敞同产弟。顺与光武同里闬,②少相厚。

①《续汉(志)〔书〕》:“庆字翁敖。”〔36〕
②闬,里门也。

更始即位,以庆为燕王,顺为虎牙将军。会更始降赤眉,庆为乱兵所(叔)〔杀〕,顺乃间行诣光武,拜为南阳太守。建武二年,封成武侯,①邑户最大,租入倍宗室诸家。八年,使击破六安贼,②因拜为六安太守。数年,帝欲征之,吏人上书请留。十一年卒,帝使使者迎丧,亲自临吊。子遵嗣,坐与诸王交通,降为端氏侯。③遵卒,子弇嗣。弇卒,无嗣,国除。永平十年,显宗幸章陵,追念旧恩,封顺弟子三人为乡侯。

①成武,县,属山阳郡,今曹州县也。
②六安即庐州也。〔37〕
③端氏,县,属河东郡,故城在今泽州端氏县西北。

初,顺叔父弘①娶于樊氏,皇妣之从妹也。生二子:敏,国。与母随更始在长安。建武二年,诣洛阳,光武封敏为甘里侯,②国为弋阳侯。③敏通经有行,永平初,官至越骑校尉。

①《东观记》曰:“弘字孺孙,先起义兵,卒。”
②颍州颍上县西北有甘城。
③弋阳,县,属汝南郡,侯国也,故城在今光州定城县西也。

弘弟梁,以侠气闻,①更始元年,起兵豫章,欲徇江东,自号“就汉大将军”,暴病卒。②

①《东观记》曰:“梁字季少。”
②《东观记》曰:“病筋挛卒。”

顺阳怀侯嘉字孝孙,光武族兄也。父宪,①春陵侯敞同产弟。嘉少孤,性仁厚,南顿君养视如子,后与伯升俱学长安,习《尚书》、《春秋》。

①《续汉(志)〔书〕》曰:"宪字翁君。"〔38〕

及义兵起,嘉随更始征伐。汉军之败小长安也,嘉妻子遇害。更始即位,以为偏将军。及攻破宛,封兴德侯,迁大将军。击延岑于冠军,降之。更始既都长安,以嘉为汉中王、扶威大将军,持节就国,都于南郑,众数十万。建武二年,延岑复反,攻汉中,围南郑,嘉兵败走。岑遂定汉中,进兵武都,为更始柱功侯李宝所破。岑走天水,公孙述遣将侯丹取南郑。嘉收散卒,得数万人,以宝为相,从武都南击侯丹,不利,还军河池、下辨。①复与延岑连战,岑引北入散关,②至陈仓,嘉追击破之。更始邓王廖湛将赤眉十八万攻嘉,嘉与战于谷口,③大破之。嘉手杀湛,遂到云阳就谷。

①河池,县,属武都郡,一名仇池,今凤州县也。下辨,县名,今成州同谷县也。

②散关,故城在今陈仓县南十里,有散谷水,因取名焉。

③谷口,县,故城今醴泉县东北四十里。郦元《水经注》曰:"泾水东经九嵕山东中山西,谓之谷口。"

李宝等闻邓禹西征,拥兵自守,劝嘉且观成败。光武闻之,告禹曰:"孝孙素谨善,少且亲爱,当是长安轻薄儿误之耳。"禹即宣帝旨,嘉乃因来歙诣禹于云阳。三年,到洛阳,从征伐,拜为千乘太守。六年,病,上书乞骸骨,征诣京师。十三年,封为顺阳侯。秋,复封嘉子廧为黄李侯。十五年,嘉卒,子参嗣,有罪,削为南乡侯。永平中,参为城门校尉。参卒,子循嗣。循卒,子章嗣。

赞曰:齐武沈雄,义戈乘风。①仓卒匪图,亡我天工。城阳早协,赵孝晚同。泗水三侯,或恩或功。

①以义举兵,乘风云之会也。

【校勘记】

〔1〕 临(沘)〔沘〕水　《集解》引惠栋说,谓《续志》作"比水",《水经注》作"沘水"。按:《光武纪》亦作"沘水",今据改。

〔2〕 (诸)〔赭〕水二湖流注　据汲本改。按:赭水亦作"堵水","诸"乃"堵"之形误。

〔3〕 萧该音　"萧"原讹"肃",径改正。按:影印绍兴本此卷仍有阙佚,取它本补配,故多讹脱,以下凡遇极明显字之讹字及脱文,皆径予改补,不作校记。

〔4〕 宜秋聚名在沘阳县　按:"沘"原讹"泚",各本皆未正。又按:《续志》宜秋聚在平氏县。

〔5〕 引欲据宛　按:张熷谓案下文"引"下少"兵"字。

〔6〕 自号柱天大将军　按:《校补》谓《袁纪》云自号柱天将军,无"大"字。

〔7〕 将军张卬　"卬"原讹"卭",据殿本改正。按:《通鉴》亦作"卬",《考异》谓司马彪《续汉书》"卬"作"印",袁宏《后汉纪》作"斤",皆误,今从范晔《后汉书》。

〔8〕 鲁阳县属南(郡)〔阳〕　据《集解》王先谦说改。

〔9〕 丹阳(故)郡〔故〕城在今润州江宁县东南　按:"郡故"二字各本皆讹倒,今正。

〔10〕 盖畏此也　按:汲本"畏"作"谓"。

〔11〕 南顿君娶同郡樊重女字娴都　按:《集解》引沈钦韩说,谓《袁纪》"娴都"作"归都"。

〔12〕 临邑县属东(海)〔郡〕故城在今(济)〔齐〕州东　《集解》引沈钦韩说,谓临邑《汉志》属东郡,此误。《旧唐志》临邑县属齐州,注云济州,亦误。今据改。

〔13〕 复封睦少子为亭侯　按:李慈铭谓"睦"当作"普"。

〔14〕 普立〔十〕七年薨　据殿本《考证》补。按:《考证》谓普以安帝永初元年封,至延光元年为十七年。

〔15〕 子节王栩嗣　按:殿本《考证》谓"栩"字《章帝纪》作"盱"。

〔16〕 元年封商四子为亭侯　按:汲本"元年"上有"元兴"二字。殿本《考证》

谓应补"元兴"二字,而疑封在商既薨之后,不应载于商未薨之前。《校补》则谓商薨宏嗣:果封在元兴元年,则当称宏弟,不当仍称商子;既云商子,则其封自在商未薨之前。"元年"或是"六年"形近之误。"元兴"二字不当补。

〔17〕 子靖王宏〔嗣〕 据《集解》王先谦说补。

〔18〕 诏书削〔中丘〕 据《刊误》补。

〔19〕 光武族兄舂陵康侯敞 按:姚范谓节侯买乃光武之高祖,敞之曾祖,则敞乃光武之族父,非兄也。《光武纪》章怀注亦云舂陵侯敞,光武季父,则此传"兄"字误也。

〔20〕 封于零道之春陵乡 按:《集解》引钱大昕说,谓《前志》、《续志》俱作"泠道"。

〔21〕 子考侯仁嗣 《集解》引惠栋说,《东观记·宗室传》作"孝侯"。又引洪颐煊说,谓《前书·王子侯表》作"孝侯仁"。按:后《安城孝侯赐传》亦称"舂陵孝侯"。

〔22〕 会族兄安众侯刘崇起兵 按:《集解》引沈钦韩说,谓崇于敞为族子,非族兄。《校补》谓今案《前书》年表,舂陵侯买三传至敞,安众侯丹五传始至崇,则崇且为敞族孙,非仅族子也。

〔23〕 都尉事邪 按:殿本"邪"作"也",与今《东观记》合,《校补》谓作"邪"义较长。

〔24〕 敞怒叱太守曰鼠〔子〕何敢尔 《集解》引周寿昌说,谓"鼠"下应有"子"字。王先谦谓周说是,《东观记》正作"鼠子何敢尔"。今据补。

〔25〕 置啬夫佐吏各一人 按:《刊误》谓"吏"当作"史"。

〔26〕 泗水王歙字经孙 按:《集解》引惠栋说,谓《袁宏纪》"经孙"作"经世"。

〔27〕 始及唐子 按:《集解》王先谦谓"子"下脱"乡"字。

〔28〕 焯或作辉 按:殿本"辉"作"惮"。

〔29〕 更封茂为穰侯 《集解》引钱大昕说,谓《光武纪》茂封单父侯。按:沈钦韩谓熊方《补后汉书年表》云以单父侯更封穰侯,当是。

〔30〕 属南(郡)〔阳〕 据《集解》引惠栋说改。

〔31〕 安成孝侯赐 按:汲本、殿本"成"作"城"。

〔32〕 蔡阳国釜亭(侯)〔候〕长醉(询)〔诇〕更始父子张 "候"字据汲本改。"诇"字据《集解》引陈景云说改。

〔33〕 赐兄〔显〕欲为报怨　据汲本补。

〔34〕 定封为安成侯　按：殿本"成"作"城"。

〔35〕 汝阴属汝(州)南郡故城即今颍(川)〔州〕(郡)汝阴县也　据汲本改。

〔36〕 续汉(志)〔书〕庆字翁敖　陈景云谓"志"当作"书"，《续志》中亦无此语。
今据改。

〔37〕 六安即庐州也　按：《集解》引沈钦韩说，谓《桓谭传》注云"六安在寿州
安丰县南"，是，此误。

〔38〕 续汉(志)〔书〕曰宪字翁君　据陈景云说改。

后汉书卷十五

李王邓来列传第五

李通字次元,〔1〕南阳宛人也。世以货殖著姓。父守,身长九尺,容貌绝异,为人严毅,居家如官廷。① 初事刘歆,好星历谶记,为王莽宗卿师。② 通亦为五威将军从事,出补巫丞,有能名。③ 莽末,百姓愁怨,通素闻守说谶云"刘氏复兴,李氏为辅",私常怀之。且居家富逸,为闾里雄,以此不乐为吏,乃自免归。

① 《续汉书》曰:"守居家,与子孙尤谨,闺门之内如官廷也。"

② 平帝五年,王莽摄政,郡国置宗师以主宗室,盖特尊之,故曰宗卿师也。

③ 王莽置五威将军。从事谓驱使小官也。《前书》,秦御史监郡,萧何从事辨之。巫,县,属南郡,故城在今夔州巫山县北也。

及下江、新市兵起,南阳骚动,① 通从弟轶,亦素好事,乃共计议曰:"今四方扰乱,新室且亡,汉当更兴。南阳宗室,独刘伯升兄弟泛爱容众,可与谋大事。"通笑曰:"吾意也。"会光武避(事)〔吏〕在宛,〔2〕通闻之,即遣轶往迎光武。② 光武初以通士君子相慕也,故往答之。及相见,共语移日,握手极欢。通因具言谶文事,光武初殊不意,未敢当之。时守在长安,光武乃微观通曰:"即如此,当如宗卿师何?"通曰:"已自有度矣。"③ 因复备言其计。光武既深知通意,乃遂相约结,定谋议,期以材官都试骑士日,④ 欲劫前队大夫及属正,⑤ 因以号令大众。乃使光武与轶归舂陵,举兵以相应。遣从兄子季之长安,以事报守。

① 骚亦动也。

② 《续汉书》曰:"先是李通同母弟申徒臣能为医,〔3〕难使,伯升杀之。上恐其怨,不欲与轶相见。轶数请,上乃强见之。轶深达通意,上乃许往,意不安,

买半臿佩刀怀之。至通舍,通甚悦,握上手,得半臿刀,谓上曰:'一何武也!'上曰:'苍卒时以备不虞耳。'"〔4〕

③度,计度也,音大各反。

④汉法以立秋日都试骑士,谓课殿最也。翟义诛王莽,以九月都试日勒车骑材官士是也。

⑤前队大夫谓南阳太守甄阜也。属正谓梁丘赐也。

季于道病死,守密知之,欲亡归。素与邑人黄显相善,时显为中郎将,闻之,谓守曰:"今关门禁严,君状貌非凡,将以此安之?不如诣阙自归。事既未然,脱可免祸。"守从其计,即上书归死,章未及报,留阙下。会事发觉,通得亡走,莽闻之,乃系守于狱。而黄显为请曰:"守闻子无状,①不敢逃亡,守义自信,归命宫阙。臣显愿质守俱东,晓说其子。如遂悖逆,令守北向刎首,以谢大恩。"②莽然其言。会前队复上通起兵之状,莽怒,欲杀守,显争之,遂并被诛,及守家在长安者尽杀之。南阳亦诛通兄弟、门宗六十四人,皆焚尸宛市。

①无状谓祸大不可名言其状也。

②刎,割也。

时汉兵亦已大合。通与光武、李轶相遇棘阳,遂共破前队,杀甄阜、梁丘赐。

更始立,以通为柱国大将军、辅汉侯。从至长安,更拜为大将军,封西平王;轶为舞阴王;通从弟松为丞相。更始使通持节还镇荆州,通因娶光武女弟伯姬,是为宁平公主。①光武即位,征通为卫尉。〔5〕建武二年,封固始侯,拜大司农。帝每征讨四方,常令通居守京师,镇抚百姓,修宫室,起学官。五年春,代王梁为前将军。六年夏,领破奸将军侯进、捕虏将军王霸等十营击汉中贼。②公孙述遣兵赴救,通等与战于西城,破之,③还屯田顺阳。④

①宁平,县,属淮阳国也。

②贼谓延岑也。

③西城,县,属汉中郡也。

④顺阳,县名,属南(郡)〔阳〕,〔6〕哀帝改为博山,故城在今邓州穰县西。

时天下略定,通思欲避荣宠,以病上书乞身。〔7〕诏下公卿群臣议。大司徒侯霸等曰:"王莽篡汉,倾乱天下。通怀伊、吕、萧、曹之谋,建造大策,扶助神灵,辅成圣德。破家为国,忘身奉主,有扶危存亡之义。功德最高,海内所闻。通以天下平定,谦让辞位。夫安不忘危,宜令通居职疗疾。欲就诸侯,不可听。"于是诏通勉致医药,以时视事。其夏,引拜为大司空。

通布衣唱义,助成大业,重以宁平公主故,特见亲重。然性谦恭,常欲避权埶。素有消疾,①自为宰相,谢病不视事,连年乞骸骨,帝每优宠之。令以公位归第养疾,通复固辞。积二岁,乃听上大司空印绶,以特进奉朝请。有司奏请封诸皇子,帝感通首创大谋,即日封通少子雄为召陵侯。每幸南阳,常遣使者以太牢祠通父冢。十八年卒,谥曰恭侯。帝及皇后亲临吊,送葬。

①消,消中之疾也。《周礼·天官职》曰:"春有痟首疾。"郑玄注云:"痟,酸削也。"

子音嗣。音卒,子定嗣。定卒,子黄嗣。黄卒,子寿嗣。①

①《东观记》"黄"字作"箕"也。

李轶后为朱鲔所杀。更始之败,李松战死,唯通能以功名终。永平中,显宗幸宛,诏诸李随安众宗室会见,①并受赏赐,恩宠笃焉。

①安众,县,属南阳郡,故城在邓州东。《谢承书》曰:"安众侯刘(崇)〔宠〕,〔8〕长沙定王五代孙,南阳宗室也。与宗人讨莽有功,随光武河北破王郎。朝廷高其忠壮,策文嗟叹,以历宗室。安众诸刘皆其后。"

论曰:子曰"富与贵是人之所欲,不以其道得之,不处也"。①李通岂知夫所欲而未识以道者乎!夫天道性命,圣人难言之,况乃亿测微隐,猖狂无妄之福,②〔9〕污灭亲宗,以觊一切之功哉!③昔蒙穀负书,不徇楚难;④即墨用齐,义雪燕耻。⑤彼之趣舍所立,其殆与通异乎?

①《论语》之文。

②微隐谓谶文也。《庄子》曰："猖狂妄行。"《易·无妄卦》曰："无妄之往，何之矣。"郑玄注云："妄之言望，人所望宜正。行必有所望，行而无所望，是失其正，何可往也。"即《史记》朱英曰"代有无望之福，又有无（妄）〔望〕之祸"是也。〔10〕

③停水曰污，言族灭而污池之也。眺，望也，音丘瑞反。一切，谓权时也。

④《战国策》曰，吴、楚战于柏举，吴师入郢。蒙穀奔入宫，负离次之典，浮江逃于云梦之中。后昭王反郢，五官失法。百姓昏乱；蒙穀献典；五官得法，百姓大化。校蒙穀之功，与存国相若，封之执圭。蒙穀怒曰："穀非人臣也，社稷之臣也。苟社稷血食，余岂患无君乎！"遂弃于历山也。

⑤《史记》曰，燕昭王伐齐，潜王败，出亡。燕人入临菑，尽取齐宝，烧其宫室宗庙，下齐七十余城，其不下者，唯独莒、即墨。后齐田单以即墨击破燕军，悉复所亡城。故曰雪也。

　　王常字颜卿，颍川舞阳人也。①王莽末，为弟报仇，亡命江夏。②久之，与王凤、王匡等起兵云杜绿林中，聚众数万人，以常为偏裨，攻傍县。后与成丹、张卬别入南郡蓝口，号下江兵。③王莽遣严尤、陈茂击破之。常与丹、卬收散卒入蓑溪，④劫略钟、龙间，⑤众复振。引军与荆州牧战于上唐，大破之，⑥遂北至宜秋。⑦

①《东观记》曰："其先鄠人，常父博，成、哀间转客颍川舞阳，因家焉。"

②命者，名也。言背其名籍而逃亡也。

③《续汉志》曰南郡编县有蓝口聚。

④蓑音力于反。

⑤盛弘之《荆州记》曰永阳县北有石龙山，在今安州应山县东北。又随州随县东北有三锺山也。

⑥上唐，乡名，故城在今随州枣阳县东北也。

⑦《续汉志》曰南（郡）〔阳〕有宜秋聚也。〔11〕

　　是时，汉兵与新市、平林众俱败于小长安，各欲解去。伯升闻下江军在宜秋，即与光武及李通俱造常壁，曰："愿见下江一贤将，议大事。"成丹、张卬共推遣常。伯升见常，说以合从之利。①常大悟，曰："王莽篡弑,残虐天下,百姓思汉,故豪杰并起。今刘氏复兴,即真主也。诚思出身为用,辅成大功。"伯升曰:"如事成,岂敢独飨之哉!"遂与常深相结而去。常还,具为丹、卬言之。丹、卬负其众,皆曰:"大丈夫既起,当各自为主,何故受人制乎?"常心独归汉,乃稍晓说其将帅曰:"往者成、哀衰微无嗣,故王莽得承间篡位。既有天下,而政令苛酷,积失百姓之心。民之讴吟思汉,非一日也,故使吾属因此得起。夫民所怨者,天所去也;民所思者,天所与也。举大事必当下顺民心,上合天意,功乃可成。若负强恃勇,触情恣欲,虽得天下,必复失之。以秦、项之执,尚至夷覆,况今布衣相聚草泽?以此行之,灭亡之道也。今南阳诸刘举宗起兵,观其来议事者,皆有深计大虑,王公之才,与之并合,必成大功,此〔天〕所以祐吾属也。"〔12〕下江诸将虽屈强少识,然素敬常,乃皆谢曰:"无王将军,吾属几陷于不义。愿敬受教。"即引兵与汉军及新市、平林合。于是诸部齐心同力,锐气益壮,遂俱进,破杀甄阜、梁丘赐。

①以利合曰从也。

　　及诸将议立宗室,唯常与南阳士大夫同意欲立伯升,而朱鲔、张卬等不听。及更始立,以常为廷尉、大将军,封知命侯。别徇汝南、沛郡,还入昆阳,与光武共击破王寻、王邑。更始西都长安,以常行南阳太守事,令专命诛赏,①封为邓王,食八县,赐姓刘氏。常性恭俭,遵法度,南方称之。

①《东观记》曰:"诛不从命,封拜有功。"

　　更始败,建武二年夏,常将妻子诣洛阳,肉袒自归。光武见常甚欢,劳之曰:"王廷尉良苦。①每念往时,共更艰戹,何日忘之。②莫往莫来,岂违平生之言乎?"③常顿首谢曰:"臣蒙大命,得以鞭策托身陛下。④始遇宜秋。后会昆阳,幸赖灵武,辄成断金。⑤更始不量愚臣,任以南州。⑥赤眉之难,丧心失望,⑦以为天下复失纲纪。闻陛下即位河北,心开目明,今得见阙庭,死无遗恨。"帝笑曰:"吾与廷尉戏耳。吾见廷尉,不忧南方矣。"⑧乃召公卿将军以下大会,具为群臣言:"常以匹夫兴义兵,明于知天命,故更始封为知命侯。与吾相遇兵中,尤相厚善。"特加赏赐,拜为左曹,⑨封山桑侯。⑩

①良,甚也,言苦军事也。

②更,经也。艰厄谓帝败小长安,造常壁,与常共破甄阜及王寻等也。

③平生言谓常云"刘氏真主也,诚思出身为用,辅成大功"。常乃久事更始,不早归朝,帝微以责之,故下文云"吾与廷尉戏耳"。《诗·卫风》曰:"莫往莫来,悠悠我思。"

④策,马棰也。言执策以从之。

⑤伯升与常深相结,故曰断金。《易·系辞》曰:"二人同心,其利断金。"

⑥谓以廷尉行南阳太守。

⑦谓赤眉入长安,破更始。

⑧谓南阳也。

⑨《前书》曰,左、右曹,平尚书事。

⑩山桑,县,属沛郡,今亳州县。

后帝于大会中指常谓群臣曰:"此家率下江诸将辅翼汉室,〔13〕心如金石,真忠臣也。"是日迁常为汉忠将军,遣南击邓奉、董䜣,令诸将皆属焉。又诏常北击河间、渔阳,平诸屯聚。五年秋,攻拔湖陵,又与帝会任城,因从破苏茂、庞萌。进攻下邳,常部当城门战,一日数合,贼反走入城,常追迫之,城上射矢雨下,帝从百馀骑自城南高处望,常战力甚,驰遣中黄门诏使引还,贼遂降。又别率骑都尉王霸共平沛郡贼。①六年春,征还洛阳,令夫人迎常于舞阳,归家上冢。西屯长安,拒隗嚣。七年,使使者持玺书即拜常为横野大将军,位次与诸将绝席。②常别击破隗嚣将高峻于朝那。③嚣遣将过乌氏,〔14〕常要击破之。转降保塞羌诸营壁,皆平之。九年,击内黄贼,破降之。后北屯故安,拒卢芳。④十二年,薨于屯所,谥曰节侯。

①《东观记》曰,沛郡贼,苗虚也。

②绝席谓尊显之也。《汉官仪》曰:"御史大夫、尚书令、司隶校尉,皆专席,号三独坐。"

③朝那,县,属安定郡也。〔15〕

④故安，县，属涿郡，故城在今易州易县南也。

子广嗣。三十年，徙封石城侯。①永平十四年，坐与楚事相连，国除。

①石城故城在今复州沔阳县东南也。

邓晨字伟卿，南阳新野人也。世吏二千石。①父宏，豫章都尉。晨初娶光武姊元。王莽末，光武尝与兄伯升及晨俱之宛，与穰人蔡少公等谶语。少公颇学图谶，言刘秀当为天子。或曰：“是国师公刘秀乎？”光武戏曰：“何用知非仆邪？”坐者皆大笑，晨心独喜。②及光武与家属避吏新野，舍晨庐，甚相亲爱。晨因谓光武曰：“王莽悖暴，盛夏斩人，此天亡之时也。③往时会宛，独当应邪？”〔16〕光武笑不答。

①《东观记》曰：“晨曾祖父隆，扬州刺史；祖父勋，交阯刺史。”

②《东观记》曰：“晨与上共载出，逢使者不下车，使者怒，颇加耻辱。上称江夏卒史，晨更名侯家丞。使者以其诈，将至亭，欲罪之，新野宰潘叔为请，得免。”

③王莽地皇元年，下书曰：“方出军行师，有趑趄犯〔法〕者，斩无须时。”〔17〕于是春夏斩人都市，百姓震惧也。

及汉兵起，晨将宾客会棘阳。汉兵败小长安，诸将多亡家属，光武单马遁走，遇女弟伯姬，与共骑而奔。前行复见元，趣令上马。元以手挥曰：“行矣，不能相救，无为两没也。”会追兵至，元及三女皆遇害。汉兵退保棘阳，而新野宰乃污晨宅，焚其冢墓。宗族皆恚怒，曰：“家自富足，何故随妇家人入汤镬中？”晨终无恨色。

更始立，以晨为偏将军。与光武略地颍川，俱夜出昆阳城，击破王寻、王邑。又别徇阳翟以东，至京、密，皆下之。①更始北都洛阳，以晨为常山太守。会王郎反，光武自蓟走信都，晨亦间行会于钜鹿下，自请从击邯郸。光武曰：“伟卿以一身从我，不如以一郡为我北道主人。”乃遣晨归郡。光武追铜马、高胡群贼于冀州，晨发积射士千人，②又遣委输给军不绝。光武即位，封晨房子侯。③帝又感悼姊没于乱兵，追封谥元

为新野节义长公主,立庙于县西。封晨长子汎为吴房侯,④以奉公主
之祀。

> ①京、密,二县名,属河南郡。京故城在今郑州荥阳东,郑之京邑也。密故城
> 　在荥阳东南也。
>
> ②积与迹同,古字通用,谓寻迹而射之。
>
> ③房子,今赵州县也。
>
> ④吴房,今豫州县也。

建武三年,征晨还京师,数谯见,说故旧平生为欢。晨从容谓帝曰:
"仆竟(辩)〔办〕之。"①〔18〕帝大笑。从幸章陵,拜光禄大夫,使持节监执
金吾贾复等击平邵陵、新息贼。②四年,从幸寿春,留镇九江。

> ①光武前语晨云:"何用知非仆乎"? 故晨有此言也。
>
> ②新息,今豫州县也。

晨好乐郡职,由是复拜为中山太守,吏民称之,常为冀州高第。①十
三年,更封南縊侯。②入奉朝请,复为汝南太守。十八年,行幸章陵,征
晨行廷尉事。从至新野,置酒酺谯,赏赐数百(十)〔千〕万,〔19〕复遣归郡。
晨兴鸿郤陂数千顷田,③汝土以殷,鱼稻之饶,流衍它郡。④明年,定封西
华侯,复征奉朝请。二十五年卒,诏遣中谒者备公主官属礼仪,⑤招迎
新野主魂,与晨合葬于北芒。乘舆与中宫亲临丧送葬。谥曰惠侯。

> ①中山属冀州,于冀州所部郡课常为弟一也。
>
> ②縊音力全反。
>
> ③鸿郤,陂名,在今豫州汝阳县东。成帝时,关东水陂溢为害,翟方进为丞相,
> 　奏罢之。
>
> ④衍,饶也。
>
> ⑤《汉官仪》曰"长公主官属,傅一人,员吏五人,驺仆射五人,私府长、食官长、
> 　永巷令、家令各一人"也。

小子棠嗣,后徙封武当。棠卒,子固嗣。固卒,子国嗣。国卒,子福
嗣,永建元年卒,无子,国除。

　　来歙字君叔，①南阳新野人也。六世祖汉，有才力，武帝世，以光禄大夫副楼船将军杨仆，击破南越、朝鲜。父仲，②哀帝时为谏大夫，娶光武祖姑，生歙。〔20〕光武甚亲敬之，数共往来长安。

　　①歙音许及反。

　　②《东观记》"仲"作"冲"。

　　汉兵起，王莽以歙刘氏外属，乃收系之，宾客共篡夺，得免。更始即位，以歙为吏，从入关。数言事不用，以病去。歙女弟为汉中王刘嘉妻，嘉遣人迎歙，因南之汉中。更始败，歙劝嘉归光武，遂与嘉俱东诣洛阳。

　　帝见歙，大欢，即解衣以衣之，①拜为太中大夫。是时方以陇、蜀为忧，独谓歙曰："今西州未附，②子阳称帝，道里阻远，诸将方务关东，思西州方略，未知所任，其谋若何？"歙因自请曰："臣尝与隗嚣相遇长安。其人起始，以汉为名。今陛下圣德隆兴，臣愿得奉威命，开以丹青之信，③嚣必束手自归，则述自亡之埶，不足图也。"帝然之。建武三年，歙始使隗嚣。五年，复持节送马援，因奉玺书于嚣。既还，复往说嚣，嚣遂遣子恂随歙入质，拜歙为中郎将。时山东略定，帝谋西收嚣兵，与俱伐蜀，复使歙喻旨。嚣将王元说嚣，多设疑故，久忧豫不决。④歙素刚毅，遂发愤质责嚣曰：⑤"国家以君知臧否，晓废兴，故以手书畅意。足下推忠诚，遣伯春委质，⑥是臣主之交信也。今反欲用佞惑之言，为族灭之计，叛主负子，违背忠信乎？吉凶之决，在于今日。"欲前刺嚣，嚣起入，部勒兵，将杀歙，歙徐杖节就车而去。嚣愈怒，王元劝嚣杀歙，使牛邯将兵围守之。嚣将王遵谏曰："愚闻为国者慎器与名，为家者畏怨重祸。⑦俱慎名器，则下服其命；轻用怨祸，则家受其殃。今将军遣子质汉，内怀它志，名器逆矣；外人有议欲谋汉使，轻怨祸矣。古者列国兵交，使在其间；⑧所以重兵贵和而不任战也，何况承王命籍重质而犯之哉？君叔虽单车远使，而陛下之外兄也。⑨〔21〕害之无损于汉，而随以族灭。〔22〕昔宋执楚使，遂有析骸易子之祸。⑩小国犹不可辱，况于万乘之主，重以伯春之命哉！"歙为人有信义，言行不违，及往来游说，皆可案覆，西州士大夫皆信重之，多为其言，故得免而东归。

①《东观记》曰"解所被襜襦以衣歆"也。

②西州谓隗嚣也。

③杨子《法言》曰"圣人之言,明若丹青"也。

④尤豫,不定之意也。《说文》曰"尤尤,行貌"也。音淫。《东观记》曰"狐疑不
　决"也。

⑤质,正也。

⑥嚣子恂,字伯春。

⑦器,车服也。名,爵号也。言名与器不可妄授也。

⑧《左传》曰:"晋栾书伐郑,郑人使伯蠋行成,晋人杀之,非礼也。兵交使在其
　间,可也。"

⑨光武之姑子,故曰外兄也。

⑩《左传》曰,楚使申舟聘齐,不假道于宋。华元曰:"楚不假道,鄙我也。"乃杀
　之。楚子闻之,遂围宋。宋人惧,使华元夜入楚师,告子反曰"寡君使元以
　病告,弊邑易子而食,析骸以爨"也。

八年春,歆与征虏将军祭遵袭略阳,遵道病还,分遣精兵随歆,合二
千馀人,伐山开道,从番须、回中①径至略阳,②斩嚣守将金梁,因保其
城。嚣大惊曰:"何其神也!"③乃悉兵数万人围略阳,斩山筑堤,激水灌
城。歆与将士固死坚守,矢尽,乃发屋断木以为兵。嚣尽锐攻之,自春
至秋,其士卒疲弊。帝乃大发关东兵,自将上陇,嚣众溃走,围解。于是
置酒高会,劳赐歆,班坐绝席,在诸将之右,赐歆妻缣千四。诏使留屯长
安,悉监护诸将。

①番须、回中,并地名也,番音盘。武帝元封四年幸雍,通回中道。《前书音
　义》曰回中在汧。〔23〕汧今陇州汧源县也。

②径,直也。

③《东观记》曰:"上闻得略阳,甚悦。左右怪上数破大敌,今得小城,何足以
　喜? 然上以略阳嚣所依阻,心腹已坏,则制其支体〔易〕也。"〔24〕

歆因上书曰:"公孙述以陇西、天水为藩蔽,故得延命假息。今二郡
平荡,则述智计穷矣。宜益选兵马,储积资粮。昔赵之将帅多贾人,高
帝悬之以重赏。①今西州新破,兵人疲馑,若招以财谷,则其众可集。臣

知国家所给非一,用度不足,然有不得已也。"帝然之。于是大转粮运,②诏歆率征西大将军冯异、建威大将军耿弇、虎牙大将军盖延、扬武将军马成、武威将军刘尚入天水,击破公孙述将田弇、赵匡。明年,攻拔落门,③隗嚣支党周宗、赵恢及天水属县皆降。

①高帝十年,陈豨反于赵、代,其将多贾人,帝多以金购,豨将皆降。

②《东观记》曰:"诏于汧积谷六万斛,驴四百头负驮。"

③聚名也。解见《光武纪》。

初王莽世,羌虏多背叛,而隗嚣招怀其酋豪,遂得为用。及嚣亡后,五谿、先零诸种数为寇掠,皆营堑自守,州郡不能讨。歆乃大修攻具,率盖延、刘尚及太中大夫马援等进击羌于金城,大破之,斩首虏数千人,获牛羊万馀头,谷数十万斛。又击破襄武贼傅栗卿等。①陇西虽平,而人饥,流者相望。②歆乃倾仓廪,转运诸县,以赈赡之,于是陇右遂安,而凉州流通焉。

①襄武,县,属陇西郡也。

②流谓流离以就食也。

十一年,歆与盖延、马成进攻公孙述将王元、环安于河池、下(辩)〔辨〕,〔25〕陷之,乘胜遂进。蜀人大惧,使刺客刺歆,未殊,驰召盖延。延见歆,因伏悲哀,不能仰视。歆叱延曰:"虎牙何敢然!今使者中刺客,无以报国,故呼巨卿,欲相属以军事,而反效儿女子涕泣乎!刃虽在身,不能勒兵斩公邪!"延收泪强起,受所诫。歆自书表曰:"臣夜人定后,为何人所贼伤,中臣要害。①臣不敢自惜,诚恨奉职不称,以为朝廷羞。夫理国以得贤为本,太中大夫段襄,骨鲠可任,②愿陛下裁察。又臣兄弟不肖,③终恐被罪,陛下哀怜,数赐教督。"投笔抽刃而绝。

①何人谓不知何人也。

②骨鲠,喻正直也。《说文》曰:"鲠,鱼骨也。"食骨留咽中为鲠。

③肖,似也。不似犹不贤也。〔26〕

帝闻大惊,省书(览)〔擥〕涕,〔27〕乃赐策曰:"中郎将来歆,攻战连年,平定羌、陇,忧国忘家,忠孝彰著。遭命遇害,呜呼哀哉!"使太中大夫赠歆中郎将、征羌侯印绶,谥曰节侯,谒者护丧事。丧还洛阳,乘舆缟素临吊送葬。以歆有平羌、陇之功,故改汝南之当乡县为征羌国焉。①〔28〕

①征羌故城在今豫州郾城县东南也。

子褒嗣。十三年,帝嘉歆忠节,复封歆弟由为宜西侯。①褒子棱,尚显宗女武安公主。棱早殁,褒卒,以棱子历为嗣。

①《东观记》曰“宜西乡侯”。

论曰:世称来君叔天下信士。夫专使乎二国之间,岂厌诈谋哉?而能独以信称者,良其诚心在乎使两义俱安,而己不私其功也。

历字伯珍,少袭爵,以公主子,永元中,为侍中,监羽林右骑。①永初三年,迁射声校尉。永宁元年,代冯石为执金吾。延光元年,尊历母为长公主。二年,迁历太仆。

①羽林骑,武帝置。宣帝令中郎将骑都尉监羽林,见《前书》。

明年,中常侍樊丰与大将军耿宝、侍中周广、谢恽等共谗陷太尉杨震,震遂自杀。历谓侍御史虞诩曰:“耿宝托元舅之亲,①荣宠过厚,不念报国恩,而倾侧奸臣,诬奏杨公,伤害忠良,其天祸亦将至矣。”遂绝周广、谢恽,不与交通。时皇太子惊病不安,避幸安帝乳母野王君王圣舍。太子乳母王男、厨监邴吉等以为圣舍新缮修,犯土禁,不可久御。圣及其女永与大长秋江京及中常侍樊丰、王男、邴吉等互相是非,圣、永遂诬谮男、吉,皆幽囚死,家属徙比景。太子思男等,数为叹息。京、丰惧有后害,妄造虚无,构谮太子及东宫官属。帝怒,召公卿以下会议废立。耿宝等承旨,皆以为太子当废。历与太常桓焉、廷尉张晧议曰:“经说,年未满十五,过恶不在其身。且男、吉之谋,皇太子容有不知,宜选忠良保傅,辅以礼义。废置事重,此诚圣恩所宜宿留。”帝不从,②是日遂废太子为济阴王。时监太子家小黄门籍建、中傅高梵等③皆以无罪徙朔方。历乃要结光禄勋祋讽、④宗正刘玮,将作大匠薛皓,侍中闾丘弘、〔29〕陈光、赵代、施延,太中大夫朱伥、⑤第五颉、⑥中散大夫曹成,谏议大夫李尤，符节令张敬，⑦持书侍御史龚调，⑧羽林右监孔显，⑨城门司马徐崇，卫尉守丞乐闱，⑩长乐、未央厩令郑安世等十馀人，⑪俱诣鸿都门证太子无过。龚调据法律明之，以为男、吉犯罪，皇太子不当坐。帝与左右患之，乃使中常侍奉诏胁群臣曰："父子一体，天性自然。以义割恩，为天下也。历、讽等不识大典，而与群小共为谯哗，外见忠直而内希后福，饰邪违义，岂事君之礼？朝廷广开言事之路，故且一切假贷；若怀迷不反，当显明刑书。"谏者莫不失色。薛皓先顿首曰："固宜如明诏。"历怫然，⑫廷诘皓曰："属通谏何言，而今复背之？⑬大臣乘朝车，处国事，固得辗转若此乎！"⑭〔30〕乃各稍自引起，历独守阙，连日不肯去。帝大怒，乃免历兄弟官，削国租，黜公主不得会见。历遂杜门不与亲戚通，时人为之震慄。

①宝女弟为清河王庆姬，即安帝嫡母也，故宝于帝为元舅焉。

②宿留犹停留也。宿留音秀溜。

③梵音扶泛反。

④祋音丁外反。

⑤伥音丑羊反。

⑥颉音下结反。

⑦《续汉（书）〔志〕》曰："符节令，秩〔六〕百石。"〔31〕

⑧《续汉志》曰"持书侍御史，秩六百石"也。

⑨《汉官仪》"羽林左、右监，属光禄"也。

⑩守丞，兼守之丞也。

⑪《续汉志》曰"未央厩令一人，长乐厩令一人，主乘舆马"也。

⑫《字林》曰："怫，郁也。"怫音扶勿反。

⑬属，近也。通犹共也。近言共谏，何乃相背也。

⑭《周礼》曰："卿乘夏缦，大夫乘墨车。"辗转，不定也。《诗》曰："展转反侧。"

及帝崩，阎太后起历为将作大匠。顺帝即位，朝廷咸称社稷臣，于是迁为卫尉。祋讽、刘玮、闾丘弘等先卒，皆拜其子为郎；朱伥、①施延、陈光、赵代等并为公卿，任职；征王男、邴吉家属还京师，厚加赏赐；籍建、高梵等悉蒙显擢。永建元年，拜历车骑将军，弟祉为步兵校尉，超为黄门侍郎。三年,母长公主薨,历称病归第;服阕,复为大鸿胪。阳嘉二年,卒官。

①伥音丑良反。

子定嗣。定尚安帝妹平氏长公主,顺帝时,为虎贲中郎将。定卒,子虎嗣,桓帝时,为屯骑校尉。弟艳,字季德,少好学下士,开馆养徒,少历显位,灵帝时,再迁司空。

赞曰:"李、邓豪赡,舍家从谶。①少公虽孚,宗卿未验。②王常知命,功惟帝念。③款款君叔,斯言无玷。④方献三捷,永坠一剑。⑤

①邓晨代以吏二千石为豪,李通家富为赡也。

②孚,信也。言蔡少公论谶,其事虽信,而李守被诛,是未验也。

③王常,更始中为知命侯,后归朝,上录其功,封为列侯,故曰帝念。

④玷,缺也。

⑤《小雅·采薇诗》曰:"岂敢定居,一月三捷。"

【校勘记】

〔1〕 李通字次元　《集解》引汪文台说,谓《初学记》十一、《北堂书钞》五十二引《华峤书》"次元"作"文元"。今按:安国桂坡馆刊本《初学记》及孔广陶校注本《北堂书钞》并作"次元"。

〔2〕 会光武避(事)〔吏〕在宛　《集解》引陈景云说,谓它处皆作"避吏",此"事"疑因相似而误。今据改。按:"事"字古文作"叓",与"吏"形相近也。

〔3〕 同母弟申徒臣　《集解》引惠栋说,谓"申徒臣"《东观记》作"公孙臣",《袁宏纪》作"申屠臣"。今按:聚珍本《东观记·光武纪》作"公孙臣",《李通传》作"申屠臣"。

〔4〕 苍卒时以备不虞耳　汲本、殿本"苍"作"仓"。按:苍仓通用。又按:影印绍兴本此卷仍有阙佚,取它本补配,故多讹字。以下遇极明显之讹字,皆径予改正,不作校记。

〔5〕　征通为卫尉　按:《袁纪》"卫尉"作"光禄勋"。《书钞》五十三引《续汉书》同。

〔6〕　属南(郡)〔阳〕　据《集解》引洪亮吉说改。

〔7〕　以病上书乞身　按:《集解》引洪亮吉说,谓此蒙上"六年夏"之文,下云"其夏,引拜为大司空",考通为司空在建武七年五月,则此应云"明年夏,引拜为大司空",否则"以病上书乞身"上亦应加"明年"二字。省此二字,增一"其"字,遂觉叙事不清。

〔8〕　安众侯刘(崇)〔宠〕　《集解》引顾炎武说,谓"崇"当从《汉表》作"宠"。又引陈景云说,谓崇死于莽未篡汉之先,建武二年,从父弟宠绍封,此传写误也。今据改。按:《集解》又引惠栋说,谓安众侯绍封者有刘宣子高,见《卓茂传》。《校补》谓"宣"与"宠"自系一人名,因形近而误。

〔9〕　猖狂无妄之福　按:汲本"福"作"祸"。

〔10〕　又有无(妄)〔望〕之祸　据汲本、殿本改,与《史记·平原君传》合。

〔11〕　南(郡)〔阳〕有宜秋聚也　《集解》引惠栋说,谓《续志》平氏县有宜秋聚,属南阳,非南郡也。今据改。

〔12〕　此〔天〕所以祐吾属也　《校补》引钱大昭说,谓"此"字下《通鉴》有"天"字。按:上屡言"天",此处合有"天"字,今据补。

〔13〕　此家率下江诸将　《集解》谓《袁宏纪》"此家"作"此人"。按:《通鉴》胡注"此家犹言此人也"。

〔14〕　嚣遣将过乌氏　按:《集解》引惠栋说,谓氏音支,《续志》作"枝"或作"支"。

〔15〕　按:此注原系"乌氏"下,据汲本、殿本移正。

〔16〕　往时会宛独当应邪　按:张熷谓"会宛"下当有"语"字,《袁纪》作"宛下言傥能应也"。

〔17〕　有趋谨犯〔法〕者斩无须时　据《刊误》补,与《前书·莽传》合。按:殿本"趋"作"趋",与《前书·莽传》同。

〔18〕　仆竟(辩)〔办〕之　按:《集解》引沈钦韩说,谓此"仆"字即光武自称之"仆","辩"当作"办"。今据改。

〔19〕　赏赐数百(十)〔千〕万　据汲本、殿本改。

〔20〕　娶光武祖姑生歙　按:殿本《考证》万承苍谓下文王遵曰"君叔陛下之外兄也",此"祖姑"字必有误。又沈家本谓按后文"而陛下之外兄也",注

"光武之姑子,故曰外兄",然则仲娶者非光武祖姑,恐"祖"字讹也。

〔21〕 而陛下之外兄也　按:《御览》四五二引"陛下"作"汉帝"。

〔22〕 害之无损于汉而随以族灭　按:《御览》四五二引作"害之无损于彼,灾之有害于吾"。

〔23〕 前书音义曰回中在汧　按:《集解》引惠栋说,谓番须、回中皆在安定郡,注引《前书音义》谓"回中在汧",非。

〔24〕 则制其支体〔易〕也　据《校补》引钱大昭说补。

〔25〕 下(辯)〔辨〕　据《集解》引惠栋说改。按:《通鉴》作"辨"。

〔26〕 按:此注原在"被罪"下,依汲本移正。

〔27〕 省书(览)〔擥〕涕　《校补》谓"览"当作"擥",屈子《怀沙》"思美人兮擥涕而伫眙"。今据改。按:《通鉴》引作"揽",揽即擥字。

〔28〕 故改汝南之当乡县为征羌国焉　按:《前志》汝南无当乡县。《集解》引钱大昕说,谓"县"字疑衍。又引洪颐煊说,谓《地理》、《郡国》两志于征羌不言"故当乡"。《范滂传》"汝南征羌人",李注"《谢承书》云汝南细阳人。"疑当乡县东京初年割细阳所置,故承以滂为细阳人。

〔29〕 侍中间丘弘　按:《集解》引惠栋说,谓《袁纪》作"中郎将间丘宏"。

〔30〕 固得辗转若此乎　按:汲本、殿本"得"作"复"。

〔31〕 续汉(书)〔志〕曰符节令秩〔六〕百石　"书"当作"志"。又《集解》引沈钦韩说,谓"百石"上应有"六"字,今据补,与《续志》合。

后汉书卷十六

邓寇列传第六

邓禹子训　孙骘　寇恂曾孙荣

邓禹字仲华,南阳新野人也。年十三,能诵诗,受业长安。时光武亦游学京师,禹年虽幼,而见光武知非常人,遂相亲附。数年归家。

及汉兵起,更始立,豪桀多荐举禹,禹不肯从。及闻光武安集河北,即杖策北渡,追及于邺。光武见之甚欢,谓曰:"我得专封拜,生远来,宁欲仕乎?"禹曰:"不愿也。"光武曰:"即如是,何欲为?"禹曰:"但愿明公威德加于四海,禹得效其尺寸,垂功名于竹帛耳。"光武笑,因留宿闲语。①禹进说曰:"更始虽都关西,今山东未安,赤眉、青犊之属,动以万数,三辅假号,往往群聚。更始既未有所挫,而不自听断,诸将皆庸人屈起,②志在财币,争用威力,朝夕自快而已,非有忠良明智,深虑远图,欲尊主安民者也。四方分崩离析,③形埶可见。明公虽建藩辅之功,犹恐无所成立。于今之计,莫如延揽英雄,务悦民心,立高祖之业,救万民之命。以公而虑天下,不足定也。"光武大悦,因令左右号禹曰邓将军。常宿止于中,与定计议。

①闲,私也。

②屈音求勿反。

③《论语》曰:"邦分崩离析。"

及王郎起兵,光武自蓟至信都,使禹发奔命,得数千人,令自将之,别攻拔乐阳。①从至广阿,②光武舍城楼上,披舆地图,指示禹曰:"天下郡国如是,今始乃得其一。子前言以吾虑天下不足定,何也"? 禹曰:

"方今海内殽乱,人思明君,犹赤子之慕慈母。古之兴者,在德薄厚,不以大小。"③光武悦。时任使诸将,多访于禹,禹每有所举者,皆当其才,光武以为知人。使别将骑,与盖延等击铜马于清阳。延等先至,战不利,还保城,为贼所围。禹遂进与战,破之,生获其大将。从光武追贼至(满)〔蒲〕阳,〔1〕连大克获,北州略定。

①乐阳,县名,属常山郡。

②《东观记》曰:"上率禹等击王郎横野将军刘奉,大破之。上过禹营,禹进炙鱼,上餐啖,劳勉吏士,威严甚厉。众皆窃言'刘公真天人也'。"

③《史记》苏秦说赵王曰:"尧无三夫之分,舜无咫尺之地,禹无百人之聚,汤、武之士不过三千,立为天子,诚得其道也。"

　　及赤眉西入关,更始使定国上公王匡、襄邑王成丹、抗威将军刘均及诸将,分据河东、弘农以拒之。赤眉众大集,王匡等莫能当。光武筹赤眉必破长安,欲乘衅并关中,而方自事山东,未知所寄,以禹沈深有大度,故授以西讨之略。乃拜为前将军持节,中分麾下精兵二万人,遣西入关,令自选偏裨以下可与俱者。于是以韩歆为军师,李文、李春、程虑为祭酒,①冯愔为积弩将军,樊崇为骁骑将军,宗歆为车骑将军,邓寻为建威将军,〔2〕耿欣为赤眉将军,左于为军师将军,引而西。

①"虑"字或为"宪"字。

　　建武元年正月,禹自箕关将入河东,①河东都尉守关不开,禹攻十日,破之,获辎重千馀乘。进围安邑,数月未能下。更始大将军樊参将数万人,度大阳欲攻禹,②禹遣诸将逆击于解南,大破之,斩参首。③于是王匡、成丹、刘均等合军十馀万,复共击禹,禹军不利,樊崇战死。会日暮,战罢,军师韩歆及诸将见兵执已摧,皆劝禹夜去,禹不听。明日癸亥,匡等以六甲穷日不出,禹因得更理兵勒众。明旦,匡悉军出攻禹,禹令军中无得妄动;既至营下,因传发诸将鼓而并进,大破之。匡等皆弃军亡走,禹率轻骑急追,获刘均及河东太守杨宝、持节中郎将弭强,皆斩之,收得节六,印绶五百,兵器不可胜数,遂定河东。承制拜李文为河东太守,悉更置属县令长以镇抚之。是月,光武即位于鄗,使使者持节拜禹为大司徒。策曰："制诏前将军禹：深执忠孝，与朕谋谟帷幄，决胜千里。④孔子曰：'自吾有回，门人日亲。'⑤斩将破军，平定山西，功效尤著。百姓不亲，五品不训，汝作司徒，敬敷五教，五教在宽。⑥今遣奉车都尉授印绶，封为酇侯，食邑万户。敬之哉！"⑦禹时年二十四。

①箕关在今王屋县东。

②大阳，县，属河东郡。《前书音义》曰："大河之阳。"《春秋》："秦伯伐晋，自茅津济。"杜预云："河东大阳县也。"

③解，县，属河东郡，故城在今蒲州桑泉县东南也。

④高祖曰："运策帷幄之中，决胜千里之外，吾不如子房。"

⑤《史记》曰，颜回年二十九，发白，早死，孔子哭之恸，曰"自吾有回，门人益亲"也。

⑥五品，五常也：父义，母慈，兄友，弟恭，子孝。言五常之教务在宽也。

⑦酇，县，(今)属南阳郡，故城在〔今〕襄州穀城县东北。〔３〕

遂渡汾阴河，入夏阳。更始中郎将左辅都尉公乘歙，①引其众十万，与左冯翊兵共拒禹于衙，②禹复破走之，而赤眉遂入长安。是时三辅连覆败，赤眉所过残贼，百姓不知所归。闻禹乘胜独克而师行有纪，③皆望风相携负以迎军，降者日以千数，众号百万。禹所止辄停车住节，④以劳来之，父老童稚，垂发戴白，⑤满其车下，莫不感悦，于是名震关西。帝嘉之，数赐书褒美。

①左辅即左冯翊也。三辅皆有都尉。

②衙，县名，属左冯翊，解见《安纪》。

③纪，纲纪也。言有条贯而不残暴。

④住或作柱。

⑤垂发，童幼也。戴白，父老也。

诸将豪杰皆劝禹径攻长安。禹曰："不然。今吾众虽多，能战者少，前无可仰之积，①后无转馈之资。赤眉新拔长安，财富充实，〔４〕锋锐未可当也。夫盗贼群居，无终日之计，财谷虽多，变故万端，宁能坚守者也？上郡、北地、安定三郡，土广人稀，饶谷多畜，吾且休兵北道，就粮养士，以观其弊，乃可图也。"于是引军北至栒邑。②禹所到，击破赤眉别将诸营保，郡邑皆开门归附。西河太守宗育遣子奉檄降，禹遣诣京师。③

①仰犹恃也，音鱼向反。

②栒邑，县，属右扶风，故城在今豳州三水县东北。栒音荀。

③京师谓洛阳也。《公羊传》曰："天子所居曰京师。"

帝以关中未定，而禹久不进兵，下敕曰："司徒，尧也；亡贼，桀也。长安吏人，遑遑无所依归。宜以时进讨，镇慰西京，系百姓之心。"禹犹执前意，乃分遣将军别攻上郡诸县，更征兵引谷，归至大要。①遣冯愔、宗歆守栒邑。二人争权相攻，愔遂杀歆，因反击禹，禹遣使以闻(帝)。〔5〕帝问使人："愔所亲爱为谁"，对曰："护军黄防。"帝度愔、防不能久和，执必相忤，因报禹曰："缚冯愔者，必黄防也。"乃遣尚书宗广持节降之。〔6〕后月馀，防果执愔，将其众归罪。更始诸将王匡、胡殷(成丹)等皆诣广降，〔7〕与共东归。至安邑，道欲亡，广悉斩之。愔至洛阳，赦不诛。

①大要，县名，属北地郡。

二年春，遣使者更封禹为梁侯，食四县。时赤眉西走扶风，禹乃南至长安，军昆明池，大飨士卒。率诸将斋戒，择吉日，修礼谒祠高庙，收十一帝神主，〔8〕遣使奉诣洛阳，因循行园陵，为置吏士奉守焉。

禹引兵与延岑战于蓝田，不克，复就谷云阳。汉中王刘嘉诣禹降。嘉相李宝倨慢无礼，禹斩之。宝弟收宝部曲击禹，杀将军耿䜣。自冯愔反后，禹威稍损，又乏食，归附者离散。而赤眉复还入长安，禹与战，败走，至高陵，军士饥饿(者)，皆食枣菜。〔9〕帝乃征禹还，敕曰："赤眉无谷，自当来东，吾折捶笞之，非诸将忧也。无得复妄进兵。"禹惭于受任而功不遂，数以饥卒徼战，辄不利。三年春，与车骑将军邓弘击赤眉，遂为所败，众皆死散。事在《冯异传》。独与二十四骑还诣宜阳，谢上大司徒、梁侯印绶。有诏归侯印绶。数月，拜右将军。

延岑自败于东阳，遂与秦丰合。四年春，复寇顺阳间。遣禹护复汉将军邓晔、辅汉将军于匡，击破岑于邓；追至武当，复破之。岑奔汉中，馀党悉降。

十三年,天下平定,诸功臣皆增户邑,定封禹为高密侯,食高密、昌安、夷安、淳于四县。①帝以禹功高,封弟宽为明亲侯。其后左右将军官罢,②以特进奉朝请。禹内文明,笃行淳备,事母至孝。天下既定,常欲远名埶。有子十三人,各使守一艺。修整闺门,教养子孙,皆可以为后世法。资用国邑,不修产利。帝益重之。中元元年,复行司徒事。从东巡狩,封岱宗。

① 高密,国名,今密州县也。昌安、夷安并属高密国。昌安故城在今密州安丘县外城也。夷安故城在今密州高密县外城也。淳于,县名,属北海郡,故城在今密州安丘县东北也。

②《续汉志》曰"前后左右将军皆主征伐,事讫皆罢"也。

显宗即位,以禹先帝元功,拜为太傅,进见东向,甚见尊宠。①居岁馀,寝疾,帝数自临问,以子男二人为郎。永平元年,年五十七薨,谥曰元侯。

① 臣当北面,尊如宾,故令东向。

帝分禹封为三国:长子震为高密侯,袭为昌安侯,珍为夷安侯。

禹少子鸿,好筹策。永平中,以为小侯。引入与议边事,帝以为能,拜将兵长史,率五营士屯雁门。肃宗时,为度辽将军。永元中,与大将军窦宪俱出击匈奴,有功,征行车骑将军。出塞追畔胡逢侯,坐逗留,下狱死。

高密侯震卒,子乾嗣。乾尚显宗女沁水公主。永元十四年,阴皇后巫蛊事发,乾从兄奉以后舅被诛,乾从坐,国除。元兴元年,和帝复封乾本国,拜侍中。乾卒,子成嗣。成卒,子褒嗣。褒尚安帝妹舞阴长公主,桓帝时为少府。褒卒,长子某嗣。少子昌袭母爵为舞阴侯,拜黄门侍郎。

昌安侯袭嗣子藩,〔10〕亦尚显宗女平皋长公主,①和帝时为侍中。

① 平皋,县名,属河内郡,故城在今怀州武德县西。

夷安侯珍子康,少有操行。兄良袭封,无后,永初六年,绍封康为夷安侯。时诸绍封者皆食故国半租，康以皇太后戚属，独三分食二，以侍祠侯①为越骑校尉。康以太后久临朝政，宗门盛满，数上书长乐宫谏争，宜崇公室，自损私权，言甚切至。太后不从。康心怀畏惧，永宁元年，遂谢病不朝。太后使内侍者问之。时宫人出入，多能有所毁誉，其中耆宿皆称中大人。所使者乃康家先婢，亦自通中大人。康闻，诟之②曰："汝我家出，亦敢尔邪！"婢怨恚，还说康诈疾而言不逊。太后大怒，遂免康官，遣归国，绝属籍。及从兄骘诛，③安帝征康为侍中。顺帝立，为太仆，有方正称，名重朝廷。以病免，加位特进。阳嘉三年卒，谥曰义侯。

　①《汉官仪》曰："诸侯功德优盛，朝廷所敬者，位特进，在三公下；其次朝侯，在
　　九卿下；其次侍祠侯；其次下土小国侯，以肺腑亲公主子孙，奉坟墓于京师，
　　亦随时朝见，是为限诸侯也。"〔11〕康，太后从兄，以亲侍祀得绍封也。

　②诟，骂也，音许遘反。

　③骘音质。

　　论曰：夫变通之世，君臣相择，①斯最作事谋始之几也。②邓公赢粮徒步，触纷乱而赴光武，③可谓识所从会矣，于是中分麾下之军，以临山西之隙，至使关河响动，怀赴如归。功虽不遂，而道亦弘矣！及其威损栒邑，兵散宜阳，褫龙章于终朝，就侯服以卒岁，④荣悴交而下无二色，进退用而上无猜情，使君臣之美，后世莫窥其间，不亦君子之致为乎！

　①《家语》孔子曰："君择臣而任之，臣亦择君而事之。"

　②几者，事之微也。《易·讼卦》曰"君子以作事谋始"也。

　③《方言》曰："赢，檐。"

　④褫音直纸反，又敕纸反。龙章，衮龙之服也。谓禹为赤眉所败，上司徒印绶
　　也。《易·讼卦》曰："或锡之鞶带，终朝三褫之。"

　　训字平叔，禹第六子也。少有大志，不好文学，禹常非之。显宗即位，初以为郎中。训乐施下士，士大夫多归之。①

　①《东观记》曰："训谦恕下士，无贵贱见之如旧，朋友子往来门内，视之如子，

有过加鞭扑之教。太医皮巡从猎上林还,暮宿殿门下,寒疝病发。时训直事,闻巡声,起往问之,巡曰:'冀得火以熨背。'训身至太官门为求火,不得,乃以口嘘其背,复呼同庐郎共更嘘,至朝遂愈也。"

永平中,理滹沱、石臼河,从都虑至羊肠仓,①〔12〕欲令通漕。②太原吏人苦役,连年无成,转运所经三百八十九隘,③前后没溺死者不可胜算。建初三年,拜训谒者,使监领其事。训考量隐括,④知大功难立,具以上言。肃宗从之,遂罢其役,更用驴辇,岁省费亿万计,全活徒士数千人。

①郦元《水经注》云,汾阳故城,积粟所在,谓之羊肠仓,在晋阳西北,石隥萦委,若羊肠焉,故以为名。今岚州界羊肠阪是也。石臼河解见(明)〔章〕纪》。〔13〕

②水运曰漕。

③隘音乙卖反。

④隐审量括之也。《孙卿子》曰:"拘木必待隐括蒸揉然后直"也。拘音钩,谓曲者也。

会上谷太守任兴欲诛赤沙乌桓,〔乌桓〕怨恨谋反,诏〔14〕训将黎阳营兵屯狐奴,以防其变。①训抚接边民,为幽部所归。六年,迁护乌桓校尉,黎阳故人多携将老幼,乐随训徙边。②鲜卑闻其威恩,皆不敢南近塞下。③八年,舞阴公主子梁扈有罪,训坐私与扈通书,征免归闾里。④

①《汉官仪》曰:"中兴以幽、冀、并州兵克定天下,故于黎阳立营,以谒者监之。"狐奴,县,属渔阳郡也。

②《东观记》曰:"训故吏最贫羸者举国,念训常所服药北州少乏,又知训好青泥封书,从黎阳步推鹿车于洛阳市药,还过赵国易阳,并载青泥一(襆)〔璞〕,〔15〕至上谷遗训。其得人心如是。"

③《东观记》曰:"吏士常大病疟,转易至数十人,〔16〕训身为煮汤药,咸得平愈。其无妻者,为适配偶。"

④《东观记》曰:"燕人思慕,为之作歌也。"

元和三年,卢水胡反畔,以训为谒者,乘传到武威,拜张掖太守。
章和二年,护羌校尉张纡诱诛烧当种羌迷吾等,〔17〕由是诸羌大怒,谋欲报怨,朝廷忧之。公卿举训代纡为校尉。诸羌激忿,遂相与解仇结婚,交质盟诅,①众四万馀人,期冰合度河攻训。先是小月氏胡分居塞内,胜兵者二三千骑,皆勇健富强,每与羌战,常以少制多。虽首施两端,②汉亦时收其用。时迷吾子迷唐,别与武威种羌合兵万骑,来至塞下,未敢攻训,先欲胁月氏胡。训拥卫稽故,令不得战。③议者咸以羌胡相攻,县官之利,以夷伐夷,不宜禁护。训曰:"不然。今张纡失信,众羌大动,经常屯兵,不下二万,转运之费,空竭府帑,④凉州吏人,命县丝发。原诸胡所以难得意者,皆恩信不厚耳。今因其迫急,以德怀之,庶能有用。"遂令开城及所居园门,悉驱群胡妻子内之,严兵守卫。羌掠无所得,⑤又不敢逼诸胡,因即解去。由是湟中诸胡⑥皆言"汉家常欲斗我曹,今邓使君待我以恩信,开门内我妻子,乃得父母"。咸欢喜叩头曰:"唯使君所命。"训遂抚养其中少年勇者数百人,以为义从。

①郑玄注《周礼》云:"大事曰盟,小事曰诅。"

②首施犹首鼠也。

③稽故谓稽留事故也。《东观记》"稽故"字作"诸故"也。

④《说文》曰:"帑,金帛所藏。"音它莽反。

⑤掠,劫夺也。

⑥湟中,月氏胡所居,今鄯州湟水县也。

羌胡俗耻病死,每病临困,辄以刀自刺。训闻有困疾者,辄拘持缚束,不与兵刃,使医药疗之,愈者非一,小大莫不感悦。于是赏赂诸羌种,使相招诱。迷唐伯父号吾乃将其母及种人八百户,[18]自塞外来降。训因发湟中秦、胡、羌兵四千人,出塞掩击迷唐于写谷,①斩首虏六百馀人,得马牛羊万馀头。迷唐乃去大、小榆,②居颇岩谷,众悉破散。其春,复欲归故地就田业,训乃发湟中六千人,令长史任尚将之,缝革为船,置于箄上以度河,③掩击迷唐庐落大豪,多所斩获。复追逐奔北,会尚等夜为羌所攻,于是义从羌胡并力破之,斩首前后一千八百馀级,获生口二千人,马牛羊三万馀头,一种殆尽。④迷唐遂收其馀部,远徙庐落,西行千馀里,诸附落小种皆背畔之。烧当豪帅东号稽颡归死,⑤馀皆款塞纳质。于是绥接归附,威信大行。遂罢屯兵,各令归郡。唯置弛刑徒二千馀人,分以屯田,为贫人耕种,修理城郭坞壁而已。

①《东观记》(曰)"写"作"雁"。〔19〕

②两谷名也,见《西羌传》。

③箄,木筏也,音步佳反。

④一种谓迷唐也。

⑤东号,羌名。

永元二年,大将军窦宪将兵镇武威,宪以训晓羌胡方略,上求俱行。训初厚于马氏,不为诸窦所亲,及宪诛,故不离其祸。①

①离,遭也。

训虽宽中容众,而于闺门甚严,兄弟莫不敬惮,诸子进见,未尝赐席接以温色。四年冬,病卒官,时年五十三。吏人羌胡爱惜,旦夕临者日数千人。戎俗父母死,耻悲泣,皆骑马歌呼。至闻训卒,莫不吼号,或以刀自割,又刺杀其犬马牛羊,曰"邓使君已死,我曹亦俱死耳"。前乌桓吏士皆奔走道路,①至空城郭。吏执不听,以状白校尉徐傿。傿叹息曰:"此义也。"②乃释之。遂家家为训立祠,每有疾病,辄此请祷求福。〔20〕

①训前任乌桓校尉时吏士也。

②傿音于建反。

元兴元年,和帝以训皇后之父,使谒者持节至训墓,赐策追封,谥曰平寿敬侯。①中宫自临,百官大会。

①平寿,县,属北海郡,故城在今青州北海县。

训五子:骘,京,悝,弘,闾。①〔21〕

①悝音口回反。

骘字昭伯,①少辟大将军窦宪府。及女弟为贵人,骘兄弟皆除郎中。及贵人立,是为和熹皇后。骘三迁虎贲中郎将,京、悝、弘、闾皆黄门侍郎。京卒于官。延平元年,拜骘车骑将军、仪同三司。〔仪同三司〕

始自骘也。〔22〕悝虎贲中郎将,弘、阊皆侍中。

①《东观记》"骘"作"陟"。

殇帝崩,太后与骘等定策立安帝,悝迁城门校尉,弘虎贲中郎将。自和帝崩后,骘兄弟常居禁中。骘谦逊不欲久在内,连求还第,岁馀,太后乃许之。

永初元年,封骘上蔡侯,悝叶侯,弘西平侯,①阊西华侯,②食邑各万户。骘以定策功,增邑三千户。骘等辞让不获,遂逃避使者,间关诣阙,③上疏自陈曰:"臣兄弟污涉,无分可采,④过以外戚,遭值明时,⑤托日月之末光,被云雨之渥泽,⑥并统列位,光昭当世。不能宣赞风美,补助清化,诚惭诚惧,无以处心。陛下躬天然之姿,体仁圣之德,遭国不造,仍离大忧,⑦开日月之明,运独断之虑,援立皇统,奉承大宗。圣策定于神心,休烈垂于不朽,本非臣等所能万一,而猥推嘉美,并享大封,⑧伏闻诏书,惊惶惭怖。追观前世倾覆之诚,⑨退自惟念,不寒而栗。⑩臣等虽无逮及远见之虑,犹有庶几戒惧之情。常母子兄弟,内相敕厉,冀以端悫畏慎,一心奉戴,上全天恩,下完性命。刻骨定分,有死无二。终不敢横受爵土,以增罪累。惶窘征营,昧死陈乞。"太后不听。骘频上疏,至于五六,乃许之。

①西平,县,属汝南郡,故城在今豫州郾城县南。

②西华,县,属汝南郡也。

③间关犹崎岖也。

④言无分寸可收采也。

⑤过,误也。

⑥《易》曰:"夫圣人者,与天地合其德,日月齐其明。"又云"云行雨施,天下平"也。

⑦造,成也。仍,频也。大忧,和帝、殇帝崩。

⑧猥,曲也。

⑨前代外戚上官安、霍禹之属,皆被诛戮也。

⑩惟,思也。不寒而栗,言恐惧也。《前书》曰"义纵为定襄太守,郡中不寒而栗"也。

其夏,凉部畔羌摇荡西州,朝廷忧之。于是诏骘将左右羽林、北军五校士及诸部兵击之,车驾幸平乐观钱送。骘西屯汉阳,使征西校尉任尚、从事中郎司马钧与羌战,大败。时以转输疲弊,百姓苦役。冬,征骘班师。①〔23〕朝廷以太后故,遣五官中郎将迎拜骘为大将军。军到河南,使大鸿胪亲迎,中常侍赍牛酒郊劳,王、主以下候望于道。既至,大会群臣,赐束帛乘马,②宠灵显赫,光震都鄙。

①班,还也。

②驷马曰乘。

时遭元二之灾,①人士荒饥,〔24〕死者相望,盗贼群起,四夷侵畔。骘等崇节俭,罢力役,推进天下贤士何熙、祋讽、②羊浸、李郃、陶敦等列于朝廷,辟杨震、朱宠、陈禅置之幕府,故天下复安。

①臣贤案:元二即元元也,〔25〕古书字当再读者,即于上字之下为小"二"字,言此字当两度言之。后人不晓,遂读为元二,或同之阳九,或附之百六,良由不悟,致斯乖舛。今岐州《石鼓铭》,凡重言者皆为"二"字,明验也。

②祋,姓也,音丁外反,又音丁活反。

四年,母新野君寝病,骘兄弟并上书求还侍养。太后以阊最少,孝行尤著,特听之,赐安车驷马。及新野君薨,骘等复乞身行服,章连上,太后许之。骘等既还里第,并居冢次。阊至孝骨立,有闻当时。及服阕,诏喻骘还辅朝政,更授前封。骘等叩头固让,乃止,于是并奉朝请,位次在三公下,特进、侯上。①其有大议,乃诣朝堂,与公卿参谋。

①在特进及列侯之上。

元初二年,弘卒。太后服齐衰,帝丝麻,〔26〕并宿幸其第。弘少治《欧阳尚书》,授帝禁中,①诸儒多归附之。初疾病,遗言悉以常服,不得用锦衣玉匣。有司奏赠弘骠骑将军,位特进,封西平侯。太后追思弘意,不加赠位衣服,但赐钱千万,布万匹,骘等复辞不受。诏大鸿胪持节,即弘殡封子广德为西平侯。将葬,有司复奏发五营轻车骑士,礼仪如霍光故事,②太后皆不听,但白盖双骑,门生挽送。③后以帝师之重,分西平之都乡封广德弟甫德为都乡侯。四年,又封京子黄门侍郎珍为阳安侯，[27]邑三千五百户。

①欧阳生字和伯，千乘人，事伏生，武帝时人。

②霍光薨，宣帝遣太中大夫、侍御史持节护丧事，中二千石修莫府冢，上赐玉衣、梓宫、便房、黄肠题凑、辒辌车、黄屋左纛，轻车材官五校士以送葬也。

③白盖车也。

五年，悝、阊相继并卒，皆遗言薄葬，不受爵赠，太后并从之。乃封悝子广宗为叶侯，阊子忠为西华侯。

自祖父禹教训子孙，皆遵法度，深戒窦氏，①检敕宗族，阖门静居。②骘子侍中凤，尝与尚书郎张龛书，属郎中马融宜在台阁。又中郎将任尚尝遗凤马，后尚坐断盗军粮，槛车征诣廷尉，③凤惧事泄，先自首于骘。骘畏太后，遂髡妻及凤以谢，天下称之。

①章帝窦皇后，窦勋女，祖穆及叔父俱尚主。穆交通轻薄，属托郡县，干乱政化，后并坐怨望谋不轨被诛，故邓氏引深为诫也。

②阖，闭也。

③槛车谓以板四周为槛，无所见。

建光元年，太后崩，未及大敛，帝复申前命，封骘为上蔡侯，位特进。帝少号聪敏，及长多不德，而乳母王圣见太后久不归政，虑有废置，常与中黄门李闰候伺左右。及太后崩，宫人先有受罚者，怀怨恚，因诬告悝、弘、阊先从尚书邓访取废帝故事，[28]谋立平原王得。①[29]帝闻，追怒，令有司奏悝等大逆无道，遂废西平侯广德、叶侯广宗、[30]西华侯忠、阳安侯珍、都乡侯甫德皆为庶人。骘以不与谋，但免特进，遣就国。宗族皆免官归故郡，没入骘等赀财田宅，徙邓访及家属于远郡。郡县逼迫，广宗及忠皆自杀。又徙封骘为罗侯，②骘与子凤并不食而死。骘从弟河南尹豹、度辽将军舞阳侯遵、将作大匠畅皆自杀，唯广德兄弟以母阎后戚属得留京师。

①和帝长子平原王胜无嗣，邓太后立乐安王宠子得为平原王。

②罗，县，属长沙(国)〔郡〕。[31]

大司农朱宠痛骘无罪遇祸，乃肉祖舆榇，①上疏追讼骘曰："伏惟和熹皇后圣善之德,为汉文母。②兄弟忠孝,同心忧国,宗庙有主,王室是赖。③功成身退,让国逊位,历世外戚,无与为比。当享积善履谦之祐,④而横为宫人单辞所陷。利口倾险,反乱国家,罪无申证,⑤狱不讯鞠,⑥遂令骘等罹此酷滥。一门七人,并不以命,⑦尸骸流离,怨魂不反,逆天感人,率土丧气。宜收还冢次,宠树遗孤,奉承血祀,以谢亡灵。"⑧宠知其言切,自致廷尉,诏免官归田里。众庶多为骘称枉,帝意颇悟,乃遣让州郡,⑨还葬洛阳北芒旧茔,公卿皆会丧,莫不悲伤之。诏遣使者祠以中牢,诸从昆弟皆归京师。及顺帝即位,追感太后恩训,愍骘无辜,乃诏宗正复故大将军邓骘宗亲内外,朝见皆如故事。除骘兄弟子及门从十二人悉为郎中,擢朱宠为太尉,录尚书事。

①榇,亲身棺也。

②《诗·凯风》曰:"母氏圣善。"文母,文王之母大任也。言太后有圣智之善,比于文母也。

③殇帝崩,太后与骘定立安帝,故曰是赖。

④《易》曰:"积善之家,必有馀庆。"又曰:"鬼神害盈而福谦。"

⑤申,明白也。

⑥讯,问也。鞠,穷也。

⑦七人谓骘从弟豹、遵、畅,骘子凤,凤从弟广宗、忠也。

⑧血祀谓祭庙杀牲取血以告神也。

⑨以逼迫广宗等故也。

宠字仲威,京兆人,初辟骘府,稍迁颍川太守,治理有声。及拜太尉,封安乡侯,甚加优礼。

广德早卒。甫德更召征为开封令。学传父业。丧母,遂不仕。

阊妻耿氏有节操,痛邓氏诛废,子忠早卒,乃养河南尹豹子嗣为阊后。耿氏教之书学,遂以通博称。永寿中,与伏无忌、延笃著书东观,官至屯骑校尉。

禹曾孙香(子)〔之〕女为桓帝后,〔32〕帝又绍封度辽将军遵子万世为南乡侯,拜河南尹。及后废,万世下狱死,其馀宗亲皆复归故郡。

邓氏自中兴后，累世宠贵，凡侯者二十九人，公二人，大将军以下十三人，中二千石十四人，列校二十二人，州牧、郡守四十八人，其馀侍中、将、大夫、郎、谒者不可胜数，东京莫与为比。

论曰：汉世外戚，自东、西京十有馀族，①非徒豪横盈极，自取灾故，必于贻衅后主，以至颠败者，其数有可言焉。②何则？恩非己结，而权已先之；③情疏礼重，而枉性图之；④来宠方授，地既害之；⑤隙开衅谢，谗亦胜之。⑥悲哉！骘、悝兄弟，委远时柄，忠劳王室，而终莫之免，斯乐生所以泣而辞燕也！⑦

① 高帝吕后、昭帝上官后、宣帝霍后、成帝赵后、平帝王后、章帝窦后、和帝邓后、安帝阎后、桓帝窦后、顺帝梁后、灵帝何后等家，或以贵盛骄奢，或以摄位权重，皆以盈极被诛也。

② 后主谓嗣君也。言外戚握权者，当先帝时或容免祸，必贻罪衅于嗣君，以至倾覆。数犹理也，其致败之理可得言焉。

③ 言外戚之家，承隆宠于先帝，不结恩于后主，故权势先在其身也。

④ 图，谋也。其人既居权要，礼数不可不重，故后主枉其本性与之图谋政事，非心所好也。

⑤ 后来宠者，方欲授之要职，而先代权臣见居其地，必须除旧方得授新，是地既害之也。

⑥ 君臣有隙，上下离心，则权宠之人形势渐谢，于是谗人构会，寻亦胜也。

⑦ 乐毅忠于燕昭王，其子惠王立而疑乐毅，乐毅惧而奔赵。赵王谓乐毅曰："燕力竭于齐，其主信谗，国人不附，其可图乎？"毅伏而垂涕曰："臣事昭王，犹事大王也。臣若获戾于它国，没身不忍谋赵徒隶，况其后嗣乎！"事见《古史考》。〔33〕

寇恂字子翼，上谷昌平人也，世为著姓。恂初为郡功曹，太守耿况甚重之。

王莽败，更始立，使使者徇郡国，曰"先降者复爵位"。恂从耿况迎使者于界上，况上印绶，使者纳之，一宿无还意。恂勒兵入见使者，就请

之。使者不与，曰："天王使者，功曹欲胁之邪？"恂曰："非敢胁使君，①
窃伤计之不详也。今天下初定，国信未宣，使君建节衔命，以临四方，郡
国莫不延颈倾耳，望风归命。今始至上谷而先堕大信，②沮向化之心，
生离畔之隙，将复何以号令它郡乎？且耿府君在上谷，久为吏人所亲，
今易之，得贤则造次未安，不贤则祇更生乱。为使君计，莫若复之以安
百姓。"使者不应，恂叱左右以使者命召况。况至，恂进取印绶带况。使
者不得已，乃承制诏之，况受而归。

①君者，尊之称也。

②堕，毁也。

及王郎起，遣将徇上谷，急况发兵。恂与门下掾闵业共说况曰："邯
郸拔起，难可信向。①昔王莽时，所难独有刘伯升耳。今闻大司马刘公，
伯升母弟，尊贤下士，士多归之，可攀附也。"况曰："邯郸方盛，力不能独
拒，如何？"恂对曰："今上谷完实，控弦万骑，举大郡之资，可以详择去
就。恂请东约渔阳，齐心合众，邯郸不足图也。"况然之，乃遣恂到渔阳，
结谋彭宠。恂还，至昌平，袭击邯郸使者，杀之，夺其军，遂与况子弇等
俱南及光武于广阿。拜恂为偏将军，号承义侯，从破群贼。数与邓禹谋
议，禹奇之，因奉牛酒共交欢。

①拔，卒也。

光武南定河内，而更始大司马朱鲔等盛兵据洛阳。又并州未安，光
武难其守，①问于邓禹曰："诸将谁可使守河内者？"禹曰："昔高祖任萧
何于关中，无复西顾之忧，所以得专精山东，终成大业。今河内带河为
固，户口殷实，北通上党，南迫洛阳。寇恂文武备足，有牧人御众之才，
非此子莫可使也。"乃拜恂河内太守，行大将军事。光武谓恂曰："河内
完富，吾将因是而起。昔高祖留萧何镇关中，吾今委公以河内，坚守转
运，给足军粮，率厉士马，防遏它兵，勿令北度而已。"光武于是复北征
燕、代。恂移书属县，讲兵肄射，②伐淇园之竹，为矢百馀万，③养马二千
匹，收租四百万斛，转以给军。

①非其人不可，故难之。

②肆,习也。

③《前书音义》曰"淇园,卫之苑,多竹篠"也。

朱鲔闻光武北而河内孤,使讨难将军苏茂、副将贾彊将兵三万馀人,度巩河攻温。①檄书至,恂即勒军驰出,并移告属县,发兵会于温下。军吏皆谏曰:"今洛阳兵度河,前后不绝,宜待众军毕集,乃可出也。"恂曰:"温,郡之藩蔽,失温则郡不可守。"遂驰赴之。旦日合战,而偏将军冯异遣救及诸县兵适至,士马四集,幡旗蔽野。恂乃令士卒乘城鼓噪,大呼言曰:"刘公兵到!"苏茂军闻之,陈动,恂因奔击,大破之,追至洛阳,遂斩贾彊。茂兵自投河死者数千,生获万馀人。恂与冯异过河而还。自是洛阳震恐,城门昼闭。时光武传闻朱鲔破河内,有顷恂檄至,大喜曰:"吾知寇子翼可任也!"诸将军贺,〔34〕因上尊号,于是即位。

①巩、温并今洛州县也。临黄河,故曰巩河也。

时军食急乏,恂以辇车骊驾转输,前后不绝,①尚书升斗以禀百官。帝数策书劳问恂,同门生茂陵董崇说恂曰:"上新即位,四方未定,而君侯以此时据大郡,内得人心,外破苏茂,威震邻敌,功名发闻,此谗人侧目怨祸之时也。〔35〕昔萧何守关中,悟鲍生之言而高祖悦。②今君所将,皆宗族昆弟也,无乃当以前人为镜戒。"恂然其言,称疾不视事。帝将攻洛阳,先至河内,恂求从军。帝曰:"河内未可离也。"数固请,不听,乃遣兄子寇张、姊子谷崇将突骑愿为军锋。帝善之,皆以为偏将军。

①《前书音义》曰:"骊驾,并驾也。辇车,人挽行也。"

②汉王与项羽相距京、索,萧何留守关中,上数使使劳苦何。鲍生谓何曰:"今君王暴衣露盖,数劳苦君者,有疑君心。为君计者,遣君子孙昆弟能胜兵者悉诣军。"何从其计,高祖大悦。

建武二年,恂坐系考上书者免。是时颍川人严终、赵敦聚众万馀,与密人贾期连兵为寇。恂免数月,复拜颍川太守,与破奸将军侯进俱击之。数月,斩期首,郡中悉平定。封恂雍奴侯,邑万户。

执金吾贾复在汝南,部将杀人于颍川,①恂捕得系狱。时尚草创,军营犯法,率多相容,恂乃戮之于市。复以为耻,叹。还过颍川,谓左右曰:“吾与寇恂并列将帅,而今为其所陷,大丈夫岂有怀侵怨而不决之者乎? 今见恂,必手剑之!”恂知其谋,不欲与相见。谷崇曰:“崇,将也,得带剑侍侧。卒有变,足以相当。”恂曰:“不然。昔蔺相如不畏秦王而屈于廉颇者,为国也。②区区之赵,尚有此义,吾安可以忘之乎?”乃敕属县盛供具,储酒醪,③执金吾军入界,一人皆兼二人之馔。④恂乃出迎于道,称疾而还。贾复勒兵欲追之,而吏士皆醉,遂过去。恂遣谷崇以状闻,帝乃征恂。恂至引见,时复先在坐,欲起相避。帝曰:“天下未定,两虎安得私斗? 今日朕分之。”⑤于是并坐极欢,遂共车同出,结友而去。

①部将谓军部之下小将也。

②《史记》曰,秦王与赵王饮于渑池,秦王请赵王鼓瑟,秦御史书曰“某年某月赵王为秦王鼓瑟”。蔺相如前请秦王击缶,秦王怒,不许。相如曰:“五步之内,相如请得以颈血溅大王矣!”秦王不怿,为击缶。相如顾赵御史书曰“某年某月秦王为赵王击缶”。秦群臣曰:“请以赵十五城为秦王寿。”相如曰:“请以秦咸阳为赵王寿。”竟酒不能相加。既罢归国,赵拜相如为上卿,位在廉颇之上。颇曰:“我有攻城野战之功,相如徒以口舌为劳,而位居我上,我见必厚辱之。”相如出,望见廉颇,辄引车避之。舍人谏。相如曰:“夫以秦王,相如能廷叱之,何畏廉将军哉! 吾念强秦不敢加兵于赵者,盖以吾两人也。今两虎斗,必不俱全,吾所以先公家之急而后私仇也。”

③《说文》曰:“醪,兼汁滓酒。”

④馔,具〔食〕也。〔36〕

⑤分犹解也。

恂归颍川。①三年,遣使者即拜为汝南太守,②又使骠骑将军杜茂将兵助恂讨盗贼。盗贼清静,郡中无事。恂素好学,乃修乡校,教生徒,聘能为《左氏春秋》者,亲受学焉。七年,代朱浮为执金吾。明年,从车驾击隗嚣,而颍川盗贼群起,帝乃引军还,谓恂曰:“颍川迫近京师,当以时定。惟念独卿能平之耳,从九卿复出,以忧国可(知)也。”〔37〕恂对曰:“颍川剽轻,闻陛下远逾阻险,有事陇、蜀,故狂狡乘间相诖误耳。③如闻乘舆南向,贼必惶怖归死。臣愿执锐前驱。”即日车驾南征,恂从至颍川,盗贼悉降,而竟不拜郡。百姓遮道曰:“愿从陛下复借寇君一年。”④乃留恂长社,镇抚吏人,受纳馀降。

①《东观记》曰:"郡中政理,盗贼不入。"

②即,就也。

③狡,猾也。《说文》曰:"诖亦误也。"音挂。

④恂前为颍川太守,故曰复借也。

初,隗嚣将安定高峻,拥兵万人,据高平第一,①帝使待诏马援招降峻,由是河西道开。中郎将来歙承制拜峻通路将军,封关内侯,后属大司马吴汉,共围嚣于冀。〔38〕及汉军退,峻亡归故营,复助嚣拒陇坻。及嚣死,峻据高平,畏诛坚守。建威大将军耿弇率太中大夫窦士、武威太守梁统等围之,一岁不拔。十年,帝入关,将自征之,恂时从驾,谏曰:"长安道里居中,应接近便,②安定、陇西必怀震惧,此从容一处可以制四方也。今士马疲倦,方履险阻,非万乘之固,前年颍川,可为至戒。"帝不从。进军及汧,③峻犹不下,帝议遣使降之,乃谓恂曰:"卿前止吾此举,今为吾行也。若峻不即降,引耿弇等五营击之。"恂奉玺书至第一,峻遣军师皇甫文出谒,辞礼不屈。恂怒,将诛文。诸将谏曰:"高峻精兵万人,率多强弩,西遮陇道,连年不下。今欲降之而反戮其使,无乃不可乎?"恂不应,遂斩之。遣其副归告峻曰:"军师无礼,已戮之矣。欲降,急降;不欲,固守。"峻惶恐,即日开城门降。诸将皆贺,因曰:"敢问杀其使而降其城,何也?"恂曰:"皇甫文,峻之腹心,其所取计者也。今来,辞意不屈,必无降心。全之则文得其计,杀之则峻亡其胆,是以降耳。"诸将皆曰:"非所及也。"遂传峻还洛阳。

①高平,县,属安定郡。《续汉志》曰高平有第一城也。

②从洛阳至高平,长安为中。

③汧,县,属扶风,故城在今陇州汧源县南也。

恂经明行修,名重朝廷,所得秩奉,厚施朋友、故人及从吏士。常曰:"吾因士大夫以致此,其可独享之乎!"时人归其长者,〔39〕以为有宰相器。

十二年卒,谥曰威侯。子损嗣。〔40〕恂同产弟及兄子、姊子以军功封列侯者凡八人,终其身,不传于后。

初所与谋闵业者,恂数为帝言其忠,赐爵关内侯,官至辽西太守。

十三年,复封损庶兄寿为洨侯。①后徙封损扶柳侯。②损卒,子釐嗣,徙封商乡侯。釐卒,子袭嗣。

①洨,县,属沛郡。洨音故交反。

②扶柳,县,属信都郡,故城在今冀州信都县西也。

恂女孙为大将军邓骘夫人,由是寇氏得志于永初间。①

①安帝永初元年,邓太后临朝,故得志也。

恂曾孙荣。

论曰:传称“喜怒以类者鲜矣”。①夫喜而不比,怒而思难者,其唯君子乎!子曰:“伯夷、叔齐,不念旧恶,怨是用希。”于寇公而见之矣。②

①《左传》曰,晋范武子会将老,召其子文子曰:“吾闻之,喜怒以类者鲜矣,而易者实多也。”

②《论语》孔子之言。

荣少知名,桓帝时为侍中。性矜絜自贵,于人少所与,①以此见害于权宠。而从兄子尚帝妹益阳长公主,帝又聘其从孙女于后宫,左右益恶之。延熹中,遂陷以罪辟,与宗族免归故郡。吏承望风旨,持之浸急,荣恐不免,奔阙自讼。未至,刺史张敬追劾荣以擅去边,有诏捕之。荣逃窜数年,会赦令,不得除,积穷困,乃自亡命中上书曰:②

①与,党与也。

②自,从也。

臣闻天地之于万物也好生,帝王之于万人也慈爱。陛下统天理物,为万国覆,作人父母,先慈爱,后威武,先宽容,后刑辟,自生齿以上,咸蒙德泽。①而臣兄弟独以无辜为专权之臣所见批抵,②〔41〕青蝇之人所共搆会。③以臣婚姻王室,谓臣将抚其背,夺其位,退其身,受其埶。于是遂作飞章以被于臣,欲使坠万仞之坑,践必死之地,令陛下忽慈母之仁,发投杼之怒。④尚书背绳墨,案空劾,⑤不复质确其过,置于严棘之下,⑥便奏正臣罪。司隶校尉冯羡佞邪承旨,废于王命,〔42〕驱逐臣等,不得旋踵。臣奔走还郡,没齿无怨。臣诚恐卒为豺狼横见噬食,故冒死欲诣阙,披肝胆,布腹心。

①《大戴礼》曰"男子八月生齿,女子七月生齿"也。

②《说文》曰:"抵,侧击也。"批音片兮反。抵音之氏反。

③青蝇,《诗·小雅》曰:"营营青蝇,止于樊,恺悌君子,无信谗言。"青蝇能污白使黑,污黑使白,喻佞人变乱善恶。

④《史记》曰,昔曾参之处费,鲁人(又)有与曾参同姓名,〔43〕杀人。人告其母曰"曾参杀人",其母织自若也。又一人告之曰"曾参杀人",其母尚织自若也。又一人告之〔曰"曾参杀人"〕,其母乃投杼下机,〔44〕逾墙而走。夫以曾参之贤,其母犹生疑于三告。

⑤绳墨谓法律也。

⑥质,正也。确,实也。《说文》云,确音胡角反,此苦角反。严棘谓狱也,《易·坎·上六》曰"系用徽墨,置于丛棘"也。

　　刺史张敬好为诡谀,张设机网,复令陛下兴雷电之怒。司隶校尉应奉、河南尹何豹、洛阳令袁腾并驱争先,若赴仇敌,罚及死没,髡剔坟墓,但未掘圹出尸,剖棺露胔耳。①昔文王葬枯骨,②公刘敦行苇,世称其仁。③今残酷容媚之吏,无折中处平之心,不顾无辜之害,而兴虚诬之诽,欲使严朝必加滥罚。是以不敢触突天威,而自窜山林,以俟陛下发神圣之听,启独睹之明,拒谗慝之谤,绝邪巧之言,救可济之人,援没溺之命。不意滞怒不为春夏息,④淹恚不为顺时怠,遂驰使邮驿,布告远近,严文克剥,痛于霜雪,张罗海内,设置万里,逐臣者穷人迹,追臣者极车轨,虽楚购伍员,⑤汉求季布,无以过也。⑥

①胔谓骨之尚有肉者也。《月令》曰:"掩骼埋胔。"音才赐反,又在(修)〔移〕反。〔45〕

②解见《顺纪》也。

③《大雅·行苇》之诗曰:"敦彼行苇,牛羊勿践履。"言公刘之时,仁及草木,敦

然道傍之苄,牧牛羊者无使践履折伤之,况于人乎? 故荣以自喻焉。

④春夏长养万物,故不宜怒矣。

⑤《史记》曰,楚人伍奢为平王太子建太傅,费无忌谮杀奢。奢子员字子胥,奔
　吴,楚购之,得伍员者赐粟五万石,爵执圭。

⑥季布为项羽将,数窘汉王。项羽灭,高祖购求布千金,敢舍匿,罪三族。

　　臣遇罚以来,三赦再赎,无验之罪,足以蠲除。① 而陛下疾臣愈
深,有司咎臣甫力,② 止则见埽灭,行则为亡虏,苟生则为穷人,极
死则为冤鬼,〔46〕天广而无以自覆,地厚而无以自载,蹈陆土而有沈
沦之忧,远岩墙而有镇压之患。精诚足以感于陛下,而哲王未肯
悟。如臣犯元恶大憝,③ 足以陈于原野,备刀锯,④陛下当班布臣之
所坐,以解众论之疑。臣思入国门,坐于肺石之上,使三槐九棘平
臣之罪。⑤而闾阖九重,⑥陷穽步设,⑦举趾触罦罝,⑧动行挂罗网,
无缘至万乘之前,永无见信之期矣。

①无验谓无罪状可案验也。

②甫,始也。力,甚也。

③憝,恶也。主言元恶之人,大为人之所恶也。

④锯,刖刑也。《国语》曰,刑有五,大者陈诸原野矣。

⑤《周礼·秋官》云:"左九棘,孤卿大夫位焉;右九棘,公侯伯子男位焉;面三
　槐,三公位焉。左嘉石,平罢人;右肺石,达穷人。"

⑥闾阖,天门也。

⑦穽,坑穽也。

⑧《说文》曰:"罦,兔网也。"罝亦兔网也,音浮嗟。

　　国君不可雠匹夫,雠之则一国尽惧。① 臣奔走以来,三离寒
暑,②阴阳易位,当暖反寒,春常凄风,③ 夏降霜雹,④ 又连年大风,
折拔树木。风为号令,⑤春夏布德,⑥议狱缓死之时。⑦愿陛下思帝
尧五教在宽之德,企成汤避远谗夫之诚,⑧ 以宁风旱,以弭灾兵。
臣闻勇者不逃死,智者不重困,⑨固不为明朝惜垂尽之命,愿赴湘、
沅之波,从屈原之悲,⑩沈江湖之流,吊子胥之哀。⑪臣功臣苗绪,生

长王国,惧独含恨以葬江鱼之腹,无以自别于世,⑫不胜狐死首丘之情,营魂识路之怀。⑬犯冒王怒,触突帝禁,伏于两观,陈诉毒痛,⑭然后登金镬,入沸汤,糜烂于炽爨之下,九死而未悔。⑮

①《左传》曰,晋侯之竖头须曰"国君而雠匹夫,惧者甚众"也。

②离,历。

③凄风,寒风也。《左传》曰:"春无凄风。"

④《月令》:"仲夏行冬令,则雹冻伤谷。"

⑤《前书》翼奉曰:"凡风者,天之号令,所以谴告人也。"

⑥《月令》,春,天子布德行惠,发仓廪,振穷乏;夏,行封,庆赐,无不欣悦也。

⑦《易·中孚·象》曰"君子以议狱缓死"也。

⑧刘向《说苑》曰:"汤大旱七年,使人持鼎祀山川,祝曰:'政不节邪?包苴行邪?谗夫昌邪?宫室营邪?女谒盛邪?使人疾邪?何不雨之极也!'"

⑨重犹惜也。

⑩《史记》曰,屈原事楚怀王,王受谗,流屈原于江南。屈原忧愁悲思,遂投湘、沅而死。

⑪《史记》曰,伍子胥为吴行人,被宰嚭所谮,吴王赐属镂之剑以死。王取其尸,盛以鸱夷,浮之于江中矣。

⑫屈原曰"宁赴湘流,葬江鱼之腹"也。

⑬《礼·檀弓》曰:"古人有言,狐死正首丘,仁也。"《楚词》曰:"愿径逝而未得,魂识路之茕茕。"《老子》曰"载营魄",犹营魂也。

⑭两观,阙也。孔子摄司寇,诛少正卯于两观之下。

⑮《楚词》曰"虽九死犹未悔"也。

悲夫,久生亦复何聊!盖忠臣杀身以解君怒,孝子殒命以宁亲怨,故大舜不避涂廪浚井之难,①申生不辞姬氏谗邪之谤。②臣敢忘斯议,[47]不自毙以解明朝之忿哉!乞以身塞重责。愿陛下匄兄弟死命,③使臣一门颇有遗类,以崇陛下宽饶之惠。先死陈情,临章涕泣,泣血(连)〔涟〕如。④[48]

①廪,仓也。浚,深也。《史记》曰,舜父瞽叟常欲杀舜,使舜涂廪,从下焚廪,舜乃以两笠自扞而下。后又使穿井,舜为匿空旁出。舜既入深,父乃与象

共下土实之,舜从旁空出去。

②申生,晋献公太子。献公用骊姬之谮而杀申生,事见《左氏传》也。

③匄,乞也,音盖。

④《易》曰:"乘马班如,泣(涕连)〔血涟〕如。"〔49〕言居不获安,行无所适,穷困阍厄,无所委仰者。

帝省章愈怒,遂诛荣。寇氏由是衰废。

赞曰:元侯渊谟,乃作司徒。明启帝略,肇定秦都。勋成智隐,静其如愚。①子翼守温,萧公是埒。②系兵转食,以集鸿烈。诛文屈贾,有刚有折。③

①《论语》孔子曰"吾与回言终日,不违如愚"也。

②埒,等也。

③诛皇甫文,屈于贾复。

【校勘记】

〔1〕 从光武追贼至(满)〔蒲〕阳 据《集解》引沈钦韩说改。按:蒲阳,山名。

〔2〕 邓寻为建威将军 按:《袁纪》作"建武将军"。

〔3〕 酂县(今)属南阳郡故城在〔今〕襄州穀城县东北 据《校补》改。

〔4〕 财富充实 《通鉴》"富"作"谷"。按:下云"财谷虽多",作"谷"是。

〔5〕 禹遣使以闻(帝) 据《刊误》删。

〔6〕 乃遣尚书宗广 按:《集解》引惠栋说,谓《袁宏纪》作"宋广"。

〔7〕 更始诸将王匡胡殷(成丹)等皆诣广降 按:沈家本《后汉书琐言》谓按《圣公传》,更始复疑王匡、陈牧、成丹与张卬等同谋,乃并召入,牧、丹先至,即斩之。是尔时已无成丹,"成丹"二字衍。今据删。

〔8〕 收十一帝神主 按:《集解》引汪文台说,谓《御览》五百三十一引《谢承书》,云"因收十二帝神主"。

〔9〕 军士饥饿(者)皆食枣菜 据《刊误》删。

〔10〕 昌安侯袭嗣子藩 按:后纪"藩"作"蕃"。

〔11〕 是为隈诸侯也　按：《刊误》谓"隈"当依《独断》作"偎"。《集解》引周寿昌说，谓《百官志》注引胡广《汉制度》作"猥"。隈、偎、猥通用古今字，作"猥"以较合。《广雅》"猥，众也"。

〔12〕 从都虑至羊肠仓　按：《集解》引惠栋说，谓《水经注》"虑"作"卢"。

〔13〕 石臼河解见(明)〔章〕纪　据《校补》引张熷说改。

〔14〕 会上谷太守任兴欲诛赤沙乌桓〔乌桓〕怨恨谋反　按：《集解》引沈钦韩说，谓《乌桓传》言乌桓死者神灵归赤山，《祭彤传》作"赤山乌桓"，此"赤沙"疑"赤山"之误。王先谦谓如沈说，"乌桓"下似当重"乌桓"二字。沈家本亦谓当重"乌桓"二字。今据补。

〔15〕 并载青泥一(襆)〔墣〕　据《集解》引惠栋说改。按：聚珍版《东观记》作"稆"，亦误。

〔16〕 转易至数十人　按：《东观记》作"数千人"。

〔17〕 章和二年护羌校尉张纡诱诛烧当种羌迷吾等　按："二年"疑"元年"之误。沈家本谓按《西羌传》，事在章和元年，《章帝纪》亦在元年书护羌校尉刘盱，刘盱盖即张纡之讹。

〔18〕 迷唐伯父号吾　按《西羌传》，迷唐为迷吾之子，号吾为迷吾之弟，则号吾乃迷唐之叔父也。

〔19〕 东观记(曰)　按："曰"字衍，今删。

〔20〕 辄此请祷求福　按：王先谦谓"此"字疑衍，或"此"上夺"于"字。今按：《御览》二七八引无"此"字。

〔21〕 训五子骘悝弘阊　按：《袁纪》"阊"作"闾"。

〔22〕 拜骘车骑将军仪同三司〔仪同三司〕始自骘也　王先谦谓《东观记》复出"仪同三司"四字为是。今据补。

〔23〕 冬征骘班师　按："冬"上当脱"二年"二字。《集解》引惠栋说，谓洪适云帝纪班师在二年十一月，传有脱字。又引沈钦韩说，谓黄伯思《东观馀论》云近岁关右人发地得古瓮，中有东汉时竹简永初二年讨羌符，与《范书》纪二年班师合，明"冬"上脱文。

〔24〕 人士荒饥　按：《集解》引惠栋说，谓"士"当作"民"。

〔25〕 元二即元元也　按：《集解》引杭世骏说及惠栋《补注》，皆谓"元二"谓建初元年二年，注非。

〔26〕 帝丝麻　按：马叙伦《读两汉书记》谓"丝"字疑当作"缌"。

〔27〕又封京子黄门侍郎珍为阳安侯　按:《集解》引沈钦韩说,谓京子于夷安侯珍为从祖,不应同名。《袁宏纪》云封京子宝为阳安侯。

〔28〕尚书邓访　按:《集解》引惠栋说,谓《袁宏纪》"访"作"防"。

〔29〕谋立平原王得　殿本《考证》万承苍云"得"当作"翼",《安帝纪》及《章八王传》可据。得又无子,以翼为嗣,安帝缘此贬翼为都乡侯,注失考正。今按:据《章八王传》,得薨在元初六年,而邓弘先卒于元初二年,悝、阊卒于元初五年,今诬告弘等,必弘未卒前事,时为平原王者得也。安帝贬翼,追怨其父而迁怒其子耳,安得以此为据,万说未允。

〔30〕遂废西平侯广德叶侯广宗　原作"西平侯广宗叶侯广德",误,径据汲本、殿本改正。按:影印绍兴本此卷仍有阙佚,取它本补配,故多讹脱,举此一例,馀皆不作校记。

〔31〕属长沙(国)〔郡〕　据《校补》引张熷说改。

〔32〕禹曾孙香(子)〔之〕女为桓帝后　据《校补》引张熷说改。

〔33〕事见古史考　汲本无此五字,殿本作"事见史记"。　按:《校补》谓闽本亦有此五字,殿本依监本转刊,作"事见史记",两说互岐,殆皆非原注所有。

〔34〕诸将军贺　《集解》引何焯说,谓"军"疑当作"毕"。今按:《史记·淮阴侯列传》"诸将效首虏毕贺",《汉书》作"皆贺",诸将毕贺者,诸将皆贺也,何说是。

〔35〕此逸人侧目怨祸之时也　按:《集解》王先谦谓《东观记》"时"作"府",当是。

〔36〕馔具〔食〕也　据《说文》补。

〔37〕从九卿复出以忧国可(知)也　《校补》谓"知"字衍。《通鉴》引传文无"知"字,《袁纪》作"从九卿复为二千石以忧国可也",亦无"知"字。今据删。

〔38〕后属大司马吴汉共围嚣于冀　按:沈家本谓是时围隗嚣于西城,非冀也。"冀"字误。

〔39〕时人归其长者　按:"归"疑"称"字之讹。

〔40〕子损嗣　按:《集解》引惠栋说,谓《水经注》"损"作"楫"。

〔41〕所见批抵　按:汲本、殿本"抵"作"抵"。注同。

〔42〕废于王命　《集解》引沈钦韩说,谓"于"当为"干"。王先谦谓沈说是,盖

"干"讹为"于",因改为"于"也。

〔43〕 鲁人(又)有与曾参同姓名　据殿本删。

〔44〕 又一人告之〔曰曾参杀人〕其母乃投杼下机　据汲本、殿本补。

〔45〕 又在(侈)〔移〕反　据汲本改。

〔46〕 极死则为冤鬼　按:《集解》引惠栋说,谓《袁纪》"极死"作"殛死"。

〔47〕 臣敢忘斯议　《刊误》谓"议"当作"义"。按:议义通,非必误字。

〔48〕 泣血(连)〔涟〕如　据汲本、殿本改。

〔49〕 泣(涕连)〔血涟〕如　据《易·屯卦》改。

后汉书卷十七

冯岑贾列传第七

冯异字公孙,颍川父城人也。① 好读书,通《左氏春秋》、《孙子兵法》。②

①父城,县名,故城在今许州叶县东北。汝州郏城县亦有父城。〔1〕

②孙子名武,善用兵,吴王阖庐之将也,作《兵法》十三篇。见《史记》。

汉兵起,异以郡掾监五县,与父城长苗萌共城守,为王莽拒汉。光武略地颍川,攻父城不下,屯兵巾车乡。①异间出行属县,②为汉兵所执。时异从兄孝及同郡丁𬘡、吕晏,③并从光武,因共荐异,得召见。异曰:"异一夫之用,不足为强弱。有老母在城中,愿归据五城,以效功报德。"光武曰"善"。异归,谓苗萌曰:"今诸将皆壮士屈起,多暴横,独有刘将军所到不虏掠。观其言语举止,非庸人也,可以归身。"苗萌曰:"死生同命,敬从子计。"光武南还宛,更始诸将攻父城者前后十馀辈,异坚守不下;及光武为司隶校尉,道经父城,异等即开门奉牛酒迎。光武署异为主籍,苗萌为从事。异因荐邑子铫期、④叔寿、段建、〔2〕左隆等,⑤光武皆以为掾史,从至洛阳。

①巾车,乡名也,在父城界。

②间出犹微行。行音下孟反。

③《东观记》曰:"𬘡字幼春,定陵人也。伉健有武略。"𬘡音丑心反。

④音姚。

⑤《东观记》及《续汉书》,"段"并作"殷"字。

更始数欲遣光武徇河北,诸将皆以为不可。是时左丞相曹竟子诩为尚书,①父子用事,异劝光武厚结纳之。及度河北,诩有力焉。

①竟字子期,山阳人也,后死于赤眉之难。见《前书》。〔3〕诩音虚羽反。

自伯升之败,光武不敢显其悲戚,每独居,辄不御酒肉,枕席有涕泣处。异独叩头宽譬哀情。光武止之曰:"卿勿妄言。"异复因间进说曰:"天下同苦王氏,思汉久矣。今更始诸将从横暴虐,①所至虏掠,百姓失望,无所依戴。今公专命方面,施行恩德。夫有桀纣之乱,乃见汤武之功;人久饥渴,易为充饱。②宜急分遣官属,徇行郡县,〔4〕理冤结,布惠泽。"光武纳之。至邯郸,遣异与铫期乘传抚循属县,录囚徒,存鳏寡,亡命自诣者除其罪,阴条二千石长吏同心及不附者上之。

①从音子用反。横音胡孟反。
②犹言凋残之后,易流德泽。

及王郎起,光武自蓟东南驰,晨夜草舍,①至饶阳无蒌亭。②〔5〕时天寒烈,众皆饥疲,异上豆粥。明旦,光武谓诸将曰:"昨得公孙豆粥,饥寒俱解。"及至南宫,③遇大风雨,光武引车入道傍空舍,异抱薪,邓禹爇火,④光武对灶燎衣。⑤异复进麦饭菟肩。因复度虖沱河至信都,⑥使异别收河间兵。还,拜偏将军。从破王郎,封应侯。⑦

①舍,止息也。
②无蒌,亭名,在今饶阳县东北。蒌音力于反。
③南宫,县名,属信都国,今冀州县也。
④爇音而悦反。
⑤燎,炙也。
⑥《光武纪》云,度虖沱河,至下博城西,见白衣老父,曰"信都去此八十里耳",是自北而南。此传先言至南宫,后言度虖沱河,南宫在虖沱河南百有馀里,又似自南而北。纪传两文全相乖背,迹其地理,纪是传非。诸家之书并然,亦未详其故。
⑦应,国名,周武王子所封也。杜预注《春秋》曰:"应国在襄城成父县西南。"〔6〕

异为人谦退不伐,行与诸将相逢,辄引车避道。①进止皆有表识,②军中号为整齐。每所止舍,诸将并坐论功,异常独屏树下,军中号曰"大树将军"。及破邯郸，乃更部分诸将，各有配隶。③军士皆言愿属大树将军，光武以此多之。④别击破铁胫于北平，⑤又降匈奴于林阗顿王，⑥〔7〕因从平河北。

　　①《东观记》、《续汉书》云"异敕吏士，非交战受敌，常行诸营之后，相逢引车避
　　　之，由是无争道变斗者"也。
　　②言其进退有常处也。
　　③隶，属也。《袁山松书》曰："先时诸将同营，吏卒多犯法。"
　　④多，重也。
　　⑤北平，县名，属中山国，故城在今易州永乐县也。
　　⑥匈奴王号。《山阳公载记》(曰)"顿"字作"碓"。〔8〕《前书音义》阗音蹋，顿
　　　音碓。

　　时更始遣舞阴王李轶、廪丘王田立、大司马朱鲔、白虎公陈侨①将兵号三十万，与河南太守武勃共守洛阳。光武将北徇燕、赵，以魏郡、河内独不逢兵，而城邑完，仓廪实，乃拜寇恂为河内太守，异为孟津将军，②统二郡军河上，与恂合埶，以拒朱鲔等。

　　①《东观记》"侨"字作"矫"。
　　②孟，地名，古今以为津。

　　异乃遗李轶书曰："愚闻明镜所以照形，往事所以知今。①昔微子去殷而入周，项伯畔楚而归汉，②周勃迎代王而黜少帝，霍光尊孝宣而废昌邑。③彼皆畏天知命，睹存亡之符，见废兴之事，故能成功于一时，垂业于万世也。苟令长安尚可扶助，延期岁月，疏不间亲，远不逾近，季文岂能居一隅哉?④今长安坏乱，赤眉临郊，王侯构难，大臣乖离，纲纪已绝，⑤四方分崩，异姓并起，是故萧王跋涉霜雪，经营河北。方今英俊云集，百姓风靡，虽邠岐慕周，不足以喻。⑥季文诚能觉悟成败，亟定大计，论功古人，⑦转祸为福，在此时矣。如猛将长驱，严兵围城，虽有悔恨，亦无及已。"初，轶与光武首结谋约，加相亲爱，及更始立，反共陷伯升。虽知长安已危，欲降又不自安。乃报异书曰："轶本与萧王首谋造汉，结死生之约，同荣枯之计。今轶守洛阳，将军镇孟津，俱据机轴，⑧千载一

会,思成断金。⑨唯深达萧王,愿进愚策,以佐国安人。"轶自通书之后,不复与异争锋,故异因此得北攻天井关,拔上党两城,⑩又南下河南成皋已东十三县,及诸屯聚,皆平之,降者十馀万。武勃将万馀人攻诸畔者,异引军度河,与勃战于士乡下,⑪大破斩勃,〔9〕获首五千馀级,轶又闭门不救。异见其信效,具以奏闻。光武故宣露轶书,⑫令朱鲔知之。鲔怒,遂使人刺杀轶。由是城中乖离,多有降者。鲔乃遣讨难将军苏茂将数万人攻温,鲔自将数万人攻平阴以缀异。⑬异遣校尉护军(将军)将兵,〔10〕与寇恂合击茂,破之。异因度河击鲔,鲔走;异追至洛阳,环城一匝而归。

① 《孔子家语》曰,孔子观周明堂四门之墉,有尧、舜、桀、纣之象,谓从者曰:"明镜所以察形,古事所以知今。"

② 《史记》曰,微子名启,纣之庶兄。周武王伐纣,微子乃持祭器,肉袒面缚,造于军门。武王乃释其缚,复其位。项伯名缠,项籍之季父,素善张良,高祖因良与伯结婚。项籍谋害汉王,伯以身翊蔽之。籍诛,乃归汉。

③ 少帝,孝惠后宫之子,名弘。惠帝崩,周勃以弘非惠帝之子,乃黜之,迎立代王。昭帝崩,无嗣,霍光乃迎立武帝孙昌邑王贺。贺无道,光废之而立宣帝。

④ 长安谓更始。季文,李轶字。言轶与更始疏远,独居一隅,理难支久,欲其早图去就。

⑤ 时更始大臣张卬、申屠建、隗嚣等以赤眉入关,谋劫更始归南阳,是大臣乖离也。

⑥ 《史记》曰,古公亶父修后稷之业,积德行义,国人皆戴之。戎翟攻之,不忍战其人,乃与其私属去邠,止于岐下。邠人举国扶老携弱,尽复归古公于岐山之下。

⑦ 亟,急也。古人即谓微子、项伯等。

⑧ 机,弩牙也;轴,车轴也:皆在物之要,故取谕焉。

⑨ 《易》曰:"二人同心,其(义)〔利〕断金。"〔11〕

⑩ 天井关在太行山(下)〔上〕,〔12〕解见《章纪》。

⑪ 《续汉书》曰,士乡,亭名,属河南郡。

⑫ 《东观记》曰:"上报异曰:'轶多诈不信,人不能得其要领,今移其书。'"

⑬平阴,县名,属河南郡。缀谓连缀也。

移檄上状,诸将皆入贺,并劝光武即帝位。光武乃召异诣鄗,问四方动静。异曰:"三王反畔,更始败亡,①天下无主,宗庙之忧,在于大王。宜从众议,上为社稷,下为百姓。"光武曰:"我昨夜梦乘赤龙上天,觉悟,心中动悸。"异因下席再拜贺曰:"此天命发于精神。②心中动悸,大王重慎之性也。"异遂与诸将定议上尊号。

①三王谓张卬为淮阳王,〔13〕廖湛为穰王,胡殷为随王。更始欲杀卬等,遂勒兵掠东西市,入战于宫中,更始大败。

②《周易·乾卦·九五》曰:"飞龙在天,大人造也。"《庄子》曰:"其梦也神交。"故言天命发于精神。

建武二年春,定封异阳夏侯。①引击阳翟贼严终、〔14〕赵根,破之。诏异归家上冢,使太中大夫赍牛酒,②令二百里内太守、都尉已下及宗族会焉。

①夏音贾。

②《续汉志》曰:"太中大夫秩千石,掌顾问论议,属光禄。"

时赤眉、延岑暴乱三辅,郡县大姓各拥兵众,大司徒邓禹不能定,乃遣异代禹讨之。车驾送至河南,赐以乘舆七尺具剑。①敕异曰:"三辅遭王莽、更始之乱,重以赤眉、延岑之酷,元元涂炭,无所依诉。今之征伐,非必略地屠城,要在平定安集之耳。诸将非不健斗,然好虏掠。卿本能御吏士,念自修敕,无为郡县所苦。"异顿首受命,引而西,所至皆布威信。弘农群盗称将军者十馀辈,皆率众降异。②

①具谓以宝玉装饰之。《东观记》作"玉具剑"。

②《东观记》曰:"黾池霍郎、陕王长、湖浊惠、华阴阳沈等称将军者皆降。"〔15〕

异与赤眉遇于华阴,相拒六十馀日,战数十合,降其将刘始、王宣等①五千馀人。三年春,遣使者即拜异为征西大将军。会邓禹率车骑将军邓弘等引归,与异相遇,禹、弘要异共攻赤眉。异曰:"异与贼相拒且数十日,虽屡获雄将,馀众尚多,可稍以恩信倾诱,难卒用兵破也。上今使诸将屯黾池要其东,而异击其西,一举取之,此万成计也。"禹、弘不从。弘遂大战移日,赤眉阳败,弃辎重走。车皆载土,以豆覆其上,兵士饥,争取之。赤眉引还击弘,弘军溃乱。异与禹合兵救之,赤眉小却。异以士卒饥倦,可且休,禹不听,复战,大为所败,死伤者三千馀人。禹得脱归宜阳。异弃马步走上回谿阪,②与麾下数人归营。复坚壁,收其散卒,招集诸营保数万人,与贼约期会战。使壮士变服与赤眉同,伏于道侧。旦日,赤眉使万人攻异前部,异裁出兵以救之。③贼见勢弱,遂悉众攻异,异乃纵兵大战。日昃,贼气衰,伏兵卒起,衣服相乱,赤眉不复识别,众遂惊溃。追击,大破于崤底,降男女八万人。馀众尚十馀万,东走宜阳降。玺书劳异曰:〔16〕"赤眉破平,士吏劳苦,始虽垂翅回谿,终能奋翼黾池,④可谓失之东隅,收之桑榆。⑤方论功赏,以答大勋。"

①《东观记》"宣"作"重"。

②回谿,今俗所谓回坑,在今洛州永宁县东北。其溪长四里,阔二丈,深二丈五尺也。

③裁小出兵,所以示弱也。

④以鸟为喻。

⑤《淮南子》曰:"至于衡阳,是谓隅中。"又《前书》谷子云曰:"太白出西方六十日,法当参天;今已过期,尚在桑榆间。"桑榆谓晚也。

时赤眉虽降,众寇犹盛:延岑据蓝田,王歆据下邽,①芳丹据新丰,②蒋震据霸陵,③张邯据长安,公孙守据长陵,杨周据谷口,④吕鲔据陈仓,角闳据汧,骆(盖)延据盩厔,〔17〕任良据鄠,〔18〕汝章据槐里,〔19〕各称将军,拥兵多者万馀,少者数千人,转相攻击。异且战且行,屯军上林苑中。延岑既破赤眉,自称武安王,拜置牧守,欲据关中,引张邯、任良共攻异。异击破之,斩首千馀级,诸营保守附岑者皆来降归异。岑走攻析,⑤异遣复汉将军邓晔、辅汉将军于匡要击岑,大破之,降其将苏臣等八千馀人。岑遂自武关走南阳。时百姓饥饿,人相食,黄金一斤易豆五升。道路断隔,委输不至,军士悉以果实为粮。诏拜南阳赵匡为右扶风,将兵助异,并送缣谷,军中皆称万岁。异兵食渐盛,乃稍诛击豪杰不从令者,褒赏降附有功劳者,悉遣其渠帅诣京师,散其众归本业。威行关中。唯吕鲔、张邯、蒋震遣使降蜀,其馀悉平。

①秦武公伐邽戎致之也。陇西有上邽,故此有下也。

②《续汉书》"芳"作"茅"。

③霸陵,文帝陵,因以为县名,故秦(芒)〔芷〕阳县。〔20〕

④谷口,县名,属左冯翊,故城在今醴泉县东北。

⑤析,县名,楚之白羽邑也,即今邓州内乡县。

明年,公孙述遣将程焉,将数万人就吕鲔出屯陈仓。〔21〕异与赵匡迎击,大破之,焉退走汉川。异追战于箕谷,复破之,还击破吕鲔,营保降者甚众。其后蜀复数遣将间出,异辄摧挫之。①怀来百姓,申理枉结,出入三岁,上林成都。②

①贾逵注《国语》曰:"折其锋曰挫。"

②成都,言归附之多也。《史记》曰:"一年成邑,三年成都。"

异自以久在外,不自安,上书思慕阙廷,〔22〕愿亲帷幄,帝不许。后人有章言异专制关中,斩长安令,威权至重,百姓归心,号为"咸阳王"。帝使以章示异。①异惶惧,上书谢曰:"臣本诸生,遭遇受命之会,充备行伍,过蒙恩私,位大将,爵通侯,②受任方面,以立微功,③皆自国家谋虑,愚臣无所能及。臣伏自思惟:以诏敕战攻,每辄如意;时以私心断决,未尝不有悔。国家独见之明,久而益远,乃知'性与天道,不可得而闻也'。④当兵革始起,扰攘之时,豪杰竞逐,⑤迷惑千数。臣以遭遇,托身圣明,在倾危溷淆之中,尚不敢过差,而况天下平定,上尊下卑,而臣爵位所蒙,巍巍不测乎? 诚冀以谨敕,遂自终始。见所示臣章,战慄怖惧。伏念明主知臣愚性,固敢因缘自陈。"诏报曰:"将军之于国家,义为君臣,恩犹父子。何嫌何疑,而有惧意?"

①《东观记》曰:"使者宋嵩西上,因以章示异。"

②通侯即彻侯,避武帝讳改焉。

③谓西方一面专以委之。

④《论语》子贡曰:"夫子之文章,可得而闻也。夫子之言性与天道,不可得

而闻。"

⑤逐，争也。

六年春，异朝京师。引见，帝谓公卿曰："是我起兵时主簿也。为吾披荆棘，定关中。"①既罢，使中黄门赐以珍宝、衣服、钱帛。诏曰："仓卒无蒌亭豆粥，虖沱河麦饭，厚意久不报。"异稽首谢曰："臣闻管仲谓桓公曰：'愿君无忘射钩，臣无忘槛车。'齐国赖之。②臣今亦愿国家无忘河北之难，小臣不敢忘巾车之恩。"③后数引谦见，定议图蜀，留十馀日，令异妻子随异还西。

①荆棘，榛梗之谓，以喻纷乱。

②《史记》曰，管仲将兵遮莒道，射桓公中钩。后鲁桎梏管仲而送于齐，齐以为相。说苑曰："管仲桎梏槛车中，非无愧也，自裁也。"《新序》曰，齐桓公与管仲饮，酒酣，管仲上寿曰："愿君无忘出奔于莒也，臣亦无忘束缚于鲁也。"此云射钩、槛车，义亦通。

③谓光武获异于巾车而赦之。

夏，遣诸将上陇，为隗嚣所败，乃诏异军栒邑。未及至，隗嚣乘胜使其将王元、行巡将二万馀人下陇，因分遣巡取栒邑。异即驰兵，欲先据之。诸将皆曰："虏兵盛而新乘胜，不可与争。宜止军便地，徐思方略。"异曰："虏兵临境，忕〔忕〕小利，①〔23〕遂欲深入。若得栒邑，三辅动摇，是吾忧也。夫'攻者不足，守者有馀'。②今先据城，以逸待劳，非所以争也。"潜往闭城，偃旗鼓。行巡不知，驰赴之。异乘其不意，卒击鼓建旗而出。巡军惊乱奔走，追击数十里，大破之。祭遵亦破王元于汧。于是北地诸豪长耿定等，悉畔隗嚣降。异上书言状，不敢自伐。③诸将或欲分其功，帝患之。乃下玺书曰："制诏大司马，虎牙、建威、汉〔中〕〔忠〕、〔24〕捕虏、武威将军：虏兵猥下，三辅惊恐。④栒邑危亡，在于旦夕。北地营保，按兵观望。今偏城获全，虏兵挫折，使耿定之属，复念君臣之义。征西功若丘山，犹自以为不足。孟之反奔而殿，亦何异哉？⑤今遣太中大夫赐征西吏士死伤者医药、棺敛，大司马已下亲吊死问疾，以崇谦让。"于是使异进军义渠，并领北地太守事。⑥

①忸忕犹惯习也,谓惯习前事而复为之。《尔雅》曰:"忸,复也。"郭景纯曰:
"谓惯忕复为之也。"忸音尼丑反。忕音逝。

②孙子兵法之文。

③孔安国注《尚书》曰:"自矜曰伐。"

④大司马,吴汉也。虎牙,盖延也。建威,耿弇也。汉忠,王常也。捕虏,马武
也。武威,刘尚也。《广雅》曰:"猥,众也。"

⑤孟之反,鲁大夫。鲁与齐战,鲁师败,之反殿,是其功也。将入鲁门,乃策其
马曰:"吾非敢后,马不进。"是谦而不自伐也。

⑥义渠,县名,属北地郡。

青山胡率万馀人降异。①异又击卢芳将贾览、匈奴薁鞬日逐王,破
之。②上郡、安定皆降,异复领安定太守事。九年春,祭遵卒,诏异守征
虏将军,并将其营。及隗嚣死,其将王元、周宗等复立嚣子纯,犹总兵据
冀,公孙述遣将赵匡等救之,帝复令异行天水太守事。攻匡等且一年,
皆斩之。③诸将共攻冀,不能拔,欲且还休兵。异固持不动,常为众
军锋。

①青山在北地参(峦)〔鸾〕界,〔25〕青山中水所出也。《续汉书》曰:"安定属国
人,本属国降胡也。居参(峦)〔鸾〕青山中,其豪帅号肥头小卿。"〔26〕

②薁音于六反。

③《东观记》曰:"时赐冯异玺书曰:'闻吏士精锐,水火不避,购赏之赐,必不令
将军负丹青,失断金。'"

明年夏,与诸将攻落门,未拔,①病发,薨于军,谥曰节侯。

①落门,聚名,在冀县,有落门山。

长子彰嗣。〔27〕明年,帝思异功,复封彰弟䜣为析乡侯。〔28〕十三年,
更封彰东缗侯,食三县。①永平中,徙封平乡侯。②彰卒,子普嗣,有罪,
国除。③

①《东观记》曰,东缗,县名,属山阳郡。《左传》曰"齐侯伐宋,围缗",即此地
也。在今兖州金乡县。

②《东观记》曰:"永平五年,封平乡侯,食郁林潭中。"

③《东观记》曰:"坐斗杀游徼,会赦,国除。"

永初六年,安帝下诏曰:"夫仁不遗亲,义不忘劳,兴灭继绝,善善及子孙,古之典也。① 昔我光武受命中兴,恢弘圣绪,横被四表,昭假上下,② 光耀万世,祉祚流衍,垂于罔极。予末小子,夙夜永思,追惟勋烈,披图案籍,建武元功二十八将,佐命虎臣,谶记有征。盖萧、曹绍封,传继于今;③ 况此未远,而或至乏祀,朕甚愍之。其条二十八将无嗣绝世,若犯罪夺国,其子孙应当统后者,分别署状上。将及景风,章叙旧德,显兹遗功焉。"④ 于是绍封普子晨为平乡侯。明年,二十八将绝国者,皆绍封焉。

① 《论语》曰:"兴灭国,继绝世。"《公羊传》曰:"善善及子孙,恶恶止其身。"

② 昭,明也。假,至也。上下,天地。假音格。

③ 和帝永元三年,诏绍封萧、曹之后,以彰厥功也。

④ 《春秋考异邮》曰:"夏至四十五日景风至。"宋均注曰"景风至则封有功"也。

岑彭字君然,南阳棘阳人也。① 王莽时,守本县长。汉兵起,攻拔棘阳,彭将家属奔前队大夫甄阜。阜怒彭不能固守,拘彭母妻,令效功自补。彭将宾客战斗甚力。及甄阜死,彭被创,亡归宛,与前队贰严说共城守。② 汉兵攻之数月,城中粮尽,人相食,彭乃与说举城降。

① 棘音纪力反。

② 前队大夫贰,甄阜之副也。姓严,名说。《东观记》云:"与贰师严尤共城守。"〔29〕计严尤为大司马,又非贰师,〔30〕与此不同。

诸将欲诛之,大司徒伯升曰:"彭,郡之大吏,执心坚守,是其节也。今举大事,当表义士,不如封之,以劝其后。"更始乃封彭为归德侯,① 令属伯升。及伯升遇害,彭复为大司马朱鲔校尉,从鲔击王莽扬州牧李圣,杀之,定淮阳城。鲔荐彭为淮阳都尉。更始遣立威王张卬与将军徭伟镇淮阳。②〔31〕伟反,击走卬。彭引兵攻伟,破之。迁颍川太守。

① 归德,县名,属北地郡。

② 《风俗通》曰:"东越王徭,句践之后,其后以徭为姓。"《东观记》(曰)"徭"作"淫"。〔32〕

　　会春陵刘茂起兵,略下颍川,彭不得之官,乃与麾下数百人从河内太守邑人韩歆。会光武徇河内,歆议欲城守,彭止不听。既而光武至怀,歆迫急迎降。光武知其谋,大怒,收歆置鼓下,将斩之。①召见彭,彭因进说曰:"今赤眉入关,更始危殆,权臣放纵,矫称诏制,道路阻塞,四方蜂起,群雄竞逐,百姓无所归命。窃闻大王平河北,开王业,此诚皇天祐汉,士人之福也。彭幸蒙司徒公所见全济,未有报德,旋被祸难,永恨于心。今复遭遇,愿出身自效。"光武深接纳之。彭因言韩歆南阳大人,②可以为用。乃贳歆,③以为邓禹军师。

　　　①中〔军〕将(军)最尊,〔33〕自执旗鼓。若置营,则立旗以为军门,并设鼓,戮人
　　　　必于其下。
　　　②大人谓大家豪右。
　　　③贳,宽也。

　　更始大将军吕植将兵屯淇园,彭说降之,于是拜彭为刺奸大将军,〔34〕使督察众营,①授以常所持节,从平河北。光武即位,拜彭廷尉,归德侯如故,行大将军事。②与大司马吴汉,大司空王梁,建义大将军朱祐,右将军万脩,执金吾贾复,骁骑将军刘植,扬化将军坚镡,积射将军侯进,偏将军冯异、祭遵、王霸等,围洛阳数月。朱鲔等坚守不肯下。帝以彭尝为鲔校尉,令往说之。鲔在城上,彭在城下,相劳苦欢语如平生。彭因曰:"彭往者得执鞭侍从,蒙荐举拔擢,常思有以报恩。今赤眉已得长安,更始为三王所反,③皇帝受命,平定燕、赵,尽有幽、冀之地,百姓归心,贤俊云集,亲率大兵,来攻洛阳。天下之事,逝其去矣。公虽婴城固守,将何待乎?"④鲔曰:"大司徒被害时,鲔与其谋,⑤又谏更始无遣萧王北伐,诚自知罪深。"彭还,具言于帝。帝曰:"夫建大事者,不忌小怨。鲔今若降,官爵可保,况诛罚乎? 河水在此,吾不食言。"⑥彭复往告鲔,鲔从城上下索曰:"必信,可乘此上。"彭趣索欲上,⑦鲔见其诚,即许降。后五日,鲔将轻骑诣彭。顾敕诸部将曰:"坚守待我。我若不还,诸君径将大兵上轘辕,归郾王。"⑧乃面缚,与彭俱诣河阳。⑨帝即解其缚,召见之,复令彭夜送鲔归城。明旦,悉其众出降,拜鲔为平狄将军,封扶沟

侯。鲔,淮阳人,后为少府,⑩传封累代。

①《续汉书》曰:"时更始尚书令谢躬将六将军屯邺,兵横暴,为百姓所苦。上
　先遣吴汉往收之,故拜彭为刺奸将军。"

②《续汉书》曰:"彭镇河内。冯异先攻洛阳,朱鲔大出军,欲击彭。时天雾,鲔
　以为彭已去,令其兵皆获黍,彭乃进击,大破之。"

③解见上文。

④婴,绕也。谓以城自婴绕而守之。

⑤与音预。

⑥指河以为信,言其明白也。

⑦趣,向也。

⑧更始传尹尊为郾王。

⑨《东观记》曰:"诣行在所河津亭。"

⑩《前书》曰:"少府,秦官,秩二千石。"《续汉书》曰:"少府,掌中服御诸物,衣
　服宝货珍膳之属。"

　　建武二年,使彭击荆州,〔35〕下䣕、叶等十馀城。① 是时南方尤乱。
南郡人秦丰据黎丘,自称楚黎王,略〔十〕有〔十〕二县;②〔36〕董䜣起堵乡;
许邯起杏;③ 又更始诸将各拥兵据南阳诸城。帝遣吴汉伐之,汉军所过
多侵暴。时破虏将军邓奉谒归新野,怒吴汉掠其乡里,遂〔返〕〔反〕,击破
汉军,〔37〕获其辎重,屯据淯阳,与诸贼合从。秋,彭破杏,降许邯,迁征
南大将军。复遣朱祐、贾复及建威大将军耿弇,汉〔中〕〔忠〕将军王
常,〔38〕武威将军郭守,越骑将军刘宏,偏将军刘嘉、耿植等,与彭并力讨
邓奉。先击堵乡,而奉将万馀人救董䜣。䜣、奉皆南阳精兵,彭等攻之,
连月不克。三年夏,帝自将南征,至叶,董䜣别将将数千人遮道,车骑不
可得前。彭奋击,大破之。帝至堵阳,邓奉夜逃归淯阳,④董䜣降。彭
复与耿弇、贾复及积弩将军傅俊、骑都尉臧宫等从追邓奉于小长安。⑤
帝率诸将亲战,大破之。奉迫急,乃降。帝怜奉旧功臣,且岑起吴汉,欲
全宥之。彭与耿弇谏曰:"邓奉背恩反逆,暴师经年,致贾复伤痍,朱祐
见获。陛下既至,不知悔善,而亲在行陈,兵败乃降。若不诛奉,无以惩
恶。"于是斩之。奉者,西华侯邓晨之兄子也。

①犨,县名,属南阳郡,故城在今汝州鲁山县东南。叶,今许州叶县也。《续汉
　书》曰:"彭南击荆州,至(城)〔成〕安,〔39〕昆阳、犨、叶、舞阳、堵阳、平氏、棘
　阳、胡阳,处处皆破其屯聚。"

②《东观记》曰:"丰,邵县人,少学长安,受律令,归为县吏。更始元年起兵,攻
　得邵、宜城、(若)〔鄀〕、〔40〕编、临沮、中庐、襄阳、邓、新野、穰、湖阳、蔡阳,兵
　合万人。"邵音求纪反。

③南阳复阳县有杏聚。

④《续汉书》曰:"奉令候伏道旁,见车骑一日不绝,归语奉,奉遂夜遁。"

⑤小长安解见《光武纪》。

车驾引还,令彭率傅俊、臧宫、刘宏等三万馀人南击秦丰,拔黄
邮,①丰与其大将蔡宏拒彭等于邓,数月不得进。帝怪以让彭,彭惧,于
是夜勒兵马,申令军中,使明旦西击山都。②乃缓所获虏,令得逃亡,归
以告丰,丰即悉其军西邀彭。彭乃潜兵度沔水,击其将张杨于阿头山,
大破之。③从川谷间伐木开道,直袭黎丘,击破诸屯兵。丰闻大惊,驰归
救之。彭与诸将依东山为营,丰与蔡宏夜攻彭,彭豫为之备,出兵逆击
之,丰败走,追斩蔡宏。更封彭为舞阴侯。

①黄邮,聚名也,在南阳新(都)〔野〕县。〔41〕

②山都,县名,属南阳郡,旧南阳之赤乡,秦以为县,故城在今襄州义清县
　东北。

③沔水源出武都东狼谷中,即汉水之上源也。阿头山在襄阳也。

秦丰相赵京举宜城降,拜为成汉将军,与彭共围丰于黎丘。时田戎
拥众夷陵,①闻秦丰被围,惧大兵方至,欲降。而妻兄辛臣谏戎曰:"今
四方豪杰各据郡国,洛阳地如掌耳,②不如按甲以观其变。"戎曰:"以秦
王之强,犹为征南所围,岂况吾邪? 降计决矣。"四年春,戎乃留辛臣守
夷陵,自将兵沿江泝沔止黎丘,〔42〕刻期日当降,而辛臣于后盗戎珍宝,
从间道先降于彭,而以书招戎。戎疑必卖己,遂不敢降,③而反与秦丰
合。彭出兵攻戎,数月,大破之,其大将伍公诣彭降,戎亡归夷陵。帝幸
黎丘劳军,封彭吏士有功者百馀人。彭攻秦丰三岁,斩首九万馀级,丰

餘兵裁千人，又城中食且尽。帝以丰转弱，令朱祐代彭守之，使彭与傅俊南击田戎，大破之，遂拔夷陵，追至秭归。④戎与数十骑亡入蜀，尽获其妻子士众数万人。

①《东观记》曰："田戎，西平人，与同郡人陈义客夷陵，为群盗。更始元年，义、戎将兵陷夷陵，陈义自称黎丘大将军，戎自称埽地大将军。"《襄阳耆旧记》曰："戎号周成王，义称临江王。"

②《续汉书》曰："辛臣为戎作地图，图彭宠、张步、董宪、公孙述等所得郡国，〔43〕云洛阳所得如掌耳。"

③《东观记》曰："戎至期日，灼龟卜降，兆中拆，遂止不降。"

④秭归，县名，今归州，解见《和纪》。

彭以将伐蜀汉，而夹川谷少，水险难漕运，留威虏将军冯骏军江州，①〔44〕都尉田鸿军夷陵，领军李玄军夷道，自引兵还屯津乡，当荆州要会，②喻告诸蛮夷，降者奏封其君长。初，彭与交阯牧邓让厚善，与让书陈国家威德，③又遣偏将军屈充移檄江南，〔45〕班行诏命。于是让与江夏太守侯登、武陵太守王堂、〔46〕长沙相韩福、桂阳太守张隆、零陵太守田翕、苍梧太守杜穆、〔47〕交阯太守锡光等，相率遣使贡献，悉封为列侯。或遣子将兵助彭征伐。④于是江南之珍始流通焉。

①江州，县名，今渝州巴县也。《东观记》曰："长沙中尉冯骏将兵诣彭，玺书拜骏为威虏将军。"

②津乡，县名，〔48〕所谓江津也。《东观记》曰："津乡当荆、杨之咽喉。"

③《东观记》曰："让夫人，光烈皇后姊也。"

④《续汉书》曰："张隆遣子晔将兵诣彭助征伐，上以晔为率义侯。"不总遣子，故言或。

六年冬，征彭诣京师，数召谦见，厚加赏赐。复南还津乡，有诏过家上冢，大长秋以朔望问太夫人起居。①

①大长秋，皇后属官。汉法，列侯之母，方称太夫人也。

八年，彭引兵从车驾破天水，与吴汉围隗嚣于西城。时公孙述将李育将兵救嚣，守上邽，帝留盖延、耿弇围之，而车驾东归。敕彭书曰："两城若下，便可将兵南击蜀虏。人苦不知足，既平陇，复望蜀。每一发兵，头须为白。"彭遂壅谷水灌西城，城未没丈馀，①嚣将行巡、周宗将蜀救兵到，嚣得出还冀。汉军食尽，烧辎重，引兵下陇，延、弇亦相随而退。嚣出兵尾击诸营，彭殿为后拒，②故诸将能全师东归。彭还津乡。

> ① 《东观记》曰："时以缣囊盛土为堤，灌西城，谷水从地中数丈涌出，故城不拔。"《续汉书》云"以缣盛土为堤"。
> ② 尾谓寻其后而击之。凡军在前曰启，在后曰殿。《东观记》曰"彭东入弘农界，百姓持酒肉迎军，曰'蒙将军为后拒，全子弟得生还'"也。

九年，公孙述遣其将任满、田戎、程汎，将数万人乘枋箄下江关，①击破冯骏及田鸿、李玄等。遂拔夷道、夷陵，据荆门、虎牙。②横江水起浮桥、斗楼，〔49〕立攒柱绝水道，结营山上，以拒汉兵。彭数攻之，不利，于是装直进楼船、冒突露桡数千艘。③

> ① 枋箄，以木竹为之，浮于水上。《尔雅》曰："舫，泭也。"郭景纯曰："水中箄筏也。"《华阳国志》曰，巴、楚相攻，故置江关，旧在赤甲城，后移在江南岸，对白帝城，故基在今夔州（鱼）〔人〕复县南。〔50〕"枋"即"舫"字，古通用耳。箄音步佳反。泭音匹俱反。
> ② 解在《光武纪》。
> ③ 并船名。楼船，船上施楼。桡，小楫也。（尔雅）〔《方言》〕曰："楫谓之桡。"〔51〕露桡谓露楫在外，人在船中。冒突，取其触冒而唐突也。桡音饶。

十一年春，彭与吴汉及诛虏将军刘隆、辅威将军臧宫、骁骑将军刘歆，发南阳、武陵、南郡兵，又发桂阳、零陵、长沙委输棹卒，凡六万馀人，①骑五千匹，皆会荆门。吴汉以三郡棹卒多费粮谷，欲罢之。彭以蜀兵盛，不可遣，上书言状。帝报彭曰："大司马习用步骑，不晓水战，荆门之事，一由征南公为重而已。"彭乃令军中募攻浮桥，先登者上赏。于是偏将军鲁奇应募而前。时天风狂急，〔52〕（彭）奇船逆流而上，〔53〕直冲浮桥，而攒柱钩不得去，②奇等乘埶殊死战，因飞炬焚之，风怒火盛，桥楼崩烧。彭复悉军顺风并进，所向无前。蜀兵大乱，溺死者数千人。斩任满，生获程汎，而田戎亡保江州。彭上刘隆为南郡太守，自率臧宫、刘歆长驱入江关,令军中无得虏掠。所过,百姓皆奉牛酒迎劳。彭见诸耆老,为言大汉哀愍巴蜀久见虏役,故兴师远伐,以讨有罪,为人除害。让不受其牛酒。百姓皆大喜悦,争开门降。诏彭守益州牧,所下郡,辄行太守事。③

①棹卒,持棹行船也。《东观记》作"濯"。《前书》邓通以濯船为黄头郎。濯音直教反。

②《续汉书》曰:"时天东风,其櫕柱有反把,钩奇船不得去。"

③《东观记》曰:"彭若出界,即以太守号付后将军,选官属守州中长(史)〔吏〕。"〔54〕

彭到江州,以田戎食多,难卒拔,留冯骏守之,自引兵乘利直指垫江,攻破平曲,①收其米数十万石。公孙述使其将延岑、吕鲔、王元及其弟恢悉兵拒广汉及资中,②又遣将侯丹率二万馀人拒黄石。彭乃多张疑兵,使护军杨翕与臧宫拒延岑等,自分兵浮江下还江州,泝都江而上,③袭击侯丹,大破之。因晨夜倍道兼行二千馀里,径拔武阳。④使精骑驰广都,⑤去成都数十里,执若风雨,所至皆奔散。初,述闻汉兵在平曲,故遣大兵逆之。及彭至武阳,绕出延岑军后,蜀地震骇。述大惊,以杖击地曰:"是何神也!"

①垫江,县名,属巴郡,今忠州县也。垫音徒协反。平曲,地阙。

②资中,县名,属犍为郡,其地在今资州资阳县。

③都江,成都江也。

④武阳,解见《光武纪》。

⑤广都,县名,属蜀郡,故城在今益州成都县东南。

彭所营地名彭亡,闻而恶之,欲徙,会日暮,蜀刺客诈为亡奴降,夜刺杀彭。

彭首破荆门,长驱武阳,持军整齐,秋豪无犯。①邛毅王任贵闻彭威信,数千里遣使迎降。②会彭已薨,帝尽以任贵所献赐彭妻子,谥曰壮侯。蜀人怜之,为立庙武阳,岁时祠焉。

①豪,毛也。秋毛喻细也。高祖曰:"吾入关,秋豪无所取。"

②《前书音义》曰:"任贵,越巂夷,杀太守枚根,自立为邛縠王。"

子遵嗣,徙封细阳侯。①十三年,帝思彭功,复封遵弟淮为縠阳侯。②遵永平中为屯骑校尉。遵卒,子伉嗣。③伉卒,子杞嗣,④元初三年,坐事失国。建光元年,安帝复封杞细阳侯,顺帝时为光禄勋。

①细阳,县名,属汝南郡,故城在今颍川汝阴县西。

②谷阳,县名,属沛郡。

③伉音口葬反。

④《东观记》(曰)"杞"作"起"。〔55〕元初中,坐事免。

杞卒,子熙嗣,尚安帝妹涅阳长公主。少为侍中、虎贲中郎将,朝廷多称其能。迁魏郡太守,①〔56〕招聘隐逸,与参政事,无为而化。视事二年,舆人歌之曰:"我有枳棘,岑君伐之。②我有蟊贼,岑君遏之。③狗吠不惊,足下生氂。④含哺鼓腹,焉知凶灾?⑤我喜我生,独丁斯时。⑥美矣岑君,於戏休兹!"⑦〔57〕

①魏郡,秦时置,故城在今相州安阳县东北。

②枳棘多榛梗,以喻寇盗充斥也。

③蟊贼,食禾稼虫名,以喻奸吏侵渔也。

④氂,长毛也。犬无追吠,故足下生氂。

⑤哺,食也。鼓,击也。

⑥丁犹当也。

⑦于戏,叹美之词。见《尔雅》。於音乌。戏音许宜反。

熙卒,子福嗣,为黄门侍郎。

贾复字君文,南阳冠军人也。少好学,习《尚书》。事舞阴李生,李生奇之,谓门人曰:"贾君之容貌志气如此,而勤于学,将相之器也。"王莽末,为县掾,迎盐河东,会遇盗贼,等比十馀人皆放散其盐,复独完以还县,县中称其信。

时下江、新市兵起,复亦聚众数百人于羽山,自号将军。更始立,乃将其众归汉中王刘嘉,以为校尉。复见更始政乱,诸将放纵,乃说嘉曰:

"臣闻图尧舜之事而不能至者,汤武是也;① 图汤武之事而不能至者,桓
文是也;② 图桓文〔之〕事而不能至者,〔58〕六国是也;③ 定六国之规,欲
安守之而不能至者,亡六国是也。今汉室中兴,大王以亲戚为藩辅,天
下未定而安守所保,所保得无不可保乎?"嘉曰:"卿言大,非吾任也。大
司马刘公在河北,必能相施,〔59〕第持我书往。"④ 复遂辞嘉,受书北度
河,及光武于柏人,因邓禹得召见。光武奇之,禹亦称有将帅节,于是署
复破虏将军督盗贼。〔60〕复马羸,⑤ 光武解左骖以赐之。⑥ 官属以复后来
而好陵折等辈,调补鄗尉,〔61〕光武曰:"贾督有折冲千里之威,方任以
职,勿得擅除。"⑦

①尧禅舜,舜禅禹,汤乃放桀,武王诛纣,故言不能至者。

②齐桓公小白,晋文公重耳,春秋之时,周衰,二君霸有海内。

③六国谓韩、赵、魏、燕、齐、楚,分列中夏,〔62〕各自跨据,又不逮桓文。

④施,用也。第,但也。

⑤羸,力佳反。

⑥骖者,服外之马也。《东观记》、《续汉书》"左"并作"右"。

⑦《东观记》曰"时上置两府官属,复与段孝共坐。孝谓复曰:'卿将军督,我大
　司马督,不得共坐。'复曰:'俱刘公吏,有何尊卑?'官属以复不逊,上调官属
　补长吏,共白欲以复为鄗尉,上署报不许"也。

光武至信都,以复为偏将军。及拔邯郸,迁都护将军。从击青犊于
射犬,大战至日中,贼陈坚不却。光武传召复曰:"吏士皆饥,可且朝
饭。"复曰:"先破之,然后食耳。"于是被羽先登,① 所向皆靡,贼乃败走。
诸将咸服其勇。又北与五校战于真定,大破之。复伤创甚。光武大惊
曰:"我所以不令贾复别将者,为其轻敌也。果然,失吾名将。闻其妇有
孕,生女邪,我子娶之,生男邪,我女嫁之,不令其忧妻子也。"复病寻愈,
追及光武于蓟,相见甚欢,大飨士卒,令复居前,击邺贼,破之。

①被犹负也,析羽为旌旗,将军所执。先登,先赴敌也。

光武即位,拜为执金吾,封冠军侯。先度河攻朱鲔于洛阳,与白虎公
陈侨战,连破降之。建武二年,益封穰、朝阳二县。更始郾王尹尊及诸大

将在南方未降者尚多,帝召诸将议兵事,未有言,沈吟久之,乃以檝叩地曰:"郾最强,宛为次,谁当击之?"复率然对曰:"臣请击郾。"帝笑曰:"执金吾击郾,吾复何忧!大司马当击宛。"遂遣复与骑都尉阴识、骁骑将军刘植南度五社津击郾,连破之。月馀,尹尊降,尽定其地。引东击更始淮阳太守暴汜,汜降,属县悉定。其秋,南击召陵、新息,平定之。①明年春,迁左将军,别击赤眉于新城、渑池间,连破之。②与帝会宜阳,降赤眉。

①新息,县名,属汝南郡,故城在今豫州新息县西南也。

②新城,今伊阙县。

复从征伐,未尝丧败,数与诸将溃围解急,身被十二创。帝以复敢深入,希令远征,而壮其勇节,常自从之,故复少方面之勋。①诸将每论功自伐,复未尝有言。帝辄曰:"贾君之功,我自知之。"

①《东观记》曰:"吴汉击蜀未破,上书请复自助,上不遣。"

十三年,定封胶东侯,食郁秩、壮武、下密、即墨、梃(胡)、观阳,凡六县。①〔63〕复知帝欲偃干戈,修文德,不欲功臣拥众京师,乃与高密侯邓禹并剿甲兵,敦儒学。②帝深然之,遂罢左右将军。复以列侯就第,加位特进。③复为人刚毅方直,多大节。既还私第,阖门养威重。朱祐等荐复宜为宰相,帝方以吏事责三公,故功臣并不用。是时列侯唯高密、固始、胶东三侯与公卿参议国家大事,恩遇甚厚。④三十一年卒,〔64〕谥曰刚侯。

①六县皆属胶东国。壮武故城在今莱州即墨县西,下密在今青州北海县东北,即墨在今莱州胶水县东南,梃(胡)故城在今莱州昌阳县西北,观阳在昌阳县东。梃一音廷。

②《广雅》曰:"剿,削也。"谓削除甲兵。《东观记》曰:"复阖门养威重,授《易经》,起大义。"

③《东观记》曰:"上以天下既定,思念欲完功臣爵土,不令以吏职为过,故皆以列侯就第也。"

④高密侯邓禹,固始侯李通。

子忠嗣。忠卒,子敏嗣。建初元年,坐诬告母杀人,国除。肃宗更封复小子邯为胶东侯,邯弟宗为即墨侯,各一县。邯卒,子育嗣。育卒,子长嗣。

宗字武孺，少有操行，多智略。初拜郎中，稍迁，建初中为朔方太守。旧内郡徙人在边者，率多贫弱，为居人所仆役，不得为吏。宗擢用其任职者，与边吏参选，转相监司，以擿发其奸，或以功次补长吏，故各愿尽死。匈奴畏之，不敢入塞。①征为长水校尉。宗兼通儒术，每谠见，常使与少府丁鸿等论议于前。章和二年卒，朝廷愍惜焉。

① 《东观记》曰："匈奴常犯塞，得生口，问：'太守为谁？'曰：'贾武孺。'曰：'宁贾将军子邪？'曰：'是。'皆放遣还，是后更不入塞。"

子参嗣。参卒，子建嗣。元初元年，尚和帝女临颍长公主。主兼食颍阴、许，合三县，数万户。时邓太后临朝，光宠最盛，以建为侍中，顺帝时为光禄勋。

论曰：中兴将帅立功名者众矣，唯岑彭、冯异建方面之号，自函谷以西，方城以南，①两将之功，实为大焉。若冯、贾之不伐，岑公之义信，②乃足以感三军而怀敌人，故能克成远业，终全其庆也。昔高祖忌柏人之名，违之以全福；征南恶彭亡之地，留之以生灾。③岂几虑自有明惑，将期数使之然乎？

① 方城，山名，一名黄城山，在今唐州方城县东北也。
② 信谓朱鲔知其诚而降。义谓荆人奉牛酒，让不受。
③ 柏人，县名也。高祖尝欲宿于柏人。曰："柏人者，迫于人也。"不宿而去。后竟有贯高之事。

赞曰：阳夏师克，实在和德。胶东盐吏，征南宛贼。奇锋震敌，远图谋国。

【校勘记】

〔1〕　汝州郏城县亦有父城　按：《集解》引沈钦韩说，谓汝州郏城县之父城，乃《前志》沛郡之城父，非父城也。注误。

〔2〕　叚建　按:原本"叚"皆讹"叚",径改正,后不悉出。

〔3〕　竟字子期山阳人也后死于赤眉之难见前书　按:沈家本谓按《前书》无曹竟事,《圣公传》亦无左丞相,"前书"二字必有误。

〔4〕　徇行郡县　按:汲本、殿本"徇"作"循"。

〔5〕　至饶阳无蒌亭　按:聚珍版《东观记》"无"作"芜"。

〔6〕　杜预注春秋曰应国在襄城成父县西南　按:《校补》谓案今杜注作"在襄阳城父县西南",见《左》僖二十四年传下。考《晋志》,襄城无成父县,襄阳亦无城父县,当作"襄城父城县西南"。

〔7〕　又降匈奴于林阓顿王　按:《集解》引钱大昕说,谓《说文》无"阓"字,当是"蹋"字之讹,《三国·魏志》作"蹋顿"。

〔8〕　山阳公载记(曰)　据《集解》引惠栋说删。

〔9〕　大破斩勃　按:李慈铭谓"大破"下脱一"之"字。

〔10〕　异遣校尉护军(将军)将兵　据《刊误》删。

〔11〕　其(乂)〔利〕断金　据汲本、殿本改。

〔12〕　天井关在太行山(下)〔上〕　《校补》谓当依《章帝纪》注作"山上",今据改。

〔13〕　谓张卬为淮阳王　按:"卬"原讹"邛",径改正。

〔14〕　引击阳翟贼　《刊误》谓"引"下少一"军"字。按:张森楷《校勘记》谓下文"引而西",《贾复传》"引东击更始淮阳太守",并无"军"字,刘说泥。

〔15〕　华阴阳沈　"阳"原作"杨",径据汲本、殿本改。按:聚珍版《东观记》亦作"阳"。

〔16〕　馀众尚十馀万东走宜阳降玺书劳异曰　《集解》引王补说,谓"降"下宜有"帝"字。按:下云"时赤眉虽降",是"降"字当属上为句,王说非。又按:《通鉴》删"馀众尚十馀万东走宜阳"十字,下接"帝降玺书曰"云云,是亦误以"降"字属下读,并补一"帝"字矣。说详黄山《校补》。

〔17〕　骆(盖)延据盩厔　按:《集解》引惠栋说,谓《通鉴》无"盖"字。张森楷《校勘记》谓盖延是汉臣,未尝据盩厔,据盩厔者骆延也。今据删。又按:"盩"原作"埶",径依汲本改正。

〔18〕　任良据鄠　按:"鄠"原讹"鄂",径改正。

〔19〕　汝章据槐里　按:"里"原讹"回",径改正。

〔20〕　故秦(芒)〔芷〕阳县　据王先谦说改。

〔21〕　公孙述遣将程焉将数万人就吕鲔　按:《集解》引惠栋说,谓依《公孙述传》及《华阳国志》,"焉"当作"乌"。

〔22〕　上书思慕阙廷　按:李慈铭谓"上书"下当脱一"言"字。

〔23〕　怚(怢)〔怴〕小利　据《集解》本改。按:注作"怢",从大,不误。

〔24〕　汉(中)〔忠〕　《刊误》谓案《王常传》,"中"当作"忠"。今据改。注"中"亦径改为"忠"。

〔25〕　青山在北地参(峦)〔絲〕界　据《刊误》改,下同。

〔26〕　其豪帅号肥头小卿　按:汲本、殿本"小"作"少"。

〔27〕　长子彰嗣　按:《集解》引沈钦韩说,谓《水经注》"彰"作"璋"。

〔28〕　复封彰弟䜣为析乡侯　按:"析"原讹"祈",径据汲本、殿本改正。

〔29〕　与贰师严尤共城守　按:汲本、殿本脱"与"字。

〔30〕　又非贰师　按:"贰"原讹"二",径改正。

〔31〕　更始遣立威王张印　按:沈家本谓按《圣公传》印封淮阳王,而此曰"立威"者,殆先封立威王,更封淮阳欤?

〔32〕　东观记(曰)　"曰"字当衍,今删。

〔33〕　中〔军〕将(军)最尊　据《刊误》改。

〔34〕　于是拜彭为刺奸大将军　《集解》引沈钦韩说,谓案文当为"大将军刺奸",时光武为大将军,彭为其刺奸耳。今按:沈说是。亦如光武以破虏将军行大司马事,而署贾复为破虏将军督盗贼掾也。

〔35〕　建武二年使彭击荆州　按:《校补》引钱大昭说,谓《光武纪》遣彭击荆州群贼在建武元年十月。

〔36〕　略(十)有〔十〕二县　《校补》谓"十有"二字当乙转。今据改。

〔37〕　遂(返)〔反〕击破汉军　据《校补》改。

〔38〕　汉(中)〔忠〕将军王常　《刊误》谓"中"当作"忠"。今据改。

〔39〕　至(城)〔成〕安　据《校补》改。

〔40〕　(若)〔都〕　据《郡国志》改,各本皆未正。

〔41〕　在南阳新(都)〔野〕县　据《集解》引惠栋说改。

〔42〕　沿江沂沔止黎丘　按:《校补》引钱大昭说,谓"止"当作"上"。

〔43〕　所得郡国　按:汲本"得"作"分"。

〔44〕　留威虏将军冯骏军江州　按:《集解》引沈钦韩说,谓疑骏此时未能越巴峡军江州,"江州"或"江关"之误,即捍关也。王先谦谓下文方言田戎亡

保江州,此"江州"是误文。

〔45〕偏将军屈充　按:《集解》引惠栋说,谓《袁宏纪》"屈充"作"房充"。

〔46〕武陵太守王堂　按:"堂"原讹"常",径据汲本、殿本改正。

〔47〕苍梧太守杜穆　按:《集解》引惠栋说,谓《袁宏纪》"杜穆"作"杜稷"。

〔48〕津乡县名　按:《集解》引惠栋说,谓《续志》南郡江陵县有津乡。津乡,乡名,非县名也。

〔49〕横江水起浮桥斗楼　按:《校补》引钱大昭说,谓"斗楼"《通鉴》作"关楼"。胡注,犹今城上敌楼也。

〔50〕在今夔州(鱼)〔人〕复县南　按:"鱼"当作"人",详《公孙述传》校勘记。

〔51〕(尔雅)〔方言〕曰楫谓之桡　《集解》引沈钦韩说,谓注"尔雅"误,文见《方言》。今据改。

〔52〕时天风狂急　《集解》引钱大昕说,谓"天"当为"大"字之讹。今按:《通鉴》作"时东风狂急"。

〔53〕(彭)奇船逆流而上　《集解》引陈景云说,谓时奇应募,以偏师独进,彭见敌势已摧,乃悉军并进耳。彭不与奇同行,此文不合有"彭"字。今据删。按:《通鉴》"彭"作"鲁"。又惠栋云,《蜀鉴》无"彭"字。

〔54〕选官属守州中长(史)〔吏〕　据《刊误》改。

〔55〕东观记(曰)杞作起　"曰"字当衍,今删。

〔56〕迁魏郡太守　按:《集解》引沈钦韩说,谓《艺文类聚》引《东观记》,《北堂书钞》引《华峤书》,俱作"东郡"。

〔57〕於戏休兹　按:王先谦谓《类聚》十九、《御览》四百六十五引"休"作"在"。

〔58〕图桓文〔之〕事而不能至者　据汲本、殿本补。

〔59〕必能相施　按:汲本"必"作"不"。

〔60〕于是署复破虏将军督盗贼　按:《集解》引沈钦韩说,谓光武以破虏将军行大司马事,故署复为督盗贼,亦如太守府有门下督盗贼。《通鉴》直云"以复为破虏将军",误矣。又按:李慈铭谓此为光武破虏将军之督盗贼掾也,"贼"字下疑脱一"掾"字。

〔61〕调补郿尉　按:《集解》引王补说,谓"调"上疑夺"请"字。

〔62〕分列中夏　按:汲本、殿本"列"作"裂"。

〔63〕食郁秩壮武下密即墨梃(胡)观阳凡六县　据《集解》引惠栋说删,注同。

〔64〕三十一年卒　按:《集解》引惠栋说,谓《袁宏纪》云"三十年"。

后汉书卷十八

吴盖陈臧列传第八

吴汉字子颜，南阳宛人也。家贫，给事县为亭长。王莽末，以宾客犯法，乃亡命至渔阳。①资用乏，以贩马自业，往来燕、蓟间，所至皆交结豪杰。更始立，使使者韩鸿徇河北。②或谓鸿曰："吴子颜，奇士也，可与计事。"鸿召见汉，甚悦之，遂承制拜为安乐令。③

①命，名也。谓脱其名籍而逃亡。

②《续汉书》曰："（雒县）〔南阳〕人韩鸿为谒者，〔1〕使持节降河北，拜除二千石。"

③安乐，县名，属渔阳郡，故城在今幽州潞县西北。

会王郎起，北州扰惑。汉素闻光武长者，独欲归心。乃说太守彭宠曰："渔阳、上谷突骑，天下所闻也。君何不合二郡精锐，附刘公击邯郸，此一时之功也。"①宠以为然，而官属皆欲附王郎，宠不能夺。汉乃辞出，止外亭，念所以谲众，未知所出。②望见道中有一人似儒生者，汉使人召之，为具食，③问以所闻。生因言刘公所过，为郡县所归；邯郸举尊号者，实非刘氏。汉大喜，即诈为光武书，移檄渔阳，使生赍以诣宠，令具以所闻说之，汉复随后入。宠甚然之。于是遣汉将兵与上谷诸将并军而南，所至击斩王郎将帅。④及光武于广阿，拜汉为偏将军。既拔邯郸，⑤赐号建策侯。

①一时，言不可再遇也。

②谲，诈也。未知欲出何计以诈之。

③《续汉书》曰："时道路多饥人，来求食者似（诸）〔儒〕生，〔2〕汉召〔之〕，〔3〕故先为具食。"

　　④《续汉书》曰:"攻蓟,诛王郎大将赵闳等。"

　　⑤《续汉书》曰:"时上使汉等将突骑,扬兵戏马,立骑驰环邯郸城,〔4〕乃
　　　围之。"

　　汉为人质厚少文,造次不能以辞自达。邓禹及诸将多知之,数相荐
举,及得召见,〔5〕遂见亲信,常居门下。

　　光武将发幽州兵,夜召邓禹,问可使行者。禹曰:"间数与吴汉言,
其人勇鸷有智谋,①诸将鲜能及者。"即拜汉大将军,持节北发十郡突
骑。更始幽州牧苗曾闻之,阴勒兵,敕诸郡不肯应调。②汉乃将二十骑
先驰至无终。③曾以汉无备,出迎于路,汉即捽兵骑。收曾斩之,而夺其
军。北州震骇,城邑莫不望风弭从。④遂悉发其兵,引而南,与光武会清
阳。诸将望见汉还,士马甚盛,皆曰:"是宁肯分兵与人邪?"及汉至莫
府,上兵簿,⑤诸将人人多请之。光武曰:"属者恐不与人,⑥今所请又何
多也?"诸将皆惭。

　　①《广雅》曰:"鸷,执也。"凡鸟之勇锐,兽之猛悍者,皆名鸷也。

　　②调,发也。

　　③无终,本山戎国也。无终山名,因为国号。汉为县名,属右北平,故城在今
　　　幽州渔阳县也。

　　④弭犹服也。

　　⑤莫,大也。兵簿,军士之名帐。

　　⑥属犹近也。

　　初,更始遣尚书令谢躬率六将军攻王郎,不能下。会光武至,共定
邯郸,而躬裨将虏掠不相承禀,光武深忌之。虽俱在邯郸,遂分城而处,
然每有以慰安之。躬勤于职事,光武常称曰"谢尚书真吏也",故不自
疑。躬既而率其兵数万,还屯于邺。时光武南击青犊,谓躬曰:"我追贼
于射犬,必破之。尤来在山阳者,执必当惊走。若以君威力,击此散虏,
必成禽也。"躬曰:"善。"及青犊破,而尤来果北走隆虑山,躬乃留大将军
刘庆、魏郡太守陈康守邺,自率诸将军击之。穷寇死战,其锋不可当,躬
遂大败,死者数千人。光武因躬在外,乃使汉与岑彭袭其城。汉先令辩

士说陈康曰："盖闻上智不处危以侥幸,①中智能因危以为功,下愚安于危以自亡。危亡之至,在人所由,不可不察。今京师败乱,四方云扰,公所闻也。萧王兵强士附,河北归命,公所见也。谢躬内背萧王,外失众心,公所知也。公今据孤危之城,待灭亡之祸,义无所立,节无所成。不若开门内军,转祸为福,免下愚之败,收中智之功,此计之至者也。"康然之。于是康收刘庆及躬妻子,开门内汉等。及躬从隆虑归邺,不知康已反之,乃与数百骑轻入城。汉伏兵收之,手击杀躬,其众悉降。②躬字子张,南阳人。初,其妻知光武不平之,常戒躬曰:"君与刘公积不相能,而信其虚谈,不为之备,终受制矣。"躬不纳,故及于难。

①侥犹求也。

②《续汉书》曰:"时岑彭已在城中,将躬诣传舍,驰白汉。〔6〕汉至,躬在彭前伏,汉曰:'何故与鬼语!'遂杀之。"

光武北击群贼,①汉常将突骑五千为军锋,数先登陷陈。及河北平,汉与诸将奉图书,上尊号。光武即位,拜为大司马,更封舞阳侯。

①《续汉书》曰:"从击铜马、重连、高胡,皆破之。"

建武二年春,汉率大司空王梁,建义大将军朱祐,大将军杜茂,执金吾贾复,扬化将军坚镡,偏将军王霸,骑都尉刘隆、马武、阴识,共击檀乡贼于邺东漳水上,大破之,①降者十馀万人。帝使使者玺书定封汉为广平侯,食广平、斥漳、曲周、广年,凡四县。②复率诸将击邺西山贼黎伯卿等,及河内修武,悉破诸屯聚。车驾亲幸抚劳。复遣汉进兵南阳,击宛、涅阳、郦、穰、新野诸城,皆下之。引兵南,与秦丰战黄邮水上,破之。③又与偏将军冯异击昌城五楼贼张文等,又攻铜马、五幡于新安,皆破之。

①《水经》曰,漳水源出上党长子县西发鸠山,东北至昌亭,与虖沱河合。

②四县皆属广平郡。广平故城在今洺州永年县西北,广年在今永年县东北,斥漳在今洺州洺水县,〔7〕曲周故城在今洺州曲周县西南。广年,避隋炀帝讳,改为永年县。〔8〕

③南阳新野县有黄邮水、黄邮聚也。

明年春,率建威大将军耿弇、虎牙大将军盖延,击青犊于轵西,大破

降之。又率骠骑大将军杜茂、强弩将军陈俊等，围苏茂于广乐。刘永将
周建别招聚收集得十馀万人，救广乐。汉将轻骑迎与之战，不利，堕马
伤膝，还营，建等遂连兵入城。诸将谓汉曰："大敌在前而公伤卧，众心
惧矣。"汉乃勃然裹创而起，椎牛飨士，令军中曰："贼众虽多，皆劫掠群
盗，'胜不相让，败不相救'，①非有仗节死义者也。〔9〕今日封侯之秋，诸
君勉之！"于是军士激怒，人倍其气。旦日，建、茂出兵围汉。汉选四部
精兵黄头吴河等，②及乌桓突骑三千馀人，齐鼓而进。③建军大溃，反还
奔城。汉长驱追击，争门并入，大破之，茂、建突走。汉留杜茂、陈俊等
守广乐，自将兵助盖延围刘永于睢阳。永既死，二城皆降。

　　①此上两句在《左传》，郑（大夫）公子突之词也。〔10〕
　　②《前书》邓通为黄头郎。《音义》曰："土胜水，故刺船郎著黄帽，号黄头也。"
　　③《续汉书》曰："汉躬被甲拔戟，令诸部将曰：'闻雷鼓声，皆大呼俱（大）
　　　进，〔11〕后至者斩。'遂鼓而进之。"

　　明年，又率陈俊及前将军王梁，击破五校贼于临平，追至东郡箕山，
大破之。北击清河长直及平原五里贼，皆平之。①时鬲县五姓共逐守
长，据城而反。②诸将争欲攻之，汉不听，曰："使鬲反者，皆守长罪也。
敢轻冒进兵者斩。"乃移檄告郡，使收守长，而使人谢城中。五姓大喜，
即相率归降。诸将乃服，曰："不战而下城，非众所及也。"

　　①《东观记》及《续汉书》"长直"并作"长垣"。案：长垣，县名，在河南，不得言
　　　北击，而《范书》作长直，当是贼号，或因地以为名。
　　②鬲，县，属平原郡，故城在今德州西北。五姓，盖当土强宗豪右也。鬲音革。

　　冬，汉率建威大将军耿弇、汉（中）〔忠〕将军王常等，〔12〕击富平、获索
二贼于平原。〔13〕明年春，贼率五万馀人夜攻汉营，军中惊乱，汉坚卧不
动，有顷乃定。即夜发精兵出营突击，大破其众。因追讨馀党，遂至无
盐，①进击勃海，皆平之。又从征董宪，围朐城。明年春，拔朐，②斩宪。
事（以）〔已〕见《刘永传》。〔14〕东方悉定，振旅还京师。

　　①无盐，县名，属东平国，故城在今郓州东。
　　②朐，县名，解见《光武纪》。

会隗嚣畔,夏,复遣汉西屯长安。八年,从车驾上陇,遂围隗嚣于西城。帝敕汉曰:"诸郡甲卒但坐费粮食,〔15〕若有逃亡,则沮败众心,宜悉罢之。"汉等贪并力攻嚣,遂不能遣,粮食日少,吏士疲役,逃亡者多,及公孙述救至,汉遂退败。

十一年春,率征南大将军岑彭等伐公孙述。及彭破荆门,长驱入江关,汉留夷陵,装露桡船,①将南阳兵及弛刑募士三万人泝江而上。会岑彭为刺客所杀,汉并将其军。十二年春,与公孙述将魏党、公孙永战于鱼涪津,大破之,②遂围武阳。述遣子婿史兴将五千人救之。汉迎击兴,尽殄其众,因入犍为界。诸县皆城守。汉乃进军攻广都,拔之。遣轻骑烧成都市桥,③武阳以东诸小城皆降。

①桡,短楫也,音人遥反。

②《续汉书》曰:"犍为郡南安县有渔涪津,在县北,临大江。"《南中志》曰:"渔涪津广数百步。"

③桥名也,解见《公孙述传》。

帝戒汉曰:"成都十馀万众,不可轻也。但坚据广都,待其来攻,勿与争锋。若不敢来,公转营迫之,须其力疲,乃可击也。"汉乘利,遂自将步骑二万馀人进逼成都,去城十馀里,阻江北为营,作浮桥,使副将武威将军刘尚①将万馀人屯于江南,相去二十馀里。帝闻大惊,让汉曰:〔16〕"比敕公千条万端,何意临事勃乱!既轻敌深入,又与尚别营,事有缓急,不复相及。贼若出兵缀公,以大众攻尚,尚破,公即败矣。幸无它者,急引兵还广都。"诏书未到,述果使其将谢丰、袁吉将众十许万,分为二十馀营,并出攻汉。使别将〔将〕万馀人劫刘尚,〔17〕令不得相救。汉与大战一日,兵败,走入壁,丰因围之。汉乃召诸将厉之曰:"吾共诸君逾越险阻,转战千里,所在斩获,遂深入敌地,至其城下。而今与刘尚二处受围,埶既不接,其祸难量。欲潜师就尚于江南,并兵御之。若能同心一力,人自为战,大功可立;如其不然,败必无馀。成败之机,在此一举。"诸将皆曰"诺"。于是飨士秣马,闭营三日不出,乃多树幡旗,使烟火不绝,夜衔枚引兵与刘尚合军。丰等不觉,明日,乃分兵拒江北,〔18〕

自将攻江南。汉悉兵迎战，自旦至晡，遂大破之，斩谢丰、袁吉，获甲首五千馀级。于是引还广都，留刘尚拒述，具以状上，而深自谴责。帝报曰："公还广都，[19]甚得其宜，述必不敢略尚而击公也。②若先攻尚，公从广都五十里悉步骑赴之，适当值其危困，破之必矣。"自是汉与述战于广都、成都之间，八战八克，遂军于其郭中。述自将数万人出城大战，汉使护军高午、唐邯将数万锐卒击之。[20]述兵败走，高午奔陈刺述，杀之。事已见《述传》。旦日城降，斩述首传送洛阳。明年正月，汉振旅浮江而下。至宛，诏令过家上冢，赐谷二万斛。

①《东观记》、《续汉书》"尚"字并作"禹"。

②略犹过也。

十五年，复率扬武将军马成、捕虏将军马武北击匈奴，徙雁门、代郡、上谷吏人六万馀口，置居庸、常〔山〕关以东。[21]

十八年，蜀郡守将史歆反于成都，自称大司马，攻太守张穆，穆逾城走广都，歆遂移檄郡县，而宕渠杨伟、朐䏰徐容等，①起兵各数千人以应之。帝以歆昔为岑彭护军，晓习兵事，故遣汉率刘尚及太中大夫臧宫将万馀人讨之。汉入武都，乃发广汉、巴、蜀三郡兵围成都，百馀日城破，诛歆等。汉乃乘枋沿江下巴郡，杨伟、徐容等惶恐解散，汉诛其渠帅二百馀人，徙其党与数百家于南郡、长沙而还。

①宕渠、朐䏰，二县名，皆属巴郡。朐音劬，䏰音忍。宕渠山名，因以名县，故城在今渠州流江县东北，俗名车骑城是也。《十三州志》朐音春，䏰音闰。其地下湿，多朐䏰虫，因以名县。故城在今夔州云安县西万户故城是也。

汉性强力，每从征伐，帝未安，恒侧足而立。诸将见战陈不利，或多惶惧，失其常度。汉意气自若，方整厉器械，激扬士吏。帝时遣人观大司马何为，还言方修战攻之具，乃叹曰："吴公差强人意，隐若一敌国矣！"①每当出师，朝受诏，夕即引道，初无办严之日。②故能常任职，以功名终。及在朝廷，斤斤谨质，形于体貌。③汉尝出征，妻子在后买田业。汉还，让之曰："军师在外，吏士不足，何多买田宅乎！"遂尽以分与昆弟外家。④

①隐，威重之貌。言其威重若敌国。《前书》周亚夫谓剧孟曰："大将得之，若
　一敌国矣。"

②严即装也，避明帝讳，故改之。

③《尔雅》曰："明明、斤斤，察也。"李巡曰："斤斤，精详之察也。"孙炎曰："重慎
　之察也。"斤音靳。

④《东观记》曰"汉但修里宅，不起第。夫人先死，薄葬小坟，不作祠堂"也。

二十年，汉病笃。车驾亲临，问所欲言。对曰："臣愚无所知识，唯
愿陛下慎无赦而已。"及薨，有诏悼愍，赐谥曰忠侯。① 发北军五校、轻
车、介士送葬，如大将军霍光故事。②

①《东观记》曰："有司奏议以武为谥，诏特赐谥曰忠侯。"

②汉置南北军五校，解见《顺帝纪》。轻车，兵车也。介士，甲士也。《霍光传》
　云以北军五校尉、轻车、介士载光尸以辒辌车，黄屋左纛，军陈至茂陵。不
　以南军者，重之也。

子哀侯成嗣，为奴所杀。二十八年，分汉封为三国：成子旦为濯阳
侯，① 以奉汉嗣；旦弟盱② 为筑阳侯；成弟国为新蔡侯。③ 旦卒，无子，国
除。建初八年，徙封盱为平春侯，④ 以奉汉后。盱卒，子胜嗣。初，汉兄
尉为将军，从征战死，封尉子彤为安阳侯。⑤ 帝以汉功大，复封弟翕为褒
亲侯。吴氏侯者凡五国。

①濯阳，县名，属汝南郡，在濯水之阳，因以为名，其地今豫州吴房县也。
　音劬。

②盱音火俱反。

③筑阳，县名，属南阳郡，古穀国也，在筑水之阳，故城在今襄州穀城县西。新
　蔡，县名，属汝南郡，蔡平侯自蔡徙此，故加"新"字，今豫州县也。筑音逐。

④平春，县名，属江夏郡。

⑤安阳，县名，属汝南郡，古江国也，故城在今豫州新息县西南。

初，渔阳都尉严宣，与汉俱会光武于广阿，光武以为偏将军，封建
信侯。①

①建信，县名，属千乘国。

论曰：吴汉自建武世，常居上公之位，终始倚爱之亲，①〔22〕谅由质简而强力也。子曰"刚毅木讷近仁"，②斯岂汉之方乎！③昔陈平智有馀以见疑，周勃资朴忠而见信。④〔23〕夫仁义不足以相怀，则智者以有馀为疑，而朴者以不足取信矣。⑤

①"差强人意"，是倚之也；遂见亲信，是爱之也。

②《论语》文。刚毅谓强而能断。木，朴悫貌。讷，忍于言也。四者皆仁之质，
　若加文，则成仁矣，故言近仁。

③方，比也。

④高祖谓吕后曰："陈平智有馀，然难独任。"是见疑也。又曰："周勃重厚少
　文，安刘氏者必勃。"是见信也。

⑤怀，依也。言若仁义之心足相依信，则情无疑阻。若彼此之诚未协，仁义不
　足相依，则智者翻以有馀见疑，朴者以愚直取信。

盖延字巨卿，渔阳要阳人也。①身长八尺，弯弓三百斤。边俗尚勇力，而延以气闻。历郡列掾、州从事，所在职办。②彭宠为太守，召延署营尉，行护军。

①要阳，县名，光武时省。

②古者三公下至郡县皆有掾属。《续汉志》曰："建武十八年，立刺史十二人，
　人主一州，皆有从事史、假佐，每郡皆置诸曹掾。"郡中列掾非一，延并为之，
　故言历也。渔阳属幽州。《东观记》云延为幽州从事。

及王郎起，延与吴汉同谋归光武。①延至广阿，拜偏将军，号建功侯，从平河北。光武即位，以延为虎牙将军。

①《续汉书》曰："并与狐奴令王梁同劝宠。"

建武二年，更封安平侯。遣南击敖仓，转攻酸枣、封丘，皆拔。①其夏，督驸马都尉马武、骑都尉刘隆、护军都尉马成、偏将军王霸等南伐刘永，先攻拔襄邑，②进取麻乡，③遂围永于睢阳。数月，尽收野麦，夜梯其城入。永惊惧，引兵走出东门，④延追击，大破之。永弃军走谯，延进攻，拔薛，斩其鲁郡太守，⑤而彭城、扶阳、杼秋、萧皆降。⑥又破永沛郡太

守,斩之。⑦永将苏茂、佼彊、周建等三万馀人⑧救永,共攻延,延与战于沛西,大破之。永军乱,遁没溺死者太半。永弃城走湖陵,苏茂奔广乐。延遂定沛、楚、临淮,修高祖庙,置啬夫、祝宰、乐人。⑨

①酸枣、封丘,二县名,属陈留郡。酸枣故城在今滑州县也。封丘故城在今汴
州县也。

②《续汉书》曰:"时刘永别将许德据襄邑,延攻而拔之。"

③麻乡,县名,〔24〕故城在今宋州砀山县东北。

④《东观记》云"走出鱼门",然则东门名鱼门也。〔25〕

⑤薛,县名,属鲁国,故城在今徐州滕县东南。《东观记》曰"鲁郡太守梁丘
寿"也。〔26〕

⑥扶阳,县名,属沛郡。〔27〕杼秋,县名,属梁国,故城在今徐州萧县西北。杼音
食汝反。

⑦《东观记》曰:"沛郡太守陈脩。"

⑧佼彊,姓名也,周大夫原伯佼之后也。〔28〕

⑨楚即今彭城县也。临淮,郡名,今泗州下邳县。高祖庙在今徐州沛县东故
泗水亭中,即高祖为亭长之所也。啬夫,主知庙事。《东观记》曰:"时盖延
因斋戒祠高祖庙。"

三年,睢阳复反城迎刘永,①延复率诸将围之百日,收其野谷。永乏食,突走,延追击,尽得辎重。永为其将所杀,永弟防举城降。

①反音翻。

四年春,延又击苏茂、周建于蕲,①进与董宪战留下,皆破之。②因率平(敌)〔狄〕将军庞萌攻西防,〔29〕拔之。③复追败周建、苏茂于彭城,茂、建亡奔董宪,〔董宪〕将贲休举兰陵城降。④〔30〕宪闻之,自郯围休。时延及庞萌在楚,请往救之。帝敕曰:"可直往捣郯,则兰陵必自解。"⑤延等以贲休城危,遂先赴之。宪逆战而阳败,延等(遂)逐退,〔31〕因拔围入城。明日,宪大出兵合围,延等惧,遽出突走,因往攻郯。帝让之曰:"间欲先赴郯者,以其不意故耳。今既奔走,贼计已立,围岂可解乎!"延等至郯,果不能克,而董宪遂拔兰陵,杀贲休。延等往来要击宪别将于彭城、郯、邳之间,战或日数合,颇有克获。帝以延轻敌深入,数以书诫之。⑥及庞

萌反,攻杀楚郡太守,引军袭败延,延走,北度泗水,破舟楫,坏津梁,仅而得免。⑦帝自将而东,征延与大司马吴汉、汉忠将军王常、前将军王梁、捕虏将军马武、讨虏将军王霸等会任城,讨庞萌于桃乡,又并从征董宪于昌虑,皆破平之。六年春,遣屯长安。

①蕲,县名,属沛郡,有大泽乡。蕲音机。

②留,县名,属楚国,故城在今徐州沛县东南。

③西防,县名,春秋时宋之西防城,故城在今宋州单父县北。

④《前书》有赍赫,音肥。今有此姓,(赍)音奔。〔32〕

⑤捣,击也。《东观记》作"击"字。

⑥《东观记》载延上疏辞曰:"臣幸得受干戈,诛逆虏,奉职未称,久留天诛,常恐污辱名号,不及等伦。天下平定已后。曾无尺寸可数,不得预竹帛之编。明诏深闵,儆戒备具,每事奉循诏命,必不敢为国之忧也。"

⑦《东观记》、《续汉书》皆云萌攻延,延与战,破之。诏书劳延曰:"庞萌一夜反畔,相去不远,营壁不坚,殆令人齿欲相击,而将军有不可动之节,吾甚美之。"此传言"仅而得免",与彼不同。

九年,隗嚣死,延西击街泉、略阳、清水诸屯聚,皆定。①

①街泉、略阳、清水三县,皆属天水郡。

十一年,与中郎将来歙攻河池,未克,以病引还,拜为左冯翊,将军如故。①十三年,增封定食万户。十五年,薨于位。

①《续汉书》曰:"视事四年,人敬其威信。"

子扶嗣。扶卒,子侧嗣。永平十三年,坐与舅王平谋反,伏诛,国除。永初七年,邓太后绍封延曾孙恢为芦亭侯。①恢卒,子遂嗣。

①《东观记》作"庐亭"。〔33〕

陈俊字子昭,南阳西鄂人也。①少为郡吏。更始立,以宗室刘嘉为太常将军,俊为长史。光武徇河北,嘉遗书荐俊,光武以为安集掾。②

①江夏郡有鄂,故此加"西"也,故城在今邓州向城县南也。

②《东观记》曰:"俊初调补曲阳长,上曰:'欲与君为左右,小县何足贪乎?'俊

即拜，解印绶，上以为安集掾。"

从击铜马于清阳，进至（满）〔蒲〕阳，〔34〕拜强弩将军。①与五校战于安次，俊下马，手接短兵，所向必破，追奔二十馀里，斩其渠帅而还。光武望而叹曰："战将尽如是，岂有忧哉！"五校引退入渔阳，所过虏掠。俊言于光武曰："宜令轻骑出贼前，使百姓各自坚壁，〔35〕以绝其食，可不战而殄也。"光武然之，遣俊将轻骑驰出贼前。视人保壁坚完者，敕令固守；放散在野者，因掠取之。贼至无所得，遂散败。及军还，光武谓俊曰："困此虏者，将军策也。"及即位，封俊为列侯。

① 《华峤书》曰："拜为强弩偏将军，赐绛衣九百领，〔36〕以衣中坚同心士。"

建武二年春，攻匡贼，下四县，①更封新处侯。②引击顿丘，降三城。③其秋，大司马吴汉承制拜俊为强弩大将军，别击金门、白马贼于河内，皆破之。④四年，转徇汝阳及项，又拔南武阳。⑤是时太山豪杰多拥众与张步连兵，吴汉言于帝曰："非陈俊莫能定此郡。"于是拜俊太山太守，行大将军事。张步闻之，遣其将击俊，战于嬴下，⑥俊大破之，追至济南，收得印绶九十馀，⑦稍攻下诸县，遂定太山。五年，与建威大将军耿弇共破张步。事在《弇传》。

① 匡贼即匡城县贼也。《东观记》作"匡城贼"。匡城，古匡邑也，故城在今滑州匡城县南。

② 新处，县名，属中山国。

③ 顿丘，县名，属东郡，故城在今魏州顿丘县北阴安城是也。

④ 金门、白马并山名，在今洛州福昌县西南，有金门白马水。盖贼起于二山，因以〔为〕名。〔37〕

⑤ 南武阳，县名，属太山郡，故城在今沂州费县西。

⑥ 《续汉书》曰：嬴，县名，〔38〕属太山郡。嬴音盈。

⑦ 步时拟私封爵人之印绶。

时琅邪未平，乃徙俊为琅邪太守，领将军如故。齐地素闻俊名，入界，盗贼皆解散。俊将兵击董宪于赣榆，①进破胊贼孙阳，平之。八年，张步畔，还琅邪，俊追讨，斩之。帝美其功，诏俊得专征青、徐。②俊抚贫弱,表有义,检制军吏,不得与郡县相干,百姓歌之。数上书自请,愿奋击陇、蜀。诏报曰:"东州新平,大将军之功也。负海猾夏,盗贼之处,国家以为重忧,且勉镇抚之。"

①赣榆,县名,属东海郡。赣音贡。

②《华峤书》曰:"赐俊玺书曰:'将军元勋大著,威震青、徐,两州有警,得专征之。'"

十三年,增邑,定封祝阿侯。①明年,征奉朝请。二十三年卒。

①祝阿,县名,属平原郡。

子浮嗣,徙封蕲春侯。①浮卒,子专诸嗣。专诸卒,子笃嗣。

①蕲春,今蕲州县也。《东观记》曰:"诏书以祝阿益济南国,故徙浮封蕲春侯。"蕲音祈。

臧宫字君翁,颍川郏人也。①少为县亭长、游徼,②后率宾客入下江兵中为校尉,因从光武征战,诸将多称其勇。光武察宫勤力少言,甚亲纳之。及至河北,以为偏将军,从破群贼,数陷陈却敌。

①郏,县名,今汝州郏城县也。

②《续汉书》曰"每十里一亭,亭有长,以禁盗贼。每乡有游徼,掌循禁奸盗"也。

光武即位,以为侍中、骑都尉。建武二年,封成安侯。①明年,将突骑与征虏将军祭遵击更始将左防、韦颜②于(沮)〔涅〕阳、〔39〕郦,悉降之。五年,将兵徇江夏,〔40〕击代乡、钟武、〔41〕竹里,皆下之。③帝使太中大夫④持节拜宫为辅威将军。七年,更封期思侯。⑤击梁郡、济阴,皆平之。

①成安,县名,属颍川郡。

②《华峤书》"韦"字作"韩"。

③钟武,县名,属江夏郡,故城在今申州钟山县西南。

④《华峤书》曰"使张明"也。

⑤期思,县名,属汝南郡,故城在今光州固始县西北。

十一年,将兵至中卢,屯骆越。①是时公孙述将田戎、任满与征南大将军岑彭相拒于荆门,彭等战数不利,越人谋畔从蜀。宫兵少,力不能制。会属县送委输车数百乘至,宫夜使锯断城门限,令车声回转出入至旦。越人候伺者闻车声不绝,而门限断,相告以汉兵大至。其渠帅乃奉牛酒以劳军营。宫陈兵大会,击牛酾酒,飨赐慰纳之,②越人由是遂安。

　　①中卢,县名,属南郡,故城在今襄州襄阳县南。盖骆越人徙于此,因以为名。

　　②酾音所宜反。《说文》曰:“下酒也。”《诗》注曰“以筐曰酾”也。

　　宫与岑彭等破荆门,别至垂鹊山,通道出秭归,至江州。岑彭下巴郡,使宫将降卒五万,从涪水上平曲。公孙述将延岑盛兵于(沅)〔沈〕水,①〔42〕时宫众多食少,转输不至,而降者皆欲散畔,郡邑复更保聚,观望成败。宫欲引还,恐为所反。②会帝遣谒者将兵诣岑彭,有马七百匹,宫矫制取以自益,晨夜进兵,多张旗帜,登山鼓噪,右步左骑,挟船而引,呼声动山谷。岑不意汉军卒至,登山望之,大震恐。宫因从击,大破之。斩首溺死者万馀人,水为之浊流。延岑奔成都,其众悉降,尽获其兵马珍宝。③自是乘胜追北,降者以十万数。④

　　①(沅)〔沈〕水出广汉,解见《光武纪》。

　　②反音翻。

　　③《华峤书》曰:“上玺书劳宫,赐吏士绛缣六千匹。”

　　④人好阳而恶阴,北方幽阴之地,故军败者皆谓之北。《史记·乐书》曰:“北者,败也。”而近代音北为背,失其指矣。

　　军至平阳乡,蜀将王元举众降。进拔绵竹,破涪城,斩公孙述弟恢,复攻拔繁、郫。①前后收得节五,印绶千八百。是时大司马吴汉亦乘胜进营逼成都。宫连屠大城,兵马旌旗甚盛,乃乘兵入小雒郭门,〔43〕历成都城下,②至吴汉营,饮酒高会。汉见之甚欢,谓宫曰:“将军向者经房城下,震扬威灵,风行电照。然穷寇难量,还营愿从它道矣。”宫不从,复路而归,贼亦不敢近之。进军咸门,③与吴汉并灭公孙述。

　　①繁,县名,属蜀郡。繁,江名,因以为县名,故城在今益州新繁县北。郫,县名,属蜀郡,故城在今益州郫县北。郫音皮。

　　②张载注《蜀都赋》云:“汉武帝元鼎三年,立成都郭十八门。”小雒郭门盖其

数焉。

③成都北面东头门。

帝以蜀地新定,拜宫为广汉太守。十三年,增邑,更封鄳侯。十五年,征还京师,以列侯奉朝请,定封朗陵侯。①十八年,拜太中大夫。

①朗陵,县名,属汝南郡,故城在今豫州朗山县西南。

十九年,妖巫维汜弟子单臣、傅镇等,复妖言相聚,入原武城,①劫吏人,自称将军。于是遣宫将北军及黎阳营数千人围之。贼谷食多,数攻不下,士卒死伤。帝召公卿诸侯王问方略,皆曰“宜重其购赏”。时显宗为东海王,独对曰:“妖巫相劫,埶无久立,其中必有悔欲亡者。但外围急,不得走耳。宜小挺缓,②令得逃亡,逃亡则一亭长足以禽矣。”帝然之,即敕宫彻围缓贼,贼众分散,遂斩臣、镇等。宫还,迁城门校尉,复转左中郎将。击武谿贼,至江陵,降之。③

①“维”或作“缑”。

②挺,解也。

③武谿,水名,在今辰州卢谿县。

宫以谨信质朴,故常见任用。后匈奴饥疫,自相分争,帝以问宫,宫曰:“愿得五千骑以立功。”帝笑曰:“常胜之家,难与虑敌,吾方自思之。”二十七年,宫乃与杨虚侯马武上书曰:〔44〕“匈奴贪利,无有礼信,穷则稽首,安则侵盗,缘边被其毒痛,中国忧其抵突。①虏今人畜疫死,旱蝗赤地,②疫困之力,〔45〕不当中国一郡。万里死命,县在陛下。福不再来,时或易失,③岂宜固守文德而堕武事乎? 今命将临塞,厚县购赏,喻告高句骊、乌桓、鲜卑攻其左,发河西四郡、④天水、陇西羌胡击其右。如此,北虏之灭,不过数年。臣恐陛下仁恩不忍,谋臣狐疑,令万世刻石之功不立于圣世。”诏报曰:“《黄石公记》曰,‘柔能制刚,弱能制强’。⑤柔者德也,刚者贼也,弱者仁之助也,强者怨之归也。故曰有德之君,以所乐乐人;无德之君,以所乐乐身。乐人者其乐长,乐身者不久而亡。舍近谋远者,劳而无功;舍远谋近者,逸而有终。逸政多忠臣,劳政多乱人。故曰务广地者荒,务广德者强。有其有者安,贪人有者残。残灭之政,虽成必败。今国无善政,灾变不息,⑥百姓惊惶,人不自保,而复欲远事边外乎? 孔子曰:'吾恐季孙之忧,不在颛臾。'⑦且北狄尚强,而屯田警备传闻之事,恒多失实。⑧诚能举天下之半以灭大寇,岂非至愿;苟非其时,不如息人。"自是诸将莫敢复言兵事者。

①抵,触也。

②赤地,言在地之物皆尽。《说苑》曰:"晋平公时,赤地千里。"

③《左传》曰:"大福不再。"蒯通曰:"时者难遇而易失也。"

④谓张掖、酒泉、武威、金城也。

⑤即张良于下邳圮所见老父出一编书者。

⑥《左传》曰:"国无善政,则自取谪于日月之灾。"

⑦颛臾,鲁附庸之国。鲁卿季氏贪其土地,欲伐而兼之。时孔子弟子冉有仕于季氏,孔子责之。冉有曰:"今夫颛臾固而近季氏之邑,今不取,恐为子孙之忧。"孔子曰:"吾恐季孙之忧,不在颛臾,而在萧墙之内也。"

⑧《公羊传》曰:"见者异辞,闻者异辞,传闻者异辞。"

宫永平元年卒,谥曰愍侯。子信嗣。信卒,子震嗣。震卒,子松嗣。元初四年,与母别居,国除。[46]永宁元年,邓太后绍封松弟由为朗陵侯。

论曰:中兴之业,诚艰难也。然敌无秦、项之强,人资附汉之思,虽怀玺纡绂,跨陵州县,①殊名诡号,千队为群,尚未足以为比功上烈也。至于山西既定,威临天下,②戎羯丧其精胆,群帅贾其馀壮,③斯诚雄心尚武之几,先志戢兵之日。④臧宫、马武之徒,抚鸣剑而抵掌,[47]志驰于伊吾之北矣。⑤光武审《黄石》,存包桑,⑥闭玉门以谢西域之质,卑词币以礼匈奴之使,⑦其意防盖已弘深。岂其颠沛平城之围,忍伤黥王之陈乎?⑧

①玺,解见《光武纪》。《白虎通》曰:"天子朱绂,诸侯赤绂,上广一尺,下广二尺,法天一地二也,长三尺,法天地人也。"董巴《舆服志》曰:"古者上下皆有绂,所以殊贵贱也。自五霸递兴,以绂非兵服,于是去绂也。"

②谓诛隗嚣、公孙述。

③羯本匈奴别部,分散居于上党、武乡、羯室,因号羯胡。此总谓戎夷耳,不指于羯也。《左传》曰:"欲勇者,贾余馀勇。"

④几,会也。酰,习也。先志者,乘胜之志也。

⑤屈原曰:"抚长剑兮玉珥。"曹植《结交篇》曰:"利剑鸣手中。"《说文》曰:"抵,侧击也。"〔48〕

⑥《周易·否卦·九五》曰:"其亡其亡,系于包桑。"言圣人居天位,不可以安,常自危惧,乃是系于包桑也。包,本也,系于桑本,言其固也。

⑦《西域传》曰,建武二十一年,西域十八国俱遣子弟入侍,天子以中国初定,皆还其侍子。《匈奴传》曰,建武二十八年,匈奴遣使诣阙贡马及裘,乞和亲。帝报曰:"单于国内虚耗,贡物裁以通礼,何必马裘? 今赠缯五百匹,斩马剑一。"是卑辞币礼也。

⑧平城,县名,今云州定襄县。高祖七年,击韩王信,至平城,被匈奴围,七日乃解。十二年,高祖亲击淮南王黥布,在陈为流矢所中。颠沛,狼狈也。颠音丁千反。

　　赞曰:吴公骛强,实为龙骧。①电埽群孽,风行巴、梁。虎牙猛力,功立睢阳。宫、俊休休,是亦鹰扬。②

①《战国策》曰:"廉颇为人,勇骛而爱士。白起视瞻不转者,执志强也。"骧,举也。若龙之举,言其威盛。邹阳曰:"神龙骧首奋翼,则浮云出流。"

②《诗》曰:"良士休休。"又曰:"惟师尚父,时惟鹰扬。"

【校勘记】

〔1〕 (雒县)〔南阳〕人韩鸿　据《集解》引洪颐煊说改。按:汲本、殿本"雒县"作"雒阳"。

〔2〕 来求食者似(诸)〔儒〕生　据汲本、殿本改。

〔3〕 汉召〔之〕　据《刊误》补。

〔4〕 立骑驰环邯郸城　按:汲本、殿本"立"作"士"。

〔5〕 及得召见　按:汲本、殿本"及"作"乃"。

〔6〕 驰白汉　按:汲本、殿本"驰"作"出"。

〔7〕 斥漳在今洺州洺水县　按:《集解》王先谦谓"洺水"当作"池水"。《校补》谓洺水,隋县名,属冀州武安郡,唐并入曲周,疑章怀作注时,此县尚未并省也。

〔8〕 广年避隋炀帝讳改为永年县　按:"广年"原讹"广平",径据汲本、殿本改正。

〔9〕 非有仗节死义者也　按:"仗"原讹"伏",径改正。

〔10〕 郑(大夫)公子突　据《集解》引周寿昌说删,与《左传》合。

〔11〕 皆大呼俱(大)进　据《刊误》删。按:《集解》引惠栋说,谓《东观记》所载与此同,无"大"字,《刊误》是。

〔12〕 汉(中)〔忠〕将军王常　《刊误》谓"中"当作"忠",今据改。

〔13〕 击富平获索二贼于平原　按:《校补》引钱大昭说,谓本纪列五年二月,盖据破降二贼时言之。

〔14〕 斩宪事(以)〔已〕见刘永传　据殿本改。　按:以已通。

〔15〕 诸郡甲卒但坐费粮食　按:汲本、殿本"但"作"俱"。

〔16〕 帝闻大惊让汉曰　按:《御览》三〇九引,"惊"下有"使"字。

〔17〕 使别将〔将〕万馀人劫刘尚　王先谦谓"将"字下少一"将"字,则句不圆通。《通鉴》"别将"下重"将"字。今据补。

〔18〕 乃分兵拒江北　按:"江"原讹"水",径改正。

〔19〕 公还广都　按:"还"原讹"远",径改正。

〔20〕 汉使护军高午唐邯　按:《校补》引钱大昭说,谓"护军高午"《续天文志》作"护军将军"。

〔21〕 常〔山〕关以东　据《刊误》补。

〔22〕 终始倚爱之亲　按:李慈铭谓终始倚爱之亲不成语,当以"之"字断句,"亲"字盖涉注文"遂见亲信"句而衍。

〔23〕 周勃资朴忠而见信　按:汲本、殿本"资"作"质"。

〔24〕 麻乡县名　按:《集解》引惠栋说,谓两汉无"麻乡县",或是乡名。又引沈钦韩说,谓今徐州府砀山县西北有麻城集。

〔25〕 然则东门名鱼门也　按:《集解》引惠栋说,谓《续志》梁国睢阳有鱼门。

〔26〕 梁丘寿　按:"丘"原讹"国",径改正。

〔27〕 属沛郡　按:"沛"原讹"大",径改正。

〔28〕 周大夫原伯佼之后也　按:沈家本谓此注疑本《风俗通·姓氏篇》,今

《左传》作"原伯绞"。

〔29〕平（敌）〔狄〕将军庞萌　据《集解》本改。按：《校补》谓"狄"各本皆作"敌"，据《萌传》正。

〔30〕茂建亡奔董宪〔董宪〕将贲休举兰陵城降　李慈铭谓"董宪"下当叠"董宪"二字。今据补。

〔31〕延等（遂）逐退　《刊误》谓案文多一"遂"字，缘下有"逐"字误之。今据删。

〔32〕今有此姓（贲）音奔　据《刊误》删。

〔33〕东观记作庐亭　按：汲本、殿本"庐"作"卢"，聚珍版《东观记》亦作"卢"。

〔34〕进至（满）〔蒲〕阳　《集解》引惠栋说，谓《光武纪》作"蒲阳"，案《前志》中山曲逆县有蒲阳山。今据改。参阅《邓禹传》校勘记。

〔35〕使百姓各自坚壁　按：汲本、殿本"坚"下有"守"字。

〔36〕赐绛衣九百领　按：王先谦谓今本《东观记》作"三百领"。

〔37〕盖贼起于二山因以〔为〕名　据汲本、殿本补。按：汲本"山"作"水"。

〔38〕（续汉书曰）嬴县名　"续汉书曰"四字当衍，汲本无，今据删。

〔39〕（沮）〔涅〕阳　《集解》引沈钦韩说，谓"沮阳"当为"涅阳"，与郦皆属南阳郡。今据改。

〔40〕五年将兵徇江夏　按：汲本、殿本"五年"讹"三年"。

〔41〕钟武　汲本、殿本"钟"作"锺"，注同。按：锺钟古通作。

〔42〕公孙述将延岑盛兵于（沅）〔沈〕水　《集解》引钱大昕说，谓《光武纪》建武十一年，臧宫与公孙述将延岑战于沈水，注引《水经注》"沈水出广汉县，下入涪水"，本或作"沅水"及"沈水"者，并非。则此"沅"字乃"沈"字之讹。今据改。注同。

〔43〕乃乘兵入小雒郭门　按：《王先谦》谓"乘兵"无义，详文意当是"陈兵"，音近而讹也。

〔44〕杨虚侯马武　按："杨"原讹"扬"，径改正。

〔45〕疲困之力　按：《校补》引钱大昭说，谓"之"当作"乏"。

〔46〕元初四年与母别居国除　按：李慈铭谓"与母别居"上当脱一"坐"字。

〔47〕抚鸣剑而抵掌　按："抵"原讹"抵"，各本同，径改正。

〔48〕说文曰抵侧击也　"抵"原讹"抵"，径改正。按：抵从手氏声，与抵字音义皆殊。

后汉书卷十九

耿弇列传第九

弟国　国子秉　秉弟夔　国弟子恭

耿弇字伯昭,〔1〕扶风茂陵人也。其先武帝时,以吏二千石自钜鹿徙焉。①父况,字侠游,以明经为郎,与王莽从弟伋共学《老子》于安丘先生,②后为朔调连率。③弇少好学,习父业。④常见郡尉试骑士,建旗鼓,肄驰射,由是好将帅之事。⑤

①武帝时,徙吏二千石高赀富人及豪杰并兼之家于诸陵也。

②嵇康《圣贤高士传》曰"安丘望之字仲都,京兆长陵人。少持《老子经》,恬净不求进宦,〔2〕号曰安丘丈人。成帝闻,欲见之,望之辞不肯见,为巫医于人间"也。

③王莽改上谷郡曰朔调,守曰连率。

④《袁山松书》曰:"弇少学《诗》、《礼》,明锐有权谋。"

⑤《汉官仪》曰:"岁终郡试之时,讲武勒兵,因以校猎,简其材力也。"

及王莽败,更始立,诸将略地者,前后多擅威权,辄改易守、令。况自以莽之所置,怀不自安。时弇年二十一,乃辞况奉奏诣更始,因赍贡献,以求自固之宜。及至宋子,会王郎诈称成帝子子舆,起兵邯郸,弇从吏孙仓、卫包于道共谋曰:〔3〕"刘子舆成帝正统,舍此不归,远行安之?"弇按剑曰:"子舆弊贼,卒为降虏耳。我至长安,与国家陈渔阳、上谷兵马之用,还出太原、代郡,反覆数十日,归发突骑以轥乌合之众,①如摧枯折腐耳。观公等不识去就,族灭不久也。"仓、包不从,遂亡降王郎。

①轥,轹也,音力刃反。

弇道闻光武在卢奴，乃驰北上谒，光武留署门下吏。〔4〕弇因说护军朱祐，求归发兵，以定邯郸。光武笑曰："小儿曹乃有大意哉！"因数召见加恩慰。①弇因从光武北至蓟。闻邯郸兵方到，光武将欲南归，召官属计议。弇曰："今兵从南来，不可南行。渔阳太守彭宠，公之邑人；②上谷太守，即弇父也。发此两郡，控弦万骑，邯郸不足虑也。"光武官属腹心皆不肯，曰："死尚南首，奈何北行入囊中？"③光武指弇曰："是我北道主人也。"会蓟中乱，④光武遂南驰，官属各分散。弇走昌平就况，⑤因说况使寇恂东约彭宠，各发突骑二千匹，步兵千人。弇与景丹、寇恂及渔阳兵合军而南，所过击斩王郎大将、九卿、校尉以下四百馀级，得印绶百二十五，节二，斩首三万级，定涿郡、中山、钜鹿、清河、河间凡二十二县，遂及光武于广阿。是时光武方攻王郎，传言二郡兵为邯郸来，众皆恐。既而悉诣营上谒。光武见弇等，说，曰："当与渔阳、上谷士大夫共此大功。"乃皆以为偏将军，使还领其兵。加况大将军、兴义侯，得自置偏裨。弇等遂从拔邯郸。

①《续汉书》曰"弇还檄与况，陈上功德，自嫌年少，恐不见信，宜自来。况得檄立发，至昌平见上"也。

②宠，南阳宛人也。

③渔阳、上谷北接塞垣，至彼路穷，如入囊也。

④《续汉书》曰"弇归，主人食未已，蓟中扰乱，上驾出南城门，颇遮绝辎重，城中相掠。弇既与上相失，以马与城门亭长，乃得出"也。

⑤昌平，县名，属上谷郡，今幽州县，故城在县东也。

时更始征代郡太守赵永，而况劝永不应召，令诣于光武。〔5〕光武遣永复郡。永北还，而代令张晔据城反畔，乃招迎匈奴、乌桓以为援助。光武以弇弟舒为复胡将军，使击晔，破之。永乃得复郡。时五校贼二十馀万北寇上谷，况与舒连击破之，贼皆退走。

更始见光武威声日盛，君臣疑虑，乃遣使立光武为萧王，令罢兵与诸将有功者还长安；遣苗曾为幽州牧，韦顺为上谷太守，蔡充为渔阳太守，并北之部。时光武居邯郸宫，昼卧温明殿。①弇入造床下请间，因说曰：“今更始失政，君臣淫乱，诸将擅命于畿内，贵戚纵横于都内。②天子之命，不出城门，所在牧守，辄自迁易，百姓不知所从，士人莫敢自安。虏掠财物，劫掠妇女，怀金玉者，至不生归。元元叩心，更思莽朝。又铜马、赤眉之属数十辈，辈数十百万，圣公不能办也。③其败不久。公首事南阳，破百万之军；今定河北，(北)据天府之地。④〔6〕以义征伐，发号响应，天下可传檄而定。天下至重，不可令它姓得之。闻使者从西方来，欲罢兵，不可从也。今吏士死亡者多，弇愿归幽州，益发精兵，以集(其)大计。”〔7〕光武大说，⑤乃拜弇为大将军，与吴汉北发幽州十郡兵。弇到上谷，收韦顺、蔡充斩之；汉亦诛苗曾。于是悉发幽州兵，引而南，从光武击破铜马、高湖、赤眉、青犊，又追尤来、大枪、五幡于元氏，弇常将精骑为军锋，辄破走之。光武乘胜战(慎)〔顺〕水上，〔8〕虏危急，殊死战。时军士疲弊，遂大败奔还，壁范阳，数日乃振。⑥贼亦退去，从追至容城、小广阳、安次，连战破之。⑦光武还蓟，复遣弇与吴汉、景丹、盖延、朱祐、邳彤、耿纯、刘植、岑彭、祭遵、坚镡、王霸、陈俊、马武十三将军，〔9〕追贼至潞东，及平谷，⑧再战，斩首万三千馀级，遂穷追于右北平无终、土垠之间，⑨至(浚)〔俊〕靡而还。⑩〔10〕贼散入辽西、辽东，或为乌桓、貊人所钞击，略尽。

①汉赵王如意之殿也，故基在今洺州邯郸县内。

②《更始传》曰：“李轶、朱鲔擅命山东，王匡、张卬横暴三辅。”

③办犹成也，音蒲苋反。

④《前书》曰：“关中所谓金城天府。”弇以河北富饶，故以喻焉。

⑤《续汉书》曰：“光武初见弇言，起坐曰：‘卿失言，我斩卿！’弇曰：‘大王哀厚弇如父子，故披赤心为大王陈事。’上曰：‘我戏卿耳。’”

⑥壁谓筑垒壁也。

⑦容城，县名，属涿郡，故城在今易州(道)〔遒〕县也。〔11〕广阳国有广阳县，故曰小广阳，及安次，县名，并在今幽州也。

⑧平谷，解见《光武纪》。

⑨无终、土垠并县名，属右北平郡，无终故城在今渔阳县。土垠故城在今平州西南。垠音银。

⑩(浚)〔俊〕靡,县名,属右北平,故城在今渔阳县北。靡音麻。

光武即位,拜弇为建威大将军。与骠骑大将军景丹、强弩将军陈俊攻厌新贼于敖仓,皆破降之。建武二年,更封好畤侯,食好畤、美阳二县。三年,延岑自武关出攻南阳,下数城。穰人杜弘率其众以从岑。弇与岑等战于穰,大破之,斩首三千馀级,生获其将士五千馀人,得印绶三百。杜弘降,岑与数骑遁走东阳。

弇从幸舂陵,因见自请北收上谷兵未发者,定彭宠于渔阳,取张丰于涿郡,还收富平、获索,东攻张步,以平齐地。帝壮其意,乃许之。四年,诏弇进攻渔阳。弇以父据上谷,本与彭宠同功,又兄弟无在京师者,自疑,不敢独进,上书求诣洛阳。诏报曰:"将军出身举宗为国,所向陷敌,功效尤著,何嫌何疑,而欲求征?且与王常共屯涿郡,勉思方略。"况闻弇求征,亦不自安,遣舒弟国入侍。帝善之,进封况为隃麋侯。①乃命弇与建义大将军朱祐、汉忠将军王常等击望都、故安西山贼十馀营,皆破之。②时征虏将军祭遵屯良乡,③骁骑将军刘喜屯阳乡,④以拒彭宠。宠遣弟纯将匈奴二千馀骑,宠自引兵数万,分为两道以击遵、喜。胡骑经军都,⑤舒袭破其众,斩匈奴两王,宠乃退走。况复与舒攻宠,取军都。五年,宠死,天子嘉况功,使光禄大夫持节迎况,⑥赐甲第,奉朝请。封〔舒为〕牟平侯。〔12〕遣弇与吴汉击富平、获索贼于平原,大破之,降者四万馀人。

①隃麋,县名,属右扶风,故城在今陇州汧阳县东南。隃音逾。

②望都,县名,属中山国。尧母庆都山在南,故以名焉。故城在今定州唐县东北。故安,县名,故城在今易州易县东南。

③良乡,县名,属涿郡。

④阳乡,县名,属涿郡,故城在今幽州故安县西北。

⑤军都,县,属广阳郡,有军都山,在西北,今幽州昌平县。

⑥《袁山松书》曰:"使光禄大夫樊宏诏况曰:'惟况功大,不宜监察从事。边郡寒苦,不足久居。其诣行在所。'"

因诏弇进讨张步。弇悉收集降卒,结部曲,置将吏,率骑都尉刘歆、太山太守陈俊引兵而东,从朝阳桥济河以度。①〔13〕张步闻之,乃使其大将军费邑军历下,②又分兵屯祝阿,③别于太山钟城列营数十以待弇。弇度河先击祝阿,自旦攻城,〔日〕未中而拔之,〔14〕故开围一角,令其众得奔归钟城。钟城人闻祝阿已溃,大恐惧,遂空壁亡去。费邑分遣弟敢守巨里。④弇进兵先胁巨里,使多伐树木,扬言以填塞坑堑。数日,有降者言邑闻弇欲攻巨里,谋来救之。弇乃严令军中趣修攻具,宣敕诸部,后三日当悉力攻巨里城。阴缓生口,令得亡归。归者以弇期告邑,邑至日果自将精兵三万馀人来救之。弇喜,谓诸将曰:"吾所以修攻具者,欲诱致邑耳。今来,适其所求也。"即分三千人守巨里,自行精兵上冈阪,⑤乘高合战,大破之,临陈斩邑。既而收首级以示巨里城中,城中凶惧,⑥费敢悉众亡归张步。弇复收其积聚,纵兵击诸未下者,平四十馀营,遂定济南。

①朝阳,县名,属济南郡,在朝水之阳。今朝城在济水北,有漯河,在今齐州临济县东。

②历下城在今齐州历城县也。

③祝阿,今齐州县也,故城在今山茌县东北。

④巨里,聚名也,一名巨合城,在今齐州全节县东南也。

⑤《尔雅》曰:"山脊曰冈,坡者曰阪。"

⑥凶,恐惧声,音呼勇反。

时张步都剧,使其弟蓝将精兵二万守西安,①诸郡太守合万馀人守临淄,相去四十里。弇进军画中,②居二城之间。弇视西安城小而坚,且蓝兵又精,临淄名虽大而实易攻,乃敕诸校会,③后五日攻西安。蓝闻之,晨夜儆守。至期夜半,弇敕诸将皆蓐食,④会明至临淄城。护军荀梁等争之,以为宜速攻西安。弇曰:"不然。西安闻吾欲攻之,日夜为备;临淄出不意而至,必惊扰,吾攻之一日必拔。拔临淄即西安孤,张蓝与步隔绝,必复亡去,所谓击一而得二者也。若先攻西安,不卒下,顿兵坚城,死伤必多。纵能拔之,蓝引军还奔临淄,并兵合埶,观人虚实,吾深入敌地,后无转输,旬(月)〔日〕之间,〔15〕不战而困。诸君之言,未见其宜。"遂攻临淄,半日拔之,入据其城。张蓝闻〔之大〕惧,〔16〕遂将其众亡归剧。

①西安,县名,属齐郡,故城在今青州临淄县西北。

②画中,邑名也。画音胡麦反。故城在今西安城东南。有漯水,因名焉。

③会犹集也。

④《前书音义》曰:"未起而床蓐中食也。"

弇乃令军中无得妄掠剧下,须张步至乃取之,以激怒步。步闻大笑曰:"以尤来、大肜十馀万众,吾皆即其营而破之。今大耿兵少于彼,①又皆疲劳,何足惧乎!"〔17〕乃与三弟蓝、弘、寿及故大肜渠帅重异等兵②号二十万,〔18〕至临淄大城东,将攻弇。③弇先出淄水上,与重异遇,突骑欲纵,弇恐挫其锋,令步不敢进,故示弱以盛其气,乃引归小城,陈兵于内。④步气盛,直攻弇营,与刘歆等合战,弇升王宫坏台望之,⑤视歆等锋交,乃自引精兵以横突步陈于东城下,大破之。飞矢中弇股,以佩刀截之,左右无知者。至暮罢。弇明旦复勒兵出。是时帝在鲁,闻弇为步所攻,自往救之,未至。陈俊谓弇曰:"剧虏兵盛,可且闭营休士,以须上来。"弇曰:"乘舆且到,臣子当击牛酾酒以待百官,反欲以贼虏遗君父邪?"乃出兵大战,自旦及昏,复大破之,杀伤无数,城中沟堑皆满。弇知步困将退,豫置左右翼为伏以待之。⑥人定时,步果引去,伏兵起纵击,追至钜昧水上,⑦八九十里僵尸相属,收得辎重二千馀两。步还剧,兄弟各分兵散去。

①弇,况之长子,故呼为大耿。

②重,姓;异,名。

③《袁山松书》曰"弇上书曰:'臣据临淄,深堑高垒,张步从剧县来攻,疲劳饥渴。欲进,诱而攻之;欲去,随而击之。臣依营而战,精锐百倍,以逸待劳,以实击虚,旬日之间,步首可获。'上是其计"也。

④伏琛《齐地记》曰:"小城内有汉景王祠。"

⑤临淄本齐国所都,即齐王宫,中有坏台也。《东观记》作"环台"。

⑥两旁伏兵,如鸟之翼。

⑦钜昧,水名,一名巨洋水,在今青州寿光县西。

后数日,车驾至临淄自劳军,群臣大会。帝谓弇曰:"昔韩信破历下以开基,①今将军攻祝阿以发迹,此皆齐之西界,功足相方。而韩信袭击已降,②将军独拔勍敌,其功乃难于信也。又田横亨郦生,及田横降,高帝诏卫尉不听为仇。③张步前亦杀伏隆,若步来归命,吾当诏大司徒释其怨,④又事尤相类也。将军前在南阳建此大策,⑤常以为落落难合,⑥有志者事竟成也!"弇因复追步,步奔平寿,⑦乃肉袒负斧锧于军门。⑧弇传步诣行在所,而勒兵入据其城。树十二郡旗鼓,⑨令步兵各以郡人诣旗下,众尚十馀万,〔19〕辎重七千馀两,皆罢遣归乡里。弇复引兵至城阳,降五校馀党,⑩齐地悉平。振旅还京师。

① 《前书》曰,齐屯兵于历下以备汉,信击破之。

② 《前书》曰,郦食其说齐王田广,广降之,乃与食其纵酒,罢守备。韩信闻齐已降,欲止,蒯通说信令击之。食其音异基也。

③ 《前书》曰,齐既破,横走居海岛,高帝召之。横曰:"臣亨陛下之使郦食其,今闻其弟商为卫尉,臣恐惧,不敢奉诏。"高帝诏郦商曰:"横即至,敢动者族之。"

④ 大司徒伏湛,即隆之父。

⑤ 谓弇从帝幸舂陵时,请收上谷兵定彭宠,取张丰,平张步等。

⑥ 落落犹疏阔也。

⑦ 平寿,县名,属北海郡,故城在今青州北海县。

⑧ 锧,锧也。示必死。锧音竹林反。

⑨ 《东观记》曰:"弇凡平城阳、琅邪、高密、胶东、东莱、北海、齐、千乘、济南、平原、泰山、临淄等〔郡〕。"〔20〕

⑩ 祝阿馀党也。

六年,西拒隗嚣,屯兵于漆。①八年,从上陇。明年,与中郎将来歙分部徇安定、北地诸营保,皆下之。

① 漆,县名,属右扶风,故城在今(幽)〔豳〕州新平县也,〔21〕漆水在西。

弇凡所平郡四十六,屠城三百,未(常)〔尝〕挫折。〔22〕

十二年,况疾病,乘舆数自临幸。复以国弟广、举并为中郎将。弇兄弟六人皆垂青紫,省侍医药,当代以为荣。及况卒,谥烈侯,少子霸袭况爵。

十三年,增弇户邑,上大将军印绶,①罢,以列侯奉朝请。每有四方异议,辄召入问筹策。年五十六,永平元年卒,谥曰愍侯。

①上音时掌反。

子忠嗣。忠以骑都尉击匈奴于天山,有功。忠卒,子冯嗣。冯卒,子良嗣,一名无禁。延光中,尚安帝妹濮阳长公主,位至侍中。良卒,子协嗣。

隃麋侯霸卒,子文金嗣。文金卒,子喜嗣。喜卒,子显嗣,为羽林左监。显卒,子援嗣。尚桓帝妹长社公主,为河(阳)〔东〕太守。〔23〕后曹操诛耿氏,唯援孙弘存焉。①

①《决录注》云"援字伯绪,官至河东太守"也。

牟平侯舒卒,子袭嗣。尚显宗女隆虑公主。袭卒,子宝嗣。

宝女弟为清河孝王妃。及安帝立,尊孝王,母为孝德皇后,〔24〕以妃为甘园大贵人。帝以宝元舅之重,使监羽林左(车)骑,〔25〕位至大将军。而附事内宠,与中常侍樊丰、帝乳母王圣等潜废皇太子为济阴王,及排陷太尉杨震,议者怨之。宝弟子承袭公主爵为林虑侯,①位至侍中。安帝崩,阎太后以宝等阿附嬖幸,共为不道,策免宝及承,皆贬爵为亭侯,遣就国。宝于道自杀,国除。②大贵人数为耿氏请,阳嘉三年,顺帝遂(诏)〔绍〕封宝子箕牟平侯,〔26〕为侍中。以恒为阳亭侯,承为羽林中郎将。其后贵人薨,大将军梁冀从承求贵人珍玩,不能得,冀怒,风有司奏夺其封。承惶恐,遂亡匿于穰。数年,冀推迹得之,乃并族其家十馀人。

①林虑即上隆虑也,至此避殇帝讳改焉。

②《决录注》曰:"宝字君达。"

论曰:淮阴廷论项王,审料成埶,则知高祖之庙胜矣。①〔耿〕弇决策河北,〔27〕定计南阳,亦见光武之业成矣。然弇自克拔全齐,而无〔复〕尺寸功。〔28〕夫岂不怀?②将时之度数,不足以相容乎?三世为将,道家所忌,③而耿氏累叶以功名自终。将其用兵欲以杀止杀乎?何其独能隆也!

①淮阴侯韩信也。《史记》韩信说高祖曰:"项王特匹夫之勇,妇人之仁也。名
虽霸,实失天下心。今大王入关,秋豪无所取,秦人无不欲得大王王秦者。
今大王举而东,三秦可传檄而定。"于是汉王举兵定三秦。庙胜谓谋兵于庙
而胜敌。

②怀,思也。言岂不思重立大功乎。

③《史记》曰,秦使王翦之孙王离击赵。或曰:"王离秦之名将,举之必矣。"客
曰:"不然。夫将三代必败,以其杀伐多也,其后受其不祥。"

国字叔虑,①建武四年初入侍,光武拜为黄门侍郎,应对左右,帝以
为能,迁射声校尉。七年,射声官罢,拜驸马都尉。父况卒,国于次当
嗣,上疏以先侯爱少子霸,固自陈让,有诏许焉。后历顿丘、阳翟、上蔡
令,所在吏人称之。征为五官中郎将。

①《东观记》"虑"作"宪"。

是时乌桓、鲜卑屡寇外境,国素有筹策,数言边事,帝器之。及匈奴
薁鞬日逐王比自立为呼韩邪单于,款塞称藩,愿捍御北虏。事下公卿。
议者皆以为天下初定,中国空虚,夷狄情伪难知,不可许。国独曰:"臣
以为宜如孝宣故事受之,①令东扞鲜卑,北拒匈奴,率厉四夷,完复边
郡,使塞下无晏开之警,②万世(有)安宁之策也。"〔29〕帝从其议,遂立比
为南单于。由是乌桓、鲜卑保塞自守,北虏远遁,中国少事。二十七年,
代冯勤为大司(马)〔农〕。〔30〕又上言宜置度辽将军,左右校尉,屯五原以
防逃亡。永平元年卒官。显宗追思国言,后遂置度辽将军,左右校尉,
如其议焉。

①宣帝甘露二年,呼韩邪单于款塞请朝。帝发所过郡二千骑迎之,宠以殊礼,
位在诸侯王上,赞谒称臣而不名。

②晏,晚也。有警急则开门晚也。

国二子:秉,夔。

　　秉字伯初,有伟体,腰带八围。博通书记,能说《司马兵法》,尤好将帅之略。以父任为郎,数上言兵事。常以中国虚费,边陲不宁,其患专在匈奴。以战去战,盛王之道。显宗既有志北伐,阴然其言。永平中,召诣省闼,问前后所上便宜方略,拜谒者仆射,遂见亲幸。每公卿会议,常引秉上殿,访以边事,多简帝心。

　　十五年,拜驸马都尉。十六年,以骑都尉秦彭为副,与奉车都尉窦固等俱伐北匈奴。虏皆奔走,不战而还。

　　十七年夏,诏秉与固合兵万四千骑,复出白山击车师。车师有后王、前王,前王即后王之子,其廷相去五百馀里。固以后王道远,山谷深,士卒寒苦,欲攻前王。秉议先赴后王,以为并力根本,则前王自服。固计未决。秉奋身而起曰:“请行前。”[31]乃上马,引兵北入,众军不得已,遂进。并纵兵抄掠,斩首数千级,收马牛十馀万头。[32]后王安得震怖,从数百骑出迎秉。而固司马苏安欲全功归固,即驰谓安得曰:“汉贵将独有奉车都尉,天子姊婿,①爵为通侯,当先降之。”安得乃还,更令其诸将迎秉。秉大怒,被甲上马,麾其精骑径造固壁。言曰:“车师王降,讫今不至,请往枭其首。”固大惊曰:“且止,将败事!”秉厉声曰:“受降如受敌。”遂驰赴之。安得惶恐,走出门,脱帽抱马足降。②秉将以诣固。其前王亦归命,遂定车师而还。

　　①固尚光武女涅阳公主,明帝姊也。

　　②《东观记》曰“脱帽趋抱马蹄”也。[33]

　　明年秋,肃宗即位,拜秉征西将军。遣案行凉州边境,劳赐保塞羌胡,进屯酒泉,救戊己校尉。

　　建初元年,拜度辽将军。视事七年,匈奴怀其恩信。征为执金吾,甚见亲重。帝每巡郡国及幸宫观,秉常领禁兵宿卫左右。除三子为郎。章和二年,复拜征西将军,副车骑将军窦宪击北匈奴,大破之。事并见《宪传》。封秉美阳侯,[34]食邑三千户。

　　秉性勇壮而简易于事,军行常自被甲在前,休止不结营部,然远斥候,明要誓,有警,军陈立成,士卒皆乐为死。永元二年,代桓虞为光禄勋。明年夏卒,时年五十馀。赐以朱棺、玉衣,将作大匠穿冢,假鼓吹,五营骑士三百馀人送葬。谥曰桓侯。匈奴闻秉卒,举国号哭,或至梨面流血。①

①梨即"犁"字,古通用也,犁,割也,音力私反。

长子冲嗣。及窦宪败,以秉窦氏党,国除。冲官至汉阳太守。

曾孙纪,少有美名,辟公府,曹操甚敬异之,稍迁少府。纪以操将篡汉,建安二十三年,与大医令吉丕、①丞相司直韦(况)晃(晔)谋起兵诛操,〔35〕不克,夷三族。于时衣冠盛门坐纪罹祸灭者众矣。

①"丕"或作"平"。

夔字定公。少有气决。永元初,为车骑将军窦宪假司马,北击匈奴,转(车)骑都尉。〔36〕三年,宪复出河西,以夔为大将军左校尉。〔37〕将精骑八百,出居延塞,直奔北单于廷,于金微山斩阏氏、名王已下五千馀级,单于与数骑脱亡,尽获其匈奴珍宝财畜,〔38〕去塞五千馀里而还,自汉出师所未尝至也。乃封夔粟邑侯。①会北单于弟左鹿蠡王於除鞬自立为单于,众八部二万馀人,来居蒲类海上,遣使款塞。以夔为中郎将,持节卫护之。及窦宪败,夔亦免官夺爵土。

①粟邑,县名,属左冯翊,故城在今同州白水县西北。

后复为长水校尉,拜五原太守,迁辽东太守。元兴元年,貊人寇郡界,夔追击,斩其渠帅。永初三年,南单于檀反畔,使夔率鲜卑及诸郡兵屯雁门,与车骑将军何熙共击之。熙推夔为先锋,而遣其司马耿溥、刘祉将二千人与夔俱进。到属国故城,单于遣奠鞬日逐王三千馀人遮汉兵。夔自击其左,令鲜卑攻其右,虏遂败走,追斩千馀级,杀其名王六人,获穹庐车重千馀两,马畜生口甚众。鲜卑马多羸病,遂畔出塞。夔不能独进,以不穷追,左转云中太守,后迁行度辽将军事。

夔勇而有气,数侵陵〔使〕匈奴中郎将郑戬。①〔39〕元初元年,坐征下狱,以减死论,笞二百。建光中,复拜度辽将军。时鲜卑攻杀云中太守成严,围乌桓校尉徐常于马城。②夔与幽州刺史庞参救之,追虏出塞而还。后坐法免,卒于家。

①音翦。

②马城,县名,属代郡,故城在今云州定襄县。秦始皇初筑城,辄崩坏,其后有
马周章驰走,因随马迹起城,故以名焉。

　　恭字伯宗,国弟广之子也。少孤。慷慨多大略,有将帅才。永平十
七年冬,骑都尉刘张出击车师,请恭为司马,与奉车都尉窦固及从弟驸
马都尉秉破降之。始置西域都护、戊己校尉,乃以恭为戊己校尉,屯后
王部金蒲城,①〔40〕谒者关宠为戊己校尉,屯前王柳中城,②屯各置数百
人。恭至部,移檄乌孙,示汉威德,大昆弥已下皆欢喜,遣使献名马,及
奉宣帝时所赐公主博具,③愿遣子入侍。恭乃发使赍金帛,迎其侍子。

①金蒲城,车师后王庭也,今庭州蒲昌县城是也。

②柳中,今西州县。

③武帝元封中,遣江都王建女细君为公主,嫁与乌孙昆莫,赐乘舆服御,官属
侍御数百人,赠送甚盛,盖后宣帝赐以博具也。

　　明年三月,北单于遣左鹿蠡王二万骑击车师。恭遣司马将兵三百
人救之,道逢匈奴骑多,皆为所殁。匈奴遂破杀后王安得,而攻金蒲城。
恭乘城搏战,以毒药傅矢。传语匈奴曰:“汉家箭神,〔41〕其中疮者必有
异。”因发强弩射之。虏中矢者,视创皆沸,遂大惊。会天暴风雨,随雨
击之,杀伤甚众。匈奴震怖,相谓曰:“汉兵神,真可畏也!”遂解去。恭
以疏勒城傍有涧水可固,五月,乃引兵据之。七月,匈奴复来攻恭,恭募
先登数千人直驰之,胡骑散走,匈奴遂于城下拥绝涧水。恭于城中穿井
十五丈不得水,吏士渴乏,笮马粪汁而饮之。①恭仰叹曰:“闻昔贰师将
军拔佩刀刺山,飞泉涌出;②今汉德神明,岂有穷哉。”乃整衣服向井再
拜,为吏士祷。有顷,水泉奔出,众皆称万岁。乃令吏士扬水以示虏。③
虏出不意,以为神明,遂引去。

①笮谓压笮也。

②贰师,大宛中城名,昔武帝时使李广利伐大宛,期至贰师城,因以为号也。

③《东观记》曰:"恭亲自挽笼,于是令士且勿饮,先和泥涂城,并扬示之。"

时焉耆、龟兹攻殁都护陈睦,[42]北虏亦围关宠于柳中。会显宗崩,救兵不至,车师复畔,与匈奴共攻恭。恭厉士众击走之。后王夫人先世汉人,常私以虏情告恭,又给以粮饷。数月,食尽穷困,乃煮铠弩,食其筋革。恭与士推诚同死生,故皆无二心,而稍稍死亡,馀数十人。单于知恭已困,欲必降之。复遣使招恭曰:"若降者,当封为白屋王,妻以女子。"恭乃诱其使上城,手击杀之,炙诸城上。虏官属望见,号哭而去。单于大怒,更益兵围恭,不能下。

初,关宠上书求救,时肃宗新即位,乃诏公卿会议。司空第五伦以为不宜救。司徒鲍昱议曰:"今使人于危难之地,急而弃之,外则纵蛮夷之暴,内则伤死难之臣。诚令权时后无边事可也,匈奴如复犯塞为寇,陛下将何以使将? 又二部兵人裁各数十,①匈奴围之,历旬不下,是其寡弱尽力之效也。可令敦煌、酒泉太守各将精骑二千,多其幡帜,倍道兼行,以赴其急。匈奴疲极之兵,必不敢当,四十日间,足还入塞。"帝然之。乃遣征西将军耿秉屯酒泉,行太守事;遣秦彭与谒者王蒙、皇甫援发张掖、酒泉、敦煌三郡及鄯善兵,合七千馀人,建初元年正月,会柳中击车师,攻交河城,②斩首三千八百级,获生口三千馀人,驼驴马牛羊三万七千头。北虏惊走,车师复降。③

①二部谓关宠及恭也。

②《前书》曰:"车师前王居交河城,河水分流绕城下,故号交河,去长安八千一百五十里。"故城在今西州交河县也。

③《东观记》曰,车师太子比持訾降。

会关宠已殁,蒙等闻之,便欲引兵还。先是恭遣军吏范羌至敦煌迎兵士寒服,羌因随王蒙军俱出塞。羌固请迎恭,诸将不敢前,乃分兵二千人与羌,从山北迎恭,遇大雪丈馀,军仅能至。城中夜闻兵马声,以为虏来,大惊。羌乃遥呼曰:"我范羌也。汉遣军迎校尉耳。"城中皆称万岁。开门,共相持涕泣。明日,遂相随俱归。虏兵追之,且战且行。吏士素饥困,发疏勒时尚有二十六人,随路死没,三月至玉门,①唯馀十三

人。衣屦穿决,形容枯槁。中郎将郑众为恭已下洗沐易衣冠。上疏曰:
"耿恭以单兵固守孤城,当匈奴之衝,对数万之众,连月逾年,心力困尽。
凿山为井,煮弩为粮,出于万死无一生之望。前后杀伤丑虏数千百计,
卒全忠勇,不为大汉耻。恭之节义,古今未有。宜蒙显爵,以厉将帅。"
及恭至雒阳,鲍昱奏恭节过苏武,宜蒙爵赏。于是拜为骑都尉,以恭司
马石修为雒阳市丞,张封为雍营司马,军吏范羌为共丞,②馀九人皆补
羽林。恭母先卒,及还,追行丧制,有诏使五官中郎将③赍牛酒释服。④

> ①玉门,关名,属敦煌郡,在今沙州。臣贤案:酒泉郡又有玉门县,据《东观记》
> 曰"至敦煌",明即玉门关也。
> ②共,今卫州共城县。
> ③据《东观记》,马严。
> ④夺情不令追服。

明年,迁长水校尉。其秋,金城、陇西羌反。恭上疏言方略,诏召入
问状。乃遣恭将五校士三千人,副车骑将军马防讨西羌。恭屯枹罕,数
与羌接战。明年秋,烧当羌降,防还京师,恭留击诸未服者,首虏千馀
人,获牛羊四万馀头,勒姐、①烧何羌等十三种数万人,皆诣恭降。初,
恭出陇西,上言"故安丰侯窦融昔在西州,甚得羌胡腹心。今大鸿胪固,
即其子孙。前击白山,功冠三军。宜奉大使,镇抚凉部。令车骑将军防
屯军汉阳,以为威重"。由是大忤于防。②及防还,监营谒者李谭承旨奏
恭不忧军事,被诏怨望。坐征下狱,免官归本郡,卒于家。

> ①姐音紫,又子也反。
> ②忿恭荐窦固夺其权。

子溥,为京兆虎牙都尉。①元初二年,击畔羌于丁奚城,军败,遂殁。
诏拜溥子宏、晔并为郎。

> ①溥音普。《汉官仪》曰:"京兆虎牙都尉、扶风(郡)〔都尉〕比二千石。〔43〕以凉
> 州近羌,数犯三辅,将兵护园陵。"

晔字季遇。顺帝初,为乌桓校尉。①时鲜卑寇缘边,杀代郡太守。
晔率乌桓及诸郡卒出塞讨击,大破之。鲜卑震怖,数万人诣辽东降。自

后频出辄克获,威振北方。迁度辽将军。

①"遇"或为"过"。

耿氏自中兴已后迄建安之末,大将军二人,将军九人,卿十三人,尚公主三人,列侯十九人,中郎将、护羌校尉及刺史、二千石数十百人,遂与汉兴衰云。

论曰:余初读《苏武传》,感其茹毛穷海,不为大汉羞。①后览耿恭疏勒之事,喟然不觉涕之无从。嗟哉,义重于生,以至是乎!②昔曹子抗质于柯盟,③相如申威于河表,④盖以决一旦之负,异乎百死之地也。以为二汉当疏高爵,宥十世。⑤而苏君恩不及嗣,恭亦终填牢户。〔44〕追诵龙蛇之章,以为叹息。⑥

① 苏武,武帝时使匈奴,匈奴乃幽囚武于大窖中,绝不饮食。天雨雪,武卧啮雪,与毡毛并咽之,数日不死,匈奴以为神。乃徙武北海上无人处,二十年乃还也。

② 《孟子》曰:"生者我所欲,义者亦我所欲,二者不可俱,舍生而取义也。"

③ 曹子,鲁大夫曹刿也。一曰曹沫。《史记》曰,齐桓公与鲁庄公会于柯而盟,曹沫执匕首劫齐桓公曰:"齐强鲁弱,而大国侵鲁亦已甚矣。今城坏墼境,君其图之。"桓公乃尽还鲁之侵地,而与之盟。

④ 相如,解见《寇恂传》也。

⑤ 《左传》曰,晋范宣子之杀叔向之弟羊舌虎而囚叔向。于是祁奚闻之,见宣子曰"谋而鲜过,惠训不倦者,叔向有焉。犹将十世宥之,以劝能者"也。

⑥ 《史记》曰,晋文公返国,赏从亡者。介之推不言禄,禄亦不及。县书宫门曰"龙欲上天,五蛇为辅。龙已升天,四蛇各入其宇。一蛇独怨,终不见处"也。

赞曰:好畤经武,能画能兵。往收燕卒,来集汉营。请间赵殿,酾酒齐城。况、舒率从,亦既有成。国图久策,分此凶狄。①秉洽胡情,爨单虏迹。慊慊伯宗,枯泉飞液。

① 谓耿国议立日逐王为南单于,由是鲜卑保塞自守,北虏远遁也。

【校勘记】

〔1〕　字伯昭　按:《集解》引惠栋说,谓《水经注》作"昭伯"。

〔2〕　恬净不求进宦　按:"宦"原讹"官",径据汲本、殿本改正。

〔3〕　弇从吏孙仓卫包于道共谋曰　按:《集解》引惠栋说,谓《袁宏纪》"卫包"作"卫苞"。又按:"道"原讹"富",径改正。

〔4〕　门下吏　按:《刊误》谓"吏"当作"史"。

〔5〕　令诣于光武　按:殿本《考证》谓"于"字似衍文。

〔6〕　(北)据天府之地　据《刊误》删。

〔7〕　以集(其)大计　据《刊误》删。

〔8〕　战(慎)〔顺〕水上　《集解》引惠栋说,谓"慎"《光武纪》作"顺"。今据改。

〔9〕　十三将军　《光武纪》作"十二将军"。按:此十三将军列举姓名,当以传为是。

〔10〕　至(浚)〔俊〕靡而还　据《集解》引钱大昕说改,注同。按:《前志》、《续志》并作"俊靡"。

〔11〕　今易州(道)〔遒〕县　《前志》、《续志》并作"遒县","遒"亦作"逎",此形近而讹,今改。

〔12〕　封〔舒为〕牟平侯　《集解》引王鸣盛说,谓"牟平"上脱"舒为"二字,《通鉴》因其误。又钱大昕谓此封况子舒为牟平侯,况之封隃糜侯如故也,史有脱文耳。今据补。

〔13〕　从朝阳桥济河以度　按:当时济水行经朝阳,此谓耿弇从朝阳架桥渡济河也。说详《集解》。

〔14〕　〔日〕未中而拔之　《集解》引惠栋说,谓《通鉴》云"日未中"。今据补。

〔15〕　旬(月)〔日〕之间　王先谦谓《东观记》作"旬日之间",是也。今据改。

〔16〕　张蓝闻〔之大〕惧　据汲本、殿本补。

〔17〕　何足惧乎　按:汲本作"足可摧乎",殿本作"何足摧乎"。

〔18〕　故大彤渠帅重异　按:沈家本谓按《光武纪》注引《东观记》作"樊重"。

〔19〕　众尚十馀万　按:"尚"原讹"向",径改正。

〔20〕　临淄等〔郡〕　王先谦谓注"等"下脱"郡"字,《东观记》有。今据补。按:沈钦韩谓临淄非郡,是时甾川未并入北海,应为"甾川"。

〔21〕 故城在今(幽)〔蓟〕州新平县也　据殿本改。

〔22〕 未(常)〔尝〕挫折　据汲本、殿本改。

〔23〕 为河(阳)〔东〕太守　据《校补》引钱大昭说改。按:张森楷《校勘记》亦谓两汉无"河阳郡",不得有太守,当从注作"河东"。

〔24〕 尊孝王母为孝德皇后　按:《集解》引钱大昕说,谓《安帝纪》建光元年,追尊皇考清河孝王曰孝德皇,皇妣左氏曰孝德皇后,此传以考德皇后为孝王之母,误矣。《校补》谓应读"尊孝王"为句,母为孝德皇后"别为句。李慈铭谓案传文,当是"尊孝王为孝德皇",传写者误衍"母"字及"后"字耳。

〔25〕 使监羽林左(车)骑　《刊误》谓"车"字衍。今据删。

〔26〕 (诏)〔绍〕封宝子　据《刊误》改。

〔27〕 〔耿〕弇决策河北　《刊误》谓"弇"上明少一"耿"字。今据补。按:《校补》引钱大昭说,谓闽本"弇"上有"耿"字。

〔28〕 而无〔复〕尺寸功　据汲本、殿本补。

〔29〕 万世(有)安宁之策也　《刊误》谓按文多"有"字,缘上言"无",遂妄生此对文,非也。今据删。

〔30〕 代冯勤为大司(马)〔农〕　《集解》引惠栋说,谓《袁宏纪》国官至大司农。又引何焯说,谓帝纪冯勤以十七年自大司农为司徒。王先谦谓《东观记》亦作"大司农"。今据改。

〔31〕 秉奋身而起曰请行前　按:李慈铭谓此当读"请行"为句,"前"为句,言秉既曰"请行",遂走而前上马也。或曰"前"亦秉之词,言促其往前行也。

〔32〕 收马牛十馀万头　按:《御览》二八四引,"牛"下有"羊"字。

〔33〕 脱帽趋抱马蹄　按:"抱"原讹"鸣",径改正。

〔34〕 封秉美阳侯　按:《集解》引洪亮吉说,谓秉定封在和帝永元二年,与窦宪冠军侯同封。此蒙上"章和二年"之文,未另著年月。

〔35〕 丞相司直韦(况)晃(晔)　《集解》引沈钦韩说,谓《献帝纪》及《魏志》止云"韦晃","况""晔"二字衍。今据删。

〔36〕 转(车)骑都尉　《刊误》谓按官无车骑都尉,明衍"车"字。殿本《考证》万承苍则谓是时窦宪为车骑将军,故夔之官转为车骑都尉,"车"字非衍。按:沈家本谓将军官属无都尉,恐当以刘说为是。又按:《袁宏纪》亦止

云"骑都尉"。今删"车"字。

〔37〕 以夔为大将军左校尉　按:《校补》引钱大昭说,谓《南匈奴传》作"右校尉"。

〔38〕 尽获其匈奴珍宝财畜　按:殿本《考证》谓推寻文义,"其"字当是衍文。

〔39〕 数侵陵〔使〕匈奴中郎将郑戮　李慈铭谓"匈奴"上脱一"使"字。今据补。

〔40〕 屯后王部金蒲城　按:洪亮吉谓"金蒲"当作"金满",《新唐书·地理志》等皆讹作"金蒲",近古城内掘得旧碑,正作"金满"。又按:李慈铭谓"后王"下衍一"部"字。

〔41〕 汉家箭神　按:《集解》引惠栋说,谓《东观记》"箭神"作"神箭"。

〔42〕 都护陈睦　按:《集解》引惠栋说,谓《袁宏纪》"陈睦"作"陈穆"。

〔43〕 扶风(郡)〔都尉〕比二千石　据《刊误》改。

〔44〕 恭亦终填牢户　按:沈家本谓恭卒于家,似不得曰"填牢户"。

后汉书卷二十

铫期王霸祭遵列传第十

祭遵从弟肜

铫期字次况,颍川郏人也。长八尺二寸,容貌绝异,矜严有威。父猛,为桂阳太守,卒,期服丧三年,乡里称之。光武略地颍川,闻期志义,召署贼曹掾,①从徇蓟。〔1〕时王郎檄书到蓟,蓟中起兵应郎。光武趋驾出,百姓聚观,諠呼满道,遮路不得行,期骑马奋戟,瞋目大呼左右曰"趋",②众皆披靡。③及至城门,门已闭,攻之得出。行至信都,以期为裨将,与傅宽、吕晏俱属邓禹。徇傍县,又发房子兵。禹以期为能,独拜偏将军,授兵二千人,宽、晏各数百人。还言其状,光武甚善之。使期别徇真定宋子,攻拔乐阳、槁、肥累。④

①《汉官仪》曰:"东西曹掾比四百石,馀掾比三百石。贼曹,主盗贼之事。"

②《周礼》:"隶仆掌趋宫中之事。"郑众曰:"止行清道也,若今警跸。"《说文》"趋"与"跸"同。

③披,普彼反。〔2〕

④乐阳,县名,属常山郡。〔槁〕,今恒州槁城县也,〔3〕故城在县西。肥累,故肥子国也,汉以为县,故城在今槁城县西南,并属真定国。累音力追反。

从击王郎将兒宏、刘奉于钜鹿下,①期先登陷陈,手杀五十馀人,被创中额,摄(帻)〔帻〕复战,②〔4〕遂大破之。王郎灭,拜期虎牙大将军。乃因间说光武曰:"河北之地,界接边塞,人习兵战,号为精勇。今更始失政,大统危殆,海内无所归往。明公据河山之固,拥精锐之众,以顺万人思汉之心,则天下谁敢不从?"光武笑曰:"卿欲遂前趋邪?"③时铜马数十万众入清阳、博平,④期与诸将迎击之,连战不利,期乃更背水而战,所杀伤甚多。会光武救至,遂大破之,追至馆陶,皆降之。从击青犊、赤眉于射犬,贼袭期辎重,期还击之,手杀伤数十人,身被三创,而战方力,⑤遂破走之。

①兒音五奚反。

②摄犹正也。

③唯天子得称警跸。

④博平,县名,属东郡,在今博州县也。

⑤力,苦战也。

光武即位,封安成侯,①食邑五千户。时檀乡、五楼贼入繁阳、内黄,②又魏郡大姓数反覆,而更始将卓京③谋欲相率反邺城。帝以期为魏郡太守,行大将军事。期发郡兵击卓京,破之,斩首六百馀级。京亡入山,追斩其将校数十人,获京妻子。进击繁阳、内黄,复斩数百级,郡界清平。督盗贼李熊,邺中之豪,而熊弟陆谋欲反城迎檀乡。④或以告期,期不应,告者三四,期乃召问熊。熊叩头首服,愿与老母俱就死。期曰:“为吏悗不若为贼乐者,可归与老母往就陆也。”⑤使吏送出城。熊行求得陆,将诣邺城西门。陆不胜愧感,自杀以谢期。期嗟叹,以礼葬之,而还熊故职。于是郡中服其威信。

①安成,县名,属汝南郡,故城在今豫州汝阳县东南也。

②繁阳,县名,故城在今相州内黄县东北;内黄故城在西北。

③“京”或作“原”。

④反音翻。

⑤必以在城中为吏不如为贼之乐,即任将母往就弟。

建武五年,行幸魏郡,以期为太中大夫。从还洛阳,又拜卫尉。

期重于信义,自为将,有所降下,未尝虏掠。及在朝廷,忧国爱主,其有不得于心,必犯颜谏诤。帝尝轻与期门近出,①期顿首车前曰:“臣闻古今之戒,变生不意,诚不愿陛下微行数出。”帝为之回舆而还。十年卒,②帝亲临襚敛,赠以卫尉、安成侯印绶,谥曰忠侯。

①《前书》,武帝将出,必与北地良家子期于殿门,故曰"期门"。

②《东观记》曰:"期疾病,使使者存问,加赐医药甚厚。其母问期当封何子?
　期言'受国家恩深,常惭负,如死,不知当何以报国,何宜封子也!'上甚
　怜之。"

子丹嗣。复封丹弟统为建平侯。①〔5〕后徙封丹葛陵侯。②丹卒,子
舒嗣。舒卒,子羽嗣。羽卒,子蔡嗣。

①建平,县名,属沛郡,故城在今亳州酂县西北,一名马头城。

②葛陵,县名,故城在汝南,故铜阳县也。

王霸字元伯,颍川颍阳人也。世好文法,①父为郡决曹掾,②霸亦少
为狱吏。常慷慨不乐吏职,其父奇之,遣西学长安。汉兵起,光武过颍
阳,霸率宾客上谒,曰:"将军兴义兵,窃不自知量,贪慕威德,愿充行
伍。"光武曰:"梦想贤士,共成功业,岂有二哉!"遂从击破王寻、王邑于
昆阳,还休乡里。

①《东观记》曰:"祖父为诏狱丞。"

②《汉旧仪》:"决曹,主罪法事。"

及光武为司隶校尉,道过颍阳,霸请其父,愿从。父曰:"吾老矣,不
任军旅,汝往,勉之!"霸从至洛阳。及光武为大司马,以霸为功曹令史,
从度河北。宾客从霸者数十人,稍稍引去。光武谓霸曰:"颍川从我者
皆逝,而子独留。努力! 疾风知劲草。"

及王郎起,光武在蓟,郎移檄购光武。光武令霸至市中募人,将以
击郎。市人皆大笑,举手邪揄之,①霸惭懅而还。②光武即南驰至下曲
阳。传闻王郎兵在后,从者皆恐。及至虖沱河,候吏还白河水流澌,③
无船,不可济。官属大惧。光武令霸往视之。霸恐惊众,欲且前,阻水,
还即诡曰:"冰坚可度。"官属皆喜。光武笑曰:"候吏果妄语也。"遂前。
比至河,河冰亦合,乃令霸护度,④未毕数骑而冰解。光武谓霸曰:"安
吾众得济免者,卿之力也。"霸谢曰:"此明公至德,神灵之祐,虽武王白
鱼之应,无以加此。"⑤光武谓官属曰:"王霸权以济事,殆天瑞也。"以为

军正,爵关内侯。既至信都,发兵攻拔邯郸。霸追斩王郎,得其玺绶。封王乡侯。〔6〕

    ①《说文》曰:"歔歔,手相笑也。"〔7〕歔音弋支反。歔音逾,或音由。此云"邪揄",语轻重不同。

    ②慄亦惭也,音遽。

    ③澌音斯。

    ④监护度也。

    ⑤《今文尚书》曰:"武王度盟津,白鱼跃入王舟。"

从平河北,常与臧宫、傅俊共营,霸独善抚士卒,死者脱衣以敛之,伤者躬亲以养之。〔8〕光武即位,以霸晓兵爱士,可独任,拜为偏将军,并将臧宫、傅俊兵,而以宫、俊为骑都尉。建武二年,更封富波侯。①

    ①富波,县名,属汝南郡,在今豫州。

四年秋,帝幸谯,使霸与捕虏将军马武东讨周建于垂惠。苏茂将五校兵四千馀人救建,而先遣精骑遮击马武军粮,武往救之。建从城中出兵夹击武,武恃霸之援,战不甚力,为茂、建所败。武军奔过霸营,大呼求救。霸曰:"贼兵盛,出必两败,努力而已。"乃闭营坚壁。军吏皆争之。霸曰:"茂兵精锐,其众又多,吾吏士心恐,而捕虏与吾相恃,两军不一,此败道也。今闭营固守,示不相援,贼必乘胜轻进;捕虏无救,其战自倍。如此,茂众疲劳,〔9〕吾承其弊,乃可克也。"茂、建果悉出攻武。合战良久,霸军中壮士路润等数十人断发请战。霸知士心锐,乃开营后,出精骑袭其背。茂、建前后受敌,惊乱败走,霸、武各归营。贼复聚众挑战,霸坚卧不出,方飨士作倡乐。茂雨射营中,中霸前酒樽,霸安坐不动。军吏皆曰:"茂前日已破,今易击也。"霸曰:"不然。苏茂客兵远来,粮食不足,故数挑战,以侥一切之胜。①今闭营休士,所谓不战而屈人之兵,善之善者也。"茂、建既不得战,乃引还营。其夜,建兄子诵反,闭城拒之,茂、建遁去,诵以城降。

    ①侥,要也。一切犹权时也。

五年春,帝使太中大夫持节拜霸为讨虏将军。六年,屯田新安。八年,屯〔田〕函谷关。〔10〕击荥阳、中牟盗贼,皆平之。

九年,霸与吴汉及横野大将军王常、建义大将军朱祐、破奸将军侯进等五万馀人,击卢芳将贾览、闵堪于高柳。匈奴遣骑助芳,汉军遇雨,战不利。吴汉还洛阳,令朱祐屯常山,王常屯涿郡,侯进屯渔阳。玺书拜霸上谷太守,领屯兵如故,捕击胡虏,无拘郡界。①明年,霸复与吴汉等四将军六万人出高柳击贾览,诏霸与渔阳太守陈䜣将兵为诸军锋。匈奴左南将军将数千骑救览,霸等连战于平城下,破之,追出塞,斩首数百级。霸及诸将还入雁门,与骠骑大将军杜茂会攻卢芳将尹由于崞、繁畤,不克。②

①拘犹限也。

②崞及繁畤皆县名,属雁门郡,并今代州县也,有崞山焉。崞音郭。

十三年,增邑户,更封向侯。①是时,卢芳与匈奴、乌桓连兵,寇盗尤数,缘边愁苦。诏霸将弛刑徒六千馀人,与杜茂治飞狐道,②堆石布土,筑起亭障,自代至平城三百馀里。凡与匈奴、乌桓大小数十百战,颇识边事,数上书言宜与匈奴结和亲,又陈委输可从温水漕,③以省陆转输之劳,事皆施行。后南单于、乌桓降服,北边无事。霸在上谷二十馀岁。三十年,定封淮陵侯。④永平二年,以病免,后数月卒。

①向,县名,属沛郡。《左传》曰:"莒人入向。"案:今密州莒县南又有向城。

②飞狐道在今蔚州飞狐县,北通妫州怀戎县,即古之飞狐口也。

③《水经注》曰,温馀水出上谷居庸关东,〔11〕又东过军都县南,又东过蓟县北。益通以运漕也。

④淮陵,县,属临淮郡。

子符嗣,徙封轪侯。①符卒,子度嗣。度尚显宗女浚仪长公主,为黄门郎。度卒,子歆嗣。

①轪,县,属江夏郡。轪音大。

祭遵字弟孙,①颍川颍阳人也。少好经书。家富给,而遵恭俭,恶衣服。丧母,负土起坟。尝为部吏所侵,结客杀之。初,县中以其柔也,既而皆惮焉。

①祭音侧界反。

及光武破王寻等,还过颍阳,遵以县吏数进见,光武爱其容仪,署为门下史。从征河北,为军市令。舍中儿犯法,遵格杀之。光武怒,命收遵。时主簿陈副谏曰:"明公常欲众军整齐,今遵奉法不避,是教令所行也。"光武乃贳之,①以为刺奸将军。谓诸将曰:"当备祭遵!吾舍中儿犯法尚杀之,必不私诸卿也。"寻拜为偏将军,从平河北,以功封列侯。

①贳犹赦也。

建武二年春,拜征虏将军,定封颍阳侯。与骠骑大将军景丹、建义大将军朱祐、汉忠将军王常、骑都尉王梁、臧宫等入箕关,①〔12〕南击弘农、厌新、柏华蛮中贼。②〔13〕弩中遵口,洞出流血,众见遵伤,稍引退,遵呼叱止之,士卒战皆自倍,遂大破之。时新城蛮中山贼张满,③〔14〕屯结险隘为人害,诏遵攻之。遵绝其粮道,满数挑战,遵坚壁不出。而厌新、柏华馀贼复与满合,遂攻得霍阳聚,④遵乃分兵击破降之。明年春,张满饥困,城拔,生获之。初,满祭祀天地,自云当王,既执,叹曰:"谶文误我!"乃斩之,夷其妻子。遵引兵南击邓奉弟终于杜衍,〔15〕破之。⑤

①箕关,解在《邓禹传》。

②《东观记》曰柏华聚也。

③新城,县名,属河南郡,今伊阙县也。

④有霍阳山,故名焉,俗谓之张侯城,在今汝州西南。

⑤杜衍,县名,属南阳郡,故城在今邓州南阳县西南。

时涿郡太守张丰执使者举兵反,自称无上大将军,与彭宠连兵。四年,遵与朱祐及建威大将军耿弇、骁骑将军刘喜俱击之。遵兵先至,急攻丰,丰功曹孟纮执丰降。①初,丰好方术,有道士言丰当为天子,以五彩囊裹石系丰肘,云石中有玉玺。丰信之,遂反。既执当斩,犹曰:"肘石有玉玺。"遵为椎破之,丰乃知被诈,仰天叹曰:"当死无所恨!"诸将皆引还,遵受诏留屯良乡拒彭宠。因遣护军傅玄袭击宠将李豪于潞,大破之,斩首千馀级。相拒岁馀,数挫其锋,党与多降者。及宠死,遵进定其地。

①《说文》曰："厷，臂上也。"厷音公弘反。

六年春，诏遵与建威大将军耿弇、虎牙大将军盖延、汉忠将军王常、捕虏将军马武、骁骑将军刘歆、武威将军刘尚等从天水伐公孙述。①师次长安，时车驾亦至，而隗嚣不欲汉兵上陇，辞说解故。②帝召诸将议。皆曰："可且延嚣日月之期，益封其将帅，以消散之。"遵曰："嚣挟奸久矣。今若按甲引时，则使其诈谋益深，而蜀警增备，固不如遂进。"帝从之，乃遣遵为前行。隗嚣使其将王元拒陇坻，遵进击，破之，追至新关。及诸将到，与嚣战，并败，引退下陇。乃诏遵军汧，耿弇军漆，征西大将军冯异军栒邑，大司马吴汉等还屯长安。自是后遵数挫隗嚣。事已见《冯异传》。

①《续汉书》曰："上幸广阳城门，设祖道，阅过诸将，以遵新破渔阳，令最在前。"

②解故谓解脱事故，以为辞说。

八年秋，复从车驾上陇。及嚣破，帝东归过汧，幸遵营，劳飨士卒，作黄门武乐，良夜乃罢。①时遵有疾，诏赐重茵，覆以御盖。复令进屯陇下。及公孙述遣兵救嚣，吴汉、耿弇等悉奔还，遵独留不却。②九年春，卒于军。

①黄门，署名。《前书》曰："是时名倡皆集黄门。"武乐，执干戚以舞也。良犹深也，本或作"久"。

②《东观记》曰："时遵屯汧。诏书曰：'将军连年距难，众兵即却，复独按部，功劳烂然。兵退无宿戒，粮食不豫具，今乃调度，恐力不堪。国家知将军不易，亦不遗力。今送缣千匹，以赐吏士。'"

遵为人廉约小心，克己奉公，赏赐辄尽与士卒，家无私财，身衣韦绔，布被，夫人裳不加缘，①帝以是重焉。及卒，愍悼之尤甚。遵丧至河南县，诏遣百官先会丧所，车驾素服临之，望哭哀恸。还幸城门，过其车骑，涕泣不能已。②丧礼成，复亲祠以太牢，如宣帝临霍光故事。③诏大长秋、谒者、河南尹护丧事，大司农给费。博士范升上疏，追称遵曰："臣闻先王崇政,遵美屏恶。④昔高祖大圣,深见远虑,班爵割地,与下分功,著录勋臣,颂其德美。生则宠以殊礼,奏事不名,入门不趋。⑤死则畴其爵邑,世无绝嗣,⑥丹书铁券,传于无穷。⑦斯诚大汉厚下安人长久之德,所以累世十馀,历载数百,⑧废而复兴,绝而复续者也。陛下以至德受命,先明汉道,〔16〕褒序辅佐,封赏功臣,同符祖宗。征虏将军颍阳侯遵,不幸早薨。陛下仁恩,为之感伤,远迎河南,恻怛之悯,形于圣躬,丧事用度,仰给县官,重赐妻子,不可胜数。送死有以加生,厚亡有以过存,矫俗厉化,卓如日月。⑨古者臣疾君视,臣卒君吊,⑩德之厚者也。陵迟已来久矣。及至陛下,复兴斯礼,群下感动,莫不自励。臣窃见遵修行积善,竭忠于国,北平渔阳,西拒陇、蜀,先登坻上,⑪深取略阳。众兵既退,独守衞难。⑫制御士心,不越法度。所在吏人,不知有军。⑬清名闻于海内,廉白著于当世。所得赏赐,辄尽与吏士,身无奇衣,家无私财。同产兄午以遵无子,娶妾送之,遵乃使人逆而不受,自以身任于国,不敢图生虑继嗣之计。临死遗诫牛车载丧,薄葬洛阳。问以家事,终无所言。任重道远,死而后已。⑭遵为将军,取士皆用儒术,对酒设乐,必雅歌投壶。⑮又建为孔子立后,奏置《五经》大夫。虽在军旅,不忘俎豆,〔17〕可(为)〔谓〕好礼悦乐,〔18〕守死善道者也。礼,生有爵,死有谥,爵以殊尊卑,谥以明善恶。臣愚以为宜因遵薨,论叙众功,详案《谥法》,以礼成之。⑯显章国家笃古之制,为后嗣法。"帝乃下升章以示公卿。至葬,车驾复临,赠以将军、侯印绶,朱轮容车,介士军陈送葬,⑰谥曰成侯。〔19〕既葬,车驾复临其坟,存见夫人室家。其后会朝,帝每叹曰:"安得忧国奉公之臣如祭征虏者乎!"遵之见思若此。⑱

①"缘"或作"綵"。

②《东观记》曰:"上还幸城门,阅过丧车,瞻望涕泣。"

③霍光薨,宣帝及上官太后亲临光丧,使太中大夫任宣、侍御史五人持节护丧事。《东观记》曰:"时下宣帝临霍将军仪,令公卿读视,以为故事。"

④孔子曰:"尊五美,屏四恶。"

⑤《前书》曰:"萧何奏事不名,入门不趋。"

⑥畴,等也。言功臣死后,子孙袭封,世世与先人等。

⑦《前书》,高祖与功臣剖符作誓,丹书铁契,金匮石室,藏之宗庙。

⑧汉兴至此二百馀年,言"数百"者,谓以百数之。

⑨卓,高也。

⑩《前书》贾山上书曰:"古之贤君于其臣也,尊其爵禄而亲之,疾则临视之无数,死则往吊哭之,临其小敛大敛,可谓尽礼也,故臣下竭力尽死以报其上。"

⑪即陇坻上。

⑫衝,兵衝也。谓吴汉、耿弇等悉奔还,唯遵独留不却。

⑬言不侵扰。

⑭《论语》孔子曰:"仁以为己任,不亦重乎。死而后已,不亦远乎。"

⑮雅歌谓歌《雅诗》也。《礼记·投壶经》曰:"壶颈修七寸,腹修五寸,口径二寸半,容斗五升。壶中实小豆焉,为其矢之跃而出也。矢以柘若棘,长二尺八寸,无去其皮,取其坚而重。投之胜者饮不胜者,以为优劣也。"

⑯《谥法》,《周书》之篇,周公制焉。

⑰容车,容饰之车,象生时也。介士,甲士也。《东观记》曰:"遣校尉发骑士四百人,被玄甲、兜鍪,兵车军陈送葬。"

⑱《东观记》曰"上数嗟叹,卫尉铫期见上感恸,对曰'陛下至仁,哀念祭遵不已,群臣各怀惭惧'"也。

无子,国除。兄午,官至酒泉太守。从弟肜。[20]

肜字次孙,早孤,以至孝见称。遇天下乱,野无烟火,而独在冢侧。每贼过,见其尚幼而有志节,皆奇而哀之。

光武初以遵故,拜肜为黄门侍郎,常在左右。及遵卒无子,帝追伤之,以肜为偃师长,令近遵坟墓,四时奉祠之。肜有权略,视事五岁,县无盗贼,课为第一,迁襄贲令。①时天下郡国尚未悉平,襄贲盗贼白日公行。肜至,诛破奸猾,殄其支党,数年,襄贲政清。玺书勉励,增秩一等,赐缣百匹。

①襄贲,县名,属东海郡,故城在今沂州临沂县南。贲音肥。

　　当是时，匈奴、鲜卑及赤山乌桓连和强盛，数入塞杀略吏人。朝廷以为忧，益增缘边兵，郡有数千人，又遣诸将分屯障塞。帝以彤为能，建武十七年，拜辽东太守。至则励兵马，广斥候。彤有勇力，能贯三百斤弓。虏每犯塞，常为士卒〔前〕锋，〔21〕数破走之。二十一年秋，鲜卑万馀骑寇辽东，彤率数千人迎击之，自被甲陷陈，虏大奔，投水死者过半，遂穷追出塞，虏急，皆弃兵裸身散走，斩首三千馀级，获马数千匹。自是后鲜卑震怖，畏彤不敢复窥塞。彤以三虏连和，卒为边害，[①]二十五年，乃使招呼鲜卑，示以财利。其大都护偏何[②]遣使奉献，愿得归化，彤慰纳赏赐，稍复亲附。其异种满离、高句骊之属，遂骆驿款塞，上貂裘好马，帝辄倍其赏赐。其后偏何邑落诸豪并归义，愿自效。彤曰："审欲立功，当归击匈奴，斩送头首乃信耳。"偏何等皆仰天指心曰："必自效！"即击匈奴左伊(袟)〔秩〕訾部，〔22〕斩首二千馀级，持头诣郡。其后岁岁相攻，辄送首级受赏赐。自是匈奴衰弱，边无寇警，鲜卑、乌桓并入朝贡。

　　①卒，终也。三虏谓匈奴、鲜卑及赤山乌桓。

　　②鲜卑名也。

　　彤为人质厚重毅，体貌绝众。抚夷狄以恩信，皆畏而爱之，故得其死力。初，赤山乌桓数犯上谷，为边害，诏书设购赏，(功)〔切〕责州郡，〔23〕不能禁。彤乃率励偏何，遣往讨之。永平元年，偏何击破赤山，斩其魁帅，持首诣彤，塞外震詟。[①]彤之威声，畅于北方，西自武威，东尽玄菟及乐浪，胡夷皆来内附，野无风尘。乃悉罢缘边屯兵。

　　①音之涉反。

　　十二年，征为太仆。彤在辽东几三十年，衣无兼副。显宗既嘉其功，又美彤清约，拜日，赐钱百万，马三匹，衣被刀剑下至居室什物，大小无不悉备。帝每见彤，常叹息以为可属以重任。后从东巡狩，过鲁，坐孔子讲堂，顾指子路室谓左右曰："此太仆之室。太仆，吾之御侮也。"[①]

　　①《尚书大传》曰："孔子曰：'吾有四友焉。自吾得回也，门人加亲，是非胥附邪？自吾得赐也，远方之士日至，是非奔走邪？自吾得师也，前有光，后有辉，是非先后邪？自吾得由也，恶言不至门，是非御侮邪？'"

十六年,使肜以太仆将万馀骑与南单于左贤王信伐北匈奴,期至涿邪山。〔24〕信初有嫌于肜,行出高阙塞九百馀里,得小山,乃妄言以为涿邪山。肜到不见虏而还,坐逗留畏懦下狱免。肜性沈毅内重,自恨见诈无功,出狱数日,欧血死。临终谓其子曰:"吾蒙国厚恩,奉使不称,微绩不立,身死诚惭恨。义不可以无功受赏,死后,若悉簿上所得赐物,①身自诣兵屯,效死前行,以副吾心。"既卒,其子逢上疏具陈遗言。帝雅重肜,方更任用,闻之大惊,召问逢疾状,嗟叹者良久焉。乌桓、鲜卑追思肜无已,每朝贺京师,常过冢拜谒,仰天号泣乃去。辽东吏人为立祠,四时奉祭焉。

①若,汝也。皆为文簿而上之。

肜既葬,子参遂诣奉车都尉窦固,从军击车师有功,稍迁辽东太守。永元中,鲜卑入郡界,参坐沮败,下狱死。肜子孙多为边吏者,皆有名称。

论曰:祭肜武节刚方,动用安重,虽条侯、穰苴之伦,不能过也。①且临守偏海,政移犷俗,②徼人请符以立信,胡貊数级于郊下,③至乃卧鼓边亭,灭烽幽障者将三十年。古所谓"必世而后仁",岂不然哉!④而一眚之故,以致感愤,⑤惜哉,畏法之敝也!⑥

①条侯,周亚夫也。为将军,军于细柳,文帝幸其营,亚夫持兵揖曰:"介胄之士不拜,请以军礼见。"文帝曰:"此真将军也!"穰苴,齐人田穰苴也。齐景公使为将军,使庄贾往,穰苴与约曰:"旦日日中会于军门。"穰苴先至,贾后至,于是遂斩庄贾以徇三军,士皆振栗。

②犷音古猛反,又音久永反。

③徼人谓徼外人偏何等也。符,验也。为偏何请还自效,以验内属之信。数级谓偏何斩匈奴,送首级受赏赐。

④三十年为一世,言承化久也。《论语》孔子曰:"如有王者,必世而后仁。"

⑤眚,过也。《左传》曰:"不以一眚掩大德。"眚音所景反。

⑥畏法犹严法也。

赞曰：期启燕门，霸冰虏河。祭遵好礼，临戎雅歌。肜抗辽左，边廷怀和。

【校勘记】

〔1〕　从徇蓟　按：《集解》引惠栋说，谓《东观记》"从平河北。"

〔2〕　披普彼反　按："普"原讹"芳"，径改正。

〔3〕　〔稿〕今桓州稿城县也　据《集解》引钱大昕说补。按："稿"当作"稿"，字从禾，然各本正文注文皆作"稿"，今仍之。

〔4〕　摄（帻）〔帻〕复战　《刊误》谓帻是马扇汗，期被创中额，则是"帻"字。王先谦谓《东观记》正作"帻"。今据改。按："帻"原讹"愤"，径改正。

〔5〕　复封丹弟统为建平侯　按：《集解》引惠栋说，谓《水经注》作"平舆"，属汝南也。

〔6〕　封王乡侯　按：殿本《考证》谓《地理》、《郡国志》无"王乡"地名，"王"字疑误。

〔7〕　说文曰歋䑏手相笑也　按：《集解》引孙星衍说，谓《说文》作"歋瘉"，并无"䑏"字。云"人相笑相歋瘉"，不云"手相笑"。注误。

〔8〕　死者脱衣以敛之伤者躬亲以养之　《刊误》谓按文脱衣可言"以敛之"，躬亲不宜复有"以"字。按："以敛之"与"以养之"相对成文，刘说泥。

〔9〕　茂众疲劳　按：《御览》二八四引，"茂"下有"建"字。

〔10〕　屯〔田〕函谷关　据汲本、殿本补。

〔11〕　温馀水出上谷居庸关东　按："温馀水"当作"漯馀水"，说详杨守敬《水经注疏》。

〔12〕　臧宫等入箕关　按：《集解》引惠栋说，谓《东观记》"箕关"作"天中关"。

〔13〕　南击弘农厌新柏华蛮中贼　按：《集解》引沈钦韩说，谓《纪要》柏谷在陕州灵宝县西南朱阳镇，有柏谷亭。"柏华"盖"柏谷"之误。

〔14〕　时新城蛮中山贼张满　按：《集解》引惠栋说，谓《续志》新城有鄤聚，今名蛮中。《说文》作"綿中"。

〔15〕　邓奉弟终　按：《集解》引惠栋说，谓"终"一作"众"，古通。

〔16〕　先明汉道　按：《刊误》谓"先"当作"光"。

〔17〕　不忘俎豆　按：王先谦谓《东观记》作"不忘王室"。

〔18〕　可(为)〔谓〕好礼悦乐　据汲本、殿本改。

〔19〕　谥曰成侯　按：《集解》引沈钦韩说，谓《袁纪》作"威侯"。

〔20〕　从弟肜　按：汲本、殿本"肜"作"肜"，《通鉴》或作"肜"，或作"肜"。

〔21〕　常为士卒〔前〕锋　《御览》三〇二引作"常为士卒前锋"，《东观记》作"常为士卒先锋"，今据《御览》补"前"字。

〔22〕　即击匈奴左伊(秩)〔秩〕訾部　据《集解》本改。与《前书·匈奴传》合。

〔23〕　(功)(切)觜州郡　据《刊误》改。

〔24〕　期至涿邪山　按：《集解》引惠栋说，谓《袁宏纪》作"涿邪王山"。

后汉书卷二十一

任李万邳刘耿列传第十一

任光子隗

任光字伯卿,南阳宛人也。少忠厚,为乡里所爱。初为乡啬夫,郡县吏。①汉兵至宛,军人见光冠服鲜明,令解衣,将杀而夺之。会光禄勋刘赐适至,视光容貌长者,乃救全之。光因率党与从赐,为安集掾,拜偏将军,与世祖破王寻、王邑。

①《续汉志》曰:"三老,游徼,郡所署也,秩百石,掌一乡人。其乡小者,县署啬夫一人,主知人善恶,为役先后,知人贫富,为赋多少。"

更始至洛阳,以光为信都太守。及王郎起,郡国皆降之,光独不肯,遂与都尉李忠、令万脩、①功曹阮况、五官掾郭唐等②同心固守。廷掾持王郎檄③诣府白光,光斩之于市,以徇百姓,发精兵四千人城守。更始二年春,世祖自蓟还,狼狈不知所向,传闻信都独为汉拒邯郸,即驰赴之。光等孤城独守,恐不能全,④闻世祖至,大喜,吏民皆称万岁,即时开门,与李忠、万脩率官属迎谒。世祖入传舍,谓光曰:"伯卿,今执力虚弱,欲俱入城头子路、力子都兵中,〔1〕何如邪?"光曰:"不可。"世祖曰:"卿兵少,如何?"光曰:"可募发奔命,出攻傍县,若不降者,恣听掠之。人贪财物,则兵可招而致也。"世祖从之。拜光为左大将军,〔2〕封武成侯,留南阳宗广领信都太守事,使光将兵从。光乃多作檄文曰:"大司马刘公将城头子路、力子都兵百万众从东方来,击诸反虏。"遣骑驰至钜鹿界中。吏民得檄,传相告语。世祖遂与光等投暮入堂阳界,⑤使骑各持炬火,弥满泽中,光炎烛天地,举城莫不震惊惶怖,其夜即降。旬日之间,兵众大盛,因攻城邑,遂屠邯郸,乃遣光归郡。

①信都令也。

②《续汉志》曰:"五官掾,掌署诸曹事。"

③《东观记》扶柳县廷掾。

④独守无援,故恐之。

⑤投,至也。堂阳,今冀州县也。

城头子路者,东平人,姓爰,名曾,字子路,与肥城刘诩起兵卢城头,①故号其兵为"城头子路"。曾自称"都从事",诩称"校三老",寇掠河、济间,众至二十馀万。更始立,曾遣使降,拜曾东莱郡太守,②〔3〕诩济南太守,皆行大将军事。是岁,曾为其将所杀,众推诩为主,更始封诩助国侯,令罢兵归本郡。

①卢,县名,属太山郡,今济州县。

②今莱州。

力子都者,东海人也。起兵乡里,钞击徐、兖界,众有六七万。更始立,遣使降,拜子都徐州牧。为其部曲所杀,馀党复相聚,与诸贼会于檀乡,①因号为檀乡。檀乡渠帅董次仲始起茌平,②遂渡河入魏郡清河,与五校合,众十馀万。建武元年,世祖入洛阳,遣大司马吴汉等击檀乡,明年春,大破降之。

①今兖州瑕丘县东北有檀乡。

②茌平,县名,属东郡,故城在今博州聊城县东。茌音仕疑反。

是岁,更封光阿陵侯,①食邑万户。五年,征诣京师,奉朝请。其冬卒。子隗嗣。

①阿陵,县名,属涿郡也。

后阮况为南阳太守,郭唐至河南尹,皆有能名。

隗字仲和,少好黄老,清静寡欲,所得奉秩,常以赈恤宗族,收养孤寡。显宗闻之,擢奉朝请,迁羽林左监、①虎贲中郎将,又迁长水校尉。肃宗即位,雅相敬爱,数称其行,以为将作大匠。②将作大匠自建武以来

常谒者兼之,至隗乃置真焉。建初五年,迁太仆,八年,代窦固为光禄
勋,所历皆有称。章和元年,拜司空。

①《续汉志》曰:"羽林有左、右监一人,各六百石,主左、右羽林骑。"

②《前书》曰,将作少府,秦官也,景帝更名将作大匠,秩二千石。

隗义行内修,不求名誉,而以沈正见重于世。和帝即位,大将军窦
宪秉权,专作威福,内外朝臣莫不震慑。时宪击匈奴,国用劳费,隗奏议
征宪还,前后十上。独与司徒袁安同心毕力,持重处正,鲠言直议,无所
回隐,①语在《袁安传》。

①持重谓守正也。〔鲠言谓〕执议不移。〔4〕回,邪也。隐,避也。

永元四年薨,子屯嗣。帝追思隗忠,擢屯为步兵校尉,徙封西
阳侯。①

①西阳,县名,属山阳郡也。

屯卒,子胜嗣。①胜卒,子世嗣,徙封北乡侯。②

①《东观汉记》(曰)"胜"字作"腾"。〔5〕

②北乡,县名,属齐郡。

李忠字仲都,〔6〕东莱黄人也。①父为高密都尉。②忠元始中以父任
为郎,署中数十人,而忠独以好礼修整称。王莽时为新博属长,③郡中
咸敬信之。

①黄,今莱州县也,故城在县东南。

②臣贤案:《东观记》、《续汉书》并云"中尉"。又《郡国志》高密,侯〔国〕。〔7〕
　《百官志》皇子封,每国傅、相各一人,中尉一人,比二千石,职如郡都尉,主
　盗贼。高密非郡,为"都"字者误。

③王莽改信都国曰新博,都尉曰属长也。

更始立,使使者行郡国,即拜忠都尉官。忠遂与任光同奉世祖,以
为右大将军,〔8〕封武固侯。时世祖自解所佩绶以带忠,①〔9〕因从攻下
属县。至苦陉,②世祖会诸将,问所得财物,唯忠独无所掠。世祖曰:

"我欲特赐李忠,诸卿得无望乎?"即以所乘大骊马及绣被衣物赐之。③

①《东观记》曰:"上初至不脱衣带,衣服垢薄,使忠解澣长襦,〔10〕忠更作新袍绔(解)〔鲜〕支小单衣袜而上之。"〔11〕

②苦陉,县名,属中山国,章帝改曰汉昌,自此已后,随代改之,今定州唐昌县是也。

③马色黑而青曰骊。

进围钜鹿,未下,王郎遣将攻信都,信都大姓马宠等开城内之,收太守宗广及忠母妻,而令亲属招呼忠。时宠弟从忠为校尉,忠即时召见,责数以背恩反城,因格杀之。诸将皆惊曰:"家属在人手中,杀其弟,何猛也!"忠曰:"若纵贼不诛,则二心也。"世祖闻而美之,谓忠曰:"今吾兵已成矣,将军可归救老母妻子,宜自募吏民能得家属者,赐钱千万,来从我取。"忠曰:"蒙明公大恩,思得效命,诚不敢内顾宗亲。"世祖乃使任光将兵救信都,光兵于道散降王郎,无功而还。会更始遣将攻破信都,忠家属得全。世祖因使忠还,行太守事,收郡中大姓附邯郸者,诛杀数百人。及任光归郡,忠乃还复为都尉。建武二年,更封中水侯,①食邑三千户。其年,征拜五官中郎将,从平庞萌、董宪等。

①中水,县,属涿郡。《前书音义》曰:"此县在两河之间,故曰中水。"故城在今瀛州乐寿县西北。

六年,迁丹阳太守。是时海内新定,南方海滨江淮,多拥兵据土。忠到郡,招怀降附,其不服者悉诛之,旬月皆平。忠以丹阳越俗不好学,嫁娶礼仪,衰于中国,乃为起学校,习礼容,春秋乡饮,①选用明经,郡中向慕之。垦田增多,三岁间流民占著者五万馀口。②十四年,三公奏课为天下第一,迁豫章太守。病去官,③征诣京师。十九年,卒。

①校亦学也。《礼记》曰:"乡饮酒之义,主人拜迎宾于庠门之外,三揖而后至阶,三让而后升,所以致尊让也。六十者坐,五十者立侍,以听政役,所以明尊长也。合诸乡射,教之乡饮酒之礼,而孝悌之行立。"郑玄注曰:"春秋以礼会民于州序也。"

②著音直略反。

③《东观记》曰："病湿痹,免。"

子威嗣。威卒,子纯嗣,永平九年,坐母杀纯叔父,国除。①永初七年,邓太后复封纯琴亭侯。纯卒,子广嗣。

①《东观记》曰："永平二年,坐纯母礼杀威弟季。"

万脩字君游,扶风茂陵人也。更始时,为信都令,与太守任光、都尉李忠共城守,迎世祖,拜为偏将军,封造义侯。及破邯郸,拜右将军,从平河北。建武二年,更封槐里侯。与扬化将军坚镡俱击南阳,未克而病,卒于军。

子普嗣,徙封泫氏侯。①普卒,子亲嗣,徙封扶柳侯。②亲卒,无子,国除。永初七年,邓太后绍封脩曾孙丰为曲平亭侯。丰卒,子炽嗣。永建元年,炽卒,无子,国除。延熹二年,桓帝绍封脩玄孙恭为门德亭侯。

①泫氏,县名,属上党郡。西有泫谷水,故以为名。今泽州高平县也。泫音（工玄）〔胡涓〕反。〔12〕

②扶柳,县名,故城在今冀州信都县西。

邳肜字伟君,〔13〕信都人也。父吉,为辽西太守。肜初为王莽和成卒正。①〔14〕世祖徇河北,至下曲阳,肜举城降,复以为太守,留止数日。世祖北至蓟,会王郎兵起,使其将徇地,所到县莫不奉迎,〔15〕唯和成、信都坚守不下。肜闻世祖从蓟还,失军,欲至信都,乃先使五官掾张万、督邮尹绥,选精骑二千馀匹,缘路迎世祖军。肜寻与世祖会信都。世祖虽得二郡之助,而兵众未合,议者多言可因信都兵自送,西还长安。肜廷对曰:"议者之言皆非也。吏民歌吟思汉久矣,故更始举尊号而天下向应,三辅清宫除道以迎之。一夫荷戟大呼,则千里之将无不捐城遁逃,虏伏请降。自上古以来,亦未有感物动民其如此者也。〔16〕又卜者王郎,假名因执,驱集乌合之众,遂震燕、赵之地;况明公奋二郡之兵,扬向应之威,以攻则何城不克,以战则何军不服!今释此而归,岂徒空失河北,必更惊动三辅,堕损威重,非计之得者也。若明公无复征伐之意,则虽信都之兵犹难会也。何者?明公既西,则邯郸城民不肯捐父母,背城主,而千里送公,其离散亡逃可必也。"世祖善其言而止。即日拜肜为后大将军,和成太守如故,使将兵居前,比至堂阳,堂阳已反属王郎,肜使张万、尹绥先晓譬吏民,世祖夜至,即开门出迎。引兵击破白奢贼于中山。自此常从战攻。

①《东观记》曰:"王莽分钜鹿为和成郡,居下曲阳,以肜为卒正也。"

信都复反为王郎,郎所置信都王捕系肜父弟及妻子,使为手书呼肜曰:"降者封爵,不降族灭。"肜涕泣报曰:"事君者不得顾家。肜亲属所以至今得安于信都者,刘公之恩也。公方争国事,肜不得复念私也。"会更始所遣将攻拔信都,郎兵败走,肜家属得免。

及拔邯郸,封武义侯。建武元年,更封灵寿侯,①行大司空事。帝入洛阳,拜肜太常,月馀日转少府,是年免。复为左曹侍中,②常从征伐。六年,就国。

①灵寿,县名,故城在今恒州灵寿县西北。

②《前书》曰,侍中有左、右曹。入侍天子,故曰侍中。

肜卒,子汤嗣,九年,徙封乐陵侯。①十九年,汤卒,子某嗣;②无子,国除。元初元年,邓太后绍封肜孙音为平亭侯。音卒,子柴嗣。

①乐陵,县名,属平原郡,故城在今沧州乐陵县东也。

②史阙名也。

初,张万、尹绥与肜俱迎世祖,皆拜偏将军,亦从征伐。万封重平侯,绥封平台侯。①

①重平,县名,属勃海郡,故城在今安德县西北。臣贤案:平台,县,属常山郡,诸本多云"平台"者,误也。

论曰:凡言成事者,以功著易显;谋几初者,以理隐难昭。①斯固原情比迹,所宜推察者也。若乃议者欲因二郡之众,建入关之策,委成业,临不测,而世主未悟,谋夫景同,邳肜之廷对,其为几乎! 语曰"一言可以兴邦"，②斯近之矣。

①几者，事之先见者也。

②《论语》(曰)鲁定公谓孔子之言。〔17〕

　　刘植字伯先，钜鹿昌城人也。王郎起，植与弟喜、从兄歆①率宗族宾客，聚兵数千人据昌城。闻世祖从蓟还，乃开门迎世祖，以植为骁骑将军，喜、歆偏将军，皆为列侯。时真定王刘扬起兵以附王郎，众十馀万，世祖遣植说扬，扬乃降。世祖因留真定，纳郭后，后即扬之甥也，故以此结之。乃与扬及诸将置酒郭氏漆里舍，②扬击筑为欢，因得进兵拔邯郸，从平河北。

①《东观记》(曰)"喜"作"嘉"，〔18〕字共仲；歆字细君也。

②漆(园)〔里〕即郭氏所居之里名也。〔19〕

　　建武二年，更封植为昌城侯。讨密县贼，战殁。子向嗣。帝使喜代将植营，复为骁骑将军，封观津侯。①喜卒，复以歆为骁骑将军，封浮阳侯。②喜、歆从征伐，皆传国于后。向徙封东武阳侯，③卒，子述嗣，永平十五年，坐与楚王英谋反，国除。

①观津，县名，故城在今德州蓚县西北。

②浮阳，县名，属勃海郡，在浮水之阳，今沧州清池县也。

③东武阳，县，属东郡，在武水之阳，故城在今魏州(华阳)〔莘县〕南。〔20〕

　　耿纯字伯山，钜鹿宋子人也。父艾，为王莽济平尹。①纯学于长安，因除为纳言士。②

①莽改定陶国曰济平也。

②王莽法古置纳言之官，即尚书也。每官皆置士，故曰纳言士也。

　　王莽败，更始立，使舞阴王李轶降诸郡国，纯父艾降，还为济南太守。时李轶兄弟用事，专制方面，宾客游说者甚众。纯连求谒不得通，久之乃得见，因说轶曰："大王以龙虎之姿，遭风云之时，①奋迅拔起，期月之间兄弟称王,②而德信不闻于士民,功劳未施于百姓,宠禄暴兴,此智者之所忌也。③兢兢自危,犹惧不终,而况沛然自足,可以成功者乎?"④轶奇之,且以其钜鹿大姓,乃承制拜为骑都尉,授以节,令安集赵、魏。

①遭,遇也。《易》曰:"云从龙,风从虎。"

②拔犹卒也。拔音步末反。期音暮。

③《前书》陈婴母谓婴曰"暴得富贵者不祥也",故云智者之所忌也。

④《公羊传》曰:"力沛然若有馀。"何休注曰:"沛,有馀(优饶)貌。"〔21〕

会世祖度河至邯郸,纯即谒见,世祖深接之。纯退,见官属将兵法度不与它将同,遂求自结纳,献马及缣帛数百匹。世祖北至中山,留纯邯郸。会王郎反,①世祖自蓟东南驰,纯与从昆弟䜣、宿、植共率宗族宾客二千馀人,②老病者皆载木自随,奉迎于育。③〔22〕拜纯为前将军,封耿乡侯,④䜣、宿、植皆偏将军,使与纯居前,降宋子,从攻下曲阳及中山。

①《东观记》曰:"王郎举尊号,欲收纯,纯持节与从吏夜逃出城,(柱)〔驻〕节道中,〔23〕诏取行者车马,得数十,驰归宋子,与从兄䜣、宿、植俱诣上所在卢奴,言王郎(所)反(之)状。"〔24〕

②《续汉书》曰"皆衣缣襜褕绛衣"也。

③《左传》曰:"又如是而嫁,将就木焉。"木谓棺也,老病者恐死,故载以从军。育,县名,故城在冀州。

④郦元注《水经》曰,〔成〕郎水北有耿乡,〔25〕光武封耿纯为侯国,俗谓之宜安城。其故城在今恒州槁城县西南也。

是时郡国多降邯郸者,纯恐宗家怀异心,乃使䜣、宿归烧其庐舍。世祖问纯故,对曰:"窃见明公单车临河北,非有府臧之蓄,重赏甘饵,可以聚人者也,①徒以恩德怀之,是故士众乐附。今邯郸自立,北州疑惑,纯虽举族归命,老弱在行,犹恐宗人宾客半有不同心者,故爓烧屋室,绝其反顾之望。"世祖叹息。及至鄗,世祖止传舍,鄗大姓苏公反城开门内王郎将李恽。〔26〕纯先觉知,将兵逆与恽战,大破斩之。从平邯郸,又破铜马。

①《黄石公记》曰："芳饵之下必有悬鱼，重赏之下必有死夫。"《易》曰："何以聚
　人，曰财。"故纯引之。

　　时赤眉、青犊、上江、大肜、铁胫、五幡十馀万众并在射犬，世祖引兵
将击之。纯军在前，去众营数里，贼忽夜攻纯，雨射营中，①士多死伤。
纯勒部曲，坚守不动。选敢死二千人，俱持强弩，各傅三矢，使衔枚间
行，②绕出贼后，齐声呼噪，强弩并发，贼众惊走，追击，遂破之。驰骑白
世祖。世祖明旦与诸将俱至营，劳纯曰："昨夜困乎？"纯曰："赖明公威
德，幸而获全。"世祖曰："大兵不可夜动，故不相救耳。军营进退无常，
卿宗族不可悉居军中。"乃以纯族人耿伋为蒲吾长，③悉令将亲属居焉。

　　①矢下如雨也。
　　②傅，著也。
　　③蒲吾，县名，属常山郡，故城在今恒州灵寿县南。

　　世祖即位，封纯高阳侯。击刘永于济阴，下定陶。初，纯从攻王郎，
堕马折肩，时疾发，乃还诣怀宫。①帝问"卿兄弟谁可使者"，纯举从弟
植，于是使植将纯营，纯犹以前将军从。

　　①怀，河内县名，有离宫焉。

　　时真定王刘扬复造作谶记云："赤九之后，瘿扬为主。"①扬病瘿，欲
以惑众，与绵曼贼交通。②建武二年春，遣骑都尉陈副、游击将军邓隆征
扬，扬闭城门，不内副等。乃复遣纯持节，行赦令于幽、冀，所过并使劳
慰王侯。密敕纯曰："刘扬若见，因而收之。"纯从吏士百馀骑与副、隆会
元氏，俱至真定，止传舍。扬称病不谒，以纯真定宗室之出，③遣使与纯
书，欲相见。纯报曰："奉使见王侯牧守，不得先诣，如欲面会，宜出传
舍。〔27〕时扬弟(林)〔临〕邑侯让及从兄细④各拥兵万馀人，〔28〕扬自恃众
强而纯意安静，即从官属诣之，兄弟并将轻兵在门外。扬入见纯，纯接
以礼敬，因延请其兄弟，皆入，乃闭合悉诛之，因勒兵而出。真定震怖，
无敢动者。帝怜扬、让谋未发，并封其子，复故国。

　　①汉以火德，故云赤也。光武于高祖九代孙，故云九。
　　②绵曼，县名，属真定国，故城在今恒州石邑县西北，俗音讹，谓之"人文"故

城也。〔29〕

③男子谓姊妹之子为出也。

④《东观记》、《续汉书》"细"并作"绀"。

纯还京师,因自请曰:"臣本吏家子孙,幸遭大汉复兴,圣帝受命,备位列将,爵为通侯。天下略定,臣无所用志,愿试治一郡,尽力自效。"帝笑曰:"卿既治武,复欲修文邪?"乃拜纯为东郡太守。时东郡未平,纯视事数月,盗贼清宁。四年,诏纯将兵击更始东平太守范荆,荆降。进击太山济南及平原贼,皆平之。居东郡四岁,时发干长有罪,纯案奏,围守之,奏未下,长自杀。纯坐免,以列侯奉朝请。从击董宪,道过东郡,百姓老小数千随车驾涕泣,云"愿复得耿君"。帝谓公卿曰:"纯年少被甲胄为军吏耳,治郡乃能见思若是乎?"

六年,定封为东光侯。①纯辞就国,帝曰:"文帝谓周勃'丞相吾所重,君为我率诸侯就国',今亦然也。"纯受诏而去。至邺,赐谷万斛。到国,吊死问病,民爱敬之。八年,东郡、济阴盗贼群起,遣大司空李通、横野大将军王常击之。帝以纯威信著于卫地,②遣使拜太中大夫,使与大兵会东郡。东郡闻纯入界,盗贼九千馀人皆诣纯降,大兵不战而还。玺书复以为东郡太守,吏民悦服。十三年,卒官,谥曰成侯。子阜嗣。

①东光,今沧州县也。《续汉书》曰:"六年,上令诸侯就国,纯上书自陈,前在东郡案诛涿郡太守朱英亲属,今国属涿,诚不自安。制书报曰:'侯前奉公行法,朱英久吏,晓知义理,何时当以公事相是非!然受尧舜之罚者不能爱己也,已更择国土,令侯无介然之忧。'乃更封纯为东光侯也。"

②东郡旧卫地也。

植后为辅威将军,封武邑侯。①宿至代郡太守,封遂乡侯。䜣为赤眉将军,封著武侯,从邓禹西征,战死云阳。凡宗族封列侯者四人,关内侯者三人,为二千石者九人。

①武邑,县名,属信都,今冀州县也。

阜徙封莒乡侯,永平十四年,坐同族耿歙与楚人颜忠辞语相连,国除。建初二年,肃宗追思纯功,绍封阜子盱为高亭侯。盱卒,无嗣,帝复封盱弟腾。① 卒,子忠嗣。忠卒,孙绪嗣。

①《续汉书》云"封腾高亭侯"也。

　　赞曰:任、邳识几,严城解扉。① 委佗还旅,二守焉依。② 纯、植义发,
奉兵佐威。

①解犹开也。

②委音于危反。佗音移,行貌也。旅,众也。还旅谓自蓟而还也。二守谓任
　光为信都太守,邳彤为和成太守也。《左传》曰:"平王东迁,晋、郑焉依。"言
　光武失军而南还,依任、邳以成功。

【校勘记】

〔1〕　力子都　汲本"力"作"刁"。《校补》谓应作"刁",刁字本即刀字,故易与
　　　力混。今按:《前书·莽传》作"力"。

〔2〕　拜光为左大将军　按:《集解》引惠栋说,谓《水经注》云左将军,无
　　　"大"字。

〔3〕　拜曾东莱郡太守　《刊误》谓他处复字郡名皆不言"郡太守",明此衍
　　　"郡"字。今按:何焯校本灭"莱"字,谓上云寇掠河济间,则"莱"字当衍,
　　　注亦误。

〔4〕　〔鲠言谓〕执议不移　据《校补》补。

〔5〕　东观汉记(曰)　按:"曰"字明衍,今删。

〔6〕　李忠字仲都　按:《集解》引惠栋说,谓《袁纪》"都"作"卿"。

〔7〕　高密侯〔国〕　按:《刊误》谓"侯"当作"国"。《校补》谓高密前汉为王国,
　　　后汉为侯国,注所引乃《续志》,作"侯"明不误,特夺"国"字耳。今据补。

〔8〕　以为右大将军　按:《集解》引惠栋说,谓《东观记》无"大"字。

〔9〕　时世祖自解所佩绶以带忠　按:沈钦韩谓《北堂书钞》引《东观记》曰"时
　　　无绶,上自解所佩绶以赐仲都",疑此脱"无绶"二字。

〔10〕 解澣长襦　按:"澣"原讹"瀚",径改正。

〔11〕 (解)〔鲜〕支　《集解》引沈钦韩说,谓当作"鲜支",《广雅》"鲜支,绢也"。
　　　今据改。

〔12〕泫音(工玄)〔胡涓〕反　据汲本、殿本改。按:原作"工玄反",疑是"五玄反"之误。

〔13〕邳肜　按:《校补》谓《蜀志·谯周传》作"邳肜"。

〔14〕肜初为王莽和成卒正　按:《集解》引惠栋说,谓本纪作"和戎",胡三省、王应麟本皆作"戎",惟《水经注》作"和城"。

〔15〕所到县莫不奉迎　按:李慈铭谓"所到"下脱一"郡"字。

〔16〕亦未有感物动民其如此者也　按:王先谦谓"其"字当衍。

〔17〕论语(曰)鲁定公谓孔子之言　据汲本、殿本删。

〔18〕东观记(曰)　按:"曰"字衍,今删。

〔19〕漆(园)〔里〕即郭氏所居之里名也　据《刊误》改。

〔20〕故城在今魏州(华阳)〔莘县〕南　《集解》引沈钦韩说,谓注"华阳"误,《隋志》莘县后周置武阳郡,"莘"与"华"相似,又衍"阳"字。今据改。

〔21〕沛有馀(优饶)貌　据今本《公羊传》何注删。

〔22〕奉迎于育　《通鉴》胡注谓贤曰"育,县名",余考《两汉志》无育县,盖"贳"字之误。今按:《前志》钜鹿郡有贳县。

〔23〕(柱)〔驻〕节道中　据汲本、殿本改,与聚珍本《东观记》合。

〔24〕言王郎(所)反(之)状　据王先谦说删。

〔25〕〔成〕郎水北有耿乡　据《集解》引沈钦韩说补。

〔26〕鄗大姓苏公反城开门内王郎将李恽　按:李慈铭谓城开二字疑误倒,当作"开城门"。

〔27〕宜出传舍　按:《袁宏纪》作"宜自强来"。

〔28〕(林)〔临〕邑侯让　王先谦谓"林"当从帝纪作"临"。今据改。

〔29〕谓之人文故城也　《集解》引钱大昕说,谓古音文如岷,与曼声相近。今按:"人"本作"民",章怀避唐讳改之。古音文如岷,"民文"与"绵曼"声相近也。

后汉书卷二十二

朱景王杜马刘傅坚马列传第十二

朱祐字仲先，〔1〕南阳宛人也。①少孤，归外家复阳刘氏，②往来春陵，世祖与伯升皆亲爱之。伯升拜大司徒，以祐为护军。③及世祖为大司马，讨河北，复以祐为护军，常见亲幸，舍止于中。祐侍谦，从容曰："长安政乱，公有日角之相，此天命也。"④世祖曰："召刺奸收护军！"⑤祐乃不敢复言。从征河北，常力战陷阵，⑥以为偏将军，封安阳侯。世祖即位，拜为建义大将军。建武二年，更封堵阳侯。⑦冬，与诸将击邓奉于淯阳，祐军败，为奉所获。明年，奉破，乃肉袒因祐降。帝复祐位而厚加慰赐。遣击新野、随，皆平之。⑧

①《东观记》〔曰〕"祐"作"福"，〔2〕避安帝讳。

②复阳，县名，属南阳郡。

③《前书》曰，护军都尉，秦官，平帝元始元年更名护军也。

④日角，解在《光武纪》也。

⑤王莽置左右刺奸，使督奸猾。

⑥《续汉书》曰："祐至南䜌，为贼所伤，上亲候视之。"

⑦堵阳，县名，属南阳郡，故城今唐州方城县。堵音者。

⑧随，县名，属南阳郡也，故城今随州随县。

延岑自败于穰，遂与秦丰将张成合，祐率征虏将军祭遵与战于东阳，大破之，①临阵斩成，延岑败走归丰。祐收得印绶九十七。②进击黄邮，降之，赐祐黄金三十斤。四年，率破奸将军侯进、辅威将军耿植代征南大将军岑彭围秦丰于黎丘，破其将张康于蔡阳，斩之。帝自至黎丘，使御史中丞李由持玺书招丰，丰出恶言，不肯降。车驾引还，敕祐方略，祐尽力攻之。明年夏,城中穷困,丰乃将其母妻子九人肉袒降。祐辒车传丰送洛阳,斩之。大司马吴汉劾奏祐废诏受降,违将帅之任,帝不加罪。祐还,与骑都尉臧宫会击延岑馀党阴、酂、筑阳三县贼,悉平之。

① 东阳,聚名,在南阳。

② 《东观记》曰:"收得所盗茂陵武帝庙衣、印、绶。"

祐为人质直,尚儒学。将兵率众,多受降,以克定城邑为本,不存首级之功。又禁制士卒不得虏掠百姓,军人乐放纵,多以此怨之。九年,屯南行唐拒匈奴。① 十三年,增邑,定封鬲侯,② 食邑七千三百户。③

① 行唐,今恒州县也。

② 鬲,县名,属平原郡。

③ 《东观记》曰:"祐自陈功薄而国大,愿受南阳五百户足矣。上不许。"

十五年,朝京师,上大将军印绶,因留奉朝请。祐奏古者人臣受封,不加王爵,可改诸王为公。帝即施行。又奏宜令三公并去"大"名,以法经典。后遂从其议。

祐初学长安,帝往候之,祐不时相劳苦,而先升讲舍。后车驾幸其第,帝因笑曰:"主人得无舍我讲乎?"以有旧恩,数蒙赏赉。① 二十四年,卒。

① 《东观记》曰:"上在长安时,尝与祐共买蜜合药。上追念之,赐祐白蜜一石,问:'何如在长安时共买蜜乎?'其亲厚如此。"

子商嗣。商卒,子演嗣,永元十四年,坐从兄伯为外孙阴皇后巫蛊事,免为庶人。①〔3〕永初七年,邓太后绍封演子冲为鬲侯。

① 和帝阴后,吴房侯阴纲女也,为巫蛊事废。

景丹字孙卿,冯翊栎阳人也。少学长安。王莽时举四科,① 丹以言语为固德侯相,有干事称,迁朔调连率副贰。②

① 《东观记》曰:"王莽时举有德行、能言语、通政事、明文学之士。"

② 朔调,上谷也。副贰,属令也。

更始立,遣使者徇上谷,丹与连率耿况降,复为上谷长史。王郎起,丹与况共谋拒之。况使丹与子訢及寇恂等将兵南归世祖,世祖引见丹等,笑曰:"邯郸将帅数言我发渔阳、上谷兵,吾聊应言然,①何意二郡良为吾来!②方与士大夫共此功名耳。"拜丹为偏将军,号奉义侯。从击王郎将兒宏等于南䜌,③郎兵迎战,汉军退却,④丹等纵突骑击,大破之,追奔十馀里,死伤者从横。丹还,世祖谓曰:"吾闻突骑天下精兵,今乃见其战,乐可言邪?"遂从征河北。

① 王郎将帅数云欲发二郡兵以拒光武,时光武聊应然之,犹今两军遥相戏弄也。

② 《东观记》曰:"上在广阿,闻外有大兵(自)来,〔上自〕登城,〔4〕勒兵在西门楼。上问:'何等兵?'丹等对言:'上谷、渔阳兵。'上曰:'为谁来乎?'对曰:'为刘公。'即请丹入,人人劳勉,恩意甚备。"

③ 兒音五今反。

④ 《续汉书》曰"南䜌贼迎击上营,得上鼓车辎重数乘"也。

世祖即位,以谶文用平狄将军孙咸行大司马,众咸不悦。诏举可为大司马者,①群臣所推唯吴汉及丹。帝曰:"景将军北州大将,是其人也。然吴将军有建大策之勋,②又诛苗幽州、谢尚书,其功大。③旧制骠骑将军官与大司马相兼也。"④乃以吴汉为大司马,而拜丹为骠骑大将军。

① 《东观记》(曰)载谶文曰"孙咸征狄"也。〔5〕

② 谓发渔阳兵也。

③ 苗曾,谢躬。

④ 《前书》武帝置大司马,号大将军、骠骑将军也。

建武二年,定封丹栎阳侯。帝谓丹曰:"今关东故王国,虽数县,不过栎阳万户邑。夫'富贵不归故乡,如衣绣夜行',故以封卿耳。"①丹顿首谢。秋,与吴汉、建威大将军耿弇、建义大将军朱祐、执金吾贾复、偏将军冯异、强弩将军陈俊、左曹王常、骑都尉臧宫等从击破五校于颖阳,②降其众五万人。会陕贼苏况攻破弘农,生获郡守。丹时病,③帝以其旧将,欲令强起领郡事,乃夜召入,谓曰:"贼迫近京师,但得将军威重,卧以镇之足矣。"丹不敢辞,乃力疾拜命,将营到郡,④十馀日薨。

①《前书》武帝谓朱买臣之词。

②聚名也,解见《光武纪》。

③《东观记》曰:"丹从上至怀,病虐,见上在前,疟发寒栗。上笑曰:'闻壮士不病疟,今汉大将军反病疟邪?'使小黄门扶起,赐医药。还归洛阳,病遂加。"

④《续汉书》曰"将营兵西到弘农"也。

子尚嗣,徙封余吾侯。①尚卒,子苞嗣。苞卒,子临嗣,无子,国绝。永初七年,邓太后绍封苞弟遽为监亭侯。

①余吾,县名,属上党,故城在今潞州屯留县西北。

王梁字君严,渔阳(安)〔要〕阳人也。[6]为郡吏,太守彭宠以梁守狐奴令,与盖延、吴汉俱将兵南及世祖于广阿,拜偏将军。既拔邯郸,赐爵关内侯。从平河北,拜野王令,与河内太守寇恂南拒洛阳,北守天井关,朱鲔等不敢出兵,世祖以为梁功。及即位,议选大司空,而《赤伏符》曰"王梁主卫作玄武",①帝以野王卫之所徙,②玄武水神之名,司空水土之官也,于是擢拜梁为大司空,封武强侯。

①玄武,北方之神,龟蛇合体。

②《史记》曰,卫元君自濮阳徙于野王。

建武二年,与大司马吴汉等俱击檀乡,有诏军事一属大司马,而梁辄发野王兵,帝以其不奉诏敕,令止在所县,而梁复以便宜进军。帝以梁前后违命,大怒,遣尚书宗广持节军中斩梁。[7]广不忍,乃槛车送京师。既至,赦之。月馀,以为中郎将,行执金吾事。北守箕关,击赤眉别校,降之。三年春,转击五校,追至信都、赵国,破之,悉平诸屯聚。冬,遣使者持节拜梁前将军。四年春,击肥城、文阳,[8]拔之。①进与骠骑大将军杜茂击佼彊、苏茂于楚、沛间,拔大梁、啮桑,②而捕虏将军马武、偏将军王霸亦分道并进,岁馀悉平之。五年,从救桃城,破庞萌等,梁战尤力,拜山阳太守,镇抚新附,将兵如故。

①肥城,县名,属太山郡,故城在今济州平阴县东南。文音汶,故城在今兖州
　泗水县西。

②《前书音义》曰朁桑,县名。或曰城名。《史记》张仪与齐、楚会朁桑。

数月征入,代欧阳歙为河南尹。梁穿渠引穀水注洛阳城下,东写鞏
川,及渠成而水不流。七年,有司劾奏之,梁惭惧,上书乞骸骨。乃下诏
曰:"梁前将兵征伐,众人称贤,故擢典京师。建议开渠,为人兴利,〔9〕
旅力既愆,迄无成功,①百姓怨讟,谈者讙哗。②虽蒙宽宥,犹执谦退,'君
子成人之美',③其以梁为济南太守。"十三年,增邑,定封(封)阜成
侯。④〔10〕十四年,卒官。

①旅,众也。愆,过也。言众力已过,而功不成。

②讟,谤。

③《论语》载孔子之言也。

④阜成属渤海,今冀州县。

子禹嗣。禹卒,子坚石嗣。坚石追坐父禹及弟平与楚王英谋反,弃
市,国除。

杜茂字诸公,南阳冠军人也。初归光武于河北,为中坚将军,常从
征伐。世祖即位,拜大将军,封乐乡侯。①北击五校于真定,进降广平。
建武二年,更封苦陉侯。与中郎将王梁击五校贼于魏郡、清河、东郡,悉
平诸营保,降其持节大将三十馀人,②三郡清静,道路流通。〔11〕明年,遣
使持节拜茂为骠骑大将军,击沛郡,拔芒。③时西防复反,迎佼彊。五年
春,茂率捕虏将军马武进攻西防,数月拔之,彊奔董宪。

①乐乡属信都国。

②《续汉书》曰:"降其渠帅大将军杜猛、持节光禄大夫董敦等。"

③芒,县名也。《郡国志》曰后名临睢,属沛国。

东方既平,七年,诏茂引兵北屯田晋阳、广武,以备胡寇。①九年,与
雁门太守郭涼击卢芳将尹由于繁畤,②〔12〕芳将贾览率胡骑万馀救之,
茂战,军败,引入楼烦城。③时卢芳据高柳,与匈奴连兵,数寇边民,帝患

之。十二年,遣谒者段忠将众郡弛刑配茂,镇守北边,因发边卒筑亭候,修烽火,又发委输金帛缯絮供给军士,并赐边民,冠盖相望。茂亦建屯田,驴车转运。先是,雁门人贾丹、霍匡、解胜等为尹由所略,由以为将帅,与共守平城。丹等闻芳败,遂共杀由诣郭凉;凉上状,皆封为列侯,诏送委输金帛赐茂、凉军吏及平城降民。自是卢芳城邑稍稍来降,凉诛其豪右郇氏之属,镇抚羸弱,旬月间雁门且平,芳遂亡入匈奴。帝擢凉子为中郎,宿卫左右。

①广武,县名,属太原郡。

②繁畤,县名,今代州县也。

③楼烦,县名,属雁门郡,故城在今代州崞县东北。崞音郭。

凉字公文,右北平人也。身长八尺,气力壮猛,虽武将,然通经书,多智略,尤晓边事,有名北方。初,幽州牧朱浮辟为兵曹掾,击彭宠有功,封广武侯。

十三年,增茂邑,更封修侯。①〔13〕十五年,坐断兵马禀缣,②使军吏杀人,免官,削户邑,定封参蘧乡侯。十九年,卒。

①修,县名,属信都国也。

②断犹割截也。

子元嗣,永平十四年,坐与东平王等谋反,〔14〕减死一等,国除。永初七年,邓太后绍封茂孙奉为安乐亭侯。

马成字君迁,南阳棘阳人也。少为县吏。世祖徇颍川,以成为安集掾,调守郏令。①及世祖讨河北,成即弃官步负,追及于(满)〔蒲〕阳,〔15〕以成为期门,从征伐。世祖即位,再迁护军都尉。

①郏,县名,今汝州县也。

建武四年,拜扬武将军,督诛虏将军刘隆、振威将军宋登、射声校尉王赏,发会稽、丹阳、九江、六安四郡兵击李宪,时帝幸寿春,设坛场,祖礼遣之。①进围宪于舒,令诸军各深沟高垒。宪数挑战,成坚壁不出,守之岁余,至六年春,城中食尽,乃攻之,遂屠舒,斩李宪,追击其党与,尽平江淮地。

　　①应劭《风俗通》曰:"谨案礼传,共工氏之子曰修,好远游,舟车所至,足迹所逮,靡不穷览,故祀以为祖神。祖,徂也。"

　　七年夏,封平舒侯。①八年,从征破隗嚣,以成为天水太守,将军如故。冬,征还京师。九年,代来歙守中郎将,率武威将军刘尚等破河池,遂平武都。②明年,大司空李通罢,以成行大司空事,〔16〕居府如真,数月复拜扬武将军。

　　①平舒属代郡。
　　②河池,县,一名仇池,属武都郡,今凤州县也。

　　十四年,屯常山、中山以备北边,并领建义大将军朱祐营。又代骠骑大将军杜茂缮治障塞,自西河至渭桥,①河上至安邑,②太原至井陉,③中山至邺,皆筑保壁,起烽燧,十里一候。在事五六年,帝以成勤劳,征还京师。边人多上书求请者,复遣成还屯。及南单于保塞,北方无事,拜为中山太守,上将军印绶,领屯兵如故。二十四年,南击武谿蛮贼,无功,④上太守印绶。

　　①西河,今胜州富昌县也。渭桥本名横桥,在今咸阳县东南。
　　②《前书》曰,河上,地名,故秦内史,高帝二年改为河上郡,武帝分为左冯翊。
　　③太原,今并州也。井陉,(今)属常山郡,(常山)今恒州县也。〔17〕
　　④武谿水在今辰州泸溪县西。

　　二十七年,定封全椒侯,①就国。三十二年卒。

　　①全椒,县名,今滁州县也。

　　子卫嗣。卫卒,子香嗣,徙封棘陵侯。香卒,子丰嗣。丰卒,子玄嗣。玄卒,子邑嗣。邑卒,子醜嗣,桓帝时以罪失国。延熹二年,帝复封成玄孙昌为益阳亭侯。

　　刘隆字元伯,南阳安众侯宗室也。王莽居摄中,隆父礼与安众侯崇起兵诛莽，事泄，隆以年未七岁，故得免。及壮，学于长安，更始拜为骑都尉。谒归，①迎妻子置洛阳。闻世祖在河内，即追及于射犬，以为骑都尉，与冯异共拒朱鲔、李轶等，轶遂杀隆妻子。建武二年，封亢父侯。②四年，拜诛虏将军，讨李宪。宪平，遣隆屯田武当。③

①谒，请也，谓请假归也。

②亢父，县名，属东平国，故城在今兖州任城县南。

③武当，今均州县也。

十一年，守南郡太守，岁馀，上将军印绶。十三年，增邑，更封竟陵侯。是时，天下垦田多不以实，又户口年纪互有增减。十五年，诏下州郡检核其事，而刺史太守多不平均，或优饶豪右，侵刻羸弱，百姓嗟怨，遮道号呼。时诸郡各遣使奏事，帝见陈留吏牍上有书，视之，云"颍川、弘农可问，河南、南阳不可问"。帝诘吏由趣，吏不肯服，抵言于长寿街上得之。①帝怒。时显宗为东海公，年十二，在幄后言曰："吏受郡敕，当欲以垦田相方耳。"帝曰："即如此，何故言河南、南阳不可问？"对曰："河南帝城，多近臣，南阳帝乡，多近亲，田宅逾制，不可为准。"帝令虎贲将诘问吏，吏乃实首服，如显宗对。于是遣谒者考实，具知奸状。明年，隆坐征下狱，其畴辈十馀人皆死。帝以隆功臣，特免为庶人。

①抵，欺也。

明年，复封为扶乐乡侯，以中郎将副伏波将军马援击交阯蛮夷徵侧等，隆别于禁溪口破之，①获其帅徵贰，②斩首千馀级，降者二万馀人。还，更封大国，为长平侯。③及大司马吴汉薨，隆为骠骑将军，行大司马事。

①交阯郡麊泠县有金溪穴，[18]相传音讹，谓之"禁溪"，则徵侧等所败处也。其地今岑州新昌县也。[19]麊音糜，泠音零。

②徵侧之妹。

③长平，县，属汝南郡。

隆奉法自守，视事八岁，上将军印绶，罢，赐养牛，上樽酒十斛，①以列侯奉朝请。三十年，定封慎侯。②中元二年，卒，谥曰靖侯。子安嗣。

①《前书音义》曰："稻米一斗得酒一斗为上樽，稷米一斗为中樽，粟米一斗为

下樽也。"

②慎,县名,属汝南郡也。

傅俊字子卫,颍川襄城人也。世祖徇襄城,俊以县亭长迎军,拜为校尉,襄城收其母弟宗族,皆灭之。从破王寻等,①以为偏将军。别击京、密,破之,遣归颍川,收葬家属。

①《东观记》曰:"傅俊从上迎击王寻等于阳关,汉兵反走,还汝水上,上以手饮水,澡盥须眉尘垢,谓俊曰:'今日罢倦甚,诸卿宁惫邪?'"

及世祖讨河北,俊与宾客十馀人北追,及于邯郸,上谒,世祖使将颍川兵,常从征伐。世祖即位,以俊为侍中。建武二年,封昆阳侯。三年,拜俊积弩将军,与征南大将军岑彭击破秦丰,因将兵徇江东,扬州悉定。七年,卒,谥曰威侯。

子昌嗣,徙封芜湖侯。①建初中,遭母忧,因上书,以国贫不愿之封,乞钱五十万,为关内侯。肃宗怒,贬为关内侯,竟不赐钱。永初七年,邓太后复封昌子铁为高置亭侯。

①芜湖,县名,属丹阳郡。

坚镡字子伋,①颍川襄城人也。为郡县吏。世祖讨河北,或荐镡者,因得召见。以其吏能,署主簿。又拜偏将军,从平河北,别击破大枪于卢奴。世祖即位,拜镡扬化将军,封濦强侯。②

①《东观记》"伋"作"皮"。

②濦强,县名,属汝南郡。濦音于靳反。

与诸将攻洛阳,而朱鲔别将守东城者为反间,私约镡晨开上东门。①镡与建义大将军朱祐乘朝而入,与鲔大战武库下,②杀伤甚众,至旦食乃罢,朱鲔由是遂降。又别击内黄,平之。建武二年,与右将军万脩徇南阳诸县,而堵乡人董䜣反宛城,获南阳太守刘驎。镡乃引军赴宛,选敢死士夜自登城,斩关而入,䜣遂弃城走还堵乡。邓奉复反新野,攻破吴汉。时万脩病卒,镡独孤绝,南拒邓奉,北当董䜣,一年间道路隔塞,粮馈不至,镡食蔬菜,与士卒共劳苦。每急,辄先当矢石,③身被三创,以此能全其众。及帝征南阳,击破䜣、奉,以镡为左曹,常从征伐。六年,定封合肥侯。二十六年,卒。

①上东门,洛阳故城东面北头第一门也。

②《洛阳记》曰:"建始殿东有太仓,仓东有武库,藏兵之所。"

③石谓发石以投人也。《墨子》曰:"备城者积石百枚,重十钧已上者。"

子鸿嗣。鸿卒,子浮嗣。浮卒,子雅嗣。

马武字子张,南阳湖阳人也。少时避仇,客居江夏。王莽末,竟陵、西阳三老起兵于郡界,武往从之,后入绿林中,遂与汉军合。更始立,以武为侍郎,与世祖破王寻等,拜为振威将军,与尚书令谢躬共攻王郎。[20]

及世祖拔邯郸,请躬及武等置酒高会,因欲以图躬,不克。既罢,独与武登丛台,①从容谓武曰:"吾得渔阳、上谷突骑,欲令将军将之,何如?"武曰:"驽怯无方略。"世祖曰:"将军久将,习兵,岂与我掾史同哉!"武由是归心。

①故赵王台也,在今(潞)〔洺〕州邯郸城中。[21]

及谢躬诛死,武驰至射犬降,世祖见之甚悦,引置左右,每劳飨诸将,武辄起斟酌于前,世祖以为欢,复使将其部曲至邺,武叩头辞以不愿,世祖愈美其意,因从击群贼。世祖击尤来、五幡等,败于慎水,[22]武独殿,还陷阵,故贼不得迫及。①进至安(定)次、小广阳,②[23]武常为军锋,力战无前,诸将皆引而随之,故遂破贼,穷追至平谷、浚靡而还。③

①殿,镇后也,音丁殿反。言兵败而镇其后也。

②即广平亭也,在今幽州范阳县西南,以有广阳国,故谓此亭为小广阳也。

③平谷,县名,属渔阳郡。浚靡,县名,属右北平郡。靡音糜。

世祖即位,以武为侍中、骑都尉,封山都侯。建武四年,与虎牙将军盖延等讨刘永,武别击济阴,下成武、楚丘,拜捕虏将军。明年,庞萌反,攻桃城,武先与战,破之;会车驾至,萌遂败走。六年夏,与建威大将军耿弇西击隗嚣,汉军不利,引下陇。嚣追急,武选精骑还为后拒,身被甲持戟奔击,杀数千人,[24] 嚣兵乃退,诸军得还长安。

十三年,增邑,更封鄃侯。① 将兵北屯下曲阳,备匈奴。坐杀军吏,受诏将妻子就国。武径诣洛阳,上将军印绶,削户五百,定封为杨虚侯,因留奉朝请。

①鄃,县名,属平原郡,故城在今德州平原县西南。鄃音俞。

帝后与功臣诸侯谦语,从容言曰:“诸卿不遭际会,自度爵禄何所至乎?”高密侯邓禹先对曰:“臣少尝学问,可郡文学博士。”帝曰:“何言之谦乎? 卿邓氏子,志行修整,何为不掾功曹?”馀各以次对,至武,曰:“臣以武勇,可守尉督盗贼。”帝笑曰:“且勿为盗贼,自致亭长,斯可矣。”武为人嗜酒,阔达敢言,① 时醉在御前面折同列,言其短长,无所避忌。帝故纵之,以为笑乐。帝虽制御功臣,而每能回容,宥其小失。② 远方贡珍甘,必先遍赐列侯,而太官无馀。有功,辄增邑赏,不任以吏职,故皆保其福禄,终无诛谴者。

①阔达,大度也。敢言谓果敢于言,无所隐也。

②回,曲也,曲法以容也。

二十五年,武以中郎将将兵击武陵蛮夷,还,上印绶。显宗初,西羌寇陇右,覆军杀将,朝廷患之,复拜武捕虏将军,以中郎将王丰副,与监军使者窦固、右辅都尉陈䜣,将乌桓、黎阳营、三辅募士、① 凉州诸郡羌胡兵及弛刑,合四万人击之。到金城浩亹,与羌战,② 斩首六百级。又战于洛都谷,为羌所败,③ 死者千馀人。羌乃率众引出塞,武复追击到东、西邯,大破之,④ 斩首四千六百级,获生口千六百人,馀皆降散。武振旅还京师,增邑七百户,并前千八百户。永平四年,卒。

①光武置黎阳营,见《邓训传》。

②浩亹,县名,属金城郡,故城在今兰州广武县西南。浩音合,亹音门。

③湟水一名洛都水,西自吐谷浑界入,在今鄯州湟水县。

④郦元《水经注》曰邯川城左右有水,自北出,南经邯亭注于河。盖以此水分

流,谓之东、西郫也,在今廓州化(阴)〔隆〕县东。〔25〕

子檀嗣,坐兄伯济与楚王英党颜忠谋反,国除。永初七年,邓太后绍封武孙震为滥亭侯。① 震卒,子侧嗣。

① 滥音胡巧反,又力雕反。

论曰:中兴二十八将,前世以为上应二十八宿,未之详也。然咸能感会风云,奋其智勇,①称为佐命,亦各志能之士也。②议者多非光武不以功臣任职,至使英姿茂绩,委而勿用。然原夫深图远算,固将有以焉尔。若乃王道既衰,降及霸德,③犹能授受惟庸,勖贤皆序,如管、隰之迭升桓世,先、赵之同列文朝,可谓兼通矣。④降自秦、汉,世资战力,至于翼扶王运,皆武人屈起。⑤亦有鬻缯屠狗轻猾之徒,⑥或崇以连城之赏,或任以阿衡之地,⑦故执疑则隙生,力侔则乱起。⑧萧、樊且犹缧绁,信、越终见菹戮,不其然乎!⑨自兹以降,迄于孝武,宰辅五世,莫非公侯。⑩遂使缙绅道塞,贤能蔽壅,⑪朝有世及之私,下多抱关之怨。⑫其怀道无闻,委身草莽者,亦何可胜言。故光武鉴前事之违,存矫枉之志,⑬虽寇、邓之高勋,耿、贾之鸿烈,分土不过大县数四,所加特进、朝请而已。⑭观其治平临政,课职责咎,将所谓"导之以政,齐之以刑"者乎!⑮若格之功臣,其伤已甚。⑯何者?直绳则亏丧恩旧,桡情则违废禁典,选德则功不必厚,举劳则人或未贤,参任则群心难塞,并列则其敝未远。⑰不得不校其胜否,即以事相权。⑱故高秩厚礼,允答元功,峻文深宪,责成吏职。建武之世,侯者百馀,若夫数公者,则与参国议,分均休咎,⑲其馀并优以宽科,完其封禄,莫不终以功名延庆于后。昔留侯以为高祖悉用萧、曹故人,⑳而郭伋亦讥南阳多显,㉑郑兴又戒功臣专任。㉒夫崇恩偏授,易启私溺之失,至公均被,必广招贤之路,意者不其然乎!

① 风云,已具《圣公传》。

②《易通卦验》曰:"黄佐命。"郑玄注云:"黄者,火之子。佐命,张良是也。"已上皆华峤之辞。

③ 王谓周也,霸谓齐桓、晋文公。

④《史记》曰，管仲、隰朋修齐国之政，齐人皆悦事之。《管子》曰："管仲寝疾，桓公问之：'若不可讳，政将安移之？'对曰：'隰朋可。'"《国语》云，文公使赵衰为卿，辞曰："先轸有谋，臣不若也。"乃使先轸佐下军。公曰："赵衰〔三让〕，〔26〕其所让皆社稷之卫也。"

⑤屈起犹勃起也。音其勿反。

⑥灌婴，睢阳贩缯者，樊哙，沛人，以屠狗为事，皆从高祖。

⑦樊哙封为舞阳侯；灌婴为丞相，封为颍阴侯。阿，倚也。衡，平也。言天下依倚而取平也。

⑧势位过，则君臣相疑。侔，等也。

⑨萧何为丞相，为人请上林中空地，上大怒，乃下廷尉械系之。燕王卢绾反，樊哙以相国击燕，人有恶哙党于吕氏，帝大怒，使陈平即军中斩哙；平畏吕氏，执哙诣长安。韩信封为淮阴侯，人上书告信反，吕后使武士缚信，斩之。彭越为梁王，吕后令其舍人告越谋反，遂夷宗族。《刑法志》曰："夷三族者枭其首，菹其骨肉。"彭越、韩信皆受此诛。

⑩自高祖至于孝武凡五代也，其中宰辅皆以公侯勋贵为之。

⑪缙，赤色也。〔27〕绅，带也。或作"搢"，搢，插也，谓插笏于带也。

⑫世及谓父子相继也。《礼记》曰："大人世及以为礼。"抱关谓守门者。《前书》曰，萧望之署小苑东门候，王仲翁谓望之曰："不肯碌碌，反抱关为？"

⑬矫，正也。违，失也。枉，曲也。《孟子》曰："矫枉者过其正。"

⑭邓禹为大司徒，封高密侯，食邑四县。耿弇好畤侯，食邑二县，奉朝请。贾复封胶东侯，凡食六县，以列侯加特进。

⑮《论语》曰："导之以政，齐之以刑，人免而无耻。"

⑯格，正也。若以上法绳正功臣，则于其〔人〕有害也。〔28〕

⑰参任，谓兼勋贤而任之，则群臣之心各有觊望，故难塞也。若遵高祖并用功臣，则其敝未远。

⑱胜否犹可否。即，就也。权谓平其轻重。

⑲《贾复传》曰："帝方以吏事责三公，故功臣遂不用。是时列侯唯高密、固始、胶东三侯与公卿参议国家大事，恩遇甚厚"也。

⑳《前书》曰，上望见诸将往往偶语，张良曰："此谋反耳。陛下起布衣为天子，而所封皆萧、曹故人耳，〔故〕相聚谋反也。"〔29〕见《高纪》。

㉑《郭伋传》曰："光武以伋为并州牧，帝引见，伋因言：'选补众职，当简天下贤

俊,不宜专用南阳人也。'帝深纳其言。"

⑳《郑兴传》曰:"兴征为太中大夫,上疏曰:'道路咸曰朝廷欲用功臣,功臣用则人位谬矣。'"

永平中,显宗追感前世功臣,乃图画二十八将于南宫云台,〔30〕其外又有王常、李通、窦融、卓茂,合三十二人。故依其本弟系之篇末,以志功臣之次云尔。

太傅高密侯邓禹	中山太守全椒侯马成
大司马广平侯吴汉	河南尹阜成侯王梁
左将军胶东侯贾复	琅邪太守祝阿侯陈俊
建威大将军好畤侯耿弇	骠骑大将军参蘧侯杜茂
执金吾雍奴侯寇恂	积弩将军昆阳侯傅俊
征南大将军舞阳侯岑彭	左曹合肥侯坚镡
征西大将军阳夏侯冯异〔31〕	上谷太守淮(阳)〔陵〕侯王霸〔32〕
建义大将军鬲侯朱祐	信都太守阿陵侯任光
征虏将军颍阳侯祭遵	豫章太守中水侯李忠
骠骑大将军栎阳侯景丹	右将军槐里侯万脩
虎牙大将军安平侯盖延	太常灵寿侯邳彤
卫尉安成侯铫期	骁骑将军昌成侯刘植
东郡太守东光侯耿纯	横野大将军山桑侯王常
城门校尉朗陵侯臧宫	大司空固始侯李通
捕虏将军杨虚侯马武	大司空安丰侯窦融
骠骑将军慎侯刘隆	太傅宣德侯卓茂

赞曰:帝绩思乂,庸功是存。① 有来群后,捷我戎轩。② 婉娈龙姿,俪景同翻。③

①庸,勋也。言将兴帝绩,则念勋功之臣也。

②捷,胜也,谓寇、邓之徒翼佐王烈,戎车所至,皆克捷也。

③婉娈犹亲爱也。龙姿谓光武也。俪,齐也,偶也。言诸将齐景翻飞而举大功也。

【校勘记】

〔1〕 朱祐　按:《刊误》谓案注引《东观汉记》安帝讳,则此人当名祜。《集解》
　　　 引《通鉴考异》,谓当作"示"旁"古"之"祜",不当作"示"旁"右"之"祐"。
　　　 《校补》谓《范书》凡"祐"字皆实"祜"字,当由范氏别有所避耳,否则以宋
　　　 人述汉事,不应并安帝名亦改之也。

〔2〕 东观记(曰)祐作福　按:"曰"字衍,今删。

〔3〕 坐从兄伯为外孙阴皇后巫蛊事免为庶人　按:李慈铭谓《和帝阴皇后
　　　 纪》言后外祖母邓朱及二子奉、毅,俱坐巫蛊事下狱考治,奉、毅皆死狱
　　　 中,朱徙日南。《邓禹传》亦言禹之孙高密侯乾以阴皇后巫蛊事发,乾从
　　　 兄奉以后舅被诛,乾从坐国除。是邓朱者,朱氏女而嫁邓氏者也,此
　　　 "伯"字误。

〔4〕 闻外有大兵(自)来〔上自〕登城　据王先谦说改。

〔5〕 东观记(曰)载谶文曰孙咸征狄也　"曰"字据《刊误》删。按:《集解》引惠
　　　 栋说,谓《袁宏纪》"孙咸"作"孙臧"。

〔6〕 渔阳(安)〔要〕阳人也　按:安阳属五原,不属渔阳,洪颐煊、沈钦韩皆谓
　　　 是"要阳"之讹,今据改。

〔7〕 遣尚书宗广持节军中斩梁　按:李慈铭谓"节"下当脱一字。

〔8〕 文阳　按:《郡国志》"文"作"汶"。

〔9〕 为人兴利　按:王先谦谓"人"当作"民",此避唐讳未回改者。

〔10〕 定封(封)阜成侯　据汲本、殿本删。

〔11〕 道路流通　按:《通鉴》"道"作"边",胡注云自洛阳至渔阳、上谷,路出三
　　　 郡,三郡既平,则边路流通矣。

〔12〕 雁门太守郭涼　按:《校补》谓"涼"应作"凉",下同。

〔13〕 更封修侯　王先谦谓"修"一作"条",见皇后纪。按:《校补》谓修条古
　　　 通作。

〔14〕 坐与东平王等谋反　按:《刊误》谓王平、颜忠是楚王同时谋反者,多连
　　　 士大夫,故杜元坐之,传写之误,遂作"东平王",东平何尝反也! 又按:
　　　 沈家本谓刘说是。事在永平十三年,"四"字亦误。

〔15〕 追及于(满)〔蒲〕阳　惠栋云"满"当作"蒲"。今据改。按:《光武纪》作

"蒲阳",《陈俊传》、《邓禹传》并讹"满阳"。

〔16〕 以成行大司空事　按:《集解》引钱大昕说,谓《光武纪》马成平武都,在建武十一年,其行大司空事,在十二年,与传异。

〔17〕 井陉(今)属常山郡(常山)今恒州县也　据《校补》改。

〔18〕 交阯郡麊泠县有金溪穴　按:"金溪穴"当依《水经·叶榆水注》作"金溪究",详后《马援传》校勘记。

〔19〕 其地今岑州新昌县也　按:《通鉴》胡注谓按《唐志》,新昌县属丰州,"岑"字误。

〔20〕 与尚书令谢躬共攻王郎　按:张熷谓《光武纪》作"尚书仆射"。

〔21〕 在今(潞)〔洺〕州邯郸城中　据殿本《考证》改。

〔22〕 败于慎水　按:《集解》引钱大昕说,谓《光武纪》作"顺水",注云本或作"慎水"者误。

〔23〕 进至安(定)次小广阳　据《集解》引陈景云、钱大昕说删。

〔24〕 杀数千人　按:《刊误》谓"千"当作"十"。

〔25〕 在今廓州化(阴)〔隆〕县东　据《集解》引沈钦韩说改。

〔26〕 赵衰〔三让〕　沈钦韩谓按《晋语》,"赵衰"下合有"三让"二字。今据补。

〔27〕 缥赤色也　按:《蔡邕传》注作"赤白色也"。

〔28〕 则于其〔人〕有害也　据《刊误》补。

〔29〕 而所封皆萧曹故人耳〔故〕相聚谋反也　据殿本补。按:殿本脱"耳"字,各本脱"故"字。

〔30〕 按:云台二十八将排列次序,原作一行,故首邓禹,次即马成,次吴汉,次王梁。汲本则作两行排列,王先谦谓二十八将当以汲本次第为正,今从之。又按:《通鉴》胡注:"云台功臣之次,以邓禹、吴汉、贾复、耿弇、寇恂、岑彭、冯异、朱祐、祭遵、景丹、盖延、铫期、耿纯、臧宫、马武、刘隆为一列,马成、王梁、陈俊、杜茂、傅俊、坚镡、王霸、任光、李忠、万脩、邳彤、刘植、王常、李通、窦融、卓茂为一列。"后人误认横列为纵次,将上下两列,先奇后偶,硬相排比,列为一行,遂失《范书》之旧,惟汲本不误。

〔31〕 征西大将军阳夏侯冯异　按:"阳夏"原讹"夏阳",径据汲本、殿本乙正。

〔32〕 上谷太守淮(阳)〔陵〕侯王霸　王先谦谓"淮阳"误,本传作"淮陵"。今据改。

后汉书卷二十三

窦融列传第十三

弟子固　会孙宪　玄孙章

窦融字周公,扶风平陵人也。七世祖广国,孝文皇后之弟,封章武侯。①融高祖父,宣帝时以吏二千石自常山徙焉。融早孤。王莽居摄中,为强弩将军司马,②东击翟义,还攻槐里,③以军功封建武男。④女弟为大司空王邑小妻。家长安中,出入贵戚,连结闾里豪杰,以任侠为名;然事母兄,养弱弟,内修行义。王莽末,青、徐贼起,太师王匡⑤请融为助军,与共东征。

①章武,县,属勃海郡,故城在今沧州鲁〔城〕县也。〔1〕
②强弩将军即莽明义侯王俊。〔2〕
③槐里赵明、霍鸿等起兵以应翟义,王邑等破义还,合军击明、鸿等灭之,融时随其军也。见《前书》。
④《东观记》、《续汉书》并云"宁武男"。
⑤匡,王舜之子。

及汉兵起,融复从王邑败于昆阳下,归〔长安。汉兵〕长驱入关,〔3〕王邑荐融,拜为波水将军。①赐黄金千斤,引兵至新丰。莽败,融以军降更始大司马赵萌,萌以为校尉,甚重之,荐融为钜鹿太守。

①《前书音义》曰:"波水在长安南。"

融见更始新立,东方尚扰,不欲出关,而高祖父尝为张掖太守,从祖父为护羌校尉,从弟亦为武威太守,累世在河西,知其土俗,独谓兄弟曰:"天下安危未可知,河西殷富,带河为固,张掖属国精兵万骑,①一旦缓急,杜绝河津,足以自守,此遗种处也。"②兄弟皆然之。融于是日往守萌,③辞让钜鹿,图出河西。④萌为言更始,乃得为张掖属国都尉。融大喜,即将家属而西。既到,抚结雄杰,怀辑羌虏,⑤甚得其欢心,河西翕然归之。

　　①汉边郡皆置属国。

　　②遗,留也,可以保全不畏绝灭。

　　③守犹求也。

　　④图,谋也。

　　⑤辑,和也。

　　是时酒泉太守梁统、金城太守厍钧、①〔4〕张掖都尉史苞、②酒泉都尉竺曾、敦煌都尉辛肜,并州郡英俊,融皆与为厚善。及更始败,融与梁统等计议曰:"今天下扰乱,未知所归。河西斗绝在羌胡中,③不同心戮力④则不能自守;权钧力齐,复无以相率。当推一人为大将军,共全五郡,观时变动。"议既定,而各谦让,咸以融世任河西为吏,人所敬向,乃推融行河西五郡大将军事。是时武威太守马期、张掖太守任仲并孤立无党,乃共移书告示之,二人即解印绶去。于是以梁统为武威太守,史苞为张掖太守,竺曾为酒泉太守,辛肜为敦煌太守,厍钧为金城太守。融居属国,领都尉职如故,置从事监察五郡。河西民俗质朴,而融等政亦宽和,上下相亲,晏然富殖。修兵马,习战射,明烽燧之警,羌胡犯塞,融辄自将与诸郡相救,皆如符要,⑤每辄破之。其后匈奴惩义,⑥稀复侵寇,而保塞羌胡皆震服亲附,安定、北地、上郡流人避凶饥者,归之不绝。

　　①《前书音义》曰,厍姓,即仓库吏后也。今羌中有姓厍,音舍,云承钧之后也。

　　②《三辅决录注》:"苞字叔文,茂陵人也。"

　　③斗,峻绝也,《前书》曰:"成山斗入海。"

　　④戮,并也。

　　⑤赴敌不失期契也。

　　⑥惩,创也。《说文》云义亦惩也。

　　融等遥闻光武即位,而心欲东向,以河西隔远,未能自通。时隗嚣先称建武年号,融等从受正朔,嚣皆假其将军印绶。嚣外顺人望,内怀异心,使辩士张玄游说河西曰:"更始事业已成,寻复亡灭,此一姓不再兴之效。今即有所主,便相系属,一旦拘制,自令失柄,后有危殆,虽悔无及。今豪杰竞逐,雌雄未决,①当各据其土宇,与陇、蜀合从,②高可为六国,下不失尉佗。"③融等于是召豪杰及诸太守计议,其中智者皆曰:"汉承尧运,④历数延长。今皇帝姓号见于图书,⑤自前世博物道术之士谷子云、夏贺良等,建明汉有再受命之符,言之久矣,⑥故刘子骏改易名字,冀应其占。⑦及莽末,道士西门君惠言刘秀当为天子,遂谋立子骏。事觉被杀,出谓百姓观者曰:'刘秀真汝主也。'皆近事暴著,⑧智者所共见也。除言天命,且以人事论之:今称帝者数人,而洛阳土地最广,甲兵最强,号令最明。观符命而察人事,它姓殆未能当也。"诸郡太守各有宾客,或同或异。融小心精详,遂决策东向。五年夏,遣长史刘钧奉书献马。

①项羽谓高祖曰:"愿与沛公决雌雄。"

②《前书音义》曰:"以利合为从,以威埶相胁曰横。"

③佗姓赵,真定人也。陈胜起,佗行南海尉,遂王有南越,故曰尉佗也。

④《左传》曰,陶唐氏既衰,其后有刘累,学扰龙,事孔甲为御龙氏,春秋时晋卿
　士会即其后也。士会奔秦,后归晋,其处者为刘氏。战国时,刘氏自秦获于
　魏,魏迁大梁都于丰,号丰公,即太上皇父也,故曰"汉承尧运"。

⑤谓《河图赤伏符》曰"刘秀发兵捕不道"。

⑥《前书》成帝时谷永上书曰:"陛下当阳数之摽季,涉三七之节纪。"哀帝时夏
　贺良言:"《赤精子谶》,汉家历运中衰,当再受命矣。"

⑦刘歆以哀帝建平元年改名秀,字〔颖〕〔颍〕叔,〔5〕冀应符命。

⑧暴,露也。著,见也。

先是,帝闻河西完富,地接陇、蜀,常欲招之以逼嚣、述,亦发使遗融书,遇钧于道,即与俱还。帝见钧欢甚,礼飨毕,乃遣令还,赐融玺书曰:"制诏行河西五郡大将军事、属国都尉:劳镇守边五郡,兵马精强,仓库有蓄,民庶殷富,外则折挫羌胡,内则百姓蒙福。威德流闻,虚心相望,道路隔塞,邑邑何已! 长史所奉书献马悉至,深知厚意。今益州有公孙

子阳,天水有隗将军,方蜀汉相攻,权在将军,举足左右,便有轻重。①以此言之,欲相厚岂有量哉! 诸事具长史所见,将军所知。王者迭兴,千载一会。②欲遂立桓、文,辅微国,当勉卒功业;③欲三分鼎足,连衡合从,亦宜以时定。④天下未并,吾与尔绝域,非相吞之国。今之议者,必有任嚣效尉佗制七郡之计。⑤王者有分土,无分民,自适己事而已。今以黄金二百斤赐将军,便宜辄言。"因授融为凉州牧。

①犹蒯通曰"与楚即楚胜,与汉即汉捷"。

②言时难得而易失也。

③周室微弱,齐桓、晋文辅之以霸天下。

④蒯通说韩信曰:"三分天下,鼎足而立。"

⑤秦胡亥时,南海尉任嚣病且死,召龙川令赵佗语曰:"番禺负山险阻,南北东西数千里,颇有中国人相辅,此亦一州之主,可为国,故召公即令行南(国)〔海〕尉事。"〔6〕《地理志》曰苍梧、郁林、合浦、交阯、九真、南海、日南,皆越之分也,此为七郡也。效,致也,流俗本作"教"者误也。

玺书既至,河西咸惊,以为天子明见万里之外,网罗张立①之情〔7〕。融即复遣钧上书曰:"臣融窃伏自惟,幸得托先后末属,蒙恩为外戚,累世二千石。至臣之身,复备列位,假历将帅,②守持一隅。以委质则易为辞,以纳忠则易为力。书不足以深达至诚,故遣刘钧口陈肝胆。自以底里上露,长无纤介。③而玺书盛称蜀、汉二主,三分鼎足之权,任嚣、尉佗之谋,窃自痛伤。臣融虽无识,犹知利害之际,顺逆之分。岂可背真旧之主,事奸伪之人;废忠贞之节,为倾覆之事;弃已成之基,求无冀之利。此三者虽问狂夫,犹知去就,而臣独何以用心! 谨遣同产弟友诣阙,口陈区区。"友至高平,④会嚣反叛,道绝,驰还,遣司马席封间行通书。⑤帝复遣席封赐融、友书,所以尉藉之甚备。⑥

①一作"玄"。

②假犹滥也。

③底里皆露,言无臧隐。

④高平,今(凉)〔原〕州〔平高〕县也。〔8〕

⑤《东观记》及《续汉书》"席"皆作(虎)〔虞〕"字。〔9〕

⑥尉藉,解见《隗嚣传》。

融既深知帝意,乃与隗嚣书责让之曰:"伏惟将军国富政修,士兵怀附。亲遇厄会之际,国家不利之时,①守节不回,②承事本朝,后遣伯春③委身于国,无疑之诚,于斯有效。融等所以欣服高义,愿从役于将军者,良为此也。而忿悁之间,④改节易图,君臣分争,上下接兵。⑤委成功,造难就,⑥去从义,为横谋,⑦〔10〕百年累之,一朝毁之,岂不惜乎! 殆执事者贪功建谋,以至于此,⑧融窃痛之! 当今西州地埶局迫,人兵离散,〔11〕易以辅人,难以自建。计若失路不反,闻道犹迷,⑨不南合子阳,则北入文伯耳。⑩夫负虚交而易强御,恃远救而轻近敌,⑪未见其利也。融闻智者不危众以举事,仁者不违义以要功。今以小敌大,于众何如?⑫弃子徼功,于义何如?⑬且初事本朝,稽首北面,忠臣节也。⑭及遣伯春,垂涕相送,慈父恩也。俄而背之,谓吏士何? 忍而弃之,谓留子何?⑮自兵起以来,转相攻击,城郭皆为丘墟,生人转于沟壑。今其存者,非锋刃之馀,则流亡之孤。迄今伤痍之体未愈,哭泣之声尚闻。幸赖天运少还,而(大)将军复重于难,〔12〕是使积痾不得遂瘳,幼孤将复流离,其为悲痛,尤足愍伤,言之可为酸鼻!⑯庸人且犹不忍,况仁者乎? 融闻为忠甚易,得宜实难。⑰忧人大过,以德取怨,⑱知且以言获罪也。区区所献,唯将军省焉。"嚣不纳。融乃与五郡太守共砥厉兵马,上疏请师期。

①谓汉遭王莽篡夺也。

②回,邪也。

③嚣子恂之字也。

④悁,恚也。

⑤言违背光武也。

⑥委,弃也。

⑦去从,背山东也。为横,通西蜀也。

⑧言隗嚣执政事者,贪有其功而立此逆谋也。

⑨《淮南子》曰:"通于道者如车轴,不运于己,而舆毂致数千里,〔13〕不通于道

者若迷惑,告以东西南北,然犹复迷惑矣。"

⑩文伯,卢芳也。

⑪负亦恃也。易,轻也。恃公孙述而轻光武也。易音以豉反。

⑫言危众也。

⑬言违义也。

⑭稽首,拜天子礼也。礼,君南向,答阳之义;臣北面,答君也。

⑮留子谓见在之子,对伯春,故曰留也。

⑯宋玉曰:"孤子寡妇,寒心酸鼻。"

⑰《左传》曰:"忠为令德,非其人犹不可,况不令乎?"

⑱《诗》曰:"不以我为德,反以我为雠。"

帝深嘉美之,乃赐融以外属图及太史公《五宗》、《外戚世家》、①《魏其侯列传》。②诏报曰:"每追念外属,孝景皇帝出自窦氏,③定王,景帝之子,朕之所祖。昔魏其一言,继统以正,④长君、少君尊奉师傅,⑤修成淑德,施及子孙,⑥此皇太后神灵,上天祐汉也。从天水来者写将军所让隗嚣书,痛入骨髓。畔臣见之,当股栗惭愧,忠臣则酸鼻流涕,义士则旷若发矇,⑦非忠孝恳诚,孰能如此?⑧岂其德薄者所能克堪!嚣自知失河西之助,族祸将及,欲设间离之说,乱惑真心,转相解构,⑨以成其奸。又京师百僚,不晓国家及将军本意,多能采取虚伪,夸诞妄谈,令忠孝失望,传言乖实。毁誉之来,皆不徒然,不可不思。今关东盗贼已定,大兵今当悉西,将军其抗厉威武,以应期会。"融被诏,即与诸郡守将兵入金城。

①景帝子十三人为王,而母五人,同母者为一宗,故曰五宗。言景帝以窦氏所生,而致子孙众多也。

②窦婴,太后从兄子也,封魏其侯。魏其,县,属琅邪郡。

③出,生也。《尔雅》曰:"男子谓姊妹之子曰出。"

④梁孝王,景帝弟也,亦窦太后所生。梁王朝,因昆弟燕饮,是时景帝未立太子,酒酣,帝从容曰:"千秋之后传梁王。"太后欢,窦婴引卮酒进上曰:"天下者,高祖天下,父子相传,汉之约也,帝何以得传梁王!"帝遂止矣。

⑤长君,窦太后兄也。少君,太后弟广国之字也。绛、灌等以两人所出微,为

择师傅、长者有节行者与居,长君、少君由此为退让君子,不以富贵骄人。
见《前书》。

⑥施,延也,音羊豉反。

⑦《说文》曰:"旷,明也。"有眸子而无见曰矇。《前书》杨雄曰:"乃今日发矇,
廓然光照矣。"

⑧《说文》曰:"悫,谨也。""悫"或作"愨"也。

⑨相解说而结搆。

初,更始时,先零羌封何诸种杀金城太守,居其郡,隗嚣使使赂遗封
何,与共结盟,欲发其众。融等因军出,进击封何,大破之,斩首千馀级,
得牛马羊万头,谷数万斛,因并河扬威武,①伺候车驾。时大兵未进,融
乃引还。

①并音蒲浪反。

帝以融信效著明,益嘉之。诏右扶风修理融父坟茔,祠以太牢。数
驰轻使,致遗四方珍羞。梁统乃使人刺杀张玄,遂与嚣绝,皆解所假将
军印绶。七年夏,酒泉太守竺曾以弟报怨杀人而去郡,①融承制拜曾为
武锋将军,更以辛肜代之。

①《东观记》曰:"曾弟婴报怨,杀属国候王胤等,曾惭而去郡。"

秋,隗嚣发兵寇安定,帝将自西征之,先戒融期。会遇雨,道断,且
嚣兵已退,乃止。融至姑臧,①被诏罢归。融恐大兵遂久不出,乃上书
曰:"隗嚣闻车驾当西,臣融东下,士众骚动,计且不战。嚣将高峻之属
皆欲逢迎大军,后闻兵罢,峻等复疑。嚣扬言东方有变,西州豪桀遂复
附从。嚣又引公孙述将,令守突门。②臣融孤弱,介在其间,③虽承威灵,
宜速救助。国家当其前,臣融促其后,缓急迭用,首尾相资,嚣执排
迮,④不得进退,此必破也。若兵不早进,久生持疑,则外长寇仇,内示
困弱,复令谗邪得有因缘,臣窃忧之。惟陛下哀怜!"帝深美之。

①姑臧,县名,属武威郡,今凉州县也。《西河旧事》曰:"凉州城昔匈奴故盖臧
城。"后人音讹,名"姑臧"也。

②突门,守城之门,《墨子》曰"城百步为一突门"也。

③杜预注《左传》云"介犹间也"。

④排迮谓蹙迫也。

八年夏,车驾西征隗嚣,融率五郡太守及羌虏小月氏等①步骑数万,辎重五千馀两,与大军会高平第一。②融先遣从事问会见仪适,③是时军旅代兴,〔14〕诸将与三公交错道中,或背使者交私语。帝闻融先问礼仪,甚善之,以宣告百僚。乃置酒高会,引见融等,待以殊礼。拜弟友为奉车都尉,从弟士太中大夫。遂共进军,嚣众大溃,城邑皆降。帝高融功,下诏以安丰、阳泉、蓼、(安)安风四县④封融为安丰侯,〔15〕弟友为显亲侯。⑤遂以次封诸将帅:武锋将军竺曾为助义侯,武威太守梁统为成义侯,张掖太守史苞为褒义侯,金城太守厍钧为辅义侯,酒泉太守辛彤为扶义侯。封爵既毕,乘舆东归,悉遣融等西还所镇。

①小月氏,西域胡国名。

②高平,今原州县,《郡国志》云高平有第一城。

③犹言仪注。

④四县并属庐江郡。安丰,今寿州县也。故城在今霍山县西北。安风本汉六安国,及阳泉故城并在今安丰县南。杜预注《左传》曰:"蓼在安丰。"蓼音了。

⑤显亲,县,故城在今秦州成纪县东南也。

融以兄弟并受爵位,久专方面,惧不自安,数上书求代。诏报曰:"吾与将军如左右手耳,①数执谦退,何不晓人意?勉循士民,无擅离部曲。"

①韩信亡,萧何自追之,人曰"丞相何亡",高祖闻之,如失左右手耳。见《前书》。

及陇、蜀平,诏融与五郡太守奏事京师,官属宾客相随,驾乘千馀两,马牛羊被野。融到,诣洛阳城门,上凉州牧、张掖属国都尉、安丰侯印绶,诏遣使者还侯印绶。引见,就诸侯位,赏赐恩宠,倾动京师。数月,拜为冀州牧,十馀日,又迁大司空。融自以非旧臣,一旦入朝,在功臣之右,每召会进见,容貌辞气卑恭已甚,帝以此愈亲厚之。融小心,久

不自安,数辞让爵位,因侍中金迁口达至诚。① 又上疏曰:"臣融年五十
三。有子年十五,质性顽钝。臣融朝夕教导以经艺,不得令观天文,见
谶记。诚欲令恭肃畏事,恂恂循道,不愿其有才能,何况乃当传以连城
广土,享故诸侯王国哉?"因复请间求见,帝不许。后朝罢,逡巡席后,帝
知欲有让,遂使左右传出。它日会见,迎诏融曰:"日者知公欲让职还
土,②故命公暑热且自便。今相见,宜论它事,勿得复言。"融不敢重
陈请。

①金迁,安上之曾孙。安上,曰磾弟伦之子。迁哀帝时为尚书令,见《前书》。

②日者犹往日也。

二十年,大司徒戴涉坐所举人盗金下狱,帝以三公参职,不得已乃
策免融。明年,加位特进。二十三年,代阴兴行卫尉事,特进如故,又兼
领将作大匠。弟友为城门校尉,兄弟并典禁兵。融复乞骸骨,①辄赐钱
帛,太官致珍奇。及友卒,帝愍融年衰,遣中常侍、中谒者即其卧内强进
酒食。

①《说苑》曰,晏子任东阿,乞骸骨以避贤者之路。

融长子穆,尚内黄公主,代友为城门校尉。穆子勋,尚东海恭王彊
女沘阳公主,友子固,亦尚光武女涅阳公主。显宗即位,以融从兄子林
为护羌校尉。窦氏一公,两侯,三公主,四二千石,①相与并时。自祖及
孙,官府邸第相望京邑,奴婢以千数,于亲戚、功臣中莫与为比。

①一公,大司空也;两侯,安丰、显亲也;四二千石,卫尉、城门校尉、护羌校尉、
中郎将。

永平二年,林以罪诛,事在《西羌传》。帝由是数下诏切责融,戒以
窦婴、田蚡祸败之事。①融惶恐乞骸骨,诏令归第养病。岁馀,听上卫尉
印绶,赐养牛,上樽酒。融在宿卫十馀年,年老,子孙纵诞,多不法。穆
等遂交通轻薄,属托郡县,干乱政事。以封在安丰,欲令姻戚悉据故六
安国,遂矫称阴太后诏,令六安侯刘盱去妇,因以女妻之。五年,盱妇家
上书言状,帝大怒,乃尽免穆等官,诸窦为郎吏者皆将家属归故郡,独留

融京师。穆等西至函谷关,有诏悉复追还。会融卒,时年七十八,谥曰戴侯,赗送甚厚。

　　①田蚡,武帝王皇后异父弟也,为丞相,搆会窦婴之罪,使至诛戮。事见《前书》。

　　帝以穆不能修尚,①而拥富赀,居大第,常令谒者一人监护其家。居数年,谒者奏穆父子自失执,数出怨望语,帝令将家属归本郡,唯勋以沘阳主婿留京师。穆坐赂遗小吏,郡捕系,与子宣俱死平陵狱,勋亦死洛阳狱。久之,诏还融夫人与小孙一人居洛阳家舍。

　　①不能修整自高尚也。

　　十四年,封勋弟嘉为安丰侯,[16]食邑二千户,奉融后。和帝初,为少府。及勋子大将军宪被诛,免就国。嘉卒,子万全嗣。万全卒,子会宗嗣。万全弟子武,别有传。

　　论曰:窦融始以豪侠为名,拔起风尘之中,①以投天隙。②遂蝉蜕王侯之尊,③终膺卿相之位,此则徼功趣执之士也。及其爵位崇满,至乃放远权宠,恂恂似若不能已者,又何智也!④尝独详味此子之风度,虽经国之术无足多谈,而进退之礼良可言矣。

　　①拔音步末反。拔,卒也。亦音彭八反,义两通。

　　②投会天之间隙。

　　③《说文》曰,蝉蜕所解皮也,言去微至贵也。蜕音税。

　　④言融之心实欲去权贵,以帝不纳,故常恂恂恭顺,似若不得已然者也。

　　固字孟孙,少以尚公主为黄门侍郎。①好览书传,喜兵法,贵显用事。中元元年,袭父友封显亲侯。显宗即位,迁中郎将,监羽林士。②后坐从兄穆有罪,废于家十馀年。时天下乂安,帝欲遵武帝故事,击匈奴,通西域,以固明习边事,③十五年冬,拜为奉车都尉,④以骑都尉耿忠为副,⑤谒者仆射耿秉为驸马都尉,秦彭为副,皆置从事、司马,并出屯凉州。明年,固与忠率酒泉、敦煌、张掖甲卒及卢水羌胡⑥万二千骑出酒

泉塞,耿秉、秦彭率武威、陇西、天水募士及羌胡万骑出居延塞,⑦又太
仆祭肜、度辽将军吴棠将河东北地、〔17〕西河羌胡及南单于兵万一千骑
出高阙塞,⑧骑都尉来苗、护乌桓校尉文穆将太原、雁门、代郡、上谷、渔
阳、右北平、定襄郡兵及乌桓、鲜卑万一千骑出平城塞。固、忠至天
山,⑨击呼衍王,斩首千馀级。呼衍王走,追至蒲类海。⑩留吏士屯伊吾
卢城。⑪耿秉、秦彭绝漠六百馀里,至三木楼山,⑫〔18〕来苗、文穆至匈奴
河水上,〔19〕虏皆奔走,无所获。祭肜、吴棠坐不至涿邪山,免为庶人。
时诸将唯固有功,加位特进。明年,复出玉门击西域,诏耿秉及骑都尉
刘张皆去符传以属固。⑬固遂破白山,降车师,事已具耿秉传。固在边
数年,羌胡服其恩信。⑭

①《续汉书》曰:"给事黄门侍郎,六百石。"

②《续汉志》曰,宣帝命中郎将、骑都尉监羽林,秩比二千石。

③固旧随融在河西,晓知边事也。

④《续汉志》曰,比二千石,掌御乘舆。

⑤忠,弇子也。

⑥案:涅水东经临羌县故城北,又东卢溪水注之,水出西南卢川,即其地也。

⑦居延塞在今甘州张掖县东北。

⑧高阙,山名,在朔方北。

⑨即祁连山也,今在西州交河县东北,今名祁县罗漫山。

⑩蒲类海今名婆悉海,在今庭州蒲昌县东南也。

⑪伊吾,今伊州县也,本匈奴地,明帝置宜禾都尉以为屯田,故地今伊州纳职
县伊吾故小城地是。

⑫匈奴中山名。

⑬专将兵者并有符传,拟合之取信。今去符,皆受固之节度。

⑭《东观记》曰:"羌胡见客,炙肉未熟,人人长跪前割之,血流指间,进之于固,
固辄为啖,不秽贱之,是以爱之如父母也。"

肃宗即位,以公主修敕慈爱,累世崇重,加号长公主,增邑三千户;
征固代魏应为大鸿胪。帝以其晓习边事,每被访及。建初三年,追录前
功,增邑一千三百户。七年,代马防为光禄勋。明年,复代马防为卫尉。

固久历大位,甚见尊贵,赏赐租禄,赀累巨亿,而性谦俭,爱人好施,士以此称之。章和二年卒,谥曰文侯。子彪,至射声校尉,先固卒,无子,国除。

宪字伯度。父勋被诛,宪少孤。建初二年,女弟立为皇后,拜宪为郎,稍迁侍中、虎贲中郎将;弟笃,为黄门侍郎。兄弟亲幸,并侍宫省,赏赐累积,宠贵日盛,自王、主及阴、马诸家,莫不畏惮。宪恃宫掖声势,遂以贱直请夺沁水公主园田,①主逼畏,不敢计。后肃宗驾出过园,指以问宪,宪阴喝不得对。②〔20〕后发觉,帝大怒,召宪切责曰:"深思前过,夺主田园时,何用愈赵高指鹿为马?③久念使人惊怖。昔永平中,常令阴党、阴博、邓叠三人更相纠察,④故诸豪戚莫敢犯法者,而诏书切切,⑤犹以舅氏田宅为言。今贵主尚见枉夺,何况小人哉!国家弃宪如孤雏腐鼠耳。"⑥宪大震惧,皇后为毁服深谢,良久乃得解,使以田还主。虽不绳其罪,然亦不授以重任。

①沁水公主,明帝女。

②阴喝犹噎塞也。阴音于禁反,喝音一介反。或作"呜",音乌故反。

③愈犹差也。赵高解见灵帝纪。

④以阴、邓皆外戚,恐其逾侈,故使更相纠察也。博,阴兴之子。

⑤切切犹勤勤也。〔21〕

⑥乌子生而啄者曰雏。

和帝即位,太后临朝,宪以侍中,内干机密,①出宣诰命。肃宗遗诏以笃为虎贲中郎将,笃弟景、瓌并中常侍,〔22〕于是兄弟皆在亲要之地。宪以前太尉邓彪有义让,先帝所敬,而仁厚委随,②故尊崇之,以为太傅,令百官总己以听。其所施为,辄外令彪奏,内白太后,事无不从。又屯骑校尉桓郁,累世帝师,而性和退自守,故上书荐之,令授经禁中。所以内外协附,莫生疑异。

①干,主也,或曰古"管"字也。

②委随犹顺从也。

　　宪性果急,睚眦之怨莫不报复。①初,永平时,谒者韩纡尝考劾父勋狱,〔23〕宪遂令客斩纡子,以首祭勋冢。齐殇王子都乡侯畅②来吊国忧,③〔24〕畅素行邪僻,与步兵校尉邓叠亲属数往来京师,因叠母元自通长乐宫,得幸太后,被诏召诣上东门。宪惧见幸,分宫省之权,遣客刺杀畅于屯卫之中,④而归罪于畅弟利侯刚,乃使侍御史与青州刺史杂考刚等。后事发觉,太后怒,闭宪于内宫。

①睚音语解反,眦音仕懈反。《广雅》:"睚,裂也。"或谓裂眦瞋目貌。《史记》
　曰范睢"睚眦之怨必报"。

②齐殇王名石,伯升孙章之子。

③章帝崩也。

④屯兵宿卫之所。

　　宪惧诛,自求击匈奴以赎死。会南单于请兵北伐,乃拜宪车骑将军,金印紫绶,官属依司空,①以执金吾耿秉为副,发北军五校、②黎阳、雍营、缘边十二郡骑士,③及羌胡兵出塞。明年,宪与秉各将四千骑及南匈奴左谷蠡王师子④万骑出朔方鸡鹿塞,南单于屯屠河,⑤〔25〕将万馀骑出满夷谷,度辽将军邓鸿⑥及缘边义从羌胡八千骑,与左贤王安国万骑出(捆)〔稒〕阳塞,⑦〔26〕皆会涿邪山。宪分遣副校尉阎盘、司马耿夔、耿谭将左谷蠡王师子、右呼衍王须訾等,⑧精骑万余,与北单于战于稽落山,大破之,虏众崩溃,单于遁走,追击诸部,遂临私渠比鞮海。⑨斩名王已下万三千级,获生口马牛羊橐驼百馀万头。⑩于是温犊须、日逐、温吾、夫渠王柳鞮等八十一部率众降者,前后二十馀万人。宪、秉遂登燕然山,去塞三千馀里,刻石勒功,纪汉威德,令班固作铭曰:

①依,准也。长史一人,千石;掾属二十九人,令史及御属三十二人,见《续汉
　志》也。

②汉有南北军,〔北军〕中候一人,〔27〕六百石,掌临五营,〔28〕见《续汉志》。

③《汉官仪》曰:"光武中兴,以幽、冀、并州兵骑克定天下,故于黎阳立营,以谒
　者监之。"又曰:"扶风都尉部在雍县,以凉州近羌,数犯三辅,将兵卫护园
　陵,故俗称雍营。"

④师子其名也。

⑤屯屠河，单于名也。

⑥邓禹少子。

⑦(捆)〔稒〕阳在五原郡。(捆)〔稒〕音固。

⑧呼衍其号，因以为姓，匈奴贵种也，今呼延姓是其后。须訾，名也。

⑨匈奴中海名也。

⑩槖音托。

惟永元元年秋七月，有汉元舅曰车骑将军窦宪，寅亮圣明，登翼王室，①纳于大麓，惟清缉熙。②乃与执金吾耿秉，述职巡御，理兵于朔方。③鹰扬之校，螭虎之士，爰该六师，④暨南单于、东乌桓、西戎氏羌侯王君长之群，骁骑三万。[29]元戎轻武，长毂四分，⑤云辎蔽路，万有三千馀乘。⑥勒以八阵，莅以威神，⑦玄甲耀日，朱旗绛天。⑧遂陵高阙，下鸡鹿，经碛卤，绝大漠，⑨斩温禺以衅鼓，血尸逐以染锷。⑩然后四校横徂，星流彗埽，萧条万里，野无遗寇。于是域灭区单，反旆而旋，考传验图，穷览其山川。遂逾涿邪，跨安侯，乘燕然，蹑冒顿之区落，焚老上之龙庭。⑪上以摅高、文之宿愤，光祖宗之玄灵；下以安固后嗣，恢拓境宇，振大汉之天声。⑫兹所谓一劳而久逸，暂费而永宁者也。⑬乃遂封山刊石，昭铭上德。⑭其辞曰：

①寅，敬；亮，信也。《尚书》曰："二公弘化，寅亮天地。"登，升也。翼，辅也。

②孔安国注《尚书》曰："麓，录也，纳之使大录万机也。"《周颂》曰："惟清缉熙。"郑玄注云："光明也。"

③《左传》曰："小有述职，大有巡功。"又曰："出曰理兵。"

④鹰扬，如鹰之飞扬也。《诗》云："惟师尚父，时惟鹰扬。"螭，山神，兽形也。《史记》曰："如熊如罴，如豺如离。"徐广曰："离与螭同。"该，备也。《诗》云："整我六师，以修我戎。"

⑤暨，及也。元戎，兵车也。《诗》云："元戎十乘，以先启行。"轻武，言疾也。长毂，兵车。

⑥辎，车也。称云，言多也。

⑦兵法有八阵图。

⑧玄甲，铁甲也。《前书》曰"发属国之玄甲"也。

⑨沙土曰漠。直度曰绝。

⑩温禺、尸逐,皆匈奴王号也。《周礼》,杀人以血涂鼓谓之衅。锷,刃也。

⑪四校,四面之校。横粗,横行也。星流彗埽,言疾也。安侯,水名。冒顿,单
　于头曼子也。区落谓东灭东胡,西走月氏,南取楼烦,悉收秦所夺匈奴地。
　冒顿子稽粥号老上单于。匈奴五月大会龙庭,祭其先、天地、鬼神,今皆焚
　荡之。

⑫高帝被冒顿单于围于平城七日。孝文帝时匈奴寇边,杀太守,帝欲自征,太
　后不许。拓,开也。天声,雷霆之声。甘泉赋曰:“天声起兮勇士厉。”恢,
　大也。

⑬扬雄曰“以为不一劳者不久逸,不暂费者不永宁”也。

⑭上犹至也。老子曰:“上德不德,是以有德。”

　　铄王师兮征荒裔,① 剿凶虐兮截海外,② 夐其邈兮亘地
界,③〔30〕封神丘兮建隆嵑,④熙帝载兮振万世。⑤

①铄,美也。《诗》曰:“于铄王师,遵养时晦。”

②剿,绝;截,整齐也。《诗》云:“相土烈烈,海外有截。”

③夐、邈皆远也。亘,竟也。

④神丘即燕然山也。方者谓之碑,员者谓之碣。嵑亦碣也,协韵音其例反。

⑤熙,广也。载,事也。《书》曰:“奋庸熙帝之载。”

宪乃班师而还。遣军司马吴汜、梁讽,奉金帛遗北单于,宣明国威,
而兵随其后。时虏中乖乱,汜、讽所到,辄招降之,前后万馀人。遂及单
于于西海上,宣国威信,致以诏赐,单于稽首拜受。讽因说宜修呼韩邪
故事,保国安人之福。①单于喜悦,即将其众与讽俱还,到私渠海,闻汉
军已入塞,乃遣弟右温禺鞮王奉贡入侍,随讽诣阙。宪以单于不自身
到,奏还其侍弟。南单于于漠北遗宪古鼎,容五斗,其傍铭曰“仲山甫
鼎,其万年子子孙孙永保用”,宪乃上之。诏使中郎将持节即五原拜宪
大将军,封武阳侯,食邑二万户。宪固辞封,赐策许焉。

①言依附汉家,自保护其国也。宣帝时呼韩邪单于款塞,朝于甘泉宫,请留居
　光禄塞下,有急,保汉受降城也。

旧大将军位在三公下,置官属依太尉。①宪威权震朝庭,公卿希旨,

奏宪位次太傅下，三公上；长史、司马秩中二千石，从事中郎二人六百石，自下各有增。振旅还京师。于是大开仓府，劳赐士吏，其所将诸郡二千石子弟从征者，悉除太子舍人。②

①《续汉志》，太尉长史千石，掾属二十四人，令史及御属二十二人也。

②《续汉志》曰，太子舍人秩二百石，无员，更直宿卫也。

是时笃为卫尉，景、瓌皆侍中、奉车、驸马都尉，四家竞修第宅，穷极工匠。明年，诏曰："大将军宪，前岁出征，克灭北狄，朝加封赏，固让不受。舅氏旧典，并蒙爵土。①其封宪冠军侯，邑二万户；笃郾侯，景汝阳侯，瓌夏阳侯，各六千户。"宪独不受封，遂将兵出镇凉州，以侍中邓叠行征西将军事为副。

①西汉故事，帝舅皆封侯。

北单于以汉还侍弟，复遣车谐储王等款居延塞，欲入朝见，愿请大使。宪上遣大将军中护军班固行中郎将，与司马梁讽迎之。会北单于为南匈奴所破，被创遁走，固至私渠海而还。宪以北虏微弱，遂欲灭之。明年，复遣右校尉耿夔、司马任尚、赵博等将兵击北虏于金微山，大破之，克获甚众。北单于逃走，不知所在。

宪既平匈奴，威名大盛，以耿夔、任尚等为爪牙，邓叠、郭璜为心腹。班固、傅毅之徒，皆置幕府，以典文章。刺史、守令多出其门。尚书仆射郅寿、乐恢并以忤意，相继自杀。①由是朝臣震慑，望风承旨。而笃进位特进，得举吏，②见礼依三公。景为执金吾，瓌光禄勋，权贵显赫，倾动京都。虽俱骄纵，而景为尤甚，奴客缇骑依倚形埶，侵陵小人，③强夺财货，篡取罪人，妻略妇女。商贾闭塞，如避寇仇。有司畏懦，莫敢举奏。太后闻之，使谒者策免景官，以特进就朝位。瓌少好经书，节约自修，出为魏郡，[31]迁颍川太守。窦氏父子兄弟并居列位，充满朝廷。叔父霸为城门校尉，霸弟褒将作大匠，褒弟嘉少府，其为侍中、将、大夫、郎吏十馀人。

①寿，郅恽子。

②汉法三公得举吏。

③《汉官仪》曰："执金吾缇骑二百人。"《说文》曰："缇,帛丹黄色也。"言奴客及缇骑并为纵横也。

宪既负重劳,陵肆滋甚。四年,封邓叠为穰侯。叠与其弟步兵校尉磊及母元,又宪女婿射声校尉郭举,举父长乐少府璜,①皆相交结。元、举并出入禁中,举得幸太后,遂共图为杀害。帝阴知其谋,乃与近幸中常侍郑众定议诛之。以宪在外,虑其惧祸为乱,忍而未发。会宪及邓叠班师还京师,诏使大鸿胪持节郊迎,赐军吏各有差。宪等既至,帝乃幸北宫,诏执金吾、五校尉勒兵屯卫南、北宫,闭城门,收捕叠、磊、璜、举,皆下狱诛,家属徙合浦。遣谒者仆射收宪大将军印绶,更封为冠军侯。宪及笃、景、瓌皆遣就国。帝以太后故,不欲名诛宪,为选严能相督察之。宪、笃、景到国,皆迫令自杀,宗族、宾客以宪为官者皆免归本郡。瓌以素自修,不被逼迫,明年坐禀假贫人,②徙封罗侯,不得臣吏人。③初,窦后之谮梁氏,宪等豫有谋焉,永元十年,梁棠兄弟④徙九真还,路由长沙,逼瓌令自杀。后和熹邓后临朝,永初三年,诏诸窦前归本郡者与安丰侯万全俱还京师。〔32〕万全少子章。

①太后居长乐宫,故有少府,秩二千石。

②禀,给也。假贷贫人,非侯家之法,故坐焉。

③罗,县,属长沙郡,在今岳州湘阴县东北。

④棠及兄雍,雍弟翟,并梁竦子也。

论曰:卫青、霍去病资强汉之众,连年以事匈奴,国耗太半矣,而猎虏未之胜,后世犹传其良将,岂非以身名自终邪!窦宪率羌胡边杂之师,一举而空朔庭,至乃追奔稽落之表,饮马比鞮之曲,铭石负鼎,荐告清庙。列其功庸,兼茂于前多矣,而后世莫称者,章末衅以降其实也。①是以下流,君子所甚恶焉。②夫二三子得之不过房帷之间,非复搜扬仄陋,选举而登也。③当青病奴仆之时,④窦将军念咎之日,⑤乃庸力之不暇,思鸣之无晨,⑥何意裂膏腴,享崇号乎? 东方朔称"用之则为虎,不用则为鼠",信矣。以此言之,士有怀琬琰以就煨尘者,亦何可支哉!⑦

①降,损也。

②《论语》曰:"纣之不善不如是之甚也,是以君子恶居下流,天下之恶皆归焉。"

③二三子谓卫、霍及宪也,皆缘椒房恃帏幄之恩耳。

④卫青本平阳公主家僮所生,相者见之,曰:"贵人,官至封侯。"青笑曰:"人奴之生,无笞骂足矣,安得封侯哉!"

⑤谓太后闭之南宫,欲诛之日也。

⑥《吴志》诸葛瑾曰"失旦之鸡,复思一鸣"也。

⑦琬琰,美玉也。楚词曰:"怀琬琰以为心。"支,计也。亦何可计,言其多也。

章字伯向。少好学,有文章,与马融、崔瑗同好,更相推荐。①

①融集与窦伯向书曰:"盂陵奴来,赐书,见手迹,欢喜何量,见于面也。〔33〕书虽两纸,纸八行,行七字。"

永初中,三辅遭羌寇,章避难东国,家于外黄。①居贫,蓬户蔬食,②躬勤孝养,然讲读不辍。太仆邓康③闻其名,请欲与交,章不肯往,康以此益重焉。是时学者称东观为老氏臧室,道家蓬莱山,④康遂荐章入东观为校书郎。

①外黄,县,属陈留郡,〔故〕城在今汴州雍丘县东。〔34〕

②《庄子》"原宪编蓬为户",《论语》"颜回饭蔬食"也。〔35〕

③邓珍之子,禹之孙。

④老子为守臧史,复为柱下史,四方所记文书皆归柱下,事见《史记》。言东观经籍多也。蓬莱,海中神山,为仙府,幽经秘录并皆在焉。

顺帝初,章女年十二,能属文,以才貌选入掖庭,有宠,与梁皇后并为贵人。擢章为羽林郎将,①〔36〕迁屯骑校尉。章谦虚下士,收进时辈,甚得名誉。是时梁、窦并贵,各有宾客,多交搆其间,章推心待之,故得免于患。

①《续汉志》曰,羽林郎秩二百石,无员,常宿卫侍从也。

贵人早卒,帝追思之无已,诏史官树碑颂德,章自为之辞。贵人殁后,帝礼待之无衰。永和五年,迁少府。汉安二年,转大鸿胪。建康元年,梁后称制,章自免,卒于家。中子唐,有俊才,官至虎贲中郎将。

赞曰:悃悃安丰,亦称才雄。① 提挈河右,奉图归忠。② 孟孙明边,伐北开西。③ 宪实空漠,远兵金山。听篍龙庭,镂石燕然。④ 虽则折鼎,王灵以宣。⑤

①楚词曰"悃悃款款"也。王逸注曰"志纯一也"。亦犹实也。

②奉图者,谓既奉外戚图,乃归于汉也。

③叶韵音先。

④篍,胡乐也。老子作之。

⑤鼎三足,三公象。折足者,言其不胜任也。《易》曰"鼎折足,覆公𫗧"也。

【校勘记】

〔1〕　今沧州鲁〔城〕县也　据殿本补。

〔2〕　强弩将军即莽明义侯王俊　按:《集解》引惠栋说,谓案《翟义传》,"俊"当作"骏"。又按:惠云此强弩将军乃赵恢,非王骏,注误。

〔3〕　归〔长安汉兵〕长驱入关　据汲本、殿本补。

〔4〕　金城太守厍钧　按:"厍"汲本、殿本并作"库"。《集解》引钱大昕、王鸣盛说,谓古读库有舍音,犹车音尺遮反,余音食遮反。《说文》厂部无"厍"字。《广韵》祃部有"厍"字,云姓也。此流俗妄造,正如"角里"别造"𫟲"字代之。

〔5〕　字(颍)〔颕〕叔　据《集解》本改。

〔6〕　行南(国)〔海〕尉事　据《刊误》改。

〔7〕　网罗张立之情　按:《集解》引周寿昌说,谓时隗嚣遣辩士张玄游说,光武察玄所说,而以玺书诏融,"立"字当正作"玄"。

〔8〕　今(凉)〔原〕州〔平高〕县也　据《集解》引陈景云说改。按:汉高平县,北周改曰平高,唐以后废。

〔9〕　席皆作(虎)〔虞〕字　据汲本、殿本改,与聚珍本《东观记》合。

〔10〕　去从义为横谋　汲本、殿本"义"作"议"。按:义议通。

〔11〕 人兵离散　按：王先谦谓"人"当作"民"，此亦避唐讳未回改者，下"生人"，同。

〔12〕 而(大)将军复重于难　王先谦谓《通鉴》无"大"字，前后称将军，此不得忽加"大"字，明传写误衍。今据删。

〔13〕 而舆毂致数千里　按：汲本、殿本"舆"作"与"。

〔14〕 是时军旅代兴　按：原脱"兴"字，径据汲本、殿本补。

〔15〕 安丰阳泉蓼(安)安风四县　据《刊误》删。

〔16〕 封勋弟嘉为安丰侯　按：沈家本谓《续志》庐江郡安风侯国，安丰自为县，则嘉所封实安风，亦融所食四县之一，而其名则不同矣。此"丰"字盖因上文而误。

〔17〕 度辽将军吴棠　按：《集解》引惠栋说，谓"吴棠"《袁宏纪》作"吴常"。

〔18〕 至三木楼山　按：《集解》引惠栋说，谓"三木楼山"《袁宏纪》作"沐楼山"。

〔19〕 匈奴河水　《刊误》谓匈河，水名，多一"奴"字。按：《校补》谓《前书·匈奴传》云赵破奴万馀骑出令居数千里，至匈奴河水，臣瓒云水名也，与《武纪》注同，未尝言名有误。《刊误》则据破奴本传但云"匈河"，为衍"奴"字，不知匈奴河可省称匈河也。

〔20〕 宪阴喝不得对　按：《御览》一五二引，"阴喝"作"喑呜"。

〔21〕 切切犹勤勤也　按：此注原在"为言"下，据汲本、殿本移正。

〔22〕 笃弟景瓌并中常侍　按：《集解》引钱大昕说，谓中常侍宦者之职，非外戚所宜居，恐有误。

〔23〕 尝考劾父勋狱　按："尝"原讹"当"，径改正。

〔24〕 齐殇王　按：《刊误》谓"殇"当作"炀"，彼既有子，不得谥"殇"明矣。

〔25〕 南单于屯屠河　按：《校补》谓《南单于传》"河"作"何"，同。

〔26〕 出(捆)〔稒〕阳塞　王先谦谓《前志》作"稒阳"，此误。今据改。注同。

〔27〕 汉有南北军〔北军〕中候一人　《刊误》谓汉有北军中候耳，衍"南"字。《校补》谓"南北军"下误脱"北军"二字耳，传言北军，注应先释所起，无突举北军之理。按：《校补》说是。今据补。

〔28〕 掌临五营　《刊误》谓"临"当作"监"。今按：临亦监也，刘说泥。

〔29〕 暨南单于东乌桓西戎氐羌侯王君长之群骁骑三万　按：《文选》"东"下有"胡"字，"三万"作"十万"。

〔30〕　复其邈兮亘地界　按:"邈"原作"懃",径据汲本、殿本改。注同。

〔31〕　出为魏郡　按:《刊误》谓下少"太守"二字。

〔32〕　安丰侯万全　按:沈家本谓"丰"当作"风"。

〔33〕　见于面也　《艺文类聚》三十一引"见"作"次"。按:次于面谓仅次于见
　　　　面也,义较长。

〔34〕　〔故〕城在今汴州雍丘县东　按"城"上明脱一"故"字,今补。

〔35〕　颜回饭蔬食　按:今《论语》作"饭疏食",而不云"颜回"。《校补》谓蔬疏
　　　　古通作,惟注以为"颜回"则误。

〔36〕　擢章为羽林郎将　按:黄山《校补》及沈家本《后汉书琐言》皆谓"郎"上
　　　　疑夺"中"字。

后汉书卷二十四

马援列传第十四

子廖　子防　兄子严　族孙棱

马援字文渊，扶风茂陵人也。其先赵奢为赵将，号曰马服君，子孙因为氏。①武帝时，以吏二千石自邯郸徙焉。②曾祖父通，以功封重合侯，坐兄何罗反，被诛，③故援再世不显。④援三兄况、余、员，⑤并有才能，王莽时皆为二千石。⑥

①马服者，言能服驭马也。《史记》曰，赵惠文王以奢有功，赐爵号为马服君。

②《东观记》曰："徙茂陵成懽里。"

③重合，县，属勃海郡，故城在今沧州乐陵县东。马何罗与江充相善，〔1〕充既诛，遂惧罪及己，谋反，伏诛。事见《前书》。

④祖及父不得为显任也。《东观汉记》，通生宾，宣帝时以郎持节，号使君；使君生仲，仲官至玄武司马；仲生援。

⑤《东观记》曰："况字长平，〔2〕余字圣卿，员字季主。"

⑥况，河南太守。余，中垒校尉。员，增山连率。

援年十二而孤，少有大志，诸兄奇之。尝受《齐诗》，意不能守章句，①乃辞况，欲就边郡田牧。②况曰："汝大才，当晚成。良工不示人以朴，且从所好。"③会况卒，援行服期年，不离墓所；敬事寡嫂，不冠不入庐。④后为郡督邮，送囚至司命府，⑤囚有重罪，援哀而纵之，遂亡命北地。遇赦，因留牧畜，宾客多归附者，遂役属数百家。⑥转游陇汉间，常谓宾客曰："丈夫为志，穷当益坚，老当益壮。"因处田牧，至有牛马羊数千头，谷数万斛。既而叹曰："凡殖货财产，贵其能施赈也，否则守钱虏耳。"〔3〕乃尽散以班昆弟故旧，身衣羊裘皮绔。

①《东观记》曰："受《齐诗》,师事颍川满昌。"〔4〕

②《东观记》曰"援以况出为河南太守,次两兄为吏京师,见家用不足,乃辞况
　欲就边郡畜牧"也。

③从其所请也。

④庐,舍也。

⑤王莽置司命官,上公已下皆纠察。

⑥《续汉书》："援过北地任氏畜牧。自援祖宾,本客天水,父仲又尝为牧(帅)
　〔师〕令。〔5〕是时员为护苑使者,故人宾客皆依援。"

王莽末,四方兵起,莽从弟卫将军林广招雄俊,乃辟援及同县原涉
为掾,①荐之于莽。莽以涉为镇戎大尹,②援为新成大尹。③及莽败,援
兄员时为增山连率,④与援俱去郡,复避地凉州。世祖即位,员先诣洛
阳,帝遣员复郡,卒于官。援因留西州,隗嚣甚敬重之,以援为绥德将
军,与决筹策。

①涉字巨先,见《前书》。

②王莽改天水为镇戎,改太守为大尹。

③莽改汉中为新成也。

④莽改上郡为增山,连率亦太守也。莽法,典郡者公为牧,侯称卒正,伯称连
　率,其无封爵者为尹也。

是时公孙述称帝于蜀,嚣使援往观之。援素与述同里闬,①相善,
以为既至当握手欢如平生,而述盛陈陛卫,以延援入,交拜礼毕,使出就
馆,更为援制都布单衣、②交让冠,会百官于宗庙中,立旧交之位。述鸾
旗旄骑,③警跸就车,磬折而入,④礼飨官属甚盛,欲授援以封侯大将军
位。宾客皆乐留,援晓之曰："天下雄雌未定,公孙不吐哺走迎国士,⑤
与图成败,反修饰边幅,⑥如偶人形。⑦〔6〕此子何足久稽天下士乎?"⑧
因辞归,谓嚣曰："子阳井底蛙耳,⑨而妄自尊大,不如专意东方。"

①《说文》曰："闬,闾也。"杜预注《左传》:"闬,闾门也。"

②《东观记》(曰)"都"作"荅"。〔7〕《史记》曰:"荅布千匹。"《前汉音义》曰:"荅
　布,白叠布也。"何承天《纂文》曰:"都致、错履、无极,皆布名。"《方言》曰:
　"襌衣,江、淮、南楚之间谓之裯,关之东西谓之襌衣。"

③解在《公孙述传》。

④磬折者,屈身如磬之曲折,敬也。

⑤哺,食也。《史记》,周公诫伯禽曰:"吾一沐三握发,一食三吐哺,犹恐失天下士心也。"

⑥言若布帛修整其边幅也。《左传》曰:"如布帛之有幅焉,为之度,使无迁。"

⑦《礼记》曰:"谓为俑者不仁。"郑玄云:"俑,偶人也。有面目机发,有似于生人也。"俑音勇。

⑧稽,留也。

⑨言述志识褊狭,如坎井之蛙。事见《庄子》。

建武四年冬,嚣使援奉书洛阳。援至,引见于宣德殿。世祖迎笑谓援曰:"卿遨游二帝间,今见卿,使人大惭。"援顿首辞谢,因曰:"当今之世,非独君择臣也,臣亦择君矣。①臣与公孙述同县,少相善。臣前至蜀,述陛戟而后进臣。臣今远来,陛下何知非刺客奸人,而简易若是?"②帝复笑曰:"卿非刺客,顾说客耳。"援曰:"天下反覆,盗名字者不可胜数。③今见陛下,恢廓大度,同符高祖,乃知帝王自有真也。"帝甚壮之。援从南幸黎丘,转至东海。及还,以为待诏,使太中大夫来歙持节送援西归陇右。

①《家语》曰:"君择臣而任之,臣亦择君而事之。"

②《东观记》曰"援初到,敕令中黄门引入,时上在宣德殿南庑下,但帻坐",〔8〕故云"简易"也。

③盗犹窃也。

隗嚣与援共卧起,问以东方流言及京师得失。①援说嚣曰:"前到朝廷,上引见数十,②每接谠语,自夕至旦,才明勇略,非人敌也。且开心见诚,无所隐伏,阔达多大节,略与高帝同。经学博览,政事文辩,前世无比。"嚣曰:"卿谓何如高帝?"援曰:"不如也。高帝无可无不可;③今上好吏事,动如节度,又不喜饮酒。"嚣意不怿,曰:"如卿言,反复胜邪?"然雅信援,故遂遣长子恂入质。援因将家属随恂归洛阳。居数月而无它职任。援以三辅地旷土沃,而所将宾客猥多,乃上书求屯田上林苑中,帝许之。

　　①流犹传也。

　　②《东观记》曰凡十四见。

　　③此《论语》孔子自言己之所行也。

　　会隗嚣用王元计,意更狐疑,①援数以书记责譬于嚣。嚣怨援背己,得书增怒,其后遂发兵拒汉。援乃上疏曰:"臣援自念归身圣朝,奉事陛下,本无公辅一言之荐,左右为容之助。②臣不自陈,陛下何因闻之。夫居前不能令人轻,居后不能令人轩,③与人怨不能为人患,臣所耻也。故敢触冒罪忌,昧死陈诚。臣与隗嚣,本实交友。初,嚣遣臣东,谓臣曰:'本欲为汉,愿足下往观之。于汝意可,即专心矣。'及臣还反,报以赤心,实欲导之于善,非敢谲以非义。而嚣自挟奸心,盗憎主人,④怨毒之情遂归于臣。臣欲不言,则无以上闻。愿听诣行在所,极陈灭嚣之术,得空匈腹,申愚策,退就陇亩,死无所恨。"帝乃召援计事,援具言谋画。因使援将突骑五千,往来游说嚣将高峻、任禹之属,下及羌豪,为陈祸福,以离嚣(友)〔支〕党。〔9〕

　　①狐性多疑,故曰狐疑。

　　②邹阳书曰:"蟠木成万乘之器者,左右为之容。"

　　③言为人无所轻重也。《诗》云:"如轻如轩。"轻音丁利反。

　　④《左传》晋伯宗妻曰:"盗憎主人,民恶其上。"

　　援又为书与嚣将杨广,使晓劝于嚣,曰:"春卿无恙。①前别冀南,②寂无音驿。援间还长安,因留上林。窃见四海已定,兆民同情,而季孟闭拒背畔,为天下表的。③常惧海内切齿,思相屠裂,故遗书恋恋,以致恻隐之计。乃闻季孟归罪于援,而纳王游翁诮邪之说,④自谓函谷以西,举足可定,以今而观,竟何如邪?援间至河内,过存伯春,⑤见其奴吉从西方还,说伯春小弟仲舒望见吉,欲问伯春无它否,竟不能言,晓夕号泣,婉转尘中。又说其家悲愁之状,不可言也。夫怨雠可刺不可毁,援闻之,不自知泣下也。援素知季孟孝爱,曾、闵不过。夫孝于其亲,岂不慈于其子?可有子抱三木,而跳梁妄作,自同分羹之事乎?⑥季孟平

生自言所以拥兵众者,欲以保全父母之国而完坟墓也,又言苟厚士大夫
而已。而今所欲全者将破亡之,所欲完者将毁伤之,所欲厚者将反薄
之。季孟尝折愧子阳而不受其爵,⑦今更共陆陆,⑧欲往附之,将难为颜
乎? 若复责以重质,当安从得子主给是哉! 往时子阳独欲以王相待,⑨
而春卿拒之;今者归老,更欲低头与小儿曹共槽枥而食,并肩侧身于怨
家之朝乎?⑩男儿溺死何伤而拘游哉!⑪今国家待春卿意深,宜使牛孺卿
与诸耆老大人⑫共说季孟,若计画不从,真可引领去矣。前披舆地图,
见天下郡国百有六所,奈何欲以区区二邦以当诸夏百有四乎? 春卿事
季孟,外有君臣之义,内有朋友之道。言君臣邪,固当谏争;语朋友邪,
应有切磋。⑬岂有知其无成,而但萎腇咋舌,又手从族乎?⑭及今成计,殊
尚善也;过是,欲少味矣。⑮且来君叔天下信士,朝廷重之,其意依依,常
独为西州言。援商朝廷,尤欲立信于此,⑯必不负约,援不得久留,愿急
赐报。"广竟不答。

①春卿,杨广字。

②天水冀县也。

③表犹标也,言为标准(谓)〔为〕射的也。〔10〕言背畔之罪,为天下所指射也。

④游翁,王元字也。

⑤存犹问也。

⑥三木者,谓桎、梏及械也,司马迁曰:"衣赭关三木。"分羹谓乐羊也,解见《公
　孙述传》。

⑦愧犹辱也。

⑧陆陆犹碌碌也。

⑨谓欲封为朔宁王也。

⑩《字林》:"并音卑正反。"

⑪游,浮也。

⑫大人谓豪杰也。

⑬骨曰切,象曰磋,言朋友之道如切磋以成器也。《诗》云:"如切如磋,如琢
　如磨。"

⑭萎腇,耎弱也。萎音于罪反。腇音乃罪反。

⑮以食为谕。

⑯商,度也。

八年,帝自西征嚣,至漆,①诸将多以王师之重,不宜远入险阻,计
忧豫未决②。会召援,夜至,帝大喜,引入,具以群议质之。③援因说隗嚣
将帅有土崩之埶,兵进有必破之状。又于帝前聚米为山谷,指画形埶,
开示众军所从道径往来,分析曲折,昭然可晓。帝曰:"虏在吾目中矣。"
明旦,遂进军至第一,嚣众大溃。④

①漆,县,属右扶风。

②忧,行貌也,义见《说文》。豫亦未定也。忧音以林反。

③《广雅》曰:"质,定也。"

④第一,解见《窦融传》。

九年,拜援为太中大夫,副来歙监诸将平凉州。自王莽末,西羌寇
边,遂入居塞内,金城属县多为虏有。来歙奏言陇西侵残,非马援莫能
定。十一年夏,玺书拜援陇西太守。援乃发步骑三千人,击破先零羌于
临洮,斩首数百级,获马牛羊万馀头。守塞诸羌八千馀人诣援降。诸种
有数万,屯聚寇钞,拒浩亹隘。①援与扬武将军马成击之。羌因将其妻
子辎重移阻于允吾谷,②援乃潜行间道,掩赴其营。羌大惊坏,复远徙
唐翼谷中,援复追讨之。羌引精兵聚北山上,援陈军向山,而分遣数百
骑绕袭其后,乘夜放火,击鼓叫噪,虏遂大溃,凡斩首千馀级。援以兵
少,不得穷追,收其谷粮畜产而还。援中矢贯胫,帝以玺书劳之,赐牛羊
数千头,援尽班诸宾客。

①浩亹音告门,县名,属金城郡。浩,水名也。亹者,水流峡山间,两岸深若门
也。《诗》曰"凫鹥在亹",亦其义也。今俗呼此水为合门河,盖疾言之耳。

②允吾音铅牙。

是时,朝臣以金城破羌之西,①涂远多寇,议欲弃之。援上言,破羌
以西城多完牢,易可依固;其田土肥壤,②〔11〕灌溉流通。如令羌在湟
中,③则为害不休,不可弃也。帝然之,于是诏武威太守,④令悉还金城
客民。⑤归者三千馀口,使各反旧邑。援奏为置长吏,缮城郭,起坞候,⑥

开导水田,劝以耕牧,郡中乐业。又遣羌豪杨封譬说塞外羌,皆来和亲。又武都氐人背公孙述来降者,授皆上复其侯王君长,赐印绶,帝悉从之。乃罢马成军。

①破羌,县名,属金城郡,故城在今鄯州湟水县西。

②无块曰壤。

③湟,水名。据《前书》,出金城临羌县,东至允吾入河,今鄯州湟水县取其名也。一名乐都水。

④《东观记》曰梁统也。

⑤金城客人在武威者。

⑥《字林》曰:"坞,小障也,一曰小城。字或作'鸥',音一古反。"

十三年,武都参狼羌与塞外诸种为寇,杀长吏。援将四千馀人击之,至氐道县,①羌在山上,援军据便地,夺其水草,不与战,羌遂穷困,豪帅数十万户亡出塞,诸种万馀人悉降,于是陇右清静。

①氐道县属陇西郡。县管蛮夷曰道。〔12〕

援务开(宽)〔恩〕信,(恩)〔宽〕以待下,〔13〕任吏以职,但总大体而已。宾客故人,日满其门。诸曹时白外事,援辄曰:"此丞、掾之任,何足相烦。①颇哀老子,使得遨游。若大姓侵小民,黠羌欲旅距,此乃太守事耳。"②傍县尝有报仇者,吏民惊言羌反,百姓奔入城郭。狄道长诣门,③请闭城发兵。援时与宾客饮,大笑曰:"烧虏何敢复犯我。④晓狄道长归守寺舍,⑤良怖急者,可床下伏。"⑥后稍定,郡中服之。视事六年,征入为虎贲中郎将。

①《续汉志》曰:"郡当边戍,丞为长史。"又:"置诸曹掾史。"

②旅距,不从之貌。

③狄道,县,属陇西郡,今兰州县也。

④烧虏即烧羌也。

⑤晓,喻也。寺舍,官舍也。

⑥良,甚也。

初,援在陇西上书,言宜如旧铸五铢钱。事下三府,三府奏以为未可许,事遂寝。及援还,从公府求得前奏,难十馀条,乃随牒解释,①更具表言。帝从之,天下赖其便。援自还京师,数被进见。为人明须发,眉目如画。②闲于进对,尤善述前世行事。每言及三辅长者,下至闾里少年,皆可观听。自皇太子、诸王侍闻者,莫不属耳忘倦。又善兵策,帝常言"伏波论兵,与我意合",每有所谋,未尝不用。

①《东观记》曰"凡十三难,援一一解之,条奏其状"也。

②《东观记》曰:"援长七尺五寸,色理发肤眉目容貌如画。"

初,卷人维汜,①讹言称神,有弟子数百人,坐伏诛。后其弟子李广等宣言汜神化不死,以诳惑百姓。十七年,遂共聚会徒党,攻没皖城,②杀皖侯刘闵,自称"南岳大师"。遣谒者张宗将兵数千人讨之,复为广所败。于是使援发诸郡兵,合万馀人,击破广等,斩之。

①卷,县名,属河南郡,故城在今郑州原武县西北也。

②皖,县名,属庐江郡,今舒州怀宁县。皖音下板反,又下管反。

又交阯女子徵侧及女弟徵贰反,①攻没其郡,九真、日南、合浦蛮夷皆应之,寇略岭外六十馀城,侧自立为王。于是玺书拜援伏波将军,②以扶乐侯刘隆为副,③督楼船将军段志等南击交阯。〔14〕军至合浦而志病卒,诏援并将其兵。遂缘海而进,随山刊道千馀里。④十八年春,军至浪泊上,与贼战,破之,斩首数千级,降者万馀人。援追徵侧等至禁溪,〔15〕数败之,贼遂散走。明年正月,斩徵侧、徵贰,传首洛阳。⑤封援为新息侯,食邑三千户。援乃击牛酾酒,劳飨军士。⑥从容谓官属曰:"吾从弟少游常哀吾慷慨多大志,曰:'士生一世,但取衣食裁足,乘下泽车,⑦御款段马,⑧为郡掾史,守坟墓,乡里称善人,斯可矣。致求盈馀,但自苦耳。'当吾在浪泊、西里间,〔16〕虏未灭之时,下潦上雾,毒气重蒸,〔17〕仰视飞鸢跕跕堕水中,⑨卧念少游平生时语,何可得也! 今赖士大夫之力,被蒙大恩,猥先诸君纡佩金紫,且喜且惭。"吏士皆伏称万岁。

①徵侧者,麓泠县雒将之女也,〔18〕嫁为朱鸢人诗索妻,甚雄勇。交阯太守苏定以法绳之,侧怨怒,故反。

②《东观记》曰:"援上书:'臣所假伏波将军印,书"伏"字,"犬"外向。城皋令

印，"皋"字为"白"下"羊"；丞印"四"下"羊"；尉印"白"下"人"，"人"下"羊"。
即一县长吏，印文不同，恐天下不正者多。符印所以为信也，所宜齐同。'荐
晓古文字者，事下大司空正郡国印章。奏可。"

③扶乐，县名，属九真郡。

④刊，除也。

⑤《越志》云："徵侧兵起，都麓泠县。及马援讨之，奔入金溪(穴)〔究〕中，〔19〕
二年乃得之。"

⑥釃犹滤也。《诗》曰："釃酒有苈。"毛苌注云："以筐曰釃。"釃音所宜反。

⑦《周礼》曰"车人为车，行泽者欲短毂，行山者欲长毂，短毂则利，长毂则
安"也。

⑧款犹缓也，言形段迟缓也。

⑨鸢，鸱也。跕跕，堕貌也。跕音都牒、泰牒二反。

援将楼船大小二千馀艘，战士二万馀人，进击九真贼徵侧馀党都羊
等，〔20〕自无功至居风，①斩获五千馀人，峤南悉平。②援奏言西于县户
有三万二千，③远界去庭千馀里，④请分为封溪、望海二县，许之。⑤援所
过辄为郡县治城郭，穿渠灌溉，以利其民。条奏越律与汉律驳者十馀
事，⑥与越人申明旧制以约束之，自后骆越奉行马将军故事。⑦

①无功，居风，二县名，并属九真郡。居风，今爱州。

②峤，岭峤也。《尔雅》曰："山锐而高曰峤。"峤音渠庙反。《广州记》曰："援到
交阯，立铜柱，为汉之极界也。"

③西于县属交阯郡，故城在今交州龙编县东也。

④庭，县庭也。

⑤封溪、望海，县，并属交阯郡。

⑥驳，乖舛也。

⑦骆者，越别名。

二十年秋，振旅还京师，军吏经瘴疫死者十四五。赐援兵车一乘，
朝见位次九卿。

援好骑，善别名马，于交阯得骆越铜鼓，乃铸为马式，①还上之。因
表曰："夫行天莫如龙，行地莫如马。②马者甲兵之本，国之大用。安宁

则以别尊卑之序,有变则以济远近之难。昔有骐骥,一日千里,伯乐见之,昭然不惑。③近世有西河子舆,亦明相法。子舆传西河仪长孺,长孺传茂陵丁君都,君都传成纪杨子阿,臣援尝师事子阿,受相马骨法。考之于〔行〕事,〔21〕辄有验效。臣愚以为传闻不如亲见,视景不如察形。今欲形之于生马,则骨法难备具,又不可传之于后。孝武皇帝时,善相马者东门京④铸作铜马法献之,有诏立马于鲁班门外,则更名鲁班门曰金马门。臣谨依仪氏𩍅,中帛氏口齿,谢氏唇鬐,丁氏身中,备此数家骨相以为法。"⑤马高三尺五寸,围四尺五寸。有诏置于宣德殿下,以为名马式焉。

> ①式,法也。裴氏《广州记》曰:"俚獠铸铜为鼓,鼓唯高大为贵,面阔丈馀。初成,悬于庭,克晨置酒,招致同类,来者盈门。豪富子女以金银为大钗,执以叩鼓,叩竟,留遗主人也。"
>
> ②《史记·平准书》曰:"以为在天莫如龙,在地莫如马。"
>
> ③伯乐,秦穆公时善相马者也。桓宽《盐铁论》曰:"骐骥负盐车,垂头于太行之坂,见伯乐则喷而长鸣。"
>
> ④东门,姓也;京,名也。
>
> ⑤援《铜马相法》曰:"水火欲分明。水火在鼻两孔间也。上唇欲急而方,口中欲红而有光,此马千里。颔下欲深,下唇欲缓。牙欲前向。牙(欲)去齿一寸,〔22〕则四百里;牙剑锋,则千里。目欲满而泽。腹欲充,䏶欲小,季肋欲长,悬薄欲厚而缓。悬薄,股也。腹下欲平满,〔23〕汗沟欲深〔而〕长,(而)膝本欲起,〔24〕肘腋欲开,膝欲方,蹄欲厚三寸,坚如石。"𩍅音居奇反。

初,援军还,将至,故人多迎劳之,平陵人孟冀,名有计谋,于坐贺援。援谓之曰:"吾望子有善言,反同众人邪?昔伏波将军路博德开置七郡,裁封数百户;①今我微劳,猥飨大县,功薄赏厚,何以能长久乎?先生奚用相济?"冀曰:"愚不及。"援曰:"方今匈奴、乌桓尚扰北边,欲自请击之。男儿要当死于边野,以马革裹尸还葬耳,何能卧床上在儿女子手中邪?"冀曰:"谅为烈士,当如此矣。"

> ①《汉书》曰,平南越以为南海、苍梧、郁林、合浦、交阯、九真、日南、朱崖、儋耳九郡。今此言"七郡",则与《前书》不同也。

还月馀，会匈奴、乌桓寇扶风，援以三辅侵扰，园陵危逼，因请行，许之。自九月至京师，十二月复出屯襄国。①诏百官祖道。援谓黄门郎梁松、窦固曰："凡人为贵，当使可贱，如卿等欲不可复贱，居高坚自持，勉思鄙言。"松后果以贵满致灾，固亦几不免。

①襄国，县名，属赵国，今邢州龙岗县也。

明年秋，援乃将三千骑出高柳，行雁门、代郡、上谷障塞。乌桓候者见汉军至，虏遂散去，援无所得而还。

援尝有疾，梁松来候之，独拜床下，援不答。松去后，诸子问曰："梁伯孙帝婿，①贵重朝廷，公卿已下莫不惮之，大人奈何独不为礼？"援曰："我乃松父友也。②虽贵，何得失其序乎？"③松由是恨之。

①松尚舞阴公主。《尔雅》曰："女子之夫为婿。"

②松父统也。

③《礼记》曰："见父之执友，〔25〕不谓之进不敢进，不谓之退不敢退，不问不敢对。"郑玄曰："敬父同志如事父也。"

二十四年，武威将军刘尚击武陵五溪蛮夷，①〔26〕深入，军没，援因复请行。时年六十二，帝愍其老，未许之。援自请曰："臣尚能被甲上马。"帝令试之。援据鞍顾眄，以示可用。帝笑曰："矍铄哉是翁也！"②遂遣援率中郎将马武、耿舒、刘匡、孙永等，将十二郡募士及弛刑四万馀人征五溪。援夜与送者诀，谓友人谒者杜愔曰：〔27〕"吾受厚恩，年迫馀日索，③〔28〕常恐不得死国事。今获所愿，甘心瞑目，但畏长者家儿或在左右，或与从事，殊难得调，介介独恶是耳。"④明年春，军至临乡，④遇贼攻县，援迎击，破之，斩获二千馀人，皆散走入竹林中。

①郦元注《水经》云"武陵有五溪，谓雄溪、樠溪、酉溪、沅溪、辰溪，悉是蛮夷所居，故谓五溪蛮"。皆槃瓠之子孙也。土俗"雄"作"熊"，"樠"作"朗"，"沅"作"武"，在今辰州界。

②矍铄，勇貌也。《东观记》作"曤哉是翁"。曤音许缚反。

③索，尽也。

④长者家儿谓权要子弟等。介介犹耿耿也。

⑤《东观记》曰"二月到武陵临乡"也。

　　初,军次下隽①,有两道可入,从壶头则路近而水嶮,②从充则涂夷而运远,③帝初以为疑。及军至,耿舒欲从充道,援以为弃日费粮,不如进壶头,搤其喉咽,④充贼自破。以事上之,帝从援策。三月,进营壶头。贼乘高守隘,水疾,船不得上。会暑甚,士卒多疫死,援亦中病,遂困,乃穿岸为室,以避炎气。⑤贼每升险鼓噪,援辄曳足以观之,左右哀其壮意,莫不为之流涕。耿舒与兄好畤侯弇书曰:"前舒上书当先击充,粮虽难运而兵马得用,军人数万争欲先奋。今壶头竟不得进,大众怫郁行死,诚可痛惜。前到临乡,贼无故自致,若夜击之,即可殄灭。伏波类西域贾胡,到一处辄止,⑥以是失利。今果疾疫,皆如舒言。"弇得书,奏之。帝乃使虎贲中郎将梁松乘驿责问援,因代监军。会援病卒,松宿怀不平,⑦遂因事陷之。帝大怒,追收援新息侯印绶。

　　①下隽,县名,属长沙国,故城今辰州沅陵县。隽音字兖反。

　　②壶头,山名也,在今辰州沅陵东。《武陵记》曰"此山头与东海方壶山相似,神仙多所游集,因名壶头山"也。

　　③充,县名,属武陵郡。充音昌容反。

　　④搤,持也。

　　⑤《武陵记》曰"壶头山边有石窟,即援所穿室也。室内有蛇如百斛船大,云是援之馀灵"也。

　　⑥言似商胡,所至之处辄停留。贾音古。

　　⑦以援往受其拜。

　　初,兄子严、敦并喜讥议,①而通轻侠客。援前在交阯,还书诫之曰:"吾欲汝曹闻人过失,如闻父母之名,耳可得闻,口不可得言也。好论议人长短,妄是非正法,②〔29〕此吾所大恶也,宁死不愿闻子孙有此行也。汝曹知吾恶之甚矣,所以复言者,施衿结褵,申父母之戒,③欲使汝曹不忘之耳。龙伯高敦厚周慎,口无择言,谦约节俭,廉公有威,吾爱之重之,愿汝曹效之。杜季良豪侠好义,忧人之忧,乐人之乐,清浊无所失,④父丧致客,数郡毕至,吾爱之重之,不愿汝曹效也。效伯高不得,犹为谨敕之士,所谓刻鹄不成尚类鹜者也。⑤效季良不得,陷为天下轻薄子,所谓画虎不成反类狗者也。讫今季良尚未可知,郡将下车辄切齿,州郡以为言,吾常为寒心,是以不愿子孙效也。"季良名保,京兆人,时为越骑司马。⑥保仇人上书,讼保"为行浮薄,乱群惑众,伏波将军万里还书以诫兄子,而梁松、窦固以之交结,〔30〕将扇其轻伪,败乱诸夏"。书奏,帝召责松、固,以讼书及援诫书示之,松、固叩头流血,而得不罪。诏免保官。伯高名述,亦京兆人,为山都长,⑦由此擢拜零陵太守。⑧

①并余之子也。喜音许吏反。

②谓讥刺时政也。

③《说文》曰:"衿,交衽也。"《诗》云:"亲结其褵。"毛苌注云:"褵,妇人之袆也,女施衿结帨。"《尔雅》曰:"褵,緌也。"郭璞注曰:"即今之香缨也。"《仪礼》,父戒女曰"戒之敬之,夙夜无违命";母戒之曰"戒之敬之,夙夜无违宫事"也。

④轻重合宜。

⑤鹜,鸭也。

⑥《续汉书》曰:"越骑司马秩千石。"

⑦山都,县,属南阳郡,故城在今襄州义清县东北,今名固城也。

⑧今永州也。

初,援在交阯,常饵薏苡实,用能轻身省欲,以胜瘴气。①南方薏苡实大,援欲以为种,军还,载之一车。时人以为南土珍怪,权贵皆望之。援时方有宠,故莫以闻。及卒后,有上书谮之者,以为前所载还,皆明珠文犀。②马武与於陵侯侯昱等③皆以章言其状,帝益怒。援妻孥惶惧,不敢以丧还旧茔,裁买城西数亩地槁葬而已。④宾客故人莫敢吊会。严与援妻子草索相连,诣阙请罪。帝乃出松书以示之,方知所坐,上书诉冤,前后六上,辞甚哀切,然后得葬。

①《神农本草经》曰:"薏苡味甘,微寒,主风湿痹下气,除筋骨邪气,久服轻身益气。"

②犀之有文彩也。〔31〕

③昱,司徒侯霸之子也。

④裁,仅也,与才同。槁,草也。以不归旧茔,时权葬,〔32〕故称槁。

又前云阳令同郡朱勃诣阙上书曰:

臣闻王德圣政,不忘人之功,①采其一美,不求备于众。②故高祖赦蒯通而以王礼葬田横,③大臣旷然,咸不自疑。夫大将在外,谗言在内,微过辄记,大功不计,诚为国之所慎也。故章邯畏口而奔楚,④燕将据聊而不下。⑤岂其甘心末规哉,悼巧言之伤类也。⑥

①《周书》曰:"记人之功,忘人之过,宜为君也。"

②《论语》周公谓鲁公曰:"不使大臣怨乎不以,无求备于一人。"

③蒯通说韩信背汉,高祖征通至,释不诛。田横初自称齐王,汉定天下,横犹以五百人保于海岛,高祖追横,横自杀,以王礼葬之。并见《前书》也。

④章邯为秦将,使人请事,至咸阳,赵高不见,有不信之心,使还报,邯畏赵高谗之,遂降项羽。

⑤《史记》曰:燕将攻下聊城,人或谗之于燕,燕将惧诛,因保守聊城不敢归。聊即今博州聊城县也。

⑥末规犹下计也。《诗》云:"巧言如簧。"类,善也。

窃见故伏波将军新息侯马援,拔自西州,钦慕圣义,间关险难,①触冒万死,孤立群贵之间,傍无一言之佐,驰深渊,入虎口,岂顾计哉!②宁自知当要七郡之使,徼封侯之福邪? 八年,车驾西讨隗嚣,国计狐疑,众营未集,援建宜进之策,卒破西州。及吴汉下陇,冀路断隔,唯独狄道为国坚守,士民饥困,寄命漏刻。援奉诏西使,镇慰边众,乃招集豪杰,晓诱羌戎,谋如涌泉,埶如转规,③遂救倒县之急,④存几亡之城,⑤兵全师进,因粮敌人,陇、冀略平,而独守空郡,⑥兵动有功,师进辄克。铢锄先零,缘入山谷,猛怒力战,飞矢贯胫。又出征交阯,土多瘴气,援与妻子生诀,无悔吝之心,⑦遂斩灭徵侧,克平一州。⑧间复南讨,立陷临乡,师已有业,未竟而死,吏士虽疫,援不独存。夫战或以久而立功,或以速而致败,深入未必为得,不进未必为非。人情岂乐久屯绝地,不生归哉! 惟援得事朝廷二十二年,北出塞漠,南度江海,触冒害气,僵死军事,⑨名灭爵绝，国土不传。海内不知其过，众庶未闻其毁，卒遇三夫之言，横被诬罔之谗，⑩家属杜门，葬不归墓，怨隙并兴，宗亲怖栗。死者不能自列，生者莫为之讼，臣窃伤之。

①间关犹崎岖也。

②《战国策》曰："魏安釐王畏秦，将入朝，周䜣止之。王曰：'许绾为我咒曰："若入不出，请徇寡人以首。"'周䜣对曰：'今有人谓臣，入不测之泉，而徇臣以鼠首，可乎？绾之首犹鼠首也。内王于不测之秦而徇王以首，窃为王不取也。'"司马迁书曰"垂饵虎口"，又曰"夫人臣出万死不顾一生之计，赴公家之难"。谓援使隗嚣也。

③规，员也。《孙子》曰："战如转员石于万仞之山者，埶也。"

④《孟子》曰："当今之时，行仁政，人悦之，犹解于倒县也。"

⑤几音祈。几，近也。

⑥守音式授反。

⑦吝犹恨也。

⑧南海、苍梧、郁林、合浦、交阯、日南、九真皆属交州。

⑨僵，仆也。

⑩《韩子》曰："庞共与魏太子质于邯郸，〔33〕共谓魏王曰：'今一人言市有虎，王信乎？'王曰：'否。''二人言，王信乎？'王曰：'否。''三人言，王信乎？'曰：'寡人信。'庞共曰：'夫市无虎明矣，然三人言，诚市有虎。今邯郸去魏远于市，谤臣者过三人，愿王熟察之。'"

夫明主醲于用赏，约于用刑。高祖尝与陈平金四万斤以间楚军，不问出入所为，岂复疑以钱谷间哉？夫操孔父之忠而不能自免于谗，此邹阳之所悲也。①《诗》云："取彼谗人，投畀豺虎。豺虎不食，投畀有北。有北不受，投畀有昊。"②此言欲令上天而平其恶。惟陛下留思竖儒之言，③无使功臣怀恨黄泉。臣闻《春秋》之义，罪以功除；④圣王之祀，臣有五义。⑤若援，所谓以死勤事者也。愿下公卿平援功罪，宜绝宜续，以厌海内之望。

①《史记》邹阳书曰："昔者，鲁听季孙之说而逐孔子，宋信子罕之计而囚墨翟。夫以孔、墨之辩，不能自免于谗谀。"

②《诗·小雅·巷伯篇》也。畀,与也。昊,昊天也。投与昊天,制其罚也。

③言如僮竖无知也。高祖曰:"竖儒几败吾事。"

④《公羊传》曰:"夏灭项。孰灭之? 齐灭之。曷为不言齐灭? 为桓公讳也,以桓公尝有继绝存亡之功,故君子为之讳也。"

⑤《礼记》曰:"夫圣王之制祀也,法施于人则祀之,以死勤事则祀之,以劳定国则祀之,能御大灾则祀之,能捍大患则祀之。"

　　臣年已六十,常伏田里,〔34〕窃感栾布哭彭越之义,① 冒陈悲愤,战栗阙庭。

①《前书》曰,彭越为梁王,栾布为梁大夫使于齐。越以谋反,枭首洛阳,诏有收视者捕之。布使还,奏事越头下,祠而哭之。

书奏,报,归田里。〔35〕

勃字叔阳,年十二能诵《诗》、《书》。常候援兄况。勃衣方领,能矩步,① 辞言娴雅,② 援裁知书,见之自失。况知其意,乃自酌酒慰援曰:"朱勃小器速成,智尽此耳,卒当从汝禀学,勿畏也。"③ 朱勃未二十,右扶风请试守渭城宰,④ 及援为将军,封侯,而勃位不过县令。援后虽贵,常待以旧恩而卑侮之,勃愈身自亲,及援遇谗,唯勃能终焉。肃宗即位,追赐勃子谷二千斛。⑤

①《续汉书》曰:"勃能说《韩诗》。"《前书音义》曰:"颈下施衿领正方,学者之服也。"矩步者,回旋皆中规矩。

②娴音闲。闲雅犹沈静也,司马相如曰"雍容娴雅"。

③禀,受也。

④渭城,县名,故城在今咸阳县东北。《前书音义》曰:"试守者,试守一岁,乃为真,食其全俸。"

⑤《东观记》曰:"章帝下诏曰:'告平陵令、丞:县人故云阳令朱勃,建武中以伏波将军爵土不传,上书陈状,不顾罪戾,怀旌善之志,有烈士之风。《诗》云:"无言不雠,无德不报。"其以县见谷二千斛赐勃子若孙,勿令远诣阙谢。'"

初,援兄子婿王磐子石,① 王莽从兄平阿侯仁之子也。莽败,磐拥富赀居故国,为人尚气节而爱士好施,有名江淮间。后游京师,与卫尉阴兴、大司空朱浮、齐王章共相友善。援谓姊子曹训曰:"王氏,废姓也。子石当屏居自守,而反游京师长者,②用气自行,多所陵折,其败必也。"后岁馀,磐果与司隶校尉苏邺、丁鸿事相连,坐死洛阳狱。而磐子肃复出入北宫及王侯邸第。援谓司马吕种曰:③"建武之元,名为天下重开。自今以往,海内日当安耳。但忧国家诸子并壮,而旧防未立,④若多通宾客,则大狱起矣。卿曹戒慎之!"及郭后薨,有上书者,以为肃等受诛之家,客因事生乱,[36]虑致贯高、任章之变。⑤帝怒,乃下郡县收捕诸王宾客,更相牵引,死者以千数。吕种亦豫其祸,临命叹曰:"马将军诚神人也!"

①子石,磐字也。

②长者谓豪侠者也。

③是援行军之司马也。

④旧防,诸侯王子不许交通宾客。

⑤张敖为赵王,其相贯高。高祖不礼赵王,高耻之,置人壁中,欲害高祖。又任章父宣,霍氏女婿,坐谋反诛。宣帝祠昭帝庙,章乃玄服夜入庙,待帝至,欲为逆。发觉,伏诛。并见《前书》。

永平初,援女立为皇后。显宗图画建武中名臣、列将于云台,①以椒房故,独不及援。东平王苍观图,言于帝曰:"何故不画伏波将军像?"帝笑而不言。至十七年,援夫人卒,乃更修封树,起祠堂。

①云台在南宫也。

建初三年,肃宗使五官中郎将持节追策,谥援曰忠成侯。

四子:廖,防,光,客卿。

客卿幼而歧嶷,年六岁,能应接诸公,专对宾客。尝有死罪亡命者来过,客卿逃匿,不令人知。外若讷而内沈敏。援甚奇之,以为将相器,故以客卿字焉。①援卒后,客卿亦夭没。

①张仪、虞卿并为客卿,故取名焉。事见《史记》。

论曰:马援腾声三辅,遨游二帝,及定节立谋,以干时主,将怀负鼎之愿,盖为千载之遇焉。① 然其戒人之祸,智矣,② 而不能自免于谗隙。岂功名之际,理固然乎?③ 夫利不在身,以之谋事则智;虑不私己,以之断义必厉。诚能回观物之智而为反身之察,若施之于人则能恕,自鉴其情亦明矣。④

　　① 伊尹负鼎以干汤。光武与窦融书曰"千载之遇"也。

　　② 谓诚窦固、梁松、王磐、吕种等,皆如所言也。

　　③ 居功名之地,谗构易兴,〔37〕 而能免之者少矣。

　　④ 见人之谓智,自见之谓明。以自见之明为见人之用,其于物理岂不通乎。

　　廖字敬平,少以父任为郎。① 明德皇后既立,拜廖为羽林左监、虎贲中郎将。显宗崩,受遗诏典掌门禁,遂代赵熹为卫尉,肃宗甚尊重之。

　　①《东观记》曰:"廖少习《易经》,清约沈静。援击武溪无功,卒于师,廖不得嗣爵。"

　　时皇太后躬履节俭,事从简约,廖虑美业难终,上疏长乐宫以劝成德政,曰:"臣案前世诏令,以百姓不足,起于世尚奢靡,故元帝罢服官,① 成帝御浣衣,哀帝去乐府。② 然而侈费不息,至于衰乱者,百姓从行不从言也。③ 夫改政移风,必有其本。传曰:'吴王好剑客,百姓多创瘢;楚王好细腰,宫中多饿死。'④ 长安语曰:⑤ '城中好高髻,四方高一尺;城中好广眉,四方且半额;城中好大袖,四方全匹帛。'斯言如戏,有切事实。前下制度未几,后稍不行。〔38〕 虽或吏不奉法,良由慢起京师。今陛下躬服厚缯,斥去华饰,素简所安,发自圣性。⑥ 此诚上合天心,下顺民望,浩大之福,莫尚于此。陛下既已得之自然,犹宜加以勉勖,法太宗之隆德,戒成、哀之不终。⑦《易》曰:'不恒其德,或承之羞。'⑧ 诚令斯事一竟,⑨ 则四海诵德,声薰天地,⑩ 神明可通,金石可勒,而况于行仁心乎,〔39〕 况于行令乎! 愿置章坐侧,以当瞽人夜诵之音。"⑪ 太后深纳之。朝廷大议,辄以询访。

　　①《前书音义》曰:"齐国旧有三服之官,春献冠帻縰为首服,纨素为冬服,轻绡为夏服。元帝约省,故罢之。"

②哀帝即位，诏罢郑卫之音，减郊祭及武乐等人数也。

③《书》曰："违上所命，从厥攸好。"

④《墨子》曰"楚灵王好细腰，而国多饿人"也。

⑤当时谚言。

⑥言俭素约简，后之所安。

⑦太宗，孝文也。玄默为化，身衣弋绨。成帝下诏，务崇俭约，禁断绮縠、女乐，嫁娶葬埋过制，唯青绿人所常服不禁。哀帝初即位，易帷帐，去锦绣，乘舆席缘绨缯而已。成帝以赵飞燕，哀帝以董贤，为俭并不终。

⑧《恒卦·九三·爻词》也。《巽》下《震》上，郑玄注云："巽为进退，不恒其德之象。又（玄）〔互〕体《兑》，〔40〕《兑》为毁折，后将有羞辱也。"

⑨竟犹终也。

⑩薰犹蒸也，言芳声薰天地也。

⑪瞽人，无目者也。古者瞽师教国子诵六诗。《前书·礼乐志》云"乃采诗夜诵"。夜诵者，其辞或秘，不可宣露，故于夜中歌诵也。

廖性质诚畏慎，不爱权执声名，尽心纳忠，不屑毁誉。①有司连据旧典，奏封廖等，累让不得已，建初四年，遂受封为顺阳侯，以特进就第。每有赏赐，辄辞让不敢当，京师以是称之。

①王逸注《楚词》云："屑，顾也。"

子豫，为步兵校尉。太后崩后，马氏失执，廖性宽缓，不能教勒子孙，豫遂投书怨诽。又防、光奢侈，好树党与。八年，有司奏免豫，遣廖、防、光就封。豫随廖归国，考击物故。①后诏还廖京师。永元四年，卒。和帝以廖先帝之舅，厚加赗赙，使者吊祭，王主会丧，谥曰安侯。〔41〕

①物，无也；故，事也：谓死也。

子遵嗣，徙封程乡侯。遵卒，无子，国除。元初三年，邓太后（诏）〔绍〕封廖孙度为颍阳侯。〔42〕

防字江平，永平十二年，与弟光俱为黄门侍郎。肃宗即位，拜防中郎将，稍迁城门校尉。

建初二年,金城、陇西保塞羌皆反,①拜防行车骑将军事,以长水校尉耿恭副,将北军五校兵及诸郡积射士三万人击之。军到冀,而羌豪布桥等围南部都尉于临洮。防欲救之,临洮道险,车骑不得方驾,防乃别使两司马将数百骑,分为前后军,去临洮十馀里为大营,多树幡帜,扬言大兵且当进。羌候见之,驰还言汉兵盛不可当。明旦遂鼓噪而前,羌虏惊走,因追击破之,斩首虏四千馀人,遂解临洮围。防开以恩信,烧当种皆降,唯布桥等二万馀人在临洮西南望曲谷。②十二月,羌又败耿恭司马及陇西长史于和罗谷,死者数百人。明年春,防遣司马夏骏将五千人从大道向其前,潜遣司马马彭将五千人从间道冲其心腹,又令将兵长史李调等将四千人绕其西,三道俱击,复破之,斩获千馀人,得牛羊十馀万头。羌退走,夏骏追之,反为所败。防乃引兵与战于索西,又破之。③布桥迫急,将种人万馀降。诏征防还,拜车骑将军,城门校尉如故。

①羌,东吾烧当之后也,以其父滇吾降汉,乃入居塞内,故称保塞。

②郦元注《水经》云望曲在临洮西南,去龙桑城二百里。

③索西,县名,故城在今岷州和政县东,亦名临洮东城,亦谓之赤城。《沙州记》云:"从东洮至西洮一百二十里。"东洮即谓此城。

防贵宠最盛,与九卿绝席。光自越骑校尉迁执金吾。四年,封防颍阳侯,光为许侯,兄弟二人各六千户。防以显宗寝疾,入参医药,又平定西羌,增邑千三百五十户。屡上表让位,俱以特进就第。皇太后崩,明年,拜防光禄勋,光为卫尉。防数言政事,多见采用。是冬始施行十二月迎气乐,〔43〕防所上也。①子钜,为常从小侯。②六年正月,以钜当冠,③特拜为黄门侍郎。肃宗亲御章台下殿,陈鼎俎,自临冠之。明年,防复以病乞骸骨,诏赐故中山王田庐,④以特进就第。

①解见《章帝纪》。

②以小侯故得常从也。

③《礼记》曰二十弱冠。〔44〕《仪礼》曰,士冠,筮于庙门,〔45〕主人玄冠朝服,有司如主人服。卒筮旅占告吉,若不吉即筮远日如初。前期三日,筮宾如求日之仪。陈服于房中西墉下,东领北上。始加缁布冠,次加皮弁,次加爵

弁。嫡子冠于阼，以著代也。三加而弥尊，冠而字之，敬其名也。祝曰："令
月吉辰，加尔元服，弃尔幼志，顺尔成德。"

④中山王焉以郭太后少子故，独留京师。建武三十年徙封中山，永平二年就
国，故以其田庐赐防也。

防兄弟贵盛，奴婢各千人已上，资产巨亿，皆买京师膏腴美田，又大
起第观，连阁临道，弥亘街路，多聚声乐，曲度比诸郊庙。①宾客奔凑，四
方毕至，京兆杜笃之徒数百人，常为食客，居门下。刺史、守、令多出其
家。岁时赈给乡闾，故人莫不周洽。防又多牧马畜，赋敛羌胡。帝不喜
之，数加谴敕，所以禁遏甚备，由是权执稍损，宾客亦衰。八年，因兄子
豫怨谤事，有司奏防、光兄弟奢侈逾僭，浊乱圣化，悉免就国。临上路，
诏曰："舅氏一门，俱就国封，四时陵庙无助祭先后者，朕甚伤之。其令
许侯思愆田庐，有司勿复请，②以慰朕《渭阳》之情。"③

①曲度谓曲之节度也。

②留之于京，守田庐而思愆过也。

③《渭阳》，《诗·秦风》也。秦康公送舅晋文公于渭之阳，念母之不见也。其
诗曰："我见舅氏，如母存焉。"

光为人小心周密，丧母过哀，①帝以是特亲爱之，乃复位特进。子
康，黄门侍郎。永元二年，光为太仆，康为侍中。及窦宪诛，光坐与厚
善，复免就封。后宪奴诬光与宪逆，自杀，②家属归本郡。本郡复杀康，
而防及廖子遵皆坐徙封丹阳。防为翟乡侯，租岁限三百万，不得臣吏
民。防后以江南下湿，上书乞归本郡，和帝听之。十三年，卒。

①《东观记》曰："光遭母丧，哀恸感伤，形骸骨立。"

②《东观记》曰："奴名玉当。初，窦氏有事，玉当亡，私从光乞，不与。恨去，怀
挟欲中光。官捕得玉当，因告言光与宪有恶谋，光以被诬不能自明，乃自
杀。光死后，宪他奴郭扈自出证明光、宪无恶言，光子朗上书迎光丧葬旧
茔，诏许之。"

子钜嗣，后为长水校尉。永初七年，邓太后诏诸马子孙还京师，随
四时见会如故事，复绍封光子朗为合乡侯。

　　严字威卿。父余,王莽时为杨州牧。严少孤,①而好击剑,习骑射。②后乃白援,从平原杨太伯讲学,专心坟典,能通《春秋左氏》,③因览百家群言,遂交结英贤,京师大人咸器异之。④仕郡督邮,援常与计议,委以家事。弟敦,字孺卿,亦知名。援卒后,严乃与敦俱归安陵,居钜下,⑤三辅称其义行,号曰"钜下二卿"。

　　①《东观记》:"余卒时,严七岁,依姊婿父九江连率平阿侯王述。明年,母复终,会述失郡,居沛郡。建武三年,余外孙右扶风曹贡为梧安侯相,迎严归,养视之。至四年,叔父援从车驾东征,过梧安,乃将严兄弟西。严年十三至雒阳,留寄郎朱仲孙舍,大奴步护视之也。"

　　②《东观记》曰:"严从其故门生肆都学击剑,〔46〕习骑射。"

　　③《东观记》曰,从司徒祭酒陈元受之。

　　④大人,长者之称也。

　　⑤《决录注》曰:"钜下,地名也。"

　　明德皇后既立,严乃闭门自守,犹复虑致讥嫌,遂更徙北地,断绝宾客。永平十五年,皇后敕使移居洛阳。显宗召见,严进对闲雅,意甚异之,有诏留仁寿闼,与校书郎杜抚、班固等杂定《建武注记》。常与宗室近亲临邑侯刘复等论议政事,甚见宠幸。后拜将军长史,将北军五校士、羽林禁兵三千人,屯西河美稷,①卫护南单于,听置司马、从事。牧守谒敬,同之将军。敕严过武库,祭蚩尤,②帝亲御阿阁,③观其士众,时人荣之。

　　①美稷,县名。

　　②武库,掌兵器,令一人,秩六百石。《前书音义》曰:"蚩尤,古天子,好五兵,故今祭之。"见《高祖纪》也。

　　③阿,曲也。

　　肃宗即位,征拜侍御史中丞,〔47〕除子鳣为郎,①令劝学省中。②其冬,有日食之灾,严上封事曰:"臣闻日者众阳之长,食者阴侵之征。《书》曰:'无旷庶官,天工人其代之。'③言王者代天官人也。故考绩黜陟,以明褒贬。④无功不黜,则阴盛陵阳。臣伏见方今刺史太守专州典

郡,不务奉事尽心为国,而司察偏阿,取与自己,同则举为尤异,异则中
以刑法,⑤不即垂头塞耳,采求财赂。今益州刺史朱酺、杨州刺史倪
说、⑥凉州刺史尹业等,每行考事,辄有物故,⑦又选举不实,曾无贬坐,
是使臣下得作威福也。故事,州郡所举上奏,司直察能否以惩虚实。⑧
今宜加防检,式遵前制。旧丞相、御史亲治职事,唯丙吉以年老优游,不
案吏罪,⑨于是宰府习为常俗,更共罔养,以崇虚名,⑩或未晓其职,便复
迁徙,诚非建官赋禄之意。宜敕正百司,各责以事,州郡所举,必得其
人。若不如言,裁以法令。传曰:'上德以宽服民,其次莫如猛。故火烈
则人望而畏之,水懦则人狎而翫之。为政者宽以济猛,猛以济宽。'⑪如
此,绥御有体,灾眚消矣。"⑫书奏,帝纳其言而免酺等官。

①鳟音时充反。

②劝,勉也。《前书》王凤荐班伯于成帝,宜劝学,召见宴昵殿是也。

③《尚书》咎繇之词。

④《尚书》曰:"三载考绩,三考黜陟幽明。"

⑤中音丁仲反。

⑥倪音五今反。说音悦。

⑦考,按也。

⑧《前书》武帝元狩五年,初置司直,比二千石,掌佐丞相举不法。《续汉书》
　曰:"光武以武帝故事置司直,居丞相府,助督录诸州。建武十八年省之。"

⑨丙吉字少卿,鲁人也。宣帝时,为丞相。掾史有罪,终无所验。公府不按
　吏,自吉始也。见《前书》。

⑩罔养犹依违也。

⑪《左传》郑子产诫子太叔为政之词也。

⑫眚亦灾也。

建初元年,迁五官中郎将,除三子为郎。严数荐达贤能,申解冤结,
多见纳用。复以五官中郎将行长乐卫尉事。二年,拜陈留太守。严当
之职,乃言于帝曰:"昔显亲侯窦固误先帝出兵西域,置伊吾卢屯,烦费
无益。又窦勋受诛,其家不宜亲近京师。"是时勋女为皇后,窦氏方宠,
时有侧听严言者,以告窦宪兄弟,由是失权贵心。严下车,明赏罚,发奸

愿,郡界清静。时京师讹言贼从东方来,百姓奔走,转相惊动,诸郡遑急,各以状闻。严察其虚妄,独不为备。诏书敕问,使驿系道,严固执无贼,后卒如言。典郡四年,坐与宗正刘轶、少府丁鸿等更相属托,征拜太中大夫;十馀日,迁将作大匠。七年,复坐事免。后既为窦氏所忌,遂不复在位。及帝崩,窦太后临朝,严乃退居自守,训教子孙。永元十年,卒于家,时年八十二。

弟敦,官至虎贲中郎将。严七子,①唯续、融知名。续字季则,七岁能通《论语》,十三明《尚书》,十六治《诗》,博观群籍,善《九章算术》。②顺帝时,为护羌校尉,迁度辽将军,所在有威恩称。融自有传。

①谓固,伉,歆,鳟,融,留,续。

②刘徽《九章算术》曰《方田》第一,《粟米》第二,(美外)〔《差分》〕第三,〔48〕《少广》第四,《商功》第五,《均输》第六,《盈不足》第七,《方程》第八,《句股》第九。

棱字伯威,援之族孙也。少孤,依从兄毅共居业,恩犹同产。毅卒无子,棱心丧三年。①

①《东观记》曰:"毅,张掖属国都尉。"

建初中,仕郡功曹,举孝廉。及马氏废,肃宗以棱行义,征拜谒者。章和元年,迁广陵太守。时谷贵民饥,奏罢盐官,以利百姓,赈贫赢,薄赋税,兴复陂湖,溉田二万馀顷,吏民刻石颂之。①永元二年,转汉阳太守,有威严称。大将军窦宪西屯武威,棱多奉军费,侵赋百姓,宪诛,坐抵罪。后数年,江湖多剧贼,以棱为丹阳太守。棱发兵掩击,皆禽灭之。转会稽太守,治亦有声。转河内太守。永初中,坐事抵罪,卒于家。

①《东观记》曰:"棱在广陵,蝗(虫)〔蟲〕入江海,化为鱼虾,〔49〕兴复陂湖,增岁租十余万斛。"

赞曰:伏波好功,爰自冀、陇。南静骆越,西屠烧种。徂年已流,壮情方勇。明德既升,家祚以兴。廖乏三趣,防遂骄陵。①

①《左氏传》曰,宋正考甫三命滋益恭,"一命而偻,再命而伛,三命而俯,循墙
而走,亦莫余敢侮"。

【校勘记】

〔1〕 马何罗 《集解》引惠士奇说,谓"马"《前书》作"莽",莽马音同,古文通。

〔2〕 况字长平 汲本、殿本"长"作"君"。按:聚珍本《东观记》亦作"君"。

〔3〕 否则守钱虏耳 按:《集解》引惠栋说,谓"虏"《袁宏纪》作"奴"。

〔4〕 师事颍川满昌 按:汲本"满"作"蒲",《东观记》同。

〔5〕 又尝为牧(帅)〔师〕令 《集解》引陈景云说,谓注"帅"当作"师",前汉有
牧师令。今据改。

〔6〕 如偶人形 按:汲本"偶"作"俑"。《袁纪》同。

〔7〕 东观记(曰) "曰"字当衍,今删。

〔8〕 但帻坐 殿本"但"作"袒",聚珍本《东观记》同。按:《校补》引《说文》
"但,裼也","裼,但也",谓古"袒"作"但",故《通鉴》亦作"但帻坐"。

〔9〕 以离嚣(友)〔支〕党 据汲本改。按:《刊误》谓"友"当作"支"。

〔10〕 言为标准(谓)〔为〕射的也 据殿本改。

〔11〕 其田土肥壤 按:《集解》引沈钦韩说,谓《方言》"瀼,肥也",《广雅》"瀼,
盛也","壤"当为"瀼"。

〔12〕 县管蛮夷曰道 《刊误》谓"管"当依《汉书》本文作"有"。今按:《汉志》
作"有蛮夷曰道",《续志》作"县主蛮夷曰道"。

〔13〕 务开(宽)〔恩〕信(恩)〔宽〕以待下 据《刊误》改。按:聚珍本《东观记》正
作"务开恩信,宽以待下"。

〔14〕 督楼船将军段志等 按:"段志"《袁宏纪》作"殷志"。

〔15〕 援追徵侧等至禁溪 按:《通鉴》胡注谓"禁溪"《水经注》及《越志》皆作
"金溪"。

〔16〕 当吾在浪泊西里间 按:王先谦谓《东观记》"里"下有"坞"字。

〔17〕 毒气重蒸 《刊误》谓"重"当作"熏"。今按:《集解》引周寿昌说,谓重蒸
言下潦上雾,两重相蒸也,不必改"熏"。王先谦谓《东观记》作"熏",案
"重"字亦通。

〔18〕雒将之女也　按:沈钦韩谓"雒"当为"骆",贾损之所谓"骆越之民",《前书·闽越传》"瓯骆将左黄同"。

〔19〕奔入金溪(穴)〔究〕中　《集解》引沈钦韩说,谓"穴"当为"究"。《水经·郁水注》引竺枝《扶南记》曰,山溪濑中谓之究。又《叶榆水注》,援将兵讨侧,侧走金溪究中。今据改。

〔20〕徵侧徐党都羊等　《光武纪》"都羊"作"都阳"。按:阳羊古通作。

〔21〕考之于〔行〕事　据汲本、殿本补。

〔22〕牙(欲)去齿一寸　据《刊误》删。

〔23〕腹下欲平满　按:《集解》引惠栋说,谓唐、宋旧本皆云"胁堂欲平满"。

〔24〕汗沟欲深〔而〕长(而)膝本欲起　据《刊误》改。

〔25〕见父之执友　按:殿本、《集解》本无"友"字,与《礼记》合。

〔26〕武威将军刘尚　按:王先谦谓《东观记》"刘尚"作"刘禹"。

〔27〕谒者杜愔　按:《集解》引惠栋说,谓《袁宏纪》"杜愔"作"杜忆"。

〔28〕年迫馀日索　按:《集解》引王补说,谓《通鉴》作"年迫日索",无"馀"字。

〔29〕妄是非正法　按:《通鉴》"正"作"政"。《集解》引惠栋说,谓案注当作"政"。

〔30〕窦固以之交结　按:王先谦谓"以"字无义,疑当作"与",音近而讹。

〔31〕犀之有文彩也　按:《校补》谓"之"当作"角"。

〔32〕时权葬　按:《校补》谓"时权"二字当乙。

〔33〕庞共与魏太子质于邯郸　按:《校补》谓"庞共"《魏策》作"庞葱"。

〔34〕常伏田里　按:《校补》谓观下文"报归田里",则朱勃上书之时必尚未归田里,安得云"常伏田里","常"盖当"当"之误。

〔35〕书奏报归田里　按:王补谓《袁纪》"书奏不报,归田里",此"报"上夺"不"字,《通鉴》作"帝意稍解"。《校补》则谓《袁纪》"不"字必系误衍。当时帝方盛怒,勃固无不待报而擅归田里之理。勃书本自陈年已六十,当伏田里,故帝报许之,不以其讼伏波为罪,即意稍解也。

〔36〕客因事生乱　按:《刊误》谓"客"是"容"之误。

〔37〕谗构易兴　按:"构"原作"搆",径改正。

〔38〕前下制度未几后稍不行　《刊误》谓案文有"未几",则不当更有"后"字,盖本是"复"字也。今按:应读"前下制度未几"为句,"后"字连下读,刘说未谛。

〔39〕 而况于行仁心乎　按:"行"字疑涉下"行令"而讹衍,《群书治要》引此无
　　　 "行"字,《通鉴》则删此一句。

〔40〕 又(玄)〔互〕体兑　据殿本改。

〔41〕 谥曰安侯　按:汲本、殿本"安"作"哀"。

〔42〕 (诏)〔绍〕封廖孙度为颍阳侯　殿本《考证》谓"诏"当作"绍"。今据改。

〔43〕 十二月迎气乐　按:《东观记》"十二月"作"十月"。

〔44〕 二十弱冠　按:张森楷《校勘记》谓"弱"上当有"曰"字。

〔45〕 筮于庙门　按:《刊误》谓"筮"下当有"日"字。

〔46〕 严从其故门生肆都学击剑　《刊误》谓门生无故者,"故"当作"叔"。按:
　　　 《集解》引周寿昌说,谓"其"字指马援,谓援之故门生,注截引《东观记》
　　　 原文,故字句微阂。

〔47〕 征拜侍御史中丞　《集解》引惠栋说,谓征拜侍御史,复迁中丞也。按:
　　　 沈家本谓疑此"侍"字衍。

〔48〕 (羡外)〔差分〕第三　据汲本、殿本改。

〔49〕 蝗(虫)〔蟲〕入江海化为鱼虾　据汲本改。

后汉书卷二十五

卓鲁魏刘列传第十五

鲁恭弟丕

卓茂字子康,〔1〕南阳宛人也。父祖皆至郡守。茂,元帝时学于长安,事博士江生,①习《诗》、《礼》及历算,究极师法,称为通儒。性宽仁恭爱。乡党故旧,虽行能与茂不同,而皆爱慕欣欣焉。②

① 江生,鲁人江翁也。昭帝时为博士,号《鲁诗》宗。见《前书》。

② 《东观记》曰:"茂为人恬荡乐道,推实不为华貌,〔2〕行己在于清浊之间,自束发至白首,与人未尝有争竞。"

初辟丞相府史,事孔光,光称为长者。时尝出行,有人认其马。茂问曰:"子亡马几何时?"对曰:"月馀日矣。"茂有马数年,心知其谬,嘿解与之,挽车而去,顾曰:"若非公马,幸至丞相府归我。"他日,马主别得亡者,乃诣府送马,叩头谢之。茂性不好争如此。

后以儒术举为侍郎,给事黄门,迁密令。①劳心谆谆,视人如子,②举善而教,口无恶言,吏人亲爱而不忍欺之。③人尝有言部亭长受其米肉遗者,④茂辟左右问之曰:"亭长为从汝求乎? 为汝有事嘱之而受乎? 将平居自以恩意遗之乎?"人曰:"往遗之耳。"茂曰:"遗之而受,何故言邪?"人曰:"窃闻贤明之君,使人不畏吏,吏不取人。今我畏吏,是以遗之,吏既卒受,故来言耳。"茂曰:"汝为敝人矣。凡人所以贵于禽兽者,以有仁爱,知相敬事也。今邻里长老尚致馈遗,此乃人道所以相亲,况吏与民乎? 吏顾不当乘威力强请求耳。凡人之生,群居杂处,故有经纪礼义以相交接。〔3〕汝独不欲修之,宁能高飞远走,不在人间邪? 亭长素善吏，岁时遗之，礼也。"人曰："苟如此，律何故禁之?"茂笑曰："律设大法，礼顺人情。今我以礼教汝，汝必无怨恶；以律治汝，何所措其手足乎? 一门之内，小者可论，大者可杀也。且归念之!"于是人纳其训，吏怀其恩。初，茂到县，有所废置，吏人笑之，邻城闻者皆蚩其不能。河南郡为置守令，茂不为嫌，理事自若。⑤数年，教化大行，道不拾遗。平帝时，天下大蝗，河南二十馀县皆被其灾，独不入密县界。督邮言之，⑥太守不信，自出案行，见乃服焉。

①密，今洛州密县也。

②谆谆，忠谨之貌也。《诗》曰："诲尔谆谆。"音之顺反。

③《家语》曰："密子贱为单父宰，〔4〕人不忍欺。"

④部谓所部也。

⑤《东观记》曰："守令与茂并居，久之，吏人不归往守令。"

⑥《续汉志》曰："郡监县有五部，部有督邮掾，以察诸县也。"

是时王莽秉政，置大司农六部丞，劝课农桑，①迁茂为京部丞，密人老少皆涕泣随送。及莽居摄，以病免归郡，常为门下掾祭酒，不肯作职吏。

①王莽摄政，置大司农部丞十三人，人部一州，劝课农桑。今书及《东观记》并言六部。

更始立，以茂为侍中祭酒，①从至长安，知更始政乱，以年老乞骸骨归。

①《续汉志》曰："侍中，无员，掌侍左右，顾问应对，本有仆射一人，中兴转为祭酒。"

时光武初即位，先访求茂，茂诣河阳谒见。①乃下诏曰："前密令卓茂，束身自修，执节淳固，诚能为人所不能为。夫名冠天下，当受天下重赏，故武王诛纣，封比干之墓，表商容之闾。②今以茂为太傅，封褒德侯，食邑二千户，③赐几杖车马，衣一袭，絮五百斤。"④〔5〕复以茂长子戎为太中大夫，次子崇为中郎，给事黄门。建武四年，薨，赐棺椁冢地，车驾素服亲临送葬。

①《东观记》曰,茂时年七十馀矣。

②王子比干,纣杀之。商容,殷贤臣。武王入殷,命闳夭封比干之墓,命毕公表商容之闾。表,旌显也。闾,里门也。事见《史记》。

③《东观记》、《续汉书》皆作"宣德侯。"〔6〕

④单复具谓之袭。

子崇嗣,徙封汎乡侯,官至大司农。①崇卒,子棽嗣。②棽卒,子䜣嗣。䜣卒,子隆嗣。永元十五年,隆卒,无子,国除。

①汎乡在琅邪郡不其县。

②棽音丑金反,又所金反。

初,茂与同县孔休、陈留蔡勋、安众刘宣、楚国龚胜、上党鲍宣六人同志,不仕王莽时,〔7〕并名重当时。休字子泉,哀帝初,守新都令。①后王莽秉权,休去官归家。及莽篡位,遣使赍玄纁、束帛,请为国师,遂欧血托病,杜门自绝。光武即位,求休、勋子孙,赐谷以旌显之。刘宣字子高,安众侯崇之从弟,知王莽当篡,乃变名姓,抱经书隐避林薮。建武初乃出,光武以宣袭封安众侯。擢龚胜子赐为上谷太守。胜、鲍宣事在《前书》。勋事在玄孙邕传。

①新都,县也,属南阳郡。

论曰:建武之初,雄豪方扰,虓呼者连响,婴城者相望,①斯固倥偬不暇给之日。②卓茂断断小宰,无它庸能,③时已七十馀矣,而首加聘命,优辞重礼,其与周、燕之君表闾立馆何异哉?④于是蕴愤归道之宾,⑤越关阻,捐宗族,以排金门者众矣。夫厚性宽中近于仁,犯而不校邻于恕,⑥率斯道也,怨悔曷其至乎!⑦

①虓,虎怒也。《诗》曰:"阚如虓虎。"婴城,言以城自婴绕。

②《字书》曰:"倥偬,穷困也。给,足也。"日促事多,不暇给足也。

③断断犹专一也。《书》曰:"断断猗无它伎。"

④《史记》燕昭王即位,欲雪齐耻,以招贤者,得郭隗,为筑宫而师事之。

⑤蕴,积也。

⑥校,报也。邻,近也。曾子曰:"犯而不校。"

⑦怨谓为人所怨也。悔,恨也。

鲁恭字仲康,扶风平陵人也。其先出于鲁(倾)〔顷〕公,〔8〕为楚所灭,迁于下邑,因氏焉。世吏二千石,哀平间,自鲁而徙。祖父匡,王莽时,为羲和,有权数,号曰"智囊"。①父某,建武初,为武陵太守,卒官。时恭年十二,弟丕七岁,昼夜号踊不绝声,郡中赙赠无所受,②乃归服丧,礼过成人,乡里奇之。十五,与母及丕俱居太学,习《鲁诗》,③〔9〕闭户讲诵,绝人间事,兄弟俱为诸儒所称,学士争归之。

①匡设六筦之法以穷工商,故曰权数。

②《公羊传》曰:"货财曰赙。"

③高祖时鲁申公诗也。

太尉赵憙慕其志,每岁时遣子问以酒粮,皆辞不受。①恭怜丕小,欲先就其名,托疾不仕。郡数以礼请,谢不肯应,母强遣之,恭不得已而西,因留新丰教授。建初初,丕举方正,恭始为郡吏。太傅赵憙闻而辟之。肃宗集诸儒于白虎观,恭特以经明得召,与其议。②

①问,遗也。

②与音豫也。

敕憙复举恭直言,待诏公车,拜中牟令。恭专以德化为理,不任刑罚。讼人许伯等争田,累守令不能决,〔10〕恭为平理曲直,皆退而自责,辍耕相让。亭长从人借牛而不肯还之,牛主讼于恭。恭召亭长,敕令归牛者再三,犹不从。恭叹曰:"是教化不行也。"欲解印绶去。掾史泣涕共留之,①亭长乃惭悔,还牛,诣狱受罪,恭贳不问。②于是吏人信服。建初七年,郡国螟伤稼,犬牙缘界,不入中牟。河南尹袁安闻之,疑其不实,使仁恕掾肥亲往廉之。③恭随行阡陌,俱坐桑下,有雉过,止其傍。傍有童儿,亲曰:"儿何不捕之?"儿言"雉方将雏"。亲瞿然而起,④〔11〕与恭诀曰:"所以来者,欲察君之政迹耳。今虫不犯境,此一异也;化及鸟兽,此二异也;竖子有仁心,此三异也。久留,徒扰贤者耳。"还府,具以状白安。是岁,嘉禾生恭便坐廷中,⑤安因上书言状,帝异之。会诏百官举贤良方正,恭荐中牟名士王方,帝即征方诣公车,礼之与公卿所举同,方致位侍中。恭在事三年,州举尤异,会遭母丧去官,吏人思之。

①《续汉志》曰:“县置掾史如郡。”

②赏,宽贷也,音时夜反。

③仁恕掾,主狱,属河南尹,见《汉官仪》。廉,察也。

④瞿音久住反。

⑤便坐,于便侧之处,非正室也。《续汉书》云:“恭谦不矜功,封以言府,府即奏上。尹以檄劳曰:‘君以名德,久屈中牟,物产之化流行,天降休瑞,应行而生,尹甚嘉之。’”

后拜侍御史。和帝初立,议遣车骑将军窦宪与征西将军耿秉击匈奴,恭上疏谏曰:

　　陛下亲劳圣思,日昃不食,忧在军役,诚欲以安定北垂,为人除患,定万世之计也。臣伏独思之,未见其便。社稷之计,万人之命,在于一举。数年以来,秋稼不熟,人食不足,仓库空虚,国无畜积。会新遭大忧,人怀恐惧。①陛下躬大圣之德,履至孝之行,尽谅阴三年,听于冢宰。百姓阙然,三时不闻警跸之音,②莫不怀思皇皇,若有求而不得。③今乃以盛春之月,兴发军役,扰动天下,以事戎夷,诚非所以垂恩中国,改元正时,由内及外也。

①章帝崩也。

②三时,秋、夏、冬也。天子出警入跸。和帝章和二年二月即位,明年春,议击匈奴。帝在谅阴不出,故百姓三时不闻警跸。

③《礼记·檀弓》曰:“鲁人颜丁善居丧,始死,皇皇焉如有求而不得。”言百姓思帝,故恭引之。

　　万民者,天之所生。天爱其所生,犹父母爱其子。一物有不得其所者,则天气为之舛错,况于人乎? 故爱人者必有天报。昔太王重人命而去邠,故获上天之祐。①夫戎狄者,四方之异气也。蹲夷踞肆,与鸟兽无别。②若杂居中国,则错乱天气,污辱善人,是以圣王之制,羁縻不绝而已。③

①《史记》,古公修后稷、公刘之业,国人皆戴之。戎翟攻之,人人皆怒欲战,古
　公曰:"人以我故战,杀人父子,予不忍为。"乃与私属尽去邠,止于岐下。邠
　人举国扶老携弱,尽复归于岐下。旁国闻之,亦多归附。古公乃营筑城郭
　室屋而邑之,人皆歌颂其德。武王即位,追尊古公为大王。

②夷,平也。肆,放也。言平坐踞傲,肆放无礼也。

③《字书》曰:"羁,马络头也。"《苍颉篇》曰:"縻,牛缰也。"

　　今边境无事,宜当修仁行义,尚于无为,令家给人足,安业乐
产。夫人道乂于下,则阴阳和于上,祥风时雨,覆被远方,夷狄重译
而至矣。《易》曰:'有孚盈缶,终来有它吉。'①言甘雨满我之缶,诚
来有我而吉已。②〔12〕夫以德胜人者昌,以力胜人者亡。今匈奴为
鲜卑所杀,远藏于史侯河西,〔13〕去塞数千里,而欲乘其虚耗,利其
微弱,是非义之所出也。前太仆祭肜远出塞外,卒不见一胡而兵已
困矣。③白山之难,不绝如绖,④都护陷没,士卒死者如积,⑤迄今被
其辜毒。孤寡哀思之心未弭,仁者念之,以为累息,奈何复欲袭其
迹,不顾患难乎?今始征发,而大司农调度不足,⑥使者在道,分部
督趣,⑦上下相迫,民间之急亦已甚矣。三辅、并、凉少雨,麦根枯
焦,牛死日甚,此其不合天心之效也。群僚百姓,咸曰不可,陛下独
奈何以一人之计,弃万人之命,不恤其言乎?上观天心,下察人志,
足以知事之得失。臣恐中国不为中国,岂徒匈奴而已哉!惟陛下
留圣恩,〔14〕休罢士卒,以顺天心。

①《易·比卦》辞也。孚,诚信也。缶,土器也。王弼注云:"亲乎天下,著信盈
　缶,应者岂一道而来,故必有它吉也。"

②《比卦》《坤》下《坎》上。《坤》为土,缶之象也。《坎》为水,雨之象也。《坎》
　在《坤》上,故曰甘雨满我之缶。有诚信,则它人来附而吉也。

③永平十六年,窦固、祭肜、耿秉、来苗等四道出击匈奴。固至天山,击走呼衍
　王,肜坐不至涿邪山,无所见而还,下狱免为庶人也。

④白山即天山也。言肜、固俱击匈奴,固至天山,肜还下狱,同历艰危,故曰如
　绖。《公羊传》曰"中国不绝若绖"也。

⑤永平末年,焉耆、龟兹共攻没都护陈睦,杀吏士二千馀人。

⑥度音大各反。

⑦趣音促。

书奏，不从。每政事有益于人，恭辄言其便，无所隐讳。

　　其后拜为《鲁诗》博士，由是家法学者日盛。迁侍中，数召谦见，问以得失，赏赐恩礼宠异焉。迁乐安相。① 是时东州多盗贼，群辈攻劫，诸郡患之。恭到，重购赏，开恩信，② 其渠帅张汉等率支党降，恭上以汉补博昌尉，③ 其馀遂自相捕击，尽破平之，州郡以安。

①章帝孙千乘王宠相也。和帝改千乘国为乐安国，故城在今淄州高苑县北。

②《说文》曰："以财相赇曰购。"

③博昌，县，属千乘国，今青州县也。

　　永元九年，征拜议郎。八月，饮酎，斋会章台，诏使小黄门特引恭前。其夜拜侍中，敕使陪乘，劳问甚渥。冬，迁光禄勋，选举清平，京师贵戚莫能枉其正。十(二)〔三〕年，代吕盖为司徒。①〔15〕十五年，从巡狩南阳，除子抚为郎中，赐骈马从驾。② 时弟丕亦为侍中。兄弟父子并列朝廷。后坐事策免。③ 殇帝即位，以恭为长乐卫尉。永初元年，复代梁鲔为司徒。④

①《汉官仪》曰："吕盖字君(上)〔玉〕，〔16〕苑陵人。"

②骈，副也。非正所乘，皆为副。《说文》曰："骈马，副马也。"

③《续汉书》曰"坐族弟弘农都尉炳事免官"也。

④《汉官仪》曰"鲔字伯元，河东平阳人"也。

　　初，和帝末，下令麦秋得案验薄刑，而州郡好以苛察为政，因此遂盛夏断狱。恭上疏谏曰：

　　　臣伏见诏书，敬若天时，① 忧念万民，为崇和气，罪非殊死，且勿案验。进柔良，退贪残，奉时令。② 所以助仁德，顺昊天，致和气，利黎民者也。

①若，顺也。《尚书·尧典》曰："乃命羲和，钦若昊天，敬授人时。"

②言顺月令以行事也。

　　　旧制至立秋乃行薄刑，自永元十五年以来，改用孟夏，而刺史、太守不深惟忧民息事之原,进良退残之化,①因以盛夏征召农人,拘对考验,连滞无已。司隶典司京师,四方是则,②而近于春月分行诸部,托言劳来贫人,而无隐恻之实,烦扰郡县,廉考非急,逮捕一人,罪延十数,③上逆时气,下伤农业。案《易》五月《姤》用事。④经曰:"后以施令诰四方。"⑤言君以夏至之日,施命令止四方行者,所以助微阴也。⑥行者尚止之,况于逮召考掠,夺其时哉!

①《月令》曰:"孟夏,命太尉赞桀俊,遂贤良,举长大,行爵出禄,必当其位。"

②《汉官仪》曰:"司隶校尉董领京师及三辅、三河、弘农。"

③逮,及也。辞所连及,即追捕之。

④《东观记》曰:"五月《姤卦》用事。"《姤卦》《巽》下《乾》上,初六,一阴爻生,五月之卦也。本多作"后",古字通。

⑤诰,理也。《易·姤卦·象》曰:"天下有风,《姤》,后以施令诰四方。"〔17〕《乾》为天,君之象也;《巽》为风,号令之象也;后,君也;故以喻人君施令也。

⑥《易·复卦》曰:"先王以至日闭关,商旅不行。"故夏至宜止行也。五月阴气始生,故曰微阴。

　　比年水旱伤稼,人饥流冗。①今始夏,百谷权舆,阳气胎养之时。②自三月以来,阴寒不暖,物当化变而不被和气。《月令》:"孟夏断薄刑,出轻系。行秋令则苦雨数来,五谷不熟。"③又曰:"仲夏挺重囚,益其食。④行秋令则草木零落,⑤人伤于疫。"⑥夫断薄刑者,谓其轻罪已正,不欲令久系,故时断之也。臣愚以为今孟夏之制,可从此令,其决狱案考,皆以立秋为断,以顺时节,育成万物,则天地以和,刑罚以清矣。

①冗,散也。

②《尔雅》曰:"权舆,始也。"万物皆含胎长养之时。

③郑玄注《礼记》云:"申之气乘之也。苦雨,白露之类也,时物得而伤也。"

④挺犹宽也。

⑤酉之气乘之也。八月宿直昴,为狱主杀。

⑥大陵之气为害也。大陵,星名。《春秋合诚图》曰"大陵主死丧"也。

初,肃宗时,断狱皆以冬至之前,自后论者互多驳异。邓太后诏公卿以下会议，恭议奏曰：

　　夫阴阳之气，相扶而行，发动用事，各有时节。若不当其时，则物随而伤。王者虽质文不同，而兹道无变，四时之政，行之若一。《月令》，周世所造，而所据皆夏之时也，① 其变者唯正朔、服色、牺牲、徽号、器械而已。② 故曰："殷因于夏礼，周因于殷礼，所损益可知也。"《易》曰："潜龙勿用。"③ 言十一月、十二月阳气潜藏，未得用事。虽煦嘘万物，养其根荄，④ 而犹盛阴在上，地冻水冰，阳气否隔，闭而成冬。故曰："履霜坚冰，阴始凝也。驯致其道，至坚冰也。"⑤ 言五月微阴始起，至十一月坚冰至也。

① 谓气候及星辰昏旦，皆夏时也。

② 夏以建寅为正，服色、牺牲、徽号、器械皆尚黑；殷以建丑为正，尚白；周以建子为正，尚赤。周以夜半为朔，殷以鸡鸣为朔，夏以平旦为朔。祭天地宗庙曰牺，卜得吉日牲。徽号，旌旗之名也。器械，礼乐之器及甲兵也。

③ 龙以喻阳气，《易·乾卦·初九·爻辞》。

④ 荄，草根也。荄音该，又音皆。

⑤《易·坤卦·象辞》也。驯，顺也。言阴以卑顺为道，渐至显著，犹自履霜而至坚冰。

　　夫王者之作，因时为法。孝章皇帝深惟古人之道，助三正之微，定律著令，① 冀承天心，顺物性命，以致时雍。然从变改以来，年岁不熟，谷价常贵，人不宁安。小吏不与国同心者，率入十一月得死罪贼，不问曲直，便即格杀，虽有疑罪，不复谳正。一夫吁嗟，王道为亏，况于众乎？《易》十一月"君子以议狱缓死"。②〔18〕可令疑罪使详其法，大辟之科，尽冬月乃断。其立春在十二月中者，勿以报囚如故事。③

① 三正，三微也。《前书音义》曰："言阳气始施，万物微而未著，故曰微。"一曰天统，谓周十一月建子为正，天始施之端也。二曰地统，谓殷十二月建丑为正，地始化之端也。三曰人统，谓夏十三月建寅为正，人始成之端也。

②《易·中孚·象词》也。《稽览图·中孚》十一月卦也。〔19〕

③ 报囚，谓奏请报决也。

后卒施行。

恭再在公位，选辟高第，至列卿郡守者数十人。而其耆旧大姓，或不蒙荐举，至有怨望者。恭闻之，曰："学之不讲，是吾忧也。① 诸生不有乡举者乎？"终无所言。② 恭性谦退，奏议依经，潜有补益，然终不自显，故不以刚直为称。三年，以老病策罢。六年，年八十一，卒于家。

①讲，习也。《论语》孔子之言也。

②言人患学之不习耳，若能究习，自有乡里之举，岂要待三公之辟乎？

以两子为郎。长子谦，为陇西太守，有名绩。谦子旭，官至太仆，[20] 从献帝西入关，与司徒王允同谋共诛董卓。及李傕入长安，旭与允俱遇害。

丕字叔陵，性沈深好学，孳孳不倦，① 遂杜绝交游，不答候问之礼。士友常以此短之，而丕欣然自得。遂兼通《五经》，以《鲁诗》、《尚书》教授，为当世名儒。后归郡，为督邮功曹，所事之将，无不师友待之。

①孳孳，不怠之意。

建初元年。肃宗诏举贤良方正，大司农刘宽举丕。时对策者百有馀人，唯丕在高第，除为议郎，迁新野令。视事期年，州课第一，擢拜青州刺史。务在表贤明，慎刑罚。七年，坐事下狱司寇论。①

①司寇，刑名也。决罪曰论，言奏而论决之。《前书》曰"司寇，二岁刑"也。

元和元年征，再迁，拜赵相。门生就学者常百馀人，关东号之曰"《五经》复兴鲁叔陵"。赵王商尝欲避疾① 便时移住学官，[21] 丕止不听。② 王乃上疏自言，诏书下丕。丕奏曰："臣闻《礼》，诸侯薨于路寝，大夫卒于嫡室，③ 死生有命，未有逃避之典也。学官传五帝之道，修先王礼乐教化之处，王欲废塞以广游谦，事不可听。"诏从丕言，王以此惮之。其后帝巡狩之赵，特被引见，难问经传，厚加赏赐。在职六年，嘉瑞屡降，吏人重之。

①商，赵王良之孙。

②学官谓学舍也。

③路寝、嫡室皆正寝。《礼·丧大记》之文。

永元二年,迁东郡太守。丕在二郡,为人修通溉灌,百姓殷富。数荐达幽隐名士。①明年,拜陈留太守。视事三期,后坐禀贫人不实,征司寇论。

①《续汉书》曰:"荐王龚等,皆备帷幄近臣。"

十一年复征,再迁中散大夫。①时侍中贾逵荐丕道艺深明,宜见任用。和帝因朝会,召见诸儒,丕与侍中贾逵、尚书令黄香等相难数事,帝善丕说,罢朝,特赐冠帻履袜衣一袭。丕因上疏曰:"臣以愚顽,显备大位,犬马气衰,猥得进见,论难于前,无所甄明,②衣服之赐,诚为优过。臣闻说经者,传先师之言,非从己出,不得相让;相让则道不明,若规矩权衡之不可枉也。③难者必明其据,说者务立其义,浮华无用之言不陈于前,故精思不劳而道术愈章。法异者,各令自说师法,博观其义。[22]览诗人之旨意,察《雅》、《颂》之终始,明舜、禹、皋陶之相戒,④显周公、箕子之所陈,⑤观乎人文,化成天下。⑥陛下既广纳謇謇以开四聪,无令刍荛以言得罪;⑦既显岩穴以求仁贤,无使幽远独有遗失。"

①《续汉志》曰:"秩六百石,无员。"

②甄,别也。

③规,圆也。矩,方也。权,秤锤。衡,秤衡。

④《尚书》帝舜谓禹曰:"臣作朕股肱耳目。"禹戒舜曰:"安汝止,慎乃在位。"咎繇戒禹曰:"慎厥身修,思永,惇叙九族,在知人。"禹曰:"吁咸若时,惟帝其难之。"是相诫也。

⑤周公作《无逸》、《立政》二篇以戒成王,箕子为武王陈《洪范》九畴之义,并见《尚书》。

⑥《易·贲卦》曰:"观乎天文,以察时变;观乎人文,以化成天下。"注云:"解天之文,则时变可知;解人之文,则化成可为也。"

⑦刍荛,采薪者也。《大雅·板诗》曰"询于刍荛"也。

十三年,迁为侍中,免。

永初二年，诏公卿举儒术笃学者，大将军邓骘举丕，再迁，复为侍中、左中郎将，再为三老。①五年，年七十五，卒于官。

①三老，解见《明帝纪》也。

魏霸字乔卿，〔23〕济阴句阳人也。①世有礼义。霸少丧亲，兄弟同居，州里慕其雍和。

①句音钩。

建初中，举孝廉，八迁，和帝时为钜鹿太守。以简朴宽恕为政。掾史有过，(要)〔霸〕先诲其失，〔24〕不改者乃罢之。吏或相毁诉，霸辄称它吏之长，终不及人短，言者怀惭，谮讼遂息。

永元十六年，征拜将作大匠。明年，和帝崩，典作顺陵。〔25〕时盛冬地冻，中使督促，数罚县吏以厉霸。霸抚循而已，初不切责，而反劳之曰："令诸卿被辱，大匠过也。"吏皆怀恩，力作倍功。

延平元年，代尹勤为太常。明年，以病致仕，为光禄大夫。永初五年，拜长乐卫尉，以病乞身，复为光禄大夫，卒于官。

刘宽字文饶，弘农华阴人也。①父崎，顺帝时为司徒。②宽尝行，有人失牛者，乃就宽车中认之。宽无所言，下驾步归。有顷，认者得牛而送还，叩头谢曰："惭负长者，随所刑罪。"宽曰："物有相类，事容脱误，幸劳见归，何为谢之？"州里服其不校。③

①《谢承书》曰"宽少学欧阳《尚书》、京氏《易》，尤明《韩诗外传》。星官、风角、算历，皆究极师法，称为通儒。未尝与人争埶利之事"也。(隅)角，〔隅〕也。〔26〕观四隅之风占之也。

②崎音丘宜反。

③校，报也。《论语》曰：曾子曰"犯而不校"。

桓帝时，大将军辟，五迁司徒长史。①时京师地震，特见询问。再迁，出为东海相。②延熹八年，征拜尚书令，迁南阳太守。典历三郡，温仁多

恕,虽在仓卒,未尝疾言遽色。常以为"齐之以刑,民免而无耻"。吏人有
过,但用蒲鞭罚之,示辱而已,终不加苦。事有功善,推之自下。灾异或
见,引躬克责。每行县止息亭传,辄引学官祭酒及处士诸生执经对讲。③
见父老慰以农里之言,少年勉以孝悌之训。人感德兴行,日有所化。

　　①大将军,梁冀也。

　　②东海王彊曾孙臻之相也。

　　③《续汉书》曰:"博士祭酒,秩六百石。祭酒本仆射也,中兴改为祭酒。"处士,
　　　有道艺而在家者。

　　灵帝初,征拜太中大夫,侍讲华光殿。①迁侍中,赐衣一袭。转屯骑
校尉,迁宗正,转光禄勋。熹平五年,代许训为太尉。②灵帝颇好学艺,
每引见宽,常令讲经。宽尝于坐被酒睡伏。③帝问:"太尉醉邪?"宽仰对
曰:"臣不敢醉,但任重责大,忧心如醉。"帝重其言。

　　①《洛阳宫殿簿》云:"华光殿在华林园内。"

　　②《汉官仪》曰:"许训字季师,平舆人。"

　　③被,加也,为酒所加也。被音平寄反。

　　宽简略嗜酒,不好盥浴,①京师以为谚。尝坐客,遣苍头市酒,迁
久,大醉而还。②客不堪之,骂曰:"畜产。"宽须臾遣人视奴,疑必自杀。
顾左右曰:"此人也,骂言畜产,辱孰甚焉! 故吾惧其死也。"夫人欲试宽
令恚,伺当朝会,装严已讫,使侍婢奉肉羹,翻污朝衣。婢遽收之,宽神
色不异,乃徐言曰:"羹烂汝手?"其性度如此。海内称为长者。

　　①《说文》曰:"澡手曰盥。"音管。

　　②迁久犹良久也。

　　后以日食策免。拜卫尉。光和二年,复代段颎为太尉。在职三年,
以日变免。又拜永乐少府,迁光禄勋。以先策黄巾逆谋,①以事上闻,
封逯乡侯六百户。②中平二年卒,时年六十六。赠车骑将军印绶,位特
进,谥曰昭烈侯。子松嗣,官至宗正。

　　①先策谓预知也。

　　②逯音录。

赞曰：卓、鲁款款，情憙德满。① 仁感昆虫，爱及胎卵。② 宽、霸临政，亦称优缓。

① 款款，忠诚也。

② 童儿不捕雉也。

【校勘记】

〔1〕 卓茂字子康 按：王先谦谓李善《文选》注作"字子容"。

〔2〕 推实不为华貌 按：殿本"推"作"雅"。《校补》谓作"雅实"与《通鉴》合。作"推实"亦与《东观记》合，推实即推诚，非字有误。

〔3〕 故有经纪礼义以相交接 按：王先谦谓《东观记》"义"作"仪"。

〔4〕 密子贱 按：汲本、殿本"密"作"宓"。

〔5〕 絮五百斤 《集解》引惠栋说，谓《东观记》云"金五百斤"。

〔6〕 《东观记》《续汉》书皆作宣德侯 按：《书钞》五十二、《类聚》四十六引《汉官仪》，并作"宣德侯"。

〔7〕 不仕王莽时 按：《刊误》谓"时"字衍。李慈铭谓"时"字本当作"世"，章怀避讳改。

〔8〕 其先出于鲁(倾)〔顷〕公 按：《校补》谓"倾"乃"顷"之误，《史记·鲁世家》可证。今据改。

〔9〕 与母及丕俱居太学习鲁诗 按：《校补》谓此文当有脱误，妇人不能同居太学习经也。

〔10〕 讼人许伯等争田累守令不能决 按：张森楷《校勘记》谓《治要》"累"下有"年"字。

〔11〕 亲瞿然而起 按：王先谦谓《东观记》作"亲默然有顷"。

〔12〕 诚来有我而吉已 按：《刊误》谓"我"当作"它"，注文甚明。

〔13〕 远臧于史侯河西 按：《校补》引钱大昭说，谓"史侯"《南匈奴传》作"安侯"。

〔14〕 惟陛下留圣恩 《刊误》谓"恩"当作"思"。按：惠栋云《袁纪》作"恩"。

〔15〕 十(二)〔三〕年代吕盖为司徒 《集解》引钱大昕说，谓"十二年"当依《和帝纪》作"十三年"。今据改。

〔16〕 吕盖字君(上)〔玉〕　据王先谦说改。

〔17〕 后以施令诰四方　按:《集解》引钱大昕、惠栋说,谓"诰"本作"诘",诘,
　　　止也,后人据王弼本改之耳。

〔18〕 易十一月　汲本、殿本"一"作"二"。按:《集解》引王补说,谓《袁纪》作
　　　"十一月中孚曰"。

〔19〕 十一月卦也　按:汲本、殿本"一"作"二"。

〔20〕 谦子旭官至太仆　李慈铭谓"旭"《三国志》注作"尪"。今按:注见《魏
　　　志·董卓传》,引张璠《汉纪》。

〔21〕 便时移住学官　按:"学官"汲本作"学宫"。

〔22〕 法异者各令自说师法博观其义　按:李慈铭谓"法异者"之"法"字上当
　　　有"家"字。

〔23〕 魏霸字乔卿　按:《御览》五一二引谢承《后汉书》作"字峤卿"。王先谦
　　　谓《东观记》与传同,一本作"字延年"。

〔24〕 掾史有过(要)〔霸〕先海其失　李慈铭谓"要"盖"霸"字之误,俗书霸作
　　　西头,故转误作"要"。今据改。

〔25〕 典作顺陵　按:《校补》引钱大昭说,谓《殇帝纪》作"慎陵",注云俗本作
　　　"顺陵"者误。

〔26〕 (隅)角〔隅〕也　据殿本改。

后汉书卷二十六

伏侯宋蔡冯赵牟韦列传第十六

伏湛子隆

伏湛字惠公,琅邪东武人也。九世祖胜,字子贱,所谓济南伏生者也。湛高祖父孺,武帝时,客授东武,因家焉。父理,为当世名儒,以《诗》授成帝,为高密太傅,别自名学。①

①为高密王宽傅也。宽,武帝玄孙广陵王胥后也。《前书·儒林传》曰,伏理字君游,受〔1〕《诗》于匡衡,由是《齐诗》有匡伏之学。故言"别自名学"也。

湛性孝友,少传父业,教授数百人。成帝时,以父任为博士弟子。五迁,至王莽时为绣衣执法,①使督大奸,迁后队属正。②

①武帝置绣衣御史,王莽改御史曰执法,故曰"绣衣执法"也。

②王莽改河内为后队。

更始立,以为平原太守。时仓卒兵起,天下惊扰,而湛独晏然,教授不废。谓妻子曰:"夫一谷不登,国君彻膳;①今民皆饥,奈何独饱?"乃共食粗粝,②悉分奉禄以赈乡里,来客者百馀家。时门下督素有气力,谋欲为湛起兵,湛恶其惑众,即收斩之,徇首城郭,以示百姓,于是吏人信向,郡内以安。平原一境,湛所全也。

①《礼记》曰:"年谷不登,君膳不祭肺。"

②粝,粗米也。《九章算术》曰:"粟五十,粝率三十。一斛粟得六斗米为粝也。"

光武即位,知湛名儒旧臣,欲令干任内职,①征拜尚书,使典定旧制。时大司徒邓禹西征关中,帝以湛才任宰相,拜为司直,行大司徒事。

车驾每出征伐,常留镇守,总摄群司。建武三年,遂代邓禹为大司徒,封
阳都侯。②

　　①干,主也。

　　②阳都,县名,属城阳国,故城在今沂州沂水县东。

　　时彭宠反于渔阳,帝欲自征之,湛上疏谏曰:"臣闻文王受命而征伐
五国,①必先询之同姓,然后谋于群臣,加占蓍龟,以定行事,②故谋则
成,卜则吉,战则胜。其《诗》曰:'帝谓文王,询尔仇方,同尔弟兄,以尔
钩援,与尔临衝,以伐崇庸。'③崇国城守,先退后伐,④所以重人命,俟时
而动,故参分天下而有其二。陛下承大乱之极,受命而帝,兴明祖宗,出
入四年,而灭檀乡,制五校,降铜马,破赤眉,诛邓奉之属,不为无功。今
京师空匮,资用不足,未能服近而先事边外;且渔阳之地,逼接北狄,黠
虏困迫,必求其助。又今所过县邑,尤为困乏。种麦之家,多在城郭,闻
官兵将至,当已收之矣。大军远涉二千馀里,士马罢劳,转粮艰阻。今
兖、豫、青、冀,中国之都,而寇贼从横,未及从化。渔阳以东,本备边塞,
地接外虏,贡税微薄。安平之时,尚资内郡,况今荒耗,岂足先图?而陛
下舍近务远,弃易求难,四方疑怪,百姓恐惧,诚臣之所惑也。复愿远览
文王重兵博谋,近思征伐前后之宜,顾问有司,使极愚诚,采其所长,择
之圣虑,以中土为忧念。"帝览其奏,竟不亲征。

　　①五国谓西伯受命伐犬夷,伐密须,伐者,伐邘,伐崇。见《史记》。

　　②《书》曰:"谋及卿士,谋及卜筮。"又曰:"文王唯卜用,克绥受兹命。"《诗·大
　　　雅》曰:"爰始爰谋,爰契我龟。"

　　③《诗·大雅》也。仇,匹也。钩援,梯所引上城也。临,临车也。衝,衝车也,
　　　庸,城也。崇侯倡纣为无道,故伐焉。

　　④《左氏传》曰:"文王闻崇德乱而伐之,军三旬而不降,退修政而复伐之,因垒
　　　而降。"

　　时贼徐异卿等①万馀人据富平,〔2〕连攻之不下,②唯云"愿降司徒
伏公"。帝知湛为青、徐所信向,遣到平原,异卿等即日归降,护送洛阳。

　　①异卿即获索贼帅徐少也。〔3〕

②富平,县名,属平原郡,故城今棣州厌次县也。

湛虽在仓卒,造次必于文德,以为礼乐政化之首,颠沛犹不可违。①是岁奏行乡饮酒礼,遂施行之。

①颠沛犹僵仆也。

其冬,车驾征张步,留湛居守。时烝祭高庙,①而河南尹、司隶校尉于庙中争论,湛不举奏,坐策免。六年,徙封不其侯,邑三千六百户,遣就国。②后南阳太守杜诗上疏荐湛曰:“臣闻唐、虞以股肱康,文王以多士宁,是故《诗》称‘济济’,《书》曰‘良哉’。③臣诗窃见故大司徒阳都侯伏湛,自行束修,讫无毁玷,④笃信好学,守死善道,经为人师,行为仪表。前在河内朝歌及居平原,⑤吏人畏爱,则而象之。遭时反覆,不离兵凶,秉节持重,有不可夺之志。陛下深知其能,显以宰相之重,众贤百姓,仰望德义。微过斥退,久不复用,有识所惜,儒士痛心,臣窃伤之。湛容貌堂堂,国之光晖;⑥智略谋虑,朝之渊薮。髫发厉志,〔4〕白首不衰。⑦实足以先后王室,名足以光示远人。⑧古者选擢诸侯以为公卿,是故四方回首,仰望京师。⑨柱石之臣,宜居辅弼,⑩出入禁门,补缺拾遗。臣诗愚戆,不足以知宰相之才,窃怀区区,敢不自竭。臣前为侍御史,上封事,言湛公廉爱下,好恶分明,累世儒学,素持名信,经明行修,通达国政,尤宜近侍,纳言左右,旧制九州五尚书,令一郡二人,⑪〔5〕可以湛代。颇为执事所非。但臣诗蒙恩深渥,所言诚有益于国,虽死无恨,故复越职触冒以闻。”

①冬祭曰烝也。

②不其,县名,属琅邪郡。其音基。

③大雅诗曰:“济济多士。”《尚书》曰:“股肱良哉。”

④讫,竟也。玷,缺也。自行束修谓年十五以上。

⑤朝歌,河内县名也,故城在今卫州卫县西。王莽改河内为后队,谓湛为〔后〕队属正也。〔6〕

⑥堂堂,盛威仪也。

⑦《埤苍》曰:“髫,髦也。”髫发谓童子垂发。

⑧先后，相导也。《诗·大雅》曰："予（则）〔曰〕有先后。"〔7〕先音先见反。后音胡豆反。

⑨《左传》曰："郑武公、庄公为平王卿士。"《东观记》曰："诗上书：'武公、庄公所以砥砺蕃屏，劝进忠信，令四方诸侯咸乐回首，仰望京师。'"

⑩柱石，承栋梁也。《前书》田延年曰："将军为国柱石。"《尚书大传》曰："古者天子必有四邻，前曰疑，后曰承，左曰辅，右曰弼。天子有问无以对，责之疑；可志而不志，责之承；可正而不正，责之辅；可扬而不扬，责之弼。"

⑪盖旧制九州共选五人以任尚书，令则一郡乃有二人，〔8〕故欲以湛代一人之处。

十三年夏，征，敕尚书择拜吏日，未及就位，〔9〕因谒见中暑，病卒。赐秘器，帝亲吊祠，遣使者送丧修冢。

二子：隆，翕。

翕嗣爵，卒，子光嗣。光卒，子晨嗣。①晨谦敬博爱，好学尤笃，以女孙为顺帝贵人，奉朝请，位特进。卒，子无忌嗣，亦传家学，博物多识，顺帝时，为侍中屯骑校尉。永和元年，诏无忌与议郎黄景校定中书《五经》、诸子百家、艺术。②元嘉中，桓帝复诏无忌与黄景、崔寔等共撰汉记。又自采集古今，删著事要，号曰伏侯注。③无忌卒，子质嗣，官至大司农。质卒，子完嗣，尚桓帝女阳安长公主。女为孝献皇后。曹操杀后，诛伏氏，国除。

①《东观记》曰："晨尚高平公主。"

②中书，内中之书也。《艺文志》曰"诸子凡一百八十九家"，言百家，举其成数也。艺谓书、数、射、御，术谓医、方、卜、筮。

③其书上自黄帝，下尽汉质帝，为八卷，见行于今。

初，自伏生已后，世传经学，清静无竞，故东州号为"伏不斗"云。〔10〕

隆字伯文，少以节操立名，①仕郡督邮。建武二年，诣怀宫，光武甚亲接之。

①《东观记》"隆"作"盛"，字伯明。

时张步兄弟各拥强兵，据有齐地，拜隆为太中大夫，持节使青、徐二州，招降郡国。隆移檄告曰："乃者，猾臣王莽，杀帝盗位。宗室兴兵，除乱诛莽，故群下推立圣公，以主宗庙。而任用贼臣，杀戮贤良，三王作乱，盗贼从横，忤逆天心，①卒为赤眉所害。皇天祐汉，圣哲应期，陛下神武奋发，以少制众。故寻、邑以百万之军，溃散于昆阳，王郎以全赵之师，土崩于邯郸，②大肜、高胡望旗消靡，铁胫、五校莫不摧破。梁王刘永，幸以宗室属籍，爵为侯王，不知厌足，自求祸弃，遂封爵牧守，造为诈逆。今虎牙大将军屯营十万，已拔睢阳，刘永奔迸，家已族矣。此诸君所闻也。不先自图，后悔何及？"青、徐群盗得此惶怖，获索贼右师郎等六校即时皆降。③张步遣使随隆，④诣阙上书，献鳆鱼。⑤

①三王见圣公传。

②全赵谓举赵之地。

③"右"或为"古"。

④《东观记》步遣其掾孙昱随之。

⑤郭璞注三苍云："鳆似蛤，偏著石。"《广志》曰："鳆无鳞有壳，一面附石，细孔杂杂，或七或九。"本草云："石决明，一名鳆鱼。"音步角反。

其冬，拜隆光禄大夫，复使于步，并与新除青州牧守及都尉俱东，诏隆辄拜令长以下。隆招怀绥缉，多来降附。帝嘉其功，比之郦生。①即拜步为东莱太守，而刘永亦复遣使立步为齐王。步贪受王爵，尤豫未决。②隆晓譬曰："高祖与天下约，非刘氏不王，今可得为十万户侯耳。"步欲留隆与共守二州，隆不听，③求得反命，步遂执隆而受永封。隆遣间使上书曰："臣隆奉使无状，④受执凶逆，虽在困厄，授命不顾。又吏人知步反畔，心不附之，愿以时进兵，无以臣隆为念。臣隆得生到阙廷，受诛有司，此其大愿；若令没身寇手，以父母昆弟长累陛下。⑤陛下与皇后、太子永享万国，与天无极。"帝得隆奏，召父湛流涕以示之曰："隆可谓有苏武之节。⑥恨不且许而遽求还也！"其后步遂杀之，时人莫不怜哀焉。

①郦生，郦食其也。说齐王广，下齐七十馀城。食其音异基。

②尤音以今反。

③二州,青州、徐州也。

④言罪大也。

⑤累,托也,音力伪反。

⑥武帝时,苏武使匈奴,会卫律所将降者,阴相与谋,劫单于母阏氏归汉,事
　发,单于使卫律考其事,召武受辞。武不屈节,引佩刀自刺。单于欲降武,
　武不降,杖节牧羊海上,卧起操持节,节旄尽落。在匈奴中十九年,乃得归
　汉。见《前书》也。

五年,张步平,车驾幸北海,诏隆中弟咸收隆丧,赐给棺敛,太中大
夫护送丧事,诏告琅邪作冢,以子瑗为郎中。[11]

侯霸字君房,河南密人也。族父渊,以宦者有才辩,任职元帝时,佐
石显等领中书,号曰大常侍。成帝时,任霸为太子舍人。① 霸矜严有威
容,家累千金,不事产业。笃志好学,师事九江太守房元,治《穀梁春
秋》,为元都讲。② 王莽初,五威司命陈崇举霸德行,迁随宰。③ 县界旷远,
滨带江湖,而亡命者多为寇盗。霸到,即案诛豪猾,分捕山贼,县中清
静。再迁为执法刺奸,④ 纠案执位者,无所疑惮。后为淮平大尹,政理
有能名。⑤ 及王莽之败,霸保固自守,卒全一郡。

①《汉官仪》曰:"太子舍人,选良家子孙,秩二百石。"

②《东观记》曰"从钟宁君受《律》"也。

③王莽置五威司命将军,又改县令长曰宰。随,县名,属南阳郡,今随州县也。

④王莽传曰:"置执法左右刺奸,选能吏侯霸等分督六尉、六队,如汉刺史。"

⑤王莽改临淮郡为淮平。

更始元年,遣使征霸,① 百姓老弱相携号哭,遮使者车,或当道而
卧。皆曰:"愿乞侯君复留期年。"民至乃戒乳妇勿得举子,侯君当去,必
不能全。使者虑霸就征,临淮必乱,不敢授玺书,具以状闻。会更始败,
道路不通。

①《东观记》曰:"遣谒者侯盛、荆州刺史费遂,赍玺书征霸。"

　　建武四年，光武征霸与车驾会寿春，拜尚书令。时无故典，朝廷又
少旧臣，霸明习故事，收录遗文，条奏前世善政法度有益于时者，皆施行
之。每春下宽大之诏，奉四时之令，皆霸所建也。①明年，代伏湛为大司
徒，封关内侯。在位明察守正，奉公不回。

　　①《月令》春布德行庆，施惠下人，故曰宽大。奉四时谓依月令也。

　　十三年，霸薨，帝深伤惜之，亲自临吊。下诏曰："惟霸积善清洁。
视事九年。汉家旧制，丞相拜日，封为列侯。①朕以军师暴露，功臣未
封，缘忠臣之义，不欲相逾，未及爵命，奄然而终。呜呼哀哉！"于是追封
谥霸则乡哀侯，食邑二千六百户。子昱嗣。临淮吏人共为立祠，四时祭
焉。以沛郡太守韩歆代霸为大司徒。

　　①汉自高祖以列侯为丞相，武帝以元勋佐命皆尽，拜公孙弘为丞相，封平津
　　　侯，因以为故事。

　　歆字翁君，南阳人，以从攻伐有功，封扶阳侯。好直言，无隐讳，帝
每不能容。尝因朝会，闻帝读隗嚣、公孙述相与书，歆曰："亡国之君皆
有才，桀纣亦有才。"帝大怒，以为激发。歆又证岁将饥凶，指天画地，言
甚刚切，坐免归田里。帝犹不释，复遣使宣诏责之。司隶校尉鲍永固请
不能得，歆及子婴竟自杀。歆素有重名，死非其罪，众多不厌，①帝乃追
赐钱谷，以成礼葬之。②

　　①厌音一叶反。
　　②成礼，具礼也。言不以非命而降其葬礼。

　　后千乘欧阳歙、清河戴涉相代为大司徒，坐事下狱死，自是大臣难
居相任。其后河（南）〔内〕蔡茂，〔12〕京兆玉况，①〔13〕魏郡冯勤，皆得薨
位。况字文伯，性聪敏，为陈留太守，以德行化人，迁司徒，四年薨。

　　①玉音肃。

　　昱后徙封於陵侯，①永平中兼太仆。昱卒，子建嗣。建卒，子昌嗣。
　　①於陵，县名，属济南郡，故城在今淄州长山县南。

　　宋弘字仲子，京兆长安人也。父尚，成帝时至少府；哀帝立，以不附董贤，违忤抵罪。弘少而温顺，哀平间作侍中，王莽时为共工。①赤眉入长安，遣使征弘，逼迫不得已，行至渭桥，自投于水，家人救得出，因佯死获免。

　　①王莽改少府曰共工。

　　光武即位，征拜太中大夫。建武二年，代王梁为大司空，封枸邑侯。①所得租奉分赡九族，家无资产，以清行致称。徙封宣平侯。

　　①枸音徇。

　　帝尝问弘通博之士，弘乃荐沛国桓谭才学洽闻，几能及杨雄、刘向父子。①于是召谭拜议郎、给事中。帝每谠，辄令鼓琴，好其繁声。弘闻之不悦，悔于荐举，伺谭内出，正朝服坐府上，遣吏召之。谭至，不与席而让之曰："吾所以荐子者，欲令辅国家以道德也，而今数进郑声以乱《雅》、《颂》，非忠正者也。②能自改邪？将令相举以法乎？"谭顿首辞谢，良久乃遣之。后大会群臣，帝使谭鼓琴，谭见弘，失其常度。帝怪而问之。弘乃离席免冠谢曰："臣所以荐桓谭者，望能以忠正导主，而令朝廷耽悦郑声，臣之罪也。"帝改容谢，使反服，其后遂不复令谭给事中。弘推进贤士冯翊、桓梁三十馀人，〔14〕或相及为公卿者。③

　　①几音祈。洽，浃洽也。几，近也。《前书》班固曰，谷永经书，泛为疏达，不能浃洽如刘向父子及杨雄也。故弘引焉。

　　②《论语》孔子曰："恶郑声之乱《雅》乐也。"《史记》曰"郑音好滥淫志"也。

　　③及犹继也。

　　弘当谠见，御坐新屏风，〔15〕图画列女，帝数顾视之。弘正容言曰："未见好德如好色者。"帝即为彻之。笑谓弘曰："闻义则服，可乎？"对曰："陛下进德，臣不胜其喜。"

　　时帝姊湖阳公主新寡，帝与共论朝臣，微观其意。主曰："宋公威容德器，群臣莫及。"帝曰："方且图之。"后弘被引见，帝令主坐屏风后，因谓弘曰："谚言贵易交，富易妻，人情乎？"弘曰："臣闻贫贱之知不可忘,〔16〕糟糠之妻不下堂。"帝顾谓主曰:"事不谐矣。"

弘在位五年,坐考上党太守无所据,免归第。①数年卒,无子,国除。

　①言无罪状可据。

弘弟嵩,以刚强孝烈著名,官至河南尹。嵩子由,(章)〔元〕和间为太尉,〔17〕坐阿党窦宪,策免归本郡,自杀。由二子:汉,登。登在儒林传。

汉字仲和,以经行著名,举茂才,四迁西河太守。永建元年,为东平相、度辽将军,①立名节,以威恩著称。迁太仆,上病自乞,拜太中大夫,卒。策曰:"太中大夫宋汉,清修雪白,正直无邪。前在方外,仍统军实,②怀柔异类,莫匪嘉绩,戎车载戢,边人用宁。予录乃勋,引登九列。因病退让,守约弥坚,将授三事,未克而终。朝廷愍悼,〔18〕恒其怆然。《诗》不云乎:'肇敏戎功,用锡尔祉。'③其令将相大夫会葬,加赐钱十万,及其在殡,以全素丝羔羊之絜焉。"④

　①为东平王苍曾孙端相也。
　②仍,频也。统,领也。军实谓军之所资也,《左传》曰"隳军实"。
　③《大雅·江汉》之诗也。吉甫美宣王能兴衰拨乱,命召公平淮夷。毛苌注
　　云:"肇,谋也。敏,疾也。戎,大也。功,事也。祉谓福庆。"
　④《诗·国风》曰:"羔羊之皮,素丝五紽,退食自公,委〔蛇〕委(蛇)蛇。"〔19〕退
　　食,减膳也。言卿大夫巳下,皆衣羔羊之裘,缝以素丝,自减膳食,从于公
　　事,行步委蛇自得。

子则,字元矩,为鄢陵令,亦有名迹。拔同郡韦著、扶风法真,称为知人。则子年十岁,与苍头共弩射,苍头弦断矢激,误中之,即死。奴叩头就诛,则察而恕之。颍川荀爽深以为美,时人亦服焉。

论曰:中兴以后,居台相总权衡多矣,其能以任职取名者,岂非先远业后小数哉?①故惠公造次,急于乡射之礼;君房入朝,先奏宽大之令。夫器博者无近用,道长者其功远,盖志士仁人所为根心者也。②君子以之得,固贵矣;以之失,亦得矣。③宋弘止繁声,戒淫色,其有《关雎》之风乎!④

①远业谓德礼,小数谓名法也。

②根犹本也。

③以之得,谓行道义而得,固可贵矣。以之失,谓行道义而失,亦为得也。

④《诗序》曰:"《关雎》乐得淑女以配君子,忧在进贤,不淫其色也。"

　　蔡茂字子礼,河内怀人也。哀平间以儒学显,征试博士,对策陈灾异,以高等擢拜议郎,迁侍中。遇王莽居摄,以病自免,不仕莽朝。

　　会天下扰乱,茂素与窦融善,因避难归之。融欲以为张掖太守,固辞不就;每所饷给,计口取足而已。后与融俱征,复拜议郎,再迁广汉太守,有政绩称。时阴氏宾客在郡界多犯吏禁,茂辄纠案,无所回避。会洛阳令董宣举纠湖阳公主,[20]帝始怒收宣,既而赦之。茂喜宣刚正,欲令朝廷禁制贵戚,乃上书曰:"臣闻兴化致教,必由进善;康国宁人,莫大理恶。陛下圣德系兴,再隆大命,即位以来,四海晏然。诚宜夙兴夜寐,虽休勿休。然顷者贵戚椒房之家,数因恩埶,干犯吏禁,杀人不死,伤人不论。臣恐绳墨弃而不用,①斧斤废而不举。②近湖阳公主奴杀人西市,而与主共舆,出入宫省,逋罪积日,冤魂不报。洛阳令董宣,直道不顾,干主讨奸。陛下不先澄审,召欲加箠。当宣受怒之初,京师侧耳;及其蒙宥,天下拭目。今者,外戚㤭逸,宾客放滥,宜敕有司案理奸罪,使执平之吏永申其用,以厌远近不缉之情。"光武纳之。③

①绳墨谕章程也。

②斧斤谓刑戮也。贾谊曰"释斤斧之用"也。

③缉,叶也。

　　建武二十年,代戴涉为司徒,[21]在职清俭匪懈。二十三年薨于位,时年七十二。赐东园梓棺,赙赠甚厚。①

①东园,署名,主作棺也。

　　茂初在广汉,梦坐大殿,极上有三穗禾,茂跳取之,得其中穗,辄复失之。①以问主簿郭贺,贺离席庆曰:"大殿者,宫府之形象也。极而有禾,人臣之上禄也。取中穗,是中台之位也。于字禾失为秩,虽曰失之,乃所以得禄秩也。衮职有阙，君其补之。"② 旬月而茂征焉，乃辟贺为掾。

> ①屋之大者，古通呼为殿也。极，殿梁也。《前书音义》曰："三辅间谓屋梁为极。"
> ②三公服衮，画为龙。龙首衮衮然，故言衮龙。〔22〕《诗》曰："衮职有阙，仲山甫补之。"

　　贺字乔卿，雒(阳)人。〔23〕祖父坚伯，父游君，并修清节，不仕王莽。贺能明法，累官，建武中为尚书令，〔24〕在职六年，晓习故事，多所匡益。拜荆州刺史，引见赏赐，恩宠隆异。及到官，有殊政。百姓便之，歌曰："厥德仁明郭乔卿，忠正朝廷上下平。"显宗巡狩到南阳，特见嗟叹，赐以三公之服，黼黻冕旒。① 敕行部去襜帷，使百姓见其容服，以章有德。每所经过，吏人指以相示，莫不荣之。永平四年，征拜河南尹，以清静称。在官三年卒，诏书愍惜，〔25〕赐车一乘，钱四十万。

> ①三公服衮冕。黼若斧形，黻若两"己"相背。冕以木为之，衣以帛，玄上纁下，广八寸，长尺六寸。旒谓冕前后所垂玉也，天子十二旒，上公九旒。

　　冯勤字伟伯，魏郡繁阳人也。曾祖父扬，宣帝时为弘农太守。有八子，皆为二千石，赵魏间荣之，号曰"万石君"焉。兄弟形皆伟壮，唯勤祖父偃，长不满七尺，常自耻短陋，恐子孙之似也，① 乃为子伉娶长妻。伉生勤，长八尺三寸。八岁善计。②

> ①《东观记》偃为黎阳令。
> ②计，算术也。

　　初为太守铫期功曹，有高能称。期常从光武征伐，政事一以委勤。勤同县冯巡等举兵应光武，谋未成而为豪右焦廉等所反，① 勤乃率将老母兄弟及宗亲归期，期悉以为腹心，荐于光武。初未被用，后乃除为郎中，给事尚书。② 以图议军粮，在事精勤，遂见亲识。每引进，帝辄顾谓左右曰："佳乎吏也！"由是使典诸侯封事。勤差量功次轻重，国土远近，地埶丰薄,不相逾越,莫不厌服焉。自是封爵之制,非勤不定。帝益以为能,尚书众事,皆令总录之。

①反音幡。

②《东观记》魏郡太守范横上疏荐勤,然始除之。

司徒侯霸荐前梁令阎杨。[26]杨素有讥议,帝常嫌之,既见霸奏,疑其有奸,大怒,赐霸玺书曰:"崇山、幽都何可偶,①黄钺一下无处所。②欲以身试法邪?将杀身以成仁邪?"使勤奉策至司徒府。勤还,陈霸本意,申释事理,帝意稍解,拜勤尚书仆射。职事十五年,以勤劳赐爵关内侯。迁尚书令,拜大司农,三岁迁司徒。

①崇山,南裔也。幽都,北裔也。偶,对也。言将杀之,不可得流徙也。《尚书》舜流共工于幽州,放驩兜于崇山。

②钺,斧也,以黄金饰之,所以戮人。

先是三公多见罪退,帝贤勤,欲令以善自终,乃因谦见从容戒之曰:"朱浮上不忠于君,下陵轹同列,竟以中伤至今,①死生吉凶未可知,岂不惜哉!人臣放逐受诛,虽复追加赏赐赗祭,不足以偿不訾之身。②忠臣孝子,览照前世,以为镜诫。能尽忠于国,事君无二,则爵赏光乎当世,功名列于不朽,可不勉哉!"勤愈恭约尽忠,号称任职。

①朱浮为大司空,坐卖弄国恩免,又为陵轹同列,帝衔之,惜其功,不忍加罪。

②訾,量也。言无量可比之,贵重之极也。訾与资同。

勤母年八十,每会见,诏敕勿拜,令御者扶上殿,顾谓诸王主曰:"使勤贵宠者,此母也。"其见亲重如此。

中元元年,薨,①帝悼惜之,使者吊祠,赐东园秘器,賵赠有加。

①《东观记》曰:"中元元年,车驾西幸长安,祠园陵还,勤燕见前殿尽日,归府,因病喘逆,上使太医疗视,赏赐钱帛,遂薨。"

勤七子。长子宗嗣,至张掖属国都尉。中子顺,尚平阳长公主,终于大鸿胪。①建初八年,以顺中子奋袭主爵为平阳侯,薨,无子。永元七年,诏书复封奋兄羽林右监劲为平阳侯,奉公主之祀。奋弟由,黄门侍郎,尚平安公主。②劲薨,子卯嗣。卯延光中为侍中,薨,子留嗣。

　　①平阳主,明帝女。

　　②章帝女也。臣贤案:《东观记》亦云安平,《皇后纪》云由尚平邑公主,纪传不
　　　同,未知孰是。

　　赵憙字伯阳,〔27〕南阳宛人也。少有节操。从兄为人所杀,无子,憙
年十五,常思报之。乃挟兵结客,后遂往复仇。而仇家皆疾病,无相距
者。憙以因疾报杀,非仁者心,且释之而去。顾谓仇曰:“尔曹若健,远
相避也。”仇皆卧自搏。①后病愈,悉自缚诣憙,憙不与相见,后竟杀之。

　　①自搏犹叩头也。

　　更始即位,舞阴大姓李氏拥城不下,更始遣柱天将军李宝降之,不
肯,云“闻宛之赵氏有孤孙憙,信义著名,愿得降之”。更始乃征憙。憙
年未二十,既引见,更始笑曰:“茧栗犊,岂能负重致远乎?”①即除为郎
中,行偏将军事,使诣舞阴,而李氏遂降。憙因进入颍川,击诸不下者,
历汝南界,还宛。更始大悦,谓憙曰:“卿名家驹,努力勉之。”②会王莽
遣王寻、王邑将出兵关,更始乃拜憙为五威偏将军,使助诸将拒寻、邑于
昆阳。光武破寻、邑,憙被创,有战劳,还拜中郎将,封勇功侯。

　　①犊角如茧栗,言小也。礼纬曰:“天地之牲角茧栗。”〔28〕
　　②武帝谓刘德为千里之驹,故以憙比之。

　　更始败,憙为赤眉兵所围,迫急,乃逾屋亡走,与所友善韩仲伯等数
十人,携小弱,越山阻,径出武关。仲伯以妇色美,虑有强暴者,而己受
其害,欲弃之于道。憙责怒不听,因以泥涂仲伯妇面,载以鹿车,身自推
之。①每道逢贼,或欲逼略,憙辄言其病状,以此得免。既入丹水,②遇更
始亲属,皆裸跣涂炭,饥困不能前。③憙见之悲感,所装缣帛资粮,悉以
与之,将护归乡里。

　　①《风俗通》曰:“俗说鹿车窄小,裁容一鹿。”
　　②丹水,县名,属南阳郡,故城在今邓州内乡县西南,临丹水。
　　③涂炭者,若陷泥坠火,喻穷困之极也。

时邓奉反于南阳，憙素与奉善，数遗书切责之，而谗者因言憙与奉合谋，帝以为疑。及奉败，帝得憙书，乃惊曰："赵憙真长者也。"即征憙，引见，赐鞍马，待诏公车。时江南未宾，道路不通，以憙守简阳侯相。憙不肯受兵，①单车驰之简阳。吏民不欲内憙，憙乃告谕，呼城中大人，示以国家威信，其帅即开门面缚自归，由是诸营壁悉降。荆州牧奏憙才任理剧，诏以为平林侯相。攻击群贼，安集已降者，县邑平定。

① 《东观记》曰："敕憙从骑都尉储融受兵二百人，通利道路。憙白上，不愿受融兵，单车驰往，度其形况。上许之。"

后拜怀令。大姓李子春先为琅邪相，豪猾并兼，为人所患。憙下车，闻其二孙杀人事未发觉，即穷诘其奸，收考子春，二孙自杀。京师为请者数十，终不听。时赵王良疾病将终，车驾亲临王，问所欲言。王曰："素与李子春厚，今犯罪，怀令赵憙欲杀之，愿乞其命。"帝曰："吏奉法，律不可枉也，更道它所欲。"王无复言。既薨，帝追感赵王，乃贳出子春。

其年，迁憙平原太守。时平原多盗贼，憙与诸郡讨捕，斩其渠帅，馀党当坐者数千人。憙上言"恶恶止其身，①可一切徙京师近郡"。帝从之，乃悉移置颍川、陈留。于是擢举义行，诛锄奸恶。后青州大蝗，侵入平原界辄死，岁屡有年，百姓歌之。

① 《公羊传》曰："善善及子孙，恶恶止其身。"

二十六年，帝延集内戚谦会，欢甚，诸夫人各各前言"赵憙笃义多恩，往遭赤眉出长安，皆为憙所济活"。帝甚嘉之。后征憙入为太仆，引见谓曰："卿非但为英雄所保也，妇人亦怀卿之恩。"厚加赏赐。

二十七年，拜太尉，赐爵关内侯。时南单于称臣，乌桓、鲜卑并来入朝，帝令憙典边事，思为久长规。①憙上复缘边诸郡，幽并二州由是而定。②

① 规，谋也。

② 复音伏。谓建武六年徙云中、五原人于常山、居庸间，〔29〕至二十六年复令还云中、五原。《东观记》曰："草创苟合，未有还人，盖憙至此，请徙之令尽也。"

三十年，憙上言宜封禅，正三雍之礼。中元元年，从封泰山。及帝崩，憙受遗诏，典丧礼。是时藩王皆在京师，自王莽篡乱，旧典不存，皇太子与东海王等杂止同席，〔30〕宪章无序。憙乃正色，横剑殿阶，扶下诸王，以明尊卑。时藩国官属出入宫省，与百僚无别，憙乃表奏谒者将护，分止它县，诸王并令就邸，唯朝晡入临。整礼仪，严门卫，内外肃然。

永平元年，封节乡侯。三年春，坐考中山相薛脩事不实免。①其冬，代窦融为卫尉。八年，代虞延行太尉事，〔31〕居府如真。后遭母忧，上疏乞身行丧礼，显宗不许，遣使者为释服，赏赐恩宠甚渥。憙内典宿卫，外干宰职，正身立朝，未尝懈惰。及帝崩，复典丧事，再奉大行，礼事修举。肃宗即位，进为太傅，录尚书事。擢诸子为郎吏者七人。长子代，〔32〕给事黄门。

①脩，光武子中山王焉相也。

建初五年，憙疾病，帝亲幸视。及薨，车驾往临吊。时年八十四。谥曰正侯。

子代嗣，官至越骑校尉。永元中，副行征西将军刘尚征羌，坐事下狱，疾病物故。和帝怜之，赐秘器钱布，赠越骑校尉、节乡侯印绶。子直嗣，官至步兵校尉。直卒，子淑嗣，无子，国除。

牟融字子优，北海安丘人也。少博学，以大夏侯尚书教授，①门徒数百人，名称州里。以司徒茂才为丰令，②视事三年，县无狱讼，为州郡最。

①大夏侯名胜，宣帝时人也。
②司徒举为茂才也。丰，今徐州县也。

司徒范迁荐融忠正公方，经行纯备，宜在本朝，并上其理状。①永平五年，入代鲍昱为司隶校尉，多所举正，百僚敬惮之。八年，代包咸为大鸿胪。十一年，代鲑阳鸿为大司农。②〔33〕

①《汉官仪》曰："范迁字子庐，〔34〕沛人也。"

②鲑阳，姓也，音胡佳反。

是时显宗方勤万机，公卿数朝会，每辄延谋政事，判折狱讼。〔35〕融经明才高，善论议，朝廷皆服其能，帝数嗟叹，以为才堪宰相。明年，代伏恭为司空，①举动方重，甚得大臣节。肃宗即位，以融先朝名臣，代赵憙为太尉，与憙参录尚书事。

①恭字叔齐，伏湛同产兄子也。见《东观记》。

建初四年薨，车驾亲临其丧。时融长子麟归乡里，帝以其馀子幼弱，敕太尉掾史教其威仪进止，赠赗恩宠笃密焉。又赐冢茔地于显节陵下，除麟为郎。

韦彪字孟达，扶风平陵人也。高祖贤，宣帝时为丞相。祖赏，哀帝时为大司马。

彪孝行纯至，父母卒，哀毁三年，不出庐寝。服竟，羸瘠骨立异形，医疗数年乃起。好学洽闻，雅称儒宗。建武末，举孝廉，除郎中，以病免，复归教授。安贫乐道，恬于进趣，三辅诸儒莫不慕仰之。

显宗闻彪名，永平六年，召拜谒者，赐以车马衣服，三迁魏郡太守。肃宗即位，以病免。征为左中郎将、长乐卫尉，数陈政术，每归宽厚。比上疏乞骸骨，拜为奉车都尉，秩中二千石，赏赐恩宠，侔于亲戚。

建初七年，车驾西巡狩，以彪行太常从，数召入，问以三辅旧事，礼仪风俗。彪因建言：“今西巡旧都，宜追录高祖、中宗功臣，①褒显先勋，纪其子孙。”帝纳之。行至长安，乃制诏京兆尹、右扶风求萧何、霍光后。时光无苗裔，唯封何末孙熊为酇侯。建初二年已封曹参后曹湛为平阳侯，〔36〕故不复及焉。乃厚赐彪钱珍羞食物，使归平陵上冢。还，拜大鸿胪。

①中宗，宣帝。

是时陈事者，多言郡国贡举率非功次，故守职益懈而吏事浸疏，咎在州郡。有诏下公卿朝臣议。彪上议曰：“伏惟明诏，忧劳百姓，垂恩选举,务得其人。夫国以简贤为务,贤以孝行为首。孔子曰:'事亲孝故忠可移于君,是以求忠臣必于孝子之门。'① 夫人才行少能相兼,是以孟公绰优于赵、魏老,不可以为滕、薛大夫。② 忠孝之人,持心近厚;[37] 锻炼之吏,持心近薄。③ 三代之所以直道而行者,在其所以磨之故也。④ 士宜以才行为先,不可纯以阀阅。⑤ 然其要归,在于选二千石。二千石贤,则贡举皆得其人矣。"帝深纳之。

① 孝经纬之文也。

② 《论语》孔子之言也。公绰,鲁大夫。赵、魏皆晋卿之邑也。家臣称老。公绰性寡欲,赵、魏老优闲无事;滕、薛小国,大夫职烦,故不可为也。

③ 《苍颉篇》曰:"锻,椎也。"锻炼犹成孰也。言深文之吏,入人之罪,犹工冶陶铸锻炼,使之成孰也。前汉路温舒上疏曰"锻炼而周内之"。

④ 《论语》孔子曰:"吾之于人,谁毁谁誉,如有所誉者,其有所试矣,斯三代之所以直道而行(之)〔也〕。"[38] 彪引之者,言古之用贤皆磨砺选练,然后用之。

⑤ 《史记》曰:"明其等曰阀,积功曰阅。"

彪以世承二帝吏化之后,[39] 多以苛刻为能,① 又置官选职,不必以才,因盛夏多寒,上疏谏曰:"臣闻政化之本,必顺阴阳。伏见立夏以来,当暑而寒,殆以刑罚刻急,郡国不奉时令之所致也。农人急于务而苛吏夺其时,赋发充常调而贪吏割其财,此其巨患也。夫欲急人所务,当先除其所患。天下枢要,在于尚书,② 尚书之选,岂可不重?而间者多从郎官超升此位,虽晓习文法,长于应对,然察察小慧,类无大能。宜简尝历州宰素有名者,虽进退舒迟,时有不逮,然端心向公,奉职周密。宜鉴啬夫捷急之对,③ 深思绛侯木讷之功也。④ 往时楚狱大起,故置令史以助郎职,而类多小人,好为奸利。今者务简,可皆停省。又谏议之职,应用公直之士,通才謇正,有补益于朝者。今或从征试辈为大夫。⑤ 又御史外迁,动据州郡。并宜清选其任,责以言绩。其二千石视事虽久,而为吏民所便安者,宜增秩重赏,勿妄迁徙。惟留圣心。"书奏,帝纳之。

① 二帝,光武、明帝也。

② 《百官志》曰"尚书,主知公卿二千石吏人上书、外国夷狄事",故曰枢要。

③啬夫，官名也。文帝出上林，登虎圈，因问上林尉禽兽簿，不能对。虎圈啬
　夫从傍代对，响应无穷。文帝拜啬夫为上林令，张释之曰：“夫绛侯、东阳侯
　言事曾不能出口，岂效此啬夫喋喋利口捷急哉？”文帝曰“善”，遂不拜啬夫
　为上林令。

④木，质也。讷，迟钝也。《前书》曰“周勃木强少文”，又曰“安刘氏者必勃”。

⑤辈，类也。

元和二年春，东巡狩，以彪行司徒事从行。还，以病乞身，帝遣小黄
门、太医问病，赐以食物。彪遂称困笃。章和二年夏，使谒者策诏曰：
“彪以将相之裔，勤身饬行，出自州里，在位历载。中被笃疾，连上求退。
君年在耆艾，①不可复以加增，恐职事烦碎，重有损焉。其上大鸿胪印
绶。其遣太子舍人诣中臧府，〔40〕受赐钱二十万。”②永元元年，卒，诏尚
书：“故大鸿胪韦彪，在位无愆，方欲录用，奄忽而卒。其赐钱二十万，布
百匹，谷三千斛。”

①《礼记》曰：“七十日耆，〔41〕五十日艾。”

②《续汉志》曰“中臧府，令一人，秩六百石，掌中币帛金钱货物”也。

彪清俭好施，禄赐分与宗族，家无馀财。著书十二篇，号曰《韦卿子》。

族子义。义字季节。高祖父玄成，元帝时为丞相。初，彪独徙扶
风，故义犹为京兆杜陵人焉。

兄顺，字叔文，平舆令。有高名。①次兄豹，字季明。数辟公府，辄
以事去。司徒刘恺复辟之，谓曰：“卿以轻好去就，爵位不跻。②今岁垂
尽，当选御史，意在相荐，子其宿留乎？”③豹曰：“犬马齿衰，旅力已劣，④
仰慕崇恩，故未能自割。且眩瞀滞疾，不堪久待，⑤〔42〕选荐之私，非所
敢当。”遂跣而起。恺追之，径去不顾。安帝西巡，征拜议郎。

①平舆，县名，属汝南郡，故城在今豫州汝阳县东北。

②跻，升也。

③宿留，待也。宿音秀。留音力救反。

④旅，众也。《尚书》曰：“番番良士，旅力既愆。”

⑤眩，风疾也。瞀，乱也。谓视不明之貌也。眩音县。瞀音亡沟反。

义少与二兄齐名，初仕州郡。太傅桓焉辟举理剧，为广都长，①甘陵、陈二县令，②政甚有绩，官曹无事，牢狱空虚。数上书顺帝，陈宜依古典，考功黜陟，征集名儒，大定其制。又讥切左右，贬刺窦氏。言既无感，而久抑不迁，以兄顺丧去官。比辟公府，不就。广都为生立庙。及卒，三县吏民为义举哀，若丧考妣。

①广都，县名，属蜀郡，故城在今益州成都县东南。

②甘陵故城在今贝州清河县西北。陈属梁国，今陈州。

豹子著，字休明。少以经行知名，不应州郡之命。大将军梁冀辟，不就。延熹二年，桓帝公车备礼征，至霸陵，称病归，乃入云阳山，采药不反。有司举奏加罪，帝特原之。复诏京兆尹重以礼敦劝，著遂不就徵。①灵帝即位，中常侍曹节以陈蕃、窦氏既诛，[43]海内多怨，欲借宠时贤以为名，②白帝就家拜著东海相。③诏书逼切，不得已，解巾之郡。④政任威刑，为受罚者所奏，坐论输左校。⑤又后妻恃恣乱政，以之失名，竟归，为奸人所害，隐者耻之。

①敦犹逼也。

②假借时贤宠荣以求美名，用解怨谤。

③东海王懿相也。即东海王彊四代孙。

④巾，幅巾也。既服冠冕，故解幅巾。

⑤左校，署名，属将作也。

赞曰：湛、霸奋庸，维宁两邦。①淮人孺慕，徐寇要降。②弘实体远，仁不忘本。③憙政多迹，彪明理损。牟公简帝，身终上衮。

①《尚书》曰："有能奋庸熙帝之载。"孔安国注曰："奋，起也。庸，功也。"两邦谓湛为平原太守，霸为淮平大尹。

②徐寇谓徐异卿也。愿要降司徒伏公。

③谓不忘糟糠妻也。

【校勘记】

〔1〕　伏理字君游　按:《集解》引惠栋说,谓"君游"《前书》作"斿君"。

〔2〕　时贼徐异卿等万馀人据富平　按:李慈铭谓案《光武纪》,帝之征张步及湛之免官,皆在建武五年,此传失书"五年"二字。又据纪言吴汉等击富平、获索贼于平原,大破降之。不言湛者,盖时贼已请降,特令湛往受之耳,然其事亦在五年二月。则此传"时贼徐异卿等"句"时"字当易"五年"二字,叙事方覈。

〔3〕　获索贼帅徐少　按:《集解》引惠栋说,谓"获索"应作"富平"。

〔4〕　鬊发厉志　按:王先谦谓"鬊发"《东观记》作"龆龀"。

〔5〕　旧制九州五尚书令一郡二人　按:《刊误》谓"令"合作"今"。尚书令不可有五人,若言令一郡二人,又无义,改作"今",乃与注合。

〔6〕　谓湛为〔后〕队属正也　据《集解》本补。

〔7〕　予(则)〔曰〕有先后　据汲本、殿本改,与《诗》合。

〔8〕　令则一郡乃有二人　按:殿本"令"作"今"。"二人"原讹"一人",径改正。

〔9〕　未及就位　按:"未"字原脱,径据汲本、殿本补。

〔10〕　故东州号为伏不斗云　按:"云"字原脱,径据汲本、殿本补。

〔11〕　以子瑗为郎中　按:殿本、《集解》本"瑗"作"援"。

〔12〕　河(南)〔内〕蔡茂　据殿本改。按:《校补》谓茂河内怀人,具本传,作"河南"乃形近而讹。

〔13〕　京兆玉况　殿本"玉"作"王",注同。按:玉字本有肃音,后人不晓,另造一"王"字,以别于金玉之"玉",亦犹"角里"之"角",别造一"角"字矣。

〔14〕　弘推进贤士冯翊桓梁三十馀人　按:《校补》谓"三"疑"等"之误,盖三十馀人似太多,且文法固宜有一"等"字也。又按:汲本"推进"作"雅进"。

〔15〕　御坐新屏风　按:《集解》引惠栋说,谓《东观记》云"新施屏风",疑脱"施"字。

〔16〕　贫贱之知不可忘　按:汲本"知"作"交"。张森楷《校勘记》谓监本、惠校本及《治要》作"知",《东观记》作"交"。

〔17〕　嵩子由(章)〔元〕和间为太尉　《校补》引钱大昭说,谓"章和"当作"元

和”。按：宋由于章帝元和三年为太尉，和帝永元四年策免，钱说是，今据改。

〔18〕　朝廷憋悼　按：殿本“憋”作“愍”。

〔19〕　委〔蛇〕委（蛇）蛇　据汲本、殿本改。

〔20〕　举纠湖阳公主　按：“公”字原脱，径据汲本、殿本补。

〔21〕　建武二十年代戴涉为司徒　按：《集解》引周寿昌说，谓建武二十七年始称司徒，去大字，此“司徒”上当有一“大”字。

〔22〕　故言衮龙　按：汲本、殿本“衮龙”作“龙衮”。

〔23〕　贺字乔卿雒（阳）人　按：《集解》引惠栋说，谓《华阳国志》云郭贺广汉雒人，此衍“阳”字。今据删。又按：《校补》谓《东观记》亦云贺雒阳人，则误不自范始。

〔24〕　累官建武中为尚书令　按：《校补》谓“累官”下当有脱文。

〔25〕　诏书憋惜　按：殿本“憋”作“愍”。

〔26〕　前梁令阎杨　按：《集解》引惠栋说，谓《王霸传》“杨”作“阳”。

〔27〕　赵憙　《集解》引惠栋说，谓《东观记》作“喜”，喜与熹古字通。王先谦谓《续汉书》作“熹”。

〔28〕　礼纬曰天地之牲角茧栗　汲本、殿本“礼纬”作“礼记”。按：《礼·王制》云“祭天地之牛角茧栗”。

〔29〕　徙云中五原人于常山居庸间　按：《校补》谓“间”当作“关”，谓常山关、居庸关也。常山关在代郡，居庸关在上谷，中隔长城，亘千馀里，不能谓徙于其间明矣。

〔30〕　杂止同席　按：《集解》引惠栋说，谓《续汉书》“杂止”作“杂坐”。

〔31〕　八年代虞延行太尉事　按：《集解》引惠栋说，谓案纪当在七年。

〔32〕　长子代　《集解》引惠栋说，谓《汉官仪》及《和帝纪》皆作“世”。按：此作“代”，避唐讳改。

〔33〕　代鲑阳鸿为大司农　按：姚范谓本书《儒林传》云中山鲑阳鸿，字孟孙。注“鲑音胡瓦反，其字从角，或作鲑从鱼者，音胡佳反”。据此，则字当从《儒林传》作“鲑”也。

〔34〕　范迁字子庐　按：《明帝纪》注引《汉官仪》作“子闾”。

〔35〕　判折狱讼　按：“折”原讹“析”，径据汲本、殿本改正。

〔36〕　已封曹参后曹湛为平阳侯　《校补》引钱大昭说，谓《和帝纪》永元三年，

诏以曹相国后容城侯无嗣,求近亲绍封,则参后之绍封非平阳,乃容城也。按:《校补》谓钱说是,此或竟出浅人妄改。

〔37〕 持心近厚　按:《袁宏纪》"持"作"治"。下"持心近薄"同。

〔38〕 斯三代之所以直道而行(之)〔也〕　据汲本、殿本改。按:今《论语》作"也"。"斯"下有"民也"二字。

〔39〕 以世承二帝吏化之后　殿本"吏"作"更",王先谦谓作"更"是。张森楷《校勘记》谓《群书治要》作"吏治之后"。今按:"吏治"作"吏化",乃避唐高宗讳改之。下文云"多以苛刻为能",即指吏治而言,"吏"作"更",乃形近而误,王先谦之说非也。

〔40〕 其遣太子舍人诣中臧府　按:"遣"下原衍"子"字,径据汲本、殿本删。

〔41〕 七十曰耆　殿本"七"作"六"。按:《说文》"耆,老也"。段注:"《曲礼》六十曰耆,许不言者,许以为七十以上之通称也。"殿本殆据《曲礼》改。

〔42〕 不堪久待　按:《集解》引惠栋说,谓依《三补决录》"待"当作"侍"。

〔43〕 以陈蕃窦氏既诛　按:汲本"氏"作"武",《校补》谓作"武"是。

后汉书卷二十七

宣张二王杜郭吴承郑赵列传第十七

宣秉字巨公,冯翊云阳人也。少修高节,显名三辅。哀、平际,见王氏据权专政,侵削宗室,有逆乱萌,遂隐遁深山,州郡连召,常称疾不仕。〔1〕王莽为宰衡,辟命不应。① 及莽篡位,又遣使者征之,秉固称疾病。更始即位,征为侍中。建武元年,拜御史中丞。② 光武特诏御史中丞与司隶校尉、尚书令③ 会同并专席而坐,故京师号曰"三独坐"。明年,迁司隶校尉。务举大纲,简略苛细,百僚敬之。④

① 周公为太宰,伊尹为阿衡,莽欲兼之,故以为号。

②《前书》曰,御史中丞,秦官,秩千石,在殿中兰台,掌图籍秘书,外督部刺史,内领侍御史,纠察百寮。

③《续汉志》曰"尚书令一人,千石,秦官。武帝用宦者,成帝用士人"也。

④《说文》曰:"苛,细草也。"以喻(类)〔烦〕杂也。〔2〕

秉性节约,常服布被,蔬食瓦器。帝尝幸其府舍,见而叹曰:"楚国二龚,不如云阳宣巨公。"① 即赐布帛帐帷什物。②〔3〕四年,拜大司徒司直。③ 所得禄奉,辄以收养亲族。其孤弱者,分与田地,自无担石之储。④ 六年,卒于官,帝敏惜之,〔4〕除子彪为郎。⑤

① 二龚谓龚胜字君宾,龚舍字君倩,二人皆以清苦立节著名,事见《前书》。

②《周礼》:"幕人,掌帷帟帝幄幕。"郑玄曰:"在旁曰帷。"《尔雅》曰:"帱谓之帐。" 军法,五人为伍,二伍为什,则共其器物,故通谓生生之具为什物。

③ 司直,武帝元狩五年置,比二千石,掌佐丞相举不法。哀帝元寿二年,改丞相为大司徒,中兴因而不改,犹置司直。至建武十一年省司直,置长史一人,署诸曹事。至二十七年,司徒又去"大"字。见《前书》及《续汉书》。

④《前书音义》曰："齐人名小罂为担,今江淮人谓一石为一担。"担音丁滥反。

⑤《东观记》曰,彪官至玄菟太守。

　　张湛字子孝,扶风平陵人也。矜严好礼,动止有则,居处幽室,必自修整,虽遇妻子,若严君焉。①及在乡党,详言正色,②三辅以为仪表。③人或谓湛伪诈,湛闻而笑曰："我诚诈也。人皆诈恶,我独诈善,不亦可乎?"

①《周易·家人卦》曰："家人有严君〔焉〕,〔5〕父母之谓也。"

②详,审也。

③仪,法也。表,正也。《书》曰:"仪表万邦。"

　　成哀间,为二千石。王莽时,历太守、都尉。

　　建武初,为左冯翊。在郡修典礼,设条教,政化大行。后告归平陵,望寺门而步。①主簿进曰："明府位尊德重,不宜自轻。"②湛曰:"《礼》,下公门,轼辂马。③孔子于乡党,恂恂如也。④父母之国,所宜尽礼,何谓轻哉?"⑤

①告,请也。告归谓请假归。寺门即平陵县门也。《风俗通》曰:"寺者,嗣也。
　理事之吏,嗣续于其中也。"

②郡守所居曰府。明府者,尊高之称。《前书》韩延寿为东郡太守,门卒谓之
　明府,亦其义也。

③辂,大也。君所居曰路寝,车曰辂车,马曰辂马。轼,车前横木也。乘车必
　正立,有所敬则抚轼,谓小俯也。《礼记》曰:"大夫士下公门,式辂马。"郑玄
　云:"所以广敬。"

④论语之文也。郑玄云"恂恂,恭顺貌"也。

⑤《史记》孔子谓门弟子曰:"鲁,坟墓所处,父母之国也。"《诗》曰"惟桑与梓,
　必恭敬止"也。

　　五年,拜光禄勋。①光武临朝,或有惰容,湛辄陈谏其失。常乘白马,帝每见湛,辄言"白马生且复谏矣"。

①《前书》光禄勋本名郎中令,秦官,武帝改焉,秩中二千石,掌大夫、郎中
　从官。

七年，以病乞身，拜光禄大夫，代王丹为太子太傅。及郭后废，①因称疾不朝，拜太中大夫，居中东门候舍，②故时人号曰中东门君。帝数存问赏赐。后大司徒戴涉被诛，③帝强起湛以代之。湛至朝堂，遗失溲便，④因自陈疾笃，不能复任朝事，遂罢之。后数年，卒于家。

①建武十七年废。

②《汉官仪》曰："洛阳十二门，东面三门，最北门名上东门，次南曰中东门。每门校尉一人，秩二千石；司马一人，秩千石；候一人，秩六百石。"候舍，盖候之所居。

③涉字叔平，冀州清河人也，坐所举人盗金下狱。

④溲，小便也。溲音所流反。

王丹字仲回，京兆下邽人也。哀、平时，仕州郡。王莽时，连征不至。家累千金，隐居养志，好施周急。①每岁农时，辄载酒肴于田间，候勤者而劳之。②其惰嫩者，耻不致丹，皆兼功自厉。③邑聚相率，以致殷富。其轻黠游荡废业为患者，辄晓其父兄，使黜责之。没者则赙给，亲自将护。其有遭丧忧者，辄待丹为办，乡邻以为常。行之十馀年，其化大洽，风俗以笃。

①周急谓周济困急也。孔子曰："君子周急不继富。"

②《东观记》曰："载酒肴，便于田头大树下饮食劝勉之，因留其馀酒肴而去。"

③嫩懒同，音力亶反。

丹资性方洁，疾恶强豪。时河南太守同郡陈遵，关西之大侠也。①其友人丧亲，遵为护丧事，赙助甚丰。丹乃怀缣一匹，陈之于主人前，曰："如丹此缣，出自机杼。"遵闻而有惭色。自以知名，欲结交于丹，丹拒而不许。②

①遵字孟公，杜陵人也。见《前书》。

②《东观记》曰："更始时，遵为大司马〔护军〕，〔6〕出使匈奴，过辞于丹。丹曰：'俱遭反覆，唯我二人为天所遗。今子当之绝域，无以相赠，赠子以不拜。'遂揖而别，遵甚悦之。"

会前将军邓禹西征关中，军粮乏，丹率宗族上麦(一)〔二〕千斛。〔7〕禹表丹领左冯翊，称疾不视事，免归。后征为太子少傅。

时大司徒侯霸欲与交友，及丹被征，遣子昱候于道。昱迎拜车下，丹下答之。昱曰："家公欲与君结交，何为见拜？"丹曰："君房有是言，丹未之许也。"

丹子有同门生丧亲，家在中山，白丹欲往奔慰。结侣将行，丹怒而挞之，①令寄缣以祠焉。②或问其故。丹曰："交道之难，未易言也。世称管、鲍，次则王、贡。③张、陈凶其终，萧、朱隙其末，④故知全之者鲜矣。"时人服其言。

① 《东观记》曰："丹怒挞之五十。"
② 《东观记》曰："寄帛二匹以祠焉。"
③ 《史记》曰："管夷吾，颍上人。尝与鲍叔牙游，叔牙知其贤。管仲贫困，尝欺鲍叔牙，鲍叔牙终善遇之。管仲曰：'生我者父母，知我者鲍叔。'"《前书》，王吉字子阳，贡禹字少翁，并琅邪人也。二人相善，时人为之语："王阳在位，贡禹弹冠。"言其趣舍同也。
④ 张耳、陈馀初为刎颈交，后构隙。耳后为汉将兵，杀陈馀于泜水之上。萧育字次君，朱博字子元，二人为友，著闻当代，后有隙不终，故时以交为难。并见《前书》。

客初有荐士于丹者，因选举之，而后所举者陷罪，丹坐以免。客惭惧自绝，而丹终无所言。寻复征为太子太傅，乃呼客谓曰："子之自绝，何量丹之薄也？"不为设食以罚之，相待如旧。其后逊位，卒于家。

王良字仲子，东海兰陵人也。少好学，习小夏侯《尚书》。①王莽时，寝病不仕，〔8〕教授诸生千馀人。

① 夏侯建，大夏侯胜之从兄子也。建受《尚书》于胜，号小夏侯。见《前书》。

建武二年，大司马吴汉辟，不应。三年，征拜谏议大夫，数有忠言，以礼进止，朝廷敬之。迁沛郡太守。至蕲县，称病不之府，官属皆随就之，良遂上疾笃，乞骸骨，征拜太中大夫。

六年,代宣秉为大司徒司直。在位恭俭,妻子不入官舍,布被瓦器。时司徒史鲍恢以事到东海,过候其家,而良妻布裙曳柴,从田中归。①恢告曰:"我司徒史也,故来受书,欲见夫人。"妻曰:"妾是也。苦掾,无书。"②恢乃下拜,叹息而还,闻者莫不嘉之。

①《东观记》曰:"徒跣曳柴。"

②掾,即谓鲍恢,司徒之掾史也。言劳苦相过,更无书信。

后以病归。一岁复征,至荥阳,疾笃不任进道,乃过其友人。友人不肯见,曰:"不有忠言奇谋而取大位,何其往来屑屑不惮烦也?"①遂拒之。良惭,自后连征,辄称病。诏以玄纁聘之,遂不应。后光武幸兰陵,遣使者问良所苦疾,〔9〕不能言对。诏复其子孙邑中徭役,卒于家。

①杨雄《方言》曰:"屑屑,不安也。秦、晋曰屑屑。"郭景纯曰:"往来貌。"

论曰:夫利仁者或借仁以从利,体义者不期体以合义。①季文子妾不衣帛,鲁人以为美谈。②公孙弘身服布被,汲黯讥其多诈。③事实未殊而誉毁别议。何也?将体之与利之异乎?宣秉、王良处位优重,而秉甘疏薄,良妻荷薪,可谓行过乎俭。然当世咨其清,人君高其节,岂非临之以诚哉!语曰:'同言而信,则信在言前;同令而行,则诚在令外。'不其然乎!④张湛不屑矜伪之诮,斯不伪矣。⑤王丹难于交执之道,斯知交矣。

①此言履行仁义,其事虽同,原其本心,真伪各异。利仁者谓心非好仁,但以行仁则于己有利,故假借仁道以求利耳。若天性自然,体合仁义者,举措云为,不期于体,而冥然自合。《礼记》曰:"仁者安仁,智者利仁,畏罪者强仁。"与人同功,其仁未可知;与人同过,其仁则可知。

②文子,鲁卿季孙行父之谥也。无衣帛之妾,无食粟之马,君子是以知季文子忠于公室。相三君矣而无私积,可不谓忠乎?事见《左传》。

③公孙弘,淄川人也。武帝时为丞相。汲黯曰:"弘以三公而身服布被,诈也。"事见《前书》。

④真伪之迹既殊,人之信否亦异。同言而信,谓体仁与利仁,二人同出言,而

人信服其真者，不信其伪者，则知信不由言，故言信在言前也。同令而行，意亦同也。此皆《子思子·累德篇》之言，故称"语曰"。

⑤屑犹介也。

杜林字伯山，扶风茂陵人也。①父邺，成哀间为凉州刺史。林少好学沈深，家既多书，又外氏张竦父子喜文采，②林从竦受学，博洽多闻，时称通儒。③

①案《杜邺传》，邺本魏郡繁阳人也，武帝时徙茂陵。

②邺字子夏，祖父皆至郡守。邺少孤。其母，张敞女也。邺从敞子吉学，得其家书。竦即吉之子也，博学文雅过于敞。见《前书》。

③《风俗通》曰："儒者，区也。言其区别古今，居则玩圣哲之词，动则行典籍之道，稽先王之制，立当时之事，此通儒也。若能纳而不能出，能言而不能行，讲诵而已，无能往来，此俗儒也。"

初为郡吏。王莽败，盗贼起，林与弟成及同郡范逡、孟冀等，①将细弱俱客河西。道逢贼数千人，遂掠取财袤，褫夺衣服，②拔刃向林等将欲杀之。冀仰曰："愿一言而死。将军知天神乎？③赤眉兵众百万，所向无前，而残贼不道，卒至破败。今将军以数千之众，欲规霸王之事，不行仁恩而反遵覆车，不畏天乎？"④贼遂释之，俱免于难。

①逡音七伦反。

②褫，解也，音直纸反。

③言知天道有神乎。

④贾谊曰："前车覆，后车诫。"《诗》曰："不畏乎天，不愧乎人。"〔10〕

隗嚣素闻林志节，深相敬待，以为持书平。〔11〕后因疾告去，辞还禄食。嚣复欲令强起，遂称笃。嚣意虽相望，且欲优容之，①乃出令曰："杜伯山天子所不能臣，诸侯所不能友，②盖伯夷、叔齐耻食周粟。③今且从师友之位，须道开通，使顺所志。"林虽拘于嚣，而终不屈节。建武六年，弟成物故，嚣乃听林持丧东归。既遣而悔，追令刺客杨贤于陇坻遮杀之。贤见林身推鹿车，载致弟丧，乃叹曰："当今之世，谁能行义？我虽小人，何忍杀义士！”因亡去。

①望犹恨也。《东观记》曰：“林寄嚣地，终不降志辱身，至簪蒿席草，不食其粟也。”

②《礼记》曰：“儒有上不臣天子，下不事诸侯，慎静尚宽，砥砺廉隅，其规为有如此者。”

③《史记》曰，伯夷、叔齐，孤竹君之子也。兄弟让位，归文王。后武王东伐纣，伯夷、叔齐扣马谏曰：“父死不葬，爰及干戈，可谓孝乎？以臣伐君，可谓仁乎？”武王平殷乱，而二人耻之，义不食周粟，饿死于首阳山。

光武闻林已还三辅，乃征拜侍御史，引见，问以经书故旧及西州事，甚悦之，赐车马衣被。群寮知林以名德用，甚尊惮之。京师士大夫，咸推其博洽。①

①《东观记》曰：“林与马援同乡里，素相亲厚。援从南方还，时林马适死，援令子持马一匹遗林，曰：‘朋友有车马之馈，可且以备乏。’林受之。居数月，林遣子奉书曰：‘将军内施九族，外有宾客，望恩者多。林父子两人食列卿禄，常有盈，今送钱五万。’援受之，谓子曰：‘人当以此为法，是杜伯山所以胜我也。’”博，广也。洽，遍也。言其所闻见广大也。

河南郑兴、东海卫宏等，皆长于古学。①兴尝师事刘歆，林既遇之，欣然言曰：“林得兴等固谐矣，使宏得林，且有以益之。”及宏见林，暗然而服。济南徐巡，始师事宏，后皆更受林学。林前于西州得漆书《古文尚书》一卷，常宝爱之，虽遭难困，[12]握持不离身。出以示宏等曰：“林流离兵乱，常恐斯经将绝。何意东海卫子、济南徐生复能传之，是道竟不坠于地也。古文虽不合时务，然愿诸生无悔所学。”宏、巡益重之，于是古文遂行。

①宏字敬仲，在《儒林传》。

明年，大议郊祀制，多以为周郊后稷，汉当祀尧。诏复下公卿议，议者佥同，帝亦然之。林独以为周室之兴，祚由后稷，汉业特起，功不缘尧。祖宗故事，所宜因循。定从林议。①

①《东观记》载林议曰：“当今政卑易行，礼简易从，人无愚智，思仰汉德。基业

特起，不因缘尧。尧远于汉，人不晓信，言提其耳，终不说谕。后稷近周，人户知之，又据以兴，基由其祚。〔13〕《诗》曰：'不愆不忘，率由旧章。'宜如旧制，以解天下之惑。"

后代王良为大司徒司直。林荐同郡范逡、赵秉、申屠刚及陇西牛邯等，皆被擢用，士多归之。十一年，司直官罢，以林代郭宪为光禄勋。内奉宿卫，外总三署，①周密敬慎，选举称平。郎有好学者，辄见诱进，朝夕满堂。

①三署，左右中郎将及五官中郎将，皆管郎官也。见《续汉书》。

十四年，群臣上言："古者肉刑严重，则人畏法令；今宪律轻薄，故奸轨不胜。①宜增科禁，以防其源。"诏下公卿。林奏曰："夫人情挫辱，则义节之风损；法防繁多，则苟免之行兴。孔子曰：'导之以政，齐之以刑，民免而无耻。导之以德，齐之以礼，有耻且格。'②古之明王，深识远虑，动居其厚，不务多辟，周之五刑，不过三千。③大汉初兴，详览失得，故破矩为圆，斫雕为朴，蠲除苛政，更立疏网，④海内欢欣，人怀宽德。及至其后，渐以滋章，吹毛索疵，诋欺无限。⑤果桃菜茹之馈，集以成臧，小事无妨于义，以为大戮，故国无廉士，家无完行。至于法不能禁，令不能止，上下相遁，为敝弥深。⑥臣愚以为宜如旧制，不合翻移。"帝从之。

①《左传》曰："凡乱在外为奸，在内为轨。"

②皆《论语》之言也。政谓禁令，刑谓刑罚。格，来也。言为政之法，初训导之以禁令，若有违则整齐之以刑罚，则人但免罪而已，而无耻惭之心。若教导之以道德，整齐之以礼义，则人皆有耻惭之心，且皆来服。

③五刑谓墨、劓、剕、宫、大辟也。《尚书·吕刑篇》曰："五刑之属三千。"

④《史记》曰："汉兴，破觚而为圜，斫雕而为朴，号为网漏吞舟之鱼。"觚亦方也。《老子》曰："天网恢恢，疏而不漏。"

⑤《老子》曰："法令滋章，盗贼多有。"《前书》曰："有司吹毛求疵。"索，求也。诋欺谓饰非成衅，非其本罪。

⑥遁犹回避也。《前书》曰："上下相匿，以文避法焉。"

后皇太子彊求乞自退，封东海王，故重选官属，以林为王傅。从驾南巡狩。时诸王傅数被引命,或多交游,不得应诏;唯林守慎,有召必至。馀人虽不见遣,而林特受赏赐,又辞不敢受,帝益重之。①

①《东观记》曰:"王又以师数加馈遗,林不敢受,常辞以道上稟假有馀,(若)〔苦〕以车重,〔14〕无所置之。"

明年,代丁恭为少府。①二十二年,复为光禄勋。顷之,代朱浮为大司空。博雅多通,称为任职相。明年薨,帝亲自临丧送葬,除子乔为郎。诏曰:"公侯子孙,必复其始,②贤者之后,宜宰城邑。其以乔为丹水长。"③

①恭字子然,山阳人,在《儒林传》。
②《左氏传》晋大夫辛廖之言。
③丹水,县,属南阳。

论曰:夫威强以自御,力损则身危;饰诈以图己,诈穷则道屈;而忠信笃敬,蛮貊行焉者,诚以德之感物厚矣。①故赵孟怀忠,匹夫成其仁;②杜林行义,烈士假其命。《易》曰"人之所助者(顺)〔信〕",〔15〕有不诬矣。③

①《论语》曰:"子张问行,子曰:'言忠信,行笃敬,虽蛮貊之邦行矣。'"
②赵孟,晋大夫赵盾也。《左传》曰:"晋灵公不君,赵盾骤谏之,灵公患焉,使鉏麑贼之。晨往,寝门辟矣,盛服将朝,尚早,坐而假寐。麑退而言曰:'不忘恭敬,民之主也。贼民之主不忠,弃君之命不信,有一于此,不如死也。'触槐而死。"赵盾遂得全。《论语》曰:"有杀身以成仁,无求生以害仁。"
③《易·系辞》曰:"天之所助者(信)〔顺〕,人之所助者(顺)〔信〕。"〔16〕不诬,言必蒙天人之助也。

郭丹字少卿,南阳穰人也。父稚,成帝时为庐江太守,有清名。丹七岁而孤,小心孝顺,后母哀怜之,为鬻衣裳,买产业。①后从师长安,买符入函谷关,②乃慨然叹曰:"丹不乘使者车,终不出关。"③既至京师,常为都讲,诸儒咸敬重之。大司马严尤请丹,辞病不就。王莽又征之,遂与诸生逃于北地。更始二年,三公举丹贤能,征为谏议大夫,持节使归南阳,安集受降。丹自去家十有二年,果乘高车出关,如其志焉。

① 鬻,卖也。

② 符即繻也。《前书音义》曰:"旧出入关皆用传。传烦,因裂繻帛分持,后复出,合之以为符信。"买符,非真符也。《东观记》曰"丹从宛人陈洮买入关符,〔17〕既入关,封符乞人"也。

③ 《续汉志》曰:"诸使车,皆朱班轮,四辐,赤衡轭。"

更始败,诸将悉归光武,并获封爵;丹独保平氏不下,为更始发丧,衰绖尽哀。①建武二年,遂潜逃去,敝衣闲行,涉历险阻,求谒更始妻子,奉还节传,因归乡里。太守杜诗请为功曹,丹荐乡人长者自代而去。诗乃叹曰:"昔明王兴化,卿士让位,②今功曹推贤,可谓至德。敕以丹事编署黄堂,以为后法。"③

① 丧服斩衰裳,上曰衰,下曰裳。麻在首要皆曰绖。首绖象缁布冠,要绖象大带。绖之言实,衰之言摧,明中实摧痛也。平氏,县名,属南阳郡。

② 长芳《诗传》曰:"虞、芮之君争田,相谓曰:'西伯,仁人也,盍往质焉?'乃相与朝周。至其朝,士让为大夫,大夫让为卿。二国君乃惭而退。"

③ 黄堂,大守之厅事。

十三年,大司马吴汉辟举高第,再迁并州牧,有清平称。转使匈奴中郎将,迁左冯翊。永平三年,代李䜣为司徒。在朝廉直公正,与侯霸、杜林、张湛、郭伋齐名相善。明年,坐考陇西太守邓融事无所据,策免。五年,卒于家,时年八十七。以河南尹范迁有清行,代为司徒。

迁字子庐,〔18〕沛国人,初为渔阳太守,以智略安边,匈奴不敢入界。及在公辅,有宅数亩,田不过一顷,复推与兄子。其妻尝谓曰:"君有四子而无立锥之地,①可馀奉禄,以为后世业。"迁曰:"吾备位大臣而蓄财求利,何以示后世!"在位四年薨,家无担石焉。

① 《史记》楚优孟曰:"孙叔敖子无立锥之地。"

后显宗因朝会问群臣郭丹家今何如,宗正刘匡对曰:"昔孙叔敖相楚,马不秣粟,妻不衣帛,子孙竟蒙寝丘之封。①丹出典州郡,入为三公,而家无遗产,子孙困匮。"帝乃下南阳访求其嗣。长子宇,官至常山太守。少子济,赵相。

①孙叔敖,楚庄王之相也,期思县人。《史记》曰,楚之处士虞丘相进之,相楚,上下和合,吏无奸邪,遂霸诸侯。《吕览》曰:"叔敖将死,戒其子曰:'王数封我矣,吾不受也。我死,王则封汝,必无受利地。楚、越之间有寝丘者,此其地不利而名甚恶,可长有者唯此也。'孙叔敖死,王以美地封其子,其子辞,请寝丘,至今不失。"寝丘,县名,后汉改为固始,今光州固始县也,有孙叔敖祠焉。

吴良字大仪,齐国临淄人也。初为郡吏,①岁旦与掾史入贺,门下掾王望举觞上寿,谄称太守功德。②良于下坐勃然进曰:"望佞邪之人,欺谄无状,愿勿受其觞。"③太守敛容而止。谶罢,转良为功曹;耻以言受进,终不肯谒。

①《东观记》曰良为郡议曹掾。

②《东观记》曰:"王望言曰:'齐郡败乱,遭离盗贼,不闻鸡鸣犬吠之音。明府视事五年,土地开辟,盗贼灭息,五谷丰熟,家给人足。今日岁首,请上雅寿。'掾史皆称万岁。"

③《东观记》曰"良时跪曰:'门下掾佞谄,明府勿受其觞。盗贼未尽,人庶困乏。今良曹掾,尚无绔。'望曰:'议曹惰窳,自无绔,宁足为不家给人足邪?'太守曰:'此生言是。'赐良鳆鱼百枚"也。

时骠骑将军东平王苍闻而辟之,署为西曹。苍甚相敬爱,上疏荐良曰:"臣闻为国所重,必在得人;报恩之义,莫大荐士。窃见臣府西曹掾齐国吴良,资质敦固,公方廉恪,躬俭安贫,白首一节;①又治《尚书》,学通师法,②经任博士,行中表仪。宜备宿卫,以辅圣政。臣苍荣宠绝矣,忧责深大,③私慕公叔同升之义,惧于臧文窃位之罪,④〔19〕敢秉愚瞽,犯冒严禁。"显宗以示公卿曰:"前以事见良,须发皓然,衣冠甚伟。夫荐贤助国,宰相之职,萧何举韩信,设坛而拜,不复考试。⑤今以良为议郎。"

①言虽耆耄,志节不衰。

②《东观记》曰:"良习大夏侯《尚书》。"

③绝犹极也。

④公叔文子,卫大夫公孙拔之谥也。文子家臣名僎,操行与文子同,文子乃升
　进之于公,与之同为大夫。臧文仲,鲁大夫臧孙辰也。时柳下惠为士师,文
　仲知其贤而不进达之,孔子讥之曰:"臧文仲其窃位者欤! 知柳下之贤而不
　与立。"事并见《论语》也。

⑤萧何荐韩信于高祖曰:"陛下必欲争天下,非信无可与计者。"汉王于是设坛
　场,拜信为大将军。见《前书》。

　　永平中,车驾近出,而信阳侯阴就干突禁卫,[20]车府令徐匡钩就
车,收御者送狱。①诏书谴匡,匡乃自系。良上言曰:"信阳侯就倚恃外
戚,干犯乘舆,无人臣礼,为大不敬。匡执法守正,反下于理,臣恐圣化
由是而弛。"②帝虽赦匡,犹左转良为即丘长。③后迁司徒长史。④每处大
议,辄据经典,不希旨偶俗,以徼时誉。⑤后坐事免。复拜议郎,卒于官。

①钩,留也。

②弛,废也。

③即丘,县名,属东海郡,即《左氏传》之祝丘也,故城在今沂州临沂县东南。

④哀帝改丞相为大司徒,司直仍旧,中兴因之不改。建武十一年省司直,置
　长史。

⑤希犹瞻望也。

　　承宫字少子,①琅邪姑幕人也。少孤,年八岁为人牧豕。乡里徐子
盛者,以《春秋经》授诸生数百人,宫过息庐下,乐其业,因就听经,遂请
留门下,②为诸生拾薪。执苦数年,勤学不倦。③经典既明,乃归家教授。
遭天下丧乱,遂将诸生避地汉中,后与妻子之蒙阴山,④[21]肆力耕种。
禾黍将孰,人有认之者,宫不与计,推之而去,由是显名。三府更辟,皆
不应。⑤

①《世本》承姓,卫大夫成叔承之后也。

②《续汉书》曰:"宫过徐子盛,好之,因弃其猪而留听经。猪主怪其不还,求索

得宫,欲笞之。门下生共禁止,因留之。"

③《续汉书》曰:"宫尝出行,得虎所杀鹿,持归,肉分门下,取皮上师,师不受,宫因弃之。人问其故,宫曰:'既已与人,义不可复取。'"

④蒙阴,县名,属太山郡,有蒙山,在今沂州新泰县东南。

⑤三府谓太尉、司徒、司空府。

永平中,征诣公车。车驾临辟雍,召宫拜博士,迁左中郎将。数纳忠言,陈政,论议切悫,〔22〕朝臣惮其节,名播匈奴。时北单于遣使求得见宫,显宗敕自整饰,宫对曰:"夷狄眩名,非识实者也。臣状丑,不可以示远,宜选有威容者。"①帝乃以大鸿胪魏应代之。十七年,拜侍中祭酒。建初元年,卒,肃宗褒叹,赐以冢地。妻上书乞归葬乡里,复赐钱三十万。②

①《续汉书》曰:"夷狄闻臣虚称,故欲见臣。臣丑陋形寝,不如选长大有威容者示之也。"

②《续汉书》曰:"宫子叠,官至济阴太守。"

郑均字仲虞,东平任城人也。少好黄老书。兄为县吏,①颇受礼遗,均数谏止,不听。即脱身为佣,岁余,得钱帛,归以与兄。曰:"物尽可复得,为吏坐臧,终身捐弃。"兄感其言。遂为廉絜。均好义笃实,养寡嫂孤儿,恩礼敦至。②常称病家廷,不应州郡辟召。郡将欲必致之,使县令谲将诣门,③既至,卒不能屈。均于是客于濮阳。④

①《东观记》曰:"兄仲,为县游徼。"

②《东观记》曰:"均失兄,养孤兄子甚笃,〔23〕已冠娶,出令别居,并门,尽推财与之,使得一尊其母,然后随护视振给之。"

③谲,诈也。

④濮阳,今濮州县。

建初三年,司徒鲍昱辟之,后举直言,并不诣。六年,公车特征,再迁尚书,数纳忠言,肃宗敬重之。后以病乞骸骨,拜议郎,告归,因称病笃,帝赐以衣冠。①

①《东观记》曰："均遣子英奉章诣阙,诏召见英,问均所苦,赐以冠帻钱布。"

元和元年,诏告庐江太守、东平相曰:①"议郎郑均,束修安贫,恭俭节整,前在机密,以病致仕,守善贞固,黄发不怠。又前安邑令毛义,躬履逊让,比征辞病,淳絜之风,东州称仁。书不云乎:'章厥有常,吉哉!'②其赐均、义谷各千斛,常以八月长吏存问,赐羊酒,显兹异行。"③明年,帝东巡过任城,乃幸均舍,敕赐尚书禄以终其身,④故时人号为"白衣尚书"。永元中,卒于家。

①以毛义庐江人,郑均东平人,故告二郡守相也。

②章,明也。吉,善也。言为天子当明显其有常德者,优其禀饩,则政之善也。《尚书·咎繇谟》之言。

③《东观记》曰:"赐羊一头,酒二斗,终其身。"问遗贤良,必以八月,诸物老成,故顺其时气助养育之也。故《月令》"仲秋之月养衰老,授几杖,行糜粥饮食",郑玄注云"助老气也"。

④《续汉志》曰:"尚书秩六百石,禄每月七十石。"

赵典字仲经,蜀郡成都人也。父戒,为太尉,①桓帝立,以定策封厨亭侯。典少笃行隐约,②博学经书,弟子自远方至。③建和初,四府表荐,④征拜议郎,侍讲禁内,再迁为侍中。时帝欲广开鸿池,典谏曰:"鸿池泛溉,已且百顷,犹复增而深之,非所以崇唐虞之约己,遵孝文之爱人也。"帝纳其言而止。⑤

①《谢承书》曰:"典,太尉戒之叔子也。"

②隐犹静也。约,俭也。

③《谢承书》曰:"典学孔子《七经》、《河图》、《洛书》,内外艺术,靡不贯综,受业者百有馀人。"

④四府,太尉、司徒、司空、大将军府也。《谢承书》曰:"典性明达,志节清亮。益州举茂才,以病辞,太尉黄琼、胡广举有道、方正,皆不应。桓帝公车征,对策为诸儒之表。"

⑤《墨子》曰:"尧舜堂高三尺,土阶三等,茅茨不翦,采椽不斫,饭土簋,歠土铏,粝梁之饭,藜藿之羹,夏日葛衣,冬日鹿裘。"是约己也。文帝尝欲作露

台,召匠计之,曰直百金。帝曰:"百金,中人十家之产,何以台为!"宫室苑
囿无所增益,有不便,辄弛以利人,是爱人也。

父卒,袭封。出为弘农太守,转右扶风。公事去官,征拜城门校尉,
转将作大匠,迁少府,又转大鸿胪。时恩泽诸侯以无劳受封,群臣不悦
而莫敢谏,典独奏曰:"夫无功而赏,劳者不劝,上忝下辱,乱象干度。①
且高祖之誓,非功臣不封。②宜一切削免爵土,以存旧典。"帝不从。顷
之,转太仆,迁太常。朝廷每有灾异疑议,辄咨问之。③典据经正对,无
所曲折。每得赏赐,辄分与诸生之贫者。后以谏争违旨,免官就国。

> ①《左传》曰:"国无政,不用善,则自取谪于日月之灾,故政不可不慎。务三而
> 已,一曰择人,二曰因人,三曰从时。"《前书》曰,成帝时,同日封王氏五侯,
> 其日,天气赤,黄雾四塞。哀帝封丁、傅日亦然。是不用善人,则乱象干度。
>
> ②《史记·功臣侯表》曰:"高祖与功臣约曰:'非刘氏不王,非有功不侯。不如
> 是,天下共击之。'"
>
> ③《谢承书》曰"天子宗典道懿,尊为国师,位特进。七为列卿,寝布被,食用瓦
> 器"也。

会帝崩,时禁藩国诸侯不得奔吊,典慨然曰:"身从衣褐之中,致位
上列。①且鸟乌反哺报德,[24]况于士邪!"②遂解印绶符策付县,而驰到
京师。州郡及大鸿胪并执处其罪,而公卿百寮嘉典之义,表请以租自
赎,诏书许之。再迁长乐少府、卫尉。公卿复表典笃学博闻,宜备国师。
会病卒,③使者吊祠。窦太后复遣使兼赠印绶,[25]谥曰献侯。

> ①褐,织毛布之衣,贫者所服。
>
> ②《小尔雅》曰:"纯黑而反哺者谓之乌。"《春秋元命包》曰:"乌,孝鸟也。"
>
> ③《谢承书》曰:"灵帝即位,典与窦武、王畅、陈蕃等谋共诛中常侍曹节、侯览、
> 赵忠等,皆下狱自杀。"不言病卒。

典兄子谦,谦弟温,相继为三公。

谦字彦信,初平元年,代黄琬为太尉。献帝迁都长安,以谦行车骑
将军,[26]为前置。明年病罢。复为司隶校尉。车师王侍子为董卓所
爱,数犯法,谦收杀之。卓大怒,杀都官从事,而素敬惮谦,故不加罪。

转为前将军,遣击白波贼,有功,封郫侯。①李傕杀司徒王允,复代允为司徒,数月病免,拜尚书令。是年卒,谥曰忠侯。〔27〕

①郫音盘眉反。

　　温字子柔,初为京兆(郡)丞,①〔28〕叹曰:"大丈夫当雄飞,安能雌伏!"遂弃官去。遭岁大饥,散家粮以振穷饿,所活万馀人。献帝西迁都,为侍中,同舆辇至长安,封江南亭侯,代杨彪为司空,免,顷之,复为司徒,录尚书事。

①《前书》,三辅丞,武帝元鼎四年置,秩六百石。

　　时李傕与郭汜相攻,傕遂虏掠禁省,劫帝幸北坞,外内隔绝。傕素疑温不与己同,乃内温于坞中,又欲移乘舆于黄白城。温与傕书曰:"公前托为董公报仇,然实屠陷王城,杀戮大臣,天下不可家见而户说也。今与郭汜争睚眦之隙,以成千钧之雠,①人在涂炭,各不聊生。曾不改悟,遂成祸乱。朝廷仍下明诏,欲令和解。上命不行,威泽日损。而复欲移转乘舆,更幸非所,此诚老夫所不达也。于《易》,一为过,再为涉,三而弗改,灭其顶,凶。②不如早共和解,引军还屯,上安万乘,下全人民,岂不幸甚。"傕大怒,欲遣人杀温。(董卓)〔李傕〕从弟应,〔29〕温故掾也,谏之数日,乃获免。

①睚眦,解见《窦融传》。三十斤为钧,言其重。

②灭,没也。《周易·大过·上六》曰:"过涉灭顶,凶。"王弼曰:"处大过之极,
　　过之甚者也。涉难过甚,故至于灭顶,凶也。"

　　温从车驾都许。建安十三年,以辟司空曹操子丕为掾,操怒,奏温辟(忠)臣子弟,〔30〕选举不实,免官。是岁卒,年七十二。

　　赞曰:宣、郑、二王,奉身清方。杜林据古,张湛矜庄。典以义黜,①宫由德扬。大仪鹄发,见表宪王。②少卿志仕,终乘高箱。

①谓弃郡奔丧,〔31〕以租赎罪也。

②鹄发,白发。

【校勘记】

〔1〕　常称疾不仕　按：汲本"称疾"作"寝疾"。

〔2〕　以喻(类)〔烦〕杂也　据汲本、殿本改。

〔3〕　即赐布帛帐帷什物　按：《刊误》谓"帐帷"当作"帷帐"，注文先解帷，后解帐，是其次矣。

〔4〕　帝敏惜之　《刊误》谓"敏"当作"愍"。今按：《校补》引钱大昭说，谓敏与闵古字通。又谓《前书·人表》"宋愍公"，徐幹《中论》作"敏公"，是敏亦与愍通，皆不须改字。

〔5〕　家人有严君〔焉〕　据汲本、殿本补。

〔6〕　更始时遵为大司马〔护军〕　据聚珍本《东观记》补，与《前书·陈遵传》合。

〔7〕　上麦(一)〔二〕千斛　据汲本、殿本改。

〔8〕　王莽时寝病不仕　按：殿本"寝"作"称"。

〔9〕　遣使者问良所苦疾　按：汲本、殿本"苦疾"作"疾苦"。

〔10〕　不畏乎天不愧乎人　按：汲本、殿本两"乎"字并作"于"。

〔11〕　以为持书平　按：《刊误》谓案文多一"平"字。盖旧作"治书"，读者以平音治字，章怀已改作"持"，后人又妄留"平"字也。

〔12〕　虽遭难困　按：汲本、殿本"难"作"艰"。

〔13〕　后稷近周人户知之又据以兴基由其祚　汲本、殿本"户"作"所"。按：《校补》谓原文作"后稷近周，民户知之。世据以兴，基由其祚"，《东观记》及《续志》注所引并同。"户"作"所"，乃字之讹。"民"改"人"，"世"改"又"，则避太宗讳也。

〔14〕　(若)〔苦〕以车重　据《校补》改，与《东观记》合。

〔15〕　人之所助者(顺)〔信〕　据《易·系辞》改。

〔16〕　天之所助者(信)〔顺〕人之所助者(顺)〔信〕　据《易·系辞》改。

〔17〕　陈洮　按：《集解》引惠栋说，谓《御览》、《六帖》引《东观记》"洮"皆作"兆"。

〔18〕　迁字子庐　《集解》引何焯说，谓《汉官仪》作"子间"。今按：《明帝纪》注引《汉官仪》作"子间"。

〔19〕　惧于臧文窃位之罪　按：王先谦谓惧于文义未安，疑"于"当作"干"，或
"干"误写为"于"，后人改作"于"耳。"窃慕"与"惧干"正相对为文。

〔20〕　信阳侯阴就　钱大昭谓《阴兴传》作"新阳侯"，新信古字通。按：《校补》
谓《冯衍传》仍作"新阳侯"，又后纪亦作"新阳侯世子阴丰"，注同，今安
徽太和县西北有信阳城，则新阳固即信阳矣。

〔21〕　后与妻子之蒙阴山　按：《集解》引惠栋说，谓《东观记》作"华阴山"，或
宫从汉中之华阴也。

〔22〕　数纳忠言陈政论议切悫　《集解》引何焯说，谓"政"下当有脱文。今按：
"陈政"二字疑衍。《东观记》作"数纳忠谏，论议切直"，无"陈政"二字，
可证也。

〔23〕　养孤兄子　按：汲本、殿本并作"养孤儿兄子"，聚珍本《东观记》同。《校
补》谓《鲍永传》"悉财产与孤弟子"，此直当作"孤兄子"，"儿"字乃涉下
"兄"字误衍也。

〔24〕　且鸟乌反哺报德　按：汲本、殿本"鸟乌"作"乌鸟"，误。

〔25〕　窦太后复遣使兼赠印绶　按：李慈铭谓"兼"盖是"策"字之误。

〔26〕　以谦行车骑将军　《刊误》谓案文少一"事"字。今按：《范书》凡书行某
某事往往省一"事"字，非必脱文也。

〔27〕　谥曰忠侯　按：李慈铭谓《华阳国志》作"惠侯"。

〔28〕　初为京兆(郡)丞　《校补》引钱大昭说，谓京兆两汉皆不称郡，此"郡"字
衍。今据删。

〔29〕　(董卓)〔李傕〕从弟应　《集解》引惠栋说，谓《袁宏纪》云李傕从弟。王先
谦谓"董卓"二字实传写之误。今据改。

〔30〕　奏温辟(忠)臣子弟　《集解》引何焯说，谓"忠"字衍。张森楷《校勘记》谓
《魏志·文帝纪》注引《献帝起居注》无"忠"字，何说有本。今据删。

〔31〕　谓弃郡奔丧　按：《校补》谓"郡"当作"国"。

后汉书卷二十八上

桓谭冯衍列传第十八上

桓谭字君山，沛国相人也。①父成帝时为太乐令。谭以父任为郎，因好音律，②善鼓琴。博学多通，遍习《五经》，皆诂训大义，不为章句。③能文章，尤好古学，数从刘歆、杨雄辩析疑异。性嗜倡乐，④〔1〕简易不修威仪，而憙非毁俗儒，由是多见排抵。⑤〔2〕

①相，县名，故城在今徐州符离县西北。

②宫、商、角、徵、羽谓之五声，声成文谓之音。律谓六律，黄钟、太族、姑洗、蕤宾、无射、夷则。

③《说文》曰："诂，训古言也。"章句谓离章辨句，委曲枝派也。

④倡，俳优也。

⑤抵，击也，音纸。

哀平间，位不过郎。傅皇后父孔乡侯晏深善于谭。①是时高安侯董贤宠幸，女弟为昭仪，皇后日已疏，晏嘿嘿不得意。谭进说曰："昔武帝欲立卫子夫，阴求陈皇后之过，②而陈后终废，子夫竟立。今董贤至爱而女弟尤幸，殆将有子夫之变，〔3〕可不忧哉！"晏惊动，曰："然，为之奈何？"谭曰："刑罚不能加无罪，邪枉不能胜正人。夫士以才智要君，女以媚道求主。皇后年少，希更艰难，或驱使医巫，外求方技，此不可不备。又君侯以后父尊重而多通宾客，必借以重执，贻致讥议。不如谢遣门徒，务执谦悫，此修己正家避祸之道也。"晏曰"善"。遂罢遣常客，③入白皇后，如谭所戒。后贤果风太医令真钦，使求傅氏罪过，遂逮后弟侍中喜，〔4〕诏狱无所得，乃解，故傅氏终全于哀帝之时。及董贤为大司马，闻谭名，欲与之交。谭先奏书于贤，说以辅国保身之术，贤不能用，遂不与通。当王莽居摄篡弑之际，天下之士，莫不竞褒称德美，作符命以求容媚，谭独自守，默然无言。莽时为掌乐大夫，更始立，召拜太中大夫。

①傅皇后，哀帝后。

②子夫，卫皇后也。本平阳主家讴者，得幸于武帝，生男据，遂立为皇后。陈皇后，武帝姑长公主嫖女也。擅宠十馀年，无子，闻子夫得幸，几死者数焉，上怒，遂挟妇人媚道，事觉，废居长门宫。嫖音匹妙反。见《前书》。

③"常"或作"宾"。

世祖即位，征待诏，上书言事失旨，不用。后大司空宋弘荐谭，拜议郎给事中，因上疏陈时政所宜，曰：

臣闻国之废兴，在于政事；政事得失，由乎辅佐。辅佐贤明，则俊士充朝，而理合世务；辅佐不明，则论失时宜，而举多过事。夫有国之君，俱欲兴化建善，然而政道未理者，其所谓贤者异也。昔楚庄王问孙叔敖曰："寡人未得所以为国是也。"①叔敖曰："国之有是，众所恶也，恐王不能定也。"王曰："不定独在君，亦在臣乎？"对曰："君骄士，曰士非我无从富贵；士骄君，曰君非士无从安存。人君或至失国而不悟，士或至饥寒而不进。君臣不合，则国是无从定矣。"庄王曰："善。愿相国与诸大夫共定国是也。"②盖善政者，视俗而施教，察失而立防，威德更兴，文武迭用，然后政调于时，而躁人可定。③昔董仲舒言"理国譬若琴瑟，其不调者则解而更张"。④夫更张难行，而拂众者亡，⑤是故贾谊以才逐，而朝错以智死。⑥世虽有殊能而终莫敢谈者，惧于前事也。

①庄王名旅，穆王商臣之子也。孙叔敖，楚贤相也。言欲为国于是，未知何以得之。

②事见《新序》。

③躁犹动也，谓躁挠不定之人也。

④事见《前书》。

⑤拂，违也，音扶弗反。

⑥贾谊，洛阳人也。事文帝为博士，每诏令下，诸老先生未能言，谊尽为之对，

人人各如其志所出。绛、灌之属害之,文帝亦疏之,乃以谊为长沙太傅。朝错,颍川人也。事文帝为太子家令,号曰"智囊"。景帝即位,为御史大夫,请削诸侯(之)〔支〕郡。〔5〕后七国反,以诛错为名,遂腰斩错。见《前书》。

　　且设法禁者,非能尽塞天下之奸,皆合众人之所欲也,大抵取便国利事多者,则可矣。夫张官置吏,以理万人,县赏设罚,以别善恶,恶人诛伤,则善人蒙福矣。今人相杀伤,虽已伏法,而私结怨雠,子孙相报,后忿深前,至于灭户殄业,而俗称豪健,故虽有怯弱,犹勉而行之,此为听人自理而无复法禁者也。今宜申明旧令,若已伏官诛而私相伤杀者,虽一身逃亡,皆徙家属于边,其相伤者,加常二等,不得雇山赎罪。① 如此,则仇怨自解,盗贼息矣。
①雇山,解见《光武纪》。

　　夫理国之道,举本业而抑末利,是以先帝禁人二业,锢商贾不得宦为吏,①此所以抑并兼长廉耻也。今富商大贾,多放钱货,〔6〕中家子弟,为之保役,②趋走与臣仆等勤,收税与封君比入,③是以众人慕效,不耕而食,至乃多通侈靡,以淫耳目。今可令诸商贾自相纠告,若非身力所得,皆以臧畀告者。④ 如此,则专役一己,不敢以货与人,事寡力弱,必归功田亩。田亩修,则谷入多而地力尽矣。
①高祖时,令贾人不得衣丝乘车,市井子孙不得宦为吏。
②中家犹中等也。保役,可保信也。
③收税谓举钱输息利也。《东观记》曰"中家子为之保役,受计上疏,趋走俯伏,譬若臣仆,坐而分利"也。
④畀,与也。《东观记》载谭言曰:"贾人多通侈靡之物,罗纨绮绣,杂彩玩好,以淫人耳目,而竭尽其财。是为下树奢媒而置贫本也。求人之俭约富足,何可得乎? 夫俗难卒变,而人不可暴化。宜抑其路,使之稍自衰焉。"畀音必二反。

　　又见法令决事,轻重不齐,或一事殊法,同罪异论,奸吏得因缘为市,所欲活则出生议,所欲陷则与死比,是为刑开二门也。今可令通义理明习法律者,校定科比,①一其法度,班下郡国,蠲除故条。如此，天下知方，而狱无怨滥矣。②

①科谓事条，比谓类例。

②方犹法也。

书奏，不省。

是时帝方信谶，多以决定嫌疑。又酬赏少薄，天下不时安定。谭复上疏曰：

臣前献瞽言，未蒙诏报，不胜愤懑，冒死复陈。愚夫策谋，有益于政道者，以合人心而得事理也。凡人情忽于见事而贵于异闻，观先王之所记述，咸以仁义正道为本，非有奇怪虚诞之事。盖天道性命，圣人所难言也。自子贡以下，不得而闻，况后世浅儒，能通之乎！①今诸巧慧小才伎数之人，增益图书，矫称谶记，②以欺惑贪邪，诖误人主，焉可不抑远之哉！③臣谭伏闻陛下穷折方士黄白之术，甚为明矣；④而乃欲听纳谶记，又何误也！其事虽有时合，譬犹卜数只偶之类。⑤陛下宜垂明听，发圣意，屏群小之曲说，述《五经》之正义，略雷同之俗语，详通人之雅谋。⑥

①《论语》子贡曰："夫子之文章，可得而闻也。夫子之言性与天道，不可得而闻也。"郑玄注云："性谓人受血气以生，有贤愚吉凶。天道，七政变动之占也。"

②伎谓方伎，医方之家也。数谓数术，明堂、羲和、史、卜之官也。图书即谶纬符命之类也。

③《东观记》载谭书云"矫称孔丘，为谶记以误人主"也。

④黄白谓以药化成金银也。方士，有方术之士也。

⑤言偶中也。

⑥雷之发声，众物同应。俗人无是非之心，出言同者谓之雷同。《礼记》曰："无雷同。"

又臣闻安平则尊道术之士，有难则贵介胄之臣。①今圣朝兴复祖统，为人臣主，而四方盗贼未尽归伏者，此权谋未得也。臣谭伏观陛下用兵，诸所降下，既无重赏以相恩诱，或至虏掠夺其财物，是以兵长渠率,各生狐疑,党辈连结,岁月不解。古人有言曰:"天下皆知取之为取,而莫知与之为取。"②陛下诚能轻爵重赏,与士共之,则何招而不至,何说而不释,何向而不开,何征而不克! 如此,则能以狭为广,以迟为速,亡者复存,失者复得矣。

①介,甲也。胄,兜鍪也。〔7〕

②言先饶与之,后乃可取之。《老子》曰:"将欲废之,必固兴之;将欲夺之,必固与之。"

帝省奏,愈不悦。

其后有诏会议灵台所处,①帝谓谭曰:"吾欲〔以〕谶决之,〔8〕何如?"谭默然良久,曰:"臣不读谶。"帝问其故,谭复极言谶之非经。帝大怒曰:"桓谭非圣无法,将下斩之。"谭叩头流血,〔9〕良久乃得解。出为六安郡丞,②〔10〕意忽忽不乐,道病卒,时年七十馀。

①阳衒之《洛阳记》曰"平昌门直南大道,东是明堂大道,西是灵台"也。〔11〕

②六安郡故城在今寿州安丰县南。

初,谭著书言当世行事二十九篇,号曰《新论》,上书献之,世祖善焉。①《琴道》一篇未成,肃宗使班固续成之。②所著赋、诔、书、奏,凡二十六篇。

①《新论》一曰《本造》,二《王霸》,三《求辅》,四《言体》,五《见微》,六《谴非》,七《启寤》,八《祛蔽》,九《正经》,十《识通》,十一《离事》,十二《道赋》,十三《辨惑》,十四《述策》,十五《闵友》,十六《琴道》。《本造》、《述策》、《闵友》、《琴道》各一篇,馀并有上下。《东观记》曰:"光武读之,敕言卷大,令皆别为上下,凡二十九篇。"

②《东观记》曰:"《琴道》未毕,但有发首一章。"

元和中,肃宗行东巡狩,至沛,使使者祠谭冢,乡里以为荣。

冯衍字敬通,京兆杜陵人也。①祖野王,元帝时为大鸿胪。②衍幼有奇才,年九岁,能诵《诗》,至二十而博通群书。王莽时,诸公多荐举之者,衍辞不肯仕。

①《东观记》曰:"其先上党潞人,曾祖父奉世徙杜陵。"

②野王字君卿,奉世之长子也。《东观记》曰:"野王生座,袭父爵为关内侯,座生衍。"《华峤书》曰:"衍祖父立,生满,年十七丧父,早卒,满生衍。"

　　时天下兵起,莽遣更始将军廉丹讨伐山东。丹辟衍为掾,与俱至定陶。莽追诏丹曰:"仓廪尽矣,府库空矣,可以怒矣,可以战矣。将军受国重任,不捐身于中野,无以报恩塞责。"丹惶恐,夜召衍,以书示之。衍因说丹曰:"衍闻顺而成者,道之所大也;逆而功者,权之所贵也。①是故期于有成,不问所由;论于大体,不守小节。昔逢丑父伏轼而使其君取饮,称于诸侯;②郑祭仲立突而出忽,终得复位,美于《春秋》。盖以死易生,以存易亡,君子之道也。③诡于众意,宁国存身,贤智之虑也。④故《易》曰'穷则变,变则通,通则久,是以自天祐之,吉,无不利'。⑤若夫知其不可而必行之,破军残众,无补于主,身死之日,负义于时,⑥智者不为,勇者不行。且衍闻之,得时无怠。⑦张良以五世相韩,椎秦始皇博浪之中,⑧勇冠乎贲、育,名高乎太山。⑨将军之先,为汉信臣。⑩新室之兴,英俊不附。今海内溃乱,人怀汉德,甚于诗人思召公也,爱其甘棠,而况子孙乎? 人所歌舞,天必从之。⑪方今为将军计,莫若屯据大郡,〔12〕镇抚吏士,砥厉其节,百里之内,牛酒日赐,纳雄桀之士,询忠智之谋,要将来之心,待从横之变,兴社稷之利,除万人之害,则福禄流于无穷,功烈著于不灭。何与军覆于中原,身膏于草野,⑫功败名丧,耻及先祖哉?圣人转祸而为福,智士因败而为功,愿明公深计而无与俗同。"丹不能从。进及睢阳,复说丹曰:"盖闻明者见于无形,智者虑于未萌,况其昭晢者乎?⑬凡患生于所忽,祸发于细微,⑭败不可悔,时不可失。公孙鞅曰:'有高人之行,负非于世;有独见之虑,见赘于人。'⑮〔13〕故信庸庸之论,破金石之策,⑯袭当世之操,失高明之德。夫决者智之君也,疑者事之役也。⑰时不重至,公勿再计。"丹不听,遂进及无盐,与赤眉战死。⑱衍乃亡命河东。⑲

①于正道虽违逆而事有成功者,谓之权,所谓反经合义者也。

②《左氏传》,齐晋战于鞌,晋卿韩厥逐及齐侯,齐臣逢丑父乃与齐侯易位,使

齐侯御车。韩厥将及齐侯,丑父令齐侯如华泉取饮,韩厥乃献丑父于郤克。郤克将戮之,呼曰:"自今无有代其君任患者;有一于此,将为戮矣!"〔14〕郤子曰:"人不难以死免其君,我戮之不祥,赦之以劝事君者。"

③祭仲,郑大夫,突及忽皆郑庄公子也。庄公薨,太子忽当立。公子突,宋之出也,故宋人执郑祭仲。《公羊传》曰:"祭仲何以不名?贤也。何贤乎?以为知权。其知权奈何?宋人执之,谓曰:'为我出忽而立突'。祭仲不从其言,则君必死,国必亡;从其言,则君可以生易死,国可以存易亡。古人有权者,祭仲是也。权者反乎经,后有善者也。行权有道。杀人以自生,亡人以自存,君子不为也。"

④诡,违也。

⑤皆《周易·下系》之词。

⑥负犹失也。

⑦怠,懈也,言当急趋时。

⑧张良大父开地相韩昭侯、宣惠王、襄哀王,父平相釐王、悼惠王。五代相韩,谓良父及祖相韩之五王也。后秦灭韩,良家僮三百人,乃悉以家财求客刺秦王。得力士,为铁椎重百二十斤,击始皇于博浪沙中。博浪,地名,在郑州阳武县南。椎音直追反,谓击之也。

⑨孟贲、夏育,并古之勇士也。《前书音义》曰:"孟贲生拔牛角。夏育,卫人,力举千钧。"

⑩廉褒,襄武人,宣帝时为后将军,即丹之先。

⑪《诗·小雅》曰:"虽无德与汝,式歌且舞。"言汉氏之德,人歌舞之也。《尚书》曰:"人之所欲,天必从之。"

⑫与犹如也。

⑬晢,明也。商鞅谓秦孝公曰:"愚者暗于成事,智者见于未萌。"

⑭司马相如曰"祸故多藏于隐微,而发于人之所忽"也。

⑮语见《史记·商君传》。赘犹恶也。《史记》"赘"作"疑"。

⑯庸,常也。金石以谕坚也。

⑰役犹贱也。

⑱无盐,县名,属东平郡,故城在今郓州须昌县东。

⑲《华峤书》曰:"丹死,衍西归,吏以亡军,下司命乘传逐捕,故亡命。"

更始二年,遣尚书仆射鲍永行大将军事,安集北方。① 衍因以计说永曰:

① 永字君长,司隶校尉宣之子。

衍闻明君不恶切愿之言,以测幽冥之论;忠臣不顾争引之患,以达万机之变。① 是故君臣两兴,功名兼立,铭勒金石,令问不忘。今衍幸逢宽明之日,将值危言之时,② 岂敢拱默避罪,而不竭其诚哉!

① 愿,实也。幽冥谕深远也。争引谓引事与君争也。事非一涂,故曰万机之变也。《书》曰:"一日二日万机。"《东观记》:"衍更始时为偏将军,与鲍永相善。更始既败,固守不以时下。建武初,为扬化大将军掾,辟邓禹府,数奏记于禹,陈政言事。"自"明君"以下,皆是谏邓禹之词,非劝鲍永之说,不知何据,有此乖违。

② 危犹高也。《论语》曰:"天下有道,危言危行。"

伏念天下离王莽之害久矣。始自东郡之师,① 继以西海之役,② 巴、蜀没于南夷,③ 缘边破于北狄,④ 远征万里,暴兵累年,⑤ 祸挐未解,兵连不息,⑥ 刑法弥深,⑦ 赋敛愈重。众强之党,横击于外,百僚之臣,贪残于内,元元无聊,饥寒并臻,父子流亡,夫妇离散,庐落丘墟,田畴芜秽,疾疫大兴,灾异蜂起。于是江湖之上,海岱之滨,风腾波涌,更相骑藉,⑧ 四垂之人,肝脑涂地,死亡之数,不啻太半,殃咎之毒,痛入骨髓,匹夫僮妇,咸怀怨怒。⑨ 皇帝以圣德灵威,龙兴凤举,率宛、叶之众,将散乱之兵,喋血昆阳,〔15〕长驱武关,破百万之陈,摧九虎之军,⑩ 雷震四海,席卷天下,⑪ 攘除祸乱,诛灭无道,一期之间,海内大定。继高祖之休烈,修文武之绝业,社稷复存,炎精更辉,德冠往初,功无与二。⑫ 天下自以去亡新,就圣汉,当蒙其福而赖其愿。树恩布德,易以周洽,其犹顺惊风而飞鸿毛也。⑬ 然而诸将虏掠,逆伦绝理,⑭ 杀人父子,妻人妇女,燔其室屋,略其财产,饥者毛食,寒者裸跣,⑮〔16〕冤结失望,无所归命。今大将军以明淑之德,秉大使之权,统三军之政,存抚并州之人,惠爱之诚,加乎百姓,高世之声,闻乎群士,故其延颈企踵而望者,非特一人也。且大将军之事,岂得珪璧其行,束修其心而已哉?⑯将定国家之大业,成天地之元功也。昔周宣中兴之主,齐桓霸强之君耳,犹有申伯、召虎、夷吾、吉甫⑰攘其螫贼,⑱〔17〕安其疆宇。况乎万里之汉,明帝复兴,而大将军为之梁栋,此诚不可以忽也。⑲

①离,遭也。莽居摄元年,翟义起兵于东郡,莽发八将军以击之。东郡,今滑州也。

②莽居摄元年,西羌庞恬、傅幡等怨莽夺其地为西海郡,攻西海太守程永,莽遣护羌校尉窦况击之。

③莽篡位,贬西南夷昫町王为侯,王邯怨恨,攻益州,杀大尹程隆。莽发巴、蜀吏士击之,出入三年,死者十七八。

④莽〔始〕建国三年,〔18〕乌珠单于遣左贤王入云中,大杀吏人,大辈万馀,中辈数千,杀雁门、朔方太守,略吏人畜产不可胜数,缘边虚耗也。

⑤暴,露也。

⑥挈谓相连引也。

⑦莽以地皇元年以后为不须时令,自是春夏斩人于市。

⑧莽时江湖海泽麋沸,青、徐、荆、楚之地搔扰。《前书音义》曰:“跆,蹋也。”今此为“骀”,古字通。

⑨憧犹贱也。

⑩莽末,下江兵邓晔、(王)〔于〕匡攻武关,〔19〕莽乃拜将军九人,皆以虎为号,以捍匡等。〔匡等〕击破六虎,〔20〕败走三虎,乃保京师仓,邓晔等乃开武关迎更始。

⑪席卷言无馀也。

⑫此上二句,司马相如《封禅书》之词。

⑬言其易也。王褒《圣主得贤臣颂》曰“翼乎如鸿毛遇顺风”也。

⑭伦亦理也。

⑮毛,草也。臣贤案:《衍集》“毛”字作“无”,今俗语犹然者,或古亦通乎?

⑯言当恢廓规摹,不可空自清洁,徒约束修身而已。

⑰申伯,周宣王之元舅也;召虎,召穆公也;吉甫谓尹吉甫也;皆周宣王臣,并见《毛诗》。夷吾,管仲之字也。

⑱蟊贼,食禾稼虫名,谕奸盗侵渔也。蟊音牟。

⑲《左传》子产谓子皮曰:"子于郑国,栋也。栋折榱崩,侨将压焉。"

　　且衍闻之,兵久则力屈,人愁则变生。今邯郸之贼未灭,真定之际复扰,①而大将军所部不过百里,守城不休,战军不息,兵革云翔,百姓震骇,奈何自怠,不为深忧?夫并州之地,东带名关,北逼强胡,②年谷独孰,人庶多资,斯四战之地,攻守之场也。如其不虞,何以待之?故曰"德不素积,人不为用。备不豫具,难以应卒"。③今生人之命,县于将军,将军所杖,必须良才,宜改易非任,更选贤能。夫十室之邑,必有忠信。④审得其人,以承大将军之明,虽则山泽之人,〔21〕无不感德,思乐为用矣。然后简精锐之卒,发屯守之士,三军既整,甲兵已具,相其土地之饶,观其水泉之利,制屯田之术,习战射之教,则威风远畅,人安其业矣。若镇太原,抚上党,收百姓之欢心,树名贤之良佐,天下无变,则足以显声誉,一朝有事,则可以建大功。惟大将军开日月之明,发深渊之虑,监《六经》之论,观孙吴之策,⑤省群议之是非,详众士之白黑,⑥以超《周南》之迹,垂《甘棠》之风,令夫功烈施于千载,富贵传于无穷。伊、望之策,何以加兹!⑦

①邯郸谓王郎也。真定谓刘杨也。

②井陉关也。要害之塞,故曰名关。《东观记》作"石陉关"。

③《史记》子贡说晋君曰:"虑不先定,不可以应卒。"卒音仓忽反。

④《东观记》曰:"无谓无贤,路有圣人。"

⑤孙武,吴王阖庐将;吴起,魏文侯将:并著兵书也。

⑥白黑犹贤愚也。

⑦伊尹、吕望。

永既素重衍,为且受使得自置偏裨,乃以衍为立汉将军,①领狼孟长,屯太原,②与上党太守田邑等缮甲养士,捍卫并土。

①《东观记》曰"时永得置偏裨将五人"也。

②狼孟,县名,属太原郡,故城在今并州阳曲县东北。

　　及世祖即位,遣宗正刘延攻天井关,与田邑连战十馀合,延不得进。邑迎母弟妻子,为延所获。①后邑闻更始败,乃遣使诣洛阳献璧马,即拜为上党太守。②因遣使者招永、衍,永、衍等疑不肯降,而忿邑背前约,③衍乃遗邑书曰:

①《东观记》曰:"邓禹使积弩将军冯愔将兵击邑,愔悉得邑母弟妻子。"

②《东观记》曰,遣骑都尉弓里游、谏大夫何叔武,即拜邑为上党太守。

③《东观记》,衍与邑素誓列颈,俱受重任。

　　盖闻晋文出奔而子犯宣其忠,①赵武逢难而程婴明其贤,②二子之义当矣。今三王背畔,赤眉危国,③天下蚁动,社稷颠陨,④是忠臣立功之日,志士驰马之秋也。伯玉擢选剖符,专宰大郡。⑤夫上党之地,有四塞之固,东带三关,西为国蔽,⑥奈何举之以资强敌,开天下之匈,假仇雠之刃?岂不哀哉!⑦

①晋文公重耳避丽姬之难出奔,狐偃劝令返国,遂为霸主。子犯即狐偃字也。

②赵盾,晋卿,生赵朔,朔娶晋成公姊为夫人。晋景公三年,大夫屠岸贾诛赵氏,杀赵朔,灭其族。朔妻有遗腹,走公宫。赵朔客程婴、公孙杵臼。杵臼谓程婴曰:"胡不死?"程婴曰:"朔之妇有遗腹,若幸而生男,吾奉之;即女也,吾徐死耳。"居无何,朔妻生男,屠岸贾闻之,乃索于宫中。夫人置儿于绔中,祝曰:"赵宗灭乎,若(唬)〔嗁〕。〔22〕即不灭,若无声。"及索儿,竟无声。程婴曰:"今一索不得,后必复索之。"杵臼乃取它婴儿负之匿山中。诸将共攻杀杵臼并孤儿,然赵氏真孤乃在程婴所,即赵武也。居十五年,晋景公乃立赵武为卿,而复其田邑。事见《史记》。

③三王见《更始传》。

④蚁动谕众。

⑤文帝初,与郡守始为铜虎符、竹使符,分持其一,以为瑞信。剖即分也。

⑥三关谓上党关、壶口关、石陉关也。陉音形。

⑦张仪说楚王曰:"秦下甲攻卫阳晋,大开天下胸。"李斯曰:"所谓借寇兵而赍盗粮也。"

　　衍闻之,委质为臣,无有二心;①挈瓶之智,守不假器。②是以晏婴临盟,拟以曲戟,不易其辞;③谢息守郿,胁以晋、鲁,不丧其邑。④

由是言之，内无钩颈之祸，外无桃莱之利，⑤而被畔人之声，蒙降城之耻，窃为左右羞之。且邾庶其窃邑畔君，以要大利，曰贱而必书；莒牟夷以土地求食，而名不灭。是以大丈夫动则思礼，行则思义，未有背此而身名能全者也。⑥为伯玉深计，莫若与鲍尚书同情戮力，显忠贞之节，立超世之功。如以尊亲系累之故，能捐位投命，归之尚书，大义既全，敌人纾怨，⑦上不损剖符之责，下足救老幼之命，申眉高谈，无愧天下。若乃贪上党之权，惜全邦之实，衍恐伯玉必怀周赵之忧，〔23〕上党复有前年之祸。⑧昔晏平仲纳延陵之诲，终免栾高之难；⑨孙林父违穆子之戒，故陷终身之恶。⑩以为伯玉闻此至言，必若刺心，自非婴城而坚守，则策马而不顾也。⑪圣人转祸而为福，智士因败以成胜，愿自强于时，无与俗同。

①委质犹屈膝也。《左传》曰："策名委质，贰乃辟也。臣无二心，古之制也。"

②解见《左传》。

③《晏子春秋》曰："齐大夫崔杼弑齐庄公，乃劫诸大夫盟。有敢不盟者，戟钩其颈，剑承其心，曰：'不与崔氏而与公室者，盟神视之，言不疾，指不至血者死。'所杀者七人，而后及晏子。晏子奉血仰天曰：'崔氏无道而杀其君，若有能复崔氏而婴不与，盟〔神〕视之。'〔24〕遂仰而饮血。崔氏曰：'晏子与我，则齐国吾与共之；不与我，则戟在脰，剑在心，子图之。'晏子曰：'劫吾以刃而失其意，非勇也。留吾以利而背其君，非义也。《诗》云："恺悌君子，求福不回。"婴可回而求福乎？剑刃钩之，直兵推之，婴不革矣。'崔子遂释之。"

④《左传》，孟孙之家臣谢息。孟孙从鲁昭公如楚，谢息为孟孙守郕邑。晋人来理杞田，季孙将以郕邑与之。谢息不可，曰："夫子从君而守臣丧邑，虽吾子亦有猜焉。"季孙曰："君之在楚，于晋罪也。又不听晋，鲁罪重矣。晋师必至，吾无以待之。"〔25〕谢息曰："古人有言，'挈瓶之智，守不假器。'"季孙曰："吾与子桃。"辞以无山，与之莱、柞，乃迁于桃。杜预注曰："挈瓶，汲器，谕小智也。鲁国(下)〔卞〕县东南有桃虚。"〔26〕莱、柞，二山名。

⑤臣贤案：谢息得桃邑莱山，故言"无桃莱之利"也。但为"莱"字似"枣"，文又连"桃"，后学者以"桃枣"易明，"桃莱"难悟，不究始终，辄改"莱"为"枣"。《衍集》又作"菜"，或改作"乘"，展转乖僻为谬矣。

⑥庶其，邾大夫，以邾邑漆、闾丘奔鲁，故言窃邑畔君以要利也。牟夷，莒大
　夫，窃牟娄及防兹来奔；昭公三十一年，邾黑肱以滥来奔。《左传》曰："以地
　畔，求食而已，不求其名。贱而必书，以名其人，终为不义，不可灭已。是故
　君子动则思礼，行则思义。或求名而不得，或欲盖而名彰。此所谓三畔人
　名者也。

⑦纾，缓。音舒。

⑧《史记》曰，赵孝成王时，韩上党(太)守冯亭使人至赵曰：〔27〕"韩不守上党，
　入之于秦，其吏人皆安为赵，不欲为秦。有城市邑十七，愿再拜入之赵。"赵
　王大喜，召平阳君豹告曰："冯亭入城市邑十七，受之何如？"豹曰："圣人甚
　恶无故之利。夫秦蚕食韩氏，地中绝不令相通，韩氏所以不入于秦者，欲嫁
　其祸于赵，必勿受也。"赵王不听，遂发兵取上党，于是秦人围赵，坑其卒四
　十万。秦又围邯郸。又攻西周，拔之。故言怀周赵之忧。前年犹往时。

⑨延陵，邑名，吴公子季札所封，故以号焉。《左传》鲁襄二十九年，季札聘齐，
　见晏平仲。曰："子速纳邑与政。无邑无政，乃免于难。"晏子因陈桓子以纳
　邑与政，是以免于栾高之难。栾谓子雅，高谓子尾，皆齐大夫。《左氏》鲁昭
　公八年，栾高作难，晏子无罪。

⑩孙林父，卫大夫孙文子也。穆子，鲁大夫叔孙豹也。《左传》，卫侯使孙林父
　聘鲁，且寻盟。公登亦登，叔孙穆子相仪，趋进曰："诸侯之会，寡君未尝后
　卫君。今吾子不后寡君，未知所过。"孙子无词，亦无悛容。穆子曰："孙子
　必亡。为臣而君，过而不悛，亡之本也。"至襄十四年，孙林父逐出卫献公。
　献公复入国，林父遂以戚邑畔。是陷于终身之恶。

⑪言不过为二涂而已。

邑报书曰：

　　仆虽驽怯，亦欲为人者也，岂苟贪生而畏死哉！曲戟在颈，不
易其心，诚仆志也。

　　间者，老母诸弟见执于军，而邑安然不顾者，岂非重其节乎？
若使人居天地，寿如金石，要长生而避死地可也。今百龄之期，未
有能至，老壮之间，相去几何。诚使故朝尚在，忠义可立，虽老亲受
戮，妻儿横分，邑之愿也。

间者,上党黠贼,大众围城,义兵两辈,入据井陉。邑亲溃敌围,拒击宗正,①自试智勇,非不能当。诚知故朝为兵所害,新帝司徒已定三辅,②陇西、北地从风响应。其事昭昭,日月经天,河海带地,不足以比。③死生有命,富贵在天。④天下存亡诚云命也。邑虽没身,能如命何?

①即刘延。

②谓邓禹也。

③言明白也。

④《论语》子夏之词。

夫人道之本,有恩有义,义有所宜,恩有所施。君臣大义,母子至恩。今故主已亡,义(无)〔其〕谁为;〔28〕老母拘执,恩所当留。而厉以贪权,诱以策马,抑其利心,必其不顾,何其愚乎!

邑年三十,历位卿士,性少嗜欲,情厌事为。况今位尊身危,财多命殆,鄙人知之,何疑君子?

君长、敬通①揭节垂组,自相署立。②盖仲由使门人为臣,孔子讥其欺天。③君长据位两州,加以一郡,④而河东畔国,兵不入垣,⑤上党见围,不窥大谷,⑥宗正临境,莫之能援。兵威屈辱,国权日损,三王背畔,赤眉害主,未见兼行倍道之赴,若墨翟累茧救宋,申包胥重胝存楚,卫女驰归唁兄之志。⑦主亡一岁,莫知定所,虚冀妄言,苟肆鄙塞。未能事生,安能事死? 未知为臣,焉知为主? 岂厌为臣子,思为君父乎! 欲摇太山而荡北海,⑧事败身危,要思邑言。

①君长,鲍永字也。

②揭音其谒反,谓负也。

③孔子有疾,仲由欲使门人为臣,以大夫之礼葬孔子。孔子谓曰:"由之行诈也! 吾谁欺,欺天乎?"事具《论语》。

④《衍集》,鲍永行将军事,安集并州,拥兵屯太原,与太原李仲房同心并力。

⑤闻更始败,故诸国畔也。不入垣,言不征之也。垣,县名,属河东郡,顺帝改曰永安。

⑥即上所谓黠贼所围城者也。大谷自太原趣上党之道。不窥言不来救也。

今并州大谷县西有大谷是也。

⑦卫女，卫宣公庶子顽之女，为许穆公夫人，其兄即戴公。吊失国曰唁。卫懿
　公为狄所灭，戴公乃立庐于曹邑。许穆夫人闵卫亡，思归唁之，不得，乃赋
　《载驰》之诗。事见《左传》。

⑧言不可也。《孟子》曰"挟太山而超北海"也。

衍不从，或讹言更始随赤眉在北，①永、衍信之，故屯兵界休，②方移书上
党，云皇帝在雍，以惑百姓。永遣弟升及子婿张舒诱降涅城，③〔29〕舒家
在上党，邑悉系之。又书劝永降，永不答，④自是与邑有隙。邑字伯玉，
冯翊人也，后为渔阳太守。⑤永、衍审知更始已殁，乃共罢兵，幅巾降于
河内。⑥

①讹，伪也。

②界休，县，属太原郡，今汾州县。

③《东观记》曰："升及舒等谋使营尉李匡先反涅城，开门内兵，杀其县长冯晏，
　立故谒者祝回为涅长。"涅，县名，属上党郡，故城在今潞州乡县西。涅音奴
　结反。

④《东观记》载邑书曰："愚闻丈夫不释故而改图，哲士不徼幸而出危。今君长
　故主败不能死，新帝立不肯降，拥众而据壁，欲袭六国之从。与邑同事一
　朝，内为刎颈之盟，兴兵背畔，攻取涅城。破君长之国，坏父母之乡，首难结
　怨，轻弄凶器。人心难知，何意君长当为此计。昔者韩信将兵，无敌天下，
　功不世出，略不再见，威执项羽，名出高帝，不知天时，就亨于汉。知伯分
　国，既有三晋，欲大无已，身死地分，头为饮器。君长衔命出征，拥带徒士，
　上党阸不能救，河东畔不能取，朝有颠沛之忧，国有分崩之祸，上无仇牧之
　节，下无不占之志。天之所坏，人不能支。君长将兵不与韩信同日而论，威
　行得众不及智伯万分之半，不见天时，不知厌足。欲明人臣之义，当先知故
　主之未然；欲贪天下之利，宜及新主之未为。今故主已败，新主既成，四海
　为罗网，天下为敌人，举足遇害，动摇触患，履深泉之薄冰不为唬，〔30〕涉千
　钧之发机不知惧，何如其知也？绝鲍氏之姓，废子都之业，诵尧之言，服桀
　之行，悲夫命也。张舒内行邪孽，不遵孝友，疏其父族，外附妻党，已收三
　族，将行其法。能逃不自诣者舒也，能夷舒宗者予也。"永邑遂结怨焉。

⑤《东观记》曰："邑，冯翊莲芍人也。其先齐诸田，父丰，为王莽著威将军。邑

有大节,涉学艺,能善属文。为渔阳太守,未到官,道病,徵还为谏义大夫,病卒。"

⑥不加冠帻,但以一幅巾饰首而已。

帝怨衍等不时至,永以立功得赎罪,遂任用之,①而衍独见黜。永谓衍曰:"昔高祖赏季布之罪,诛丁固之功。②今遭明主,亦何忧哉!"衍曰:"记有之,人有挑其邻人之妻者,挑其长者,长者詈之,挑其少者,少者报之,后其夫死而取其长者。或谓之曰:'夫非骂尔者邪?'曰:'在人欲其报我,在我欲其骂人也。'③夫天命难知,人道易守,守道之臣,何患死亡?"顷之,帝以衍为曲阳令,④诛斩剧贼郭胜等,降五千馀人,论功当封,以谗毁,故赏不行。

①立功谓说下怀。

②季布,项羽将。数窘汉王。汉王即位,赦布以为郎中。丁固,季布母弟。为项羽将,亦窘高祖,高祖急,顾谓丁固曰:"两贤岂相厄哉!"丁公引还。高祖即位,丁固谒见。高祖曰:"使项王失天下者丁公也。"遂斩之。

③此并陈轸对秦王之词也。见《战国策》。引之者,言己为故主守节,亦冀新帝重之也。挑音徒了反。

④曲阳,县名,属常山郡,故城在今定州(彭)〔鼓〕城县西也。〔31〕

建武六年日食,①衍上书陈八事:其一曰显文德,二曰褒武烈,三曰修旧功,四曰招俊杰,五曰明好恶,六曰简法令,七曰差秩禄,八曰抚边境。书奏,帝将召见。初,衍为狼孟长,以罪摧陷大姓令狐略,是时略为司空长史,谗之于尚书令王护、尚书周生丰曰:"衍所以求见者,欲毁君也。"②护等惧之,即共排间,衍遂不得入。

①《续汉志》曰:"建武六年九月丙寅晦,日有食之,史官不见,郡以闻。"

②《风俗通》曰:"周生,姓也。"《豫章旧志》曰:"丰字伟防,太山南武阳人也。建武七年为豫章太守,清约俭惠。"

后卫尉阴兴、新阳侯阴就以外戚贵显,深敬重衍,衍遂与之交结,由是为诸王所聘请,①寻为司隶从事。帝惩西京外戚宾客,故皆以法绳之,大者抵死徙,其馀至贬黜。衍由此得罪,尝自诣狱,有诏赦不问。②

西归故郡,闭门自保,不敢复与亲故通。

①兴及就并光烈皇后母弟也。《衍集》与阴就书曰:"衍闻神龙骧首,幽云景
蒸,明圣修德,志士思名。是以意同情合,声比(则)〔相〕应也。〔32〕伏见君侯
忠孝之性,慈仁殷勤,论议周密,思虑深远。顾以微贱,数蒙圣恩,被侯大
惠。衍年老被病,恐一旦无禄,命先犬马,怀抱不报,赍恨入冥,思剖肝胆,
有以塞责。方今天下安定,四海咸服,蒙恩更生之臣,无所效其死力。侧闻
东平、山阳王壮当之国,择除官属,衍不自量,愿侯白以衍备门卫。鄙语曰:
'水不激不能破舟,矢不激不能饮羽。'不念旧恶,名贤所高。负责之臣,欲
言不敢,惟侯哀怜,深留圣心,则阖棺之日,魂复何恨。"

②时衍又与就书曰:"奏曹掾冯衍叩头死罪:衍材素愚驽,行义污秽,外无乡里
之誉,内无汗马之劳,猥蒙明府天覆之德,华宠重叠。间者,掾史疑衍之罪,
众煦飘山,当为灰土。赖蒙明察,揆其素行,复保首领。倍知厚德笃于慈
父,寝淫肌肤,渗漉骨髓,德重山岳,泽深河海。前送妻子还淄县,遭雨逢
暑,以七月还。至阳武,闻诏捕诸王宾客,惶怖诣阙,冀先事自归。十一日
到,十二日书报归田里。即日束手诣洛阳诏狱,十五日夜诏书勿问。得出,
遭雨,又疾,大困。冀高世之德,施以田子老马之惠,赠以秦穆骏马之恩,使
长有依归,以效忠心。"

【校勘记】

〔1〕　性嗜倡乐　按:"嗜"原讹"著",径据汲本、殿本改正。

〔2〕　由是多见排抵　"抵"汲本、殿本作"抵",注同。按:注云音纸,则字当作
　　　"抵"。

〔3〕　殆将有子夫之变　按:"变"原讹"父",径据汲本、殿本改正。

〔4〕　遂逮后弟侍中喜　《刊误》谓傅喜非后弟,"喜"当作"嘉"。按:何焯谓董
　　　贤求傅氏罪事与《前书》参差不合。高武侯傅喜,孔乡侯晏之从兄弟,安
　　　得复有后弟名喜为侍中者也? 大抵《范史》事未核。沈家本谓按《前
　　　书·傅喜传》、《董贤传》、《外戚传》并无此事,又别无傅嘉其人,刘氏亦
　　　臆揣之词,何说得之。

〔5〕　请削诸侯(之)〔支〕郡　张森楷《校勘记》谓"之"当作"支",《前书》可证。

今按：张说是。《前书》颜注"支郡，在国之四边者也"。之与支声近而讹。今据改。

〔6〕多放钱货　汲本"钱"作"田"。按：今聚珍本《东观记》作"多收田货"。

〔7〕胄兜鍪也　按："鍪"原作"鏊"，讹字，径据汲本、殿本改正。

〔8〕吾欲〔以〕谶决之　按：《校补》引钱大昭说，谓闽本"欲"下有"以"字；又谓今案《东观记》、《袁纪》、《通鉴》均有"以"字。又张森楷《校勘记》谓《治要》"欲"下有"以"字。今据补。

〔9〕谭叩头流血　按："谭"字原脱，径据汲本、殿本补。

〔10〕出为六安郡丞　按：《袁纪》作"六安太守丞"。

〔11〕阳衒之洛阳记曰　按：汲本、殿本作"杨衒之"。

〔12〕莫若屯据大郡　按：《集解》引惠栋说，谓"屯据"《袁宏纪》作"先据"。

〔13〕见赘于人　按：《集解》引惠栋说，谓《袁宏纪》"赘"作"疑"。

〔14〕将为戮矣　按：殿本、《集解》本"矣"作"乎"，疑后人依《左传》改。

〔15〕唼血昆阳　《刊误》谓唼血是盟时唼血，此当作"喋"。按：唼喋古通用，刘说泥。

〔16〕寒者裸跣　按："跣"原讹"洗"，径据汲本、殿本改正。

〔17〕犹有申伯召虎夷吾吉甫　按：惠栋《补注》引吴仁杰《补遗》，谓"吉甫"当作"成父"，谓王子成父也。若尹吉甫，不应序于夷吾之下。

〔18〕莽〔始〕建国三年　按："建"上当脱"始"字，今补。

〔19〕（王）〔于〕匡攻武关　按：张森楷《校勘记》谓"王匡"当依《前书·莽传》作"于匡"，各本并误。今据改。

〔20〕以捍匡等〔匡等〕击破六虎　按：张森楷《校勘记》谓"匡等"下当更有"匡等"二字，文义乃明。今据补。

〔21〕虽则山泽之人　按：《刊误》谓"虽则"当作"则虽"。

〔22〕赵宗灭乎若（唬）〔嗁〕　据汲本改。按：殿本"嗁"作"啼"，乃嗁之俗字；原本作"唬"，则讹字矣。

〔23〕必怀周赵之忧　《集解》引何焯说，谓"周"疑"祸"字之误，注非。《校补》引钱大昭说，谓"周"当是"害"字之误。按：《校补》谓害周形近易误，钱说为胜。

〔24〕盟〔神〕视之　据汲本、殿本补。今按："盟"疑"明"之讹。

〔25〕吾无以待之　按："待"原讹"侍"，径改正。

〔26〕 鲁国(下)〔卞〕县东南有桃虚　按:下卞形近而讹,各本同,今据《左》昭七年杜注改正

〔27〕 韩上党(太)守冯亭　据《史记·赵世家》删。按:汉以前无太守也。

〔28〕 义(无)〔其〕谁为　据汲本、殿本改。

〔29〕 永遣弟升　按:“升”原讹“叔”,径据汲本、殿本改正。注同。

〔30〕 履深泉之薄冰　汲本、殿本“泉”作“渊”。按:章怀避唐讳,于引文亦皆改易,后人又多回改,此其一例也。

〔31〕 今定州(彭)〔鼓〕城县西也　据《刊误》改。

〔32〕 声比(则)〔相〕应也　据汲本、殿本改。

后汉书卷二十八下

冯衍传第十八下

建武末，上疏自陈曰：

　　臣伏念高祖之略而陈平之谋，毁之则疏，誉之则亲。① 以文帝之明而魏尚之忠，绳之以法则为罪，施之以德则为功。② 逮至晚世，董仲舒言道德，见妒于公孙弘，③ 李广奋节于匈奴，见排于卫青，④ 此忠臣之常所为流涕也。臣衍自惟微贱之臣，上无无知之荐，下无冯唐之说，乏董生之才，寡李广之埶，而欲免谗口，济怨嫌，岂不难哉！

① 《史记》曰，魏无知荐陈平于高祖，高祖以平为将。绛、灌等咸谮平曰："虽美丈夫，如冠玉耳，居家盗嫂。今大王令护军，诸将金多者得善处，金少者得恶处。"高祖让魏无知。无知曰："臣所言者能也，陛下所问者行也。楚汉相拒，臣进奇谋之士。盗嫂受金，又何足疑。"高祖乃令平尽护诸将也。

② 魏尚，槐里人，文帝时为云中守，匈奴不近云中。后坐上首虏差六级，下之吏，罚作之。冯唐谏文帝曰："臣愚以为陛下法太明，罚太重，赏太轻。"帝悦。是日令唐持节赦尚，复以为云中守也。

③ 《史记》曰，董仲舒为人廉直，公孙弘习《春秋》不如董生。弘希时用事，位至公卿，仲舒以弘为从谀，弘嫉之。时胶西王帝兄，骄纵，弘乃言于上曰："独仲舒可使相胶西。"胶西王素闻仲舒〔有行〕，〔1〕亦善待之。

④ 《史记》曰，李广，陇西成纪人也。为前将军，从卫青讨匈奴。青不使当匈奴，广乃失道后期，青令对簿，广乃引刀自刭。知与不知，莫不流涕。

　　臣衍之先祖，以忠贞之故，成私门之祸。① 而臣衍复遭扰攘之时，值兵革之际，不敢回行求时之利，② 事君无倾邪之谋，将帅无虏掠之心。卫尉阴兴,敬慎周密,内自修敕,外远嫌疑,故敢与交通。兴知臣之贫,数欲本业之。③臣自惟无三益之才,不敢处三损之地,固让而不受之。④昔在更始,太原执货财之柄,居苍卒之间,据位食禄二十馀年,而财产岁狭,居处日贫,家无布帛之积,出无舆马之饰。[2]于今遭清明之时,饬躬力行之秋,⑤而怨雠丛兴,讥议横世。盖富贵易为善,贫贱难为工也。疏远垅亩之臣,无望高阙之下,惶恐自陈,以救罪尤。

①衍之祖冯参忠正,不屈节于王氏五侯。参姊为中山王太后,后为哀帝祖母,傅太后陷以大逆,参自杀,亲族死者十七人。见《前书》。

②回,邪也。

③欲遗其财,为立基本生业也。

④《论语》载孔子言曰"益者三友,损者三友",故衍引以为言也。

⑤力行谓尽力行善道也。《礼记》曰"好问近于智,力行近乎仁"也。

书奏,犹以前过不用。

衍不得志,退而作赋,又自论曰:

冯子以为夫人之德,不碌碌如玉,落落如石。①风兴云蒸,一龙一蛇,与道翱翔,与时变化,夫岂守一节哉?②用之则行,舍之则臧,进退无主,屈申无常。故曰:"有法无法,因时为业,有度无度,与物趣舍。"③常务道德之实,而不求当世之名,阔略枚小之礼,荡佚人间之事。④正身直行,恬然肆志。顾尝好俶傥之策,时莫能听用其谋,⑤喟然长叹,自伤不遭。⑥久栖迟于小官,不得舒其所怀。⑦抑心折节,意悽情悲。夫伐冰之家,不利鸡豚之息;⑧委积之臣,不操市井之利。⑨[3]况历位食禄二十馀年,而财产益狭,居处益贫。惟夫君子之仕,行其道也。虑时务者不能兴其德,为身求者不能成其功。⑩去而归家,复羁旅于州郡,身愈据职,家弥穷困,卒离饥寒之灾,有丧元子之祸。

①老子《[道]德经》之词也。[4]言可贵可贱,皆非道真。玉貌碌碌,为人所贵,石形落落,为人所贱,贱既失矣,贵亦未得。言当处才不才之间。

②风兴云蒸,言相须也。东方朔诫子书曰:"圣人之道,一龙一蛇,形见神臧,与物变化,随时之宜,无有常处。"化音协韵音花。

③《史记》司马谈之词也。言法度是非,皆随时俗。物所趋则向之,所舍则违之,所谓随时之义也。

④放荡纵逸,不拘恒俗也。

⑤顾犹及也。傲傥,卓异貌也。

⑥遭,遇也。

⑦栖迟犹偃息也。

⑧言食厚禄不当求小利也。《礼记》曰:"畜马(千)乘,〔5〕不察于鸡豚。伐冰之家不畜牛羊。"伐冰谓卿大夫以上,以其丧祭得赐冰,故言伐冰也。《韩诗外传》曰"天子不言多少,诸侯不言利害,大夫不言委积,四马之家不恃鸡豚之息,伐冰之家不恃牛羊之入"也。

⑨《韩诗外传》曰"千乘之君不通货财,委积之臣不操市井之利,是以贫穷有所劝,而孤寡有所措"也。

⑩言不可兼也。

　　先将军葬渭陵,哀帝之崩也,营之以为园。① 于是以新丰之东,鸿门之上,寿安之中,②地埶高敞,四通广大,南望郦山,北属泾渭,东瞰河华,龙门之阳,三晋之路,③ 西顾酆鄗,周秦之丘,宫观之墟,④通视千里,览见旧都,遂定茔焉。⑤ 退而幽居。盖忠臣过故墟而歔欷,孝子入旧室而哀叹。⑥ 每念祖考,著盛德于前,垂鸿烈于后,遭时之祸,坟墓芜秽,春秋蒸尝,昭穆无列。⑦ 年衰岁暮,悼无成功,将西田牧肥饶之野,殖生产,修孝道,营宗庙,广祭祀。然后阖门讲习道德,观览乎孔老之论,庶几乎松乔之福。⑧ 上陇阪,陟高冈,游精宇宙,流目八纮。⑨ 历观九州山川之体,追览上古得失之风,愍道陵迟,伤德分崩。夫睹其终必原其始,故存其人而咏其道。疆理九野,经营五山,眇然有思陵云之意。⑩ 乃作赋自厉,命其篇曰《显志》。显志者,言光明风化之情,昭章玄妙之思也。其辞曰:

①奉世为右将军,即衍之曾祖,故言"先将军"。渭陵,元帝陵,在长安北五十里。哀帝义陵在长安北四十六里。奉世墓入义陵茔中,所以衍不得入葬而

别求也。

②太上皇思东归,乃迁丰邑人于此立县,故曰新丰。鸿门,阪名。《前书音义》曰:"在新丰东十七里,旧大道北下阪口。"

③龙门,河所经,今绛州县也。三晋谓韩、赵、魏也。

④酆、鄗,二水名,周文王都酆,武王都鄗。秦本封在陇西秦县,周平王东迁以后,秦始有岐周之地,故总言周秦之丘。丘亦墟也。

⑤衍墓在今新丰县南四里。

⑥《史记》曰,箕子朝周过殷墟,咸生禾黍,箕子伤之,欲哭则不可,欲泣为其近妇人,乃作《麦秀》之诗。殷人闻之,皆为流涕。《礼记·檀弓》曰"反哭升堂,反诸其所作也。入室,反诸其所养也。反而亡焉,失之,哀于是为甚"也。〔6〕

⑦司马相如赋曰:"坟墓芜秽而不修。"父为昭,子为穆,昭南面,穆北面也。

⑧《列仙传》,赤松子,神农时雨师也。服水玉,能入火不烧。常止西王母石室中,能随风上下。王子乔,周灵王太子晋也。好吹笙,作凤鸣,游伊洛之间,道人浮丘公接以上嵩高山,遂仙去也。

⑨《尹文子》曰:"四方上下曰宇。"《苍颉篇》曰:"舟舆所届曰宙。"《淮南子》曰"九州之外乃有八寅,八寅之外乃有八纮"也。

⑩疆,界也。理,正也。《诗》曰:"我疆我理。"九野谓九州之野。经营犹往来。五山即五岳也。

开岁发春兮,百卉含英。①甲子之朝兮,汩吾西征。②发轫新丰兮,裹回镐京。③陵飞廉而太息兮,登平阳而怀伤。④悲时俗之险阨兮,哀好恶之无常。⑤弃衡石而意量兮,随风波而飞扬。⑥纷纶流于权利兮,亲雷同而妒异;独耿介而慕古兮,岂时人之所憙?⑦沮先圣之成论兮,懑名贤之高风;忽道德之珍丽兮,务富贵之乐耽。⑧遵大路而裹回兮,履孔德之窈冥;固众夫之所眩兮,孰能观于无形?⑨行劲直以离尤兮,羌前人之所有;内自省而不惭兮,遂定志而弗改。⑩欣吾党之唐虞兮,愍吾生之愁勤;聊发愤而扬情兮,将以荡夫忧心。⑪〔7〕往者不可攀援兮,来者不可与期;病没世之不称兮,愿横逝而无由。⑫

①开、发,皆始也。《尔雅》曰:"春为发生。"卉,草也。《楚词》曰:"献岁发
春兮。"

②君子举事尚早,故以朝言之。汩,行貌。《楚词》曰:"汩吾南征。"汩音于
笔反。

③轫,止车木也。将行,故发之。

④飞廉,观名。武帝元封二年立于长安,上有铜飞廉,因以名焉。《前书音义》
曰:"飞廉,神禽,能致风气,有角而蛇尾,文如豹文。"平阳,县名,〔8〕故城在
今岐州岐山县西南。

⑤时既险薄,所以好恶不同。《楚词》曰"悲时俗之迫阸"也。

⑥衡,秤衡也。三十斤为钧,四钧为石。言时人弃衡石以意测量,谕背法度也。
随风波而飞扬,言无志操也。

⑦言时俗溺于权利也。同己则亲之,异己则妒之,今己不与之同,所以见恶也。

⑧沮,败也。懘,陵也。耽亦乐也。言时人之行如此。

⑨遵,循也。大路,大道也。《老子》曰:"大道泛兮。"又曰:"孔德之容,窈兮冥
兮,其中有精。"又曰:"大象无形。"孔之为言空也。窈冥谓幽玄也。道以空
为主,故无物而不容。时俗眩于名利,孰能观大象无形(矣)〔哉〕?〔9〕

⑩离,遭也。尤,过也。羌,语发声也。言古人有为劲直行而遭尤过者,有之
矣,即屈原、贾谊之流也。衍内自省察,不惭于古人,遂守志不改也。

⑪伤己不逢尧舜也。荡,散也。

⑫言唐虞往,不可攀援而及,将来贤哲,又不可豫期。所病终身之后,名誉不
称;又愿纵横远逝,而其路无由也。《论语》孔子曰:"君子疾没世而名不
称焉。"

　　陟雍峙而消摇兮,超略阳而不反。念人生之不再兮,悲六亲之
日远。①陟九峻而临崴崟兮,听泾渭之波声。②顾鸿门而歔欷兮,哀
吾孤之早零。何天命之不纯兮,信吾罪之所生;伤诚善之无辜兮,
赍此恨而入冥。③嗟我思之不远兮,岂败事之可悔?虽九死而不眠
兮,恐余殃之有再。〔10〕泪汍澜而雨集兮,气滂浡而云披;心怫郁而
纡结兮,意沈抑而内悲。④

①雍,县名,属右扶风,故城在今岐州雍县南。峙者止也,神灵之所止也。《史
记》曰,秦并天下,祠雍四峙,汉加黑帝,谓之五峙。消摇犹观望也。超,过

也。略阳,县名,属天水郡,今陇州陇城县也。六亲,夫妇、父子、兄弟也。

②巑薛,山,一名嵳峨,在今三原县北。巑音才结反,薛音五结反。

③零,落也。吾孤早零,即上所谓"丧元子"者也。子既早天,未有邪僻,故云诚善。辜,罪也。冥谓地也。赍恨入冥,言死有馀恨也。

④言已往者托于贵戚之权,几陷诛戮之罪,此由我思虑不深远。已败之事,悔之无及,虽复九死而目不瞑,言怨恨之深也。《楚词》曰:"虽九死其犹未悔。"眠即瞑也。今纵饬躬自勖,又恐殃祸至再,所以泪落意沈,气愤心结也。

　　瞰太行之嵯峨兮,观壶口之峥嵘;悼丘墓之芜秽兮,恨昭穆之不荣。①岁忽忽而日迈兮,寿冉冉其不与;耻功业之无成兮,赴原野而穷处。②昔伊尹之干汤兮,七十说而乃信;皋陶钓于雷泽兮,赖虞舜而后亲。无二士之遭遇兮,抱忠贞而莫达;率妻子而耕耘兮,委厥美而不伐。③韩卢抑而不纵兮,骐骥绊而不试;独慷慨而远览兮,非庸庸之所识。④卑卫赐之阜货兮,高颜回之所慕;重祖考之洪烈兮,故收功于此路。⑤循四时之代谢兮,分五土之刑德;相林麓之所产兮,尝水泉之所殖。修神农之本业兮,采轩辕之奇策;追周弃之遗教兮,轶范蠡之绝迹。⑥陟陇山以逾望兮,眇然览于八荒;风波飘其并兴兮,情惆怅而增伤。⑦览河华之泱漭兮,望秦晋之故国。愤冯亭之不遂兮,愠去疾之遭惑。⑧

①太行山在上党南,壶口山在上党东。衍之远祖冯亭为韩上党守,以上党降赵,赵封亭三万户,号华阳君。死因葬上党,其墓在今潞州上党县西。衍在关中,遥相望之,即序所谓"通视千里,览见旧都"者也。嵯峨,高大貌。峥嵘,深邃貌。

②与犹待也。《楚词》曰:"日忽忽其将暮。"又曰:"老冉冉其将至。"功业无成,情多忧愤,故赴原野而穷居。

③伊尹名挚,负鼎俎以干汤。七十说而乃信,谓年七十说汤乃得信也。皇甫谧《帝王记》曰:"伊挚丰下兑上,色黑而短,偻身而下声,年七十而不遇。汤闻其贤,设朝礼而见之,挚乃说汤致于王道。"信音申。《吕氏春秋》曰:"舜陶于河滨,渔于雷泽。"今言皋陶,未详。雷泽在今濮州雷泽县东也。

④《战国策》曰,齐欲伐魏,淳于髡谓齐王曰:"韩卢,天下之壮犬也。"《淮南子》

曰:"绊骐骥而求千里。"衍喻已有高才而不申,所以独慷慨远览,非庸庸之徒
所能识也。识,叶韵音志。

⑤卑,贱也。阜,积也。衍贱子贡货殖,慕颜回乐道,所以不从流俗,专心贞固
者,以其祖考功业隆大,若苟求富贵,恐致点辱,故于此路收功也。

⑥《周礼》五土,一曰山林,二曰川渎,三曰丘陵,四曰坟衍,五曰原隰。《家语》
曰:"地东西为纬,南北为经。山为积德,川为积刑。"《穀梁传》曰:"林属于山
曰麓。"《周礼》曰:"山林动物宜毛,植物宜皂。"〔11〕《淮南子》曰:"汾水浊宜
麻,济水和宜麦,河水调宜菽,洛水轻利宜禾,渭水多力宜黍,江水肥宜稻。"
《管子》曰:"四七二十八尺而至于泉,其水白而甘,宜黍秫。三七二十一尺而
至于泉,其水黄而有臭,宜大菽与麦。二七一十四尺至于泉,其味咸,宜稻与
麦。"此尝水泉之所殖也。《周易》曰:"神农氏斫木为耜,揉木为耒,耒耜之利
以教天下,盖取诸益。"《周书》曰:"神农之时,天雨粟,神农耕而种之。"轩辕,
黄帝也。《大戴礼》曰:"黄帝时播百谷草木,节用水火财物,人得其利。"周
弃,帝喾之子。为儿之时,其游戏好种树麻菽,及成人,遂好耕农,相地之宜,
人皆法则之。帝尧闻之,举弃为农师,天下得其利,故言遗教。轶,过也。范
蠡,南阳人,事越王句践,苦身戮力,竟灭吴报耻。既而以为大名之下,难以
久居,乃与其私属乘舟浮海以行,变姓名,适齐为鸱夷子皮,之陶为朱公,终
身不返。是绝迹也。

⑦逾犹遥也,古字通。八荒,八方荒远之地。

⑧冯亭以上党降赵,秦破赵于长平而亭死,故言不遂。愠,怨也。冯去疾为秦
丞相,胡亥元年,用赵高计,始皇大臣咸见诛戮,无遗脱者,是遭惑也。亭及
去疾皆衍之先,故远怀愤怨也。泱音乌朗反。漭音莽。

　　流山岳而周览兮,徇碣石与洞庭;浮江河而入海兮,溯淮济而
上征。①瞻燕齐之旧居兮,历宋楚之名都;哀群后之不祀兮,痛列国
之为墟。②驰中夏而升降兮,路纡轸而多艰;讲圣哲之通论兮,心愊
忆而纷纭。③惟天路之同轨兮,或帝王之异政;尧舜焕其荡荡兮,禹
承平而革命。④并日夜而幽思兮,终悇憛而洞疑;高阳邈其超远兮,
世孰可与论兹?⑤讯夏启于甘泽兮,伤帝典之始倾;颂成康之载德
兮,咏《南风》之歌声。⑥思唐虞之晏晏兮,揖稷契与为朋;苗裔纷其

条畅兮，至汤武而勃兴。⑦昔三后之纯粹兮，每季世而穷祸；吊夏桀于南巢兮，哭殷纣于牧野。⑧诏伊尹于亳郊兮，享吕望于酆洲；〔12〕功与日月齐光兮，名与三王争流。⑨

① 碣石，海畔山也，在今平州东。洞庭，湖名也，中有洞庭山，在今岳州西南。衍既不同流俗，情多愤怨，故假言涉历江山，周流河海。屈原云"吾将远逝以自适，路修远以周流"之类也。

② 燕都〔蓟〕，今蓟县也。〔13〕齐都营丘，今临淄县也。宋都睢阳，今宋州也。楚初都丹阳，在归州；后都郢，在今荆州；至考烈王为秦所逼，又徙都寿春，今寿州也。不祀言皆绝也，臧文仲曰"咎陶、庭坚不祀"也。

③ 纡轸犹盘曲也。幅忆犹郁结也。纷纭犹瞀乱也。幅音普遍反。

④ 惟，思也。言思上天之路，轨躅则同，而帝王政教参差有异。班固曰："仰天路而同轨。"《白虎通》曰："德合天者称帝，仁义合者称王。"故言异政也。焕，文章貌。荡荡，政化平畅貌。《论语》孔子曰："唯天为大，唯尧则之，焕乎其有文章，荡荡乎人无能名焉。"尧舜同道，故兼言之。舜禅位于禹，禹承尧舜之后而改制度，禅子，故曰承平革命也。

⑤ 孔子曰："吾尝终日不食，终夜不寝，以思。"《楚词》云："心惝懔而怀惑。"〔14〕《广苍》云："惝懔，祸福未定也。"惝音它乎反，懔音它绀反。本或作"惝傺"，惝音丑加反，傺音丑制反，未定也。高阳，帝颛顼之号也。洞亦不定也。《史记》曰："〔尽〕〔虚〕惝洞疑。"〔15〕又曰："高阳氏沈深而有谋，疏通而知事。"以有其谋而疏通，故欲与之论事。

⑥ 讯，问也。启，禹子也。《尚书》曰："启与有扈战于甘之野。"孔安国注云："有扈与夏同姓，恃亲而不恭，故启征之于甘野。"甘野在今鄠县。启既德薄，同姓相攻，故伤帝典之倾也。《易》曰："德积载。"《史记》曰："成康之际，天下安宁，刑错三十馀年而不用。"《周南》、《召南》，谓《国风》之首篇。歌文王之德，故咏之也，非舜《南风之歌》。

⑦ 《尚书考灵耀》曰："放勋钦明文塞晏晏。"〔16〕郑玄注曰："宽容覆载谓之晏。"稷名弃，为尧后稷。契为尧司徒。契十四叶孙号汤，灭夏桀而王有天下。后稷十六叶孙周武王，灭殷纣而王天下。勃，盛貌也。《左传》曰："其兴也勃焉。"

⑧ 三后，夏、殷、周也。惜其不能始终纯茂，每至末代，必穷其灾祸。汤放桀于

南巢,武王灭纣于牧野,周之季叶,幽王为西戎所杀也。《离骚》曰:"昔三后
之纯粹,何桀纣之昌披!"南巢,地名,庐州巢县也。孔安国曰"牧野,纣近郊
三十里地名"也,在今卫州也。
⑨诏,召也。亳,汤都。吕望,周太师,翼周灭殷者也。酆,文王所都,在京兆杜
陵亭。〔17〕水中可居曰洲也。

　　杨朱号乎衢路兮,墨子泣乎白丝;知渐染之易性兮,怨造作之
弗思。①美《关雎》之识微兮,愍王道之将崩;拔周唐之盛德兮,〔18〕
捃桓文之谲功。②忿战国之遘祸兮,憎权臣之擅强;黜楚子于南郢
兮,执赵武于湨梁。③善忠信之救时兮,恶诈谋之妄作;聘申叔于陈
蔡兮,禽荀息于虞虢。④诛犁鉏之介圣兮,讨臧仓之诉知;媄子反于
彭城兮,〔19〕爵管仲于夷仪。⑤疾兵革之浸滋兮,苦攻伐之萌生;沈
孙武于五湖兮,斩白起于长平。⑥恶丛巧之乱世兮,毒从横之败俗;
流苏秦于洹水兮,幽张仪于鬼谷。⑦澄德化之陵迟兮,烈刑罚之峭
峻;燔商鞅之法术兮,烧韩非之说论。⑧诮始皇之跋扈兮,投李斯于
四裔;灭先王之法则兮,祸浸淫而弘大。⑨援前圣以制中兮,矫二主
之骄奢;恬女齐于绛台兮,飨椒举于章华。⑩摛道德之光耀兮,匡衰
世之眇风;褒宋襄于泓谷兮,表季札于延陵。⑪撝仁智之英华兮,激
乱国之末流,观郑侨于溱洧兮,访晏婴于营丘。⑫日暳暳其将暮兮,
独于邑而烦惑;夫何九州之博大兮,迷不知路之南北。⑬驷素虬而
驰骋兮,乘翠云而相佯;就伯夷而折中兮,得务光而愈明。⑭款子高
于中野兮,遇伯成而定虑;钦真人之德美兮,淹踌躇而弗去。⑮意斟
愖而不澹兮,俟回风而容与;求善卷之所存兮,遇许由于负黍。轫
吾车于箕阳兮,秣吾马于颍浒;闻至言而晓领兮,还吾反乎故宇。⑯
①《淮南子》曰:"杨子见逵路而哭之,为其可以南,可以北,伤其本同而末异
也。"《墨子》曰"墨子见染丝,叹曰,染于苍则苍,染于黄则黄,五入之则为五
色,故染不可不慎。非独丝也,国亦有染,汤染伊尹,纣染恶来"也。先王正
道,规摹有常,苟生穿凿,则岐路竞起,故墨子知渐染之易性,杨朱悲造作之
弗思。

②薛夫子《韩诗章句》曰："诗人言雎鸠贞洁,以声相求,必于河之洲,蔽隐无人之处。故人君动静,退朝入于私宫,妃后御见,去留有度。今人君内倾于色,大人见其萌,故咏《关雎》,说淑女,正容仪也。"《方言》曰:"捃,取也。谲,诈也。"齐桓公、晋文公俱有霸功。孔子曰:"晋文公谲而不正,齐桓公正而不谲。"时周衰政乱,桓文能统率诸侯,翼戴天子,故取其一切之功也。

③周室衰微,七国交争,是为战国。时吴楚僭号皆称王,孔子修《春秋》,以蛮夷大者不过子,故皆黜曰子。又《春秋》称"公会晋、宋、卫、郑、曹、莒、邾、薛、杞于溴梁,戊寅,大夫盟"。《公羊传》曰:"诸侯皆在,言大夫盟何?信在大夫。何言乎信在大夫?遍刺天下之大夫也。曷为遍刺天下之大夫?君若缀旒然。"赵武,晋卿赵文子也。时晋为盟主,文子,晋之正卿,而为不臣之行,故欲执之也。溴,水名,在河内轵县东南,至温入河。《尔雅》曰:"梁莫大于溴梁。"溴音古觅反。

④申叔,楚庄王时贤臣申叔时者也。《左传》,陈夏徵舒弑灵公,楚庄王伐陈,杀夏徵舒,因灭陈为县。申叔时谏庄王曰:"夏徵舒弑其君,[20]其罪大矣,讨而戮之,君之义也。诸侯之从,曰讨有罪也。今县陈,贪其富也。以讨召诸侯而以贪终之,无乃不可乎?"王曰:"善哉,吾未之闻也。"乃复封陈。聘谓问之也。时惟在陈,而兼言蔡者,盖以陈蔡相近,因连言之也。荀息,晋大夫。《左传》曰,晋荀息请以屈产之乘,垂棘之璧,假道于虞以伐虢。公曰:"是吾宝也。"对曰:"若得道于虞,犹外府也。"乃假道于虞以灭虢,师还遂袭虞,灭之。

⑤犁钼,齐大夫。介犹间也。《韩子》曰:"仲尼为政于鲁,道不拾遗,齐景公患之。犁钼曰:'去仲尼犹吹毛耳。君何不遗鲁公以女乐,以骄其意。鲁君乐之,必怠于政,仲尼必谏,谏而不听,必轻绝鲁。'景公曰:'善。'乃令犁钼以女乐遗鲁,哀公乐之,果怠于政,仲尼谏不听,遂去之。"《孟子》曰:"鲁平公将出,嬖人臧仓请曰:'它日君出,必命有司所之。今已驾矣,敢请。'公曰:'吾将见孟子。'仓曰:'君(何)〔所〕为轻身以先于匹夫者,[21]以为贤乎?礼义由贤者出,孟子后丧逾前丧,君无见焉。'公曰:'诺。'乐正子见孟子曰:'君将来见,嬖人有臧仓者沮君,是以不来。'孟子曰:'吾之不遇鲁侯,天也。臧氏之子焉能使予不遇〔哉〕!'"[22]诉犹谮也。知谓明于事也。子反,楚大夫也,名侧。案"媾"字吕忱音仕眷反,勉也。《东观记》作"讥"字。此虽作"媾",盖亦讥刺之意也。《春秋经》书"宋人及楚人平"。《公羊传》曰:"外平不书,此

何以书？贬。曷为贬？平者在下。"何休注云："讥子反、华元专盟不受君命，故贬之。"然则子反违命盟，盖以平宋城下而言。彭城者，彭城宋之邑，故举以言之。《左传》，宋大夫鱼石等出奔楚。楚伐宋，取彭城以封鱼石。宋人围彭城，楚子重救彭城伐宋。此言子反，盖衍误也。如曰不然，或别有所据。管仲，齐桓公之相，名夷吾。夷仪，邢邑也。翟人灭邢，管仲辅齐桓公筑夷仪以封邢，邢迁如归，于是天下诸侯知桓公之不为己动也，是故天下归之。唯能用管夷吾而霸功立。事见《国语》。以其能辅主成业，故就夷仪而爵赏也。

⑥濅，渐也。孙武，吴王阖庐将也。善用兵。《越绝书》曰："太湖周三万六千顷。"虞翻云："太湖有五道，〔23〕故谓之五湖。"（隔）〔漏〕湖、〔24〕洮湖、射湖、贵湖及太湖为五湖，并太湖之小支，俱连太湖，故太湖兼得五湖之名，在今湖州东也。《史记》曰，白起，郿人也。事秦昭王，以上将军击赵于长平，前后阬斩首虏四十五万。长平，地名，在今泽州也。

⑦丛，细也。毒，恨也。关东为从，关西为横。苏秦，洛阳人也。师事鬼谷先生。为从说，说关东六国为从亲以畔秦，会于洹水之上，刜白马而盟。张仪，魏人也。与苏秦同师。为关西横说，说关（西）〔东〕六国令事秦。〔25〕皆尚诬诈，不遵道德。洹水出汲郡林虑县。鬼谷，谷名，即鬼谷先生所居地，在今洛州洛阳城北。"丛"或作"聚"，义亦通。

⑧陵迟言颓替也。澄犹清也。烈，惨也。商鞅姓公孙氏。好刑名之学。事秦孝公，变法令，使人什伍相司，犯禁相连坐，不告奸者要斩，告奸者与斩敌同赏，匿奸者与降敌同罚，人有二男以上不分异者倍其罚。行之四年，秦人富强。韩非，韩之诸公子也，亦好刑名法术之学。口吃不能言，著书作《孤愤》、《五蠹》、《内外储》、《说难》，十馀万言，皆尚法术，少仁恩。并见《史记》。

⑨诮，责也。跋扈犹强梁也。李斯，上蔡人。为秦丞相，上书曰："今诸生不师今而学古，惑乱黔首，臣请非秦记皆烧之，天下敢有臧《诗》、《书》、百家语者皆烧之。令下三十日不烧，黥为城旦。"制曰："可。"是灭先王之法则。

⑩援，引也。矫，正也。饎，饷也。女齐，晋大夫司马侯也。绛，晋国所都。《国语》曰："晋平公为九层之台。"又曰："叔向见司马侯之子，抚而泣曰：'自其父之死，吾蔑与事君矣。昔者其父始之我终之，我始之夫子终之，无不可者。'"是女齐事君必有规谏，必谏作台，但书典散亡，无以言耳。椒举，楚大夫伍举也。飨，宴也。章华，台名，在南郡华容县。《楚语》曰："灵王为章华之台，与椒举升。王曰：'台美乎？'对曰：'臣闻国君服宠以为美，安人以为乐，不闻其

以土木之崇高为美。先君庄王为匏居之台,高不过望国〔气〕〔氛〕,〔26〕大不
过容宴豆,用不烦官府,人不废时务。今君为此台,国人疲焉,财用尽焉,臣
不知其美。'"二主谓晋楚之君。"二"或作"亡"。

⑪撍,布也。眇,微也。《公羊传》曰:"宋公及楚战于泓之阳,楚人济泓而来。
有司曰:'迨其未毕济而击之。'宋公曰:'不可。吾闻之也,君子不厄人于险。
吾虽亡国之馀,寡人不忍行也。'既济未毕陈,有司复曰:'请击之。'宋公曰:
'不可。吾闻君子不鼓不成列。'已陈,然后击之,宋师大败。故君子大其不
鼓不成列,临大事而不忘大礼,以为文王之战亦不过此。"季札,吴王寿梦之
少子也,封于延陵。昆弟四人,札最少而贤。寿梦卒,诸兄欲立之,札弃其室
而耕,乃舍之。泓音乌萌反。

⑫撤,拾也。郑侨,郑大夫公孙侨也。溱、洧,郑二水名。《郑诗》曰:"溱与洧浏
其清矣。"晏婴,齐大夫晏平仲也。《尔雅》曰:"水出其左曰营丘。"齐有营丘。
周衰政乱,子产、晏婴皆有贤行辅其君也。事见《左传》、《国语》。

⑬曀曀,阴晦貌也。《诗》曰:"曀曀其阴。"《楚词》曰:"回朕车以复路,及行迷之
未远。"〔27〕

⑭四马曰驷。虬,龙之无角者也。《楚词》曰:"驷玉虬以乘鹥兮。"《尔雅》曰:
"马高八尺为龙。"司马相如曰:"驷苍螭兮六素虬。"相佯犹逍遥也。伯夷,孤
竹君之子,周武王时义士,不食周粟,隐于首阳山。杨雄《反骚》曰:"将折中
乎重华。"《列仙传》曰:"务光者,夏时人也。殷汤伐桀,因光而谋,光曰:'非
吾事也。'至殷武丁时,武丁欲以为相,光不从,遂投于梁山。"衍退不仕,与务
光辞相佯,事相得,故曰愈明。愈犹益也。

⑮《庄子》曰:"伯成子高,唐虞时为诸侯,至禹为天子,乃去而耕。禹往见之,
曰:'尧理天下,吾子立为诸侯。尧授舜,舜授予,子去而耕,其故何也?'子高
曰:'昔尧理天下,至公无私,不赏而人劝,不罚而人畏。今子赏而不劝,罚而
不威,德自此衰,刑自此作。夫子盍行,无留吾事。'耕而不顾。'款,诚也。真
人即谓子高。踌躇犹蹢躅也。《东观记》〔曰〕"高"字作"乔",〔28〕谓仙人王子
乔也,义亦通。

⑯斟慺犹迟疑也。澹,定也。俟,待也。容与犹从容也。《庄子》曰:"舜以天下
让善卷,善卷曰:'吾日出而作,日入而息,逍遥天地之间,吾何以天下为哉?'
遂入深山,莫知所终。"许由字武仲。尧时高士,隐居箕山。尧以天下让由,
由不受,恶闻其言,遂洗耳于颍水。负黍,亭名,在洛州阳城县西南,许由墓

在其南。秣谓食马以粟。《字林》曰:"浒,水涯也。"惵音市林反,或作"堪"字。

　　览天地之幽奥兮,统万物之维纲;究阴阳之变化兮,昭五德之精光。①跃青龙于沧海兮,豢白虎于金山;凿岩石而为室兮,托高阳以养仙。神雀翔于鸿崖兮,玄武潜于婴冥;伏朱楼而四望兮,采三秀之华英。②纂前修之夸节兮,曜往昔之光勋;披绮季之丽服兮,扬屈原之灵芬。③高吾冠之岌岌兮,长吾佩之洋洋;饮六醴之清液兮,食五芝之茂英。④

①自此以下,既反故宇,乃欲寻览天地,究极阴阳。幽奥谓深邃也。维纲犹宗指也。五德,五行之德也。施之于物。则为金、木、水、火、土;施之于人,则为仁、义、礼、智、信也。

②天有二十八宿,成龙虎龟凤之形。在地为四灵,东方为青龙,西方为白虎,南方为朱雀,北方为龟蛇。豢,养也。金山,西方之精也。神雀谓凤也。玄武谓龟蛇。位在北方,故曰玄;身有鳞甲,故曰武。婴冥犹晦昧,所谓幽都也。衍既反故宇,欲凿岩石为室,托高明之处以养神仙,又假言龙虎之畤在于四面,为其威援也。《前书》曰:"仙人好楼居。"故云伏朱楼而四望也。《楚词》曰:"采三秀于山间。"王逸曰:"谓芝草也。"《东观记》及《衍集》"秀"字作"奇","英"字作"灵"。(次)〔按〕下云"食五芝之茂英",〔29〕此若是"芝",不宜重说,但不知三奇是何草也。范改"奇"为"秀",恐失之矣。

③纂,继也。前修犹前贤也。夸,大也。《楚词》曰:"謇吾法夫前修。"又曰:"纷独有此夸节。"往昔光勋谓衍之先人有功劳于前代,去疾、子明之类也。己今继往贤之高节,所以光曜也。绮季,四皓之一也。《前书》曰,四皓随太子入侍,须眉皓白,衣冠甚伟。《楚汉春秋》曰"四人冠韦冠,佩银环,衣服甚鲜",故言丽服也。《楚词》曰:"畦留夷与揭车,杂杜衡与芳芷。"屈原皆喻身有令德,故衍欲扬其灵芬也。

④岌岌,高貌。洋洋,美也。《楚词》曰:"高余冠之岌岌,长吾佩之陆离。"王逸注云:"伤己怀德不用,故高冠长佩,尊其威仪,整斯服饰,以异于众也。"六醴,盖六气也。《楚词》曰:"餐六气而饮沆瀣。"《茅君内传》曰:"句曲山上有神芝五种:一曰龙仙芝,似交龙之相负,服之为太极仙卿。第二名参成芝,赤色有光,其枝叶如金石之音,折而续之即复如故,服之为太极大夫。第三名

燕胎芝，其色紫，形如葵，叶上有燕象，光明洞澈，服一株拜为太清龙虎仙君。第四名夜光芝，其色青，其实正白如李，夜视其实如月，光照洞一室，服一株为太清仙官。第五名曰玉芝，剖食拜三官正真御史。"〔30〕

　　捷六枳而为篱兮，筑蕙若而为室；播兰芷于中廷兮，列杜衡于外术。①攒射干杂蘼芜兮，构木兰与新夷；光扈扈而煬燿兮，〔31〕纷郁郁而畅美；华芳晔其发越兮，时恍忽而莫贵；非惜身之坄轲兮，怜众美之憔悴。②游精神于大宅兮，抗玄妙之常操；处清静以养志兮，实吾心之所乐。③山峨峨而造天兮，林冥冥而畅茂；鸾回翔索其群兮，鹿哀鸣而求其友。④诵古今以散思兮，览圣贤以自镇；嘉孔丘之知命兮，大老聃之贵玄；德与道其孰宝兮？名与身其孰亲？陂山谷而间处兮，守寂寞而存神。⑤夫庄周之钓鱼兮，辞卿相之显位；於陵子之灌园兮，似至人之仿佛。盖隐约而得道兮，羌穷悟而入术；离尘垢之窈冥兮，配乔、松之妙节。⑥惟吾志之所庶兮，固与俗其不同；既俶傥而高引兮，愿观其从容。⑦

①自此以下，说篱宇廷除，〔32〕皆树芬芳卉木，喻己立身行道，依仁履义，犹屈原"扈江蓠与薜芷，〔33〕纫秋兰以为佩"之类也。捷，立也。枳，芬木也。《晏子》曰："江南为橘，江北为枳。"枳之为木，芳而多刺，可以为篱。此云"六枳"，《东观记》作"八枳"。案：《周书·小开篇》曰"呜呼！汝何敬非时？何择非德？德枳维大人，大人枳维公，公枳维卿，卿枳维大夫，大夫枳维士，登登皇皇，（维在）〔君枳维国〕，国枳维都，〔34〕都枳维邑，邑枳维家，家枳维欲无疆"。言上下相维，递为藩蔽也。其数有八，与《东观记》同，此为六。蕙，香草也。杜，杜若也。兰即泽兰也。芷，白芷也，一名符离，〔35〕一名药。杜衡，其状若葵，其臭如蘼芜。术，路也。

②攒，聚也。射干，乌翼也。蘼芜似蛇床而香，其根即芎𦫿也。木兰，树也。香味俱似桂而皮薄。新夷亦树也，其花甚香。扈扈，光彩盛也。畅，通也。郁郁，香气也。晔，盛也。发越，气傍射也。司马相如曰："煌煌扈扈，照曜巨野。"又曰："郁郁菲菲，众香发越。"恍忽犹轻忽也。《楚词》曰："然坄轲而留滞。"王逸曰："坄轲，不遇也。"衍被摈斥沈沦，犹草木之沤郁芬芳，遇风霜而

零落也。夷音协韵异。美音协韵媚。

③大宅谓天地。抗,举也。《老子》曰:"玄之又玄,众妙之门。"乐音五孝反。

④此言所居之处,山林飞走之状也。索,求也。《诗》曰"求其友声"也。

⑤镇,重也。古之圣贤,多固穷以守道,故览之以自镇也。孔子曰:"五十而知
天命。"又曰:"不知命无以为君子。"玄者,幽寂之谓也。老子曰:"万物莫不
尊道而贵德。"又曰:"道者万物之奥也,善人之所宝。"又曰:"名与身孰亲?"
陂谓傍其边侧也。陂音兵义反。《史记》曰"陂山通道"是也。道以寂寞为
主,神不外营,故常存也。镇,协韵竹人反。闲音闲。

⑥《庄子》曰:"庄子钓于濮水,楚王使大夫二人往见焉。曰:'愿以境内累也。'
庄子持竿不顾。曰:'吾闻楚有神龟,死已三千岁矣,王以巾笥而臧之庙堂之
上。为此龟者,宁死留骨而贵乎?宁其生而曳尾涂中乎?'使者曰:'宁生曳
尾涂中。'庄子曰:'往矣,吾将曳尾于涂中。'"《列女传》曰:"於陵子终贤,楚
王欲以为相,使使者往迎之。子终出谢使者,遂与妻俱逃而为人灌园。"《孟
子》曰,客居於陵,故曰於陵子也。至人守真养志,言仿佛似之也。二子虽病
一时,而声流万古。盖隐居困约,而反得道之精。穷栖悟理,入贤人之术,离
尘垢之窈冥也。超然高迈,配松、乔之妙节也。

⑦庶几守道,与俗不同。傲傥犹卓异也。凡言观者,非在己之言。从容犹在后也。
衍虽摈斥当年,身穷志沮,而令问期于不朽,声芳县诸日月,故曰愿观其从容。

显宗即位,又多短衍以文过其实,遂废于家。

衍娶北地(女)任氏〔女〕为妻,[36]悍忌,不得畜媵妾,①儿女常自操
井臼,[37]老竟逐之,遂埳壈于时。②然有大志,不戚戚于贱贫。居常慷
慨叹曰:"衍少事名贤,经历显位,怀金垂紫,揭节奉使,③不求苟得,常
有陵云之志。三公之贵,千金之富,不得其愿,不概于怀。④贫而不衰,
贱而不恨,年虽疲曳,犹庶几名贤之风。⑤修道德于幽冥之路,以终身
名,为后世法。"居贫年老,卒于家。所著赋、诔、铭、说、《问交》、《德诰》、
《慎情》、⑥书记说、自序、官录说、策五十篇,⑦肃宗甚重其文。子豹。

①悍,急也。

②《衍集》载衍与妇弟任武达书曰:"天地之性,人有喜怒,夫妇之道,义有离合。
先圣之礼,士有妻妾,虽宗之眇微,尚欲逾制。年衰岁暮,恨入黄泉,遭遇嫉

妒，家道崩坏，五子之母，足尚在门。五年已来，日甚岁剧，以白为黑，以非为是，造作端末，妄生首尾，无罪无辜，谗口嗷嗷。乱匪降天，生自妇人。青蝇之心，不重破国，妒嫉之情，不惮丧身。牝鸡之晨，唯家之索，古之大患，今始于衍。醉饱过差，辄为桀纣，房中调戏，布散海外，张目抵掌，以有为无。痛彻仓天，毒流五臓，愁令人不赖生，忿令人不顾祸。入门著床，继嗣不育，纺绩织絍，了无女工，〔38〕家贫无僮，贱为匹夫，故旧见之，莫不凄怆，曾无悯惜之恩。唯一婢，武达所见，头无钗泽，面无脂粉，形骸不蔽，手足抱土。不原其穷，不揆其情，跳梁大叫，呼若入冥，贩糖之妾，不忍其态。计妇当去久矣，念儿曹小，家无它使，哀怜姜、豹，当为奴婢。恻恻焦心，事事腐肠，讻讻籍籍，不可听闻。暴虐此婢，不死如发，半年之间，脓血横流。婢病之后，姜竟春炊，豹又触冒泥涂，心为怆然。繦緥放散，冬衣不补，端坐化乱，一缕不贯。既无妇道，又无母仪，忿见侵犯，恨见狼藉，依倚郑令，如居天上。持质相劫，词语百车，剑戟在门，何暇有让？百弩环舍，何可强复？举宗达人解说，词如循环，口如布谷，县幡竟天，击鼓动地，心不为恶，身不为摇。宜详居错，且自为计，无以上书告诉相恐。狗吠不惊，自信其情。不去此妇，则家不宁；不去此妇，则家不清；不去此妇，则福不生；不去此妇，则事不成。自恨以华盛时不早自定，至于垂白家贫身贱之日，养痈长疽，自生祸殃。衍以室家纷然之故，捐弃衣冠，侧身山野，绝交游之路，杜仕宦之门，阖门不出，心专耕耘，以求衣食，何敢有功名之路哉！"

③金谓印也，紫谓绶也。揭，持也，音求谒反。

④概犹屑也。金或作乘。

⑤曳犹顿也。

⑥《衍集》有《问交》一篇，《慎情》一篇。

⑦《衍集》见有二十八篇。

豹字仲文，年十二，母为父所出。后母恶之，尝因豹夜寐，欲行毒害，豹逃走得免。敬事愈谨，而母疾之益深，时人称其孝。①长好儒学，以《诗》、《春秋》教丽山下。②乡里为之语曰："道德彬彬冯仲文。"③举孝廉，拜尚书郎，忠勤不懈。每奏事未报，常俯伏省閤，或从昏至明。肃宗闻而嘉之，使黄门持被覆豹，敕令勿惊，由是数加赏赐。是时方平西域，以豹有才谋,拜为河西副校尉。和帝初,数言边事,奏置戊己校尉,城郭诸国复率旧职。迁武威太守,视事二年,河西称之,复徵入为尚书。永元十四年,卒于官。

> ① 衍与宣孟书曰:"居室之义,人之大伦。思厚欢和之节,乐定金石之固。又自伤前遭不良,比有去两妇之名。事诚不得不然,岂中心之所好哉!"观其书意,似此妻又见出之。〔39〕
>
> ② 丽音力之反。
>
> ③ 《论语》曰:"文质彬彬,然后君子。"郑玄注:"彬彬,杂半貌也。"

　　论曰:夫贵者负埶而骄人,才士负能而遗行,其大略然也。二子不其然乎!①冯衍之引挑妻之譬,得矣。夫纳妻皆知取晋己者,而取士则不能。何也?岂非反妒情易,而恕义情难。光武虽得之于鲍永,犹失之于冯衍。②夫然,义直所以见屈于既往,守节故亦弥阻于来情。呜呼!③

> ① 《史记》曰:"魏太子击逢文侯之师田子方,引车下道。子方不为礼。太子击曰:'富贵者骄人乎?贫贱者骄人乎?'子方曰:'贫贱者骄人耳。夫诸侯骄人则失其国,大夫骄人则失其家。贫贱者行不合,言不用,则去之楚、越,若脱躧然,奈何同之哉?'"士负能而遗行也。负,恃也。
>
> ② 自此已上皆华峤之词。
>
> ③ 衍为更始举哀,既降,执义守直。既行之于己,光武屈而不用,故言义直所以见屈于既往也。则守节之人,见衍被黜,弥阻难于将来。

　　赞曰:谭非谶术,衍晚委质。道不相谋,诡时同失。①体兼上才,荣微下秩。

> ① 诡,违也,言二人之道不相同,俱以违时咸被摈斥也。

【校勘记】

〔1〕　胶西王素闻仲舒〔有行〕　按:《校补》谓据《史记·儒林传》"仲舒"下脱"有行"二字。今据补。

〔2〕 出无舆马之饰　按:"出"原讹"年",径据汲本、殿本改正。

〔3〕 不操市井之利　按:"操"原讹"探",径据汲本、殿本改正。

〔4〕 老子〔道〕德经之词也　据汲本、殿本补。

〔5〕 畜马(千)乘　按:殿本依监本"千"作"十"。《校补》谓今案《礼记》文本作"畜马乘",乘固四马也。"千"乃涉下"乘"字误衍,"十"又改订之误。今据删。

〔6〕 反而亡焉失之哀于是为甚　按:今《礼记》注疏本"哀"作"矣",属上"失之"为句。

〔7〕 将以荡夫忧心　按:"荡"原讹"薄",径据汲本、殿本改正。注同。

〔8〕 平阳县名　按:《集解》引钱大昕说,谓两汉三辅无"平阳县",《史记·秦本纪》宁公徙居平阳,《正义》云岐山县有平阳乡,乡内有平阳聚。又引洪颐煊说,谓《前书·郊祀志》"雍大雨,坏平阳宫垣",《三辅黄图》秦有"平阳宫",故与"飞廉观"对言之,注误。

〔9〕 孰能观大象无形(矣)〔哉〕　据汲本、殿本改。

〔10〕 恐余殃之有再　按:汲本、殿本"余"作"馀"。

〔11〕 植物宜皁　汲本"皁"作"早"。按:今本《周礼》亦作"早",《释文》云"早音皁,本或作'皁'"。阮元谓皁者草之俗字。《说文》"草者草斗,栎实也"。自人用"草"为艸木字,乃别制"皁"为草斗字。唐石经、宋本、嘉靖本均作"皁",今本作"早"者,后人依《释文》改从正字也。

〔12〕 享吕望于酆洲　按:《集解》本依汲本"洲"作"州",《校补》谓《说文》州下云"水中可居曰州",并引《诗》"在河之州",别无从水之"洲"。今《毛诗》作"在河之洲",《尔雅·释水》作"水中可居曰洲",皆非正字。

〔13〕 燕都〔蓟〕今蓟县也　按:张森楷《校勘记》谓以下文"齐都营丘","宋都睢阳"例之,"都"下当有"蓟"字。今据补。

〔14〕 心怵惕而怀惑　按:殿本"惑"作"感"。《校补》谓案《楚辞·七谏》本作"心怵惕而烦冤",王注"冤"一作"怨"。"怀惑""怀感"皆"烦怨"之讹。

〔15〕 (尽)〔虚〕愒洞疑　据汲本、殿本改。按:汲本、殿本"愒"讹"惕"。

〔16〕 钦明文塞晏晏　按:各本"塞"并作"思",疑后人依《书·尧典》改之。

〔17〕 在京兆杜陵亭　按:此六字原在"汤都"下,今据殿本移正。

〔18〕 拔周唐之盛德兮　按:《集解》引何焯说,谓"周唐"疑"周康"之讹。

〔19〕 嬽子反于彭城兮　按:《集解》引钱大昕说,谓"嬽"当为"撰",与下文"馌

女齐"，"飨椒举"同义，言欲饮食之也。

〔20〕 夏徵舒弑其君　按径"弑"原讹"杀"，径据汲本、殿本改正。

〔21〕 君(何)〔所〕为轻身以先于匹夫者　据《刊误》改，与《孟子》合。

〔22〕 焉能使予不遇〔哉〕　据汲本、殿本补。

〔23〕 太湖有五道　按：各本"道"作"湖"，非。《御览·地部》三十一引亦作"道"。

〔24〕 (隔)〔漏〕湖　据汲本、殿本改。

〔25〕 说关(西)〔东〕六国令事秦　《刊误》谓关西何缘有六国，明衍"关西"二字。今按：观上下文语气，"关西"明是"关东"之讹，刘说未谛，今改"西"作"东"。又按：汲本无"关西"二字。

〔26〕 高不过望国(气)〔氛〕　据殿本改。

〔27〕 及行迷之未远　按："及"原讹"反"，径据殿本、《集解》本改正。

〔28〕 《东观记》(曰)高字作乔　据殿本删。

〔29〕 (次)〔按〕下云　据《校补》说改。

〔30〕 拜三官正真御史　按：殿本"真"作"员"。

〔31〕 光扈扈而炀燿兮　按：汲本、殿本"炀"作"炀"。

〔32〕 篱宇廷除　按：《刊误》谓应作"篱室庭术"。又按：殿本"宇"作"室"。

〔33〕 扈江蓠与薜芷　按："蓠"原讹"篱"，径据汲本、殿本改正。

〔34〕 登登皇皇(维在)〔君枳维国〕国枳维都　按：《校补》谓"维在"殿本作"□维国"，今考朱右曾所校释之足本《周书》，则作"登登皇皇，君枳维国，国枳维都"，并不阙字。今据改。

〔35〕 一名苻离　按："苻"原讹"符"，径据汲本、殿本改正。又按：汲本、殿本"离"作"蓠"。

〔36〕 衍娶北地(女)任氏〔女〕为妻　王先谦谓《东观记》作"北地任氏女"，是也，此误倒。今据改。

〔37〕 儿女常自操井臼　按："操"原讹"探"，径改正。

〔38〕 了无女工　按：汲本、殿本"了"作"子"。

〔39〕 似此妻又见出之　按："之"疑当作"也"。

后汉书卷二十九

申屠刚鲍永郅恽列传第十九

申屠刚字巨卿,扶风茂陵人也。七世祖嘉,文帝时为丞相。刚质性方直,常慕史鰌、汲黯之为人。①仕郡功曹。

①《史记》曰,史鰌字子鱼,卫大夫也。《论语》孔子曰:"直哉史鱼,邦有道如矢,邦无道如矢。"《前书》,汲黯字长孺。武帝时为主爵都尉,好直谏,时人谓之"汲直"。

平帝时,王莽专政,朝多猜忌,〔1〕遂隔绝帝外家冯卫二族,不得交宦,刚常疾之。①及举贤良方正,因对策曰:

①冯谓冯昭仪,平帝祖母也。卫谓卫姬,平帝母也,号中山太后。王莽专政,冯卫二族皆不得至京师交通仕宦。见《前书》。

臣闻王事失则神祇怨怒,奸邪乱正,故阴阳谬错。此天所以谴告王者,欲令失道之君,旷然觉悟,怀邪之臣,惧然自刻者也。① 今朝廷不考功校德,而虚纳毁誉,数下诏书,张设重法,抑断诽谤,禁割论议,罪之重者,乃至腰斩。伤忠臣之情,挫直士之锐,殆乖建进善之旌,县敢谏之鼓,②辟四门之路,明四目之义也。③

①惧,惊也,音纪住反。刻犹责也。

②旌,幡也。《淮南子》曰:"禹县钟鼓磬铎,置鞀,以待四方之士。为幡曰:'教道寡人以道者击鼓,喻以义者击钟,告以事者振铎,语以忧者击磬,有狱讼者摇鞀。'"《帝王纪》曰:"尧置敢谏之鼓。"

③孔安国注《尚书》曰,开辟四方之门未开者,谓广致众贤者。明四目,谓广视于四方,使下无壅塞也。〔2〕

臣闻成王幼少,周公摄政,听言下贤,均权布宠,无旧无新,唯

仁是亲，①动顺天地，举措不失。然近则召公不悦，远则四国流
言。②夫子母之性，天道至亲。今圣主幼少，始免襁褓，③即位以来，
至亲分离，外戚杜隔，恩不得通。且汉家之制，虽任英贤，犹援姻
戚。亲疏相错，杜塞间隙，诚所以安宗庙，重社稷也。今冯、卫无
罪，久废不录，或处穷僻，不若民庶，诚非慈爱忠孝承上之意。夫为
人后者，自有正义，至尊至卑，其埶不嫌，是以人无贤愚，莫不为怨，
奸臣贼子，以之为便，不讳之变，诚难其虑。今之保傅，非古之周
公。周公至圣，犹尚有累，何况事失其衷，不合天心者哉？昔周公
先遣伯禽守封于鲁，以义割恩，宠不加后，④故配天郊祀，三十馀
世。⑤霍光秉政，辅翼少主，修善进士，名为忠直，而尊〔崇〕其宗
党，〔3〕摧抑外戚，⑥结贵据权，至坚至固，终没之后，受祸灭门。⑦
方今师傅皆以伊、周之位，据贤保之任，以此思化，则功何不至？不
思其危，则祸何不到？损益之际，孔父攸叹，⑧持满之戒，老氏所
慎。⑨盖功冠天下者不安，威震人主者不全。今承衰乱之后，继重
敝之世，公家屈竭，赋敛重数，苛吏夺其时，贪夫侵其财，百姓困乏，
疾疫夭命。盗贼群辈，且以万数，军行众止，窃号自立，⑩攻犯京
师，燔烧县邑，⑪至乃讹言积弩入宫，宿卫惊惧。自汉兴以来，诚未
有也。国家微弱，奸谋不禁，六极之效，危于累卵。⑫王者承天顺
地，典爵主刑，不敢以天官私其宗，不敢以天罚轻其亲。陛下宜遂
圣明之德，昭然觉悟，远述帝王之迹，近遵孝文之业，⑬差五品之
属，纳至亲之序，⑭亟遣使者徵中山太后，置之别宫，令时朝见。又
召冯卫二族，裁与冗职，⑮使得执戟，亲奉宿卫，以防未然之符，以
抑患祸之端。上安社稷，下全保傅，内和亲戚，外绝邪谋。

①《尚书大传》曰："武王入殷，周公曰：'各安其宅，各田其田，无故无新，唯仁
之亲。'"

②《尚书》曰："〔召公为保〕，周公为师，〔4〕相成王为左右，召公不悦。"言周公
既还政成王，宜其自退，今复为相，故不悦也。四国谓管、蔡、商、奄也。成王
幼小，周公摄政，四国流言曰："公将不利于孺子。"

③免，离也。平帝即位时年九岁，故云始免襁褓。《前书音义》曰："绲，落也。
　绲，被也。""绲"或作"褓"也。

④伯禽，周公旦之子也。周公相成王，先封伯禽于鲁，令就国守封。后谓伯禽
　也。周公身既尊宠，不令伯禽复加荣贵，以自挹损也。《东观记》曰："昔周公
　豫防祸首，先遣伯禽守封于鲁，离断至亲，以义割恩，使己尊宠，不加其后。"

⑤自伯禽至顷公，为楚考烈王所灭，凡三十四公。鲁以周公大圣之后，故郊祀
　配天，一如天子之礼。

⑥昭帝时霍光辅政，其子禹及兄孙云、山等皆中郎将、奉车都尉，昆弟诸婿皆奉
　朝请，给事中，唯昭帝外家赵氏无一在位者。

⑦霍光薨后，其子禹，宣帝时为大司马，谋反发觉，禹腰斩，母显及诸女昆弟皆
　弃市。

⑧《说苑》曰："孔子读《易》至《损》、《益》，则喟然而叹。子夏问曰：'夫子何为
　叹？'孔子曰：'夫自损者益，自益者缺，吾是以叹之矣。'"

⑨《老子》曰："持而盈之，不如其已。"已，止也，言执满必倾，不如止也。

⑩兴军而行，拥众而止，无畏惮于危亡也。

⑪谓平帝元始三年，阳陵人任横等自称将军，盗武库兵，攻官寺，出囚徒也。

⑫《尚书大传》曰"貌之不恭厥极恶，言之不从厥极忧，视之不明厥极疾，听之不
　聪厥极贫，心之不睿厥极凶短折，皇极不建厥极弱"也。

⑬文帝即位，使将军薄昭迎薄太后于代。刚欲使平帝迎中山太后至京师者也。

⑭五品，五常之教也。《尚书》舜命契曰："汝作司徒，敬敷五教。"《左传》史克
　曰："舜举八元，使布五教于四方："父义，母慈，兄友，弟恭，子孝。"

⑮冗，散也。

书奏，莽令元后下诏曰："刚所言僻经妄说，①违背大义。其罢归田里。"

①元后，元帝后，王莽之姑也。

后莽篡位，刚遂避地河西，转入巴蜀，往来二十许年。及隗嚣据陇
右，欲背汉而附公孙述。刚说之曰："愚闻人所归者天所与，人所畔者天
所去也。伏念本朝①躬圣德，举义兵，龚行天罚，所当必摧，诚天之所
福，非人力也。将军本无尺土，孤立一隅，宜推诚奉顺，与朝并力，上应
天心，下酬人望，为国立功，可以永年。②嫌疑之事，圣人所绝。以将军

之威重,远在千里,动作举措,可不慎与? 今玺书数到,委国归信,欲与将军共同吉凶。布衣相与,尚有没身不负然诺之信,况于万乘者哉!③今何畏何利,久疑如是? 卒有非常之变,上负忠孝,下愧当世。④夫未至豫言,固常为虚,及其已至,又无所及,是以忠言至谏,希得为用。诚愿反覆愚老之言。"嚣不纳,遂畔从述。

①谓光武也。

②《今文尚书》曰"立功立事,可以永年"也。

③《烈士传》曰:"羊角哀、左伯桃二人为死友,欲仕于楚,道阻,遇雨雪不得行,饥寒,自度不俱生。伯桃谓角哀曰:'俱死之后,骸骨莫收,内手扪心,知不如子。生恐无益而弃子之能,我乐在树中。'角哀听之,伯桃入树中而死。楚平王爱角哀之贤,以上卿礼葬伯桃。角哀梦伯桃曰:'蒙子之恩而获厚葬,正苦荆将军冢相近。今月十五日,当大战以决胜负。'角哀至期日,陈兵马诣其冢,作三桐人,自杀,下而从之。"此殁身不负然诺之信也。

④言从汉何畏,附蜀何利,而久疑不决。

　　建武七年,诏书征刚。〔5〕刚将归,与嚣书曰:"愚闻专己者孤,拒谏者塞,孤塞之政,亡国之风也。虽有明圣之姿,犹屈己从众,故虑无遗策,举无过事。夫圣人不以独见为明,而以万物为心。顺人者昌,逆人者亡,此古今之所共也。将军以布衣为乡里所推,廊庙之计,既不豫定,①动军发众,又不深料,今东方政教日睦,百姓平安,而西州发兵,人人怀忧,骚动惶惧,莫敢正言,群众疑惑,人怀顾望。非徒无精锐之心,其患无所不至。夫物穷则变生,事急则计易,其埶然也。夫离道德,逆人情,而能有国有家者,古今未有也。将军素以忠孝显闻,是以士大夫不远千里,慕乐德义。今苟欲决意徼幸,此何如哉? 夫天所祐者顺,人所助者信。②如未蒙祐助,令小人受涂地之祸,毁坏终身之德,败乱君臣之节,污伤父子之恩,③众贤破胆,可不慎哉!"嚣不纳。刚到,拜侍御史,迁尚书令。

①廊,殿下屋也;庙,太庙也。国事必先谋于廊庙之所也。

②《易·系词》之言也。

③不从光武,是乱君臣之节也。遣子恂入质而背之,是伤父子之恩也。

光武尝欲出游,刚以陇蜀未平,不宜宴安逸豫。谏不见听,遂以头轫乘舆轮,帝遂为止。①〔6〕

①轫,谓以头枝车轮也。〔7〕王逸注《楚词》曰:"轫,止轮木也。"

时内外群官,多帝自选举,加以法理严察,职事过苦,尚书近臣,至乃捶扑牵曳于前,群臣莫敢正言。刚每辄极谏,又数言皇太子宜时就东宫,简任贤保,〔8〕以成其德,帝并不纳。以数切谏失旨,数年,出为平阴令。复徵拜太中大夫,以病去官,卒于家。

鲍永字君长,上党屯留人也。①父宣,哀帝时任司隶校尉,为王莽所杀。②永少有志操,习欧阳《尚书》。③事后母至孝,妻尝于母前叱狗,而永即去之。④

①屯留,今潞州县也。

②莽辅政,诛不附己者,故杀宣。

③欧阳生字和伯,千乘人。受《尚书》于伏生。见《前书》。

④去音丘吕反。

初为郡功曹。莽以宣不附己,欲灭其子孙。都尉路平承望风旨,规欲害永。太守苟谏拥护,召以为吏,常置府中。永因数为谏陈兴复汉室,翦灭篡逆之策。谏每戒永曰:"君长几事不密,祸倚人门。"永感其言。及谏卒,自送丧归扶风。路平遂收永弟升。太守赵兴到,闻乃叹曰:"我受汉茅土,①不能立节,而鲍宣死之,岂可害其子也!"敕县出升,复署永功曹。时有矫称侍中止传舍者,兴欲谒之。永疑其诈,谏不听而出,兴遂驾往,永乃拔佩刀截马当匈,乃止。②后数日,莽诏书果下捕矫称者,永由是知名。举秀才,不应。

①王者封五色土为社,封诸侯则各割其方面土与之,冘以黄土,苴以白茅,使归立社也。

②当匈,以韦为之也。

更始二年征,再迁尚书仆射,行大将军事,持节将兵,安集河东、并州、朔部,得自置偏裨,辄行军法。永至河东,因击青犊,大破之,更始封为中阳侯。①永虽为将率,而车服敝素,为道路所识。②

①中阳,县,属西河郡,今汾州孝义县也。

②《东观记》曰:“永好文德,虽行将军,常衣皁襜褕,路称鲍尚书兵马。”〔9〕俗本或有“为”上加“不”者,误也。

时赤眉害更始,三辅道绝。光武即位,遣谏议大夫储大伯①,持节徵永诣行在所。永疑不从,乃收系大伯,②遣使驰至长安。既知更始已亡,乃发丧,出大伯等,封上将军列侯印绶,悉罢兵,但幅巾与诸将及同心客百馀人诣河内。③帝见永,问曰:“卿众所在?”永离席叩头曰:“臣事更始,不能令全,诚惭以其众幸富贵,故悉罢之。”④帝曰:“卿言大!”而意不悦。时攻怀未拔,帝谓永曰:“我攻怀三日而兵不下,关东畏服卿,可且将故人自往城下譬之。”即拜永谏议大夫。至怀,乃说更始河内太守,于是开城而降。帝大喜,⑤赐永洛阳商里宅,⑥固辞不受。

①《风俗通》曰:“储姓,齐大夫储子之后也。”

②《东观记》曰“封大伯所持节于晋阳传(合)〔舍〕壁中,〔10〕遣信人驰至长安”也。

③幅巾谓不著冠,但幅巾束首也。

④幸,希也。

⑤《东观记》曰:“永说下怀,上大喜,与永对食。”

⑥《东观记》曰:“赐洛阳上商里宅。”陆机《洛阳记》曰:“上商里在洛阳东北,本殷顽人所居,故曰上商里宅也。”

时董宪裨将屯兵于鲁,侵害百姓,乃拜永为鲁郡太守。永到,击讨,大破之,降者数千人。唯别帅彭丰、虞休、皮常等各千馀人,称“将军”,不肯下。顷之,孔子阙里无故荆棘自除,①从讲堂至于里门。永异之,谓府丞及鲁令曰:“方今危急而阙里自开,斯岂夫子欲令太守行礼,助吾诛无道邪?”乃会人众,修乡射之礼,请丰等共会观视,欲因此禽之。丰等亦欲图永,乃持牛酒劳飨,而潜挟兵器。永觉之,手格杀丰等,禽破党与。帝嘉其略,封为关内侯,迁杨州牧。时南土尚多寇暴,永以吏人痍伤之后,乃缓其衔辔,②示诛强横而镇抚其馀,百姓安之。会遭母忧,去官,悉以财产与孤弟子。

①阙里解见《明纪》。

②衔辔,喻法律以控御人也。《说苑》曰:"理国譬若张琴,大弦急则小弦绝矣,故急于其衔辔者,非千里之御也。"

建武十一年,征为司隶校尉。帝叔父赵王良尊戚贵重,永以事劾良大不敬,①由是朝廷肃然,莫不戒慎。乃辟扶风鲍恢为都官从事,恢亦抗直不避强御。帝常曰:"贵戚且宜敛手,以避二鲍。"其见惮如此。

①《东观记》曰"时良从送中郎将来歙丧还,入夏城门中,〔11〕与五官将(军)〔车〕相逢,〔12〕道迫,良怒,召门候岑尊,叩头马前。永劾奏良曰'今月二十七日,车驾临故中郎将来歙丧还,车驾过,须史赵王良从后到,与右中郎将张邯相逢城门中,道迫狭,吡邯旋车,又召候岑尊诘责,使前走数十步。案良诸侯藩臣,蒙恩入侍,〔宜〕知尊帝城门候吏六百石,〔13〕而肆意加怒,令叩头都道,奔走马头前。无藩臣之礼,大不敬'"也。

永行县到霸陵,路经更始墓,引车入陌,①从事谏止之。永曰:"亲北面事人,宁有过墓不拜!虽以获罪,司隶所不避也。"遂下拜,哭尽哀而去。西至扶风,椎牛上苟谏冢。帝闻之,意不平,问公卿曰:"奉使如此何如?"太中大夫张湛对曰:"仁者行之宗,忠者义之主也。仁不遗旧,忠不忘君,行之高者也。"帝意乃释。

①墓在今万年县东北。南北为阡,东西为陌。

后大司徒韩歆坐事,①永固请之不得,以此忤帝意,出为东海相。坐度田事不实,被征,诸郡守多下狱。永至(城)〔成〕皋,〔14〕诏书逆拜为兖州牧,便道之官。②视事三年,病卒。子昱。

①建武十五年歆坐直言免也。

②《东观记》诏书迎下永曰"君晨夜冒犯霜露,精神亦已劳矣。以君帷幄近臣,其以永为兖州牧"也。

论曰:鲍永守义于故主,斯可以事新主矣。耻以其众受宠,斯可以受大宠矣。若乃言之者虽诚,而闻之未譬,①岂苟进之悦,易以情纳,持正之忤,难以理求乎?②诚能释利以循道,居方以从义,③君子之概也。

①譬犹晓也。

②言谄曲则易入,刚直则难进也。

③方,直也。

　　昱字文泉。[15]少传父学,客授于东平。建武初,太行山中有剧贼,太守戴涉闻昱鲍永子,有智略,乃就谒,请署守高都长。①昱应之,遂讨击群贼,诛其渠帅,道路开通,由是知名。后为沁阳长,政化仁爱,境内清净。②

①高都,县,属上党郡,故城在今泽州也。

②《东观记》曰:“沁阳人赵坚杀人系狱,其父母诣昱,自言年七十馀唯有一子,适新娶,今系狱当死,长无种类,涕泣求哀。昱怜其言,令将妻入狱,解械止宿,遂任身有子。”

　　荆州刺史表上之,再迁,中元元年,拜司隶校尉。诏昱诣尚书,使封胡降檄。①光武遣小黄门问昱有所怪不? 对曰:“臣闻故事通官文书不著姓,又当司徒露布,②怪使司隶下书而著姓也。”帝报曰:“吾故欲令天下知忠臣之子复为司隶也。”[16]昱在职,奉法守正,有父风。永平五年,坐救火迟,免。

①檄,军书也,若今之露布也。

②《汉官仪》曰“群臣上书,公卿校尉诸将不言姓。凡制书皆玺封,尚书令重封。唯赦赎令司徒印,露布州郡”也。

　　后拜汝南太守。郡多陂池,岁岁决坏,年费常三千馀万。昱乃上作方梁石洫,①水常饶足,溉田倍多,人以殷富。

①洫,渠也。以石为之,犹今之水门也。

　　十七年,代王敏为司徒,赐钱帛什器帏帐,除子得为郎。[17]建初元年,大旱,谷贵。肃宗召昱问曰:“旱既太甚,将何以消复灾眚?”对曰:“臣闻圣人理国,三年有成。①今陛下始践天位,刑政未著,如有失得,何能致异？但臣前在汝南，典理楚事，②系者千馀人，恐未能尽当其罪。先帝诏言，大狱一起，冤者过半。[18]又诸徙者骨肉离分，孤魂不祀。一人呼嗟，王政为亏。宜一切还诸徙家属，[19]蠲除禁锢，兴灭继绝，死生获所。如此，和气可致。"帝纳其言。③

①《论语》孔子曰："如有用我者，期月而已可也，三年乃有成功。"

②永平十三年，楚王英谋反，连坐者在汝南，昱时主劾之也。

③《东观记》曰："时司徒辞讼久者至十数年，[20]比例轻重，非其事类，错杂难知。昱奏定《辞讼》七卷，《决事都目》八卷，以齐同法令，息遏人讼也。"

四年，代牟融为太尉。六年，薨，年七十馀。

子德，修志节，有名称，累官为南阳太守。时岁多荒灾，唯南阳丰穰，吏人爱悦，号为神父。时郡学久废，德乃修起横舍，①备俎豆黻冕，[21]行礼奏乐。又尊飨国老，宴会诸儒。百姓观者，莫不劝服。[22]在职九年，徵拜大司农，卒于官。

①横，学也，字又作"黉"。

子昂，字叔雅，有孝义节行。初，德被病数年，昂俯伏左右，衣不缓带；及处丧，毁瘠三年，抱负乃行；服阕，遂潜于墓次，不关时务。举孝廉，辟公府，连征不至，卒于家。

郅恽字君章，汝南西平人也。①年十二失母，居丧过礼。及长，理《韩诗》、《严氏春秋》，②明天文历数。

①《潜夫论》曰："周先姞氏封于燕，河东有郅都，汝南有郅君章。"音与古姞同，而其字异。然《前书音义》郅音之日反。

②韩，韩婴也。作《诗内外传》。严，严彭祖也。受《公羊》于眭孟，专门教授。见《儒林传》。

王莽时，寇贼群发，恽乃仰占玄象，叹谓友人曰："方今镇、岁、荧惑并在汉分翼、轸之域，①[23]去而复来，汉必再受命，福归有德。如有顺天发策者，必成大功。"时左队大夫逯并素好士，②[24]恽说之曰："当今上天垂象,智者以昌,愚者以亡。昔伊尹自鬻辅商,立功全人。③恽窃不逊,敢希伊尹之踪,应天人之变。明府倘不疑逆,俾成天德。"并奇之,使署为吏。恽不谒,曰:"昔文王拔吕尚于渭滨,高宗礼傅说于岩筑,桓公取管仲于射钩,故能立弘烈,就元勋。未闻师相仲父,而可为吏位也。④非窥天者不可与图远。君不授骥以重任,骥亦俯首裹足而去耳。"⑤遂不受署。

①《尔雅》曰:"中央镇星,东方岁星,南方荧惑。"翼、轸者,南方鹑尾之宿,楚之分野。(孔)《演〔孔〕图》曰:〔25〕"卯金刀,名为刘,中国东南出荆州。"故为汉分也。

②王莽以颍川为左队,郡守为大夫。逯,姓;并,名也。《风俗通》曰:"逯,秦邑也,其大夫氏焉。"逯音录。

③鬻,自炫卖也。《史记》曰,伊尹欲干汤而无因,乃为有莘氏媵臣,负鼎俎以滋味说汤,乃任以国政也。

④师,吕望也。相,傅说也。仲父,管仲也。

⑤恽以骥自喻,因自称骥。《史记》曰,吴兵入郢,申包胥走秦求救,昼夜驰驱,足肿蹠鳌,裂裳裹足,鹄立秦庭。鳌音庆。

　　西至长安,乃上书王莽曰:"臣闻天地重其人,惜其物,故运机衡,垂日月,①含元包一,甄陶品类,②显表纪世,图录豫设。③汉历久长,孔为赤制,④不使愚惑,残人乱时。智者顺以成德,愚者逆以取害,神器有命,不可虚获。上天垂戒,欲悟陛下,令就臣位,转祸为福。⑤刘氏享天永命,陛下顺节盛衰,⑥取之以天,还之以天,可谓知命矣。若不早图,是不免于窃位也。⑦且尧舜不以天显自与,故禅天下,⑧陛下何贪非天显以自累也?天为陛下严父,臣为陛下孝子。父教不可废,〔26〕子谏不可拒,惟陛下留神。"莽大怒,即收系诏狱,劾以大逆。犹以恽据经谶,难即害之,使黄门近臣胁恽,令自告狂病恍忽,不觉所言。恽乃瞋目詈曰:"所陈皆天文圣意,非狂人所能造。"遂系须冬,会赦得出,乃兴同郡郑敬南遁苍梧。⑨

①机衡,北斗也。

②《前书·志》曰:"太极元气,合三为一。"〔27〕谓三才未分,包而为一〔也〕。甄

（也）者，〔28〕陶人旋转之轮也。言天地造化品物，如陶匠之成众品者也。

③表，明也；纪，年也。言天豫设图录之书，显明帝王之年代也。

④言孔丘作纬，著历运之期，为汉家之制。汉火德尚赤，故云为赤制，即《春秋感精符》云"墨、孔生为赤制"是也。

⑤上天垂戒，谓镇、岁、荧惑并在汉分也。

⑥享，受也。永，长也。汉家受天长命，运祚未绝，劝莽当顺其时之盛衰，衰则取之，盛则还之。

⑦窃，盗也。孔子曰："臧文仲其窃位者欤？"

⑧尧舜盛德，天之所显，犹不自与，以位禅人。言尧之禅舜，舜禅于禹也。

⑨遁，隐也。苍梧，山名也。《山海经》曰，南方苍梧之丘，苍梧之川，其中有九疑山焉，舜之所葬也。在今永州唐兴县东南。

建武三年，又至庐江，因遇积弩将军傅俊东徇扬州。俊素闻恽名，乃礼请之，上为将兵长史，授以军政。恽乃誓众曰："无掩人不备，穷人於戹，〔29〕不得断人支体，裸人形骸，放淫妇女。"俊军士犹发冢陈尸，掠夺百姓。恽谏俊曰："昔文王不忍露白骨，①武王不以天下易一人之命，②故能获天地之应，克商如林之旅。③将军如何不师法文王，而犯逆天地之禁，多伤人害物，虐及枯尸，取罪神明？今不谢天改政，无以全命。愿将军亲率士卒，收伤葬死，哭所残暴，以明非将军本意也。"从之，百姓悦服，所向皆下。

①解见《顺纪》。

②《吕氏春秋》曰："武王伐纣，至鲔水，纣使胶鬲候周，问武王曰：'何日至？'武王曰：'将以甲子日至。'胶鬲行，天大雨，日夜不休，武王疾行不辍。军吏谏之。武王曰：'吾疾行以救胶鬲之死也。'"

③天地之应，谓夜雨止、毕陈、白鱼入舟之类。克，胜也。商，殷号也。旅，众也。如林，言众多。《尚书》曰："武王伐〔纣〕，纣率其旅若林，〔30〕会于牧野。"

七年，俊还京师，而上论之。①恽耻以军功取位，遂辞归乡里。县令卑身崇礼，请以为门下掾。恽友人董子张者，父先为乡人所害。②及子张病，将终，恽往候之。子张垂殁，视恽，歔欷不能言。恽曰："吾知子不

悲天命,而痛雠不复也。子在,吾忧而不手;子亡,吾手而不忧也。"③子
张但目击而已。④恽即起,将客遮仇人,取其头以示子张。子张见而气
绝。恽因而诣县,以状自首。令应之迟,⑤恽曰:"为友报雠,吏之私也。
奉法不阿,君之义也。亏君以生,非臣节也。"趋出就狱。令跣而追恽,
不及,遂自至狱,令拔刃自向以要恽曰:"子不从我出,敢以死明心。"⑥
恽得此乃出,因病去。

①上音时掌反。

②《东观记》曰"子张父及叔父为乡里盛氏一时所害"也。

③言子在,吾忧子仇未能报,而不须手自挥锋;子若亡,吾直为子手刃仇人,更
不须心怀忧也。

④目击谓孰视之也。《庄子》曰"目击而道存"也。

⑤县令不欲其自首诣狱,故应对之缓也。

⑥恽若不去,〔31〕欲自刺以明心也。

　　久之,太守欧阳歙请为功曹。汝南旧俗,十月飨会,百里内县皆赍
牛酒到府宴饮。时临飨礼讫,歙教曰:"西部督邮繇延,①天资忠贞,禀
性公方,摧破奸凶,不严而理。今与众儒共论延功,显之于朝。太守敬
嘉厥休,牛酒养德。"主簿读(书)教,〔32〕户曹引延受赐。恽于下坐愀然前
曰:"司正举觥,②以君之罪,告谢于天。案延资性贪邪,外方内员,③朋
党构奸,罔上害人,所在荒乱,怨懑并作。明府以恶为善,股肱以直从
曲,此既无君,又复无臣,恽敢再拜奉觥。"歙色惭动,不知所言。门下掾
郑敬进曰:"君明臣直,功曹言切,明府德也,可无受觥哉?"歙意少解,
曰:"实歙罪也,敬奉觥。"④恽乃免冠谢曰:"昔虞舜辅尧,四罪咸服,⑤谗
言弗庸,孔任不行,⑥故能作股肱,帝用有歌。⑦恽不忠,孔任是昭,⑧豺
虎从政,⑨既陷诽谤,又露所言,⑩罪莫重焉。请收恽、延,以明好恶。"歙
曰:"是重吾过也。"⑪遂不宴而罢。恽归府,称病,延亦自退。

①繇姓,咎繇之后。繇音遥。

②愀,变色貌。司正,主礼仪者。觥,罚爵也,以角为之。《诗·小雅》曰:"兕觥
其觩,旨酒思柔。"觥音古横反。

③言延外示方直而内实柔弱也。孔子曰:"色厉而内荏。"

④遂受罚也。

⑤《左传》曰:"舜臣尧,乃流四凶族。"《尚书》曰"乃流共工于幽州,放驩兜于崇山,窜三苗于三危,殛鲧于羽山,四罪而天下咸服"也。

⑥庸,用也。孔,甚也。任,佞也。

⑦《尚书》曰:"股肱喜哉!元首起哉!"

⑧昭,显也。恽自责不忠,故使甚佞之人昭显也。

⑨豺虎,贪兽,以比繇延也。

⑩露,显也。又对众显言(於)繇延之罪也。〔33〕

⑪重,再也。

郑敬素与恽厚,见其言忤歙,乃相招去,曰:"子廷争繇延,君犹不纳。延今虽去,其埶必还。①直心无讳,诚三代之道。②然道不同者不相为谋,吾不能忍见子有不容君之危,盍去之乎!"恽曰:"孟轲以强其君之所不能为忠,量其君之所不能为贼。③恽业已强之矣。障君于朝,④既有其直,而不死职,罪也。延退而恽又去,不可。"敬乃独隐于弋阳山中。⑤居数月,歙果复召延,恽于是乃去,从敬止,渔钓自娱,留数十日。恽志在从政,既乃喟然而叹,谓敬曰:"天生俊士,以为人也。鸟兽不可与同群,⑥子从我为伊吕乎?将为巢许,而父老尧舜乎?"⑦〔34〕敬曰:"吾足矣。初从生步重华于南野,⑧谓来归为松子,⑨今幸得全躯树类,⑩还奉坟墓,尽学问道,⑪虽不从政,施之有政,是亦为政也。⑫吾年耄矣,安得从子?子勉正性命,勿劳神以害生。"恽于是告别而去。敬字次都,清志高世,光武连征不到。⑬

①言歙后必召延也。

②三代,夏、殷、周也。《论语》曰:"三代之所以直道而行也。"

③孟子对齐宣王曰:"力足以举百钧,而不足以举一羽,明足以察秋毫之末,而不见舆薪,则王许之乎?"曰:"不。"孟子曰:"今恩足以及禽兽,而功不至于百姓者,独何欤?然则一羽之不举,为不用力焉,舆薪之不见,为不用明焉,百姓之不见保,为不用恩焉。故王之不王,弗为也,非不能也。"曰:"不为者与不能者之形何以异?"曰:"挟太山以(�)〔超〕北海,〔35〕语人曰我不能,是诚

不能也。为（少）〔长〕者折枝，语人曰我不能，是（诚不能也为长者折枝语人曰我）不为也〔36〕非不能也。"此强其君之所不能为也。又曰："恻隐之心，仁之端也；（善）〔羞〕恶之心，〔37〕义之端也；辞让之心，礼之端也；是非之心，智之端也。人之有是四端也，犹其有四体也。有是四端自谓不能者，自贼者也；谓其君不能者，贼其君者也。"

④障，蔽也。君谓歆也。言歆将以牛酒赏缘延，而恽障蔽不听之。

⑤弋阳，县，属汝南郡，《前书》云弋阳山在县西北也。

⑥《论语》孔子之言。

⑦若为巢父、许由，则以尧、舜为父老之人也。

⑧步犹寻也。重华，舜字也。南野，谓苍梧也。

⑨赤松子也。敬以归乡隐逸，自谓同之。刘向《列仙传》曰"赤松子，神农时雨师，至昆仑山，常止西王母石室，随风上下。炎帝少女追之，得仙俱去"也。

⑩树类谓有胤嗣。

⑪敬汝南人，今隐弋阳，不离坟墓。

⑫《论语》孔子之言也。言隐遁好道，在家孝悌，亦从政之义也。

⑬《谢沈书》曰："敬闲居不修人伦，新迁都尉逼为功曹。厅事前树时有清汁，以为甘露。敬曰：'明府政未能致甘露，此清木汁耳。'〔38〕辞病去，隐处精学蛾陂中。阴就、虞延并辟，不行。同郡邓敬因折芰为坐，以荷荐肉，瓝瓢盈酒，言谈弥日，蓬庐苇门，琴书自娱。光武公车徵，不行。"案：王莽改新蔡县为新迁也。

　　恽遂客居江夏教授，郡举孝廉，为上东城门候。①帝尝出猎，车驾夜还，恽拒关不开。帝令从者见面于门间。恽曰："火明辽远。"〔39〕遂不受诏。帝乃回从东中门入。②〔40〕明日，恽上书谏曰："昔文王不敢槃于游田，以万人惟忧。③〔41〕而陛下远猎山林，夜以继昼，其如社稷宗庙何？暴虎冯河，未至之戒，诚小臣所窃忧也。"书奏，赐布百匹，贬东中门候为参封尉。④

①洛阳城东面北头门也。

②东面中门也。

③槃，乐也。《尚书·无逸》曰"文王不敢槃于游田，以万人惟政之共"也。

④参封，县，属琅邪郡。

后令恽授皇太子《韩诗》,侍讲殿中。及郭皇后废,①恽乃言于帝曰:“臣闻夫妇之好,父不能得之于子,②况臣能得之于君乎? 是臣所不敢言。虽然,愿陛下念其可否之计,无令天下有议社稷而已。”帝曰:“恽善恕己量主,知我必不有所左右而轻天下也。”③后既废,而太子意不自安,恽乃说太子曰:“久处疑位,上违孝道,下近危殆。昔高宗明君,吉甫贤臣,及有纤介,放逐孝子。④《春秋》之义,母以子贵。太子宜因左右及诸皇子引愆退身,奉养母氏,以明圣教,不背所生。”太子从之,帝竟听许。

①建武十七年废。

②得犹制御也。司马迁曰:“妃匹之爱,君不能得之臣,父不能得之子,况卑下乎?”

③左右犹向背也。言其齐等。

④《家语》曰:“曾参妻为梨蒸不熟,因出之,终身不娶。其子请焉。曾参曰:‘高宗以后妻杀孝子,尹吉甫以后妻放伯奇,吾上不及高宗,中不比吉甫,知其得免于非乎!’遂不娶。”

恽再迁长沙太守。先是长沙有孝子古初,遭父丧未葬,邻人失火,初匍匐枢上,以身捍火,以为之灭。恽甄异之,以为首举。后坐事左转芒长,①又免归,避地教授,②著书八篇。以病卒。子寿。

①芒,县,属沛国,故城在今亳州永城县北,一名临睢城。《东观记》曰“坐前长沙太守张禁多受遗送千万,以恽不推劾,故左迁”也。

②避地谓隐遁也。《东观记》曰:“芒守丞韩龚受大盗丁仲钱,阿拥之,加笞八百,不死,入见恽,称仲健。恽怒,以所杖铁杖捶龚。龚出怨怼,遂杀仲,恽故坐免。”

寿字伯考,[42]善文章,以廉能称,举孝廉,稍迁冀州刺史。时冀部属郡多封诸王,宾客放纵,类不检节,①寿案察之,无所容贷。乃使部从事专住王国,又徙督邮舍王宫外,②动静失得,即时骑驿言上奏王罪及劾傅相,于是藩国畏惧,并为遵节。视事三年,冀土肃清。三迁尚书令。朝廷每有疑议,常独进见。肃宗奇其智策,擢为京兆尹。郡多强豪,奸暴不禁。三辅素闻寿在冀州，皆怀震竦，各相检敕，莫敢干犯。寿虽威严，而推诚下吏，皆愿效死，莫有欺者。以公事免。

①类犹皆也。

②近王宫置督邮舍，以察王得失。

　　复征为尚书仆射。是时大将军窦宪以外戚之宠，威倾天下。宪尝使门生赍书诣寿，有所请托，寿即送诏狱。前后上书陈宪骄恣，引王莽以诫国家。是时宪征匈奴，海内供其役费，而宪及其弟笃、景并起第宅，骄奢非法，百姓苦之。寿以府藏空虚，军旅未休，遂因朝会讥刺宪等，厉音正色，辞旨甚切。宪怒，陷寿以买公田诽谤，下吏当诛。侍御史何敞上疏理之曰："臣闻圣王辟四门，开四聪，延直言之路，下不讳之诏，立敢谏之旗，听歌谣于路，①争臣七人，以自鉴照，②考知政理，违失人心，辄改更之，故天人并应，传福无穷。臣伏见尚书仆射郅寿坐于台上，与诸尚书论击匈奴，言议过差，及上书请买公田，遂系狱考劾大不敬。臣愚以为寿机密近臣，匡救为职。若怀默不言，其罪当诛。今寿违众正议，以安宗庙，岂其私邪？又台阁平事，分争可否，虽唐虞之隆，三代之盛，犹谓谔谔以昌，不以诽谤为罪。③请买公田，人情细过，可裁隐忍。寿若被诛，臣恐天下以为国家横罪忠直，贼伤和气，忤逆阴阳。臣所以敢犯严威，不避夷灭，触死瞽言，非为寿也。④忠臣尽节，以死为归。臣虽不知寿，度其甘心安之。诚不欲圣朝行诽谤之诛，以伤晏晏之化，⑤〔43〕杜塞忠直，垂讥无穷。臣敞谬豫机密，言所不宜，罪名明白，当填牢狱，先寿僵仆，万死有馀。"书奏，寿得减死，论徙合浦。⑥未行，自杀，家属得归乡里。

①歌谣谓诗也。禹置敢谏之幡，解已见上。《礼记·王制》曰："命太师陈诗观
　民风。"郑玄注云："陈诗谓采其诗而示之。"

②孔子曰，天子有争臣七人。

③《史记》赵良谓商君曰："千人之诺诺，不如一士之谔谔。武王谔谔以昌，殷纣
　嘿嘿以亡。"

④《论语》曰"侍于君子有三愆，〔44〕未见颜色而言谓之瞽"也。

⑤郑玄注《尚书考灵耀》云："道德纯备谓之塞,宽容覆载谓之晏。"

⑥今(广)〔廉〕州县。〔45〕

　　赞曰:鲍永沈吟,晚乃归正。志达义全,先号后庆。①申屠对策,郅恽上书。有道虽直,无道不愚。

①《易》曰"先号咷而后笑",谓初凶后吉也。

【校勘记】

〔1〕　王莽专政朝多猜忌　按:"政"字原脱,径据汲本、殿本补。

〔2〕　使下无壅塞也　按:"壅"原讹"拥",径据汲本、殿本改正。

〔3〕　而尊〔崇〕其宗党　殿本"尊"下有"崇"字。《校补》引钱大昭说,谓闽本"尊"下有"崇"字。今据补。

〔4〕　〔召公为保〕周公为师　《刊误》谓按文少"召公为保"四字。按:下有"为左右"之文,如无召公,则"左右"字无著矣。刘说是,今据补。

〔5〕　建武七年诏书征刚　按:《集解》引《通鉴考异》,谓七年嚣已臣公孙述,必不用诏书,"七年"当作"六年"。

〔6〕　遂以头轫乘舆轮帝遂为止　按:上"遂"字《御览》四五二引作"乃"。

〔7〕　轫谓以头枝车轮也　汲本、殿本"枝"作"止"。按:《集解》引惠栋说,谓"止"本作"支",或作"揣"。

〔8〕　简任贤保　按:何焯谓"保"下当有"傅"字。

〔9〕　路称鲍尚书兵马　按:"马"原讹"焉",径据汲本、殿本改正。

〔10〕　封大伯所持节于晋阳传(合)〔舍〕壁中　《刊误》谓"合"当作"舍"。今据改。

〔11〕　入夏城门中　按:《集解》本依汲本"入"作"大"。《校补》谓钱大昭云"大"当作"入",洛阳十二城门,夏门位在亥。今案钱说虽与《东观记》合,然《书钞》六十一引《续汉书》则与此注同,又陶弘景《真诰》郎宗占知京师大火,烧大夏门,则似作"大"亦非误。

〔12〕　与五官将(军)〔车〕相逢　《刊误》谓五官无将军之称,盖"军"字本是"车"字。今据改。

〔13〕〔宜〕知尊帝城门候吏六百石　据《东观记》补。

〔14〕永至(城)〔成〕皋　据《集解》本改。

〔15〕昱字文泉　按:《东观记》"泉"作"渊",王先谦谓此避唐高祖讳改。又按:王先谦谓《书钞》六十一引《续汉书》,云"字守文"。

〔16〕吾故欲令天下知忠臣之子复为司隶也　按:汲本、殿本"故"作"固"。

〔17〕除子得为郎　《刊误》谓"得"字后皆作"德",义无两子名得、德者,知此字误。今按:得德古通作,非字误,特前后不一致耳。

〔18〕先帝诏言大狱一起冤者过半　按:查《明帝纪》无此诏,《通鉴》作"夫人狱一起,冤者过半"。

〔19〕宜一切还诸徙家属　按:"属"字原脱,径据汲本、殿本补。

〔20〕时司徒辞讼久者至十数年　按:"徒"原讹"徙",径改正。"辞"汲本作"例",《东观记》同。"十数年"汲本作"数十年",《东观记》同。

〔21〕备俎豆黻冕　按:"黻"汲本、殿本作"黼"。

〔22〕莫不劝服　按:"劝"疑"叹"之讹。

〔23〕并在汉分翼轸之域　按:"在"字原脱,径据汲本、殿本补。

〔24〕时左队大夫逯并素好士　按:沈家本谓《前书·王莽传》作"逯立",《恩泽侯表》作"逯普",普本作普,普立形近,未详孰是。立为莽大司马,封同风侯,后策免就侯位。此云左队大夫,殆策免之后,复居是官欤?

〔25〕(孔)演〔孔〕图曰　据汲本改。

〔26〕父教不可废　按:殿本"可"作"敢"。

〔27〕合三为一　按:殿本、《集解》本"合"作"含"。

〔28〕包而为一〔也〕甄(也)者　据《刊误》改。

〔29〕穷人於厄　按:汲本、《集解》本"於"作"屈"。《校补》引钱大昭说,谓闽本作"於"。

〔30〕武王伐(纣)纣率其旅若林　《刊误》谓案文"伐"下少一"殷"字。今按:《御览》三二六引重"纣"字,今依《御览》补。

〔31〕恽若不去　汲本、殿本"去"作"出"。今按:去谓离去,作"去"亦通。

〔32〕主簿读(书)教　《集解》引惠栋说,谓《袁纪》及《风俗通》皆云主簿读教,衍"书"字。今据删。

〔33〕又对众显言(於)繇延之罪也　据殿本删。按:汲本"於"作"夫",疑皆衍文。

〔34〕 将为巢许而父老尧舜乎　按：汲本、殿本作"将为巢许乎，而父老尧舜也"。王先谦谓《东观记》"父老"二字作"去"。

〔35〕 挟太山以(趋)〔超〕北海　据汲本、殿本改，与今本《孟子》合。

〔36〕 为(少)〔长〕者折枝语人曰我不能是(诚不能也为长者折枝语人曰我)不为也　据汲本、殿本改删。按：章怀引《孟子》，往往与今本《孟子》异，或其所见本不同也。然此节文字衍讹，几不可句读，《张晧》、《王龚传》论注亦引《孟子》答齐宣王语，虽多删节，大致与今本《孟子》合，足证此为传写之误也。

〔37〕 (善)〔羞〕恶之心　据汲本、殿本改，与今本《孟子》合。

〔38〕 此清木汁耳　按：汲本、殿本"清"作"青"。

〔39〕 火明辽远　按：王先谦谓《东观记》"辽"作"燎"。

〔40〕 帝乃回从东中门人　按："东中门"《续志》作"中东门"。《校补》谓钱大昭云此与何汤事略同，汤事在《谢承书》，《桓荣传》注引之。今案《桓荣传》注引作"更从中东门入"，与《续志》合。

〔41〕 以万人惟忧　按：注引《书·无逸》"以万民惟政之共"，则"忧"似当作"政"，《袁纪》正作"万民惟正"，正与政同也。又按：殿本"惟"作"为"。

〔42〕 寿字伯考　汲本、殿本"伯考"作"伯孝"。按：古人名字相应，作"伯孝"者，讹也。

〔43〕 以伤晏晏之化　按：《集解》本依汲本改"晏晏"为"塞晏"，取与郑注合。殿本《考证》谓《第五伦》、《何敞》、《陈宠传》皆有"晏晏"二字，依郑注改"塞晏"，非是。

〔44〕 侍于君子有三愆　按："子"字原脱，径据汲本、殿本补。

〔45〕 今(广)〔廉〕州县　据《刊误》改。

后汉书卷三十上

苏竟杨厚列传第二十上

苏竟字伯况,扶风平陵人也。平帝世,竟以明《易》为博士讲《书》祭酒。①善图纬,能通百家之言。王莽时,〔与〕刘歆等共典校书,〔1〕拜代郡中尉。时匈奴扰乱,北边多罹其祸,竟终完辑一郡。光武即位,就拜代郡太守,使固塞以拒匈奴。建武五年冬,卢芳略得北边诸郡,帝使偏将军随弟屯代郡。②竟病笃,以兵属弟,诣京师谢罪。拜侍中,数月,以病免。

①王莽置《六经》祭酒,秩上卿,每经各一人,竟为讲《尚书》祭酒。

②随姓,弟名也。弟音悌。

初,延岑护军邓仲况拥兵据南阳阴县为寇,①而刘歆兄子龚为其谋主。②〔2〕竟时在南阳,与龚书晓之曰:

①阴,县名,属南阳郡,故城在今襄州隄城县界北。

②臣贤案:《前书》及《三辅决录》并云向曾孙,今言歆兄子,则不同也。

君执事无恙。①走昔以摩研编削之才,②〔3〕与国师公从事出入,校定秘书,③窃自依依,末由自远。〔4〕盖闻君子愍同类而伤不遇。人无愚智,莫不先避害然后求利,先定志然后求名。昔智果见智伯穷兵必亡,故变名远逝,④陈平知项王为天所弃,故归心高祖,皆智之至也。⑤闻君前权时屈节,北面延牙,⑥乃后觉悟,栖迟养德。⑦先世数子,又何以加。⑧君处阴中,土多贤士,若以须臾之间,研考异同,揆之图书,测之人事,则得失利害,可陈于目,何自负畔乱之困,不移守恶之名乎?〔5〕与君子之道,何其反也?

①执事犹言左右也。敬前人,故呼其执事者。《尔雅》曰:"恙,忧也。"

②走谓驰走之人,谦称也,犹司马迁与任少卿书云"牛马走"之类也。《说文》曰:"编,次也。"削谓简也。一曰削书刀也。研音午见反。

③刘歆为王莽国师公也。

④智果,智伯臣也。逝,去也。《战国策》曰,智伯与韩、魏共围赵,智伯之臣智果说智伯曰:"韩魏二主色动而喜,必背君矣。不如杀之。"智伯曰:"晋阳旦暮将拔之,而飨其利,乃有它心,不可,子勿复言。"智果见言之不听,出,更其姓为辅氏,遂去不见。其后韩、魏乃反杀智伯,三分其地。"果"或作"过"。

⑤陈平初事项羽,后知羽必败,乃仗剑度河归汉,见《前书》也。

⑥延岑字牙。屈节谓臣事也。

⑦《尔雅》曰"栖迟,息偃也",言后息偃养德,不复事延牙也。《诗·小雅》曰:"或栖迟偃仰。"

⑧谓智果、陈平也。

　　世之俗儒末学,醒醉不分,而稽论当世,疑误视听。或谓天下迭兴,未知谁是,称兵据土,可图非冀。或曰圣王未启,宜观时变,倚强附大,顾望自守。二者之论,岂其然乎？夫孔丘秘经,为汉赤制,①玄包幽室,文隐事明。②且火德承尧,虽昧必亮,③承积世之祚,握无穷之符,王氏虽乘间偷篡,而终婴大戮,支分体解,宗氏屠灭,非其效欤？④皇天所以眷顾踟蹰,忧汉子孙者也。⑤论者若不本之于天,参之于圣,猥以《师旷杂事》轻自眩惑,说士作书,乱夫大道,焉可信哉？⑥

①秘经,幽秘之经,即纬书也。赤制,解见《郅恽传》。

②包,臧也。言纬书玄秘,臧于幽室,文虽微隐,事甚明验。

③昧,暗也。亮,明也。言汉承唐尧、刘累之后,以火德王,虽遭王莽篡夺,一时暗昧,今光武中兴,必盛明也。

④《王莽传》曰:"校尉公宾就斩莽首,军人分裂莽身,支节肌肉脔分。《三辅旧事》曰:"脔切千段。"

⑤踟蹰犹裴回也。

⑥《师旷杂事》,杂占之书也。《前书》曰阴阳书十六家,有《师旷》八篇也。

　　诸儒或曰：今五星失晷，天时谬错，①辰星久而不效，②太白出
入过度，荧惑进退见态，镇星绕带天街，岁星不舍氐、房。③以为诸
如此占，归之国家。盖灾不徒设，皆应之分野，各有所主。夫房、心
即宋之分，东海是也。④尾为燕分，渔阳是也。⑤东海董宪迷惑未降，
渔阳彭宠逆乱拥兵，王赫斯怒，命将并征，故荧惑应此，宪、宠受殃。
太白、辰星自亡新之末，失行算度，以至于今，或守东井，或没羽
林，⑥或裴回藩屏，或踯躅帝宫，⑦或经天反明，或潜臧久沈，或衰微
暗昧，或煌煌北南，或盈缩成钩，或偃蹇不禁，⑧皆大运荡除之祥，
圣帝应符之兆也。贼臣乱子，往往错互，指麾妄说，传相坏误。〔6〕
由此论之，天文安得遵度哉！

①五星谓东方岁星，南方荧惑星，西方太白〔星〕，〔7〕北方辰星，中央镇星。失
　晷，失于常度。

②不效谓出入失度也。

③《前书》曰："昴、毕间为天街。"氐、房，东方之宿。岁星，岁舍一次，当次舍于
　氐、房，今不舍之，是变常也。

④《前书·天文志》曰："卯为房、心，宋之分也。

⑤《前书·天文志》曰："寅为尾、箕，燕之分也。"

⑥东井，南方之宿。《天官书》曰："北宫虚、危，南方有众星曰羽林天军。""算"
　或作"舛"。

⑦帝宫，北辰也。藩屏，两傍之星也。裴回谓萦绕淹留。踯躅谓上下不去也。

⑧盈缩犹进退，曲如钩形也。偃蹇，高而明大无禁制。

　　乃者，五月甲申，天有白虹，自子加午，广可十丈，长可万丈，正
临倚弥。倚弥即黎丘，秦丰之都也。①是时月入于毕。毕为天网，②
主网罗无道之君，故武王将伐纣，上祭于毕，求助天也。③〔8〕夫仲
夏甲申为八魁。④八魁，上帝开塞之将也，主退恶攘逆。流星状似
蚩尤旗，或曰营头，或曰天枪，出奎而西北行，至延牙营上，散为数
百而灭。奎为毒螫，主库兵。⑤此二变，郡中及延牙士众所共见也。
是故延牙遂之武当，⑥托言发兵，实避其殃。今年《比卦》部岁，
《坤》主立冬，《坎》主冬至，水性灭火，南方之兵受岁祸也。⑦德在中

宫,刑在木,木胜土,刑制德,今年兵事毕已,中国安宁之效也。五七之家三十五姓,彭、秦、延氏不得豫焉。⑧如何怪惑,依而恃之?《葛藟》之诗,"求福不回",其若是乎!⑨

①盖秦丰黎丘一名倚弥也。

②毕,西方宿也。

③《史记》曰,周武王即位九年,上祭于毕,东观兵于孟津也。

④历法,春三月己巳、丁丑,夏三月甲申、壬辰,秋三月己亥,丁未,冬三月甲寅、壬戌,为八魁。

⑤《春秋合诚图》曰"奎主武库之兵"也。

⑥今均州县也。

⑦《比卦》,《坤》下《坎》上,《坎》为水也。

⑧《春秋运斗枢》曰:"五七三十五,人皆共一德。"

⑨《诗·大雅》曰:"莫莫葛藟,施于条枚,恺悌君子,求福不回。"注云:"葛延曼于木之枝而茂盛,喻子孙依缘先人之功而起也。回,违也。言不违先祖之道。"

图谶之占,众变之验,皆君所明。善恶之分,去就之决,不可不察。无忽鄙言!

夫周公之善康叔,以不从管蔡之乱也;①景帝之悦济北,以不从吴濞之畔也。②自更始以来,孤恩背逆,归义向善,臧否粲然,可不察欤!良医不能救无命,强梁不能与天争,③故天之所坏,人不得支。④宜密与太守刘君共谋降议。仲尼栖栖,墨子遑遑,忧人之甚也。⑤屠羊救楚,非要爵禄;⑥茅焦干秦,岂求报利?⑦尽忠博爱之诚,愤满不能已耳。

又与仲况书谏之,文多不载,于是仲况与龚遂降。

①《史记》曰,周公以成王命伐殷,杀管叔,放蔡叔,以殷馀人封康叔为卫君。

②济北王志,高帝孙,齐王肥之子也。吴楚反时,坚守不从,景帝贤之,徙封为淄川王也。

③扁鹊之见桓侯,项王之敌汉祖也。

④支,持也。《左传》曰,晋汝叔宽曰:"天之所坏,不可支也;众之所为,不可

干也。"

⑤班固曰"栖栖遑遑,孔席不暖,墨突不黔"也。

⑥《庄子》曰"楚昭王失国,屠羊说走而从于王。昭王反国,将赏从亡者,及屠羊说。屠羊说曰:'大王失国,说失屠羊;大王反国,说亦反屠羊。臣之爵禄已复矣,又何赏之有?'遂不受"也。

⑦秦始皇迁太后于咸阳宫,又扑杀两弟。齐人茅焦解衣伏质入谏,始皇乃迎太后归于咸阳,爵茅焦为上卿,焦辞不受。事见《说苑》也。

龚字孟公,长安人,善论议,扶风马援、班彪并器重之。①竟终不伐其功,潜乐道术,作《记诲篇》及文章传于世。年七十,卒于家。

①《三辅决录注》曰:"唯有孟公论可观者。"班叔皮与京兆丞郭季通书曰:"刘孟公臧器于身,用心笃固,实瑚琏之器,宗庙之宝也。"

杨厚字仲桓,〔9〕广汉新都人也。祖父春卿,善图谶学,为公孙述将。汉兵平蜀,春卿自杀,临命戒子统曰:"吾绨帙中①有先祖所传秘记,为汉家用,尔其修之。"统感父遗言,服阕,辞家从犍为周循学习先法,又就同郡郑伯山受《河洛书》及天文推步之术。②建初中为彭城令,一州大旱,统推阴阳消伏,县界蒙泽。太守宗湛使统为郡求雨,亦即降澍。③自是朝廷灾异,多以访之。统作《家法章句》及《内谶》二卷解说,位至光禄大夫,为国三老。年九十卒。

①《说文》曰:"绨,厚缯也。"绨音提。

②《益部耆旧传》曰:"统字仲通。曾祖父仲续举河东方正,拜祁令,〔10〕甚有德惠,人为立祠。乐益部风俗,因留家新都,代修儒学,以《夏侯尚书》相传。"

③《袁山松书》曰"统在县,休征时序,风雨得节,嘉禾生于寺舍,人庶称神"也。

统生厚。厚母初与前妻子博不相安,厚年九岁,思令和亲,乃托疾不言不食。母知其旨,惧然改意,①恩养加笃。博后至光禄大夫。

①惧音九具反。

厚少学统业,精力思述。初,安帝永初(二)〔三〕年,太白入(北)

斗，〔11〕洛阳大水。①时统为侍中，厚随在京师。朝廷以问统，统对年老耳目不明，子厚晓读图书，粗识其意。邓太后使中常侍承制问之，厚对以为"诸王子多在京师，容有非常，宜亟发遣各还本国"。②太后从之，星寻灭不见。又克水退期日，皆如所言。除为中郎。太后特引见，问以图谶，厚对不合，免归。③复习业犍为，不应州郡、三公之命，方正、有道、公车特征皆不就。

> ①《续汉志》曰，时正月己亥，太白入北斗中，以为贵相凶也。又京师及郡国四
>   十一雨水，邓太后专政也。
>
> ②亟音纪力反。
>
> ③《袁山松书》曰："邓太后问厚曰：'大将军邓骘应辅臣（以）〔星〕不？'〔12〕对曰：
>   '不应。'以此不合其旨。"

永建二年，顺帝特征，诏告郡县督促发遣。厚不得已，行到长安，以病自上，因陈汉三百五十年之厄，①宜蠲法改宪之道，②及消伏灾异，凡五事。制书褒述，有诏太医致药，太官赐羊酒。及至，拜议郎，三迁为侍中，特蒙引见，访以时政。四年，厚上言"今夏必盛寒，当有疾疫蝗虫之害"。是岁，果六州大蝗，疫气流行。后又连上"西北二方有兵气，宜备边寇"。车驾临当西巡，感厚言而止。至阳嘉三年，西羌寇陇右，明年，乌桓围度辽将军耿晔。永和元年，复上"京师应有水患，又当火灾，三公有免者，蛮夷当反畔"。是夏，洛阳暴水，杀千馀人；至冬，承福殿灾，太尉庞参免；荆、交二州蛮夷贼杀长吏，寇城郭。又言"阴臣、近戚、妃党当受祸"。③明年，宋阿母与宦者褒信侯李元等遘奸废退；④后二年，中常侍张逵等复坐诬罔大将军梁商专恣，悉伏诛。每有灾异，厚辄上消救之法，而阉宦专政，〔13〕言不得信。

> ①《春秋命历序》曰："四百年之间，闭四门，听外难，群异并贼，官有尊臣，〔14〕
>   州有兵乱，五七弱，暴渐之效也。"宋均注云："五七三百五十岁，当顺帝渐微，
>   四方多逆贼也。"
>
> ②蠲，明也。
>
> ③阴，私也。

④阿母,顺帝乳母山阳君宋娥也。

　　时大将军梁冀威权倾朝,遣弟侍中不疑以车马、珍玩致遗于厚,欲与相见。厚不答,固称病求退。帝许之,赐车马钱帛归家。修黄老,教授门生,上名录者三千馀人。太尉李固数荐言之。(太)〔本〕初元年,〔15〕梁太后诏备古礼以聘厚,①遂辞疾不就。建和三年,太后复诏征之,经四年不至。年八十二,卒于家。策书吊祭。乡人谥曰文父。门人为立庙,郡文学掾史春秋飨射常祠之。

　　①古礼谓以束帛加璧,安车蒲轮等。

【校勘记】

〔1〕　〔与〕刘歆等共典校书　《刊误》谓案文"刘歆"上少一"与"字。今据补。

〔2〕　刘歆兄子龚　《集解》引惠栋说,谓《东观记》云刘歆子恭,"恭"与"龚"古文通。按:聚珍本《东观记》作"刘歆兄子恭"。

〔3〕　摩研编削之才　按:《东观记》"削"作"简"。

〔4〕　末由自远　按:"末"原讹"未",径据殿本、《集解》本改正。

〔5〕　不移守恶之名乎　按:《集解》引惠栋说,谓"守恶"当作"首恶"。《校补》谓"守恶"诚误,但首恶之名见《史记》,惟为人君父者当之,龚但为仲况谋主,亦不应即斥为首恶,或为"同恶"之讹。

〔6〕　传相坏误　按:《刊误》谓"坏"当作"诖",声相近而误。

〔7〕　西方太白〔星〕　据汲本、殿本补。

〔8〕　求助天也　按:《集解》引王鸣盛说,谓"助天"当作"天助"。

〔9〕　杨厚　按:《集解》引惠栋说,谓《华阳国志》作"序"。

〔10〕　拜祁令　按:张森楷《校勘记》谓旧本"祁"作"郫"。祁县属太原郡,而此下云"乐益部风俗,因留家新都",则当作"郫"为是。又按:张氏所谓"旧本",据张氏自云"似是坊刻,称通行本,一称旧本",未确言何本。

〔11〕　安帝永初(二)〔三〕年太白入(北)斗　《集解》引钱大昕说,谓五星行道皆在黄道左右,无缘得入北斗,史言入斗者,皆南斗也。《续志》太白入斗中凡再见,俱无"北"字,知为后人妄增。且太白入斗在永初三年,此云

"二年"，亦误。今按：《续志》书永初三年正月己亥，太白入斗中。查永初三年正月壬辰朔，有己亥，二年正月戊辰朔，无己亥。钱说是，今据改。

〔12〕 大将军邓骘应辅臣(以)〔星〕不　据《集解》本改。按：《校补》谓"星"原讹"以"，据《袁书》改。

〔13〕 而阉宦专政　按："宦"原作"官"，径据汲本、殿本改。

〔14〕 官有孽臣　按："孽"原讹"蘖"，径据汲本、殿本改正。

〔15〕 (太)〔本〕初元年　《集解》引惠栋说，谓依《华阳国志》，当作"本初"。今据改。

后汉书卷三十下

郎颛襄楷列传第二十下

郎颛字雅光,北海安丘人也。父宗,字仲绥,学《京氏易》,善风角、星算、六日七分,①能望气占候吉凶,常卖卜自奉。②安帝征之,对策为诸儒表,后拜吴令。③时卒有暴风,宗占知京师当有大火,记识时日,遣人参候,果如其言。诸公闻而表上,以博士征之。宗耻以占验见知,闻征书到,夜县印绶于县廷而遁去,遂终身不仕。

①京氏,京房也,作《易传》。风角谓候四方四隅之风,以占吉凶也。星算谓善
　天文算数也。《易稽览图》曰:"甲子卦气起中孚,六日八十分日之七。"郑玄
　注云:"六以候也。八十分为一日之七者,一卦六日七分也。"
②奉音扶用反。
③吴,县名,属会稽郡,今苏州县也。

颛少传父业,兼明经典,隐居海畔,延致学徒常数百人。昼研精义,夜占象度,勤心锐思,朝夕无倦。州郡辟召,举有道、方正,不就。

顺帝时,灾异屡见,阳嘉二年正月,公车征,颛乃诣阙拜章曰:

臣闻天垂妖象,地见灾符,所以谴告人主,责躬修德,使正机平衡,流化兴政也。《易内传》曰:"凡灾异所生,各以其政。变之则除,消之亦除。"①伏惟陛下躬日昃之听,温三省之勤,②思过念咎,务消祇悔。③

①《易稽览图》曰:"凡异所生,灾所起,各以其政,变之则除,其不可变,则施之
　亦除。"郑玄注云:"改其政者,谓失火令则行水令,失土令则行木令,失金令
　则行火令,则灾除去也。不可变谓杀贤者也。施之者,死者不可复生,封禄
　其子孙,使得血食,则灾除也。"

②《论语》曾子曰"吾日三省吾身"也。

③祇，大也。《易·复卦·初九》曰："无祇悔元吉。"

　　方今时俗奢佚，浅恩薄义。夫救奢必于俭约，拯薄无若敦厚，安上理人，莫善于礼。修礼遵约，盖惟上兴，革文变薄，事不在下。故《周南》之德，《关雎》政本。①本立道生，风行草从，澄其源者流清，混其本者末浊。天地之道，其犹鼓籥，以虚为德，自近及远者也。②伏见往年以来，园陵数灾，③炎光炽猛，惊动神灵。《易天人应》曰："君子不思遵利，兹谓无泽，厥灾蠚火烧其宫。"又曰："君高台府，犯阴侵阳，厥灾火。"又曰："上不俭，下不节，炎火并作烧君室。"[1]自顷缮理西苑，修复太学，④宫殿官府，多所构饰。昔盘庚迁殷，去奢即俭，⑤夏后卑室，尽力致美。⑥又鲁人为长府，闵子骞曰：[2]"仍旧贯，何必改作。"⑦臣愚以为诸所缮修，事可省减，禀恤贫人，赈赡孤寡，此天之意也，人之庆也，仁之本也，俭之要也。焉有应天养人，为仁为俭，而不降福者哉？

①《周南·诗序》曰："《关雎》，风之始也，所以风化天下而正夫妇也。"故夫妇为
　政本也。

②籥如笛，六孔。鼓籥，其形内虚而气无穷。《老子》曰："天地之间其犹橐籥，
　虚而不屈，动而愈出。"

③阳嘉元年冬，恭陵百丈庑灾。永建元年秋，茂陵园寝灾。

④永建六年修太学也。

⑤《帝王纪》曰："盘庚以耿在河北，迫近山川，自祖辛以来奢淫不绝，乃度河将
　徙都亳之殷地。人咨嗟相怨，不欲徙，盘庚乃作书三篇以告喻之。"今《尚
　书·盘庚》三篇是也。亳在偃师。

⑥《论语》孔子曰："禹恶衣服而致美乎黻冕，卑宫室而尽力乎沟洫。"

⑦长府，鲁之府名也。仍，因也。贯，事也。言因旧事则可，何必更作。见《论
　语》。

　　土者地祇，阴性澄静，宜以施化之时，敬而勿扰。窃见正月以来，阴暗连日。《易内传》曰："久阴不雨，乱气也，《蒙》之《比》也。

蒙者,君臣上下相冒乱也。"① 又曰:"欲德不用,厥异常阴。"夫贤者
化之本,云者雨之具也。得贤而不用,犹久阴而不雨也。又顷前数
日,寒过其节,冰既解释,还复凝合。夫寒往则暑来,暑往则寒
来,②此言日月相推,寒暑相避,以成物也。今立春之后,火卦用
事,当温而寒,违反时节,由功赏不至,而刑罚必加也。宜须立秋,
顺气行罚。

① 《易稽览图》曰:"日食之比,阴(得)〔覆〕阳〔也〕。〔３〕《蒙》之《比》也,阴冒阳
　也。"郑玄注云:"蒙,气也。比非一也。邪臣谋覆冒其君,先雾从夜昏起,或
　从夜半或平旦。君不觉悟,日中不解,遂成蒙;君复不觉悟,下为雾也。"比
　音庇。
② 《易·系词》之文也。

　　臣伏案《飞候》,参察众政,①以为立夏之后,当有震裂涌水之
害。又比荧惑失度,盈缩往来,涉历舆鬼,环绕轩辕②火精南方,夏
之政也。政有失礼,不从夏令,则荧惑失行。③正月三日至乎九日,
三公卦〔也〕。④〔４〕三公上应台阶,下同元首。⑤政失其道,则寒阴
反节。"节彼南山",咏自《周诗》;⑥"股肱良哉",著于《虞典》。而
今之在位,竞托高虚,纳累钟之奉,忘天下之忧,⑦栖迟偃仰,寝疾
自逸,被策文,得赐钱,即复起矣。何疾之易而愈之速? 以此消伏
灾眚,兴致升平,其可得乎? 今选举牧守,委任三府。⑧长吏不良,
既咎州郡,州郡有失,岂得不归责举者? 而陛下崇之弥优,自下慢
事愈甚,所谓大网疏,小网数。⑨三公非臣之仇,臣非狂夫之作,所
以发愤忘食,恳恳不已者,诚念朝廷欲致兴平,非不能面誉也。

① 京房作《易飞候》。
② 《天官书》曰:舆鬼,南方之宿。轩辕黄龙体,女主后宫之象也。
③ 荧惑,南方,主夏,为礼为视。礼亏视失,不行夏令,则荧惑逆行也。见《天文
　志》。
④ 凡卦法,一为元士,二为大夫,三为三公,四为诸侯,五为王位,六为宗庙。
　《前书》曰:"梁人焦延寿,字赣,长于灾变,分六十四卦,更直日用事,以风、
　雨、寒、温为候。"《音义》云:"分卦直日之法,爻主一日,即三日九日,并为三

公之(日)〔卦〕也。"〔5〕

⑤《春秋元命包》曰:"魁下六星,两两而比,曰三台。"《前书音义》曰:"泰阶,三台也。"又《黄帝泰阶六符经》曰:"泰阶者,天之三阶也。上阶为天子,中阶为诸侯、公卿、大夫,下阶为士、庶人。三阶平则阴阳和,风雨时。"《尚书》曰:"君为元首,臣作股肱。"言三公上象天之台阶,下与人君同体也。

⑥《诗·小雅》曰:"节彼南山,维石岩岩,赫赫师尹,人具尔瞻。"注云:"节,高峻貌也。喻三公之位,人所高严也。赫赫,显盛也。师尹,三公也。言三公之位,天下之人共瞻视之。"

⑦六斛四斗曰钟,《左传》曰四(斗)〔升〕为豆,〔6〕四豆为区,四区为釜,(四)〔十〕釜为钟也。〔7〕

⑧三公也。

⑨谓缓于三公,切于州郡也。

臣生长草野,不晓禁忌,披露肝胆,书不择言。伏锧鼎镬,死不敢恨。谨诣阙奉章,伏待重诛。

书奏,帝复使对尚书。①顗对曰:

①使就尚书更对也。

臣闻明王圣主好闻其过,忠臣孝子言无隐情。臣备生人伦视听之类,而禀性愚戆,不识忌讳,故出死忘命,恳恳重言。①诚欲陛下修乾坤之德,开日月之明,披图籍,案经典,览帝王之务,识先后之政。如有阙遗,退而自改。本文武之业,拟尧舜之道,攘灾延庆,号令天下。此诚臣顗区区之愿,夙夜梦寤,〔8〕尽心所计。谨条序前章,畅其旨趣,②条便宜七事,具如状对:

①重,再也。

②谓前诣阙所上章也。

一事:陵园至重,圣神攸冯,而灾火炎赫,迫近寝殿,魂而有灵,犹将惊动。寻宫殿官府,近始永平,岁时未积,便更修造。又西苑之设,禽畜是处,离房别观,本不常居,而皆务精土木,〔9〕营建无已,消功单贿,巨亿为计。《易内传》曰:"人君奢侈,多饰宫室,其时旱,其灾火。"是故鲁僖遭旱,修政自救,下钟鼓之县,休缮治之官,①虽则不宁,而时雨自降。②由此言之,天之应人,敏于景响。③今月十七日戊午,徵日也,④日加申,⑤风从寅来,丑时而止。丑、寅、申皆徵也,不有火灾,必当为旱。⑥愿陛下校计缮修之费,永念百姓之劳,罢将作之官,减雕文之饰,损庖厨之馔,退宴私之乐。《易中孚传》曰:"阳感天,不旋日。"⑦如是,则景云降集,眚沴息矣。⑧

①《春秋考异邮》曰:"僖公三年春夏不雨,于是僖公忧闵,玄服避舍,释更徭之逋,罢军寇之诛,去苛刻峻文惨毒之教,所蠲浮令四十五事。曰:'方今天旱,野无生稼,寡人当死,百姓何(谤)〔罪〕?〔10〕不敢烦人请命,愿抚万人害,以身塞无状。'祷已,舍齐南郊,雨大澍也。"

②《左传》僖公"六月雨"。

③敏,疾也。

④阳嘉二年正月。

⑤日在申时也。

⑥南方为徵,故为火及旱也。

⑦《易中孚传》曰:"阳感天,不旋日,诸侯不旋时,大夫不过期。"郑玄注云:"阳者天子,为善一日,天立应以善;为恶一日,天立应以恶。〔11〕诸侯为善一时,天立应以善;为恶一时,天立应以恶。大夫为善一岁,天亦立应以善;为恶一岁,天亦立应以恶。"一说云"不旋日,立应之;不过时,三辰间;不过期,从今旦至明日旦"也。〔12〕阳即指天子也。

⑧景云,五色云也,一曰庆云。《孝经援神契》曰:"德至山陵则景云出。"颉以陵园火灾,故引之也。眚沴谓灾气。

　　二事:去年已来,《兑卦》用事,类多不效。《易传》曰:"有貌无实,佞人也;有实无貌,道人也。"寒温为实,清浊为貌。①今三公皆令色足恭,外厉内荏,以虚事上,无佐国之实,故清浊效而寒温不效也,是以阴寒侵犯消息。②占曰:"日乘则有妖风,日蒙则有地裂。"如是三年,则致日食,阴侵其阳,渐积所致。立春前后温气应节者,诏令宽也。其后复寒者,无宽之实也。夫十室之邑,必有忠信,率土之人，岂无贞贤，未闻朝廷有所赏拔，非所以求善赞务，弘济元元。宜采纳良臣，以助圣化。

① 《易稽览图》曰："有实无貌，屈道人也；有貌无实，佞人也。"郑玄注曰："有寒温，无貌浊清静，此贤者屈道，仕于不肖君也。有貌浊清静，无寒温，此佞人以便巧仕于世也。"

② 《易稽览图》曰："侵消息者，或阴专政，或阴侵阳。"郑玄注："温卦以温侵，寒卦以寒侵。阳者君也，阴者臣也，专君政事亦阴侵阳也。"

　　三事：臣闻天道不远，三五复反。① 今年少阳之岁，法当乘起，恐后年已往，将遂惊动，涉历天门，灾成戊己。② 今春当旱，夏必有水，臣以六日七分候之可知。夫灾眚之来，缘类而应。行有玷缺，则气逆于天，精感变出，以戒人君。王者之义，时有不登，则损滋彻膳。数年以来，谷收稍减，家贫户馑，岁不如昔。百姓不足，君谁与足？水旱之灾，虽尚未至，然君子远览，防微虑萌。《老子》曰："人之饥也，以其上食税之多也。"故孝文皇帝绨袍革舄，木器无文，③ 约身薄赋，时致升平。今陛下圣德中兴，宜遵前典，惟节惟约，天下幸甚。《易》曰："天道无亲，常与善人。"是故高宗以享福，④ 宋景以延年。⑤

① 《春秋合诚图》曰："至道不远，三五而反。"宋均注云："三，三正也。五，五行也。三正五行，王者改代之际会也。能于此际自新如初，则通无穷也。"

② 戌亥之间为天门也。

③ 《前书》曰："孝文帝身衣弋绨，足履革舄，兵木无刃，衣缊无文。"

④ 高宗，殷王武丁也。《尚书大传》曰："武丁祭成汤，有雉飞升鼎耳而雊，祖己曰：'雉者野鸟，升于鼎者，欲为用也，无则远方将有来朝者。'故武丁内反诸己，以思先王之道。三年，编发重译来朝者六国。[13] 孔子曰：'吾于《高宗肜日》见德之有报之疾也。'"《帝王纪》曰"高宗飨国五十有九年，年百岁"也。

⑤ 《吕氏春秋》曰"宋景公时，荧惑在心，召子韦问焉。子韦曰：'祸当君。虽然，可移宰相。'公曰：'宰相，寡人所与理国家也。'曰：'可移于人。'公曰：'人死，寡人将谁为君？'曰：'可移于岁。'公曰：'岁饥人饿，谁以我为君乎？'子韦曰：'君有至德之言三，天必三赏君，荧惑必退三舍。一舍行七星，星当一年，君

延二十一年矣。'荧惑果退三舍"也。

四事：臣窃见皇子未立，储宫无主，仰观天文，太子不明。① 荧惑以去年春分后十六日在娄五度，② 推步《三统》，荧惑今当在翼九度，③ 今反在柳三度，④ 则不及五十馀度。⑤ 去年八月二十四日戊辰，荧惑历舆鬼东入轩辕，出后星北，东去四度，北旋复还。轩辕者，后宫也。荧惑者，至阳之精也，天之使也，⑥ 而出入轩辕，绕还往来。《易》曰："天垂象，见吉凶。"其意昭然可见矣。礼，天子一娶九女，嫡媵毕具。今宫人侍御，动以千计，或生而幽隔，人道不通，郁积之气，上感皇天，故遣荧惑入轩辕，理人伦，垂象见异，以悟主上。昔武王下车，出倾宫之女，表商容之闾，⑦ 以理人伦，以表贤德，故天授以圣子，成王是也。今陛下多积宫人，以违天意，故皇胤多夭，嗣体莫寄。《诗》云："敬天之怒，不敢戏豫。"⑧ 方今之福，莫若广嗣，广嗣之术，可不深思？宜简出宫女，恣其姻嫁，则天自降福，子孙千亿。惟陛下丁宁再三，留神于此。左右贵幸，亦宜惟臣之言，以悟陛下。盖善言古者合于今，善言天者合于人。⑨ 愿访问百僚，有违臣言者，臣当受苟言之罪。⑩

① 《洪范五行传》曰："心之大星天王也，其前星太子也，后星庶子也。"

② 娄，西方宿也。

③ 翼，南方宿也。

④ 柳，东方宿也。〔14〕

⑤ 言荧惑行迟也。

⑥ 荧惑南方火，盛阳之精也。《天文要集》曰："天有五帝，五星为之使。"

⑦ 《尚书大传》曰："武王入殷，表商容之间，归倾宫之女。"

⑧ 《诗·大雅·板》篇之文也。注云："戏豫，逸豫也。"

⑨ 《前书》武帝诏曰："善言天者必有徵于人，善言古者必有验于今。"

⑩ 《论语》孔子曰："君子于其言无所苟而已矣。"

五事：臣窃见去年闰(十)月十七日己丑夜，〔15〕 有白气从西方天苑趋左足，入玉井，数日乃灭。①《春秋》曰："有星孛于大辰。大辰

者何？大火也。② 大火为大辰，伐又为大辰，③〔16〕北极亦为大
辰。"④ 所以孛一宿而连三宿者，言北辰王者之宫也。凡中宫无节，
政教乱逆，威武衰微，则此三星以应之也。罚者白虎，其宿主兵，其
国赵、魏，⑤ 变见西方，亦应三辅。凡金气为变，发在秋节。⑥ 臣恐立
秋以后，赵、魏、关西将有羌寇畔戾之患。宜豫宣告诸郡，使敬授人
时，轻徭役，薄赋敛，勿妄缮起，坚仓狱，备守卫，回选贤能，以镇抚
之。⑦ 金精之变，责归上司。⑧ 宜以五月丙午，遣太尉服干戚，建井
旟，⑨ 书玉板之策，引白气之异，⑩ 于西郊责躬求愆，谢咎皇天，消灭
妖气。盖以火胜金，转祸为福也。⑪

① 《续汉志》曰："时客星气白，广二尺，长五丈，起天苑西南。"《天官书》曰："西
　 有句曲九星，三处罗：一曰天旗，二曰天苑，三曰九游。"参星下四小星为玉
　 井，其外四星左右肩股也。
② 《春秋》昭十七年："有星孛于大辰。"《尔雅》曰："大辰，房、心、尾也。"孙炎曰：
　 "龙星明者可以为时候，故曰大辰。"
③ 《广雅》曰"罚谓之大辰"也。〔17〕
④ 《尔雅》曰："北极谓之北辰。"李巡曰："北极，天心也，居北方，正四时，谓之北
　 辰也。"
⑤ 《天官书》曰："参为白虎，下有三星曰罚，为斩刈之事。"故主兵。昴、毕之间，
　 赵、魏之分也。
⑥ 西方白气入玉井，是金气之变也。
⑦ 回，易也。
⑧ 上司谓司马也，建武二十七年改为太尉。《韩诗外传》曰："司马主天。阴阳
　 不调，星辰失度，责之司马。"故云责归上司也。
⑨ 干，楯也。戚，斧也。西方主兵，故太尉执持楯斧，所以厌金气也。井，南方
　 火宿也。鸟隼曰旟也。以火胜金，故画井星之文于旟而建之也。
⑩ 书祝辞于玉板也。
⑪ 以五月丙午日，火胜金也。

　六事：臣窃见今月十四日乙卯巳时，白虹贯日。凡日傍气色白
而纯者名为虹。贯日中者，侵太阳也；见于春者，政变常也。方今

中官外司,各各考事,①其所考者,或非急务。又恭陵火灾,主名未立,②多所收捕,备经考毒。寻火为天戒,以悟人君,可顺而不可违,可敬而不可慢。陛下宜恭己内省,以备后灾。凡诸考案,并须立秋。又《易传》曰:"公能其事,序贤进士,后必有喜。"反之,则白虹贯日。以甲乙见者,则谴在中台。③自司徒居位,阴阳多谬,④久无虚己进贤之策,天下兴议,异人同咨。⑤且立春以来,金气再见,⑥金能胜木,必有兵气,宜黜司徒以应天意。陛下不早攘之,将负臣言,遗患百姓。

①考,劾也。

②立犹定也。时考问延火者姓名未定也。

③谴,责也。《韩诗外传》曰:"三公者何?司空、司徒、司马也。司马主天,司空主地,司徒主人。故阴阳不调,星辰失度,责之司马;山陵崩绝,〔18〕川谷不流,责之司空;五谷不殖,草木不茂,责之司徒。"甲乙东方主春,生殖五谷之时也。而白虹以甲乙日见,明责在司徒也。

④时刘崎为司徒,至阳嘉三年策免。

⑤咨,嗟叹也。

⑥谓元年闰十二月己丑夜,有白气入玉井,二年正月乙卯,白虹贯日,此金气再见。

七事:臣伏惟汉兴以来三百三十九岁。于《诗三基》,高祖起亥仲二年,今在戌仲十年。①《诗氾历枢》曰:"卯酉为革政,午亥为革命,神在天门,出入候听。"②言神在戌亥,司候帝王兴衰得失,厥善则昌,厥恶则亡。于《易雄雌秘历》,今值困乏。凡九二困者,众小人欲共困害君子也。《经》曰:"困而不失其所,其唯君子乎!"③唯独贤圣之君,遭困遇险,能致命遂志,不去其道。④陛下乃者潜龙养德,幽隐屈厄,⑤即位之元,紫宫惊动,历运之会,时气已应。然犹恐妖祥未尽,君子思患而豫防之。臣以为戌仲已竟,来年入季,文帝改法,除肉刑之罪,⑥至今适三百载。⑦宜因斯际,大蠲法令,官名称号,舆服器械,事有所更,变大为小,去奢就俭,机衡之政,除烦为简。改元更始，招求幽隐，举方正，征有道，博采异谋，开不讳之路。

①"基"当作"期"，谓以三期之法推之也。《诗氾历枢》曰："凡推其数皆从亥之
　　仲起，此天地所定位，阴阳气周而复始，万物死而复苏，大统之始，故王命一
　　节为之十岁也。"

②宋均注云："神，阳气，君象也。天门，戌亥之间，乾所据者。"

③《易·困卦》之辞也。

④《易·困卦》曰："泽无水，困，君子以致命遂志。"《困封坎》下《兑》上。《坎》为
　　水，《兑》为泽，水在泽下，是谓竭涸之象，故以喻困。致命遂志，谓君子委命
　　固穷，不离于道也。

⑤谓顺帝为太子时，废为济阴王。

⑥汉法肉刑三，谓黥也，劓也，左右趾也。〔19〕文帝除之，当黥者髡钳城旦舂，当
　　劓者笞三百，当左右(指)〔趾〕者笞五百也。

⑦自文帝十三年除肉刑，至顺帝阳嘉二年，合三百年也。

　　臣陈引际会，恐犯忌讳，书不尽言，未敢究畅。

台诘颛曰："对云'白虹贯日，政变常也'。朝廷率由旧章，何所变易而言变常？又言'当大蠲法令，革易官号'。或云变常以致灾，或改旧以除异，何也？又阳嘉初建，复欲改元，据何经典？其以实对。"颛对曰：

　　方春东作，布德之元，阳气开发，养导万物。王者因天视听，奉顺时气，宜务崇温柔，遵其行令。①〔20〕而今立春之后，考事不息，秋冬之政，行乎春夏，故白虹春见，掩蔽日曜。凡邪气乘阳，则虹蜺在日，斯皆臣下执事刻急所致，殆非朝廷优宽之本。此其变常之咎也。又今选举皆归三司，非有周召之才，而当则哲之重，②每有选用，辄参之掾属，③公府门巷，宾客填集，送去迎来，财货无已。其当迁者，竞相荐谒，各遣子弟，充塞道路，开长奸门，兴致浮伪，非所谓率由旧章也。尚书职在机衡，宫禁严密，④私曲之意，羌不得通，〔21〕偏党之恩，或无所用。选举之任，不如还在机密。⑤臣诚愚戆，不知折中，斯固远近之论，当今之宜。又孔子曰："汉三百载，(计)〔斗〕历改宪。"⑥〔22〕三百四岁为一德，五德千五百二十岁，五行更用。⑦王者随天，譬犹自春徂夏，改青服绛者也。⑧自文帝省刑，适

三百年，而轻微之禁，渐已殷积。王者之法，譬犹江河，当使易避而难犯也。故《易》曰："易则易知，简则易从，易简而天下之理得矣。"今去奢即俭，以先天下，改易名号，随事称谓。《易》曰："君子之道，或出或处，同归殊涂，一致百虑。"是知变常而善，可以除灾，变常而恶，必致于异。今年仲竟，来年入季，仲终季始，历运变改，故可改元，所以顺天道也。

①《礼记·月令》，孟春，天子命相布德和令，行庆施惠，下及兆人。仲春，安萌牙，养幼少，存诸孤，省图圄，去桎梏，止狱讼。是遵其行令也。

②《尚书》曰："知人则哲。"

③参，豫也。

④北斗魁星第三为机，第五为衡，于天文为喉舌。李固对策曰："陛下之有尚书，犹天有北斗，主为喉舌，斟酌元气，运平四时，出纳王命也。"

⑤欲使尚书专掌选也。

⑥《春秋保乾图》曰："阳起于一，天帝为北辰，气成于三，以立五神，三五展转，机以动运。"故三百岁斗历改宪也。

⑦《易乾凿度》孔子曰："立德之数，先立木、金、水、火、土德，各三百四岁。"五德备凡千五百二十岁，太终复初，故曰五行更用。更犹变改也。

⑧《礼记·月令》，孟春天子衣青衣，服仓玉，孟夏则衣朱衣，服赤玉也。

臣颛愚蔽，不足以答圣问。

颛又上书荐黄琼、李固，并陈消灾之术曰：

臣前对七事，要政急务，宜于今者，所当施用。诚知愚浅，不合圣德，人贱言废，当受诛罚，①征营惶怖，靡知厝身。

①《论语》孔子曰："不以人废言。"

臣闻剞舟剡楫，将欲济江海也；①聘贤选佐，将以安天下也。昔唐尧在上，群龙为用，②文武创德，周召作辅，是以能建天地之功，增日月之耀者也。《诗》云："赫赫王命，仲山甫将之。邦国若否，仲山甫明之。"③宣王是赖，以致雍熙。陛下践祚以来，勤心庶政，而三九之位，未见其人，④是以灾害屡臻，四国未宁。⑤臣考之国典，验之闻见，莫不以得贤为功，失士为败。且贤者出处，翔而后集，⑥爵以德进，则其情不苟，然后使君子耻贫贱而乐富贵矣。若有德不报，有言不酬，来无所乐，进无所趋，⑦则皆怀归薮泽，修其故志矣。夫求贤者，上以承天，下以为人。不用之，则逆天统，违人望。逆天统则灾眚降，违人望则化不行。灾眚降则下呼嗟，化不行则君道亏，四始之缺，五际之厄，其咎由此。⑧岂可不刚健笃实，矜矜栗栗，以守天功盛德大业乎？⑨

①《易》曰："黄帝刳木为舟，剡木为楫。"

②群龙喻贤臣也。郑玄注《易·乾卦》云："爻皆体《乾》，群龙之象。"舜既受禅，禹与稷、契、咎繇之属并在朝。

③《诗·大雅》也。将，行也。若，顺也。顺否犹臧否，谓善恶也。言国有善恶，仲山甫能明之。

④三公九卿也。

⑤四方之国。

⑥《论语》："色斯举矣，翔而后集。"

⑦无爵赏也。

⑧四始谓《关雎》为《国风》之始，《鹿鸣》为《小雅》之始，《文王》为《大雅》之始，《清庙》为《颂》之始。缺犹废也。《翼奉传》曰："易有阴阳五际。"孟康曰："《韩诗外传》云'五际，卯、酉、午、戌、亥也，阴阳终始际会之岁，于此则有变改之政。'"

⑨《易系词》曰："日新之谓盛德，富有之谓大业。"

　　臣伏见光禄大夫江夏黄琼，耽道乐术，清亮自然，被褐怀宝，含味经籍，①又果于从政，明达变复。②朝廷前加优宠，宾于上位。琼入朝日浅，谋谟未就，因以丧病，致命遂志。《老子》曰："大音希声，大器晚成。"③善人为国，三年乃立。④天下莫不嘉朝廷有此良人，而复怪其不时还任。陛下宜加隆崇之恩，极养贤之礼，征反京师，以慰天下。又处士汉中李固，年四十，通游夏之蓺，履颜闵之仁。絜白之节，情同皦日，[23]忠贞之操，好是正直，卓冠古人，当世莫及。元精所生，王之佐臣，⑤天之生固，必为圣汉，宜蒙特征，以示四方。

夫有出伦之才,不应限以官次。昔颜子十八,天下归仁;⑥子奇稚齿,化阿有声。⑦若还琼征固,任以时政,伊尹、傅说,不足为比,则可垂景光,致休祥矣。臣颐明不知人,伏听众言,百姓所归,臧否共叹。愿泛问百僚,核其名行,有一不合,则臣为欺国。惟留圣神,不以人废言。

①《家语》子路问于孔子曰:"有人于此,被褐而怀玉,何如?"子曰:"国无道,隐可也;国有道,则衮冕而执玉也。"

②言明于变异消复之术也。

③声震宇内谓之大音,其动有时,故希声也。无所不容谓之大器,其功既博,故晚成也。

④《论语》孔子曰:"苟有用我者,期月而已可也,三年乃成功。"又曰:"善人为邦百年,可以胜残去杀。"

⑤元为天精,谓之精气。《春秋演孔图》曰"正气为帝,间气为臣,宫商为(佐)〔姓〕,〔24〕秀气为人"也。

⑥《论语》曰:"颜渊问仁。孔子曰:'克己复礼为仁。一日克己复礼,天下归仁焉。'"

⑦子奇,齐人,年十八为阿邑宰,出仓廪以振贫乏,邑内大化。见《说苑》。

　　谨复条便宜四事,附奏于左:

　　一事:孔子作《春秋》,书"正月"者,敬岁之始也。①王者则天之象,因时之序,宜开发德号,爵贤命士,流宽大之泽,垂仁厚之德,②顺助元气,含养庶类。如此,则天文昭烂,星辰显列,五纬循轨,四时和睦。③不则太阳不光,天地混浊,时气错逆,霾雾蔽日。④自立春以来,累经旬朔,未见仁德有所施布,但闻罪罚考掠之声。夫天之应人,疾于景响,而自从入岁,常有蒙气,月不舒光,日不宣曜。日者太阳,以象人君。政变于下,日应于天。清浊之占,随政抑扬。天之见异,事无虚作。岂独陛下倦于万机,帷幄之政有所阙欤?⑤何天戒之数见也!臣愿陛下发扬乾刚,援引贤能,勤求机衡之寄,以获断金之利。⑥臣之所陈,辄以太阳为先者,明其不可久暗,急当改正。其异虽微,其事甚重。臣言虽约,其旨甚广。惟陛下乃眷臣章,深留明思。

① 《公羊传》曰:"元年春正月。元年者何? 君之始年也。春者何? 岁之始也。"

② 《礼记》,正月迎春于东郊,还,乃赏公卿诸侯大夫于朝,命相布德和令,行庆施惠,下及兆人,庆赏遂行,无有不当。

③ 五纬,五星。

④ 《尔雅》曰:"风而雨土为霾。"

⑤ 帷幄谓谟谋之臣也。

⑥ 《易》曰:"二人同心,其利断金。"

二事:孔子曰:"雷之始发《大壮》始,君弱臣强从《解》起。"今月九日至十四日,《大壮》用事,消息之卦也。于此六日之中,雷当发声,发声则岁气和,王道兴也。① 《易》曰:"雷出地奋,豫,② 先王以作乐崇德,殷荐之上帝。③ 雷者,所以开发萌牙,辟阴除害。万物须雷而解,资雨而润。④ 故《经》曰:"雷以动之,雨以润之。"⑤ 王者崇宽大,顺春令,则雷应节,不则发动于冬,当震反潜。故《易传》曰:"当雷不雷,太阳弱也。"今蒙气不除,日月变色,则其效也。天网恢恢,疏而不失,⑥ 随时进退,应政得失。大人者,与天地合其德,与日月合其明,⑦ 璇玑动作,与天相应。雷者号令,其德生养。号令殆废,当生而杀,则雷反作,其时无岁。⑧ 陛下若欲除灾昭祉,顺天致和,宜察臣下尤酷害者,亟加斥黜,以安黎元,则太皓悦和,雷声乃发。⑨

① 《周书·时训》曰"春分之日玄鸟至,又五日雷乃发声。雷不发声,诸侯失人"也。

② 《豫卦》,《坤》下《震》上。《坤》为地,《震》为雷,雷在地上,故曰雷出地〔奋〕,豫。〔25〕奋,动也。豫,喜也。

③ 殷,盛也。荐,进也。上帝,天帝也。雷动于地,万物喜豫,作乐之象。

④ 《易·解卦》曰"天地解而雷雨作,雷雨作而百果草木皆甲坼"也。

⑤ 《易·说卦》文。

⑥ 《老子》之文也。

⑦ 《易·乾卦·文言》之词也。大人,天子也。

⑧雷以冬鸣,则岁饥也。

⑨太皓,天也。〔26〕

三事:去年十月二十日癸亥,太白与岁星合于房、心。太白在北,岁星在南,相离数寸,光芒交接。房、心者,天帝明堂布政之宫。①《孝经钩命决》曰:"岁星守心年谷丰。"②《尚书洪范记》曰:"月行中道,移节应期,德厚受福,重华留之。"③重华者,谓岁星在心也。今太白从之,交合明堂,金木相贼,而反同合,④此以阴陵阳,臣下专权之异也。房、心东方,其国主宋。⑤《石氏经》曰:⑥"岁星出左有年,出右无年。"今金木俱东,岁星在南,是为出右,恐年谷不成,宋人饥也。陛下宜审详明堂布政之务,然后妖异可消,五纬顺序矣。⑦

①《春秋元命包》曰:"房四星,心三星。"

②岁星守心为重华,故年丰也。

③《天官书》曰"岁星一曰摄提,一曰重华"也。

④太白,金也。岁星,木也。金(刻)〔克〕木,〔27〕故相贼也。

⑤卯为房、心,宋之分也。

⑥石氏,魏人石中夫也,〔28〕见《艺文志》。

⑦五纬,五星也。

四事:《易传》曰:"阳无德则旱,阴僭阳亦旱。"阳无德者,人君恩泽不施于人也。阴僭阳者,禄去公室,臣下专权也。自冬涉春,讫无嘉泽,数有西风,反逆时节。①朝廷劳心,广为祷祈,荐祭山川,暴龙移市。②臣闻皇天感物,不为伪动,灾变应人,要在责己。若令雨可请降,水可攘止,则岁无隔并,太平可待。然而灾害不息者,患不在此也。③立春以来,未见朝廷赏录有功,表显有德,存问孤寡,赈恤贫弱,而但见洛阳都官奔车东西,收系纤介,牢狱充盈。臣闻恭陵火处,比有光曜,④明此天灾,非人之咎。丁丑大风,掩蔽天地。风者号令,天之威怒,皆所以感悟人君忠厚之戒。又连月无雨,将害宿麦。〔29〕若一谷不登,则饥者十三四矣。陛下诚宜广被恩泽,贷赡元元。昔尧遭九年之水,人有十载之蓄者,简税防灾,为其方也。⑤愿陛下早宣德泽,以应天功。若臣言不用,朝政不改者,立夏之后乃有澍雨,于今之际未可望也。若政变于朝而天不雨,则臣为诬上,愚不知量,分当鼎镬。

①春当东风也。

②董仲舒《春秋繁露》曰:"春旱,以甲乙日为仓龙一,长八尺,居中央;为小龙七,〔30〕各长四尺,于东方。皆东向,其间相去八尺。小童八人,皆斋三日,服青衣而舞之。夏,以丙丁日为赤龙,服赤衣。季夏,以戊己日为黄龙,〔31〕服黄衣。秋,以庚辛日为白龙,服白衣。冬,以壬癸日为黑龙,服黑衣。牲各依其方色,皆燔雄鸡,烧瘢猪尾,于里北门及市中以祈焉。"《礼记》,岁旱,鲁穆公问于县子,县子曰:"为之徙市,不亦可乎?"见《檀弓》篇。〔32〕

③不在祈祷。

④比,频也。时恭陵百丈庑灾,仍有光耀不绝。

⑤简,少也。方,法也。

书奏,特诏拜郎中,辞病不就,即去归家。至四月京师地震,遂陷。①其夏大旱。秋,鲜卑入马邑城,破代郡兵。明年,西羌寇陇右。②皆略如顗言。后复公车征,不行。

①阳嘉二年四月己亥地震,六月丁丑洛阳地陷,是月旱也。

②阳嘉三年七月,种羌寇陇西。

同县孙礼者,积恶凶暴,好游侠,与其同里人常慕顗名德,欲与亲善。顗不顾,以此结怨,遂为礼所杀。

襄楷字公矩,平原隰阴人也。①〔33〕好学博古,善天文阴阳之术。

①《风俗通》曰:"襄姓,楚大夫襄老之后。"隰阴,县,在隰水之南,故城在今齐州临邑县西也。

桓帝时,宦官专朝,政刑暴滥,又比失皇子,灾异尤数。延熹九年,楷自家诣阙上疏曰:

臣闻皇天不言,以文象设教。尧舜虽圣,必历象日月星辰,察五纬所在,故能享百年之寿,为万世之法。①臣窃见去岁五月,荧惑入太微,犯帝坐,出端门,不轨常道。②其闰月庚辰,太白入房,犯心小星,震动中耀。中耀,天王也;傍小星者,天王子也。夫太微天廷,五帝之坐,而金火罚星扬光其中,③于占,天子凶;又俱入房、心,法无继嗣。今年岁星久守太微,逆行西至掖门,还切执法。④岁为木精,好生恶杀,而淹留不去者,咎在仁德不修,诛罚太酷。前七年十二月,荧惑与岁星俱入轩辕,逆行四十馀日,而邓皇后诛。其冬大寒,杀鸟兽,害鱼鳖,城傍竹柏之叶有伤枯者。⑤臣闻于师曰:"柏伤竹枯,不出三年,天子当之。"今洛阳城中人夜无故叫呼,云有火光,人声正喧,⑥于占亦与竹柏枯同。自春夏以来,连有霜雹及大雨雷,而臣作威作福,刑罚急刻之所感也。

① 尧年一百一十七岁,舜年一百一十二岁。言百年,举全数。

②《天官书》曰:"太微南四星,中为端门。"轨犹依也。

③ 太白金也,荧惑火也。《天文志》曰:"逆夏令,伤火气,罚见荧惑。逆秋令,伤金气,罚见太白。"故金火并为罚星也。

④《天官书》曰:"端门左右星为掖门。太微南四星为执法。"切谓迫近也。

⑤《续汉志》曰:"延熹九年,雒阳城傍竹柏叶有伤者。"〔34〕

⑥《续汉志》曰:"桓帝延熹九年三月,京师有火光转行,人相惊噪。"

太原太守刘瓆、南阳太守成瑨,志除奸邪,其所诛翦,皆合人望,①而陛下受阉竖之谮,乃远加考逮。三公上书乞哀瓆等,不见采察,②而严被谴让。忧国之臣,将遂杜口矣。

①《谢承书》曰:"刘瓆字文理,平原人。迁太原太守。郡有豪强,中官亲戚,为百姓所患。瓆深疾之,到官收其魁帅杀之,所臧匿主人悉坐伏诛。桓帝征诣廷尉,以瓆宗室,不忍致之于刑,使自杀。""成瑨字幼平,弘农人。迁南阳太守。时桓帝美人外亲张子禁怙恃荣贵,不畏法网,瑨与功曹岑旺捕子禁付宛狱,笞杀之。桓帝征瑨诣廷尉,下狱死。"瓆音质。瑨音晋。

② 时太尉陈蕃、司徒刘矩、司空刘茂共上书讼瓆等,帝不纳。

臣闻杀无罪,诛贤者,祸及三世。①自陛下即位以来,频行诛伐，梁、寇、孙、邓，并见族灭，②其从坐者，又非其数。李云上书，明主所不当讳，杜众乞死，谅以感悟圣朝，③曾无赦宥，而并被残戮，天下之人，咸知其冤。汉兴以来，未有拒谏诛贤，用刑太深如今者也。

①黄石公《三略》曰："伤贤者殃及三世，蔽贤者身当其害，达贤者福流子孙，疾贤者名不全。"

②梁冀、寇荣、孙寿、邓万世等也。

③时弘农五官掾杜众伤云以忠谏获罪，遂上书云，愿与李云同日死也。

　　永平旧典，诸当重论皆须冬狱，先请后刑，所以重人命也。顷数十岁以来，州郡玩习，又欲避请谳之烦，①辄托疾病，多死牢狱。长吏杀生自己，死者多非其罪，魂神冤结，无所归诉，淫厉疾疫，自此而起。②昔文王一妻，诞致十子，③今宫女数千，未闻庆育。宜修德省刑，以广《螽斯》之祚。④

①《广雅》曰："谳，疑也。"谓罪有疑者谳于廷尉也。

②淫，过也。《左传》曰："阴淫寒疾，阳淫热疾。"

③《史记》曰，太姒，文王正妃也。其长子伯邑考，次武王发，次管叔鲜，次周公旦，次蔡叔度，次曹叔振铎，次成叔武，次霍叔处，次康叔封、冉季载，同母兄弟十人也。

④《诗·国风序》曰："《螽斯》，后妃子孙众多也，言若螽斯不妒忌则子孙众多也。"注云："螽斯，蚣蝑也。凡有情欲者无不妒忌，唯蚣蝑不尔，各得受气而生子，故以喻焉。"祚，福也。

　　又七年六月十三日，河内野王山上有龙死，长可数十丈。①扶风有星陨为石，声闻三郡。夫龙形状不一，小大无常，故《周易》况之大人，帝王以为符瑞。②或闻河内龙死，讳以为蛇。夫龙能变化，蛇亦有神，皆不当死。昔秦之将衰，华山神操璧以授郑客，曰"今年祖龙死"，③始皇逃之，死于沙丘。④王莽天凤二年，讹言黄山宫有死龙之异，⑤后汉诛莽，光武复兴。虚言犹然，况于实邪？夫星辰丽天，犹万国之附王者也。下将畔上，故星亦畔天。石者安类,坠者失埶。春秋五石陨宋,其后襄公为楚所执。⑥秦以亡也,石陨东郡。⑦今陨扶风,与先帝园陵相近,⑧不有大丧,必有畔逆。

① 延熹七年也。《袁山松书》曰"长可百馀尺"。

② 大人,天子也。《乾卦》九五曰:"飞龙在天,大人造也。"九五处天子之位,故以飞龙喻焉。《尚书中候》曰:"舜沈璧于清河,黄龙负图出水。"

③ 祖龙谓秦始皇也。乐资《春秋后传》曰:"使者郑客入函谷,至平舒,见素车白马,曰:'吾华山君,愿以一牍致滈池君。子之咸阳,过滈池见一大梓树,有文石取以扣树,当有应者,以书与之。'郑客如其言,见宫阙如王者居,谒者出受书,入有顷,云'今年祖龙死'。"

④ 《史记》曰:"始皇崩于沙丘平台。"沙丘在今邢州平乡县东北。

⑤ 《王莽传》曰:"时讹言黄龙堕地,死黄山宫中,百姓奔走往观者乃有万数。莽恶之,捕系诘语所从起,而竟不得。"

⑥ 《左传》鲁僖公十六年"陨石于宋五",陨星也。至二十年,诸侯会宋公于盂,于是楚执宋公以伐宋。

⑦ 《史记》:"始皇三十六年,有坠星下东郡,至地为石,人或刻其石曰'始皇死而地分'。始皇闻之,尽取石旁舍诛之,〔35〕因燔其石。"

⑧ 桓帝延熹七年陨石于鄠。鄠属扶风,与高帝诸陵相近也。

案春秋以来及古帝王,未有河清及学门自坏者也。①臣以为河者,诸侯位也,②清者属阳,浊者属阴。河当浊而反清者,阴欲为阳,诸侯欲为帝也。太学,天子教化之宫,其门无故自坏者,言文德将丧,教化废也。京房《易传》曰:"河水清,天下平。"今天垂异,地吐妖,人厉疫,三者并时而有河清,犹春秋麟不当见而见,孔子书之以为异也。③

① 延熹五年,太学西门自坏。八年,济阴、东郡、济北河水清也。

② 《孝经援神契》曰:"五岳视三公,四渎视诸侯也。"

③ 《公羊传》曰:"西狩获麟何以书?记异也。何以异?〔36〕麟非中国兽也。"

臣前上琅邪宫崇受干吉神书,〔37〕不合明听。①臣闻布谷鸣于孟夏,蟋蟀吟于始秋,物有微而志信,人有贱而言忠。②臣虽至贱,诚愿赐清间,极尽所言。

①干姓,吉名也。神书,即今道家《太平经》也。其经以甲、乙、丙、丁、戊、己、庚、辛、壬、癸为部,每部一十七卷也。

②布谷,一名戴维,一名戴胜。蟋蟀,促织也。《春秋考异邮》曰:"孟夏戴胜降,立秋促织鸣。"言虽微物不失信也。维音女林反。

书奏不省。

十馀日,复上书曰:

臣伏见太白北入数日,复出东方,其占当有大兵,中国弱,四夷强。臣又推步,荧惑今当出而潜,必有阴谋。皆由狱多冤结,忠臣被戮。德星所以久守执法,亦为此也。①陛下宜承天意,理察冤狱,为刘瓆、成瑨亏除罪辟,追录李云、杜众等子孙。

①德星,岁星也。

夫天子事天不孝,则日食星斗。比年日食于正朔,①三光不明,五纬错戾。前者宫崇所献神书,专以奉天地顺五行为本,亦有兴国广嗣之术。其文易晓,参同经典,而顺帝不行,故国胤不兴,②孝冲、孝质频世短祚。

①延熹八年正月辛巳朔,日食。九年正月辛卯朔,日食。

②《太平经·兴帝王篇》曰:"真人问神人曰:'吾欲使帝王立致太平,岂可闻邪?'神人言:'但顺天地之道,不失铢分,则立致太平。元气有三名,为太阳、太阴、中和。形体有三名,为天、地、人。天有三名,〔38〕为日、月、星,北极为中也。地有三名,为山、川与平土。人有三名,为父、母、子。政有三名,为君、臣、人。此三者,常相得腹心,不失铢分,使其同一忧,合成一家,立致太平,延年不疑也。'又问曰:'今何故其生子少也?'天师曰:'善哉子之言也,但施不得其意耳。如令施其人欲生也,开其玉户,施种于中,比若春种于地也,十十相应和而生。其施不以其时,比若十月种物于地也,十十尽死,固无生者。真人欲重知其审,今无子之女,虽日百施其中,犹无所生也。不得其所生之处,比若此矣。是故古者圣贤不妄施于不生之地也,名为亡种,竭气而无所生成。今太平气到,或有不生子者,反断绝天地之统,使国少人。理国之道,多人则国富,少人则国贫。今天上皇之气已到,天皇气生物,乃当万倍其初天地。'"

臣又闻之，得主所好，自非正道，神为生虐。故周衰，诸侯以力征相尚，于是夏育、申休、宋万、彭生、任鄙之徒生于其时。①殷纣好色，妲己是出。②叶公好龙，真龙游廷。③今黄门常侍，天刑之人，陛下爱待，兼倍常宠，系嗣未兆，岂不为此？天官宦者星不在紫宫而在天市，明当给使主市里也。④今乃反处常伯之位，实非天意。⑤

①并多力之人也。夏育，卫人，力举千钧。宋万，宋人，杀湣公，遇大夫仇牧于门，批而杀之，齿著门阖。彭生，齐人，拉鲁桓公干而杀之。范雎曰："以任鄙之力焉而死。"申休未详何世也。

②妲己，苏人之美女也，献于纣，纣纳以为妻，常与沈湎于酒。事见《列女传》。

③子张见鲁哀公也，七日，哀公不礼。子张曰："君之好士有似叶公子高之好龙也。叶公子高好画龙，天龙闻之，降之，窥头于牖。叶公子高见之，弃而反走，五色无主。是叶公子高好夫似龙而非好真龙也。"事见《新序》。

④《山阳公载记》曰："市垣二十二星而帝座居其中，宦者四星，唯供市买之事也。"

⑤常伯，侍中也。《尚书》曰："常伯常任。"

又闻宫中立黄老、浮屠之祠。①此道清虚，贵尚无为，好生恶杀，省欲去奢。今陛下嗜欲不去，杀罚过理，既乖其道，岂获其祚哉！或言老子入夷狄为浮屠。②浮屠不三宿桑下，不欲久生恩爱，精之至也。③天神遗以好女，浮屠曰："此但革囊盛血。"遂不眄之。④其守一如此，乃能成道。今陛下婬女艳妇，极天下之丽，甘肥饮美，单天下之味，奈何欲如黄老乎？

①浮屠即佛陀，但声转耳，并谓佛也，解见《楚王英传》也。

②或闻言当时言也。〔39〕老子西入夷狄，始为浮屠之化。

③言浮屠之人寄桑下者，不经三宿便即移去，示无爱恋之心也。

④《四十二章经》："天神献玉女于佛，佛曰：'此是革囊盛众秽耳。'"

书上，即召（诏）〔诣〕尚书问状。〔40〕楷曰："臣闻古者本无宦臣，武帝末，春秋高，数游后宫，始置之耳。①后稍见任，至于顺帝，遂益繁炽。今陛下爵之，十倍于前。至今无继嗣者，岂独好之而使之然乎？"尚书上其对,诏下有司处正。尚书承旨奏曰:"其宦者之官,非近世所置。汉初张泽为大谒者,佐绛侯诛诸吕;②孝文使赵谈参乘,而子孙昌盛。③楷不正辞理,指陈要务,而析言破律,违背经蓺,假借星宿,伪托神灵,④造合私意,诬上罔事。请下司隶,正楷罪法,收送洛阳狱。"帝以楷言虽激切,然皆天文恒象之数,故不诛,犹司寇论刑。⑤

① 元帝时,任宦者石显为中书令,前将军萧望之等曰:"尚书百官之本,宜以公正处之。武帝游宴后廷,故用宦者,非古制也。宜罢中书宦官,应古不近刑人之法。"

② 张泽,阉人也。绛侯周勃诛诸吕,乃迎立代王入宫,顾麾左右执戟皆罢兵。有数人不肯去,宦者令张泽喻告之,乃去。此其佐诛诸吕之功。见《前书》。

③ 文帝使宦者赵谈参乘,爰盎伏车前曰:"陛下独奈何与刀锯馀人载!"于是上笑,推下赵谈,谈泣而下车。文帝生景帝,其后昌盛也。

④ 谓上干吉神书也。

⑤ 《前书》曰司寇,二岁刑。

初,顺帝时,琅玡宫崇诣阙,上其师干吉于曲阳泉水上所得神书百七十卷,皆缥白素朱介青首朱目,号《太平清领书》。①其言以阴阳五行为家,而多巫觋杂语。②有司奏崇所上妖妄不经,乃收藏之。后张角颇有其书焉。

① 今润州有曲阳山,有神溪水;定州有曲阳山,有神溪水;海州有曲阳城,北有羽潭水;寿州有曲阳城,又有北溪水。而干吉、宫崇并琅邪人,盖东海曲阳是也。缥,青白也。素,缣也。以朱为介道。首,幖也。目,题目也。《太平经》曰:"吾书中,善者悉使青下而丹目,合乎吾之道,乃丹青之信也。青者,生仁而有心。〔41〕赤者太阳,天之正色也。"《江表传》:"时有道士琅邪干吉,先寓居东方,来吴会,立精舍,烧香读道书,制作符水以疗病,吴会人多事之。孙策尝于郡城楼上请会宾客,吉乃盛服趋度门下。诸将宾客三分之二下楼拜之,掌客者禁诃不能止。策即令收之。诸事之者,悉使妇女入见策母,请之。母谓策曰:'干先生亦助军作福,医护将士,不可杀之。'策曰:'昔南阳张津为交州刺史,舍前圣典训,废汉家法律,常著绛袧头,鼓琴焚香,读邪俗道书,云以助化,卒为蛮夷所杀。此甚无益,诸君但未悟耳。今此子已在鬼录,勿复

费纸笔也。'即催斩之,县首于市。"

②《太平经》曰:"天失阴阳则乱其道,地失阴阳则乱其财,人失阴阳则绝其后,君臣失阴阳则其道不理,五行四时失阴阳则为灾。〔42〕今天垂象为人法,故当承顺之也。"又曰:"天上有常神圣要语,时下授人以言,用使神吏应气而往来也。人众得之谓神咒也。咒百中百,十中十,其咒有可使神为除灾疾,用之所向无不愈也。"

及灵帝即位,以楷书为然。太傅陈蕃举方正,不就。乡里宗之,每太守至,辄致礼请。中平中,与荀爽、郑玄俱以博士征,不至,卒于家。

论曰:古人有云:"善言天者,必有验于人。"①而张衡亦云:"天文历数,阴阳占候,今所宜急也。"郎颛、襄楷能仰瞻俯察,参诸人事,祸福吉凶既应,引之教义亦明。此盖道术所以有补于时,后人所当取鉴者也。然而其敝好巫,故君子不以专心焉。②

①《前书》武帝策茂才之词也。

②好巫谓好鬼神之事也。范甯《穀梁序》曰"《左氏》艳而富,其敝也巫"也。

赞曰:仲桓术深,蒲车屡寻。①苏竟飞书,清我旧阴。②襄、郎灾戒,实由政淫。

①频征不至。

②阴,县,属南阳。与光武同郡,故云我旧也。

【校勘记】

〔1〕　炎火并作烧君室　按:汲本"炎"作"灾"。殿本"君"作"居"。

〔2〕　闵子骞曰　按:"闵子"下原脱"骞"字,径据汲本、殿本补。

〔3〕　阴(得)〔覆〕阳〔也〕　《刊误》谓"得"当作"覆","阳"下合有"也"字。今据以改补。

〔4〕　三公卦〔也〕　据殿本补。

〔5〕　并为三公之(日)〔卦〕也　张森楷《校勘记》谓钱大昕《考异》引"日"作

"卦",是,此误。今据改。

〔6〕四(斗)〔升〕为豆　据《刊误》改。

〔7〕(四)〔十〕釜为钟也　据《刊误》改。

〔8〕夙夜梦寤　汲本、殿本"寤"作"寐"。按:梦寤犹言寤寐,作"寤"义长。

〔9〕而皆务精土木　按:"皆"下原衍"当"字,径据汲本、殿本删。

〔10〕百姓何(谤)〔罪〕　据殿本改。

〔11〕天立应以恶　按:"天"字原脱,径据汲本、殿本补。

〔12〕从今旦至明日旦也　按:汲本"明日旦"作"明日",殿本作"明旦"。

〔13〕编发重译来朝者六国　按:"译"原讹"驿",径据汲本、殿本改。

〔14〕柳东方宿也　按:"东"原讹"南",径据汲本、殿本改。

〔15〕去年闰(十)月十七日己丑　《集解》引钱大昕说,谓"闰十月"之"十"字盖
衍文,或当云"闰十二月"。盖郎顗上便宜七事在阳嘉二年,《顺帝纪》阳
嘉元年闰月戊子,客星出天苑,即其事也。纪书闰月于十二月之后,则
是闰十二月也。是岁闰十二月癸酉朔,十七日恰得己丑。今据钱说删
"十"字。

〔16〕伐又为大辰　汲本、殿本"伐"作"罚"。按:此皆《公羊传》文,《公羊传》
作"伐"。

〔17〕广雅曰罚谓之大辰也　汲本、殿本"广雅"作"尔雅"。今按:《尔雅》无此
文。《广雅·释天》"参伐谓之大辰",作"广雅"是。

〔18〕山陵崩绝　按:《校补》引柳从辰说,谓今《韩诗外传》"绝"作"竭"。

〔19〕左右趾也　按:"趾"原讹"指",径据汲本、殿本改,下同。

〔20〕遵其行令　按:《御览》二〇引作"遵行《月令》"。

〔21〕私曲之意羌不得通　汲本、殿本"羌"作"差"。按:羌,语辞也,作"差"
疑非。

〔22〕(计)〔斗〕历改宪　据《刊误》改。按:《刊误》谓"计"当作"斗",注文可见。
盖斗字似草书计字,后人因误之。

〔23〕情同曒日　按:"曒"原作"暾",从日,非,径据汲本、殿本改。

〔24〕宫商为(佐)〔姓〕　《集解》引惠栋说,谓《御览》引《演孔图》云"宫商为
姓",谓吹律定姓也,注缘传"佐臣"而误从"佐"也。今据改。按:《御览》
引见卷三百六十人事部。

〔25〕故曰雷出地〔奋〕豫　按:明脱一"奋"字,今补。

〔26〕　太皓天也　　按：原脱"也"字，径据汲本、殿本补。

〔27〕　金（刻）〔克〕木　　据汲本改。

〔28〕　魏人石中夫也　　按：《刊误》谓案《前书》"中夫"当作"申夫"。

〔29〕　将害宿麦　　按：各本"宿"作"粟"，误。

〔30〕　为小龙七　　按：汲本、殿本"七"作"五"。

〔31〕　以戊己日为黄龙　　按："戊"原讹"戌"，径改正。

〔32〕　见檀弓篇　　按：《校补》谓注上文明言《礼记》，则下文不必更言《檀弓》，
　　　　疑后人妄增。

〔33〕　平原隰阴人也　　按：《集解》引钱大昕说，谓"隰"当作"㶟"。《郡国志》平
　　　　原郡有湿阴县，湿他合反，即㶟水也。《班志》作"㶟阴"。案《说文》济㶟
　　　　字本作"㶟"，隶省作"湿"，燥湿字本作"溼"，后世借湿为燥溼字，而以㶟
　　　　为水名，不知㶟为㶟之讹也。其正作"湿"者，多与"隰"相乱。《左氏》哀
　　　　十年传注"济南有隰阴县"，陆德明误音习。

〔34〕　延熹九年雒阳城傍竹柏叶有伤者　　汲本、殿本"九年"作"元年"，惠栋云
　　　　当作"七年"。今按：《续志》云"延熹九年，雒阳城旁竹柏叶有伤者"，《桓
　　　　纪》亦书于九年冬十二月，是"元年"乃"九年"之讹。然楷疏称七年冬，
　　　　故惠氏以为当作"七年"也。

〔35〕　尽取石旁舍诛之　　按：《刊误》谓《史记》作"石傍居人"，"舍"字误。

〔36〕　何以异　　按：《刊误》谓当云"何异尔"。

〔37〕　受干吉神书　　按：汲本、殿本"干吉"之"干"皆作"于"。注同。

〔38〕　天有三名　　按："三"原讹"二"，径改正。

〔39〕　或闻言当时言也　　殿本无"闻"字。今按：疑当作"或言，闻当时言也"，
　　　　各本言闻颠倒，殿本又依正文删"闻"字耳。

〔40〕　即召（诏）〔诣〕尚书问状　　《刊误》谓案文"诏"当作"诣"，今据改。

〔41〕　青者生仁而有心　　按：殿本"生"作"主"。

〔42〕　五行四时失阴阳则为灾　　按："五行"二字疑衍，汲本无。

后汉书卷三十一

郭杜孔张廉王苏羊贾陆列传第二十一

郭伋字细侯，扶风茂陵人也。[1]高祖父解，①武帝时以任侠闻。父梵，为蜀郡太守。伋少有志行，哀平间辟大司空府，三迁为渔阳都尉。王莽时为上谷大尹，②〔2〕迁并州牧。

①《前书》云，解字翁伯，河内轵人，徙茂陵也。

②王莽改太守为大尹。

更始新立，三辅连被兵寇，百姓震骇，强宗右姓①各拥众保营，莫肯先附。更始素闻伋名，征拜左冯翊，使镇抚百姓。世祖即位，拜雍州牧，再转为尚书令，数纳忠谏争。

①右姓犹高姓也。

建武四年，出为中山太守。明年，彭宠灭，转为渔阳太守。渔阳既离王莽之乱，重以彭宠之败，①民多猾恶，寇贼充斥。②伋到，示以信赏，纠戮渠帅，盗贼销散。时匈奴数抄郡界，边境苦之。伋整勒士马，设攻守之略，匈奴畏惮远迹，不敢复入塞，民得安业。在职五岁，户口增倍。后颍川盗贼群起，九年，征拜颍川太守。召见辞谒，③帝劳之曰："贤能太守，去帝城不远，河润九里，冀京师并蒙福也。④君虽精于追捕，而山道险阨，自斗当一士耳，深宜慎之。"伋到郡，招怀山贼阳夏赵宏、⑤襄城召吴等数百人，皆束手诣伋降，悉遣归附农。因自劾专命，⑥帝美其策，不以咎之。后宏、吴等党与闻伋威信，远自江南，或从幽、冀，不期俱降，骆驿不绝。⑦

①离犹遭也。

②杜预注《左传》曰："充,满;斥,见也。"

③因辞而谒见也。

④《庄子》曰："河润九里,泽及三族。"

⑤阳夏,县名,属陈国。夏,公雅反。

⑥谓擅放降贼也。

⑦骆驿,连续。

十一年,省朔方刺史属并州。帝以卢芳据北土,乃调伋为并州牧。过京师谢恩,帝即引见,并召皇太子诸王宴语终日,赏赐车马衣服什物。伋因言选补众职,当简天下贤俊,不宜专用南阳人。帝纳之。伋前在并州,素结恩德,及后入界,所到县邑,老幼相携,逢迎道路。所过问民疾苦,聘求耆德雄俊,设几杖之礼,朝夕与参政事。①

①《礼记》曰："谋于长者,必操几杖以从之。"

始至行部,到西河美稷,有童儿数百,各骑竹马,道次迎拜。伋问"儿曹何自远来"。①对曰："闻使君到,喜,故来奉迎。"伋辞谢之。及事讫,诸儿复送至郭外,问"使君何日当还"。伋谓别驾从事,计日(当)告之。〔3〕行部既还,先期一日,伋为违信于诸儿,遂止于野亭,须期乃入。

①曹,辈也。

是时朝廷多举伋可为大司空,帝以并部尚有卢芳之儆,①且匈奴未安,欲使久于其事,故不召。伋知卢芳夙贼,②难卒以力制,常严烽候,明购赏,以结寇心。芳将隋昱遂谋胁芳降伋,〔4〕芳乃亡入匈奴。

①儆,急也。

②夙,旧也。

伋以老病上书乞骸骨。二十二年,征为太中大夫,赐宅一区,及帷帐钱谷,以充其家,伋辄散与宗亲九族,无所遗馀。明年卒,时年八十六。帝亲临吊,赐冢茔地。

杜诗字(公)君〔公〕,〔5〕河内汲人也。少有才能,仕郡功曹,有公平称。更始时,辟大司马府。建武元年,岁中三迁为侍御史,安集洛阳。时将军萧广放纵兵士,暴横民间,百姓惶扰,诗敕晓不改,遂格杀广,还以状闻。世祖召见,赐以棨戟,[1]复使之河东,诛降逆贼杨异等。诗到大阳,[2]闻贼规欲北度,乃与长史急焚其船,部勒郡兵,将突骑趁击,斩异等,贼遂翦灭。拜成皋令,[3]视事三岁,举政尤异。再迁为沛郡都尉,转汝南都尉,所在称治。

> [1]《汉杂事》曰:"汉制假棨戟以代斧钺。"崔豹《古今注》曰:"棨戟,前驱之器也,以木为之。后代刻伪,无复典刑,以赤油韬之,亦谓之油戟,亦曰棨戟,王公已下通用之以前驱也。"
>
> [2]大阳,县名,属河东郡。
>
> [3]成皋,县,属河南郡,今洛州汜水县是。

七年,迁南阳太守。性节俭而政治清平,以诛暴立威,善于计略,省爱民役。造作水排,铸为农器,[1]用力少,见功多,百姓便之。又修治陂池,广拓土田,郡内比室殷足。时人方于召信臣,[2]故南阳为之语曰:"前有召父,后有杜母。"

> [1]排音蒲拜反。冶铸者为排以吹炭,今激水以鼓之也。"排"当作"橐",古字通用也。
>
> [2]比室犹比屋也。《前书》曰:"召信臣字翁卿,九江寿春人也。迁南阳太守,为人兴利,务在富之,开通沟渠凡十数处。"

诗自以无劳,不安久居大郡,求欲降避功臣,乃上疏曰:

> 陛下亮成天工,克济大业,偃兵修文,群帅反旅,[1]海内合和,万世蒙福,天下幸甚。唯匈奴未譬圣德,威侮二垂,[2]陵虐中国,边民虚耗,不能自守,臣恐武猛之将虽勤,亦未得解甲囊弓也。[3]夫勤而不息亦怨,劳而不休亦怨,怨恨之师,难复责功。臣伏睹将帅之情,功臣之望,冀一休足于内郡,[4]然后即戎出命,不敢有恨。臣愚以为"师克在和不在众",[5]陛下虽垂念北边,亦当颇泄用之。[6]昔汤武善御众,故无忿鸷之师。[7]陛下起兵十有三年,将帅和睦,士卒凫藻。[8]今若使公卿郡守出于军垒,则将帅自厉;[9]士卒之复,比于宿

卫,则戎士自百。⑩何者? 天下已安,各重性命,大臣以下,咸怀乐
土,不雠其功而厉其用,无以劝也。陛下诚宜虚皵数郡,以俟振旅
之臣,重复厚赏,加于久役之士。如此,缘边屯戍之师,竞而忘死,
乘城拒塞之吏,不辞其劳,则烽火精明,守战坚固。圣王之政,必因
人心。今猥用愚薄,塞功臣之望,诚非其宜。

①反旅谓班师也。

②譬犹晓也。威,虐也。侮,慢也。二垂谓西与北也。

③櫜,韬也,音高。《诗》曰"载櫜弓矢"也。

④休足,止行役也。

⑤《春秋左氏传》文也。

⑥泄犹杂也。

⑦鸷,击也。汤武顺天应人,其所征讨,皆吊伐而已,故无忿怒而击也。

⑧言其和睦欢悦,如凫之戏于水藻也。

⑨垒,军壁。厉,勉也。

⑩复谓优宽也,音福。《续汉志》曰:"羽林郎,秩比三百石,掌侍从宿卫。"言士
　卒得比于郎,则人百其勇。

　　臣诗伏自惟忖,本以史吏一介之才,①遭陛下创制大业,贤俊
在外,空乏之间,超受大恩,(收)〔牧〕养不称,〔6〕奉职无效,久窃禄
位,令功臣怀愠,诚惶诚恐。八年,上书乞避功德,陛下殊恩,未许
放退。臣诗蒙恩尤深,义不敢苟冒虚请,诚不胜至愿,愿退大郡,受
小职。及臣齿壮,力能经营剧事,如使臣诗必有补益,复受大位,虽
析珪授爵,所不辞也。惟陛下哀矜!

①史吏谓初为郡功曹也。《书》曰"如有一介臣"也。〔7〕

帝惜其能,遂不许之。

诗雅好推贤,数进知名士清河刘统及鲁阳长董崇等。

初,禁网尚简,但以玺书发兵,未有虎符之信,诗上疏曰:"臣闻兵者
国之凶器,圣人所慎。旧制发兵,皆以虎符,其馀征调,竹使而已。符第
合会,〔8〕取为大信,所以明著国命,敛持威重也。①间者发兵,但用玺
书,或以诏令,如有奸人诈伪,无由知觉。愚以为军旅尚兴,贼虏未殄,

征兵郡国,宜有重慎,可立虎符,以绝奸端。昔魏之公子,威倾邻国,犹假兵符,以解赵围,若无如姬之仇,则其功不显。②事有烦而不可省,费而不得已,盖谓此也。"书奏,从之。

①《说文》曰:"符,信也。汉制以竹,长六寸,分而相合。"《前书》文帝二年,初与郡守为铜虎符、竹使符。《音义》曰:"铜虎第一至第五,发兵遣使,符合乃听之。竹使符以竹五寸,镌刻篆书,亦第一至第五也。"

②秦昭王已破赵长平,又进围邯郸。魏昭王之子无忌号信陵君,其姊为赵惠文王弟平原君夫人。平原君数遗公子书,请救于魏,魏王使将军晋鄙将十万众救赵,实持两端以观望。平原君使者相属,谓公子曰:"今邯郸旦暮降秦,魏救不至,独不怜公子姊耶?"公子患之,过侯嬴问之。嬴屏人语曰:"嬴闻晋鄙兵符常在王卧内,而如姬最幸,力能窃之。嬴闻如姬父为人所杀,公子使客斩其仇头敬进如姬,姬为公子死无所辞。公子诚一开口以请如姬,姬必诺。"公子从其计,如姬果盗晋鄙兵符与公子,于是遂矫魏王令夺晋鄙兵,〔9〕进击,秦军解去。事见《史记》也。

诗身虽在外,尽心朝廷,谠言善策,随事献纳。视事七年,政化大行。十四年,坐遣客为弟报仇,被征,会病卒。司隶校尉鲍永上书言诗贫困无田宅,丧无所归。诏使治丧郡邸,赙绢千匹。

孔奋字君鱼,扶风茂陵人也。曾祖霸,元帝时为侍中。奋少从刘歆受《春秋左氏传》,歆称之,谓门人曰:"吾已从君鱼受道矣。"①

①言君鱼之道已过于己也。

遭王莽乱,奋与老母幼弟避兵河西。建武五年,河西大将军窦融请奋署议曹掾,守姑臧长。八年,赐爵关内侯。时天下扰乱,唯河西独安,而姑臧称为富邑,通货羌胡,市日四合,①每居县者,不盈数月辄致丰积。奋在职四年,财产无所增。事母孝谨,虽为俭约,奉养极求珍膳。躬率妻子,同甘菜茹。②时天下未定,士多不修节操,而奋力行清洁,为众人所笑,或以为身处脂膏,不能以自润,徒益苦辛耳。奋既立节,治贵仁平,太守梁统深相敬待,不以官属礼之,常迎于大门,引入见母。

①古者为市,一日三合。《周礼》曰:"大市日侧而市,百族为主。〔朝市〕朝时
而市,〔10〕商贾为主。〔夕市〕夕时而市,〔11〕贩夫贩妇为主。"今既人货殷
繁,故一日四合也。

②《广雅》曰:"茹,食也。"

陇蜀既平,河西守令咸被征召,财货连毂,弥竟川泽。唯奋无资,单
车就路。姑臧吏民及羌胡更相谓曰:"孔君清廉仁贤,举县蒙恩,如何今
去,不共报德!"遂相赋敛牛马器物千万以上,追送数百里。奋谢之而
已,一无所受。既至京师,除武都郡丞。

时陇西馀贼隗茂等夜攻府舍,残杀郡守,贼畏奋追急,乃执其妻子,
欲以为质。奋年已五十,唯有一子,终不顾望,遂穷力讨之。吏民感义,
莫不倍用命焉。郡多氏人,便习山谷,其大豪齐锺留者,为群氏所信向。
奋乃率厉锺留等令要遮钞击,共为表里。贼窘惧逼急,乃推奋妻子以置
军前,冀当退却,而击之愈厉,遂禽灭茂等,奋妻子亦为所杀。世祖下诏
褒美,拜为武都太守。

奋自为府丞,已见敬重,及拜太守,举郡莫不改操。为政明断,甄善
疾非,①见有美德,爱之如亲,其无行者,忿之若仇,郡中称为清平。

①甄,明也。

弟奇,游学洛阳。奋以奇经明当仕,上病去官,守约乡闾,卒于家。
奇博通经典,作《春秋左氏删》。①奋晚有子嘉,官至城门校尉,作《左氏
说》云。②

①删定其义也。

②说,犹今之疏也。

张堪字君游,南阳宛人也,为郡族姓。堪早孤,让先父馀财数百万
与兄子。年十六,受业长安,志美行厉,诸儒号曰"圣童"。

世祖征时,见堪志操,常嘉焉。及即位,中郎将来歙荐堪,召拜郎
中,三迁为谒者。使送委输缣帛,并领骑七千匹,诣大司马吴汉伐公孙
述,在道追拜蜀郡太守。时汉军馀七日粮,阴具船欲遁去。堪闻之,驰

往见汉,说述必败,不宜退师之策。汉从之,乃示弱挑敌,述果自出,战死城下。成都既拔,堪先入据其城,捡阅库藏,收其珍宝,悉条列上言,秋毫无私。①慰抚吏民,蜀人大悦。

①秋毫者,喻细也。

在郡二年,征拜骑都尉,后领票骑将军杜茂营,击破匈奴于高柳,拜渔阳太守。捕击奸猾,赏罚必信,吏民皆乐为用。匈奴尝以万骑入渔阳,堪率数千骑奔击,大破之,郡界以静。乃于狐奴开稻田八千馀顷,劝民耕种,以致殷富。百姓歌曰:“桑无附枝,麦穗两岐。〔12〕张君为政,乐不可支。”视事八年,匈奴不敢犯塞。

帝尝召见诸郡计吏,问其风土及前后守令能否。蜀郡计掾樊显进曰:“渔阳太守张堪昔在蜀,其仁以惠下,〔13〕威能讨奸。前公孙述破时,珍宝山积,卷握之物,足富十世,①而堪去职之日,乘折辕车,布被囊而已。”帝闻,良久叹息,②拜显为鱼复长。③方征堪,会病卒,帝深悼惜之,下诏褒扬,赐帛百匹。

①卷握犹掌握也,谓珠玉之类也。
②良犹甚也。
③鱼复,县,属巴郡,故城在今夔州人复县北赤甲城是。〔14〕

廉范字叔度,京兆杜陵人,赵将廉颇之后也。汉兴,以廉氏豪宗,自苦陉徙焉。①世为边郡守,或葬陇西襄武,故因仕焉。曾祖父褒,成哀间为右将军,祖父丹,王莽时为大司马庸部牧,②皆有名前世。范父遭丧乱,客死于蜀汉,范遂流寓西州。③西州平,归乡里。年十五,辞母西迎父丧。蜀郡太守张穆,丹之故吏,乃重资送范,范无所受,与客步负丧归葭萌。④载船触石破没,范抱持棺枢,遂俱沈溺。众伤其义,钩求得之,疗救仅免于死。穆闻,复驰遣使持前资物追范,范又固辞。归葬服竟,诣京师受业,事博士薛汉。⑤京兆、陇西二郡更请召,皆不应。永平初,陇西太守邓融备礼谒范为功曹,⑥会融为州所举案,⑦范知事谴难解,欲以权相济,乃托病求去,融不达其意,大恨之。范于是东至洛阳,变名姓,求代廷尉狱卒。居无几,融果征下狱,范遂得卫侍左右,尽心勤劳。融怪其貌类范而殊不意,乃谓曰:"卿何似我故功曹邪?"范诃之曰:"君困厄瞀乱邪!"⑧语遂绝。融系出困病,范随而养视,及死,竟不言,身自将车送丧致南阳,葬毕乃去。

①苦陉,县,属中山国,章帝更名汉昌。

②王莽改益州为庸部。

③谓巴蜀也。

④葭萌,县名,属广汉郡。今利州益昌县,即汉葭萌地也。

⑤汉字公子,见《儒林传》。

⑥谒,请也。

⑦举其罪案验之。

⑧郑玄注《礼记》曰:"瞀,目不明之皃。"

后辟公府,会薛汉坐楚王事诛,①故人门生莫敢视,范独往收敛之。吏以闻,显宗大怒,召范入,诘责曰:"薛汉与楚王同谋,交乱天下,范公府掾,不与朝廷同心,而反收敛罪人,何也?"范叩头曰:"臣无状愚戆,以为汉等皆已伏诛,不胜师资之情,罪当万坐。"②帝怒稍解,问范曰:"卿廉颇后邪? 与右将军褒、大司马丹有亲属乎?"范对曰:"褒,臣之曾祖;丹,臣之祖也。"帝曰:"怪卿志胆敢尔!"因贳之。③由是显名。

①楚王英谋反也。

②《老子》曰"善人为不善人之师,不善人为善人之资"也。

③贳,赦也。

举茂才,数月,再迁为云中太守。会匈奴大入塞,烽火日通。故事,虏〔人〕过五千人,〔15〕移书傍郡。吏欲传檄求救,范不听,自率士卒拒之。虏众盛而范兵不敌。会日暮,令军士各交缚两炬,三头爇火,营中星列。①虏遥望火多,谓汉兵救至,大惊。待旦将退,范乃令军中蓐食,晨往赴之,②斩首数百级,虏自相轥藉,死者千馀人,③由此不敢复向云中。

①用两炬交缚如十字,爇其三头,手持一端,使敌人望之,疑兵士之多。

②蓐食,早起食于寝蓐中也。

③辚,轹也。藉,相蹈藉也。

后频历武威、武都二郡太守,随俗化导,各得治宜。建初中,迁蜀郡太守,其俗尚文辩,好相持短长,范每厉以淳厚,不受偷薄之说。成都民物丰盛,邑宇逼侧,旧制禁民夜作,以防火灾,而更相隐蔽,烧者日属。范乃毁削先令,但严使储水而已。百姓为便,乃歌之曰:"廉叔度,来何暮? 不禁火,民安作。〔16〕平生无襦今五绔。"① 在蜀数年,坐法免归乡里。范世在边,广田地,积财粟,悉以赈宗族朋友。

①作,协韵音则护反。

肃宗崩,范奔赴敬陵。时庐江郡掾严麟奉章吊国,俱会于路。麟乘小车,涂深马死,不能自进,范见而愍然,命从骑下马与之,不告而去。麟事毕,不知马所归,乃缘踪访之。或谓麟曰:"故蜀郡太守廉叔度,好周人穷急,今奔国丧,独当是耳。"麟亦素闻范名,以为然,即牵马造门,谢而归之。世伏其好义,然依倚大将军窦宪,以此为讥。卒于家。

初,范与洛阳庆鸿为刎颈交,时人称曰:"前有管鲍,后有庆廉。"鸿慷慨有义节,位至琅邪、会稽二郡太守,所在有异迹。

论曰:张堪、廉范皆以气侠立名,观其振危急,赴险阨,有足壮者。堪之临财,范之忘施,亦足以信意而感物矣。①若夫高祖之召栾布,②明帝之引廉范,加怒以发其志,就戮更延其宠,闻义能徙,诚君道所尚,然情理之枢,亦有开塞之感焉。③

①信音申。

②栾布,梁人,为人所略卖为奴,梁王彭越赎为梁大夫,使于齐。汉召彭越,以谋反夷三族,诏有收视者辄捕之。布还,奏事彭越头下,祠而哭之。吏捕以闻,上召骂曰:"若与彭越反邪?"布曰:"今汉一征兵于梁,彭王不行,而疑以为反,则人人自危也。"上乃释布,拜为都尉也。

③户之开阖,必由于枢;情之通塞,必在于感。言高祖、明帝初怒栾布、廉范,后感其义而赦之。

　　王堂字敬伯,广汉郪人也。初举光禄茂才,①迁榖城令,治有名迹。②永初中,西羌寇巴郡,为民患,诏书遣中郎将尹就攻讨,连年不克。三府举堂治剧,拜巴郡太守。堂驰兵赴贼,斩虏千馀级,巴、庸清静,吏民生为立祠。③刺史张乔表其治能,迁右扶风。

　　①光禄举之为茂才也。

　　②榖城,县,属东郡,故城在今济州东阿县东。

　　③庸即上庸县也,故城在今房州清水县西也。

　　安帝西巡,阿母王圣、中常侍江京等并请属于堂,堂不为用。掾(吏)〔史〕固谏之,〔17〕堂曰:"吾蒙国恩,岂可为权宠阿意,以死守之!"①即日遣家属归,闭阁上病。果有诬奏堂者,会帝崩,京等悉诛,堂以守正见称。永建二年,征入为将作大匠。四年,坐公事左转议郎。②复拜鲁相,政存简一,至数年无辞讼。迁汝南太守,搜才礼士,不苟自专,乃教掾(吏)〔史〕曰:"古人劳于求贤,逸于任使,故能化清于上,事缉于下。其宪章朝右,简核才职,〔18〕委功曹陈蕃。匡政理务,拾遗补阙,任主簿应嗣。庶循名责实,察言观效焉。"自是委诚求当,不复妄有辞教,郡内称治。时大将军梁商及尚书令袁汤,以求属不行,并恨之。后庐江贼进入弋阳界,堂勒兵追讨,即便奔散,〔19〕而商、汤犹因此风州奏堂在任无警,免归家。

　　①阿,曲也。

　　②《续汉志》曰:"议郎,秩六百石,无员。"

　　年八十六卒。遗令薄敛,瓦棺以葬。子稚,清行不仕。曾孙商,益州牧刘焉以为蜀郡太守,有治声。

　　苏章字孺文,扶风平陵人也。八世祖建,武帝时为右将军。①祖父纯,字桓公,有高名,性强切而持毁誉,②士友咸惮之,至乃相谓曰:"见苏桓公,患其教责人,不见,又思之。"三辅号为"大人"。③永平中,为奉车都尉窦固军,〔20〕出击北匈奴、车师有功,封中陵乡侯,官至南阳太守。

①《前书》曰，建以校尉从大将军青击匈奴，封平陵侯。中子武最知名也。

②持，执也。执毁誉之论，谓品藻其臧否。

③大人，长老之称，言尊事之也。

　　章少博学，能属文。〔21〕安帝时，举贤良方正，对策高第，为议郎。数陈得失，其言甚直。出为武原令，①时岁饥，辄开仓廪，活三千馀户。顺帝时，迁冀州刺史。故人为清河太守，章行部案其奸臧。乃请太守，为设酒肴，陈平生之好甚欢。太守喜曰："人皆有一天，我独有二天。"章曰："今夕苏孺文与故人饮者，私恩也；明日冀州刺史案事者，公法也。"遂举正其罪。州境知章无私，望风畏肃。换为并州刺史，以摧折权豪，忤旨，坐免。隐身乡里，不交当世。后征为河南尹，不就。时天下日敝，民多悲苦，论者举章有干国才，朝廷不能复用，卒于家。兄曾孙不韦。

　　①武原，县，属楚国，故城在今泗州下邳县北。

　　不韦字公先。父谦，初为郡督邮。时魏郡李暠为美阳令，与中常侍具瑗交通，贪暴为民患，前后监司畏其执援，莫敢纠问。及谦至，部案得其臧，论输左校。谦累迁至金城太守，去郡归乡里。汉法，免罢守令，自非诏征，不得妄到京师。而谦后私至洛阳，时暠为司隶校尉，收谦诘掠，死狱中，暠又因刑其尸，以报昔怨。

　　不韦时年十八，征诣公车，会谦见杀，不韦载丧归乡里，瘗而不葬，仰天叹曰："伍子胥独何人也！"①乃藏母于武都山中，②遂变名姓，尽以家财募剑客，邀暠于诸陵间，不克。会暠迁大司农，时右校刍廥在寺北垣下，③不韦与亲从兄弟潜入廥中，夜则凿地，昼则逃伏。如此经月，遂得傍达暠之寝室，出其床下。值暠在厕，因杀其妾并及小儿，留书而去。暠大惊惧，乃布棘于室，以板籍地，一夕九徙，虽家人莫知其处。每出，辄剑戟随身，壮士自卫。不韦知暠有备，乃日夜飞驰，径到魏郡，掘其父阜冢，断取阜头，以祭父坟，又标之于市曰"李君迁父头"。暠匿不敢言，而自上退位，归乡里，私掩塞冢椁。捕求不韦，历岁不能得，愤恚感伤，发病欧血死。

①子胥父伍奢为楚王所杀，子胥复雠，鞭平王之尸。解具《寇荣传》。

②武都，郡名，其地在今成州上禄县界。有仇池山，东西悬绝，壁立百仞，故藏于其中也。

③《说文》云："厽，乌薰藏。"音工外反。垣，墙也。

不韦后遇赦还家，乃始改葬，行丧。士大夫多讥其发掘冢墓，归罪枯骨，不合古义，唯任城何休方之伍员。太原郭林宗闻而论之曰："子胥虽云逃命，而见用强吴，凭阖庐之威，因轻悍之众，雪怨旧郢，曾不终朝，而但鞭墓戮尸，以舒其愤，竟无手刃后主之报。岂如苏子单特孑立，靡因靡资，强雠豪援，据位九卿，城阙天阻，官府幽绝，埃尘所不能过，雾露所不能沾。不韦毁身燋虑，出于百死，冒触严禁，陷族祸门，虽不获逞，为报已深。况复分骸断首，以毒生者，①使暠怀忿结，不得其命，犹假手神灵以毙之也。力唯匹夫，功隆千乘，比之于员，不以优乎？"议者于是贵之。

①毒，苦也。

后太傅陈蕃辟，不应，为郡五官掾。初，弘农张奂睦于苏氏，而武威段颎与暠素善，后奂颎有隙。及颎为司隶，以礼辟不韦，不韦惧之，称病不诣。颎既积愤于奂，因发怒，乃追咎不韦前报暠事，以为暠表治谦事，被报见诛，君命天也，而不韦仇之。又令长安男子告不韦多将宾客夺舅财物，遂使从事张贤等就家杀之。乃先以鸩与贤父曰："若贤不得不韦，便可饮此。"〔22〕贤到扶风，郡守使不韦奉谒迎贤，即时收执，并其一门六十馀人尽诛灭之，诸苏以是衰破。及段颎为阳球所诛，天下以为苏氏之报焉。

羊续字兴祖，太山平阳人也。其先七世二千石卿校。祖父侵，〔23〕安帝时司隶校尉。父儒，桓帝时为太常。

续以忠臣子孙拜郎中，去官后，辟大将军窦武府。及武败，坐党事，禁锢十馀年，幽居守静。及党禁解，复辟太尉府，四迁为庐江太守。后扬州黄巾贼攻舒，焚烧城郭，续发县中男子二十以上，皆持兵勒陈，其小弱者，悉使负水灌火，会集数万人，并执力战，大破之，郡界平。后安风贼戴风等作乱，①续复击破之，斩首三千馀级，生获渠帅，其馀党辈原为平民，②赋与佃器，使就农业。

①安风，县，属庐江郡。

②原，免也。

中平三年，江夏兵赵慈反叛，杀南阳太守秦颉，攻没六县，拜续为南阳太守。当入郡界，乃羸服间行，侍童子一人，观历县邑，采问风谣，然后乃进。其令长贪洁，吏民良猾，悉逆知其状，郡内惊竦，莫不震慑。乃发兵与荆州刺史王敏共击慈，斩之，获首五千馀级。属县馀贼并诣续降，续为上言，宥其枝附。贼既清平，乃班宣政令，候民病利，①百姓欢服。时权豪之家多尚奢丽，续深疾之，常敝衣薄食，车马羸败。府丞尝献其生鱼，续受而悬于庭；丞后又进之，续乃出前所悬者以杜其意。续妻后与子祕俱往郡舍，[24] 续闭门不内，妻自将祕行，其资藏唯有布衾、敝袛裯，盐、麦数斛而已，②顾敕祕曰："吾自奉若此，何以资尔母乎？"使与母俱归。

①损于人曰病，益于人曰利。

②《说文》曰："袛裯，短衣也。"《广雅》云即襜褕也。袛音丁奚反，裯音丁劳反。

六年，灵帝欲以续为太尉。时拜三公者，皆输东园礼钱千万，令中使督之，名为"左骀"。①其所之往，辄迎致礼敬，厚加赠赂。续乃坐使人于单席，举缊袍以示之，②曰："臣之所资，唯斯而已。"左骀白之，帝不悦，以此故不登公位。而徵为太常，未及行，会病卒，时年四十八。遗言薄敛，不受赗遗。旧典，二千石卒官赙百万，府丞焦俭遵续先意，一无所受。诏书褒美，敕太山太守以府赙钱赐续家云。

①骀，骑士也。

②缊，故絮也。

贾琮字孟坚，东郡聊城人也。①举孝廉，再迁为京（兆）令，〔25〕有政
理迹。

①聊城，今博州县。

旧交阯土多珍产，明玑、翠羽、犀、象、玳瑁、异香、美木之属，莫不自
出。①前后刺史率多无清行，上承权贵，下积私赂，财计盈给，辄复求见
迁代，故吏民怨叛。中平元年，交阯屯兵反，执刺史及合浦太守，自称
“柱天将军”。灵帝特敕三府精选能吏，有司举琮为交阯刺史。琮到部，
讯其反状，咸言赋敛过重，百姓莫不空单，京师遥远，告冤无所，民不聊
生（自活），〔26〕故聚为盗贼。琮即移书告示，各使安其资业，招抚荒散，蠲
复徭役，诛斩渠帅为大害者，简选良吏试守诸县，岁间荡定，百姓以安。
巷路为之歌曰：“贾父来晚，使我先反；今见清平，吏不敢饭。”在事三年，
为十三州最，征拜议郎。

①《说文》曰：“玑，珠之不圆者。”《异物志》曰：“翠鸟形似燕，翡赤而翠青，其羽
可以为饰。”《广雅》曰“玳瑁形似龟，出南海巨延州”也。

时黄巾新破，兵凶之后，郡县重敛，因缘生奸。诏书沙汰刺史、二千
石，更选清能吏，乃以琮为冀州刺史。旧典，传车骖驾，垂赤帷裳，迎于
州界。及琮之部，升车言曰：“刺史当远视广听，纠察美恶，何有反垂帷
裳以自掩塞乎？”乃命御者褰之。百城闻风，自然竦震。其诸臧过者，望
风解印绶去，唯甒陶长济阴董昭、观津长梁国黄就当官待琮，于是州界
翕然。

灵帝崩，大将军何进表琮为度辽将军，卒于官。

陆康字季宁，吴郡吴人也。祖父续，在《独行传》。父褒，有志操，连
征不至。

康少仕郡，以义烈称，刺史臧旻举为茂才，除高成令。①县在边垂，
旧制，令户一人具弓弩以备不虞，不得行来。②长吏新到，辄发民缮修城
郭。康至，皆罢遣，百姓大悦。以恩信为治，寇盗亦息，州郡表上其状。

光和元年,迁武陵太守,转守桂阳、乐安二郡,所在称之。

①高成,县,属渤海郡也。

②行来犹往来也。

时灵帝欲铸铜人,而国用不足,乃诏调民田,亩敛十钱。而比水旱伤稼,百姓贫苦。康上疏谏曰:"臣闻先王治世,贵在爱民。省徭轻赋,以宁天下,除烦就约,以崇简易,①故万姓从化,灵物应德。末世衰主,穷奢极侈,造作无端,兴制非一,劳割自下,以从苟欲,②故黎民吁嗟,阴阳感动。陛下圣德承天,当隆盛化,而卒被诏书,亩敛田钱,铸作铜人,伏读惆怅,悼心失图。夫十一而税,周谓之彻。③彻者通也,言其法度可通万世而行也。故鲁宣税亩,而蠈灾自生;④哀公增赋,而孔子非之。⑤岂有聚夺民物,以营无用之铜人;捐舍圣戒,自蹈亡王之法哉!⑥传曰:'君举必书,书而不法,后世何述焉?'陛下宜留神省察,改敝从善,以塞兆民怨恨之望。"书奏,内幸因此谮康援引亡国,以譬圣明,大不敬,槛车征诣廷尉。侍御史刘岱典考其事,岱为表陈解释,免归田里。复征拜议郎。

①《易》曰:"《乾》以易知,《坤》以简能,而天下之理得矣。"

②劳苦割剥于下人也。

③《孟子》曰:"夏后氏五十而贡,殷人七十而助,周人百亩而彻,其实皆十一也。"

④《公羊传》曰:"初税亩者何?履亩而税也。"何休注云:"宣公无恩信于人,人不肯尽力于公田,起履践案行,择其亩谷好者税取之。"蠈,蟊子也。《公羊传》:"冬蠈生。此言蠈生何?上变古易常也。"注云:"上谓宣公,变易公田旧制而税亩。"

⑤《左传》曰:"季孙欲以田赋,使冉有访诸仲尼。仲尼私于冉有曰:'子季孙若欲行而法,则周公之典在;若欲苟而行之,又何访焉!'"

⑥谓秦始皇铸铜人十二,卒致灭亡也。

会庐江贼黄穰等与江夏蛮连结十馀万人,攻没四县,拜康庐江太守。康申明赏罚,击破穰等,馀党悉降。帝嘉其功,拜康孙尚为郎中。

献帝即位,天下大乱,康蒙险遣孝廉计吏奉贡朝廷,诏书策劳,加忠义将军,秩中二千石。时袁术屯兵寿春,部曲饥饿,遣使求委输兵甲。康以其叛逆,闭门不通,内修战备,将以御之。术大怒,遣其将孙策攻康,围城数重。康固守,吏士有先受休假者,皆遁伏还赴,暮夜缘城而入。受敌二年,城陷。月馀,发病卒,年七十。宗族百馀人,遭离饥厄,死者将半。朝廷愍其守节,拜子儁为郎中。

少子绩,仕吴为郁林太守,博学善政,见称当时。幼年曾谒袁术,怀橘噆地者也,有名称。①〔27〕

①绩字公纪,《吴志》有传。

赞曰:伋牧朔藩,信立童昏。诗守南楚,民作谣言。奋驰单乘,堪驾毁辕。范得其朋,①堂任良肱。②二苏劲烈,羊、贾廉能。季宁拒策,城陨冲辎。③

①《易》曰:"西南得朋。"廉范迁蜀郡太守,百姓便之,蜀在西南,故云得朋也。

②谓委任功曹陈蕃、主簿应嗣,郡中大化也。

③辎,兵车也,音彭,协韵音普(胜)〔滕〕反。〔28〕

【校勘记】

〔1〕 扶风茂陵人也　按:王先谦谓《东观记》云"河南人",与此异。

〔2〕 王莽时为上谷大尹　按:《集解》引洪颐煊说,谓莽改上谷曰朔调,《耿弇传》父况为朔调连率,此作"上谷",误。

〔3〕 计日(当)告之　据《刊误》删。按:王先谦谓《类聚》五十、《文选》沈约《齐安陆昭王碑文》注引《续汉书》,并无"当"字。

〔4〕 芳将隋昱　按:《刊误》谓"随"字至隋时方去"辶",单作"隋",今此宜作"随"。

〔5〕 杜诗字(公)君〔公〕　据汲本改。按:《东观记》亦作"君公"。

〔6〕 (收)〔牧〕养不称　《刊误》谓"收养"无义,合作"牧养",两汉通谓守令为牧养也。今据改。

〔7〕 如有一介臣 按："有"原讹"其",径据汲本、殿本改正。

〔8〕 符第合会 汲本、殿本"第"作"策"。按：依注似以作"第"为是。

〔9〕 于是遂矫魏王令夺晋鄙兵 按："是"原讹"道",径据汲本、殿本改正。

〔10〕 〔朝市〕朝时而市 据殿本补,与今《周礼》文合。

〔11〕 〔夕市〕夕时而市 据殿本补,与今《周礼》文合。

〔12〕 麦穗两岐 《校补》引钱大昭说,谓《通鉴》"穗"作"秀"。

〔13〕 其仁以惠下 汲本、殿本"其"作"汉",属上句读。按：《集解》引惠栋说,谓《东观记》"汉"作"其",属下句读。

〔14〕 故城在今夔州人复县北赤甲城是 殿本"人复"作"鱼复"。柳从辰谓《唐书·地理志》贞观二十三年改人复为奉节,此不得仍称"人复"。按：《校补》谓章怀作注,于释地多承用隋代旧名,所见已多。盖新更之名,尚无图经可据,其相助为理者仍为隋时学者,沿袭用之,未及改正,不足为异也。

〔15〕 虏(人)〔入〕过五千人 《刊误》谓上"人"当作"入"。张森楷《校勘记》谓《后汉纪》正作"入",刘说是。今据改。按：《御览》三三五引作"虏人度五千人",《袁纪》作"虏人入舍过五千人",《东观记》作"虏出度五千人"。

〔16〕 不禁火民安作 《集解》引惠栋说,谓《东观记》"作"作"厝"。今按：聚珍本《东观记》作"堵"。

〔17〕 掾(吏)〔史〕固谏之 据汲本、殿本改。下同。

〔18〕 简核才职 按：殿本《考证》谓"职"字应照宋本作"识"。

〔19〕 即便奔散 按："便"原讹"使",径据汲本、殿本改正。

〔20〕 为奉车都尉窦固军 《刊误》谓窦固自为奉车都尉,苏纯但从之耳,"为"当作"从"。今按：沈家本谓"军"下有夺字,当是官名。

〔21〕 章少博学能属文 按：《集解》引汪文台说,谓《书钞》一三五、《御览》七一一引《谢承书》"苏章字士成,北海人。负笈追师,不远万里"。

〔22〕 便可饮此 按：汲本、殿本"可"作"同"。

〔23〕 祖父侵 《集解》引惠栋说,谓"侵"一作"祲"。又《校补》引侯康说,谓"侵"一作"浸"。《邓骘传》"推进天下贤士何熙、祋讽、羊浸、李郃、陶敦等",即其人也。《御览》二五二引《李郃别传》,亦作"浸"。今按：殿本《邓骘传》仍作"祲"。

〔24〕 续妻后与子秘俱往郡舍 按：殿本"往"作"诣"。

〔25〕　再迁为京(兆)令　按:《刊误》谓无"京兆县",又未可为尹,明多"兆"字,是河南京县令也。今据删。

〔26〕　民不聊生(自活)　《刊误》谓案文"自活"非本传文,是注以解聊生耳。按:《御览》二五六引无"自活"二字,今据删。

〔27〕　幼年曾谒袁术怀橘墯地者也有名称　按:马叙伦谓此十五字疑读者所加,本注在下,误入正文者也。不然,当明叙其事,今若事已见前,而特撮述之者。然绩事具在《吴志》,使未读《吴志》,竟不知怀橘墯地为何等事,而特烦载笔,果出范氏,其谬甚矣。且上云"见称当时",下云"有名称",著语复叠,知不当出范氏。

〔28〕　协韵音普(胜)〔滕〕反　据殿本、《集解》本改。

后汉书卷三十二

樊宏阴识列传第二十二

宏子儵　族曾孙準　识弟兴

樊宏字靡卿，南阳湖阳人也，世祖之舅。其先周仲山甫，封于樊，因而氏焉，①为乡里著姓。父重，字君云，世善农稼，好货殖。重性温厚，有法度，三世共财，子孙朝夕礼敬，常若公家。其营理产业，物无所弃，课役童隶，各得其宜，故能上下戮力，财利岁倍，至乃开广田土三百馀顷。其所起庐舍，皆有重堂高阁，陂渠灌注。②又池鱼牧畜，有求必给。尝欲作器物，先种梓漆，时人嗤之，然积以岁月，皆得其用，向之笑者咸求假焉。赀至巨万，而赈赡宗族，恩加乡闾。外孙何氏兄弟争财，重耻之，以田二顷解其忿讼。县中称美，推为三老。年八十馀终。其素所假贷人间数百万，遗令焚削文契。责家闻者皆惭，争往偿之，③诸子从敕，竟不肯受。

① 樊，今襄州安养县也。

② 郦元《水经注》曰："(湖)〔朝〕水支分，〔一〕东北为樊氏陂，东西十里，南北五里，亦谓之凡亭。陂东樊氏故宅，樊氏既灭，庾氏取其陂，故嗦曰：'陂汪汪，下田良，樊氏失业庾氏昌。'"其陂至今犹名为樊陂，在今邓州新野县之西南也。

③ 责音侧界反。

宏少有志行。王莽末，义兵起，刘伯升与族兄赐俱将兵攻湖阳，城守不下。赐女弟为宏妻，湖阳由是收系宏妻子，令出譬伯升，宏因留不反。湖阳军帅欲杀其妻子，长吏以下共相谓曰："樊重子父，礼义恩德行于乡里,虽有罪,且当在后。"会汉兵日盛,湖阳惶急,未敢杀之,遂得免脱。更始立,欲以宏为将,宏叩头辞曰:"书生不习兵事。"竟得免归,与宗家亲属作营堑自守,老弱归之者千馀家。时赤眉贼掠唐子乡,多所残杀,欲前攻宏营,宏遣人持牛酒米谷,劳遗赤眉,赤眉长老先闻宏仁厚,皆称曰:"樊君素善,且今见待如此,何以攻之。"引兵而去,遂免寇难。

　　世祖即位,拜光禄大夫,位特进,次三公。建武五年,封长罗侯。[1]十三年,封弟丹为射阳侯,[2]兄子寻玄乡侯,族兄忠更父侯。十五年,定封宏寿张侯。十八年,帝南祠章陵,过湖阳,祠重墓,追爵谥为寿张敬侯,立庙于湖阳。车驾每南巡,常幸其墓,赏赐大会。

　　[1] 长罗,县名,属陈留郡,故城在今滑州匡城县东北。

　　[2] 在射水之阳。《水经注》曰:"沘水西南流,射水注之,水出射城北。建武十三年,封樊重少子丹为射阳侯,即其国也。"案临淮郡别有射阳县,疑远,非此地也。

　　宏为人谦柔畏慎,不求苟进。常戒其子曰:"富贵盈溢,未有能终者。吾非不喜荣埶也,天道恶满而好谦,前世贵戚皆明戒也。[1]保身全己,岂不乐哉!"每当朝会,辄迎期先到,俯伏待事,时至乃起。帝闻之,常敕驺骑临朝乃告,勿令豫到。宏所上便宜及言得失,辄手自书写,毁削草本。公朝访逮,不敢众对。宗族染其化,未尝犯法。帝甚重之。及病困,车驾临视,留宿,问其所欲言。宏顿首自陈:"无功享食大国,诚恐子孙不能保全厚恩,令臣魂神惭负黄泉,愿还寿张,食小乡亭。"帝悲伤其言,而竟不许。

　　[1]《易》曰"天道亏盈而益谦,人道恶盈而好谦"也。

　　二十七年,卒。遗敕薄葬,一无所用,以为棺柩一臧,不宜复见,如有腐败,伤孝子之心,使与夫人同坟异臧。帝善其令,以书示百官,因曰:"今不顺寿张侯意,无以彰其德。且吾万岁之后,欲以为式。"赗钱千万,布万匹,谥为恭侯,赠以印绶,车驾亲送葬。子儵嗣。帝悼宏不已,复封少子茂为平望侯。[1]樊氏侯者凡五国。明年,赐儵弟鲔及从昆弟七人合钱五千万。

①平望,县,属北海郡,故城在今青州北海县西北,俗名平望台也。

论曰:昔楚顷襄王问阳陵君曰:"君子之富何如?"对曰:"假人不德不责,食人不使不役,亲戚爱之,众人善之。"①若乃樊重之折契止讼,其庶几君子之富乎! 分地以用天道,实廪以崇礼节,②取诸理化,则亦可以施于政也。与夫爱而畏者,何殊閟哉!③

①假贷人者不自以为德,不责其报也。食善人者不使役之,〔2〕故众人称善也。《说苑》曰楚王问庄辛之言也。

②《管子》曰:"仓廪实而知礼节。"

③《左传》曰:"是以其人畏而爱之,何殊閟哉!"言不异也。閟音古苋反。

儵字长鱼,谨约有父风。事后母至孝,及母卒,哀思过礼,毁病不自支,世祖常遣中黄门朝暮送馆粥。①服阕,就侍中丁恭受《公羊严氏春秋》。②建武中,禁网尚阔,诸王既长,各招引宾客,以儵外戚,争遣致之,而儵清静自保,无所交结。及沛王辅事发,贵戚子弟多见收捕,儵以不豫得免。帝崩,儵为复土校尉。③

①馆,糜也。

②严彭祖也。

③复土校尉主葬事,复土于圹也。

永平元年,拜长水校尉,与公卿杂定郊祠礼仪,以谶记正《五经》异说。北海周泽、琅邪承宫并海内大儒,儵皆以为师友而致之于朝。上言郡国举孝廉,率取年少能报恩者,耆宿大贤多见废弃,宜敕郡国简用良俊。又议刑辟宜须秋月,以顺时气。显宗并从之。二年,以寿张国益东平王,徙封儵燕侯。①其后广陵王荆有罪,帝以至亲悼伤之,诏儵与羽林监南阳任隗杂理其狱。〔3〕事竟,奏请诛荆。引见宣明殿,帝怒曰:"诸卿以我弟故,欲诛之,即我子,卿等敢尔邪!"儵仰而对曰:"天下高帝天下,非陛下之天下也。《春秋》之义,'君亲无将,将而诛焉'。②是以周公诛弟,季友鸩兄,经传大之。③臣等以荆属托母弟,陛下留圣心,加恻隐,故敢请耳。如令陛下子,臣等专诛而已。"④帝叹息良久。儵益以此知名。其后弟鲔为子赏求楚王英女敬乡公主,儵闻而止之,曰:"建武时,吾家并受荣宠,一宗五侯。⑤时特进一言,女可以配王,男可以尚主,⑥但以贵宠过盛,即为祸患,故不为也。且尔一子,奈何弃之于楚乎?"鲔不从。

①燕,县名,属东郡。

②《公羊传》之文也。将者,将为弑逆之事也。

③周公之弟管、蔡二叔,流言于国,云周公摄政将不利于成王,故周公诛之。
《左传》曰:"周公杀管叔而蔡蔡叔,〔4〕夫岂不爱,王室故也。"杜预注曰"蔡,
放也。"又曰,鲁庄公有疾,叔牙欲立庆父为后,牙弟季友欲立公子般,友遂
鸩叔牙杀之。《公羊传》曰:"季子杀母兄,何善(其)〔尔〕?〔5〕诛不得避兄,
君臣之义也。"上蔡音萨。

④专谓不请也。

⑤谓宏封长罗侯,弟丹射阳侯,兄子寻玄乡侯,族兄忠更父侯,宏又封寿张
侯也。

⑥宏为特进。

十年,儵卒,赗赠甚厚,谥曰哀侯。帝遣小黄门张音问所遗言。先是河南县亡失官钱,典负者①坐死及罪徙者甚众,遂委责于人,以偿其耗。乡部吏司因此为奸,儵常疾之。又野王岁献甘醪、膏饧,②每辄扰人,吏以为利。儵并欲奏罢之,疾病未及得上。音归,具以闻,帝览之而悲叹,敕二郡并令从之。

①典谓主典,负谓欠负。

②醪,醇酒,汁滓相将也。

长子汜嗣,〔6〕以次子郴、梵为郎。其后楚事发觉,帝追念儵谨恪,又闻其止鲔婚事,故其诸子得不坐焉。

梵字文高,为郎二十馀年,三署服其重慎。①悉推财物二千馀万与孤兄子,官至大鸿胪。

①三署解见《和帝纪》也。

汜卒,子时嗣。时卒,子建嗣。建卒,无子,国绝。永宁元年,邓太

后复封建弟盼。盼卒,子尚嗣。

初,儵删定《公羊严氏春秋》章句,世号"樊侯学",教授门徒前后三千馀人。弟子颍川李脩、九江夏勤,皆为三公。勤字伯宗,为京、宛二县令,零陵太守,所在有理能称。安帝时,位至司徒。

准字幼陵,宏之族曾孙也。①父瑞,好黄老言,清静少欲。准少励志行,修儒术,以先父产业数百万让孤兄子。永元十五年,和帝幸南阳,准为郡功曹,召见,帝器之,拜郎中,从车驾还宫,特补尚书郎。邓太后临朝,儒学陵替,准乃上疏曰:

①"準"或作"准"。

臣闻贾谊有言,"人君不可以不学"。故虽大舜圣德,孳孳为善;①成王贤主,崇明师傅。②及光武皇帝受命中兴,群雄崩扰,旌旗乱野,东西诛战,不遑启处,然犹投戈讲蓺,息马论道。至孝明皇帝,兼天地之姿,用日月之明,庶政万机,无不简心,而垂情古典,游意经蓺,每飨射礼毕,正坐自讲,诸儒并听,四方欣欣。虽阙里之化,矍相之事,诚不足言。③又多征名儒,以充礼官,如沛国赵孝、琅邪承宫等,或安车结驷,告归乡里;④或丰衣博带,从见宗庙。其馀以经术见优者,布在廊庙。故朝多皤皤之良,华首之老。⑤每谳会,则论难衍衍,共求政化。⑥详览群言,响如振玉。⑦朝者进而思政,罢者退而备问。小大随化,雍雍可嘉。期门羽林介胄之士,悉通《孝经》。博士议郎,一人开门,徒众百数。⑧化自圣躬,流及蛮荒,匈奴遣伊秩訾王大车且渠来入就学。八方肃清,上下无事。是以议者每称盛时,咸言永平。

①《孟子》曰:"鸡鸣而起,孜孜为善者,舜之徒。"

②《尚书》曰"召公为保,周公为师,相成王为左右"也。

③孔子,阙里人也。《礼记》云,孔子射于矍相之圃,盖观者如堵墙也。

④安车,坐乘之车也。告归谓休假归也。

⑤皤皤,白首貌也,音步河反。《书》曰:"皤皤良士。"华首谓白首也。

⑥衍衍,和乐貌也。

⑦《孟子》曰"金声而玉振"也。

⑧开门谓开一家之说。

今学者盖少,〔7〕远方尤甚。博士倚席不讲,儒者竞论浮丽,忘謇謇之忠,习𧬓𧬓之辞。①文吏则去法律而学诋欺,②锐锥刀之锋,断刑辟之重,德陋俗薄,以致苛刻。③昔孝文窦后性好黄老,而清静之化流景武之间。臣愚以为宜下明诏,博求幽隐,发扬岩穴,宠进儒雅,有如孝、宫者,征诣公车,以俟圣上讲习之期。公卿各举明经及旧儒子孙,进其爵位,使缵其业。复召郡国书佐,使读律令。如此,则延颈者日有所见,倾耳者月有所闻。伏愿陛下推述先帝进业之道。④

①𧬓𧬓,谄言也,音践。《前书》曰"昔秦穆公说𧬓𧬓之言"也。

②诋亦欺也。

③《左传》曰,郑人铸刑书,叔向使贻子产书曰:"今子相郑,立谤政,铸刑书,人知争端矣。将弃礼而征于书,锥刀之末,将尽争之,郑其败乎!"杜预注云:"锥刀喻小事也。"

④《周易》曰:"君子进德修业。"

太后深纳其言,是后屡举方正、敦朴、仁贤之士。

準再迁御史中丞。永初之初,连年水旱灾异,郡国多被饥困,準上疏曰:

臣闻传曰:"饥而不损兹曰太,厥灾水。"①《春秋穀梁传》曰:"五谷不登,谓之大侵。大侵之礼,百官备而不制,②群神祷而不祠。"③由是言之,调和阴阳,实在俭节。朝廷虽劳心元元,事从省约,而在职之吏,尚未奉承。夫建化致理,由近及远,故《诗》曰"京师翼翼,四方是则"。④今可先令太官、尚方、考功、〔8〕上林池籞诸官,实减无事之物,⑤五府调省中都官吏京师作者。⑥如此,则化及四方,人劳省息。

①《洪范五行传》之文也。言下人饥馑,君上不能损减,谓之为太。太犹甚也。

②官职备列，不造作也。

③祷请而已，无祭祀也。

④《韩诗》之文也。翼翼然，盛也。

⑤《前书·百官表》曰，少府掌山海池泽之税，属官有太官、考工、尚方、上林中
　　十池监也。太官掌御膳饮食，考工主作器械，尚方主作刀剑器物。籞者，于
　　池苑中以竹绵联之为禁籞也。实减谓实覆其数减之也。〔9〕

⑥五府谓太傅、太尉、司徒、司空、大将军也。调，征发也。省，减也。中都官
　　吏，在京师之官吏也。作谓营作者也。

　　伏见被灾之郡，百姓凋残，恐非赈给所能胜赡，虽有其名，终无
其实。可依征和元年故事，①遣使持节慰安。尤困乏者，徙置荆、
扬孰郡，既省转运之费，且令百姓各安其所。今虽有西屯之役，宜
先东州之急。②如遣使者与二千石随事消息，悉留富人守其旧土，
转尤贫者过所衣食，诚父母之计也。③愿以臣言下公卿平议。

①武帝征和元年诏曰："当今务在禁苛暴，止擅赋，力本农桑，无乏武备而已。"

②时先零羌断陇道，大为寇害，遣车骑将军邓骘、征西校尉任尚讨之，故曰"西
　　屯役"也。东州谓冀、兖州，时又遣光禄大夫樊准、吕仓分冀兖二州廪贷流
　　人也。

③衣音于既反，食音飤。

太后从之，悉以公田赋与贫人。即擢準与议郎吕仓并守光禄大夫，準使
冀州，仓使兖州。準到部，开仓禀食，①慰安生业，流人咸得苏息。还，
拜钜鹿太守。时饥荒之馀，人庶流迸，家户且尽，準课督农桑，广施方
略，期年间，谷粟丰贱数十倍。而赵、魏之郊数为羌所钞暴，準外御寇
虏，内抚百姓，郡境以安。

①禀，给。

　　五年，转河内太守。时羌复屡入郡界，準辄将兵讨逐，修理坞壁，①
威名大行。视事三年，以疾征，三转为尚书令，明习故事，遂见任用。元
初三年，代周畅为光禄勋。五年，卒于官。〔10〕

①《说文》曰："坞，小障也。"

阴识字次伯,南阳新野人也,光烈皇后之前母兄也。其先出自管仲,管仲七世孙修,自齐适楚,为阴大夫,因而氏焉。秦汉之际,始家新野。

及刘伯升起义兵,识时游学长安,闻之,委业而归,率子弟、宗族、宾客千馀人往诣伯升。伯升乃以识为校尉。更始元年,迁偏将军,从攻宛,别降新野、淯阳、杜衍、冠军、(胡)〔湖〕阳。①〔11〕二年,更始封识阴德侯,行大将军事。

①五县并属南阳郡也。

建武元年,光武遣使迎阴贵人于新野,并征识。识随贵人至,以为骑都尉,更封阴乡侯。二年,以征伐军功增封,识叩头让曰:“天下初定,将帅有功者众,臣托属掖廷,仍加爵邑,不可以示天下。”帝甚美之,以为关都尉,镇函谷。迁侍中,以母忧辞归。十五年,定封原鹿侯。①及显宗立为皇太子,以识守执金吾,辅导东宫。帝每巡郡国,识常留镇守京师,委以禁兵。入虽极言正议,及与宾客语,未尝及国事。帝敬重之,常指识以敕戒贵戚,激厉左右焉。识所用掾史皆简贤者,如虞(延)〔廷〕、傅宽、薛愔等,〔12〕多至公卿校尉。

①原鹿,县,属汝南郡。俗本“鹿”作“庆”者误。

显宗即位,拜为执金吾,位特进。永平二年,卒,赠以本官印绶,谥曰贞侯。

子躬嗣。躬卒,子璜嗣。永初七年,为奴所杀,无子,国绝。永宁元年,邓太后以璜弟淑绍封。淑卒,子鲔嗣。

躬弟子纲女为和帝皇后,封纲吴房侯,〔13〕位特进,三子轶、辅、敞,皆黄门侍郎。后坐巫蛊事废,纲自杀,辅下狱死,轶、敞徙日南。识弟兴。

兴字君陵,光烈皇后母弟也,为人有膂力。建武二年,为黄门侍郎,守期门仆射,典将武骑,从征伐,平定郡国。兴每从出入,常操持小盖,障翳风雨,躬履涂泥,率先期门。光武所幸之处,辄先入清宫,甚见亲信。虽好施接宾,然门无侠客。与同郡张宗、上谷鲜于衷不相好,知其有用,犹称所长而达之;友人张汜、[14]杜禽与兴厚善,以为华而少实,但私之以财,终不为言:是以世称其忠平。第宅苟完,裁蔽风雨。

九年,迁侍中,赐爵关内侯。帝后召兴,欲封之,置印绶于前,兴固让曰:"臣未有先登陷阵之功,而一家数人并蒙爵土,令天下觖望,诚为盈溢。①臣蒙陛下、贵人恩泽至厚,富贵已极,不可复加,至诚不愿。"帝嘉兴之让,不夺其志。贵人问其故,兴曰:"贵人不读书记邪?'亢龙有悔。'②夫外戚家苦不知谦退,嫁女欲配侯王,取妇眄睐公主,愚心实不安也。富贵有极,人当知足,夸奢益为观听所讥。"贵人感其言,深自降挹,卒不为宗亲求位。十九年,拜卫尉,亦辅导皇太子。明年夏,帝风眩疾甚,后以兴领侍中,[15]受顾命于云台广室。③会疾瘳,召见兴,欲以代吴汉为大司马。兴叩头流涕,固让曰:"臣不敢惜身,诚亏损圣德,不可苟冒。"至诚发中,感动左右,帝遂听之。

> ①觖音羌志反。《前书音义》曰:"觖犹冀也。一音决,犹望之也。"
> ②《易·乾卦·上九·爻》曰:"亢龙有悔,穷之灾也。"亢,极也,龙以喻君。言居上体之极,则有悔吝之灾也。
> ③《尚书》曰,成王将崩,命召公作《顾命》。孔安国注云:"临终之命曰顾命。"洛阳南宫有云台广德殿。

二十三年,卒,时年三十九。兴素与从兄嵩不相能,然敬其威重。兴疾病,帝亲临,问以政事及群臣能不。兴顿首曰:"臣愚不足以知之。然伏见议郎席广、谒者阴嵩,并经行明深,逾于公卿。"兴没后,帝思其言,遂擢广为光禄勋;嵩为中郎将,监羽林十馀年,以谨敕见幸。显宗即位,拜长乐卫尉,迁执金吾。

永平元年诏曰:"故侍中卫尉关内侯兴,典领禁兵,从平天下,当以军功显受封爵,又诸舅比例,应蒙恩泽,兴皆固让,安乎里巷。辅导朕躬,有周昌之直,①在家仁孝,有曾、闵之行,不幸早卒,朕甚伤之。贤者子孙,宜加优异。其以汝南之鮦阳封兴子庆为鮦阳侯,②庆弟博为濦强侯。"③博弟员、丹并为郎,庆推田宅财物悉与员、丹。帝以庆义让,擢为黄门侍郎。庆卒,子琴嗣。建初五年,兴夫人卒,肃宗使五官中郎将持节即墓赐策,追谥兴曰翼侯。琴卒,子万全嗣。万全卒,子桂嗣。

①《前书》曰,周昌,沛人也。为御史大夫。为人强力,敢直言极谏也。

②铜阳故城在今豫州新蔡县北,在铜水之阳也,音纣。

③滰强,县,属汝南郡,在滰水之北。

兴弟就,嗣父封宣恩侯,后改封为新阳侯。①就善谈论,朝臣莫及,然性刚愎,不得众誉。显宗即位,以就为少府,位特进。就子丰尚郦邑公主。②公主娇妒,丰亦猬急。③永平二年,遂杀主,被诛,父母当坐,皆自杀,国除。帝以舅氏故,不极其刑。

①新阳,县,属汝南郡,故城在今豫州真阳县西南。

②光武女也。

③猬,疾也,音绢。

阴氏侯者凡四人。初,阴氏世奉管仲之祀,谓为"相君"。宣帝时,阴子方者,至孝有仁恩,腊日晨炊而灶神形见,①子方再拜受庆。家有黄羊,因以祀之。自是已后,暴至巨富,田有七百馀顷,舆马仆隶,比于邦君。子方常言"我子孙必将强大",至识三世而遂繁昌,故后常以腊日祀灶,而荐黄羊焉。

①《杂五行书》曰:"灶神名禅,字子郭,衣黄衣,夜被发从灶中出,知其名呼之,可除凶恶。宜市猪肝泥灶,令妇孝。"

赞曰:权族好倾,后门多毁。樊氏世笃,阴亦戒侈。恂恂苗胤,传龟袭紫。①

①恂恂,恭顺貌也。公侯皆紫绶、金印、龟钮,见应劭《汉官仪》。

【校勘记】

〔1〕（湖）〔朝〕水支分　据《水经·淯水注》改。

〔2〕　食善人者不使役之　按:《刊误》谓食人而已,何故辄择善人,明此是"养"字,或云当云"善食人者"。

〔3〕　诏儵与羽林监南阳任隗杂理其狱　按:《校补》引钱大昭说,谓《隗传》作"羽林左监",此脱"左"字。

〔4〕　周公杀管叔而蔡蔡叔　按:沈家本谓"蔡"今《左传》作"蔡",依《说文》当作"鬃",说详《释文》及孔疏。此作"蔡",亦"蔡"之讹,与今本不同,岂据陆、孔改耶?

〔5〕　季子杀母兄何善(其)〔尔〕　据《刊误》改,与《公羊传》合。

〔6〕　长子汜嗣　按:"汜"汲本、殿本作"汜"。

〔7〕　今学者盖少　《刊误》谓"盖"当作"益"。按:作"盖"亦自可通,刘说泥。

〔8〕　考功　按:《刊误》谓"功"当作"工",考工官名,见《前书》。

〔9〕　实减谓实覆其数减之也　按:陈景云谓"覆"当作"覈"。

〔10〕　五年卒于官　按:《校补》引钱大昭说,谓"五年"闽本作"其年"。

〔11〕　(胡)〔湖〕阳　按:《郡国志》南阳郡有"湖阳",无"胡阳"。王先谦谓"胡"当作"湖",今据改。

〔12〕　如虞(延)〔廷〕傅宽薛愔等　据汲本改。按:《校补》谓虞延仕执金吾府在建武初,阴识守执金吾在建武十八年以后,时延外仕久矣。建武二十四年,延为洛阳令,收考阴氏客马成诛之,终为阴氏所中伤,其非阴识掾吏甚明。虞廷自别是一人,混为虞延,误也。

〔13〕　封纲吴房侯　按:《集解》引惠栋说,谓《袁纪》作"防侯"。

〔14〕　张汜　按:汲本、殿本"汜"作"汜"。

〔15〕　后以兴领侍中　按:《集解》引陈景云说,谓"后"当作"复",兴前官侍中,故言复领。

后汉书卷三十三

朱冯虞郑周列传第二十三

朱浮字叔元,沛国萧人也。初从光武为大司马主簿,迁偏将军,从破邯郸。光武遣吴汉诛更始幽州牧苗曾,乃拜浮为大将军幽州牧,守蓟城,遂讨定北边。建武二年,封舞阳侯,食三县。

浮年少有才能,颇欲厉风迹,①收士心,辟召州中名宿涿郡王岑之属,以为从事,②及王莽时故吏二千石,皆引置幕府,乃多发诸郡仓谷,禀赡其妻子。渔阳太守彭宠以为天下未定,师旅方起,不宜多置官属,以损军实,③不从其令。浮性矜急自多,④颇有不平,因以峻文诋之;⑤宠亦佷强,兼负其功,嫌怨转积。浮密奏宠遣吏迎妻而不迎其母,又受货贿,杀害友人,多聚兵谷,意计难量。宠既积怨,闻〔之〕,遂大怒,〔一〕而举兵攻浮。浮以书质责之⑥曰:

① 风化之迹也。

② 岑后为梁州牧。

③ 谓甲兵粮储也。《左传》曰"隳军实"也。

④ 矜夸多自取也。

⑤ 峻,严切也。诋,诬也。

⑥ 质,正也。

盖闻知者顺时而谋,愚者逆理而动,常窃悲京城太叔以不知足而无贤辅,卒自弃于郑也。①

① 《左传》曰,郑武公娶于申,曰武姜,生庄公及共叔段。及庄公即位,武姜为之请京,使居,谓之京城太叔。既而太叔将袭郑,公命子封伐京,京畔太叔段,段出奔共也。

伯通以名字典郡，①有佐命之功，②临人亲职，〔2〕爱惜仓库，
而浮秉征伐之任，欲权时救急，二者皆为国耳。即疑浮相谮，何不
诣阙自陈，而为族灭之计乎？朝廷之于伯通，恩亦厚矣，委以大郡，
任以威武，③事有柱石之寄，情同子孙之亲。④匹夫媵母尚能致命一
餐，⑤岂有身带三绶，职典大邦，⑥而不顾恩义，生心外畔者乎！伯
通与吏人语，何以为颜？行步拜起，何以为容？坐卧念之，何以为
心？引镜窥影，何施眉目？举措建功，何以为人？惜乎弃休令之嘉
名，造枭鸱之逆谋，⑦捐传世之庆祚，〔3〕招破败之重灾，高论尧舜
之道，不忍桀纣之性，生为世笑，死为愚鬼，不亦哀乎！

①伯通，彭宠字也，以名字显著也。

②光武初镇河北，宠遣吴汉等发步兵三千人先归光武，及围邯郸，宠转食前后
　不绝也。

③光武赐宠号大将军，故云"任以威武"也。

④柱石，以屋为谕也。

⑤《左传》曰，赵盾田于首山，舍于翳桑，见灵辄饿，问，曰"三日不食矣"，食
　之。后晋灵公欲杀赵盾，辄为公甲士，倒戟以御公徒而免盾。媵母，未
　详也。

⑥宠为渔阳太守、建忠侯、大将军，故带三绶。

⑦枭鸱即鸱枭也，其子适大，还食其母。《说文》云不孝鸟也。

伯通与耿侠游俱起佐命，同被国恩。①侠游谦让，屡有降挹之
言；②而伯通自伐，以为功高天下。往时辽东有豕，生子白头，异而
献之，行至河东，见群豕皆白，怀惭而还。若以子之功论于朝
廷，〔4〕则为辽东豕也。今乃愚妄，自比六国。六国之时，其势各
盛，廓土数千里，胜兵将百万，故能据国相持，多历年世。〔5〕今天下
几里，列郡几城，奈何以区区渔阳而结怨天子？此犹河滨之人捧土
以塞孟津，多见其不知量也！

①侠游，耿况字也。况为上谷太守，初与宠结谋共归光武也。

②挹，损也。

　　方今天下适定,海内愿安,士无贤不肖,皆乐立名于世。而伯
通独中风狂走,自捐盛时,内听骄妇之失计,〔6〕外信谗邪之谀
言,①长为群后恶法,永为功臣鉴戒,岂不误哉! 定海内者无私雠,
勿以前事自误,〔7〕愿留意顾老母幼弟。凡举事无为亲厚者所痛,
而为见雠者所快。

①浮密奏宠,上征之,宠妻劝宠无应征。又与所亲信计议,吏皆怨浮,劝宠止
　　不应征也。

宠得书愈怒,①攻浮转急。明年,涿郡太守张丰亦举兵反。

①愈犹益也。

　　时二郡畔戾,北州忧恐,浮以为天子必自将兵讨之,而但遣游击将
军邓隆阴助浮。浮怀惧,以为帝怠于敌,不能救之,乃上疏曰:"昔楚宋
列国,俱为诸侯,庄王以宋执其使,遂有投袂之师。魏公子顾朋友之要,
触冒强秦之锋。夫楚魏非有分职匡正之大义也,庄王但为争强而发忿,
公子以一言而立信耳。①今彭宠反畔,张丰逆节,以为陛下必弃捐它事,
以时灭之。既历时月,寂寞无音。从围城而不救,放逆虏而不讨,臣诚
惑之。昔高祖圣武,天下既定,犹身自征伐,未尝宁居。②陛下虽兴大
业,海内未集,而独逸豫,不顾北垂,百姓遑遑,无所系心,三河、冀州,曷
足以传后哉! 今秋稼已孰,复为渔阳所掠。张丰狂悖,奸党日增,连年
拒守,吏士疲劳,甲胄生虮虱,弓弩不得弛,③上下燋心,相望救护,仰希
陛下生活之恩。"诏报曰:"往年赤眉跋扈长安,④吾策其无谷必东,果来
归降。今度此反虏,埶无久全,其中必有内相斩者。今军资未充,故须
后麦耳。"⑤浮城中粮尽,人相食。会上谷太守耿况遣骑来救浮,浮乃得
遁走。南至良乡,其兵长反遮之,⑥浮恐不得脱,乃下马刺杀其妻,仅以
身免,城降于宠。尚书令侯霸奏浮败乱幽州,构成宠罪,徒劳军师,不能
死节,罪当伏诛。帝不忍,以浮代贾复为执金吾,徒封父城侯。后丰、宠
并自败。

①《左传》曰,楚庄王使申舟无畏聘于齐,曰:"无假道于宋。"宋人杀无畏,庄王
　　闻之,投袂而起,〔8〕遂发兵围宋。《史记》,魏公子无忌,魏昭王之少子,封

信陵君,仁而好士,食客三千人。公子姊为赵平原君胜妻,秦围邯郸,求救于魏,魏以秦强不敢救,公子乃窃兵符,夺晋鄙军以救赵,秦兵遂解也。

②高祖定天下之后,犹自征匈奴、陈豨、黥布等也。

③郑玄注《周礼》曰:"弛,释下也。"

④跋扈犹暴横也。

⑤须,待也。

⑥兵长,兵之长帅也。〔9〕

帝以二千石长吏多不胜任,时有纤微之过者,必见斥罢,交易纷扰,百姓不宁。六年,有日食之异,浮因上疏曰:"臣闻日者众阳之所宗,君上之位也。凡居官治民,据郡典县,皆为阳为上,为尊为长。若阳上不明,尊长不足,则干动三光,垂示王者。①五典纪国家之政,②《鸿范》别灾异之文,③皆宣明天道,以征来事者也。④陛下哀愍海内新离祸毒,保育生人,⑤使得苏息。而今牧人之吏,多未称职,小违理实,辄见斥罢,岂不粲然黑白分明哉!⑥然以尧舜之盛,犹加三考,⑦大汉之兴,亦累功效,吏皆积久,养老于官,至名子孙,因为氏姓。⑧当时吏职,何能悉理;论议之徒,岂不喧哗。盖以为天地之功不可仓卒,艰难之业当累日也。而间者守宰数见换易,迎新相代,疲劳道路。寻其视事日浅,未足昭见其职,既加严切,人不自保,各相顾望,无自安之心。有司或因睚眦以骋私怨,苟求长短,求媚上意。二千石及长吏迫于举劾,惧于刺讥,故争饰诈伪,以希虚誉。斯皆群阳骚动,日月失行之应。夫物暴长者必夭折,功卒成者必亟坏,如摧长久之业,而造速成之功,非陛下之福也。天下非一时之用也,海内非一旦之功也。愿陛下游意于经年之外,望化于一世之后。⑨天下幸甚。"帝下其议,群臣多同于浮,自是牧守易代颇简。

①干,犯也。三光,日、月、星也。

②《礼记》曰:"温柔敦厚,《诗》教也。疏通知远,《书》教也。洁静精微,《易》教也。恭俭庄敬,《礼》教也。属辞比事,《春秋》教也。"

③《鸿范》,《尚书》篇名,箕子为武王陈政道阴阳之法。灾异即咎徵之类也。

④征,验也。

⑤宥,宽也。

⑥《淮南子》曰"圣人见是非,若白黑之别于目,清浊之形于耳"也。

⑦考谓考其功最也。《尚书·舜典》曰"三载考绩,三考黜陟幽明"也。

⑧《前书》:"武帝时,汉有天下已七十馀年,为吏者长子孙,居官者以为姓号,人人自爱而重犯法。"《音义》曰:"时无事,吏不数转,至于子孙而不转职,今仓氏、库氏因以为姓,即仓库吏之后也。"

⑨孔子曰:"如有王者,必代而后仁。"见《论语》。

旧制,州牧奏二千石长吏不任位者,事皆先下三公,三公遣掾史案验,然后黜退。帝时用明察,不复委任三府,而权归刺举之吏。①浮复上疏曰:"陛下清明履约,率礼无违,自宗室诸王、外家后亲,皆奉遵绳墨,无党埶之名。至或乘牛车,齐于编人。斯固法令整齐,下无作威者也。求之于事,宜以和平,而灾异犹见者,而岂徒然? 天道信诚,不可不察。窃见陛下疾往者上威不行,下专国命,即位以来,不用旧典,信刺举之官,黜鼎辅之任,至于有所劾奏,便加免退,覆案不关三府,罪谴不蒙澄察。陛下以使者为腹心,而使者以从事为耳目,是为尚书之平,决于百石之吏,②故群下苛刻,各自为能。兼以私情容长,憎爱在职,皆竞张空虚,以要时利,故有罪者心不厌服,无咎者坐被空文,不可经盛衰,贻后王也。③夫事积久则吏自重,④吏安则人自静。传曰:'五年再闰,天道乃备。'⑤夫以天地之灵,犹五载以成其化,况人道哉! 臣浮愚戆,不胜惓惓,愿陛下留心千里之任,省察偏言之奏。"

①刺举即州牧也。

②使者,刺史也。《续汉志》曰,每州有从事,秩百石。耳目谓令采察也。平谓平决也。

③贻,遗也。

④重犹爱惜也。

⑤周天三百六十五度四分度之一,日行一度,一年十二月,除小月六日,即一岁三百五十四日,是为每岁日行天。馀一十一度四分度之一,不匝一年,馀十一日四分日之一,故三年即馀三十三日四分日之三,闰月又小,是五年即得再闰。

七年,转太仆。浮又以国学既兴,宜广博士之选,乃上书曰:"夫太学者,礼义之宫,教化所由兴也。陛下尊敬先圣,垂意古典,宫室未饰,干戈未休,而先建太学,进立横舍,① 比日车驾亲临观飨,将以弘时雍之化,显勉进之功也。② 寻博士之官,为天下宗师,使孔圣之言传而不绝。旧事,策试博士,必广求详选,爰自畿夏,延及四方,是以博举明经,唯贤是登,③ 学者精励,远近同慕。伏闻诏书更试五人,唯取见在洛阳城者。臣恐自今以往,将有所失。求之密迩,容或未尽,而四方之学,无所劝乐。凡策试之本,贵得其真,非有期会,不及远方也。又诸所征试,皆私自发遣,非有伤费烦扰于事也。语曰:'中国失礼,求之于野。'④ 臣浮幸得与讲图谶,⑤ 故敢越职。"帝然之。

①横,学也。或作"黉",义亦同。

②雍,和也。《书》曰"黎人于变时雍",乃勉劝也。

③畿,王畿;夏,华夏也。《汉官仪》曰:"博士,秦官也。武帝初置五经博士,后增至十四人。太常差选有聪明威重一人为祭酒,总领纲纪。其举状曰:'生事爱敬,丧没如礼。通《易》、《尚书》、《孝经》、《论语》,兼综载籍,穷微阐奥。隐居乐道,不求闻达。身无金痍痼疾,(世)〔卅〕六属不与妖恶交通、〔10〕王侯赏赐。行应四科,经任博士。'下言某官某甲保举。"

④刘歆移书太常曰:"夫礼失求之于野,古文不犹愈于野乎?"

⑤与音预。

二十年,代窦融为大司空。二十二年,坐卖弄国恩免。二十五年,徙封新息侯。

帝以浮陵轹同列,每衔之,① 惜其功能,不忍加罪。永平中,有人单辞告浮事者,② 显宗大怒,赐浮死。长水校尉樊(鯈)〔鯈〕言于帝曰:〔11〕"唐尧大圣,兆人获所,③ 尚优游四凶之狱,厌服海内之心,④ 使天下咸知,然后殛罚。⑤ 浮事虽昭明,而未达人听,宜下廷尉,章著其事。"帝亦悔之。

①陵轹犹欺蔑也。

②单辞谓无证据也。《书》曰:"明清于单辞。"

③获,得也。

④优游谓优柔也。四凶者,鲧、共工、驩兜、三苗。《左传》曰舜流四凶族,今云

尧者,舜为尧臣而流之也。《尚书》曰:"四罪而天下咸服。"

⑤殛,诛也,音纪力反。

论曰:吴起与田文论功,文不及者三,朱买臣难公孙弘十策,弘不得其一,终之田文相魏,公孙宰汉,诚知宰相自有体也。①故曾子曰:"君子所贵乎道者三,②笾豆之事则有司存。"③而光武、明帝躬好吏事,亦以课核三公,④其人或失而其礼稍薄,至有诛斥诘辱之累。任职责过,一至于此,追感贾生之论,不亦笃乎!⑤朱浮讥讽苛察欲速之弊,然矣,⑥焉得长者之言哉!⑦

①《史记》:"魏置相田文,吴起不悦,谓田文曰:'请与子论功,可乎?'田文曰:'可。'起曰:'将三军,使士卒乐死,故国不敢谋,子孰与起?'田文曰:'不如子。'吴起曰:'理百官,亲万人,实府库,子孰与起?'田文曰:'不如子。'吴起曰:'守西河,秦人不敢东向,韩、赵宾从,子孰与起?'田文曰:'不如子。'吴起曰:'此三者,子皆出吾下,而位加吾上,何也?'田文曰:'主少国疑,大臣未附,百姓不信,方是时,属之于子乎,属之于我乎?'吴起默然良久,曰:'属之于子矣。'田文曰:'此乃吾所以居子上也。'吴起方乃自知不如。"武帝时,方筑朔方,公孙弘谏,以为罢弊中国。上使朱买臣难弘,发十策,弘不得一。

②三谓动容貌,正颜色,出辞气。事见《论语》。

③笾豆,礼器也。小细之务,有司所主,非人君之事也。

④课其殿最,核其得失。

⑤贾谊曰:"廉耻礼节以绳君子,故有赐死而无戮辱,是以黥劓之罪不及大夫,以其离主上不远也。"是时人告周勃谋反,系长安,卒无事,故谊以此讥上也。

⑥《论语》孔子曰:"无欲速,无见小利。欲速则不达,见小利则大事不成。"以光武帝明察烦刻,故引之。

⑦《前书》龚遂为勃海郡太守,王生谓遂曰:"君即见上,问君何以化勃海?宜曰圣主之(力)〔德〕,〔12〕非小臣之力也。"既至前,上果问,遂对如王生言。天子悦,曰:"君安得长者之言而称也!"

冯鲂字孝孙,南阳湖阳人也。其先魏之支别,食菜冯城,〔13〕因以氏焉。①秦灭魏,迁于湖阳,为郡族姓。

①《东观记》曰"其先魏之别封曰华侯,华侯孙长卿食菜冯城,因以氏焉。鲂父名杨"也。

王莽末,四方溃畔,鲂乃聚宾客,招豪桀,作营堑,以待所归。①是时湖阳大姓虞都尉反城称兵,先与同县申屠季有仇,而杀其兄,谋灭季族。季亡归鲂,鲂将季欲还其营,道逢都尉从弟长卿来,欲执季。鲂叱长卿曰:"我与季虽无素故,士穷相归,要当以死任之,卿为何言?"遂与俱归。季谢曰:"蒙恩得全,死无以为报(恩),〔14〕有牛马财物,愿悉献之。"鲂作色曰:"吾老亲弱弟皆〔在〕贼城中,〔15〕今日相与,尚无所顾,何云财物乎?"季惭不敢复言。鲂自是为县邑所敬信,故能据营自固。

①待真主也。

时天下未定,而四方之士拥兵矫称者甚众,唯鲂自守,兼有方略。光武闻而嘉之,建武三年,征诣行在所,见于云台,①拜虞令。②为政敢杀伐,以威信称。迁郏令。后车驾西征隗嚣,颍川盗贼群起,郏贼延褒等众三千馀人,攻围县舍,鲂率吏士七十许人,力战连日,弩矢尽,城陷,鲂乃遁去。帝闻郡国反,即驰赴颍川,鲂诣行在所。帝案行斗处,知鲂力战,乃嘉之曰:"此健令也。所当讨击,勿拘州郡。"褒等闻帝至,皆自髡剔,③〔16〕负铁锧,④将其众请罪。帝且赦之,使鲂转降诸聚落,县中平定,诏乃悉以褒等还鲂诛之。鲂责让以行军法,皆叩头曰:"今日受诛,死无所恨。"鲂曰:"汝知悔过伏罪,今一切相赦,听各反农桑,为令作耳目。"皆称万岁。是时每有盗贼,并为褒等所发,无敢动者,县界清静。

①即南宫云台也。

②虞,县,属梁国,本虞国,舜后所封之邑,今宋州虞城县也。

③剔音他狄反。《声类》曰亦"鬀"字,音他计反,谓剃去发也。

④《说文》曰:"锧,锉刃也。"锧,椹也,音质。

十三年,迁魏郡太守。二十七年,以高第入代赵憙为太仆。中元元年,从东封岱宗,行卫尉事。还,代张纯为司空,赐爵关内侯。二年,帝崩,使鲂持节起原陵,更封杨邑乡侯,食三百五十户。永平四年,坐考陇西太守邓融,听任奸吏,策免,削爵土。六年,显宗幸鲁,复行卫尉事。七年,代阴嵩为执金吾。

鲂性矜严公正,在位数进忠言,多见纳用。十四年,诏复爵土。明年,东巡郡国,留鲂宿卫南宫。① 建初三年,以老病乞身,肃宗许之。其冬为五更,诏鲂朝贺,就列侯位。元和二年,卒,时年八十六。

①《东观记》曰:"敕鲂车驾发后将缇骑宿玄武门复道上,领南宫吏士,保给床席,〔17〕子孙得到鲂所。"

子柱嗣。尚显宗女获嘉长公主,少为侍中,以恭肃谦约称,位至将作大匠。柱卒,子定嗣,官至羽林中郎将。定卒,无子,国除。

定弟石,袭母公主封获嘉侯,亦为侍中,稍迁卫尉。能取悦当世,为安帝所宠。帝尝幸其府,留饮十许日,赐驳犀具剑、佩刀、①紫艾绶、②玉玦各一,③拜子世为黄门侍郎,〔18〕世弟二人皆郎中。自永初兵荒,王侯租秩多不充,于是特诏以它县租税足石,令如旧限,④岁入谷三万斛,钱四万。迁光禄勋,遂代杨震为太尉。及北乡侯立,⑤迁太傅,与太尉东莱刘喜参录尚书事。〔19〕顺帝既立,石与喜皆以阿党阎显、江京等策免,复为卫尉。卒,子代嗣。〔20〕代卒,弟承嗣,为步兵校尉。

①以班犀饰剑也。

②艾即鳖,绿色也,其色似艾。

③半环曰玦,以饰带也。

④足音即谕反。

⑤章帝孙济北惠王寿之子懿也。

石弟珫,①和帝时诏封杨邑侯,〔21〕亦以石宠,官至城门校尉。卒,子肃嗣,为黄门侍郎。

①珫音光。

虞延字子大,陈留东昏人也。①延初生,其上有物若一匹练,遂上升天,占者以为吉。及长,长八尺六寸,要带十围,力能扛鼎。②少为户牖亭长。时王莽贵人魏氏③宾客放从，延率吏卒突入其家捕之，以此见怨，故位不升。性敦朴，不拘小节，又无乡曲之誉。王莽末，天下大乱，延常婴甲胄，拥卫亲族，扞御钞盗，赖其全者甚众。延从女弟年在孩乳，其母不能活之，弃于沟中，延闻其号声，哀而收之，养至成人。④建武初，仕执金吾府，除细阳令。⑤每至岁时伏腊，辄休遣徒系，各使归家，并感其恩德，应期而还。有囚于家被病，自载诣狱，既至而死，延率掾〔吏〕〔史〕，〔22〕殡于门外，百姓感悦之。

　　①东昏，县，故城在今汴州陈留县东北。东缗属山阳郡，俗本为"缗"者，误也。
　　②《说文》曰："扛鼎，横关对举也。"〔扛〕音江。〔23〕
　　③《谢承书》曰："莽贵人魏氏以椒房之宠，威倾郡县。"
　　④《谢承书》曰："养育成人，以妻同县人王氏。"
　　⑤细阳，县，属汝南郡，故城在今颍州汝阴县西北。

　　后去官还乡里，太守富宗闻延名，〔24〕召署功曹。①宗性奢靡，车服器物，多不中节。延谏曰："昔晏婴辅齐，鹿裘不完，②季文子相鲁，妾不衣帛，③以约失之者鲜矣。"宗不悦，延即辞退。居有顷，宗果以侈从被诛，临当伏刑，擎涕而叹曰："恨不用功曹虞延之谏！"光武闻而奇之。二十年东巡，路过小黄，高帝母昭灵后园陵在焉，④时延为部督邮，诏呼引见，问园陵之事。延进止从容，占拜可观，其陵树株蘖，皆谙其数，⑤俎豆牺牲，颇晓其礼。帝善之，敕延从驾到鲁。还经封丘城门，门下小，不容羽盖，⑥帝怒，使挞侍御史，延因下见引咎，以为罪在督邮。言辞激扬，有感帝意，乃制诰曰："以陈留督邮虞延故，贳御史罪。"⑦延从送车驾西尽郡界，赐钱及剑带佩刀还郡，于是声名遂振。

　　①富姓，宗名。
　　②《晏子》曰："晏子布衣鹿裘以朝，公曰：'夫子之家若此其贫也，奚衣之恶也？'"
　　③《左传》曰，季文子相鲁，妾不衣帛，马不食粟。
　　④小黄，县，属陈留郡，故城在今汴州陈留县东北。《汉官仪》注曰："高帝母起兵时死小黄北，后为作陵庙于小黄。"《陈留风俗传》云："沛公起兵野战，丧皇妣于黄乡。天下平，乃使使者梓宫招魂幽野，有丹蛇在水，自洗濯，入于

梓宫,其浴处仍有遗发,故谥曰昭灵夫人。因作园陵、寝殿、司马门、钟簴、卫守。"小黄有祭器笾豆鼎俎之属十四种,庙基尚存焉。

⑤株,根也。蘗,伐木更生也。

⑥封丘,今汴州县也。

⑦贳,放也。

二十三年,司徒玉况辟焉。①〔25〕时元正朝贺,帝望而识延,遣小黄门驰问之,即日召拜公车令。明年,迁洛阳令。是时阴氏有客马成者,常为奸盗,延收考之。阴氏屡请,获一书辄加笒二百。②信阳侯阴就③乃诉帝,谮延多所冤枉。帝乃临御道之馆,亲录囚徒。延陈其狱状可论者在东,无理者居西。成乃回欲趋东,延前执之,谓曰:"尔人之巨蠹,久依城社,不畏熏烧。④今考实未竟,宜当尽法!"成大呼称枉,陛戟郎以戟刺延,叱使置之。⑤帝知延不私,谓成曰:"汝犯王法,身自取之!"呵使速去。后数日伏诛。于是外戚敛手,莫敢干法。在县三年,迁南阳太守。

①《谢承书》曰:"况字文伯,京兆杜陵人也。代为三辅名族,该总《五经》,志节高亮,为陈留太守。性聪敏,善行德教。永平十五年,蝗虫起泰山,〔26〕弥衍兖、豫,过陈留界,飞逝不集,五谷独丰。章和元年,诏以况为司徒。"玉,姓,音宿。

②笒,棰也,音彭。

③就,光烈皇后弟也。就本传"信"作"新"。

④齐景公问晏子曰:"理国何患?"对曰:"患社鼠。"公曰:"何谓社鼠?"对曰:"社鼠不可熏。人君之左右,亦国之社鼠也。"

⑤《续汉志》曰:"凡郎官皆主执戟宿卫也。"

永平初,有新野功曹邓衍,〔27〕以外戚小侯每豫朝会,而容姿趋步,有出于众,显宗目之,顾左右曰:"朕之仪貌,岂若此人!"特赐舆马衣服。延以衍虽有容仪而无实行,未尝加礼。帝既异之,乃诏衍令自称南阳功曹诣阙。①既到,拜郎中,迁玄武司马。②衍在职不服父丧,帝闻之,乃叹曰:"'知人则哲,惟帝难之。'信哉斯言!"衍惭而退,由是以延为明。

① 《谢承书》曰："帝赐舆马衣服剑珮刀，钱二万，南阳计吏归，具以启延。延知
　衍华不副实，行不配容，积三年不用，于是上乃自敕衍称南阳功曹诣阙。"

② 玄武，宫之北门也。每宫城门皆有司马一人，秩千石，见《续汉志》。

三年，征代赵憙为太尉；八年，代范迁为司徒。历位二府，十馀年无异政绩。会楚王英谋反，阴氏欲中伤之，使人私以楚谋告延，延以英藩戚至亲，不然其言，又欲辟幽州从事公孙弘，①以弘交通楚王而止，并不奏闻。及英事发觉，诏书切让，延遂自杀。家至清贫，子孙不免寒馁。②

① 郡国有从事，主督促文书，察举非法，皆州自辟除，故通为百石，即功曹从
　事、理中从事之类是也。见《续汉志》也。

② 馁，饿也。《谢承书》曰："身没之后，家贫空，子孙同衣而出，并日而食。"

延从曾孙放，字子仲。少为太尉杨震门徒，及震被谗自杀，顺帝初，放诣阙追讼震罪，由是知名。桓帝时为尚书，以议诛大将军梁冀功封都亭侯，后为司空，坐水灾免。性疾恶宦官，遂为所陷，灵帝初，与长乐少府李膺等俱以党事诛。

郑弘字巨君，会稽山阴人也。①从祖吉，宣帝时为西域都护。②弘少为乡啬夫，③太守第五伦行春，④见而深奇之，召署督邮，举孝廉。

① 孔灵符《会稽记》曰："射的山南有白鹤山，此鹤为仙人取箭。汉太尉郑弘尝
　采薪，得一遗箭，顷有人觅，弘还之，问何所欲，弘识其神人也，曰：'常患若
　邪溪载薪为难，愿旦南风，暮北风。'后果然。故若邪溪风至今犹然，呼为
　'郑公风'也。"

② 《谢承书》曰："其曾祖父本齐国临淄人，官至蜀郡属国都尉。武帝时徙强宗
　大姓，不得族居，将三子移居山阴，〔28〕因遂家焉。长子吉，云中都尉、西域
　都护；中子兖州刺史；少子举孝廉，理剧东部候也。"

③ 《谢承书》曰："为灵文乡啬夫，爱人如子。"《续汉志》曰："其乡小者县署啬夫
　一人，主知人善恶，为役先后；知人贫富，为赋多少，平其差品也。"

④ 太守常以春行所主县，劝人农桑，振救之绝，见《续汉志》也。

弘师同郡河东太守焦贶。[29]楚王英谋反发觉，以疏引贶，①贶被收捕，疾病于道亡没，妻子闭系诏狱，掠考连年。诸生故人惧相连及，皆改变名姓，以逃其祸，弘独髡头负鈇锧，诣阙上章，为贶讼罪。显宗觉悟，即赦其家属，弘躬送贶丧及妻子还乡里，由是显名。

①疏，书也。

拜为骓令，①政有仁惠，民称苏息。迁淮(阴)〔阳〕太守。②[30]四迁，建初〔初〕，为尚书令。[31]旧制，尚书郎限满补县长令史丞尉。弘奏以为台职虽尊，而酬赏甚薄，至于开选，多无乐者，③请使郎补千石〔令〕，[32]令史为长。帝从其议。弘前后所陈有补益王政者，皆著之南宫，以为故事。

①骓，今兖州县也。《谢承书》曰"弘勤行德化，部人王逢等得路遗宝物，县于道衢，求主还之。鲁国当春大旱，五谷不丰，骓独致雨偏孰。永平十五年，蝗起泰山，流被郡国，过骓界不集。郡因以状闻，诏书以为不然，遣使案行，如言"也。

②《谢承书》曰："弘消息繇赋，政不烦苛。行春天旱，随车致雨。白鹿方道，侠毂而行。弘怪问主簿黄国曰：'鹿为吉为凶？'国拜贺曰：'闻三公车辖画作鹿，明府必为宰相。'"

③乐音五孝反。

出为平原相，[33]征拜侍中。建初八年，代郑众为大司农。旧交阯七郡贡献转运，皆从东冶。①泛海而至，风波艰阻，沈溺相系。弘奏开零陵、桂阳峤道，于是夷通，②至今遂为常路。③在职二年，所息省三亿万计。时岁天下遭旱，边方有警，人食不足，而帑藏殷积。④弘又奏宜省贡献，减徭费，以利饥人。帝顺其议。

①东冶，县，属会稽郡。《太康地理志》云汉武帝名为东冶，后改为东候官，今泉州闽县是。

②峤，岭也。夷，平也。

③今谓范晔时也。

④《说文》曰："帑，金布所藏之府。"

元和元年，代邓彪为太尉。时举将第五伦为司空，[34]班次在下，每正朔朝见，弘曲躬而自卑。帝问知其故，遂听置云母屏风，分隔其间，①由此以为故事。在位四年，[35]奏尚书张林阿附侍中窦宪，而素行臧秽，又上洛阳令杨光，宪之宾客，在官贪残，并不宜处位。书奏，吏与光故旧，因以告之。光报宪，宪奏弘大臣漏泄密事。帝诘让弘，收上印绶。弘自诣廷尉，诏敕出之，因乞骸骨归，未许。病笃，上书陈谢，并言窦宪之短。帝省章，遣医占弘病，比至已卒。临殁悉还赐物，敕妻子褐巾布衣素棺殡殓，以还乡里。

①以云母饰屏风也。

周章字次叔，南阳随人也。①初仕郡为功曹。时大将军窦宪免，封冠军侯就国。章从太守行春到冠军，太守犹欲谒之。章进谏曰："今日公行春，岂可越仪私交。且宪椒房之亲，执倾王室，而退就藩国，祸福难量。明府剖符大臣，千里重任，②举止进退，其可轻乎？"太守不听，遂便升车。章前拔佩刀绝马鞅，于是乃止。及宪被诛，公卿以下多以交关得罪，太守幸免，以此重章。举孝廉，六迁为五官中郎将。延平元年，为光禄勋。

①"叔"或作"升"。
②剖符解见《杜诗传》。

永初元年，代魏霸为太常。其冬，代尹勤为司空。[36]是时中常侍郑众、蔡伦等皆秉执豫政，章数进直言。初，和帝崩，邓太后以皇子胜有痼疾，①不可奉承宗庙，贪殇帝孩抱，养为己子，故立之，以胜为平原王。及殇帝崩，群臣以胜疾非痼，[37]意咸归之，太后以前既不立，恐后为怨，乃立和帝兄清河孝王子祐，[38]是为安帝。章以众心不附，遂密谋闭宫门，诛车骑将军邓骘兄弟及郑众、蔡伦，劫尚书，废太后于南宫，封帝为远国王，②而立平原王〔胜〕。事觉，(胜)策免，[39]章自杀。家无馀财，诸子易衣而出，并日而食。

①痼犹废也。

②遥远之国也。

　　论曰:孔子称"可与立,未可与权"。①权也者,反常者也。②将从反常之事,必资非常之会,③使夫举无违妄,志行名全。周章身非负图之托,④德乏万夫之望,⑤主无绝天之釁,地有既安之埶,⑥而创虑于难图,希功于理绝,不已悖乎!⑦如令君器易以下议,即斗筲必能叨天业,狂夫竖臣亦自奋矣。孟轲有言曰:"有伊尹之心则可,无伊尹之心则篡矣。"⑧於戏,方来之人戒之哉!

①《论语》载孔子之词也。立谓立功立事也。

②《公羊传》曰:"权者何?权者反乎经,然后有善也。"

③会,际也。

④武帝欲立昭帝为太子,乃画周公负成王图赐霍光。

⑤《诗》云:"颙颙昂昂,万夫之望。"

⑥《书》曰"纣自绝于天,结怨于人"也。

⑦悖,逆也。

⑧《孟子》曰:"公孙丑问曰:'伊尹放太甲于桐宫,人大悦。太甲贤,又反之,人大悦。贤者之为人臣也,其君不贤,故可放欤?'"孟子答以此言。

　　赞曰:朱定北州,激成宠尤。觟用降帑,①延感归囚。郑、窦怨偶,代相为仇。②周章反道,小智大谋。③

①帑,虏也。

②《左传》曰:"怨偶曰仇。"

③《易》曰"智小而谋大,力少而任重,鲜不及矣"也。

【校勘记】

〔1〕　闻〔之〕遂大怒　据汲本、殿本补。

〔2〕　临人亲职　《校补》谓此与下"此犹河滨之人",《文选》"人"本作"民",宋本失未改回也。按:下"伯通与吏人语",《文选》"人"亦作"民"。

〔３〕 捐传世之庆祚 《文选》"世"作"叶"。按:《校补》谓此宋本改回之误。

〔４〕 若以子之功论于朝廷 《文选》"功"下有"高"字。按:《校补》谓有"高"字则与上文"以为功高天下"应。

〔５〕 多历年世 《文选》"世"作"所"。按:《校补》谓此亦宋本改回之误。

〔６〕 内听骄妇之失计 按:《文选》"骄"作"娇"。

〔７〕 勿以前事自误 《集解》引惠栋说,谓"误"一作"疑"。按:《文选》作"疑"。

〔８〕 投袂而起 按:"起"原讹"赴",径据汲本、殿本改正。

〔９〕 兵之长帅也 按:"帅"原讹"师",径据汲本、殿本改正。

〔１０〕 (世)〔卅〕六属 《集解》引惠栋说,谓注"世"别本作"卅",音先合反。今按:《通典》卷二十七引后汉督邮板状作"三十六属",则此"世"字当作"卅",因版刻"卅"字往往作"丗",与"卅"形近而误。今据改。

〔１１〕 长水校尉樊(鯈)〔鯈〕 据《樊宏传》改。

〔１２〕 圣主之(力)〔德〕 殿本"力"作"德",与《前书·龚遂传》合,今据改。

〔１３〕 食菜冯城 《刊误》谓"菜"当作"采",音乃为菜耳。今按:菜采通,刘说泥。

〔１４〕 死无以为报(恩) 按:王先谦谓"恩"字当衍,今据删。

〔１５〕 皆〔在〕贼城中 按:《集解》引何焯说,谓"皆"下当有"在"字,今据补。

〔１６〕 皆自髡剔 按:汲本、殿本"髡"作"鬀"。

〔１７〕 保给床席 按:殿本作"保官给床席"。《考证》王会汾谓案文义当云"官给床席","保"字疑衍。又按:王先谦谓今本《东观记》"领南宫吏士"下有"南宫复道多恶风寒老人居之且病痱若向南者多取帷帐东西完塞诸窗望令致密"三十三字,无"保给床席"四字。

〔１８〕 拜子世为黄门侍郎 按:下云"卒,子代嗣"。《刊误》谓世本名代,前拜为郎时作"世",后嗣立时作"代",盖后人见其名,疑"代"以为避太宗讳所改,遂还作"世",而忘其后尚皆作"代"也。今前后不同,遂似两人,当定从一。今按:刘氏以为世即代,甚是,然谓世本名代,则无实证,安知非代本名世邪?

〔１９〕 与太尉东莱刘喜参录尚书事 按:《安帝纪》"喜"作"熹"。

〔２０〕 子代嗣 按:李慈铭谓此名代者,即上拜黄门郎之世也。章怀避太宗讳,改"世"作"代",后之校者又改"代"作"世",而一传之中有改有不改

如此。

〔21〕诏封杨邑侯　按:《刊误》谓"诏"当作"绍"。

〔22〕延率掾(吏)〔史〕　据《刊误》及殿本《考证》改。按:殿本作"延率吏掾史",衍一"吏"字。

〔23〕〔扛〕音江　据汲本、殿本补。

〔24〕太守富宗闻延名　按:《集解》引惠栋说,谓《袁宏纪》作"傅宗"。

〔25〕司徒玉况　殿本改"玉"为"王",有王会汾之考证,谓按《玉篇》,金玉之"玉"鱼录反,点在中画下,其音宿者点在中画上,监本作"玉",今改从"王"。今按:《校补》谓玉自有宿音,《史记·封禅书》公玉带,玉即音肃,不必改字。且《说文》玉本无点,尤不容分玉王为二字。又按:《校补》谓《光武纪》建武二十七年,大司徒玉况薨,诏始令二府去"大",则在二十三年自应仍称大司徒,传脱"大"字。

〔26〕永平十五年蝗虫起泰山　汲本"泰"作"太"。按:范晔避其父范泰讳,"泰"皆作"太",此后人回改也。又按:玉况卒于建武年间,《谢承书》所云永平十五年云云及下章和元年云云,皆误。

〔27〕有新野功曹邓衍　《集解》引惠栋说,谓《东观记》作"邓寅"。按:《校补》谓"寅"当即"演"之误,衍演通作。

〔28〕将三子移居山阴　按:"三"原讹"二",径改正。

〔29〕弘师同郡河东太守焦贶　按:《袁纪》云"事博士焦贶"。

〔30〕迁淮(阴)〔阳〕太守　按:《刊误》谓案汉郡无"淮阴",当是淮阳,此时未为陈国也。今据改。

〔31〕建初〔初〕为尚书令　据王先谦说补。

〔32〕请使郎补千石〔令〕　据《刊误》补。

〔33〕出为平原相　按:《集解》引钱大昭说,谓平原为国,在殇帝建平元年。考建初四年,封皇子全为平春王,未几,王薨国除,此"平原"或"平春"之误。

〔34〕时举将第五伦为司空　"第"原作"弟","五"原作"伍",径改正。按:第与弟五与伍固可通,然一书中姓名宜前后一致也。

〔35〕在位四年　按:张熷谓本纪元和元年八月,弘为太尉,三年四月免,不得云"四年"。

〔36〕其冬代尹勤为司空　按:《校补》引钱大昭说,谓章为司空,《安纪》在永

初元年九月，"冬"当作"秋"。

〔37〕　群臣以胜疾非痼　"痼"原作"锢"，痼锢通，然上文作"痼"，今改归一律。

〔38〕　清河孝王子祐　《刊误》谓案安帝名祜，此作"祐"，字之误也。今按：《范书》"祜"皆作"祐"，或范氏别有所讳欤？

〔39〕　而立平原王〔胜〕事觉（胜）策免　按：黄山谓"胜"字当在"事觉"上。《安纪》永初元年"司空周章密谋废立，策免自杀"，《平原怀王胜传》，延平元年封，八年薨，与纪合，则胜无策免事，诸王之废亦不得为策免，此策免自属章也。今据改。

后汉书卷三十四

梁统列传第二十四

子松 竦 曾孙商 玄孙冀

梁统字仲宁,安定乌氏人,晋大夫梁益耳,即其先也。①统高祖父子都,自河东迁居北地,子都子桥,②以赀千万徙茂陵,至哀、平之末,归安定。

①《东观记》曰:"其先与秦同祖,出于伯益,别封于梁。"梁益耳见《左传》。氏音支。

②《东观记》,桥子溥。溥子延,以明军谋特除西域司马。延生统。

统性刚毅而好法律。初仕州郡。更始二年,召补中郎将,使安集凉州,拜酒泉太守。会更始败,赤眉入长安,统与窦融及诸郡守起兵保境,谋共立帅。初以位次,咸共推统,统固辞曰:"昔陈婴不受王者,以有老母也。①今统内有尊亲,又德薄能寡,诚不足以当之。"遂共推融为河西大将军,更以统为武威太守。为政严猛,威行邻郡。

①《前书》曰,陈婴故东阳令史,少年杀其令,相聚数千人,乃请立婴为王。婴母谓曰:"吾自为汝家妇,〔1〕闻先故未尝贵,今暴得大名,不祥,不如有所属。"婴乃不敢为王。

建武五年,统等各遣使随窦融长史刘钧诣阙奉贡,愿得诣行在所,诏加统宣德将军。八年夏,光武自征隗嚣,统与窦融等将兵会车驾。及嚣败,封统为成义侯,〔2〕同产兄巡、从弟腾并为关内侯,拜腾酒泉典农都尉,〔3〕悉遣还河西。十二年,统与融等俱诣京师,以列侯奉朝请,更封高山侯,拜太中大夫,除四子为郎。

统在朝廷，数陈便宜。以为法令既轻，下奸不胜，宜重刑罚，以遵旧典，乃上疏曰：

臣窃见元哀二帝轻殊死之刑以一百二十三事，手杀人者减死一等，①自是以后，著为常准，故人轻犯法，吏易杀人。

①《东观记》曰："元帝初元五年，轻殊死刑三十四事，哀帝建平元年，轻殊死刑八十一事，其四十二事手杀人者减死一等。"

臣闻立君之道，仁义为主，仁者爱人，义者政理，爱人以除残为务，政理以去乱为心。刑罚在衷，无取于轻，是以五帝有流、殛、放、杀之诛，①三王有大辟、刻肌之法。②故孔子称"仁者必有勇"，③又曰"理财正辞，禁民为非曰义"。④高帝受命诛暴，平荡天下，约令定律，诚得其宜。⑤文帝宽惠柔克，遭世康平，⑥唯除省肉刑、相坐之法，它皆率由，无革旧章。⑦武帝值中国隆盛，财力有馀，征伐远方，军役数兴，豪桀犯禁，奸吏弄法，故重首匿之科，著知从之律，⑧以破朋党，以惩隐匿。宣帝聪明正直，总御海内，臣下奉宪，无所失坠，因循先典，天下称理。至哀、平继体，而即位日浅，听断尚寡，丞相王嘉轻为穿凿，亏除先帝旧约成律，⑨数年之间，百有馀事，或不便于理，或不厌民心。谨表其尤害于体者傅奏于左。⑩

①唐尧时流共工，放驩兜，(服)〔杀〕三苗，〔四〕殛鲧。尧为五帝之一，故举言焉。

②大辟，罪之大者，谓死刑也。刻肌谓墨、劓、膑、刖。

③《论语》载孔子之言也。五帝、三王皆以仁义而化，而能用肉刑以正俗，是为勇也。

④《易·系词》曰："何以守位？曰仁。何以聚人？曰财。理财正辞，禁人为非曰义。"《系词》亦孔子作，故称"又曰"。

⑤高祖定天下，使萧何次律令。

⑥克，能也。言以和柔能理俗也。《尚书》曰"高明柔克"也。

⑦秦法，一人有罪，(并)〔坐〕其家室。〔五〕文帝除肉刑并相坐律令，馀则仍旧不改。

⑧凡首匿者，为谋首，臧匿罪人。〔六〕至宣帝时，除子匿父母，妻匿夫，孙匿大父母罪，馀至殊死上请。知纵谓见知故纵，武帝时立见知故纵之罪，使张汤等

著律,并见《前书》也。

⑨王嘉字公仲,平陵人。案《嘉传》及《刑法志》并无其事,统与嘉时代相接,所引故不妄矣,但班固略而不载也。

⑩体,政体也。傅音附。

伏惟陛下包元履德,权时拨乱,①功逾文武,德侔高皇,诚不宜因循季末衰微之轨。回神明察,考量得失,宜诏有司,详择其善,定不易之典,施无穷之法,天下幸甚。

①拨,理也。《公羊传》曰:“拨乱代反之正。”

事下三公、廷尉,议者以为隆刑峻法,非明王急务,施行日久,岂一朝所厘。①统今所定,不宜开可。〔7〕

①厘犹改也。

统复上言曰:“有司以臣今所言,不可施行。寻臣之所奏,非曰严刑。窃谓高帝以后,至乎孝宣,其所施行,多合经传,宜比方今事,验之往古,聿遵前典,事无难改,不胜至愿。愿得召见,若对尚书近臣,口陈其要。”帝令尚书问状,统对曰:

闻圣帝明王,制立刑罚,故虽尧舜之盛,犹诛四凶。经曰:“天讨有罪,五刑五庸哉。”①又曰:“爰制百姓于刑之衷。”②孔子曰:“刑罚不衷,则人无所厝手足。”③〔8〕衷之为言,不轻不重之谓也。《春秋》之诛,不避亲戚,④所以防患救乱,全安众庶,岂无仁爱之恩,贵绝残贼之路也?

①《尚书·皋繇谟》之词也。庸,用也。言天以五刑讨有罪,用五刑必当也。

②《尚书·吕刑》云:“士制百姓于刑之中。”孔安国注云:“皋繇作士,制百官于刑之中。”此作“爰”,爰,于也,义亦通。衷音丁仲反,下同也。

③厝,置也。

④《左传》曰:“大义灭亲。”又曰:“周公杀管叔,夫岂不爱,王室故也。”

自高祖之兴,至于孝宣,君明臣忠,谟谋深博,犹因循旧章,不轻改革,海内称理,断狱益少。至初元、建平,所减刑罚百有馀条,①而盗贼浸多,岁以万数。间者三辅从横,群辈并起,②至燔烧茂陵，火见未央。其后陇西、北地、西河之贼，越州度郡，万里交结，攻取库兵，劫略吏人，诏书讨捕，连年不获。③是时以天下无难，百姓安平，而狂狡之埶，犹至于此，皆刑罚不衷，愚人易犯之所致也。

①初元，元帝年也。建平，哀帝年也。

②从音子用反，横音户盂反。

③《东观记》统对尚书状曰"元寿二年，三辅盗贼群辈并起，至燔烧茂陵都邑，烟火见未央宫，前代〔所〕未尝(所)有。〔9〕其后陇西新兴，〔10〕北地任横、任(崔)〔崔〕，〔11〕西河(曹)〔漕〕况，〔12〕越州度郡，万里交结，或从远方，四面会合，遂攻取库兵，劫略吏人，国家开封侯之科，以军法追捕，仅能破散"也。

由此观之，则刑轻之作，反生大患；惠加奸轨，而害及良善也。故臣统愿陛下采择贤臣孔光、师丹等议。①

①孔光字子夏，师丹字公仲，并哀帝时丞相。光明习汉制及法令，丹初以论议深博，征入为光禄大夫，皆有议，见《前书》。

议上，遂寝不报。①

①上音时掌反。

后出为九江太守，定封陵乡侯。〔13〕统在郡亦有治迹，吏人畏爱之。卒于官。子松嗣。

松字伯孙，少为郎，尚光武女舞阴长公主，再迁虎贲中郎将。松博通经书，明习故事，与诸儒修明堂、辟廱、郊祀、封禅礼仪，常与论议，宠幸莫比。光武崩，受遗诏辅政。永平元年，迁太仆。

松数为私书请托郡县，二年，发觉免官，遂怀怨望。四年冬，乃县飞书诽谤，下狱死，国除。①

①飞书者，无根而至，若飞来也，即今匿名书也。

子扈，后以恭怀皇后从兄，永元中，擢为黄门侍郎，历位卿、校尉。温恭谦让，亦敦《诗》、《书》。永初中，为长乐少府。松弟竦。

竦字叔敬，少习《孟氏易》，①弱冠能教授。后坐兄松事，与弟恭俱徙九真。既徂南土,历江、湖,济沅、湘,②感悼子胥、屈原以非辜沈身,乃作《悼骚赋》,系玄石而沈之。③

①孟喜字长卿,东海人,见《前书》。

②湖谓洞庭湖,在今岳州。《水经》云沅〔水〕出牂柯且兰县,〔14〕注云入洞庭,会于江。湘水出零陵始安县阳海山,至巴丘入于江。

③《东观记》载其文曰:"彼仲尼之佐鲁兮,先严断而后弘衍。虽离谗以鸣邑兮,卒暴诛于两观。殷伊尹之协德兮,暨太甲而俱宁。岂齐量其几微兮,徒信己以荣名。虽吞刀以奉命兮,〔15〕抉目眦于门间。吴荒萌其已殖兮,可信颜于王庐?图往镜来兮,关北在篇。〔16〕君名既泯没兮,后辟亦然。屈平濯德兮,絜显芬香。句践罪种兮,越嗣不长。重耳忽推兮,六卿卒强。赵殒鸣犊兮,秦人入疆。乐毅奔赵兮,燕亦是丧。武安赐命兮,昭以不王。蒙宗不幸兮,长平颠荒。范父乞身兮,楚项不昌。何尔生不先后兮,推洪勋以退迈。〔17〕服荔裳如朱绂兮,骋鸾路于奔濑。历苍梧之崇丘兮,宗虞氏之俊乂。临众渎之神林兮,东敕职于蓬碣。祖圣道而垂典兮,褒忠孝以为珍。既匡救而不得兮,必殒命而后仁。惟贾傅其违指兮,何杨生之欺真。〔18〕彼皇麟之高举兮,熙太清之悠悠。临岷川以怆恨兮,指丹海以为期。"

显宗后诏听还本郡,竦闭门自养,以经籍为娱,著书数篇,名曰《七序》。班固见而称曰:"孔子著《春秋》而乱臣贼子惧,①梁竦作《七序》而窃位素餐者惭。"性好施,不事产业。长嫂舞阴公主赡给诸梁,亲疏有序,特重敬竦,虽衣食器物,必有加异。竦悉分与亲族,自无所服。②

①《左传》:"书齐豹曰盗,三叛人名,以惩不义。善人劝焉,淫人惧焉。"《孟子》云:"仲尼成《春秋》,乱臣贼子惧。"

②服犹用也。

竦生长京师,不乐本土,自负其才,郁郁不得意。尝登高远望,叹息言曰:"大丈夫居世,生当封侯,死当庙食。①如其不然,闲居可以养志,《诗》、《书》足以自娱,州郡之职,徒劳人耳。"后辟命交至,并无所就。有三男三女,〔19〕肃宗纳其二女,皆为贵人。小贵人生和帝,窦皇后养以为子,而竦家私相庆。后诸窦闻之,恐梁氏得志,终为己害,建初八年,遂谮杀二贵人,而陷竦等以恶逆。诏使汉阳太守郑据传考竦罪,死狱中,家属复徙九真。辞语连及舞阴公主,坐徙新城,使者护守。② 宫省事密,莫有知和帝梁氏生者。

①《礼记》曰:"诸侯五庙,卿大夫三庙,士一庙。"

②新城,今洛州伊阙县也。

永元九年,窦太后崩,松子扈遣从兄禋① 奏记三府,[20] 以为汉家旧典,崇贵母氏,而梁贵人亲育圣躬,不蒙尊号,求得申议。② 太尉张酺引禋讯问事理,会后召见,因白禋奏记之状。帝感恸良久,曰:"于君意若何?"酺对曰:"《春秋》之义,母以子贵。③ 汉兴以来,母氏莫不隆显,臣愚以为宜上尊号,追慰圣灵,存录诸舅,以明亲亲。"帝悲泣曰:"非君孰为朕思之!"会贵人姊南阳樊调妻嫕④ 上书自讼曰:"妾同产女弟贵人,前充后宫,蒙先帝厚恩,德见宠幸。皇天授命,诞生圣明。而为窦宪兄弟所见谮诉,使妾父竦冤死牢狱,骸骨不掩。老母孤弟,远徙万里。独妾遗脱,逸伏草野,常恐没命,无由自达。今遭值陛下神圣之运,亲统万机,群物得所。宪兄弟奸恶,既伏辜诛,海内旷然,各获其宜。妾得苏息,拭目更视,乃敢昧死自陈所天。⑤ 妾闻太宗即位,薄氏蒙荣;⑥ 宣帝继统,史族复兴。⑦ 妾门虽有薄、史之亲,独无外戚馀恩,诚自悼伤。妾父既冤,不可复生,母氏年殊七十,⑧ 及弟棠等,远在绝域,不知死生。愿乞收竦朽骨,使母弟得归本郡,则施过天地,存殁幸赖。"帝览章感悟,乃下中常侍、掖庭令验问之,嫕辞证明审,遂得引见,具陈其状。乃留嫕止宫中,连月乃出,赏赐衣被钱帛第宅奴婢,旬月之间,累资千万。嫕素有行操,帝益爱之,加号梁夫人;[21] 擢樊调为羽林左监。调,光禄大夫宏兄曾孙也。⑨

①禋,古"禅"字也。

②求申理而议之也。

③解见《光武纪》。

④嫕音于计反。

⑤臣以君为天,故云"所天"。

⑥文帝即位,尊薄太后为皇太后,封弟昭为轵侯。太后母前死栎阳,乃追尊太

后父为灵文侯,会稽郡置园邑三百家,栎阳亦置灵文夫人园,令如灵文侯园仪也。

⑦史良娣,宣帝祖母也。宣帝初生,母王夫人死,无所归,史良娣母贞君养视焉。宣帝即位,以旧恩封史恭三子,高为乐陵侯,曾为将陵侯,玄为平台侯。

⑧殊犹过也。

⑨宏,光武舅也。

于是追尊恭怀皇后。其冬,制诏三公、大鸿胪曰:"夫孝莫大于尊尊亲亲,其义一也。①《诗》云:'父兮生我,母兮鞠我,抚我畜我,长我育我,顾我复我,出入腹我。欲报之德,昊天罔极。'②朕不敢兴事,览于前世,太宗、中宗,实有旧典,③追命外祖,以笃亲亲。其追封谥皇太后父竦为褒亲愍侯,比灵文、顺成、〔恩成〕侯。④〔22〕魂而有灵,嘉斯宠荣,好爵显服,以慰母心。"遣中谒者与嫂及扈,备礼西迎竦丧,⑤诣京师改殡,赐东园画棺、玉匣、衣衾,⑥建茔于恭怀皇后陵傍。帝亲临送葬,百官毕会。

①《礼记》曰:"上正祖祢,尊尊也。下正子孙,亲亲也。"

②《诗·小雅》也。毛苌注云:"鞠,养也。腹,厚也。"郑玄注云:"畜,起也。育,覆育也。顾,旋视也。复,反覆也。腹,怀抱也。极,已也。欲报父母之德,昊天乎,我心无已也。"

③太宗,文帝也。中宗,宣帝也。

④昭帝母赵婕妤,帝即位,追封婕妤父为顺成侯,宣帝追封母王夫人父迺始为恩成侯,各置园庙也。

⑤竦死汉阳狱,故西迎也。

⑥东园,署名,主知棺椁。《汉仪注》,王侯葬,腰已下玉为札,长尺,广二寸半;为匣,下至足,缀以黄金镂为之。"匣"字或作"柙"也。

征还竦妻子,封子棠为乐平侯,棠弟雍乘氏侯,雍弟翟单父侯,邑各五千户,位皆特进,赏赐第宅奴婢车马兵弩什物以巨万计,宠遇光于当世。诸梁内外以亲疏并补郎、谒者。

棠官至大鸿胪,雍少府。棠卒,子安国嗣,延光中为侍中,有罪免官,诸梁为郎吏者皆坐免。

商字伯夏，雍之子也。少以外戚拜郎中，迁黄门侍郎。永建元年，袭父封乘氏侯。三年，顺帝选商女及妹入掖庭，迁侍中、屯骑校尉。阳嘉元年，女立为皇后，妹为贵人，加商位特进，更增国土，赐安车驷马，其岁拜执金吾。二年，封子冀为襄邑侯，商让不受。三年，以商为大将军，固称疾不起。四年，使太常桓焉奉策就第即拜，商乃诣阙受命。明年，夫人阴氏薨，追号开封君，①赠印绶。

①开封，县，故城在今汴州浚仪县南。

商自以戚属居大位，每存谦柔，虚己进贤，辟汉阳巨览、上党陈龟为掾属，李固、周举为从事中郎，于是京师翕然，称为良辅，帝委重焉。①每有饥馑，辄载租谷于城门，赈与贫馁，不宣己惠。检御门族，未曾以权盛干法。而性慎弱无威断，颇溺于内竖。以小黄门曹节等用事于中，遂遣子冀、不疑与为交友，然宦者忌商宠任，反欲陷之。永和四年，中常侍张逵、蘧政，内者令石光，②尚方令傅福，冗从仆射杜永连谋，共谮商及中常侍曹腾、孟贲，云欲征诸王子，图议废立，请收商等案罪。帝曰："大将军父子我所亲，腾、贲我所爱，必无是，但汝曹共妒之耳。"逵等知言不用，惧迫，遂出矫诏收缚腾、贲于省中。帝闻震怒，敕宦者李歙急呼腾、贲释之，收逵等，悉伏诛。辞所连染及在位大臣，商惧多侵枉，乃上疏曰："《春秋》之义，功在元帅，罪止首恶，③故赏不僭溢，刑不淫滥，五帝、三王所以同致康乂也。④窃闻考中常侍张逵等，辞语多所牵及。大狱一起，无辜者众，死囚久系，纤微成大，⑤非所以顺迎和气，平政成化也。⑥宜早讫竟，以止逮捕之烦。"⑦帝乃纳之，罪止坐者。

①《东观汉记》："商少持《韩诗》，兼读众书传记，天资聪敏，昭达万情。〔23〕举措动作，直推雅性，务在诚实，不为华饰。孝友著于闾阈，明信结于友朋。其在朝廷，俨恪矜严，威而不猛。退食私馆，接宾待客，宽和肃敬。忧人之忧，乐人之乐，皆若在己。轻财货，不为蓄积，故衣裳裁足卒岁，奴婢车马供用而已。朝廷由是敬惮委任焉。"

②内者，署名，令一人，秩六百石，属少府，见《汉官仪》也。

③《春秋经》书"虞师、晋师灭下阳"。《公羊传》曰："虞，微国也，曷为序于大国

之上？使虞首恶也。曷为(序)〔使〕虞首恶？〔24〕虞受赂，假灭国者道，以取亡焉。”

④《左传》曰：“善为国者，赏不僭而刑不滥。赏僭则惧及淫人，刑滥则惧及善人。若不幸而过，宁僭无滥。”

⑤言久系，则细微之事引率而成大也。

⑥《礼记·月令》“孟春之月，天子亲帅三公、九卿、诸侯、大夫，以迎春于东郊，命相布德和令，行庆施惠，下及兆人”也。

⑦逮，及也，辞所连及即追捕之也。

六年秋，商病笃，敕子冀等曰：“吾以不德，享受多福。生无以辅益朝廷，死必耗费帑臧，衣衾饭唅玉匣珠贝之属，何益朽骨。①百僚劳扰，纷华道路，只增尘垢，虽云礼制，亦有权时。②方今边境不宁，盗贼未息，岂宜重为国损！气绝之后，载至冢舍，即时殡敛。敛以时服，皆以故衣，无更裁制。殡已开冢，冢开即葬。祭食如存，无用三牲。孝子善述父志，不宜违我言也。”③及薨，帝亲临丧，诸子欲从其诲，朝廷不听，赐以东园朱寿(之)器、银镂、黄肠、玉匣、什物二十八种，④钱二百万，布三千匹。皇后钱五百万，布万匹。及葬，赠轻车介士，⑤赐谥忠侯。中宫亲送，帝幸宣阳亭，⑥瞻望车骑。⑦

①唅，口实也。《白虎通》曰“大夫饭以玉，唅以贝；士饭以珠，唅以贝”也。

②权时谓不依礼也。

③《礼记》曰：“孝子善述父之志，善成人之事。”

④寿器，棺也，以朱饰之，以银镂之。《前书音义》曰“以柏木黄心为椁，曰黄肠”也。

⑤轻车，兵车也。介士，甲士也。

⑥每城门皆有亭，即宣阳门之亭也。

⑦《东阳记》云：“初，帝作诔曰‘敦云忠侯，不闻其音。背去国家，都兹玄阴。幽居冥冥，靡所且穷’也。”

子冀嗣。

冀字伯卓〔25〕。为人鸢肩豺目，①洞精䀮眄，②口吟舌言，③裁能书计。少为贵戚,逸游自恣。性嗜酒,能挽满、弹棋、④格五、⑤六博、⑥蹴鞠、⑦意钱之戏,⑧又好臂鹰走狗,骋马斗鸡。初为黄门侍郎,转侍中,虎贲中郎将,越骑、步兵校尉,执金吾。

①鸢,鸱也,鸱肩上竦也。豺目,目竖也。

②洞,通也。眈音它荡反。《说文》:"目精直视。"

③谓语吃不能明了。

④挽满犹引强也。《蓺经》曰:"弹棋,两人对局,白黑棋各六枚,先列棋相当,更先弹也。其局以石为之。"

⑤《前书》吾丘寿王善格五。《音义》云:"簺也,音苏代反。"《说文》曰:"簺,行棋相塞谓之簺。"鲍宏《簺经》曰:"簺有四采,塞、白、乘、五是也。至五即格,不得行,故谓之格五。"

⑥《楚词》曰:"琨蔽象棋有六博。"王逸注云:"投六著,行六棋,故云六博。"鲍宏《博经》曰:"用十二棋,六棋白,六棋黑。所掷头谓之琼。琼有五采,刻为一画者谓之塞,刻为两画者谓之白,刻为三画者谓之黑,一边不刻者五塞之间,谓之五塞。"

⑦刘向《别录》曰:"蹴鞠者,传言黄帝所作,或曰起战国之时。蹋鞠,兵埶也,所以讲武知有材也。"

⑧何承天《纂文》曰:"诡亿一曰射意,一曰射数,即摊钱也。"

永和元年,拜河南尹。冀居职暴恣,多非法,父商所亲客洛阳令吕放,颇与商言及冀之短,商以让冀,冀即遣人于道刺杀放。而恐商知之,乃推疑于放之怨仇,请以放弟禹为洛阳令,①使捕之,尽灭其宗亲、宾客百馀人。

①安慰放家,欲以灭口。

商薨未及葬,顺帝乃拜冀为大将军,弟侍中不疑为河南尹。

及帝崩,冲帝始在襁褓,太后临朝,诏冀与太傅赵峻、太尉李固参录尚书事。冀虽辞不肯当,而侈暴滋甚。

冲帝又崩,冀立质帝。帝少而聪慧,知冀骄横,尝朝群臣,目冀曰:"此跋扈将军也。"①冀闻,深恶之,遂令左右进鸩加煮饼,帝即日崩。

①跋扈犹强梁也。

复立桓帝,而枉害李固及前太尉杜乔,海内嗟惧,语在《李固传》。建和元年,益封冀万三千户,增大将军府举高第茂才,官属倍于三公。①又封不疑为颍阳侯,不疑弟蒙西平侯,冀子胤襄邑侯,各万户。和平元年,重增封冀万户,并前所袭合三万户。

①《汉官仪》,三公府有长史一人,司徒府掾属三十一人,令史及御属三十六人也。

弘农人宰宣素性佞邪,欲取媚于冀,乃上言大将军有周公之功,今既封诸子,则其妻宜为邑君。诏遂封冀妻孙寿为襄城君,兼食阳翟租,岁入五千万,加赐赤绂,比长公主。①寿色美而善为妖态,作愁眉,啼粧,堕马髻,折腰步,龋齿笑,②以为媚惑。冀亦改易舆服之制,作平上轺车,③埤帻,狭冠,④折上巾,⑤拥身扇,⑥狐尾单衣。⑦寿性钳忌,⑧能制御冀,冀甚宠惮之。

①长公主仪服同藩王,解见皇后纪。

②《风俗通》曰:“愁眉者,细而曲折。啼粧者,薄拭目下若啼处。堕马髻者,侧在一边。折腰步者,足不任体。〔26〕龋齿笑者,若齿痛不忻忻。始自冀家所为,京师翕然皆放效之。”龋音丘禹反。

③郑玄注《周礼》云:“轺犹屏也,所用自蔽隐也。”《苍颉篇》云:“衣车也,形制上平。”异于常也。

④埤,下也,音频尔反,一音皮彼反。

⑤盖折其巾之上角也。

⑥大扇也。

⑦后裾曳地,若狐尾也。

⑧钳,𨥘也。言性忌害,如钳之𨥘物也。𨥘音女辄反。

初,父商献美人友通期于顺帝,①通期有微过,帝以归商,商不敢留而出嫁之,冀即遣客盗还通期。会商薨,冀行服,于城西私与之居。寿伺冀出,多从仓头,篡取通期归,截发刮面,笞掠之,欲上书告其事。冀大恐,顿首请于寿母,寿亦不得已而止。冀犹复与私通,生子伯玉,匿不敢出。寿寻知之,使子胤诛灭友氏。冀虑寿害伯玉,常置复壁中。冀爱监奴秦宫,官至太仓令,得出入寿所。寿见宫,辄屏御者,托以言事,因与私焉。宫内外兼宠,威权大震,刺史、二千石皆谒辞之。

①友,姓也。《东观记》"友"作"支"。

冀用寿言,多斥夺诸梁在位者,外以谦让,而实崇孙氏宗亲。冒名而为侍中、卿、校尉、郡守、长吏者十馀人,皆贪叨凶淫,各遣私客籍属县富人,被以它罪,①闭狱掠拷,使出钱自赎,赀物少者至于死徙。扶风人士孙奋居富而性吝,冀因以马乘遗之,②从贷钱五千万,奋以三千万与之,〔27〕冀大怒,乃告郡县,认奋母为其守臧婢,云盗白珠十斛、紫金千斤以叛,遂收考奋兄弟,死于狱中,悉没赀财亿七千馀万。

①籍谓疏录之也。

②挚虞《三辅决录注》曰"士孙奋字景卿,少为郡五官掾起家,得钱赀至一亿七千万,富闻京师"也。

其四方调发,岁时贡献,皆先输上第于冀,①乘舆乃其次焉。吏人赍货求官请罪者,道路相望。冀又遣客出塞,交通外国,广求异物。因行道路,发取(妓)〔伎〕女御者,〔28〕而使人复乘执横暴,妻略妇女,殴击吏卒,所在怨毒。

①上第,第一也。

冀乃大起第舍,而寿亦封街为宅,殚极土木,互相夸竞。堂寝皆有阴阳奥室,①连房洞户。②柱壁雕镂,加以铜漆;窗牖皆有绮疏青琐,③图以云气仙灵。台阁周通,更相临望;飞梁石蹬,陵跨水道。④金玉珠玑,异方珍怪,充积臧室。远致汗血名马。又广开园囿,采土筑山,十里九坂,以像二崤,⑤深林绝涧,有若自然,奇禽驯兽,飞走其间。冀寿共乘辇车,张羽盖,饰以金银,游观第内,多从倡伎,〔29〕鸣钟吹管,酣讴竟路。或连继日夜,以骋娱恣。客到门不得通,皆请谢门者,门者累千金。又多拓林苑,禁同王家,西至弘农,东界荥阳,南极鲁阳,北达河、淇,包含山薮,远带丘荒,周旋封域,殆将千里。又起菟苑于河南城西,经亘数十里,发属县卒徒,缮修楼观,数年乃成。移檄所在,调发生菟,刻其毛以为识，人有犯者，罪至刑死。尝有西域贾胡，不知禁忌，误杀一兔，转相告言，坐死者十馀人。冀二弟尝私遣人出猎上党，冀闻而捕其宾客，一时杀三十馀人，无生还者。冀又起别第于城西，以纳奸亡。或取良人，悉为奴婢，至数千人，名曰"自卖人"。

①奥，深室也。

②洞，通也，谓相当也。

③牖，小窗也。绮疏谓镂为绮文。青琐谓刻为琐文，而以青饰之也。

④架虚为桥若飞也。

⑤二崤，山，在今洛州永宁县西北。

元嘉元年，帝以冀有援立之功，欲崇殊典，乃大会公卿，共议其礼。于是有司奏冀入朝不趋，剑履上殿，谒赞不名，礼仪比萧何；①悉以定陶、(阳)成〔阳〕馀户增封为四县，〔30〕比邓禹；②赏赐金钱、奴婢、彩帛、车马、衣服、甲第，比霍光：以殊元勋。每朝会，与三公绝席。③十日一入，平尚书事。④宣布天下，为万世法。冀犹以所奏礼薄，意不悦。专擅威柄，凶恣日积，机事大小，莫不谘决之。宫卫近侍，并所亲树，⑤禁省起居，纤微必知。百官迁召，皆先到冀门笺檄谢恩，然后敢诣尚书。下邳人吴树为宛令，之官辞冀，冀宾客布在县界，以情托树。树对曰："小人奸蠹，比屋可诛。明将军以椒房之重，处上将之位，宜崇贤善，以补朝阙。宛为大都，士之渊薮，自侍坐以来，未闻称一长者，而多托非人，诚非敢闻！"冀嘿然不悦。树到县，遂诛杀冀客为人害者数十人，由是深怨之。树后为荆州刺史，临去辞冀，冀为设酒，因鸩之，树出，死车上。又辽东太守侯猛，初拜不谒，冀托以它事，乃腰斩之。

①事见《王莽传》也。

②冀初封襄邑，袭封乘氏，更以定陶、(阳)成〔阳〕(是)〔足〕四县。〔31〕

③绝席，别也。

④谓平议也。

⑤树，置也。

时郎中汝南袁著，年十九，见冀凶纵，不胜其愤，乃诣阙上书曰："臣闻仲尼叹凤鸟不至，河不出图，自伤卑贱，不能致也。今陛下居得致之位，又有能致之资，①而和气未应，贤愚失序者，执分权臣，上下壅隔之故也。夫四时之运，功成则退，②高爵厚宠，鲜不致灾。今大将军位极功成，可为至戒，宜遵悬车之礼，高枕颐神。③传曰：‘木实繁者，披枝害心。’若不抑损权盛，将无以全其身矣。左右闻臣言，将侧目切齿，臣特以童蒙见拔，故敢忘忌讳。昔舜、禹相戒无若丹朱，④周公戒成王无如殷王纣，⑤愿除诽谤之罪，以开天下之日。”书得奏御，冀闻而密遣掩捕著。著乃变易姓名，后托病伪死，结蒲为人，市棺殡送。冀廉问知其诈，⑥阴求得，笞杀之，隐蔽其事。学生桂阳刘常，当世名儒，素善于著，冀召补令史以辱之。时太原郝絜、胡武，皆危言高论，⑦与著友善。先是絜等连名奏记三府，荐海内高士，而不诣冀，冀追怒之，又疑为著党，敕中都官移檄捕前奏记者并杀之，遂诛武家，死者六十馀人。絜初逃亡，知不得免，因舆榇奏书冀门。书入，仰药而死，家乃得全。及冀诛，有诏以礼祀著等。冀诸忍忌，皆此类也。

① 此董仲舒对策之词，著引而略之也。

② 《易·系辞》曰：“寒往则暑来，暑往则寒来，寒暑相推，而岁（功）成焉。”〔32〕《老子》曰：“功成名遂身退，天之道也。”

③ 薛广德为御史大夫，乞骸骨，赐安车四马，悬其安车传子孙。欲令冀遵致仕之礼也。

④ 《尚书》禹谓帝舜曰：“亡若丹朱傲，惟慢游是好。”

⑤ 《尚书》周公戒成王曰：“无若殷王受之迷乱，酗于酒德哉！”

⑥ 廉，察也。

⑦ 危亦高，谓峻也。

不疑好经书，善待士，冀阴疾之，因中常侍白帝，转为光禄勋。又讽众人共荐其子胤为河南尹。〔33〕胤一名胡狗，时年十六，容貌甚陋，不胜冠带，道路见者，莫不蚩笑焉。不疑自耻兄弟有隙，遂让位归第，与弟蒙闭门自守。冀不欲令与宾客交通，阴使人变服至门，记往来者。南郡太守马融、江夏太守田明，初除，过谒不疑，冀讽州郡以它事陷之，皆髡笞徙朔方。融自刺不殊，明遂死于路。

永兴二年，封不疑子马为颍阴侯，胤子桃为城父侯。〔34〕冀一门前后七封侯，三皇后，六贵人，二大将军，夫人、女食邑称君者七人，尚公主者三人，其馀卿、将、尹、校五十七人。在位二十馀年，穷极满盛，威行内外，百僚侧目，莫敢违命，天子恭己而不得有所亲豫。

帝既不平之。延熹元年，太史令陈授因小黄门徐璜，〔35〕陈灾异日食之变，咎在大将军，冀闻之，讽洛阳〔令〕收考授，〔36〕死于狱。帝由此发怒。

初，掖庭人邓香妻宣生女猛，①香卒，宣更适梁纪。梁纪者，冀妻寿之舅也。寿引进猛入掖庭，见幸，为贵人，冀因欲认猛为其女以自固，乃易猛姓为梁。时猛姊婿邴尊为议郎，冀恐尊沮败宣意，②乃结刺客于偃城，刺杀尊，而又欲杀宣。宣家在延熹里，与中常侍袁赦相比。③冀使刺客登赦屋，欲入宣家。赦觉之，鸣鼓会众以告宣。宣驰入以白帝，帝大怒，遂与中常侍单超、具瑗、唐衡、左悺、徐璜等五人成谋诛冀。语在《宦者传》。

①香盖掖庭署人之名也。

②沮，坏也。恐尊坏败宣意，不从其改梁姓也。

③相邻比也。

冀心疑超等，乃使中黄门张恽入省宿，以防其变。具瑗敕吏收恽，以辄从外入，欲图不轨。帝因是御前殿，召诸尚书入，发其事，使尚书令尹勋持节勒丞郎以下皆操兵守省阁，敛诸符节送省中。使黄门令具瑗将左右厩骢、①虎贲、羽林、都候剑戟士，②合千馀人，与司隶校尉张彪共围冀第。使光禄勋袁盱③持节收冀大将军印绶，徙封比景都乡侯。冀及妻寿即日皆自杀。悉收子河南尹胤、叔父屯骑校尉让，及亲从卫尉淑、越骑校尉忠、长水校尉戟等，诸梁及孙氏中外宗亲送诏狱，无长少皆弃市。不疑、蒙先卒。其它所连及公卿列校刺史二千石死者数十人，故吏宾客免黜者三百馀人，朝廷为空，唯尹勋、袁盱及廷尉邯郸义在焉。是时事卒从中发，④使者交驰，公卿失其度，官府市里鼎沸，数日乃定，百姓莫不称庆。

　　①骁,骑士也。

　　②《续汉志》曰“左右都候各一人,秩六百石,主剑戟士,徼循宫中及天子有所
　　　收考”也。

　　③音吁。

　　④卒音七讷反。

收冀财货,县官斥卖,合三十馀万万,以充王府,用减天下税租之半。散其苑囿,以业穷民。录诛冀功者,封尚书令尹勋以下数十人。

论曰:顺帝之世,梁商称为贤辅,岂以其地居亢满,而能以愿谨自终者乎?①夫宰相运动枢极,感会天人,②中于道则易以兴政,乖于务则难乎御物。商协回天之执,属凋弱之期,而匡朝恤患,未闻上术,憔悴之音,载谣人口。虽舆粟盈门,何救阻饥之厄;③永言终制,未解尸官之尤。④况乃倾侧孽臣,⑤传宠凶嗣,以至破家伤国,而岂徒然哉!

　　①亢,上极之名也。愿,悫也。

　　②枢谓斗枢也,极,北极也。

　　③阻,难也。《书》曰“黎人阻饥”也。

　　④尸官犹尸禄。终制谓薄葬也。

　　⑤商遣冀、不疑与曹节等为交友也。

赞曰:河西佐汉,统亦定算。①褒亲幽愤,升高累叹。商恨善柔,冀遂贪乱。②

　　①谓统初与窦融定计归光武。

　　②善柔,失刑断之道也。

【校勘记】

〔1〕　吾自为汝家妇　按:《刊误》谓“吾自为”案《前书》云“自吾为”。

〔2〕　封统为成义侯　按:张熷谓“成义”当为“义成”。义成,世祖时属沛,后

属九江郡，他郡无此名。

〔3〕 拜腾酒泉典农都尉　按：《校补》引侯康说，谓两汉但称农都尉，曹操始加“典”字，此误以后世官名称之。

〔4〕 (服)〔杀〕三苗　据汲本、殿本改。按：正文言“有流殛放杀之诛”，明“服”字讹，当作“杀”。

〔5〕 (并)〔坐〕其家室　据殿本改。

〔6〕 凡首匿者为谋首臧匿罪人　按：汲本作“凡首匿者为谋自藏匿罪人”，殿本作“凡首匿者每为谋自藏匿罪人”。

〔7〕 不宜开可　按：张熷谓《晋书·刑法志》作“不可开许”为是。

〔8〕 刑罚不衷则人无所厝手足　按《御览》六三五引“衷”作“中”，“厝”作“措”。

〔9〕 前代〔所〕未尝(所)有　据《刊误》改，与《东观记》合。

〔10〕 陇西新兴　按：张森楷《校勘记》谓“新兴”当是人姓名，然自来无姓新者，“新”疑“辛”字之误。《前书·辛庆忌传》言莽时司直陈崇举奏辛次兄之宗亲陇西辛兴等侵陵百姓，威行州郡，又《鲍宣传》言名捕陇西辛兴，统对或指此也。

〔11〕 北地任横任(崔)〔崖〕　据汲本、殿本改，与《东观记》合。

〔12〕 西河(曹)〔漕〕况　汲本“曹况”作“漕况”。张森楷《校勘记》谓《前书·游侠传》有西河漕中叔，未知即况否，然则漕亦姓，从水，作“曹”非也。按：《东观记》亦作“漕”，今据改。

〔13〕 定封陵乡侯　按：《集解》引洪颐煊说，谓《皇后纪》舞阴长公主适延陵乡侯太仆梁松，此传“陵”上脱“延”字。《明帝纪》亦作“陵乡侯梁松”。

〔14〕 沅〔水〕出牂柯且兰县　据汲本、殿本补。

〔15〕 虽吞刀以奉命兮　按：《集解》引惠栋说，谓“虽”当作“胥”，谓伍员也。

〔16〕 关北在篇　按：此句疑有误。殿本《考证》王会汾谓“北”当作“比”，言关逢、比干以直谏死，其事著在篇籍也。足备一说。

〔17〕 推洪勋以遐迈　按：汲本、殿本“推”作“惟”。

〔18〕 何杨生之欺真　按：汲本、殿本“欺”作“败”。

〔19〕 有三男三女　按：《袁纪》云竦生二男三女，长男棠及翟，长女凭及二贵人。

〔20〕 松子扈遣从兄禮奏记三府　按：《校补》引柳从辰说，谓《袁纪》“禮”作

"擅"。

〔21〕 加号梁夫人　按:《袁纪》作"梁贵人"。

〔22〕 比灵文顺成〔恩成〕侯　据汲本、殿本补。

〔23〕 昭达万情　按:"情"原讹"惜",径据汲本、殿本改正。

〔24〕 曷为(序)〔使〕虞首恶　据汲本改,与《公羊传》合。

〔25〕 冀字伯卓　按:殿本"伯卓"作"伯车"。

〔26〕 足不任体　按:"任"原讹"在",径改正。

〔27〕 从贷钱五千万奋以三千万与之　按:《集解》引汪文台说,谓类聚八十四
　　　 引《续汉书》作"奋以五百万与之",《御览》八百三十五引"五千万"作"二
　　　 十万","五百万"作"十万"。

〔28〕 发取(妓)〔伎〕女御者　《刊误》谓古无"妓"字,当作"伎"。今据改。按:
　　　 句疑有讹,《册府元龟·外戚部》七作"发取奴女御竖"。

〔29〕 多从倡伎　"伎"原作"妓",径依殿本改。按:此处刘攽无刊误,是刘所
　　　 见本亦作"伎"也。

〔30〕 悉以定陶(阳)成〔阳〕徐户增封为四县　《集解》引《通鉴》胡注,谓"阳成"
　　　 当作"成阳",与定陶、乘氏皆属济阴郡。今据改,注同。

〔31〕 更以定陶(阳)成〔阳〕(是)〔足〕四县　"足"字据殿本改。

〔32〕 而岁(功)成焉　据汲本、殿本删。按:此涉下文"功成名遂"而衍。

〔33〕 又讽众人共荐其子胤为河南尹　按:《集解》引惠栋说,谓《梁冀别传》
　　　 "胤"作"嗣"。

〔34〕 永兴二年封不疑子马为颍阴侯胤子桃为城父侯　按:《集解》引惠栋说,
　　　 谓《袁宏纪》"马"作"焉","桃"作"桃",建和元年封也。又按:《通鉴》封
　　　 不疑子马等在永寿二年。

〔35〕 太史令陈授　按:《集解》引惠栋说,谓《别传》"授"作"援"。

〔36〕 讽洛阳〔令〕收考授　据汲本、殿本补。